Blütenstaub · Jahrbuch für Frühromantik

BLÜTENSTAUB

Jahrbuch für Frühromantik

herausgegeben
von der Internationalen Novalis-Gesellschaft
in Zusammenarbeit mit der
Forschungsstätte für
Frühromantik
Schloss Oberwiederstedt

Jahrgang 7/2020

Dieser Band wurde gefördert durch den Arbeitskreis selbständiger Kultur-Institute (AsKI) der BRD sowie durch die Internationale Novalis-Gesellschaft (Nachlass Sigfried Rinas †).

Impressum:

Herausgegeben von:
Richard Faber, Dennis F. Mahoney, Gabriele Rommel, Nicholas Saul

© Forschungsstätte für Frühromantik und Novalis-Museum
Schloss Oberwiederstedt
Wiederstedt 2020

Redaktion: *Constanze Keutler* (München)
Grafik und Layout: *Lutz Grumbach, Christophe Hahn* (Halle)
Realisation: Druckwerk, Halle

© Verlag Königshausen & Neumann GmbH, Würzburg 2021

ISBN: 978-3-8260-6763-1

11 *Richard Faber*
Editorial

Beiträge der Tagung über »Romantik und Moderne« vom 2. – 5. Mai 2019

I. Einleitung

23 *Richard Faber*
Politische Neu-Frühromantik.
Zur Kontextualisierung von Thomas Manns prorepublikanischer Rede des Jahres 1922

II. Neuromantische Reaktion alias »Konservative Revolution«

39 *Peer Kösling*
Universalität der Welterfassung.
Der Eugen Diederichs Verlag – ein Verlag der Neuromantik?

53 *Heinz Dieter Kittsteiner*
Romantisches Denken in der entzauberten Welt

75 *Nicholas Saul*
Ernst Jüngers Novalis: Hermeneutik, Wissen, Politik

III. Anarchistische Momente der Frühromantik und ihrer Rezeption

97 *Reinhard Mehring*
Das Novalis-Bild von Carl Schmitts Buch
Politische Romantik

123 *Rainer Barbey*
Novalis und die Anarchie

143 *Nicholas Saul*
»... daß man in der Todesstunde dieses Jahrhunderts an Novalis den Lebendigen denkt«.
Novalis und der Friedrichshagener Dichterkreis

157 *Hanna Delf von Wolzogen*
»... das wahrhaft Erhabene ist die *Vernunft*«. –
Zu Gustav Landauers Lesart der Romantik

IV. Internationale Frühromantik-Rezeption in Spät- und Postmoderne

185 *Dennis F. Mahoney*
Die Frühromantik bei Herbert Marcuse und Norman O. Brown: mit einem Exkurs zu Susan Sontag und Abbie Hoffman

199 *Olaf Briese*
Vom subversiven Einspruch zum Wellnessversprechen. Frühromantische Konzepte von Muße, Müßiggang und Faulheit im Wandel

215 *Yu Takahashi*
»Gemeinschaftlicher Wahnsinn hört auf Wahnsinn zu seyn und wird Magie.«
Über den Wahnsinn von Fukushima

V. Frühromantik und moderne Literatur(theorie)

227 *Christa Karpenstein-Eßbach*
Markt, Moderne und romantische Ironie.
Zu Ludwig Tiecks Dramen *Ein Prolog* und *Der Autor*

245 *Georgios Sagriotis*
»Die Poësie ist die Prosa unter den Künsten.«
Zur Dialektik von Poetisierung und Entpoetisierung in der Frühromantik im Anschluss an Walter Benjamin

259 *Jochen Strobel*
Spurensuche.
Vom romantischen Fragment zur modernen Aphoristik (Bloch; Schalansky)

273 *Rüdiger Görner*
Fragmente zu einer Grammatik der Sinnlichkeit.
Friedrich Schlegels *Lucinde* mit/gegen Roland Barthes gelesen

287 *Marion Schmaus*
Moderne Lebenskunst.
Michel Foucault als Novalis-Leser

305 *Madleen Podewski*
Moderne im Druck.
Wie die Frühromantiker und Heinrich Heine publizieren

VI. Frühromantik und moderne Bildende Kunst

318 *Reinhard Wegner*
Max Klinger – der *romantische Künstler* schlechthin.
Betrachtungen zu den *DRAMEN,* Opus IX

353 *Gregor Wedekind*
Romantik der Romantik. Bemerkungen zu Paul Klees
Aktualisierung frühromantischen Gedankenguts

VII. Novalisrezeption in deutschsprachiger Belletristik nach 1945

387 *Gabriele Rommel*
Novalis und der »Gesprächsraum Romantik« –
Plädoyers von Christa Wolf und Franz Fühmann
für die Literatur

417 *Wilhelm Bartsch*
Wolfgang Hilbigs »blaue Blume«

427 *Francesca Vidal*
»Gedichte, blos wohlklingend und voll schöner Worte,
aber auch ohne allen Sinn und Zusammenhang«.
Zur modernen Lautpoesie

Schluss

447 *Helmut Schanze*
Die romantische Erfindung der Moderne

Forum junge Wissenschaft

467 *Jonny Elling*
»Now Lending Splendour«
Luminous Rivers and the Figure of the Poet in Percy
Shelley's *Mont Blanc* and Novalis's *Heinrich von Ofterdingen*

Rezension

495 *Dennis F. Mahoney*
André Stanguennec und Daniel Lancereau (Hrsg.) :
Arts et sciences du romantisme allemand.

500 Die Mitarbeiterinnen und Mitarbeiter des Bandes

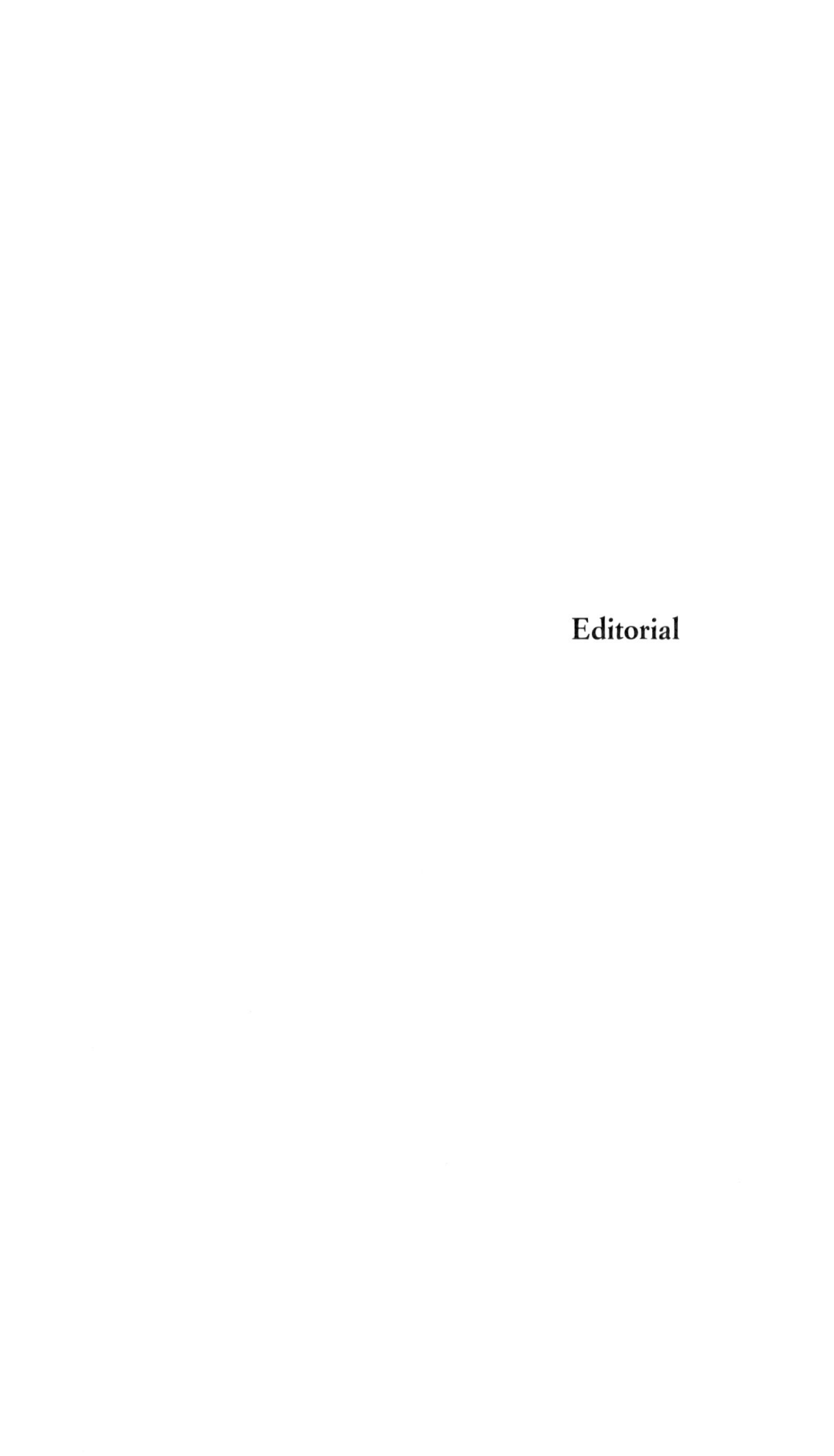

Editorial

Editorial

Richard Faber

Romantik und Moderne war der Titel der internationalen Fachtagung, die die Novalis-Gesellschaft mit Wissenschaftlern aus vier Ländern vom 2. bis zum 5. Mai 2019 zusammen mit der Forschungsstätte für Frühromantik im Schloss Oberwiederstedt veranstaltete.

***

»Romantik« wird, wenn von ihr als Teil einer nationalen, spezifisch deutschen Kulturgeschichte seit dem späten 18. Jahrhundert die Rede ist, bis heute und wohl bis in jede absehbare Zukunft hinein – wie mit der landläufigen Trivialisierung bis Verkitschung des Alltagslebens immer wieder synonymisiert mit Restauration bzw. Reaktion oder: *Anti*-Moderne. Der vorliegende Sammelband möchte, längst nicht als erster, genau das Gegenteil erweisen: dass die Jenaer Frühromantik – freilich nur sie und ihre Ableger – ausgesprochen modern gewesen sind; so sehr, dass bereits der Frühromantik die Dialektik der Moderne aufgegangen ist, als nicht zuletzt Dialektik der Aufklärung. Doch eben schon in Hinsicht auf Novalis und die Seinen gilt, was Wolf Lepenies im Blick auf das mit »Dialektik der Aufklärung« überschriebene Buch festgehalten wissen will: »Adornos und Horkheimers ›Dialektik der Aufklärung‹ war als Warnung gedacht, sie war kein Abschied.«

Keine Frage, wir, jedenfalls die meisten von uns, haben große Probleme mit der Rede von einer/der »Deutschen Romantik«; denn redet man so, ist eine Prädominanz des gerade auch Gegenrevolutionären und damit Antidemokratischen in speziell der deutschen Romantik unbestreitbar: Die Hoch- und Spätromantik des 19. Jahrhunderts bereitete tatsächlich die vor, die seit ca. 1900 als »Neuromantik« firmiert und rückblickend unter »Präfaschismus« rubriziert werden kann bzw. muss. Letzteres ist das Thema zweier hier wieder abgedruckter älterer Aufsätze: »›Universalität der Welterfassung‹. Der Eugen Diederichs Verlag – ein Verlag der Neuromantik?« von *Peer Kösling* und »Romantisches Denken in der entzauberten Welt« von *Heinz-Dieter Kittsteiner*.

Der verstorbene Historiker-Freund Kittsteiner beendet seinen (wie Köslings) der vor allem vom Jenaer Diederichs Verlag propagierten Neuromantik gewidmeten Beitrag mit der Profilierung der »stählern« gewordenen und sich jetzt »Konservative Revolution« nennenden Neuromantik à la Ernst Jünger. Dadurch wird Kittsteiner zum unmittelbaren Stichwortgeber für *Nicholas Sauls* sich unmittelbar anschließenden Aufsatz »Ernst Jüngers Novalis: Hermeneutik, Wissen, Politik«. Der Durhamer Germanist rekonstruiert Jüngers Rezeptionsweise kritisch und erweist sie – nicht erst politisch-weltanschaulich, sondern bereits philologisch – als verfehlt, Novalis Gewalt antuend:

> Beide, Novalis wie Jünger, gehen von der Nation als Organismus, als höchster Einheit des Lebens aus. Jünger erkennt diesen gemeinsamen Ansatz mit dem ihm eigenen Scharfsinn. Aber das, was sie verbindet, trennt sie auch. Für Jünger ist emphatisch das Ganze mehr als die Summe seiner Teile, so daß das Individuum als Person ruhig untergehen darf und soll im Dienst der nationalistischen Revolution. Für Novalis sind Individuum und Ganzes gleichermaßen Ausdruck der Persönlichkeit als Blüte der Kultur.

***

Ein Synonym für »konservativ-revolutionäre«/extrem gegenrevolutionäre Neuromantik bis heute ist »Politische Romantik« generell; wir erwähnen nicht zuletzt das immer noch bemerkenswerte Buch des Religionsphilosophen Paul Tillich von 1933, überschrieben mit: *Die sozialistische Entscheidung*. Der Heidelberger Politologe *Reinhard Mehring* widmet sich freilich dem mit *Politische Romantik* schon betitelten Buch des frühen Carl Schmitt von 1919 bzw. 1925. Pointe dieses so geist- wie kenntnisreichen Pamphlets ist, dass der von Tillich zweifellos selbst unter »Politische Romantik« subsumierte Rechtstheoretiker sich als erbitterter Feind der von ihm generell als »Politische Romantik« aufgefassten »Deutschen Romantik« erweist – wenn auch von rechtsaußen.

Selbst Adam Müller und die Seinen, einschließlich derer des frühen 20. Jahrhunderts in der Art von Othmar Spann, sieht Schmitt allzu sehr im Bann des bei den Jensern in Reinkultur ausgemachten »sujektivierten Occasionalismus«, den wir hier der Kürze halber mit Subjektivismus bzw. Anarchismus synonymisieren. Und, Pointe der Pointe, mit dieser Diagnose hat Schmitts Feindesblick etwas partiell Richtiges bei der Jenaer Frühromantik (nicht der Wiener Hoch- und Neuromantik) getroffen.

Die GermanistInnen *Rainer Barbey, Hanna Delf von Wolzogen* und *Nicholas Saul* führen das näher aus: der Regensburger

Kollege Barbey, indem er anarchistische Denkfiguren bei Friedrich Schlegel und Novalis präsentiert sowie analysiert. Saul und die Potsdamer Kollegin Delf von Wolzogen widmen sich der Novalis-Rezeption im anarchistischen Friedrichshagener Dichterkreis und speziell beim – diesem partiell verbundenen, jedoch inkommensurablen – Multitalent und subkutan äußerst wirkungsreichen Gustav Landauer, dessen Todestag sich am 2. Mai 2019 zum 100. Male jährte: der Tag seiner bestialischen Ermordung durch rechtsextreme Freikorps.

***

Mit dem Vermonter Germanisten *Dennis F. Mahoney* springt der Sammelband in die zweite Nachkriegszeit und nicht zuletzt in die USA, eine freilich gerade auch deutsch-jüdisch inspirierte; mit Sinn und Interesse für mehr oder weniger freudianischen Anarcho-Marxismus – wie wir recht verkürzt formulieren, selbst Herbert Marcuse- und vor allem Susan Sontag-Verehrer. Dass freilich nicht erst Marcuse, sondern schon Karl Marx' Schwiegersohn Paul Lafargue faszinierende Muße-Konzepte, des jungen Friedrich Schlegel vor allem, ihren subversiven Stachel verlieren und affirmativ pervertiert werden können, zeigt gegenwartsorientiert der Berliner Kulturwissenschaftler *Olaf Briese*.

Weiter geht es, konvergierend mit Brieses Kritik an modischen bzw. postmodernistischen »Wellnessversprechen«, mit einer kritischen Analyse der Reaktorkatastrophe von Fukushima und ihrer infolge Verdrängung Nichtbewältigung, im Rekurs auf – man höre, staune aber nicht – Novalis. Autor ist *Yu Takahashi* aus *Fukushima*. Die Internationale Novalis-Gesellschaft ist kein Ästhetizisten-Verein, sie wäre sonst ihres Namensgebers unwürdig, der ein so engagierter wie wacher Zeitgenosse seiner Zeit und ihrer Probleme gewesen ist. Andererseits – kein Widerspruch hierzu – waren Novalis und die Seinen gerade auch Künstler, die als solche mehr noch als schon bisher gewürdigt werden sollen, ihre emphatisch moderne Rezeption mitberücksichtigend und ihrerseits würdigend.

***

Den Anfang macht die Mannheim-Freiburger Germanistin *Christa Karpenstein-Eßbach*. Sie rekonstruiert detailliert den Zusammenhang zwischen moderner Markt- bzw. Geldgesellschaft und romantischer Ironie, theoretisch nicht zuletzt Karl Marx und Friedrich Schlegel verpflichtet, philologisch-interpretatorisch sich jedoch hauptsächlich an zwei frühen Dramen Ludwig Tiecks abarbeitend, der nicht selten allzu sehr im Schatten der anderen Jenaer steht – nicht so bei Karpenstein-Eßbach.

Auf sie folgt ein literaturphilosophischer Beitrag des griechischen Germanisten und Philosophen *Georgios Sagriotis*, eines Schülers der deutsch-griechischen Freundin Chryssoula Kambas, die bereits im 1979 erschienenen, von Gisela Dischner und Richard Faber herausgegebenen Sammelband *Romantische Utopie – Utopische Romantik* über Walter Benjamins Frühromantik-Bezüge gehandelt hat. Sagriotis konzentriert sich auf die »Dialektik von Poetisierung und Entpoetisierung in der Frühromantik« – am Leitfaden Benjamins.

Der Marburger Germanist *Jochen Strobel* vermisst daran anschließend den Weg, der vom frühromantischen Fragment zur modernen Aphoristik führt, er erweist damit jenes als frühmodern; Strobels Vorausblick auf die Aphoristik des 20. und 21. Jahrhunderts ist zugleich – von dieser aus – ein Rückblick aufs frühromantische Fragment. Um Verwandtschaft bemühte Heuristik lebt von solcher Komparatistik. So auch im Falle des Londoner Vergleichenden Literaturwissenschaftlers à la lettre *Rüdiger Görner*, der »Fragmente zu einer Grammatik der Sinnlichkeit« beisteuert, mit dem methodologischen Untertitel: »›Lucinde‹ mit/gegen Roland Barthes gelesen«.

Komparatistik ist mehr oder weniger notwendig auch Eristik, jedenfalls präsentisch, um nicht »geistesgegenwärtig« zu sagen. Schließlich kann bzw. soll sie eine lebenspraktische Dimension besitzen; wie schon bei Olaf Briese jetzt bei Rüdiger Görner und dann, im anschließenden Beitrag bei der Marburger Germanistin *Marion Schmaus*, die ausdrücklich über »Moderne *Lebens*kunst« schreibt, Michel Foucault als jahrzehntelangen Novalis-Leser präsentierend und interpretierend – höchst eindrucksvoll.

***

Implizit gleichfalls Foucault verpflichtet ist der Beitrag der Berliner Germanistin *Madleen Podewski* zu »Moderne im Druck. Wie die Frühromantiker und Heinrich Heine publizieren«. Nicht nur wir halten diese Themenstellung für äußerst innovativ. Möglicherweise könnte/sollte sie in einer eigenen, so medienhistorischen wie -theoretischen Tagung weiterentwickelt werden. Hier bleibt nur noch das Ergebnis des Podewskischen Vergleichs zwischen der frühromantischen und Heineschen

Publikationsweise zu benennen: der Unterschied zwischen Novalis' kompakt gedruckter Fragment-Moderne und Heines von den Periodika durchdrungenen Fortsetzungsmoderne.

Im Übrigen: Frühromantische Kunst *war* literarische, inspirierte jedoch auch bildkünstlerische, wie die Beiträge des Jena-Heidelberger Kunsthistorikers *Reinhard Wegner* und seines Mainzer Kollegen *Gregor Wedekind* belegen, selbstverständlich auch im Rekurs auf romantische Malerei. Freilich, in Bezug auf Paul Klee erweist sich vor allen anderen Novalis als ›Bezugsperson‹. Er vor allem hat als Referenz für Klees »kühle«, also emphatisch moderne Neu-Frühromantik zu gelten.

***

In litteris eröffnet sich zu der Frage nach Ursachen und Wegen der bewussten Rezeption frühromantischen Gedankenguts/frühromantischer Schreibweise nach 1945 ein interessanter »Gesprächsraum Romantik« gerade auch in der Literatur der DDR. Die Germanistin *Gabriele Rommel* rückt AutorInnen wie Volker Braun, Günter Kunert, insbesondere aber Christa Wolf und Franz Fühmann ins Zentrum einer historischen Rekonstruktion der Diskussionen über die Rolle von Poesie, Literatur und Kunst bei der Gestaltung gesellschaftlicher Prozesse: über die Freiheit der künstlerischen Meinung und Kritik, die zu allen Zeiten erst ermöglicht, Demokratie zu praktizieren.

Der prominente Hallenser Schriftsteller *Wilhelm Bartsch* arbeitet die Novalis-Bezüge im Werk des deutsch-deutschen Wolfgang Hilbig heraus. Ihn verbindet mit Novalis weit mehr als die mitteldeutschen Bergbaugebiete und die sich ihnen verdankende Metaphorik. »Hilbig ist wie Novalis einer der großen mitteldeutschen Bergmänner und literarischen Neulanderschließer«, mit welch pointiertem Satz Bartschs Beitrag schließt.

Die Landauer Rhetorik-Professorin *Francesca Vidal* stellt moderne Lautpoesie vor. Sie bezieht sich dabei zurück auf Novalis' prognostische Formulierung: »Gedichte, bloß wohlklingend und voll schöner Worte, aber auch ohne allen Sinn und Zusammenhang« und deren nicht nur theoretische, sondern auch praktische Einlösung seit den Tagen des »Dada-Bischofs« Hugo Ball mitten im Ersten Weltkrieg; selbstverständlich nicht mimetisch oder auch nur geradlinig, doch prinzipiell: »Man ziehe sich in die innerste Alchemie zurück, man gebe auch das Wort noch preis, und bewahre so der Dichtung ihren letzten heiligsten Bezirk«, wie Vidal Ball zitiert, um dann den fast noch zeitgenössischen Lautdichter Ernst Jandl zu präsentieren, dessen gleichfalls von Novalis antizipierte Musikalität akzentuierend. Eben schon Novalis betonte den musikalischen Charakter des Poetischen so sehr, dass auch ihm das Musikalische der Poesie die *Regel* gibt. Oder, um ihn wörtlich zu zitieren: »Die Sprache ist ein musicalisches Ideen Instrument. Der Dichter, Rhetor und Philosoph spielen und componiren grammatisch.«

***

Die Thematik »Frühromantik und Musik« wäre wie so manch anderes, nur angerissene Themenfeld zu vertiefen, unser Band kommt jedoch an sein Ende: *Helmut Schanze*, neben Hans-Joachim Mähl, Wilfried Malsch und Gerhard Schulz, Nestor der kritischen Frühromantik-Forschung nach 1945 thematisiert mehr pointiert als schlicht: »Die romantische Erfindung der Moderne«. – Keine Frage, mit dieser in vielfacher Weise universalgeschichtlichen Themenstellung könnte vorliegender Band gut auch beginnen. Zum Glück ist nie von vornherein ausgemacht, welches Wort das gewichtigere ist, das Anfangs- oder nicht doch das Schlusswort. Wie auch immer, die Novalis-Gesellschaft möchte einen klar politischen Anfangsakzent setzen, deshalb folgt gleich anschließend *Richard Fabers* Eröffnungsvortrag: »Über politische Neu-Frühromantik. Zur Kontextualisierung von Thomas Manns pro-republikanischer Rede des Jahres 1922« – die kulminierte in Philipp Scheidemanns Wort am 9.11.1918: »Es lebe die Republik!«

***

Ein Höhepunkt gleich zur Eröffnung der Tagung wurde die festliche Verleihung des *Novalis-Preises* für innovative und fächerübergreifende Forschungen zum Themenfeld der europäischen Romantik, der zum dritten Mal von der Internationale Novalis-Gesellschaft, der Forschungsstätte für Frühromantik Literaturmuseum Schloss Oberwiederstedt gemeinsam mit der Friedrich-Schiller-Universität Jena, (Forschungsstelle Europäische Romantik) vergeben wurde. Den Preis erhielt die Kunsthistorikerin Frau Doktor Nina Amstutz, University of Oregon, für ihre Forschungsarbeit zum Thema *Caspar David Friedrich. Nature and the Self* [*Caspar David Friedrich. Die Natur und das Ich*] (University of Oregon, 2018).

Für die großzügige Förderung der Tagung sowie der Drucklegung der Beiträge in diesem Band danken die Herausgeber und die Internationale Novalis-Gesellschaft an dieser Stelle nachdrücklich der Stiftung für Romantikforschung sowie dem Arbeitskreis selbständiger Kultur-Institute e. V. (AsKI).

Beiträge der Tagung über
»Romantik und Moderne«
vom 2. – 5. Mai 2019

I.
Einleitung

Politische Neu-Frühromantik
Zur Kontextualisierung von Thomas Manns
prorepublikanischer Rede des Jahres 1922*

Richard Faber

»Not ›America First‹ but ›Democracy First‹ and
›Human Dignity First‹ is the slogan which will
really lead America to first place in the world [...].«

Thomas Mann, zitiert in Greensboro Daily News, 31. Oktober 1941

Wie aktuell Thomas Mann in einer geradezu tagespolitischen Weise geblieben ist, können last not least diese beiden Absätze des Vortragstextes *World for the people* vom März 1945, also noch vor Weltkriegsende, belegen (inzwischen 75 Jahre alt):

Es gab eine Zeit [...], wo man in Italien [...] zu sagen liebte: ›Italia farà da sè‹, ›Italien wird es allein machen‹. Unser Amerika erinnert mich jetzt manchmal an dieses ›Italia farà da sè‹. Im begreiflichen Selbstvertrauen glaubt es, oder scheint zuweilen zu glauben, es alles allein machen zu sollen und zu können. Und doch, meine ich, würde es der übrigen Welt mehr Vertrauen einflößen und sich weniger dem Verdacht imperialistischer Tendenzen aussetzen, wenn die United States sich mehr auf die United Nations stützten und dieser Gemeinschaft ihre Macht zufließen ließen, um ein unwiderstehliches Instrument der Friedenssicherung und des sozialen Fortschritts der Menschheit daraus zu machen.[1]

Wer dächte heute bei diesen Sätzen nicht an Donald Trumps so nach- wie ausdrückliche Absage an jeden Multilateralismus, seinen noch George W. Bush übertreffenden *Uni*lateralismus? – Folgt der zweite Absatz aus Manns Vortragstext vom März 1945 (ich war noch keine zwei Jahre alt):

Amerika bietet heute ein seltsam widerspruchsvolles Bild. Es geht über das Land eine – ich will mich diplomatisch ausdrücken – konservative Welle hin, die der Furcht entspringt vor zeitgebotenen Veränderungen seiner sozialen und ökonomischen Struktur. Wer diesen Veränderungen, der Anpassungen an die neuen Lebensbedingungen zugunsten redet, wird mit dem Worte ›liberal‹ gebrandmarkt, womit eigentlich ›communistic‹ gemeint ist. Aber mit ›communistic‹ wiederum ist einfach ›liberal‹ gemeint – ein sehr komplizierter Denkprozess. Und nicht nur, daß Amerika am guten Alten, das garnicht mehr das gute Alte ist, sondern eine zersetzte Spätform davon, *festhalten möchte, – es möchte womöglich auch andere Völker, für die es erst recht nicht mehr passt, darin festhalten.*²

Bereits 2010/11 war mir zu diesen Sätzen spontan eingefallen, was Torben Lütjen am 15.11.2010 in der *Frankfurter Allgemeinen Zeitung* unter der Überschrift »Kreuzzug gegen die Aufklärung. In der amerikanischen Politik ist der Antiintellektualismus nicht neu; selten hat er aber eine so authentische Vertreterin gefunden wie Sarah Palin« kritisch festgehalten hatte. Noch heute genügt es wohl auf Lütjens Ausführungen zu verweisen, ist doch Sarah Palins rechtskonservative »Tea Party« nahezu geschlossen und mit Palin an ihrer Spitze zu Trump ›übergelaufen‹. – Zurück zu Thomas Mann:

Bekanntlich war er lange Zeit seines Lebens nicht entfernt so linksliberal, gar sozial-demokratisch, ja demokratisch-sozialistisch eingestellt wie gerade auch nach 1945, als sogar er in den Geruch des »Kommunismus« geriet und zum zweiten Mal in seinem Leben das Schweizer Exil (jetzt den USA) vorzog (sowie beim ersten Mal dem »Dritten Reich«). Gegen die wenigen deutsch-intellektuellen Emigranten in der Schweiz seit August 1914 – demokratische Pazifisten unterschiedlicher Couleur – hatte der jüngere Thomas Mann noch heftig, ja bellizistisch polemisiert, nicht nur Demokratie und Republik, sondern Humanismus und Humanität insgesamt *verwerfend*: Wenn es um Deutschlands »Erdenrecht« gehe, »um seine politische Größe«, sei ihm »mit Humanität nicht geholfen«. Dann »müsse es sich hart machen, ganz Wille sein, sich selbst vergewaltigen, heroisch sein Gewissen ertöten und Recht und Wahrheit eine Weile einmal bewusst und eisern seinem Nutzen gleichsetzen«. (117; 352)

Bereits Friedrich II. von Preußen habe das *vorbildlich* getan:

> Er war nicht im Recht, sofern Recht eine Konvention, das Urteil der Majorität, die Stimme der ›Menschheit‹ ist. Sein Recht war das Recht der aufsteigenden Macht, ein [...] noch unerhärtetes Recht, das erst zu erkämpfen [...] war [...] Nur wenn sich durch den Erfolg herausstellte, dass er der Beauftragte des Schicksals war, nur dann war er im Recht und immer im Rechte gewesen. Jede Tat, die diesen Namen verdient, ist ja eine Probe auf das Schicksal, ein Versuch, Recht zu schaffen (117; 29, 55).

Mann vertrat hier, Carl Schmitt antizipierend³, die These, dass der erfolgreiche *Eroberer* Recht schaffe. Und um das »Schicksalsversucherische« des »Rechtspessimisten« Friedrich zu belegen, zitierte er, sich mit diesen desperaten, diesen *hitlerhaften* Worten identifizierend, folgende Sätze seines damaligen *Heros:*

»Nie werde ich den Augenblick überleben, der mich nötigt, einen nachteiligen Frieden zu schließen [...] Ich bin fest entschlossen, in diesem Feldzuge [...] die *verzweifelsten* Dinge zu unternehmen, um zu siegen oder ein ehrenvolles Ende zu finden.« (117; 55, 60)

Manns »Gedanken im (Ersten Welt-)Krieg« kulminierten in bellizistischen Nutzanwendungen »für den Tag und die Stunde« wie: »Deutschlands ganze Tugend und Schönheit [...] entfaltet sich erst im Kriege.« Ausdrücklich militaristisch heißt es, sich von westlichem »Händlertum« abgrenzend: »[...] während andere Kulturen bis ins Feinste, bis in die Kunst hinein die Tendenz zeigen, völlig die Gestalt der zivilen Gesittung anzunehmen, ist der deutsche Militarismus in Wahrheit Form und Erscheinung der deutschen Moralität«, ja, »Humanität«. (117; 15, 14, 8)

So weit vermochte Mann damals die Perversion aller durch und durch *zivilen* bzw. *humanistischen* Begriffe zu treiben, und zwar – seine *Betrachtungen eines Unpolitischen* vorwegnehmend – als Kunst(- und Kultur)theoretiker:

> Die Kunst ist fern davon, an Fortschritt und Aufklärung, an der Behaglichkeit des Gesellschaftsvertrages, kurz, an der Zivilisierung der Menschheit innerlich interessiert zu sein. Ihre Humanität ist durchaus unpolitischen Wesens, ihr Wachstum unabhängig von Staats- und Gesellschaftsform. Fanatismus und Aberglaube haben nicht ihr Gedeihen beeinträchtigt, wenn sie es nicht begünstigten, und ganz sicher steht sie mit den Leidenschaften und der Natur auf vertrauterem Fusse, als mit der Vernunft und dem Geiste. Wenn sie sich revolutionär gebärdet, so tut sie es auf elementare Art [...] Man hat sie geehrt, indem man sie der Religion und der Geschlechtsliebe für verwandt erklärte. Man darf sie noch einer anderen Elementar- und Grundmacht des Lebens an die Seite stellen, die eben wieder unsern Erdteil und unser aller Herzen erschüttert: ich meine den Krieg. (117; 8)

Man fasst es nicht, Thomas Mann selbst wird es bald nicht mehr fassen: Die *un*politische *Humanität* der Kunst soll aufs höchste verwandt sein dem *Krieg* und viceversa. Mann widerrief seit Anfang der 20er Jahre solche *In*humanität und »widerstand« ihr, in Kauf nehmend, nun selbst unter das »Ungeziefer des Geistes« gezählt zu werden. Jetzt erkannte er schamvoll die »Sprache des Unmenschen« in solchen auch ihm einmal eigenen Wortprägungen. Es schauderte ihn hinfort, weshalb er es dann als seine auch persönliche Pflicht ansah, »in einer von lebensbedrohender Unvernunft starrenden Welt zum Guten, zum rettend Vernünftigen zu reden« (117; 276, 10, 213) – Rhetor ebenso wie Dichter zu sein: politisierender »Zivilisationsliterat« horribile dictu.

Mann wollte nicht mehr zu jenem »irrational beschwatzten Deutschland« gehören, in dem man glaubt, »ein Dichter vergebe sich etwas, wenn er sein Wort in den Dienst [...] aufklärerischer Ziele stellt«. (117; 213/4) Nein, von nun an wollte er mit Ernst Robert Curtius' frühem auf ihn gemünztem Wort »Anwalt der Humanität« sein[4], so »verliebt« wie er in ihren »Gedanken« seit seinem Frieden mit der »Republik« war. Eben gegenüber Curtius vertrat er 1925 die Auffassung, dass man »heutzutage« das »Künstlerische« als »selbstverständlich«, das »Menschliche« aber als »ausschlaggebend« zu betrachten habe. (89; 225) So sehr, dass eine »*politische* Humanität« angezeigt sei, wie er gleich in der frühen – von Curtius bewunderten[5] – Rede *Von deutscher Republik* betonte. (117; 116)

Später wird er ausdrücklich einen »*militanten* Humanismus« fordern, und aus dieser Erkenntnis heraus:

> In allem Humanismus liegt ein Element der Schwäche, das mit seiner Verachtung des Fanatismus, seiner Duldsamkeit und seiner Liebe zum Zweifel, kurz: mit seiner natürlichen Güte zusammenhängt und ihm unter Umständen zum Verhängnis werden kann. Was heute not täte, wäre ein militanter Humanismus, ein Humanismus, der [...] sich mit der Einsicht erfüllte, dass das Prinzip der Freiheit, der Duldsamkeit und des Zweifels sich nicht von einem Fanatismus, der ohne Scham und Zweifel ist, ausbeuten und überrennen lassen darf. (117; 324)

Mann ist noch jetzt, »im Harnisch« gegenüber dem Nationalsozialismus an der Macht (118; 31), kein Gegner »zarten Humanismus« als solchen (117; 273), doch dessen Monopolisierung, gar sein (deutsch-nationales) Ausspielen gegen (demokratisch-) politische Humanität, wie massiv in den *Betrachtungen eines Unpolitischen* (116; 290), ist absolut nicht mehr seine Sache. Im kontradiktorischen Widerspruch zum antizivilisatorischen Kultur-Begriff des »unpolitischen« Großessays wird jetzt »das Wort ›Kultur‹ nicht im sentimental schöngeistigen Sinn, sondern im Sinn der Menschheitssache, der Menschenehre« bzw. -*würde* (118; 38), also menschenrechtlich verstanden: Bevor »das Seelenhafte [...] wieder Lebensrecht und ein menschlich gutes Gewissen gewinnen könne«, müsse erst »eine äußere und rationale Ordnung [...] geschaffen sein oder sich schlimmen Falles durch gewaltsame Umwälzung hergestellt haben, die der erreichten Stufe des Menschengeistes gemäß ist.« (114; 89, 88)

Den Missbrauch, der gerade mit dem politischen Humanitätsdiskurs getrieben wurde, hat Mann über solch eigene Plädoyers keineswegs vergessen. Noch 1923 »gilt der Mischung infamer, ohne Zweifel sexuell betonter Grausamkeit und humanitär-sentimentalen Phrasenschmisses, den die Herren Franzosen [...] Europa vor Augen führen, ein wirklich schüttelnder Abscheu«.[6] – Solche Äußerungen unterscheiden sich, für sich genommen, nicht von denen der Weltkriegs-Jahre[7], doch jetzt, nicht zuletzt Ernst Troeltsch folgend, fordert Mann – »unter Vorbehalt aller an [...] dem heuchlerischen Missbrauch der [...] Humanitätsidee zu übenden Kritik – eine [...] Wiederannäherung des deutschen Gedankens an den mit bestimmten religiösen und ideologischen Elementen unseres Kulturkreises unlöslich verbundenen *westeuropäischen*«: an die

> Ideen- und Idealwelt der naturrechtlich bestimmten europäischen Humanität, geboren [...] aus jener schon stoisch-mittelalterlichen Verbindung von Recht, Moral und Wohlfahrt, die wir als utilitaristische Aufklärung so tief [...] zu verachten gelernt haben, ein Gedanke, kompromittiert und missbraucht in aller Erfahrung, verhöhnt und vorgeschützt von den Machthabern der Wirklichkeit, und ein Gedanke dennoch, der einen unverlierbaren Kern regulativer Wahrheit, praktischer Vernunftforderung birgt und dessen (grundsätzlicher, R. F.) Verleugnung kein Volk [...] sich schuldig machen kann, ohne an seinem Menschentum nicht nur gesellschaftlich, sondern tief innerlich Schaden zu nehmen. (117; 138–40)

Auch dieser Thomas Mann verkennt nicht: »Die humanen Forderungen der sogenannten bürgerlichen Epoche sind keineswegs verwirklicht«, doch dient ihm diese Feststellung jetzt nur noch zugunsten verstärkter Anstrengungen, sie endlich zu realisieren, sind diese »*unerschöpflich* revolutionäre[n] Gedanken« ja »nicht bloß ›bürgerlich‹, sie sind ewig, sofern etwas Menschliches ewig sein kann«, und deshalb – Karl Jaspers folgend – »unveräußerlich«. (117; 244, 207, 277)

»Liberalismus, humanitärer Freisinn« (Z, 463), gehen für Mann – nicht erst seit 1932/33 – keineswegs mehr in der »humanitären Lügenphrase des demokratischen Imperialismus« auf. Umgekehrt gilt ihm ein dem »demokratischen ›Menschenrecht‹« entgegengestellter »deutscher Humanismus« jetzt für alles andere als die gar bessere Alternative. Selbst »die schiedlich-friedliche Völkergesellschaft« ist nicht einfach mehr »Chimäre« für ihn. Kurz, der jetzt selbst humanitäre Mann refüsiert seine antihumanitären Invektiven, aufgipfelnd im verächtlichen Wort der *Betrachtungen* von den »Radikalismen, Sentimentalismen und Humanitätsbetulichkeiten recht abgeschmackter Art«. (116; 117, 345, 288)

Schon der *Zauberberg* schloss, sich solcher überhaupt nicht mehr schämend, mit der dringlichen Frage: »Wird auch aus diesem Weltfest des Todes, auch aus der schlimmen Fieberkunst, die rings den regnerischen Abendhimmel entzündet, einmal die Liebe steigen?« Der Autor, der seinen »Hans Castorp« mit diesen Worten »entlässt« (Z, 657), ist schließlich »derselbe, der, aus dem Roman heraus, den Aufruf ›Von deutscher Republik‹ verfasste. Er ist in seinem Herzen kein (Zivilisationsliterat, R. F.) Settembrini. Aber er will in seinen Gedanken frei, vernünftig und gütig sein.« (89; 232)

Ohne je zu vergessen, »dass Güte ohne Humor Anämie ist« (119; 158), vermag Mann – fast schon in einem Lebensrückblick – zu Protokoll zu geben: »Sympathie. Aus ihr kommt all mein Tun, das unterhaltende und das ratende.« (48; 20) Der hoch sympath[et]ischen »Frau Schweigestill« emphatische Sentenz im *Doktor Faustus*: »Aber a recht's menschlich's Verständnis, glaubt's es mir, des langt für all's!«(F, 667) kann nicht Manns letztes Wort sein, doch ist »Schweigestill« mit ihr – der tätigen Konsequenz wegen – ganz auf seiner *praktisch*-humanistischen oder *humanitären* Linie.

»Praktischer Humanismus«[8] ist notwendig ein »*politischer*«. Dass »uns heute in der Gestalt des Politischen [...] die Frage des Menschen selbst mit einem letzten und lebensgefährlichen Ernste gestellt« sei und damit das Politische »das Entscheidende« und »Eigentliche«, ist erst die zugespitzte These aus der Zeit des Spanischen Bürgerkriegs/des sich bereits abzeichnenden Zweiten Weltkriegs. Doch dass »das Politische und Soziale« ein *gleichberechtigter* »Bereich des Humanen« ist, neben dem des »Persönlich-Innerlichen«, ist für Mann spätestens seit der Rede *Von deutscher Republik* eine nicht mehr aufgebbare Grundüberzeugung. In ihrer Konsequenz empfindet er »das Falsche und Lebenswidrige einer Haltung tief, die auf die soziale, die politische und gesellschaftliche Sphäre hochmütig herabblickt und sie als zweiten Ranges bezeichnet im Verhältnis zu der Welt der Innerlichkeit, der Metaphysik, des Religiösen und so fort«. (117; 344, 249)

Der deutsche Normalbürger hat – so Mann bereits 1923, in der Gedächtnisrede auf den ermordeten Walther Rathenau – »seinen Bildungs- und Humanitätsbegriff zu früh geschlossen und zum Stückwerk gemacht [...], als er das politische Element nicht mehr darin aufnahm«. (117; 134) Andererseits wird Mann nie davon abrücken, selbst zu Zeiten des Spanischen Bürgerkriegs und des auf ihn folgenden Weltbürgerkriegs nicht, dass gegen die »wahre Totalität, welche die Humanität selber ist, verbrecherisch verstieße, wer [...] die Politik, den *Staat* zu ›totalisieren‹ unternähme«. (37; 11) Ganz dementsprechend *kulminiert* bereits seine *Rathenau-*Gedenkrede in den Sätzen: »Die Republik, das ist, wenn Sie mir die Definition freigeben wollen, *die Einheit von Staat und Kultur.* – Es gibt keinen höheren politischen Gedanken. Politik hört in ihm auf, bloße Politik zu sein; sie erhebt sich darin zur *Humanität.*« (117; 133)

Mit völlig damit übereinstimmenden Gedanken hat bereits *Von deutscher Republik* geschlossen; beides Mal bedient sich Mann argumentationes ad hominem »Bildungsbürger«, den auch ihm in der jüngsten Vergangenheit eignenden kulturalistischen Diskurs *politisierend*: liberalisierend, demokratisierend *und* sozialisierend. Denn dem Satz, dass sich in der »Einheit von Staat und Kultur« Politik zur »Humanität« erhebe, korrespondiert – in *Von deutscher Republik* – dieser andere: »die Idee der Humanität« sei »die Vereinigung von Freiheit und Gleichheit [...], mit einem Wort: die Republik«. (117; 130, 133, 117) Man muss sogar sagen, dass letzterer Grundsatz *Voraussetzung* von ersterem ist. Jedenfalls *ist* Manns Republikanismus Demokratismus und wird immer mehr *Sozial-*Demokratismus (wenn nicht Demokratischer Sozialismus).

***

Verweilen wir endlich bei Manns prorepublikanischer Inauguralrede *Von deutscher Republik* aus dem Jahre 1922. Sie ist deshalb von besonderem Interesse für uns, weil ihre Hauptautorität niemand anderes als Novalis, dieser der meist und durchgehend positiv zitierte Autor, ist – zugunsten sogar von »revolutionärem Maximalsozialismus«, was als Pointe der Pointe zu gelten hat: »›Absolute Abstraktion‹, sagt er, ›Vernichtung des Jetzigen, Apotheose der Zukunft, dieser eigentlich bessern Welt: dies ist der Kern der Geschichte des Christentums [...]‹« (117; 118)

»Die christliche Religion ist auch dadurch vorzüglich merkwürdig«, wie Mann mit Lev Tolstoi unmittelbar an dieses Novalis-Zitat anschließt,

> daß sie so entschieden den bloßen guten Willen im Menschen und seiner eigentlichen Natur ohne alle Ausbildung in Anspruch nimmt und darauf Wert legt. Sie steht in Opposition mit Wissenschaft und Kunst und eigentlichem Genuss. Vom gemeinen Manne geht sie aus. Sie beseelt die

große Majorität der Beschränkten auf Erden. Sie ist das Licht, das in der
Dunkelheit zu glänzen anfängt.

– »Sie ist der Keim alles Demokratismus, die höchste Tatsache
der Popularität«, mit welchem, direkt auf das Tolstoi-Zitat folgenden, Satz des Novalis Mann seine den Sozialismus wie das
Christentum betreffende Zitat-Collage beendet. (117; 118)

Im Blick auf das Christentum sollte man unbedingt noch erwähnen, dass Mann an anderer Stelle ausdrücklich vom »Fortschritts*utopismus*« solch »christlichen *Radikalismus*« spricht
und an zuvor zitierter, zu deren *Einleitung* nachdrücklich betont, dass sich Novalis zum Christentum »nicht etwa aus *hierarchischer* Sympathie« positiv verhält, sondern eben »im Sinne
der Demokratie und eines *revolutionären Maximalsozialismus*«.
(117; 121 und 118) Dies sei – eine weitere Pointe – so sehr der
Fall, dass Novalis dadurch in nächste Nähe zum bruderschaftlichen Russen Tolstoi wie auch zum US-amerikanischen »Menschenliebhaber« Walt Whitman (117; 123) gerate.

Mann bekennt (zur Halbzeit seiner Rede von *Deutscher Republik*),

> dass meine heutige Ansprache eigentlich als ein Vortrag über dies wunderliche Paar, über Novalis und Whitman, entworfen war und wohl gar auch noch dazu werden mag: denn die Demokratie, die Republik in Beziehung setzen zur deutschen Romantik – hieße das nicht sie auch stutzigen und trutzigen Volksgenossen plausibel machen? – ›Es ist nicht nur nicht genug‹, sagt Walt Whitman in den Demokratischen Ausblicken, ›dass das neue Blut, der neue innere Bau der Demokratie lediglich durch politische Mittel, oberflächliches Wahlrecht, Gesetzgebung und so weiter belebt und zusammengehalten wird, sondern es ist mir völlig klar, dass seine Kraft unzureichend, sein Wachstum fraglich und sein wesentlicher Zauber unentfaltet bleiben muss, wenn dieses Neue nicht tiefer geht, nicht mindestens ebenso fest und klar in der Menschen Herzen und ihrem Fühlen und Glauben Wurzel fasst wie der Feudalismus oder die Kirchlichkeit zu ihrer Zeit und wenn es nicht seine eigenen ewigen Quellen eröffnet, die je und je aus dem Mittelpunkt fluten.‹ Man kann, denke ich, dem Neuen in Deutschland behilflich sein, seinen ›wesentlichen Zauber‹ zu entfalten, indem man es anzuschließen sucht an eine Sphäre und Epoche, deren geistiges Niveau das höchste bei uns je erreichte war, in welcher Volkstümlichkeit und hohe Kunst, nationale und universalistische Elemente eine wundervolle Verbindung eingingen und die unserem Herzen in gewissem Maße immer Heimat bleiben wird, – an die Sphäre der deutschen Romantik. (117; 115)

Mann geht hier von der anfänglich nur rhetorischen Frage über zur Affirmation, nachdem er schon zuvor immer wieder keinen Zweifel daran gelassen hat, in pädagogischer, ja taktischer: nicht sophistischer, aber eben sokratischer Absicht auf »die deutsche Romantik« zu rekurrieren: auf die Jenaer Romantik, wie Mann selbst präzisiert. Speziell Novalis soll sein »Eideshelfer« sein, wie er nicht unpathetisch formuliert. Er provoziert geradezu herausfordernd: »[...] warum sollten nicht auch wir den Novalis zitieren?« (117; 102 und 109)

Gerade »wir« sollen *und* können das; denn Novalis ist »unser« – gehört uns »deutschen Republikanern«, wie Mann mehr als impliziert, will er doch (vor allem) »lebenswichtige Teile unserer Jugend« für nichts mehr als »für die Republik [...] gewinnen und für das, was Demokratie genannt wird und was ich *Humanität* nenne«. (117; 106 und 105) Letztere definiert er zusammenfassend in den abschließenden Sätzen seiner Rede, um mit dem Ruf: »Es lebe die Republik!« zu enden, wie folgt:

> Zwischen ästhetizistischer Vereinzelung und würdelosem Untergange des Individuums im Allgemeinen; zwischen Mystik und Ethik, Innerlichkeit und Staatlichkeit; zwischen todverbundener Verneinung des Ethischen, Bürgerlichen, des Wertes und einer nichts als wasserklarethischen Vernunftphilisterei ist sie in Wahrheit die deutsche Mitte, das Schön-Menschliche, wovon unsere Besten träumten. Und wir huldigen ihrer positiven Rechtsform, als deren Sinn und Ziel wir die Einheit des politischen und des nationalen Lebens begriffen haben, indem wir unsere noch ungelenken Zungen zu dem Rufe schmeidigen: ›Es lebe die Republik!‹ (117; 130)

Keine Frage, Mann geht es seit 1922 – im Unterschied zu früher – um ausdrücklich »*politische* Humanität« (117; 126), die freilich »die religiöse« (117; 126) keineswegs aus-, sondern (nicht weniger »explizit«) einschließt: Mann identifiziert (mit noch größerem Recht, als er glaubt) Novalis' *futurische* Christlichkeit als »Humanität«. *Sie* soll (auch seiner Überzeugung nach) jenes »dritte« und vermittelnde »Element« zwischen den »weltlichen Kräften« sein (117; 114), das bereits Novalis in der *Christenheit oder Europa* für unabdingbar erklärte: »Es ist unmöglich, dass weltliche Kräfte sich selbst ins Gleichgewicht setzen, ein drittes Element, das weltlich und überirdisch zugleich ist, kann allein diese Aufgabe lösen.«[9]

Mann fragt ein weiteres Mal: »Was ist denn ›die Menschheit‹ (sie gerade auch als Menschlichkeit bzw. *Humanität* verstehend, R. F.)? Ist sie die Summe aller jetzt lebenden Menschen oder die all derer, die je gelebt haben und leben werden, – schwer abzugrenzen gegen das Tierische immer und allerorten?« Und Mann antwortet, erneut mit Hilfe des Novalis: »Nein, sie ist etwas Inneres und Essentielles; sie ist mit des *Novalis* Worten ›der höhere Sinn unseres Planeten, der Stern, der dieses Glied mit der oberen Welt verknüpft, das Auge, das er gen Himmel hebt‹.« (117; 123)

Notwendig ist damit auch gesagt, dass »Menschheit« bzw. Menschlichkeit etwas *Universelles* meint, wie Mann, erneut Novalis folgend, gleichfalls betont: »[...] humanitas als Idee, Gefühl und sittlich-geistiges Regulativ« sei »das stille Bewusstsein, dass Staat nur ›eine besondere Verbindung mehrerer Menschen in dem großen Staate ist, den die Menschheit für sich selbst schon ausmacht‹, um wieder ein bereites Wort des Dichters einzusetzen, der, wie es scheint, bei dem, was ich heute zu sagen habe, mein *Eideshelfer* sein soll«. (117; 102)

An keiner anderen Stelle als dieser erfolgt Novalis' Akkreditierung zum »Eideshelfer«. Und auch was das ausdrücklich *Politische* des beschworenen Universalismus angeht, fungiert er als solcher:

›Wie‹, ruft er, ›wenn [...] eine nähere und mannigfaltigere Konnexion und Berührung der europäischen Staaten zunächst der historische Zweck des Krieges wäre, wenn eine Regung des bisher schlummernden Europa ins Spiel käme, wenn Europa wieder erwachen wollte, wenn ein Staat der Staaten, eine politische Wissenschaftslehre uns bevorstünde!‹ – Der Staat der Staaten: ist er romantisch-hierarchisch gemeint? (117; 123)

So fragt Mann, an die Novalis-Passage anschließend, beantwortet die nur als Scheinfrage gestellte aber mit einem klaren »Nein«:

Novalis erläutert weltlich: ›Das Völkerrecht ist der Anfang zur universellen Gesetzgebung, zum universellen Staate.‹ Und beizeiten spricht er aus, was heute die Spatzen von den Dächern pfeifen: ›Die Staaten müssen endlich gewahr werden, dass die Erreichung aller ihrer Zwecke bloß durch Gesamtmaßregeln möglich ist.‹ – Es hilft nichts: das alles ist politische Aufklärung, es ist unzweideutige Demokratie

– wie Mann bilanziert –

im Munde eines Ritters der blauen Blume, der obendrein ein geborener Junker war und von dem man, statt solcher Modernitäten, sich eher einiges mittelalterlichen Fehdesinnes und gewappneter Ehrliebe sollte versehen dürfen. (117; 123)

***

Novalissche Romantik, und damit komme ich zum Schluss, bedeutet insgesamt »Modernität«, wie Mann schon einige Absätze zuvor festgehalten wissen wollte, so nachdrücklich wie polemisch: »[…] in Hinsicht auf das Wesen der Romantik« bestünden »populäre und mondscheinhafte Vorurteile, die zu widerlegen man jede Gelegenheit ergreifen« müsse. Wörtlich:

> Dichtung und Kunst etwa, romantische Dichtung wenigstens, deutsche Kunst – nicht wahr, sie sind doch Traum, Einfalt, Gefühl oder noch besser ›Gemüt‹; sie haben mit ›Intellekt‹ den Teufel etwas zu schaffen, welcher vielmehr, ganz ähnlich wie die Republik, als eine Angelegenheit scharfer Judenjungen durchaus zu erachten und patriotisch zu missbilligen ist. Und wie, wenn man sich überzeugen müsste, dass die deutsche Romantik eine ausgemacht intellektualistische Kunst- und Geistesschule war? ›Der Sitz der eigentlichen Kunst‹, sagt Novalis, und es hat etwas mit Demokratie zu tun, was er da sagt, ›ist im Verstand. Dieser konstruiert nach einem eigentümlichen Begriffe. Phantasie, Witz und Urteilskraft werden nur von ihm requiriert. So ist Wilhelm Meister ganz ein Kunstprodukt – ein Werk des Verstandes.‹ Völkische Professoren werden Anstand nehmen, den Satz zu zitieren. Das Gemüt überwiegt bei ihnen den Verstand zu sehr, als dass sie einzusehen bereit wären, dass Romantik fast genau Modernität bedeutet […] (117; 120)

Wenn das kein Statement zu unserem Gesamtthema »Romantik und Moderne« ist! Doch wie anders klang Mann in den *Betrachtungen eines Unpolitischen*, die deutlich der restaurativen Hoch- bzw. Spätromantik und nur ihr verpflichtet waren[10]:

> Wenn Adam Müller […], der […] über die politische Frage die weisesten und geistreichsten Dinge von der Welt gesagt hat, – wenn er Politik nicht etwa mit Recht verwechselt, sondern das Recht, unzweifelhaft und positiv, als das natürlich und geschichtlich Gegebene, das Legitime, kurz als die sichtbare Macht bestimmt, die Politik oder Staatsklugheit, dem Recht gegenüber als dasjenige Prinzip, welches uns lehrt, das positiv-historische und unzweifelhafte Recht ›mit gewissen Schonungen zu gebrauchen‹, es mit dem Gewissen, der Klugheit, der Gegenwart und Zukunft, dem Nutzen zu versöhnen, als das Prinzip des Vermittelns, Vertragens, Überredens und Kontrahierens also, das wissenschaftlich von der Jurisprudenz durchaus zu scheiden sei, praktisch aber immer Hand in Hand mit ihr gehen müsse, – nun, so haben wir da […] Politik, (allerdings, R. F.) in jenem ironischen und konservativen Sinn, welcher der Sinn und Geist der Politik eigentlich ist (116; 434)

– in den Augen des vor- und gegenrepublikanischen: anti-menschenrechtlichen Mann der *Betrachtungen eines Unpolitischen*, der das *im modernen Sinn* Unpolitische der »deutschen Romantik« nicht genug betonen *konnte*, ihr dennoch oder gerade deshalb »Nationales« aber enthusiastisch begrüßen *musste*. »Kein christlicher Kosmopolitismus« könne ihn »hindern, im Romantischen und im *Nationalen* eine und dieselbe ideelle Macht zu erblicken: die herrschende des neunzehnten, des ›vorigen‹ Jahrhunderts« (116; 236 und 317), wie es in den *Betrachtungen* herausfordernd hieß.

Mann hatte 1922 allen Grund befürchten zu müssen, dem spätestens mit der Ermordung Rathenaus zur Tat übergegangenen »Obskurantismus« selbst »Waffen geliefert zu haben« (117; 105). Er widerrief seine *Betrachtungen* unüberhörbar und wurde deshalb – in den Augen jüngerer »Konservativer Revolutionärer« – notwendig zum »Renegat und Überläufer« (117; 112). Mit meinen eigenen Worten: Aufgrund seiner prorepublikanischen Rede des Jahres 1922 wurde Thomas Mann zum herausragenden Kritiker der »Politischen Romantik«, wie sie Paul Tillich noch 1933 – gleichfalls kritisch – verstand: als intellektuellen Prä- und Profaschismus.[11] Oder mehr *literatur-* und *kultur*geschichtlich formuliert: Der üblichen und reaktionären Neuromantik seit der vorletzten Jahrhundertwende, die sich insgesamt der deutschen Hoch- und Spätromantik anschloss, kontrastierte Mann auf provokative Weise eine Neu-*Früh*romantik, gleichfalls politischen, jedoch republikanischen bzw. demokratischen und damit *humanistischen* Charakters. Wir heute sollten das mutatis mutandis wieder tun und nicht nur der »Blauen Narzisse« des »Antaios«-Verlags wegen – so scheint wohl nicht nur mir.

* Der anschließende Text ist stark diesen beiden älteren Publikationen verpflichtet: Vf.: Novalis: Die Phantasie an die Macht (Stuttgart 1970) und Vf.: Eine literarische Intellektuellentypologie. Thomas Manns Beitrag zu Geschichte und Theorie des (Anti-)Humanismus (Würzburg 2011).

1 Die Thomas Mann-Zitate werden, mit wenigen Ausnahmen, innerhalb des fortlaufenden Textes durch in Klammern gesetzte Kürzel angegeben:
 - B 48 = Th. Mann: Briefe 1948–1955 und Nachlese. Kempten 1965.
 - B 89 = Th. Mann: Briefe 1889–1936. o. O. 1961.
 - F = Th. Mann: Doktor Faustus. Die Entstehung des Doktor Faustus. Frankfurt a. M. 1967.
 - Z = Th. Mann: Der Zauberberg. Roman. Berlin und Frankfurt a. M. 1964.
 Thomas Manns Essays werden zitiert nach Th. Mann: Werke. Das essayistische Werk. Taschenbuchausgabe in acht Bänden. Hrsg. von Hans Bürgin. Frankfurt a. M. und Hamburg 1966 (Bde. 113–20). Die Zahl vor dem Semikolon markiert die Band-Nummer, die anschließende(n) Zahl(en) gibt (geben) die jeweils zitierte(n) Seite(n) an. Th. Mann: Tagebücher 1944–1.4.1946. Frankfurt a. M. 1986, S. 820.
2 Ebd., S. 820/21.
3 Vgl. Carl Schmitt: Nomos – Nahme – Name. In: Der beständige Aufbruch. Festschrift für Erich Przywara. Nürnberg 1959, S. 103 ff.; sekundär: Vf.: Lateinischer Faschismus. Über Carl Schmitt den Römer und Katholiken. Hamburg 2. Aufl. 2021, Kap. I, 2.
4 Kurt Sontheimer: Thomas Mann und die Deutschen. Frankfurt a. M. und Hamburg 1965, S. 47.
5 Vgl. ebd.
6 Th. Mann an Ernst Bertram. In: Briefe aus den Jahren 1910–1955. Pfullingen 1960, S. 121.
7 Vgl. ebd., S. 38 sowie 117; 241 und 288.
8 Hans Rudolf Vaget: Thomas Mann und die Neuklassik. In: Hermann Kurzke (Hrsg.): Stationen der Thomas-Mann-Forschung. Aufsätze seit 1970. Würzburg 1985, S. 46.
9 Novalis: Monolog. Die Lehrlinge zu Sais. Die Christenheit oder Europa. Hymnen an die Nacht. Geistliche Lieder. Heinrich von Ofterdingen. Reinbek bei Hamburg 1963, S. 50.
10 Vgl., was den Unterschied zwischen Früh-, Hoch- und Spätromantik angeht, u. a. Vf.: Kritik der Romantik. Zur Differenzierung eines Begriffs. In: Urte Helduser und Johannes Weiß (Hrsg.): Die Modernität der Romantik. Zur Wiederkehr des Ungleichen. Kassel 1999, S. 19–47.
11 Vgl. Paul Tillich: Die sozialistische Entscheidung (1933). In: Gesammelte Werke. Bd. II. Stuttgart 1962, und sekundär: Vf.: Differenzierungen im Begriff ›Politische Romantik‹. Zu Werner Krauss, Alfred von Martin, Carl Schmitt, Paul Tillich, Frank Wilkening und Ernst Karl Winter. In: Blütenstaub. Jahrbuch für Frühromantik 2/2009, S. 291–312.

II.
Neuromantische Reaktion alias »Konservative Revolution«

»Universalität der Welterfassung«
Der Eugen Diederichs Verlag –
ein Verlag der Neuromantik?*

Peer Kösling

Ein wesentlicher Ausgangspunkt für die Entscheidung, 1996 im Jenaer Romantikerhaus anläßlich der Centenarfeier eine Ausstellung zu Eugen Diederichs und seinem Verlag zu veranstalten und diese in die Reihe der Ausstellungsprojekte aufzunehmen, die das Romantikerhaus zur 200jährigen Wiederkehr des Lustrums der Jenaer Frühromantik (1796–1800) präsentieren wollte, war die verbreitete Charakterisierung dieses Unternehmens als »Verlag der Neuromantik«.[1] Obwohl mit der Übersiedlung des 1896 in Florenz und Leipzig gegründeten Verlags im Jahre 1904 nach Jena das Epitheton »Neuromantik« in dem variantenreichen Werbevokabular Eugen Diederichs' nicht mehr an erster Stelle stand, gab es ausreichend Anhaltspunkte, die in ihrem zeitlichen Umfang auf die Jahre 1904 bis 1914 begrenzte Ausstellung in die Rezeptionsgeschiche der Jenaer Frühromantik einzureihen.[2]

I.

Relativ leicht läßt sich eine mit »Neuromantik« überschriebene, recht fest umrissene Phase in der Verlagsentwicklung für die Zeit zwischen 1898 und 1902 ausmachen, als der Verlag seinen Sitz noch im Buchzentrum Leipzig hatte. Ausgangspunkt war ein vierseitiger Prospekt von Ende 1898, in dem Eugen Diederichs erstmals vier Titel unter dem Schlagwort »Zu einer Neuromantik!« vereinigte. Es handelte sich um eine von dem befreundeten Friedrichshagener Dichter Bruno Wille eingeleitete dreibändige Ausgabe von Novalis' »Sämtlichen Werken«, um ein Buch über Hölderlin von Karl Müller-Rastatt mit dem Titel »In die Nacht! Ein Dichterleben«, um Maurice Maeterlincks Essay »Der Schatz der Armen« in der Übersetzung von Friedrich von Oppeln-Bronikowski und um die »Musikalischen Streifzüge« des aus dem Kunstwart-Kreis stammenden Musikkritikers Richard Batka mit den eigens hervorgehobenen Schwerpunkten »Romantik« und »Richard Wagner«. Allerdings hatte der pragmatisch denkende Jungverleger keine Bedenken, unter dem Prospekt-Titel als fünfte Publikation seinen ersten Bestseller aus dem Vorjahr, »Die deutsche Revolution 1848/49« von Hans Blum, mitanzubieten.

Bemerkenswert an diesem ersten Verlagsprospekt zur »Neuromantik« ist außerdem, daß sich das Schlagwort hier augenscheinlich nicht nur auf den Inhalt der angezeigten Bücher bezieht, sondern auch auf deren künstlerische Ausgestaltung. Denn bereits auf der ersten Seite des Prospekts wird unter der Überschrift »Zu einer Neuromantik!« und dem abgebildeten Titelblatt zu Maeterlincks »Der Schatz der Armen« die Aufmerksamkeit vorrangig auf die beteiligten Buchkünstler Melchior Lechter, Wilhelm Müller-Schönefeld, Bernhard Pankok und Johann Vincenz Cissarz gelenkt, die seinerzeit zu der Avantgarde unter den jungen Buchkünstlern zählten.[3]

Zu einem weiteren Ausgangspunkt der »neuromantischen« Richtung des Verlages zählte Diederichs in seinem 1920/21 verfaßten Lebensrückblick außerdem Julius Harts 1899 erschienenes Weltanschauungsbuch »Der neue Gott«, Hermann Hesses Prosaskizzen »Eine Stunde hinter Mitternacht« (1899) sowie Leopold Webers Erzählband »Traumgestalten« (1900), Bruno Willes zweibändigen Roman »Offenbarungen des Wacholderbaums« (1901) und eine von Friedrich von Oppeln-Bronikowski im Jahre 1900 unter dem Titel »Die blaue Blume« herausgegebene Anthologie romantischer Lyrik.[4] In dem ebenfalls 1921 erschienenen Verlagsalmanach »Wille und Gestaltung« fügte er dieser Reihe noch die zwischen 1900 und 1906 im Verlag publizierte fünfzehnbändige Ausgabe »Ausgewählter Werke« von John Ruskin und die von Marie Herzfeld besorgte Übersetzung der »Gesammelten Werke« (1898/99) des dänischen Kultautors der Jahrhundertwende Jens Peter Jacobsen hinzu.[5]

In diesen retrospektiven Charakterisierungen bezog der zum erfolgreichsten Kulturverleger seiner Generation avancierte Eugen Diederichs allerdings die beiden Erstlingswerke des Verlages, die Gedichtbände »Elisabeth Eleanor. Eine Liebe« und »Die blassen Cantilenen« des Pan-Mitarbeiters und Freundes aus Karlsruher Buchhändlertagen Emil Rudolf Weiß nicht in den Neuromantik-Kontext des Verlages ein. Das ist bemerkenswert, hatte der Verlegeranfänger diese schmalen, kostbar ausgestatteten Gedichtbändchen im Erscheinungsjahr 1896 dem bekannten Kunstwart-Herausgeber und zukünftigen Verlagsautor Ferdinand Avenarius gegenüber doch folgendermaßen beschrieben: »Es ist eben eine andere neue Art von Poesie, mittelst der Sprache, des Klanges allein zu wirken, etwas nervenzupfend, aber dadurch, daß alles Konkrete schemengleich verschwindet, sind diese unbestimmten unkörperlichen Gefühle viel wirkungsvoller.«[6] Es ist deshalb bemerkenswert, weil die beiden Bändchen zweifellos dem Teil der vielzitierten Gründungsparole zugerechnet werden können, den Eugen Diederichs bereits vor der eigentlichen Verlagsgründung mit »Romantik« markiert hatte: »Ich habe den kühnen Plan«, schrieb der durch Italien streifende Verleger in spe an den für das Unternehmen zu gewinnenden Avenarius, »ich möchte einen Versammlungsort moderner Geister haben ... Parole: Entwicklungsethik, Sozialaristokratie, gegen den Materialismus zur Romantik und zu neuer Renaissance. Auch für Mystik habe ich sehr viel übrig.«[7] Die Weiß'schen Gedichte gehörten zu den literarischen Strömungen der Zeit, dessen war sich Diederichs durchaus bewußt, die sich unter der Bezeichnung »Neuromantik« in Frontstellung zum Naturalismus herausgebildet hatten.[8] Die beschriebene eigenwillige Verfahrensweise Diederichs' mag als Indiz dafür gewertet werden, daß er das Signum »Neuromantik« nicht vorrangig benutzte, um seinen Verlag in der rasch wachsenden Verlagslandschaft als Ort einer speziellen literarischen Strömung zu profilieren, sondern daß es für ihn synthetisierende Bedeutung besaß.

Noch deutlicher wird diese Tendenz in dem von Diederichs selbst verfaßten programmatischen Sendschreiben »Zur Jahrhundertwende«[9], mit dem er im Januar 1900 sein Unternehmen als »führenden Verlag der Neuromantik« präsentierte. In diesem für das Neuromantik-Verständnis von Eugen Diederichs zentralen Dokument subsumierte er in Zusammenfassung des bis dahin zurückgelegten Weges und der zukünftigen Ambitionen des Verlages unter »Neuromantik« folgende Aspekte: Es ging ihm um eine Abgrenzung von der »Dekadenzrichtung in der Literatur«[10], wie auch häufig Kritiker die moderne Literatur der Jahrhundertwende bezeichneten, und von »weltfremder Träumerei«. Ebenfalls ganz im Duktus des zeitgenössischen kulturkritischen ganzheitlichen Diskurses sollten »Spezialistentum« und »einseitige Verstandesbildung« zugunsten einer intuitiv geprägten ganzheitlichen Betrachtungsweise und Gestaltung der Welt überwunden werden. Auf diese Weise wollte Diederichs im Einvernehmen mit vielen seiner vorwiegend bildungsbürgerlichen Zeitgenossen den vorherrschenden »Materialismus und Naturalismus« überwinden. Die postulierten, durch die Verlagsproduktion gestützten Ideale sollten nicht nur gedacht, sondern auch in Form von Natürlichkeit, Ursprünglichkeit und Daseinsfreude in allen Bereichen des Lebens gelebt werden. Erklärtes Ziel war, eine von diesen Grundsätzen getragene »künstlerische Kultur des 20. Jahrhunderts« zu schaffen. Die Notwendigkeit, in diesem Sinne das Leben zu gestalten, entsprang, so Diederichs, der »Sehnsucht der Seele nach etwas, das dem Leben Sinn und Inhalt gibt«, was zunächst »zur innerlichen Vertiefung« führe, aus der heraus der Mensch sich im Einklang mit der Umgebung« entwickeln werde.

Nicht ohne Einfluß auf das solchermaßen formulierte Verständnis von »Neuromantik« dürfte Ricarda Huchs Buch »Blütezeit der Romantik« gewesen sein, das gleich nach Erscheinen 1899 in der jungen Verlegerfamilie mit großem Interesse studiert worden war.[11] Eugen Diederichs zeigte sich so beeindruckt, daß er, als Huchs Leipziger Verlag Haessel wegen Alter und Krankheit des Besitzers vor einer möglichen Liquidierung stand, versuchte, den Folgeband »Ausbreitung und Verfall der Romantik« für seinen Verlag zu gewinnen.[12] Seinem Autor Maurice Maeterlinck legte er 1903 die Lektüre mit folgenden Worten ans Herz:

> Meine eigene innere Entwicklung ist durch das Buch sehr beeinflußt worden und ich habe manchen inneren Zusammenhang mit der romantischen Weltanschauung, der Philosophie Böhmes und Schellings entdeckt, von dem ich gar nichts wußte. Ich liebe das Buch ganz besonders, verzeihen Sie daher, wenn ich Sie so dringend darauf hinweise.[13]

Eugen Diederichs verstand unter »Neuromantik« also eine Einstellung zum Leben, nach der die Welt (Natur, Gesellschaft, Individuum) vor allem mittels des vorwiegend intuitiv gesteuerten praktischen Tuns von jedem einzelnen erfaßbar, begreifbar und veränderbar war.

Dieser weitgefaßte Begriff »Neuromantik« entsprang bei dem vornehmlich autodidaktisch gebildeten Eugen Diederichs nicht unbedingt einer durchdachten inhaltlichen Analyse des damit bezeichneten Phänomens, sondern er resultierte eher aus seinem Bedürfnis, das anvisierte und sich immer weiter verzweigende Verlagsprogramm durch eine begriffliche Klammer zusammenzuhalten und gegenüber anderen Verlagen signalartig, quasi als »Duftnote«, kenntlich zu machen.

II.

Diese weite und flexible Auffassung von »Neuromantik« um 1900 erlaubte es Diederichs, neben anderen übergreifenden Charakterisierungen, die gesamte Verlagsentwicklung auch unter dieses Schlagwort zu subsumieren. In seiner autobiographischen Skizze von 1927 tat er das mit Blick auf die Verlagsgründung in folgender Weise:

> Ich empfand mich selbst als neuromantischen Verlag. Dieses Wort bedeutete für mich weniger bewußte Anknüpfung an die Ziele der alten Romantik vor hundert Jahren, sondern Universalität der Welterfassung. Und wenn ich heute nach reichlich dreißig Jahren auf mein Lebenswerk zurückblicke, so meine ich, ich habe mein Ziel durchgehalten.[14]

Diese späte Charakterisierung erstaunt, hatte Diederichs doch das Verlagsepitheton »Neuromantik« relativ kurz nach seiner Ausformulierung wieder fallen lassen.

Folgende Gründe dürften von Bedeutung gewesen sein, warum der marktgewandte Verleger auf die gerade etablierte »Duftnote« so schnell wieder verzichtete. So wie das Aufgreifen des in der Zeit viel gebrauchten Schlagwortes der Kombination zweier Fähigkeiten des Verlegers entsprang, nämlich dem relativ unbekümmerten, auf die eigenen Bedürfnisse zugeschnittenen Umgang mit theoretischen Konzepten auf der einen und dem zielbewußten Wunsch nach einer exponierten Standortbestimmung in der deutschen Verlagslandschaft auf der anderen Seite, so verdankte sich die pragmatische Entscheidung, das Schlagwort wieder abzustoßen, ebenfalls diesen beiden »Gaben« des Verlegers.

Es mußte für Diederichs unübersehbar geworden sein, daß sich sein persönliches, umfassendes Verständnis von »Neuromantik«, wie er es zum Auftakt des neuen Jahrhunderts formuliert hatte, und der sich in der literarischen Öffentlichkeit durchsetzende, mehr auf das Ästhetische zielende Begriff, so diffus er auch dort blieb, immer weiter auseinanderentwickelten. Das Schlagwort war nicht nur abgenutzt, sondern drohte auch in seiner Verengung irreführend zu werden, d. h. es war für die Verdeutlichung der inhaltlichen Tendenz und Vielfalt seines Verlages nicht mehr spezifisch genug. Damit wurde das Schlagwort zugleich ein Hindernis für den Absatz seiner so betitelten Buchproduktion.

Vielleicht ist es mehr als eine interessante Koinzidenz, daß Diederichs' Abrücken von dem Schlagwort »Neuromantik« mit dem Erscheinen von Ricarda Huchs zweitem Band »Ausbreitung und Verfall der Romantik« (1902) zusammenfiel. Das erste Überblick-Kapitel hatte Huch bezeichnenderweise mit Goethes berühmter Kritik an der Romantik überschrieben: »Das will Alles umfassen und verliert sich darüber immer ins Elementarische.« Franz Schultz explizierte das Goethe-Verdikt in Diederichs' erstem Jenaer Verlagskatalog von 1904, indem er dem »ins Elementarische« noch »das heißt ins gestaltlose nicht zu enträtselnde unerschöpfliche All«[15] hinzufügte. Damit sprach er das von Diederichs bereits im Vorjahr formulierte Bedenken aus:

> [...] es ist noch eine große Frage, welche Entdeckung die größere ist, die des Entwicklungsgesetzes oder die von der Kraft des Unbewußten, wie sie den Romantikern zuerst aufging. Die Romantiker wurden mit dieser Entdeckung nicht fertig, sie gingen daran unter, weil sie sich vom Unbewußten zu sehr treiben ließen, statt es eben erkenntnismäßig zu beherrschen und zu werten.[16]

Mit anderen Worten: Der einseitige Bezug auf eine (Neu-)Romantik konnte in der Leseröffentlichkeit den unerwünschten Eindruck erwecken, als ob der Verlag mit seinen Büchern »zu sehr in das Spekulative hineinkomme«, obwohl es Diederichs doch vorrangig um eine möglichst enge, gestaltende Verbindung mit dem »wirklichen Leben« ging.[17] Als Korrektive hatte Diederichs u. a. die Renaissance und die Klassik mit ihrem harmonischen Persönlichkeitsideal, wie es Goethe zu verkörpern schien, auserkoren. Das heißt, Diederichs erweiterte die Zahl und Bedeutung der historischen Referenzgrößen – Antike und Mystik kamen hinzu – und stellte sein Verlagsprogramm auf eine breitere Basis, die sich mit dem umfassenderen und gelegentlich parallel zu »Neuromantik« verwendeten Schlagwort von einer »neuen deutschen Kultur«[18] besser, d. h. erfolgversprechender zusammenfassen ließ.

Ein weiterer, nicht zu unterschätzender Faktor war Arthur Bonus, der seit 1901 in theologischen Fragen erheblichen Einfluß auf Eugen Diederichs auszuüben begann. »Glauben Sie nicht, daß ich Neuromantik als das Ziel aller Entwicklung ansehe«[19], schrieb Diederichs im Oktober 1901 an den protestantischen Pfarrer und Schriftsteller. Im Jahr darauf erschien dessen »Religion als Schöpfung« bei Diederichs, wodurch eine inhaltliche Vertiefung und religiöse Grundlegung seiner kulturellen Sendung intendiert war. Unter dem Einfluß von Bonus und später auch anderen Vertretern der außerkirchlichen Religionsbewegung wie Christoph Schrempf, Arthur Drews, Max Maurenbrecher, Gottfried Traub und Carl Jatho nahm das konkrete und Diederichs überzeugende Gestalt an, was er im Programm von 1900 noch allgemein als »Sehnsucht der Seele, nach etwas, das dem Leben Sinn und Inhalt gibt« umschrieben hatte. Im Zuge dieser auf religiöse Erneuerung zielenden Entwicklung wurde der Begriff »Neuromantik« zu unverbindlich. Außerdem konnte Diederichs in den »Altromantikern« in Sachen Religion keine überzeugenden Gewährsleute sehen, denn, so schrieb er 1903: »Ich möchte nicht wie die Romantiker mit meinem Verlag als Stürmer und Dränger beginnen und dann mit der Kirche enden.«[20]

Ein weiterer Grund zur Distanzierung vom Begriff »Neuromantik« mag in dem Umstand zu suchen sein, daß sich die im damaligen Verständnis bedeutenden »neuromantischen« Dichter wie Hugo von Hofmannsthal, Rainer Maria Rilke und Richard Dehmel nicht bei Diederichs, sondern im 1899 gegründeten Leipziger Insel-Verlag versammelten, den seit 1901 sein Freund und ehemaliger Berater Rudolf von Pöllnitz und nach dessen Tod 1904 Anton Kippenberg leitete. Symptomatisch für diese verlegerische »Arbeitsteilung« ist wohl bereits Diederichs' Entscheidung, die von seinem Verlagsautor Hermann Hesse zur Verfügung gestellten Programmthesen zur »Neuromantik« bei der Abfassung seines Sendschreibens »Zur Jahrhundertwende« im Grunde unbeachtet zu lassen.[21] Die Sammlung der »neuromantischen« Dichter vorwiegend außerhalb des Eugen Diederichs Verlages war aber wiederum auch Ausdruck dafür, daß der Verlag sich, modern gesprochen, immer mehr zu einem Sachbuch-Verlag entwickelte, dessen Programm durch das Attribut »Neuromantik« unzureichend charakterisiert wurde.

Zusammenfassend läßt sich feststellen, daß ab etwa 1902 die Buchproduktion und das anvisierte Programm des Verlages ganz augenscheinlich nicht mehr dem beim Lesepublikum dominierenden Neuromantik-Verständnis entsprach. Ein Festhalten an dem Begriff wäre nicht nur zu unspezifisch oder gar irreführend gewesen, sondern, das war dem geschäftstüchtigen Idealisten Diederichs durchaus bewußt, auch geradezu geschäftsschädigend gewesen. Wenn Eugen Diederichs bis wenige Jahre vor seinem Tode die gesamte Verlagsentwicklung dennoch unter diesem Signum zusammenfaßte, so läßt sich das vielleicht folgendermaßen erklären:

Die ab etwa 1902 verstärkte Hinwendung zu »Religion« und »Kultur« bedeuteten keine Kehrtwendung in der prinzipiellen Ausrichtung des Verlages. Eher signalisierten die neuen, schlagwortartigen Sammelbegriffe eine Ausfüllung bzw. Vertiefung von Tendenzen, die bereits im Neuromantik-Programm von 1900 angelegt waren. Deshalb wird sich auch bei genauerem Hinsehen kaum ein unter der Ägide von Eugen Diederichs erschienenes Buch finden lassen, das nicht mit dem Anspruch verlegt worden war, diesem oder jenem Aspekt des umfassend formulierten Programms von 1900 zu dienen. Dem Wunsch nach Kontinuität der frühen Programmatik mag die noch stärker verallgemeinernde Charakterisierung von Neuromantik entsprungen sein, die Diederichs in seinem Lebensrückblick als »im Sinne eines Wackenroder Sinn für deutsche Vergangenheit, und im modernen Sinne künstlerische Kultur und religiöse Weltanschauung«[22] bezeichnete.

Zwei Beispiele mögen die soeben angedeutete Mutation der Begriffe im Rahmen einer grundlegenden Kontinuität in der Sache etwas konkretisieren. Als Eugen Diederichs 1929, ein Jahr vor seinem Tode, Rechenschaft über »30 Jahre religiöser Verlagsarbeit«[23] ablegte, ließ er die religiöse Linie aus der Substanz des Verlages herauswachsen, die um 1900 auch sein »Neuromantik«-Programm ausgemacht hatte. Folglich stehen die Bücher, die er als junger Verleger Ende 1898 im und um den Werbeprospekt »Zu einer Neuromantik« vereinigt hatte (angefangen mit Maeterlincks »Der Schatz der Armen«), nun rückblickend zugleich am Beginn der religiösen Linie des Verlages.[24] Auch in »Wege zu deutscher Kultur«, dem Verlagskatalog von 1908, hatte Diederichs die Romantik mit ihrem Gottesbegriff als einem »urschöpferische[n] Erzeugnis einer Seele«[25] als entscheidenden Ausgangspunkt des modernen religiösen Suchens, das er in seinem Verlag zusammenzuführen trachtete, reklamiert. In diesem Sinne ließe sich die mit »Lebendige Religion« überschriebene erste und ausführlichste Abteilung des Verlagskataloges von 1908 zugespitzt ebenso mit »Neuromantische Religion« betiteln.

Auch die im Laufe der Jahre für ihn zunehmend an Bedeutung gewinnende »Volkstumsbewegung« stellte Diederichs in die Tradition seines »neuromantischen« Anfangs. In »Wege zu deutscher Kultur« wurde ausdrücklich auf die Romantik als modernem Anknüpfungspunkt für die Erforschung und Nutzbarmachung eines verlorengegangenen »Deutschen Wesen(s)«[26] verwiesen. Entscheidende Leitfigur des mit »Volkstumsbewegung« umschriebenen Anliegens der Schaffung einer dezidiert nationalen, kulturellen Identität war Paul de Lagarde. Entsprechend kündigte Diederichs 1913 den ersten im Verlag erschienenen Auswahlband der Schriften von Lagarde, »Deutscher Glaube, deutsches Vaterland, deutsche Bildung«, mit dem Hinweis an: »Was Fichte und Schleiermacher wollten, beider Erfüllung ist Paul de Lagarde.«[27] Als die »Volkstumsbewegung« sich bald darauf im Krieg bewähren sollte, schrieb Diederichs an Friedrich Gogarten: »... und wenn ich mich irgendwie mit meinem Verlag als Fortsetzer der Romantik fühle, so ist es in dieser Aufgabe, das volksmäßige Fühlen in der heutigen Kriegslyrik hinzustellen ...«.[28] Allgemeiner gefaßt ging es dem Verleger bei der Schwerpunktverschiebung in Richtung »Volkstumsbewegung« darum, die mit dem »Neuromantik«-Programm anvisierte Ausprägung eines spezifisch inneren Lebens »der selbstherrlichen, autonomen Persönlichkeit«[29] auszudehnen hin zur Ausbildung eines »durch das ganze Volk gehende[n] gemeinsame[n] Empfinden[s]«[30], wie es nicht zufällig programmatisch im Verlagskatalog von 1913 hieß. Mit dem Bestreben, aus der Romantik stammendes Gedankengut für eine deutsche »Volkstumsbewegung« zu aktualisieren, stand Diederichs offenbar nicht allein, so daß Kritiker diese »Geisterbewegung« gelegentlich auch als »dritte Romantik« bezeichneten.[31]

Um es noch einmal pointiert zu sagen: Wie immer Eugen Diederichs die Schwerpunkte in der Verlagsausrichtung setzte und variierte, für ihn waren sie doch stets seiner persönlichen Entwicklung folgende, den Zeitumständen und dem Büchermarkt angepaßte Variationen des Anspruchs, mit dem er als Verleger angetreten war und den er unter dem Schlagwort »Neuromantik« erstmals zum Programm erhoben hatte. Deshalb verwundert es auch nicht, wenn er nach 30jährigem Berufsleben konstatiert, »daß ich eigentlich ganz ungewollt an den Anfangspunkt meiner Verlagtätigkeit angelangt bin«.[32] Aber, so heißt es weiter, »an Stelle des einfachen Tones am Anfang klingt jetzt die Symphonie eines Orchesters«. Und Thema sei für ihn stets die Frage »nach der Verwurzelung des deutschen Wesens« gewesen.

III.

Abschließend sei noch auf einige eher punktuelle verlegerische und nicht-verlegerische Aktivitäten verwiesen, die in unterschiedlicher Weise einen Bezug zur »alten« Romantik besitzen und so das »neuromantische« Attribut des Verlages stützten.

Trotz der verstärkten Hinwendung zu Sachbuchtiteln gehörte bis in die Jenaer Jahre hinein zum Verlagsprogramm ein zwar schrumpfender, aber immer noch bemerkenswerter belletristischer Bereich in der Tradition der »Neuromantik« in einem engeren, d. h. ästhetischen Sinne. In diesem Kontext jedenfalls präsentierte der ehemalige Naturalist und spätere Neuklassiker Samuel Lublinski in seiner Einführung zum Abschnitt »Schöne Literatur« im ersten Jenaer Katalog von 1904 die dort versammelten Bücher. Zu ihnen gehörten beispielsweise die Werke der Verlegergattin und Schriftstellerin Helene Voigt-Diederichs.[33] Wiederum vier Jahre später konstatierte Diederichs bei der Vorstellung seiner Verlagswerke in der deutschen Lyrik von Klopstock über Hölderlin bis in seine Gegenwart einen sich fortpflanzenden romantischen Ton.[34] Und die im selben Katalog unter »Künstlerische Erlebnisse« rubrizierten Bücher, wie etwa die Werke Carl Spittelers, waren für Diederichs nach wie vor Ausdruck einer »Neuromantik«.[35]

Als der Verleger im Frühjahr 1904 nach Jena zog, tat er das in der deutlich ausgesprochenen Absicht, hier »mit den Hauptvertretern der Romantik in neuen Ausgaben heraus [zu] kommen, damit die Romantik ihr hundertjähriges Jubiläum in Jena vor aller Welt offenkundig feiern kann«.[36] Tatsächlich bildeten solche Neuausgaben und sie begleitende Bücher zur Romantikrezeption und -interpretation, das hat Ulf Diederichs gezeigt, einen wesentlichen Anteil am Verlagsprogramm bis etwa zum Verlags-Almanach »Jena und Weimar« von 1908.[37] Dies war natürlich zugleich ein entscheidender Impuls für das Einfließenlassen und Umformen der romantischen Gedankenwelt in bzw. für die neuen Akzente der Verlagsentwicklung. Wie sehr und bewußt Diederichs im Banne der Romantik stand, hat er mehrfach nachdrücklich betont: »Die Ziele meiner Verlagstätigkeit decken sich mit den Idealen der alten Romantik«.[38]

Bedenkt man die im Diederichs-Programm besonders enge Verbindung zwischen der Persönlichkeit des Verlegers und dem sich allmählich entwickelnden Verlagsprofil, erscheint es auch gerechtfertigt, Diederichs' Engagement in dem von ihm initiierten Jenaer Serakreis (1908–1919) in die verlegerische romantische Tradition einzubeziehen.[39] Mit diesem jugendbewegt-studentischen Kreis, der sich neben anderen um Wilhelm Flitner, Rudolf Carnap, Walter Fränzel, Hans Freyer, Martha Hörmann, Helene Czapski-Holzman und Eva Rothe gruppierte, knüpfte Diederichs bewußt an das Geselligkeitsideal der Frühromantiker an. Als Teil der Jugendbewegung verkörperte »Sera« für ihn das an der Romantik orientierte Streben, »mit der Einheit des Lebens Ernst zu machen«.[40] Abgesehen von einigen Verlagstiteln, die in unmittelbarem Zusammenhang mit »Sera« standen[41], war Diederichs' Engagement in dieser Gruppe sein wohl originellster aktiver Beitrag zur zeitgenössischen Lebensreformbewegung, deren unterschiedlichen Gruppierungen er seinen Verlag zur Verfügung stellte.[42] Auch die daraus erwachsene Buchproduktion lag durchaus nicht außerhalb dessen, was Eugen Diederichs unter »Neuromantik« verstanden wissen wollte.[43] Zugleich war »Sera« auch ein praktischer Anstoß für die Hinwendung zur »Volkstumsbewegung«, in deren Folge die Lebensreformbücher mehr und mehr von Büchern zur Erkundung und Verbreitung »deutschen Wesens« verdrängt wurden. Und schließlich bezog der findige Verleger das romantisch-neuromantische Prinzip der »Universalität« auch ganz direkt auf die große Vielfalt der Themen und Standpunkte, die er im eigenen Verlag repräsentierte.[44] Dem läßt sich vielleicht auch noch hinzufügen, daß der Abbruch so manchen mit Enthusiasmus begonnenen Projektes im romantischen Fragment ebenfalls einen signifikanten Vorläufer hatte.

Zusammenfassung

Eine Charakterisierung des Eugen Diederichs Verlages als eines »Verlages der Neuromantik« läßt sich also unter anderem verstehen im Hinblick

- auf eine klar umrissene programmatische Entwicklungsphase zu Beginn des Verlagsaufbaus (1898–1901/02);

- auf das sich mehrfach wandelnde Fortwirken der mit dieser Programmatik verbundenen grundlegenden Geisteshaltung des Verlegers in der nachfolgenden Verlagsentwicklung;

- auf einen gewissen Bestand »neuromantischer« belletristischer Literatur;

- auf Eugen Diederichs' Aktivitäten zur Neuherausgabe der Romantiker und im Verlegen von Büchern zu deren Rezeption und Interpretation (bis etwas 1908/09);

- auf das »romantische Wesen« des Verlegers, wie es sich in besonderer Weise in dessen Rolle als »Sera-Vater« manifestierte;

- und auf das äußere Erscheinungsbild des Verlages mit seiner fast unübersehbaren Vielfalt einerseits und seinen zum Teil Fragment gebliebenen Bestandteilen andererseits.

Daraus ergibt sich natürlich nicht zwingend, den Eugen Diederichs Verlag, solange er von seinem Gründer geleitet wurde, eindimensional als einen Verlag der Neuromantik zu bestimmen.[45] Aber in allen denkbaren Charakterisierungen bzw. in all den darin verwobenen Schlagworten wie Kunst, Kultur, Religion und Volkstumsbewegung wird immer auch das mitschwingen müssen, was Eugen Diederichs um 1900 in sehr spezifischer Weise als »Neuromantik« umschrieben hat.

* Erstabdruck in: Romantik, Revolution und Reform. Der Eugen Diederichs Verlag im Epochenkontext 1900–1949. Hrsg. von Justus H. Ulbricht und Meike G. Werner. Göttingen 1999, S. 78–93.

1 Bei Beachtung unterschiedlicher Interpretationen des Begriffs s. Alfons Paquet: Eugen Diederichs. Zu seinem 60. Geburtstag. In: Frankfurter Zeitung, 28. Juni 1927. Wiederabdr. in: Eugen Diederichs. Selbstzeugnisse und Briefe von Zeitgenossen. Mit e. Vorw. v. Rüdiger Robert Beer. Zusst. u. Erl. v. Ulf Diederichs. Düsseldorf, Köln 1967, S. 78–81; Ernst Johann: Die deutschen Buchverlage des Naturalismus und der Neuromantik. Weimar 1935, S. 45–60; Jens Malte Fischer: Deutsche Literatur zwischen Jahrhundertwende und Erstem Weltkrieg. In: Neues Handbuch der Literaturwissenschaften. Bd. 19. Wiesbaden 1976, S. 231–260; George L. Mosse: Die völkische Revolution. Über die geistigen Wurzeln des Nationalsozialismus. Frankfurt a. M. 1991, S. 62–77.

2 Versammlungsort moderner Geister. Der Kulturverleger Eugen Diederichs und seine Anfänge in Jena. Katalogbuch zur Ausstellung im Romantikerhaus Jena 15. September bis 8. Dezember 1996. München 1996. Konzeption und Katalogbeiträge stammen von Peer Kösling, Justus H. Ulbricht und Meike G. Werner. Anläßlich des Verlagsjubiläums erschien außerdem der von Gangolf Hübinger herausgegebene Essayband: Versammlungsort moderner Geister. Der Eugen Diederichs Verlag – Aufbruch ins Jahrhundert der Extreme. München 1996.

3 Vgl. dazu Irmgard Heidler: Künstlerische Buchgestaltung im Eugen Diederichs Verlag. In: Hübinger (Hrsg.): Versammlungsort moderner Geister, S. 167–220, hier vor allem S. 169–185.

4 Eugen Diederichs: Leben und Werk. Ausgewählte Briefe und Aufzeichnungen. Hrsg. von Lulu von Strauß und Torney-Diederichs. Jena 1936, S. 44 und 50.

5 Wille und Gestaltung. Almanach auf das Jahr 1921. Zum 25. Jahr des Verlages Eugen Diederichs in Jena. Jena 1921, S. 158 f.

6 Eugen Diederichs an Ferdinand Avenarius, 27. Oktober 1896. In: Diederichs: Leben und Werk (s. Anm. 4), S. 42.

7 Eugen Diederichs an Ferdinand Avenarius, Venedig, 1. September 1896. In: Ebd., S. 40.

8 In diesem Sinne zählte Diederichs E. R. Weiß in seiner Selbstbiographie in einem anderen Kontext zu den »Autoren der Neuromantik«. Vgl. Eugen Diederichs: Lebensaufbau. Skizze zu einer Selbstbiographie. Unveröffentlichtes, maschinenschriftliches Manuskript 1920/21 (DLA Marbach, NL Eugen Diederichs), S. 104.

9 Wiederabgedr. in: Eugen Diederichs. In: Der deutsche Buchhandel der Gegenwart in Selbstdarstellungen. Hrsg. v. Gerhard Menz. 2. Bd. H. 1. Leipzig 1927, S. 20 f.

10 Mit dieser Abgrenzung ist wohl auch die erwähnte Verdrängung der »romantischen« Erstlingswerke von E. R. Weiß aus dem Neuromantik-Kontext verbunden. Für eine Analyse des unter den Zeitgenossen in der Regel negativ besetzten Begriffs der Dekadenz, zu deren Motivbestand auch die Lebensferne gehörte, vgl. Wolfdietrich Rasch: Die literarische Decadence um 1900. München 1986, S. 17–133.

11 Ricarda Huch: Blütezeit der Romantik. Leipzig 1899. Zur Lektüre s. Helene Voigt-Diederichs an Hermann Hesse, 16. November 1899. In: Hermann Hesse – Helene Voigt-Diederichs. Zwei Autorenporträts in Briefen 1897 bis 1900. Mit einer Einleitung von Bernhard Zeller, Düsseldorf 1971, S. 127.

12 Eugen Diederichs an Ricarda Huch, Leipzig, 11. Januar 1901 (DLA Marbach, NL Ricarda Huch). Die Übernahme kam nicht zustande, der Band erschien 1902 wie bereits der erste Band im Verlag Haessel in Leipzig.

13 Eugen Diederichs an Maurice Maeterlinck, 28. Oktober 1903. In: Diederichs: Leben und Werk (s. Anm. 4), S. 89.

14 Eugen Diederichs. In: Menz: Der deutsche Buchhandel (s. Anm. 9), S. 19.

15 Franz Schultz: Zur Romantik. In: Eugen Diederichs Jena in Thüringen. Verlagskatalog. [Jena 1904], S. 34.

16 Eugen Diederichs an Julius Konstantin von Hoeßlin, 23. November 1903. In: Diederichs: Leben und Werk (s. Anm. 4), S. 93.

17 Eugen Diederichs an einen Theologen, 12. Februar 1903. In: Ebd., S. 74. Vgl. zu diesem Zusammenhang auch Peer Kösling: Geburtshelfer am schöpferisch Neuen. In: Hübinger: Versammlungsort moderner Geister (s. Anm. 2), S. 51–83.
18 Beispielsweise Eugen Diederichs in einem Brief an Privatdozent Bethe, 25. Mai 1903. In: Diederichs: Leben und Werk (s. Anm. 4), S. 80.
19 Eugen Diederichs an Arthur Bonus, 31. Oktober 1901. In: Ebd., S. 59.
20 Eugen Diederichs an einen Theologen, 12. Februar 1903. In: Ebd., S. 73.
21 Von Hermann Hesse war im Verlag 1899 die Prosaskizze »Eine Stunde hinter Mitternacht« erschienen. Das 1967 von Ulf Diederichs aufgefundene Manuskript »Neuromantik« ist abgedruckt in: Eugen Diederichs. Selbstzeugnisse und Briefe von Zeitgenossen, S. 107–109. In seinen Thesen hatte Hesse die rein dichterische Dimension der »Neuromantik« betont.
22 Diederichs: Lebensaufbau, S. 70. Wiederabdr. in: Diederichs: Leben und Werk (s. Anm. 4), S. 50.
23 Stirb und Werde! 30 Jahre religiöser Verlagsarbeit. Ein Arbeitsbericht über 30jährige Verlagstätigkeit auf religiösem Gebiete (1899–1929). Jena 1929.
24 Ebd., S. 5, 50 und 52.
25 Wege zu deutscher Kultur. Eine Einführung in die Bücher des Verlages Eugen Diederichs in Jena. Mit einem Bücherverzeichnis bis Weihnachten 1908. Jena 1908, S. 24–26, hier S. 25.
26 So der Titel der fünften Abteilung des Verlagskataloges »Wege zu deutscher Kultur«, S. 69 ff. Vgl. dazu auch Justus H. Ulbricht: »Meine Seele sehnt sich nach Sichtbarkeit deutschen Wesens.« Weltanschauung und Verlagsprogramm von Eugen Diederichs im Spannungsfeld zwischen Neuromantik und »Konservativer Revolution. In: Hübinger: Versammlungsort mordner Geister (s. Anm. 2), S. 335–374.
27 Erste Verlagsankündigung der Schriften Paul de Lagarde. In: Diederichs: Leben und Werk (s. Anm. 4), S. 226.
28 Eugen Diederichs an Friedrich Gogarten, 30. Januar 1915. In: Ebd., S. 254 f.
29 Wege zu deutscher Kultur (s. Anm. 25), S. 23.
30 Eugen Diederichs: Wo stehen wir? In: Die Kulturbewegung Deutschlands im Jahre 1913. Ein Verzeichnis der Neuerscheinungen des Verlages Eugen Diederichs. Jena 1913, S. 1–6, hier S. 2.
31 Hermann Friedemann: Die dritte Romantik (1912). In: Erich Ruprecht/Dieter Bänsch (Hrsg.): Jahrhundertwende. Manifeste und Dokumente zur deutschen Literatur 1890–1910. Stuttgart 1981, S. 295–297.
32 Hier und im folgenden Eugen Diederichs: Vom Verlegerberuf. In: Das deutsche Gesicht. Ein Weg zur Zukunft. Zum XXX. Jahr des Verlages Eugen Diederichs in Jena. Jena 1926, S. 4–8, hier S. 7.
33 Samuel Lublinski: Zu der modernen Literaturströmung. In: Eugen Diederichs Jena in Thüringen (s. Anm. 15), S. 75 f. Angeboten wurden Titel von Shakespeare, Rossetti, Andersen, Jacobsen, Stendhal, Tschechow, Ricarda Huch, Helene Voigt-Diederichs, Spitteler und Hesse.
34 Wege zu deutscher Kultur (s. Anm. 25), S. 64.
35 Ebd., S. 90.
36 Eugen Diederichs an Erwin Kircher, 28. Oktober 1903. In: Diederichs: Leben und Werk (s. Anm. 4), S. 89 f.
37 Ulf Diederichs: Jena und Weimar als verlegerisches Programm. Über die Anfänge des Eugen Diederichs Verlages in Jena. In: Börsenblatt für den Deutschen Buchhandel Nr. 60, vom 29. Juli 1994, S. A 241–A 257.
38 Zur Kultur der Seele 1896–1906. Verlagsbericht von Eugen Diederichs Jena. Jena 1906, S. 1.
39 Vgl. dazu Meike G. Werner: Ambivalenzen kultureller Praxis in der Jugendbewegung. Das Beispiel des freistudentischen Jenenser Serakreises um den Verleger Eugen Diederichs vor dem Ersten Weltkrieg. In: Jahrbuch für Historische Bildungsforschung I (1993), S. 245–264; dies.: »In Jena begonnen zu haben, war ein besonderer Vorzug des Glückes.« Der freistudentische Serakreis um Eugen Diederichs. In: Jürgen John (Hrsg.): Kleinstaaten und Kultur in Thüringen vom 16. bis 20. Jahrhundert. Köln/Wien/Weimar 1994, S. 529–540.

40 Eugen Diederichs: Selbstentfaltung. In: Die Tätigkeit des Verlages Eugen Diederichs in Jena während des letzten Jahrzehnts 1914–1924. [Jena November 1924], [unpaginiert, S. 2].
41 Außer den für den Freundeskreis gedruckten Sonnwend- und Sera-Almanachen sind dazu beispielsweise Wilhelm Flitners Dissertation über den Fichte-Schüler »August Ludwig Hülsen und der Bund der freien Männer« (1913) oder Hans Freyers »Antäus. Grundlegung einer Ethik des bewußten Lebens« (1918) zu rechnen.
42 Vgl. dazu Meike G. Werner: Die Erneuerung des Lebens durch ästhetische Praxis. Lebensreform, Jugend und Festkultur im Eugen Diederichs-Verlag. In: Hübinger: Versammlungsort moderner Geister (s. Anm. 2), S. 222–242.
43 Erich Viehöfer: Der Verleger als Organisator. Eugen Diederichs und die bürgerlichen Reformbewegungen der Jahrhundertwende. Frankfurt a. M. 1988, S. 125–131.
44 Eugen Diederichs. In. Der Deutsche Buchhandel der Gegenwart (s. Anm. 9), S. 19.
45 Vgl. auch Kösling: Geburtshelfer am schöpferisch Neuen (s. Anm. 17).

Romantisches Denken in der entzauberten Welt*

Heinz Dieter Kittsteiner

1. Gespräche im Stroh

Wenn die Kommilitonen der christlichen Studentenverbindung zu Halle etwas gemeinsam unternehmen wollten, beschlossen sie eine »Landfahrt«. Dazu hielt es die Theologiestudenten aber nicht in der reizlosen Umgegend ihrer Alma Mater – dann nahmen sie den Zug und fuhren einige Stunden saaleaufwärts, stiegen vielleicht schon in Naumburg oder Apolda aus und zogen nun – nach Art des Wandervogels – mit Rucksäcken und Regen-Kapuzen los, »recht als freie Burschen«. So schildert Thomas Mann in seinem *Doktor Faustus* das Leben der Studenten vor dem Ersten Weltkrieg.

War dann bei irgendeinem nachsichtigen Bauern ein Nachtlager gefunden, so schlief man nicht sogleich, sondern es wurde über Gott und die Welt disputiert, beim Scheine einer Stallaterne, auf dem Stroh einer Scheune. An Lebensfragen war kein Mangel – und am besten fing man bei sich selbst an, mit eben der Situation, in der man sich gerade befand: Kann es richtig sein, daß eine Lebensform sich selbst reflektiert, daß also Jugend über Jugend nachdenkt? Löse sich nicht da gleich die angestrebte Form wieder auf, da doch nur das »direkt und unbewußt Seiende« wahre Existenz habe? Der Kommilitone Deutschlin wirft dieses Problem auf, um dann auf das Thema hinzusteuern, ob nicht alle deutschen Taten immer aus einer gewaltigen Unreife und Jugendlichkeit geschehen seien. Adrian Leverkühn widerspricht vorsichtig. Die Deutschen seien doch – historisch betrachtet – nicht jünger und unreifer als die anderen sie umgebenden Völker. Da kommt er bei Deutschlin aber schön an. Die »Jugend« – auch die eines Volkes – habe gar nichts mit Geschichte zu tun, es sei eine metaphysische Gabe, ein unendliches »Unterwegssein des deutschen Wesens«, ein Wissen um »Stirb und Werde«, um Tod und Wiedergeburt. Wo bliebe denn die Welt, wenn die Deutschen in ihrer Unreife ihr nicht noch manche Revolution und Erneuerung bescherten.

Nun sei doch aber die Renaissance etwas Italienisches, und die deutsche Reformation nur ihre Anwendung auf das Religiöse, beharrt Leverkühn. Doch mit dem »Religiösen« hat er seinem Widerpart nur ein neues Stichwort zu neuer Belehrung geliefert, denn gerade die Begabtesten unter den jungen Theologen haben Kierkegaard gelesen, trennen Kirche und Christentum – berufen sich nicht auf die Religion, wohl aber auf »das Religiöse«. Adrian Leverkühn vermag im »Religiösen« nur eine subjektivistische Verwilderung zu sehen, die selbst in den Wahnsinn hinübertreiben könne. Die meisten protestieren entschieden gegen solche Auffassungen. Ein Mitstreiter fordert zwar die »Disziplinierung des Religiösen« – wird aber sofort als Rationalist entlarvt, dessen aufklärerisches Gesellschaftsideal ja die »über und untervernünftigen Gewalten« gar nicht zu erfassen vermöge. Die aber lägen im Volke, wenngleich man wohl aus religiöser Sicht einschränken müsse, daß ein »Volk« nichts von Ewigkeitswert sei. Aus der Wirtschaftsgesellschaft jedoch werde niemals ein neues Volkstum entstehen; in der Wirtschaft herrsche doch nur die nackte Endlichkeit. Um aber der Welt mit einer aus dem Volk geborenen »deutschen Lebensform« zu dienen, bedürfe es ernster personaler Anstrengungen.

So geht es noch einige Zeit hin und her, bis es Teutleben durch den Kopf schießt, ob wohl die Jugend anderer Völker auch so auf dem Stroh liege und sich mit Problemen und Antinomien plage. Nun ist man beim internationalen Vergleich. Nein, Vergleichbares gebe es nicht, weiß Deutschlin, die anderen Völker seien geistig einfacher und bequemer. Aber die russische Jugend müsse man doch ausnehmen?

> Die Russen, sagte Deutschlin sentenziös, – haben Tiefe, aber keine Form. Die im Westen Form, aber keine Tiefe. Beides zusammen haben nur wir Deutsche. – Na, wenn das keine völkische Bindung ist! lachte Hubmeyer. – Es ist bloß die Bindung an eine Idee ... Sollen und Sein klaffen bei uns weiter auseinander als bei anderen, weil eben das Sollen sehr hoch gesetzt ist.

Dungersheim möchte die ganze Problematik vom Nationalen abtrennen und sie eher als Merkmal der gesamten Moderne betrachten. Sei es denn nicht so, daß mit dem Zusammenbruch vorgefundener, sakral imprägnierter Ganzheitsordnungen eine allgemeine Suche nach neuen Ordnungskräften statthabe, die – eingestandenermaßen – bei den Deutschen besonders ernst und dringlich sei? Aber was handle man sich da ein? will Teutleben nun wissen. Vielleicht einen völkischen Mythos von zweifelhafter Echtheit, ein christlich verbrämtes Heidentum, letztlich eine dämonische Position. Doch Deutschlin weiß auch da Rat: »Dämonische Kräfte stecken neben Ordnungsqualitäten in jeder vitalen Bewegung.«

An geeigneter Stelle flicht Thomas Mann ein, er gebe die Reden dieser jungen Leute so wieder »wie sie gehalten wurden, in ihren Ausdrücken, die einem gelehrten Jargon angehörten, dessen Gespreiztheit ihnen nicht im mindesten zum Bewußtsein kam«. Mit virtuoser Anspruchslosigkeit werfen sie sich Brocken hin wie »naturale Lebensbezüge«, »theonome Bindungen« und »sakraler Raum«; sie stellen die »Wesensfrage« und erörtern »doppelpolige Haltungen«, gelehrt, bemüht und uferlos. Noch lange zieht das Gespräch sich hin, bis es sich schließlich in den ersten Schnarchlauten verläuft. Früh werden sie wieder aufstehen und in der Vereinigung von schauendem Naturgenuß und den obligatorischen theologisch-philosophischen Debatten das blühende Thüringen hinauf zum Rennsteig durchwandern, »das von Industrie fast freie, mild-begünstigte, fruchtbare Land mit seinen freundlichen Haufendörfern aus Fachwerkbauten« – bis hinüber nach Eisenach schien es ihnen immer schöner, bedeutender und romantischer zu werden.[1]

Gruppiert man die Fragen ein wenig, um die da im Stroh gerungen wird, dann schält sich als Ausgangspunkt ein allgemein verbreitetes Gefühl der Ordnungslosigkeit in einer als bedrohlich aufgefaßten »modernen Welt« heraus. In dieses Chaos soll eine Form hineingebracht werden, die neue Ordnungen schafft. »Form« kann aber nicht aus den traditionellen Bereichen der Gesellschaft kommen; nicht aus Ökonomie und Politik, auch nicht von der Kirche. Sie wird vom »Volk« erwartet, das sich seine Kräfte auf geheimnisvolle Weise in einer unhistorischen Tiefe erschließt, aus der auch eine neue »Religiosität« und neue Mythen hervorgehen werden. Die Wiedergeburt des Lebens kann kein rational gewollter Vorgang sein – man muß dämonische Kräfte anrühren, um sich gegen die Welt, wie sie ist, behaupten zu können. Dabei schließen sich eine Einsicht in die allgemeinen Probleme der Moderne und eine nationale Sonderrolle nicht aus; Deutschlin bringt es auf den Punkt: »Tiefe« haben auch die Russen, »Form« auch die Westeuropäer – aber eine »Form« zu finden, die zugleich tief und dennoch ordnungsstiftend ist – das ist dem Volk in der europäischen Mitte vorbehalten. Wer aber soll auf die Suche nach dieser Form gehen, wenn nicht die Jugend? »Der Jugendgedanke ist ein Vorrecht und Vorzug unseres Volkes, des deutschen, – die andern kennen ihn kaum, Jugend als Selbstsein ist ihnen so gut wie unbekannt ... Die deutsche Jugend repräsentiert, eben als Jugend, den Volksgeist selbst, den deutschen Geist ...«. Damit schließt sich der Kreis: Wenn das »Volk« noch nicht an seine künftige Rolle herangeführt ist, dann muß vorerst die Jugend

als die Verkörperung des »Volksgeistes« stellvertretend die erstrebten Positionen besetzen.
Mit leichter Hand befördert Thomas Mann seine diskutierende Studentenschar aus »grauer Städte Mauern« heraus und versetzt sie per Bahnfahrt nach Thüringen, in das gelobte Land des Wandervogels, in eben jenes Revier, in dem sich auch der Jenenser Verleger Eugen Diederichs mit seinem »Sera-Kreis« tummelte, die rotseidene Fahne mit dem Sonnenrad voran. Verglichen mit den Fahrten der Bacchantinnen und Vaganten des Sera-Kreises – man trug sich altdeutsch, spielte Hans-Sachs-Stücke, führte Tänze auf, sang Volkslieder und erbat oder besser: forderte dafür Speise und Trank[2] –, geht es auf ihrer theologischen Landfahrt sogar recht bieder zu. Aber die Ironie will es – oder will es auch der Autor? – daß das diskutierte Lebensprogramm ohne allzu große Abstriche aus dem Verlagsprogramm des Eugen Diederichs Verlages zusammengelesen sein könnte. Alle Motive tauchen dort in der einen oder anderen Variante wieder auf. Wir betrachten sie unter dem Blickpunkt eines möglichen Zusammenhangs zwischen »Moderne« und »Romantik«, zwischen der »Entzauberung« der Welt und einer Hoffnung, die entfesselte Moderne noch einmal zu bändigen – wenn nicht sogar wieder »verzaubern« zu können.

Wie »entzaubert« war die Welt?

Die Frage kommt nicht von ungefähr, denn viele der Überlegungen zur kulturellen Lage in Deutschland im ersten Drittel des 20. Jahrhunderts stehen im Schatten Max Webers und seiner These vom »stahlharten Gehäuse« und der »Entzauberung der Welt«. Man kann dann danach fragen, ob in »philosophischer Radikalität« ein Exodus aus dieser entzauberten Welt möglich war, oder man verweist darauf, daß der Prozeß der Entzauberung von Anbeginn von einer Kompensation durch nationale Mythen begleitet war[3] – immer ist jedoch die Stichhaltigkeit der Analyse Max Webers schon vorausgesetzt, so als ob ein unumstrittenes Faktum, nicht aber ein noch unentschiedener Prozeß beschrieben worden sei, und so als ob nicht Weber selbst polemisch Position in einem noch anhaltenden Streit bezogen hätte. Vielleicht ist es ganz nützlich, sich einige Wendungen seiner Begriffe noch einmal anzusehen.

Läßt man außer acht, daß Weber auch den Übergang von Magie zu Religion – etwa im Sinne des Ethnologen James Frazer – als eine »Entzauberung« der Welt aufgefaßt hat, und bezieht den Begriff nur auf die Moderne, dann ist unbestreitbar, daß er den Vorgang der »Entzauberung der Welt« durch Rationalisierung und Intellektualisierung als das »Schicksal unserer Zeit« begreift.⁴ Als seine Ursprünge diagnostiziert er nicht nur das theoretische Denken, sondern auch die protestantisch-religiöse Ethik als Ethik der Weltbearbeitung; es ist die gleiche Konstellation, die auch in das Verhängnis des »stahlharten Gehäuses« hineinführt. Allerdings ist in der Bestimmung der »Entzauberung« selbst ein Widerspruch eingebaut, der hervortritt, wenn man sich die hypothetische Formulierung dieses schicksalhaften Prozesses betrachtet. »Intellektualisierung und Rationalisierung« sollen *nicht* eine zunehmende allgemeine Kenntnis der Lebensbedingungen bedeuten; es ist nur der *Glaube* daran, daß man – wenn man nur wollte – diese Kenntnis sich jederzeit verschaffen könnte, »daß es also prinzipiell keine geheimnisvollen, unberechenbaren Mächte gebe, die da hineinspielen, daß man vielmehr alle Dinge im Prinzip durch *Berechnen beherrschen* könne. Das aber bedeutet die Entzauberung der Welt«. Daß die Entzauberung nur ein *Glaube* sein soll, mahnt schon zur Vorsicht – vor allem aber ist nicht bestätigt, daß die Entzauberung tatsächlich in die zentralen Ursprünge des Lebens hinunterreicht. Zweifel daran werden an anderer Stelle ausgesprochen: Gerade weil das Schicksal unserer Zeit die »Entzauberung der Welt« ist, flüchten sich die »letzten und sublimsten Werte« aus der Öffentlichkeit in ein Reich mystischen Lebens oder in die »Brüderlichkeit unmittelbarer Beziehungen der Einzelnen zueinander«. Nicht daß Weber diese Flucht gutheißt, aber er sieht, daß der Prozeß der Moderne selbst seine Gegenspieler hervorbringt, die davon ausgehen, daß dieser Prozeß vielleicht doch noch nicht das unabwendbare Schicksal der Zeit ist.⁵

Sicherlich, die Entzauberung der Welt durch Intellektualisierung und Rationalisierung ist im vollen Gange; Sigfried Giedion sagt über die unmittelbare Erfahrung der Mechanisierung des täglichen Lebens, daß alles, was sich während des 19. Jahrhunderts angesammelt habe, erst jetzt – zu Beginn des 20. Jahrhunderts – »das Leben mit voller Wucht« treffe. Vor allem halte sich die Technik nun nicht mehr in abgegrenzten Arealen der Industrialisierung auf, sondern rücke dem Bürger unmittelbar auf den Leib.⁶ Aber zugleich hält sich die Auffassung, daß diese Rationalisierung den letzten Kern des Lebens und der Geschichte nicht trifft; die Welt ist für den Menschen – nur weil er sie entzaubern kann – nicht verfügbarer oder humaner geworden. Die Entzauberung greift gar nicht in diesen dunklen Grund hinab; sie bereitet nur das Rational-Wißbare auf, das vielleicht aus Gebieten, die von dieser Moderne noch nicht erfaßt sind, noch einmal überformt werden kann. Ein Leitmotiv des Denkens um die Wende zum 20. Jahrhundert konzentriert sich auf diesen Punkt: Kann der Mensch der »Moderne« standhalten, oder wird er restlos von ihr aufgesogen? Gibt es noch Widerstandslinien, von denen aus der Prozeß geformt werden kann? Und ist dieser Widerstand nicht »moderner« als die rationale Moderne selbst? Es geht des weiteren darum, wo diese Residuen des Widerstandes auszumachen sind: Im Prozeß selbst? Oder sind sie nur denen zugänglich, die sich *gegen* den Prozeß stellen?

Einige Überlegungen aus dem »Objektivitätsaufsatz« von 1904 können Max Webers Position in dieser Hinsicht deutlicher machen. Die Rationalisierung der Welt spielt sich ab vor dem Hintergrund eines nicht faßbaren, düsteren Schicksalsprozesses, eines überwältigenden Zwanges, der sich fortwälzt, »bis der letzte Zentner fossilen Brennstoffs verglüht ist«. Zugleich sind die Menschen aber zum Handeln aufgerufen – die allgemein gestellte Frage lautet, wie »Sinn« in diesen an sich selbst sinnlosen Prozeß hineingebracht werden kann. Weber weiß: Seine Epoche hat vom Baume der Erkenntnis gegessen; ein Sinn des Geschehens ist nicht aus der Erforschung der Welt herzuleiten. Nur veraltete »Weltanschauungen« glauben noch an einen immanenten Sinn des Weltprozesses.[7] Der »Kulturmensch« muß aktiv zur Welt Stellung nehmen und ihr einen Sinn verleihen. Die geschichtliche Welt aber ist »unendliche Fülle« – ein Chaos von Kausalverknüpfungen, in die nur letzte Wertideen Ordnung zu bringen vermögen. Doch auch diese Wertideen sind nichts Fixierbares:

> Endlos wälzt sich der Strom des unermeßlichen Geschehens der Ewigkeit entgegen. Immer neu und anders gefärbt bilden sich die Kulturprobleme, welche die Menschen bewegen, flüssig bleibt damit der Umkreis dessen, was aus jenem stets gleich unendlichen Strome des Individuellen Sinn und Bedeutung für uns erhält, ›historisches Individuum‹ wird.[8]

Diese Anerkennung einer grundlegenden Dynamik des Geschehens, das nur in immer wechselnden Konstellationen zu einem vorübergehenden sinn- und bedeutungsvollen Gebilde auskristallisiert werden kann, dieses Denken der »Moderne« in ihrem eigenen, unaufhaltsamen Fluß, um dann den »Forderungen des Tages« gerecht zu werden, ist eine scharf umrissene Position aus jener Debatte – sie ist aber nicht jedermanns Sache.

Die Gegenbewegung, die Weber sehr wohl kennt, betrachtet sich selbst als die radikalere Haltung; sie will gerade *dieses unberechenbaren Ursprungs der Geschichte habhaft werden.* Im Grunde ist das keine neue Forderung; das Problem schwelt schon seit den Tagen der Junghegelianer, die der Hegelschen »Vernunft in der Geschichte« nicht mehr trauen und zu einem erneuerten Fichteanischen Aktivismus übergehen. In der Mitte des 19. Jahrhundert hatte Karl Marx die Frage auf seine Art aufgegriffen und zur Grundlage seiner Untersuchung der Kapitalbewegung gemacht. Denn ursprünglich war auch sein Inbegriff von »Kommunismus« nichts anderes als der Versuch, die den Menschen entgleitende Geschichte wieder in die Verfügungsgewalt der Produzenten zurückzubringen.[9] Diese grundsätzliche Aufgabenstellung schillert in vielen Varianten und politischen Spektralfarben; sie verändert allerdings ihren Charakter im Verlauf des 19. Jahrhunderts. Mit dem Untergang der Hegelschen Schule fallen die teleologischen Illusionen vom historische Prozeß ab; Geschichte entpuppt sich als ein dem Leben feindlicher Vorgang – die Hilferufe werden dringlicher und zugleich, da man sich von politischen Lösungen nichts mehr verspricht, individualistischer und ästhetizistischer. Wenn Nietzsche die Losung ausgibt, »das Chaos zu organisieren«, und dazu die »Jugend« aufruft, dann ist mit diesem Notruf schon die Vorstellung verbunden, daß das Leben krank geworden sei, daß ihm die »plastische Kraft« zur Einbindung der Vergangenheit in eine erst zu formende Gegenwart schon fehlt.[10] Noch aber ist das Schicksal nicht entschieden, noch kann es gewendet werden. Das »Leben« ist auf der Suche nach neuer Kraft zur Bändigung, zur Formung der Geschichte; es sieht sich nach Verbündeten, nach neuen Kraftquellen um. Die sucht es in der »Tiefe«, nicht an der Oberfläche des Geschehens. In dieser historischen Konstellation stehen »Entzauberung« und »Romantik« zueinander.

Romantisches Denken in der Moderne

In der fünften Abteilung seines Verlagskataloges von 1908 »Wege zu deutscher Kultur« stellt Eugen Diederichs seine Bücher unter der Rubrik »Deutsches Wesen« vor. Vorangegangen sind die Abteilungen »Lebendige Religion«, »Wille zur Tat«, »Die Sprache der Form« und »Kulturentwicklung«. Mit einem Zitat von Friedrich Schlegel leitet er die Suche nach »Bundesgenossen« ein – ganz im Sinne des oben skizzierten Verhältnisses von Geschichte und Romantik: »Niemand weiß, was er ist, wer nicht weiß, was seine Genossen sind, vor allem der höchste Genosse des Bundes, der Meister der Meister, der Genius des

Zeitalters«. Es habe – so Diederichs – im innersten Wesen der Romantik gelegen, in der Geschichte eine Beziehung aufs Unendliche zu sehen, eine Entwicklungsgeschichte des Geistes. Die »alte Romantik« habe diese Geister gesammelt, die poetischen Schätze des Volkes gehoben, um eine lebendige germanische Gefühlswelt zu erschließen.

> Aber ihr Wollen kam nicht zur Erfüllung. Deutschland wurde ein Industriestaat, man lernte die Wirklichkeit meistern, und an Stelle des Sichversenkens trat rauschende Feststimmung, die in patriotischem Redenhalten sich erschöpfte und als Hurrapatriotismus eine bestimmte Signatur trägt. Dürfen wir aber auf die *Kraft* (Herv. v. mir), die eine tiefere Auffassung unseres Nationalgefühls und Kenntnis der inneren Zusammenhänge deutscher Kultur gibt, verzichten?[11]

Die glatte Ablehnung des Wilhelminismus paart sich mit der Suche nach einem Bundesgenossen, der *Kraft* verleiht – und diese Kraft soll aus einer »tieferen Auffassung« des Nationalgefühls kommen. Romantik in diesem Sinne ist die Verpflichtung, die alte Romantik unter neuen – erschwerten – Bedingungen zu vollenden. Das deutsche Volk wächst in einen »Amerikanismus« hinein; doch die Bedrohung von außen macht von selbst die historische Analogiebildung klar, denn auch zu Beginn des 19. Jahrhunderts war das »Deutsche« bedroht: von der Französischen Revolution und der Napoleonischen Expansion. »Wir sprechen heute nicht ohne Berechtigung von einer Neuromantik, ganz von selbst drängt sich der Vergleich mit der Zeit vor 100 Jahren auf.« Was aber sucht man im Rückgriff auf die Romantik? Ihre Faszination besteht nicht in einzelnen reizenden Erscheinungen, sondern weil hier »Einmaliges und Unverlierbares aus dem Chaos herausgehoben ist: das Denken als sinnliche Weltkraft«.[12] Das romantische Denken wird selbst zur Kraft, die sich dem »Chaos« gegenüberstellt; das Buchprogramm des Verlages wird zum Wegweiser einer Avantgarde, die vor einer doppelten Aufgabe steht: Sie muß sich international bewähren und zugleich nach innen die Kräfte, die im Volke schlummern, erst noch für diese Bewährung erwecken.

Im Laufe der Jahre verändert sich der Ton, in dem Diederichs die Aufgabe dieser neuromantischen »Versammlung moderner Geister« darstellt. 1908 mahnt er zur Bescheidenheit: »Deutsche Kultur« ist nur Teil einer Gesamtkultur der Welt; man werde entdecken, daß Deutschland von Gott nicht bevorzugt sei und daher auch allen anderen Völkern Gerechtigkeit widerfahren lassen, die an dem großen Menschheitsziel mitschaffen, in dem »Schönheit und Sittlichkeit Eins sind«.[13] Das erinnert an Herder – 1913 aber liest man es schon anders. Auch da ist die Rede davon, daß man von überallher das Beste auslesen müsse: Von den Engländern den politischen Sinn, von den Franzosen Leichtigkeit und Lebensempfinden, von den Skandinaviern die Volkserziehungspraxis, von den Slawen die Ergänzung zu unserem einseitigen religiösen Individualismus und aus Indien und China vielleicht den Sinn des Lebens, »nämlich wahre geistige Kultur«. Doch all das soll um- und eingeschmolzen werden in eine neue deutsche Kultur, der eine gewaltige Aufgabe bevorsteht:

> Soll Deutschland einst die *Führung in der Welt* (Herv. v. mir) übernehmen, so ist die entscheidende Frage: Wird die neue kommende Generation die Arbeit unserer heutigen ›Führung ohne Volk‹ aufnehmen und weiterbringen? Darum heißt es arbeiten, daß genügend Kräfte hinter der Fülle des neuen Wollens stehen, heißt es im Sinn Lagardes einen heimlich offenen Bund der Geister bilden, der für das Morgen sinnt.

Denn darüber dürfe man sich nicht betrügen: Die Masse werde immer kulturloser und versinke in Geschmacklosigkeiten und äußerlicher Gesinnung. Nur eine ganz dünne Schicht stehe stellvertretend für das Ganze und für das, was erst kommen solle: »Eine Volkstumsbewegung muß uns in ein bewußtes Rassegefühl führen. England hat durch die Ausbildung dieses Gefühls einen großen Vorsprung vor uns, und wir können mit ihm nicht in der Weltbeherrschung konkurrieren, wenn wir nur einseitig industrielle Tatkraft ohne innere Konzentration aufweisen.« »Rasse« ist hier nicht im späteren biologistischen Sinn gemeint; das zeigt der Vergleich mit dem glücklichen Albion, das uns auch auf diesem Gebiete wieder voraus ist. Es ist die zivilisationskritische Verzweiflung, die nach einer Substanz im Volk suchen läßt – und die eher *erfunden* als *gefunden* werden muß, denn zu finden ist sie immer seltener:

> Wo sieht man in unseren Großstädten noch ernste innerliche Gesichter, Menschen, die in sich selbst ruhen und in ihrem Alter ein schauendes Auge wie Rembrandt oder Goethe haben, Gesichter, wie wir sie aus der Kunst der altniederländischen und unserer altdeutschen Meister kennen? Man arbeitet, man amüsiert sich, aber man ›lebt‹ nicht.[14]

Mit der *Kraft* Fichtes

Um die geläufige Bestimmung der Romantik einem einschlägigen zeitgenössischen Werk zu entnehmen: Theobald Ziegler bemängelt 1910 zwar, daß Friedrich Schlegel in der Theoriebildung die »unglaublichsten Sprünge« mache, aber daß er in der Französischen Revolution, Fichtes Wissenschaftslehre und Goethes *Wilhelm Meister* die drei großen Tendenzen des Zeitalters erkenne – damit habe er doch die Sache getroffen. »Das Revolutionäre, das ganz Subjektive, das Ästhetische und Poetische als Leben und Erleben mit diesem in eins zusammengefaßt – das waren wirklich die drei Tendenzen der Romantik als einer ›progressiven Universalpoesie‹...«[15] Nehmen wir nur das »ganz Subjektive« heraus – Fichtes Philosophie. Es ist bekannt, daß sich innerhalb des Neukantianismus noch einmal die Entwicklung des deutschen Idealismus nachvollzogen hat: Von Kant zu Fichte zu Hegel. Dabei hat im ersten Jahrzehnt des neuen Jahrhunderts Fichte Konjunktur – das mag zusätzlich noch verstärkt werden durch die sich nun häufenden Jahrhundertfeiern der kleindeutschen Staatsgesinnung. Preußens Fall 1806 und seine wunderbare Auferstehung 1813 in den »Befreiungskriegen« gelten als Lehrstück schicksalhafter deutscher Geschichte, das im Denkmal der Leipziger Völkerschlacht zum Monument wird.[16] Den Ereignissen der Preußischen Reform und Erhebung ist das Leben Fichtes eng verbunden, kulminierend in seinen *Reden an die Deutsche Nation* aus den Jahren 1807/08.

Hundert Jahre später, 1908, hält Wilhelm Windelband, eines der Schulhäupter des südwestdeutschen Neukantianismus, einen akademischen Vortrag über »Fichtes Geschichtsphilosophie«. Nicht der rationale, der »romantische« Fichte steht im Mittelpunkt des Interesses, der bereits in seiner Vorlesung über die »Grundzüge des gegenwärtigen Zeitalters« von 1804/05 seine eigene Zeit als den »Zustand der vollendeten Sündhaftigkeit« charakterisiert hatte. Windelband greift diese Epochenschilderung auf und wendet sie zum Vorbild für die Gegenwart. Hier sei eine Gegenströmung zur Französischen Revolution am Werk, die aus der Atomisierung und Individualisierung herauswolle, hin zu einer organischen Lebenseinheit, wie sie zuerst Novalis in seinem Aufsatz *Die Christenheit oder Europa* ausgesprochen habe. Fichte wiederhole in seiner Geschichtsauffassung die Grundlagen seiner Wissenschaftslehre, in beiden Fällen arbeite sich die Vernunft aus blindem Gegebensein zu bewußter Gestaltung heraus. Leider – so fährt Windelband dann fort – habe Fichte sich bei dieser Geschichtskonstruktion in seinem weltbürgerlichen Patriotismus zu der Fiktion eines »Urvolkes« oder eines »Normalvolkes« hinreißen lassen – ja, in den *Reden an die Deutsche Nation* versteige er sich sogar dazu, dieses Normalvolk mit den Deutschen zu identifizieren, »und es ergibt sich daraus für die Deutschen die historische Pflicht, das Vernunftreich bei sich zu gestalten, um es den anderen Völkern zu bringen.«[17] Bei Fichte liest sich das so:

> Alle, die entweder selbst, schöpferisch und hervorbringend das Neue leben, oder die, falls ihnen dies nicht zu Theil geworden wäre, das Nichtige wenigstens entschieden fallen lassen und aufmerkend dastehen [...] alle diese sind ursprüngliche Menschen, sie sind, wenn sie als ein Volk betrachtet werden, ein Urvolk, das Volk schlechtweg, Deutsche.[18]

Dem alten Neukantianer Windelband (1848–1915) sind – bei genereller Zustimmung – solche Reden im Detail doch nicht geheuer.

Das ist ganz anders bei dem jungen Autor des Eugen Diederichs Verlages, Friedrich Gogarten (1887–1967). Sein Buch *Fichte als religiöser Denker* erscheint 1914; gewidmet ist es Arthur Bonus, der in dem Bemühen, Religion und Volk neu zu vereinen, für eine völkische Einbindung des Christentums eintritt. Im Ausscheiden von »Fremdreligion« soll der Glaube so, statt zu einer »Krankenzuflucht«, wieder zur »Kraftquelle« werden. Die Modernisierung der Religion ist gleichbedeutend mit ihrer Germanisierung, die ihre Erfüllung in der Mystik findet: »Wir erheben uns nicht mehr zu Gott, sondern wir vertiefen und versenken uns in ihn.« Religion ist Selbstbewußtsein der Schöpfung, Christus ist kein moralisches Vorbild, sondern freier Schöpfergeist. Das Resultat dieser Umpolung wird ein neuer Wille zur Macht und zur Gewalt der Seele sein. Die leitmotivische Frage dieser Generation nach *Hilfe* und *Kraft* scheint so ein für allemal gelöst. Es geht um die Erzeugung einer »Gesinnung, die die Gottheit nicht als Feind fühlt, sondern als Bundesgenossen, ja als innerlichste Kraft«.[19] Die Werke von Arthur Bonus werden in den Prospekten des Diederichs-Verlages herausgestellt als die Arbeiten eines »Pfandfinders«, der auch bei den Kirchen Anerkennung finde – Bonus ist später im »Dritten Reich« zu den »Deutschen Christen« gegangen. Im Katalog von 1915/16 erscheint er unmittelbar neben Friedrich Gogarten; beide vereint die Aufgabe, das Fichtesche Religionsdenken für die Aufgaben der Gegenwart fruchtbar zu machen.[20]

Dafür eignet sich Fichte besonders; gilt er doch als der Überwinder des Kosmopolitismus der Aufklärung, der als erster zwischen dem »Einzelnen« und der »Menschheit« die »Nation« als selbständiges Wertgebilde einschiebt.[21] Gogarten sieht diese Wende Fichtes in den ›Anweisungen zum seligen Leben‹ von 1806, die er als eine aktive Mystik interpretiert. Der Mensch macht sich selbst zum Bild der Gottheit – aber erst die Geschichte zeigt den Weg der künftigen Entwicklung dieser Einheit von Gott und Mensch.[22] Mystik ist kein Schwelgen im Gefühl einer All-Einheit, sondern Tätigkeit. Umgekehrt ist nun die Welt kein bloßes Hemmnis mehr für die sittliche Entwicklung – wie noch für die Philosophen der Aufklärung –, sondern ein göttlicher Grund in der nationalen Gemeinschaft, in der das tätige Streben auf fruchtbaren Boden fällt. Und genau hier finden die national gesinnten Theologen für ihre Zeit, was sie suchen:

> Die Gemeinschaft, die der Fromme kennt und in der er lebt, ist anderer Art. Sie ist jeder empirischen Kontrolle enthoben. Denn im Tiefsten ist diese Gemeinschaft nichts anderes als der Glaube daran, daß in dem ungeheuren gar nicht zu übersehende Weltgetriebe das Eine göttliche Leben zugrunde liegt.

Aus dieser Zuversicht schöpfen sie die »weltgestaltende Kraft«, denn die intensivste Geschichtsarbeit des Menschen ist nun vertrauensvolle Hingabe an die schaffende Gottheit.

> Tief ist diese Vaterlandsliebe, denn ihr ist das Volk eine eigentümliche Offenbarung des göttlichen Lebens. Und rücksichtslos ist sie, denn nur soweit das Volk eine solche Offenbarung ist und sie in immer reinerer Vollkommenheit herausarbeitet, steht diese Liebe auf seiner Seite. Alles Selbstische, Eigensüchtige bekämpft sie schärfer, als der Feind es könnte. Und Politik im gewöhnlichen Stil ist mit ihr nicht zu machen.[23]

Diese letztere Drohung ist ernst zu nehmen: Politik im gewöhnlichen Stil ist mit dieser Gesinnung nicht zu machen. Für den romantischen Willen ist die Geschichte nicht mehr das Fremde, das man klug und vorsichtig, eben realpolitisch einschätzen muß – sie ist vielmehr insgeheim fundiert auf dem vertrauten Boden der Nation und des Volkes. Der Schicksalsmacht der modernen Zeiten, der Konkurrenz der Nationen auf dem Weltmarkt, ist ein völkisches Substrat unterlegt, mit dem im Bunde man zu ungeahnter Kraftentfaltung kommen wird. Diese *Kraft* ist aber auch erforderlich, um den feindseligen Fluß der Geschichte im deutschen Sinne zu *formen*. Dies ist die Botschaft Fichtes an Teile dieser Generation von Intellektuellen: Sie haben das

»Urvolk«, das Gott-Volk zum Bundesgenossen, dem sich alle anderen Völker, sofern sie nur »schöpferisch« sind, anschließen dürfen. Können sie angesichts dieser Kraft-Verstärkung nicht hochgemut sein? Eugen Diederichs jedenfalls ist es. Im Katalog von 1915/16 »Zur Neuorientierung der deutschen Kultur nach dem Kriege« – wohlgemerkt: nach einem deutschen Sieg – erfährt das Verhältnis der Deutschen zu den anderen Nationen eine letzte Umdeutung: »Auch in Zukunft« – so schreibt der Verleger – »werde ich meine nationale Aufgabe nicht in einer Verengung durch Abschluß von andren Völker sehen; jedes Volk hat seinen kulturellen Eigenwert, und Deutschlands Aufgabe ist es, *alle Völker zur Weltkultur* (Herv. v. mir) zu führen. Freilich kann das nur fruchtbar geschehen, wenn die deutsche Kultur in den nächsten Jahrhunderten idealistisch bleibt und dadurch eine Tiefe gewinnt, die wir nur erst erahnen können. Vielleicht ist dieser Weltkrieg der Anfang einer neuen Entwicklungsperiode deutschen Wesens.«[24] Er ist dazu geworden – allerdings in einem anderen Sinne als Eugen Diederichs es sich vorstellen konnte.

Nach dem Weltkrieg

Ein unlängst erschienener Aufsatz unterscheidet nach dem Ersten Weltkrieg zwei Mythenbildungen, die nebeneinander existierten, die sich gegenseitig verstärkten, aber doch zutiefst verschieden waren: den Mythos von »Langemarck« und den Mythos von »Verdun«. Im Ineinander und Gegeneinander dieser Mythen entscheidet sich das Schicksal der Romantik in der »entzauberten Welt«.

Als wollte sie schon das Material für einen Mythos liefern, formulierte die Oberste Heeresleitung am 11. November 1914 den lapidaren Grundtext: »Westlich von Langemarck brachen junge Regimenter unter dem Gesange ›Deutschland, Deutschland über alles‹ gegen die erste Linie der feindlichen Stellungen vor und nahmen sie. Etwa 2000 Mann französische Linieninfantrie wurden gefangengenommen und sechs Maschinengewehre erbeutet.«[25] Alles an diesem Text evoziert symbolträchtige Bilder: »Junge Regimenter« – keine präzise militärische Angabe ihrer Namen. Sie marschieren auch nicht – nein, sie »brechen auf«. Und dabei singen sie nicht irgend etwas, sondern das Deutschlandlied. In dieser – militärisch bedeutungslosen – Offensive, die unter fürchterlichen Verlusten im französischen Maschinengewehrfeuer steckenbleibt, formiert sich noch einmal der Mythos der »Jugend«. Er löst sich vom Anlaß ab und ist zum Symbol für Heldentum und Opferbereitschaft geworden. Es ist die Geschichte vom »Wandervogel mit Frontbewährung«, der Walter Flex das vielgelesene Denkmal gesetzt hat. Flex selbst wurde wiederum mit seiner Totenbeschwörung aus *Der Wanderer zwischen den Welten* in einen der vielen Gedenkbände aufgenommen, die in der Weimarer Republik das Vermächtnis der Gefallenen anmahnten:

> Macht uns nicht zu Gespenstern, gebt uns Heimrecht! Wir möchten gern zu jeder Stunde in euren Kreis treten dürfen, ohne euer Lachen zu stören. Macht uns nicht ganz zu greisenhaft ernsten Schatten, laßt uns den feuchten Duft der Heiterkeit, der als Glanz und Schimmer über unserer Jugend lag![26]

Der Wandervogel war aufgebrochen auf der Suche nach dem »Neuen Menschen.«[27] Ein Großteil des Verlagsprogramms von Eugen Diederichs läßt sich dieser romantischen Ausfahrt zur Formung und Bändigung der Moderne zuordnen. Nach dem Krieg ändert sich an der Grundhaltung nicht viel: Die alten zivilisationskritischen Topoi bleiben als Mahnung und Verpflichtung bestehen, ganz so wie der Diederichs-Verlag 1919 den Band »Sera in Memoriam« mit Briefen der gefallenen Freunde erscheinen läßt. Das noch immer gleiche »Lebensgefühl« soll zur »Form« werden, und die Quellen deutschen Denkens und Dichtens sollen nach wie vor dafür die »irrationale Kraft« liefern. Der »deutsche Mensch« allerdings ist entwurzelter als je zuvor. Er läuft – materialistisch und gottverlassen – dem »Großstadtgeschmack« hinterher und wartet dennoch zugleich »mit Sehnsucht auf den Führer, der ihn aus dem Dreck herausziehen soll«. Will deutsches Wesen aber wieder neue Form gewinnen, »darf das Volk nicht länger in Klassen gespalten sein«. Die Bücher des Verlages sollen mithelfen, quer durch alle Klassen eine neue Schicht zu bilden, einen »heimlich-offenen Bund« im Sinne Lagardes, der sich diese deutsche Aufgabe zum Ziel setzt.[28] Wenn man die Produktion des Eugen Diederichs-Verlages einem der beiden Mythen symbolisch zuordnen wollte – Langemarck oder Verdun – käme er eindeutig auf die Seite »Langemarcks« zu stehen. Langemarck wurde für das bürgerlich-konservative Lager zum Kennwort für die unvergängliche deutsche Kulturmission gegen den Universalitätsanspruch der westlichen Demokratien. Der Kampf um die Aufgabe einer deutschen Formung der Welt verschärfte sich mit der Niederlage; hier bleibt es aber bei zeitgemäß modifizierten, im Kern neoromantischen Auffassungen.

Im Grunde war die Weichenstellung schon 1917 vollzogen, in der Kulturtagung auf Burg Lauenstein: Das Programm des Eugen Diederichs-Verlages stößt in Gestalt des proteushaften Max Maurenbrecher mit Max Weber zusammen. Das Protokoll der Tagung vermerkt:

> Univ.-Prof. M. Weber-Heidelberg vertritt M(aurenbrecher) gegenüber in glänzender Rede einen auf wirtschaftlichen Liberalismus und starken Realismus fußenden gemäßigten Imperialismus. Maurenbrecher ist ihm Romantiker. Nach Weber sind wir auf absehbare Zeit der Mechanisierung verfallen, die sich in der durchaus starken Bürokratie einerseits, in einem wildwachsenden übermächtigen Kapitalismus andererseits offenbart. Dagegen ist auch unseren Klassikern kein Kraut gewachsen.[29]

Nun geht es nach dem Kriege im bürgerlichen Denken aber nicht nur um den Gegensatz von organizistischer Romantik und mechanistischem Liberalismus; es gibt noch eine dritte Position, die im Laufe der zwanziger Jahre an Gewicht gewinnt und die sich um den Mythos von »Verdun« und seine kulturkritischen Folgen gruppiert. Einen Hinweis auf den Untergang einer ganzen Welt gibt bereits 1924 Thomas Mann. Seinen *Zauberberg* läßt er bekanntlich mit einem »Donnerschlag« enden – und plötzlich findet der Leser den zögerlichen Helden Hans Castorp auf den Schlachtfeldern des Weltkriegs wieder. »Seht, er tritt einem ausgefallenen Kameraden auf die Hand, tritt diese Hand mit seinem Nagelstiefel tief in den schlammigen, mit Splitterzweigen bedecken Grund hinein. Er ist es trotzdem. Was denn, er singt!« Hier weicht der Autor vom überlieferten Langemarck-Mythos ab. Sein Held singt durchaus nicht das Deutschlandlied – er singt halblaut vor sich hin das Erkennungslied der Romantik:
»Er macht sich auf, er taumelt hinkend weiter mit erdschweren Füßen, bewußtlos singend:

›Und seine Zweige rauschten,
Als riefen sie mir zu –‹

Und so, im Getümmel, in dem Regen, der Dämmerung, kommt er uns aus den Augen.«[30]
Er kommt uns aus den Augen – nicht nur als Hans Castorp, sondern als Vorkriegstyp, der nun wirklich einem »Neuen Menschen« weicht, der vor »Verdun« erzogen worden ist. Ernst Jünger – einer, der es wissen muß – beurteilt 1932 das Geschichtszeichen von Langemarck, das übrigens weniger mi-

litärische als vielmehr geistesgeschichtliche Bedeutung gehabt habe, als Untergang des idealistischen Individualismus:

> Es sei hier erinnert an den berühmten Angriff der Kriegsfreiwilligen-Regimenter bei Langemarck. [...] Wir sehen hier einen klassischen Angriff zusammenbrechen, ungeachtet der Stärke des Willens zur Macht, der die Individuen beseelt, und der moralischen und geistigen Werte, durch die sie ausgezeichnet sind. Freier Wille, Bildung, Begeisterung und der Rausch der Todesverachtung reichen nicht zu, die Schwerkraft von wenigen hundert Metern zu überwinden, auf denen der Zauber des mechanischen Todes regiert.

In den Materialschlachten des Weltkriegs hat sich das 19. Jahrhundert an der Flamme des 20. Jahrhunderts verbrannt, ja eigentlich ist sogar die Mitte des Weltkrieges erst der Anbruch des neuen Jahrhunderts. Ein anderer Typus Mensch ist entstanden – kein romantischer »Sänger am Opferhügel« mehr, sondern der Träger des neuartigen Stahlhelms, dessen Form es fertigbrachte, zugleich archaisch und modern zu wirken. Dieser gefährlich gewordene »Menschenschlag« in der Verbindung von Arbeiter und Frontsoldat hat sein Antlitz ganz einer kriegerischen Moderne zugewandt:

> Verändert hat sich auch das Gesicht, das dem Beobachter unter dem Stahlhelm oder der Sturzkappe entgegenblickt [...] Es ist metallischer geworden, auf seiner Oberfläche gleichsam galvanisiert, der Knochenbau tritt deutlich hervor, die Züge sind ausgespart und angespannt. Der Blick ist ruhig und fixiert, geschult an der Betrachtung von Gegenständen, die in Zuständen hoher Geschwindigkeit zu erfassen sind. Es ist das Gesicht einer neuen Rasse, die sich unter den eigenartigen Anforderungen einer neuen Landschaft zu entwickeln beginnt, und die der Einzelne nicht als Person oder als Individuum, sondern als Typus repräsentiert.[31]

Die kleine physiognomische Studie Jüngers fordert einen Vergleich mit dem Katalog des Eugen Diederichs-Verlages von 1926 heraus, betitelt: »Das deutsche Gesicht. Ein Weg in die Zukunft«. Der Katalog ist mit Fotografien bebildert; viel Altgermanisches und Mittelalterliches ist zu sehen – zwar nicht der sonst allgegenwärtige »Bamberger Reiter«, den Ernst Kantorowicz sich 1924 in seinem Buch über Friedrich den Zweiten als »mittelmeerischen« Germanentypus erkoren hatte[32] – dafür aber der letzte Hohenstaufe Konradin, der in seiner Jugendlichkeit der deutschen Jugend zeigt, wie man unter Einsatz seines Lebens um Erbe und Reich zu kämpfen hat. Solche Vorbilder sind vonnöten, denn nicht im Krieg, wohl aber in der Nachkriegszeit haben die Deutschen ihr Gesicht verloren; sie müssen tief in ihre Vergangenheit zurückgreifen, um Modelle ihres künftigen Antlitzes wiederzufinden. Der Katalog lanciert vor allem die 1925 angelaufene Serie »Deutsche Volkheit«, und der zentrale Beitrag von Eugen Diederichs mahnt noch einmal die Aufgaben der Gegenwart an: Der Staat ist in Unordnung gekommen und muß von Kräften geheilt werden, die im »Volke« liegen. Das Volk ist aber vorerst kein »Volk«, sondern nur »Masse«. Die Volkwerdung der Masse ist gleichbedeutend mit ihrer »Formung durch Ordnungen«. Aber auch um diese Ordnungen muß gerungen werden; die »geistige Not« ist nicht geringer als die wirtschaftliche. Hier soll die neue Serie helfend eingreifen: »Wenn meine neue Buchorganisation ›D e u t s c h e V o l k - h e i t‹, von der bereits 40 Bände vorliegen, in erster Linie in die Vergangenheit greift, so will sie doch in organischer Weiterentwicklung der Zukunft dienen.« Der Zukunft aber dient die Vergangenheit in ihrer höchsten Form, als Mythos. Diederichs greift den in diesen Jahren nicht nur im George-Kreis diskutierten Zusammenhang von Geschichtsschreibung und Mythos auf – gibt es denn überhaupt eine Historie ohne Mythenbildung?

> Mythos möchte ich als in der Phantasie verdichtete Anschauung organischen Geschehens definieren, er ist religiöse Dichtung und Verdichtung aus menschlichem Urgefühl heraus. Mit Recht kann man fragen: Sind wir bei unserer Vorherrschaft des Verstandes überhaupt noch fähig, einen neuen Mythos zu schaffen?

Die Neoromantik aber glaubt an diese mythenschaffende Kraft der Gegenwart als an ein »Wunder«. Gibt es nicht in der Natur das Regenerationsprinzip, gibt es nicht in der Geschichte die »Wiedergeburten«? Eugen Diederichs macht sich daran, ein »Zeichen unserer Zeit« zu deuten: Er, der sich seinerzeit für die Errichtung eines Bismarck-Turmes bei Jena eingesetzt hatte, weiß natürlich, daß ein geschichtlicher Bismarck nicht wiederzubeleben ist. Aber haben die Bismarck-Türme, auf denen Feuer entzündet wurden, eigentlich noch so viel mit dem alten Reichsgründer zu tun? Dienen sie nicht vielmehr dem »Mythos des Feuers«, der »Schau dieses Elementes«? Schon nimmt die Jugend den alten Brauch des Sonnwendfeuers wieder auf. Deuten sich da nicht neue, volkheitliche Kraftquellen an?

> Es ist daher nicht zu viel behauptet: Die Vertiefung in unser Volkstum und in das Urgefühl menschlichen Denkens ist das aktuelle Bedürfnis

deutschen Geistes, der dadurch neue kosmische Bindungen erstrebt und sich zur religiösen Bewegtheit entwickelt.[33]

Eugen Diederichs hat das Programm der Serie »Deutsche Volkheit« an eine Reihe bekannter Schriftsteller verschickt, unter anderem auch an Thomas Mann, der ein gewissenhafter Beantworter von Verleger-Umfragen gewesen zu sein scheint. Am 18. Oktober 1926 bekommt Diederichs einen Brief. Darin versichert ihn Thomas Mann seiner Anteilnahme an der neuen Reihe, preist den »männlichen Geschmack« in der Ausstattung der Bücher und gibt seiner Hoffnung Ausdruck, daß hier der »zunehmenden Verflachung« des öffentlichen Lebens entgegengewirkt werde:

> Es gibt bei uns viel Nationalismus von rohen und randalierenden Formen. Er ist der Oberflächlichste. Wollten seine Träger sich in die Geschichte, das Schicksal, den Geist der Nation durch das edle Mittel, das Sie ihm darbieten, recht vertiefen, so wäre zu erwarten, daß ihre Vaterlandsbegeisterung aus diesem Studium gereinigt und gesänftigt hervorginge.[34]

»Gereinigt und gesänftigt« – den Neuen Menschen vom Schlage des Verdun-Typus müßte das wie Hohn in den Ohren klingen. Gereinigt fühlen sie sich durch den Krieg schon, allen bürgerlichen Ballast haben sie abgeworfen. Aber besänftigt wollen sie nicht werden, sondern in neuer Radikalität die Kraft entfalten, die ihnen notwendig scheint, um eine planetarische Herrschaft unter der charismatischen Gestalt des soldatischen »Arbeiters« zu errichten. Alle politischen Abgrenzungen scheinen angesichts solcher Aufgabenstellung überflüssig. »Je zynischer, spartanischer, preußischer oder bolschewistischer im übrigen das Leben geführt werden kann, desto besser wird es sein.«[35] Zynisch-spartanisch-preußisch-bolschewistisch: Das ist keine Position mehr, die in der eingangs nacherzählten Diskussion der Halleschen Theologiestudenten im nächtlichen Stroh denkbar gewesen wäre; und das nicht nur deshalb, weil sie in Thomas Manns *Doktor Faustus* vor dem Epochenjahr 1917 angesiedelt ist. Ein Grundmotiv der politischen Neoromantik allerdings, die Vorstellung einer Gestaltung der verdinglichten Welt durch das Aufprägen einer Form, die als »innere Form« und als *Kraft* schon keimhaft im Neuen Menschen anwesend ist, bleibt auch in diesen Entwürfen erhalten. Aber die Mittel der Realisierung sind andere geworden; die »Form« soll nun die Welt prägen in einer neuen Einheit von Rasse und Technik – als die »elektrische Flosse Leviathans«, wie Helmut Lethen es genannt hat.[36]

Im Jahre 1925 hatte Eugen Diederichs in sieben Thesen seine Vorkriegshaltung auf den Stand der neuen Zeit gebracht; er faßt die romantische Physiognomie noch einmal zusammen – zugleich zeigt sich, daß politische Trennschärfe nicht die Stärke dieser Position ist. Ihre wichtigsten Setzungen besagen: Deutsche Berufung liegt nicht in einseitiger Entfaltung der Technik und des »amerikanischen Mammonismus«, denn:

> Technik bringen auch Amerikaner, Engländer, Franzosen und Italiener fertig, metaphysisch veranlagt ist nur das deutsche Volk. Infolge seines nordischen Blutes ist der Deutsche ideenhaft, infolge seiner Blutmischungen aber aktiver als die anderen europäischen Völker.

Wie zur Zeit der Reformation gehe es um eine neue Religiosität, sie bestehe aber nicht in der Erneuerung eines Urchristentums, sondern im »organischen Erleben kosmischer Gesetze«. Diese All-Einheit wird nun zur neuen Kraftquelle, die sich ihren Mythos erschafft – Walhalla-Glaube und griechischer Olymp rücken zwanglos nebeneinander. »Traditionelle Moralbegriffe« sind für den ganz aus dieser kosmischen Spannung lebenden Menschen unbrauchbar geworden – sein »Ganzmenschentum« entwickelt sich primär durch die Beziehung der Individualität auf die Volksgemeinschaft, um sie dann zur Weltgemeinschaft auszudehnen. Diederichs erinnert noch einmal an die Verpflichtung des Buchhändlers auf die Volksgemeinschaft, wie es die »Lauenstein-Bewegung« in ihren Tagungen gefordert habe. Er endigt unter Anrufung Hölderlins mit einem Aufruf zur »Tat«.[37]

Mit den Denkern der »konservativen Revolution« kommt Eugen Diederichs kurz vor seinem Tod ins Geschäft, als er seine alte Kulturzeitschrift, die »Tat«, in die Hände von Hans Zehrer legt. Er lenkt damit in die »autoritäre Wende« der Weimarer Republik in ihren entscheidenden Krisenjahren ein.[38] Einerseits setzen sich zwar die konservativ-revolutionären Intellektuellen von den Nationalsozialisten ab, auf der anderen Seite gibt es aber eine Reihe von Überschneidungen in antidemokratischen Grundauffassungen. Auf kulturellem Terrain trifft sich die alte, nun völkisch gewordene Neoromantik mit Figuren, die der »entzauberten Welt« mit den Mitteln der technischen Moderne begegnen, die aber ebenfalls noch das gleiche Grundmotiv verfolgen: die Moderne zu bannen, sie unter die Herrschaft einer deutschen »Gestalt« zu zwingen. Aus diesem Amalgam erwächst ein kulturelles Umfeld, in dem sich die nun wieder stärker werdenden Nationalsozialisten überhaupt erst entfalten können.

Nur wenige Bürger gehen einen anderen Weg. Zu ihnen zählt der »progressive Konservative« Thomas Mann.[39] Als Eugen Diederichs ihm 1930 den neuesten Jahrgang der »Tat« zusendet, lobt er den Zukunftswillen der Zeitschrift und ergeht sich wiederum in frommen Wünschen, daß die Arbeit des Verlages dazu beitragen möge, das »Nationale« und das »Soziale« auf eine edle und kulturfreundliche Art zusammenzubringen. Bei den Autoren der »Tat« allerdings entdeckt er ein »gewisses Zuviel« an Verständnis fürs National-Sozialistische:

> Es bedeutet doch wohl Mangel an Wirklichkeitssinn, in dieser Radau-Sekte mit ihren korrupten und ausgehaltenen Führern, die jeden Augenblick bereit sind, das Nationale zu einer Waffe gegen das Soziale zu gebrauchen, nämlich zusammen mit der Grossindustrie die Gewerkschaften zu sprengen – eine [...]-innen-Wendung des deutschen Menschen zu sehen.[40]

Das romantische Denken in der entzauberten Welt ist eben im Begriff, sich auf eine abschüssige Bahn zu begeben.

---

* Erstabdruck in Gangolf Hübinger (Hrsg.): Versammlungsort moderner Geister. Der Eugen Diederichs Verlag – Aufbruch ins Jahrhundert der Extreme. München 1996, S. 486–507.

1 Thomas Mann: Doktor Faustus. Berlin und Frankfurt a. M. 1948, S. 183–201.

2 Eugen Diederichs: Aus meinem Leben. Jena 1938 (1. Aufl. 1927), S. 42 ff.

3 Norbert Bolz: Auszug aus der entzauberten Welt. Philosophischer Extremismus zwischen den Weltkriegen. München 1989, S. 40 ff.; Aleida Assmann: Arbeit am nationalen Gedächtnis. Frankfurt a. M./New York 1993, S. 66.

4 Max Weber: Über einige Kategorien der verstehenden Soziologie. In: Gesammelte Aufsätze zur Wissenschaftslehre. Hrsg. von J. Winckelmann. Tübingen 3. Auflage 1968, S. 433; ders.: Wissenschaft als Beruf. In: Max Weber. Gesamtausgabe I/17, S. 109.

5 Weber: Wissenschaft als Beruf (s. Anm. 4), S. 87, 109 f.

6 Sigfried Giedion: Die Herrschaft der Mechanisierung. Ein Beitrag zur anonymen Geschichte. Frankfurt a. M. 1982, S. 62.

7 Weber: Asketischer Protestantismus und kapitalistischer Geist. In: Weber: Gesamtausgabe I/9, S. 379; ders.: Die Objektivität sozialwissenschaftlicher und sozialpolitischer Erkenntnis. In: Gesammelte Aufsätze zur Wissenschaftslehre (s. Anm. 4), S. 154.

8 Weber: Ebd., S. 180, 184 u. 214 f.

9 Karl Marx: Die deutsche Ideologie. In: Karl Marx, Friedrich Engels: Werke. Hrsg. vom Institut für Marxismus-Leninismus beim ZK der SED. Berlin 1962, Bd. 3, S. 71.

10 Friedrich Nietzsche: Vom Nutzen und Nachtheil der Historie für das Leben. In: Kritische Studienausgabe. Hrsg. von Giorgio Colli und Mazzino Montinari. Berlin 1988, Bd. 1, S. 329 ff.

11 Wege zu deutscher Kultur. Eine Einführung in die Bücher des Verlages Eugen Diederichs in Jena. Jena 1908, S. 69.

12 Ebd., S. 84, 90 u. 86.

13 Ebd., S. 70.
14 Die Kulturbewegung Deutschlands im Jahre 1913. Ein Verzeichnis der Neuerscheinungen des Verlages Eugen Diederichs. Jena 1913, Vorwort.
15 Theobald Ziegler: Die geistigen und sozialen Strömungen des Neunzehnten Jahrhunderts. Berlin 1910, S. 28.
16 Stefan-Ludwig Hoffmann: Sakraler Monumentalismus um 1900. Das Leipziger Völkerschlachtdenkmal. In: Reinhart Koselleck/Michael Jeismann (Hrsg.): Der politische Totenkult. Kriegerdenkmäler in der Moderne. München 1994, S. 249–280.
17 Wilhelm Windelband: Fichtes Geschichtsphilosophie. In: Präludien. Aufsätze und Reden zur Philosophie und ihrer Geschichte. Tübingen 1915, Bd. I, S. 267 u. 270 f.
18 Johann Gottlieb Fichte: Reden an die deutsche Nation. In: Sämmtliche Werke. Hrsg. von I. H. Fichte. Berlin 1846, Bd. VII, S. 374.
19 Arthur Bonus: Zur Germanisierung des Christentums. Jena 1911, S. 42, 12, 205 u. 66 f.
20 Wege zu deutscher Kultur (s. Anm. 11), S. 7. – Zur Neuorientierung der deutschen Kultur nach dem Kriege. Richtlinien in Gestalt eines Bücher-Verzeichnisses des Verlages Eugen Diederichs. Jena 1915/1916, S. 6.
21 Emil Lask: Fichtes Idealismus und die Geschichte. Tübingen und Leipzig 1902, S. 265.
22 Friedrich Gogarten: Fichte als religiöser Denker. Jena 1914, S. 83 ff.; vgl. Emanuel Hirsch: Fichtes Religionsphilosophie im Rahmen der philosophischen Gesamtentwicklung Fichtes. Göttingen 1914, S. 130.
23 Gogarten: ebd., S. 110 ff. u. S. 116.
24 Zur Neuorientierung der deutschen Kultur nach dem Kriege (s. Anm. 20), Vorwort.
25 Bernd Hüppauf: Schlachtenmythen und die Konstruktion des »Neuen Menschen«. In: Gerhard Hirschfeld, Gerd Krumeich, Irina Renz (Hrsg.): Keiner fühlt sich hier mehr als Mensch ... Erlebnisse und Wirkungen des Ersten Weltkrieges. Essen 1993, S. 43–84, hier S. 45.
26 Corona Hepp: Avantgarde. Moderne Kunst, Kulturkritik und Reformbewegung nach der Jahrhundertwende. München 1987, S. 152 f. – Edwin Redslob (Hrsg.) Vermächtnis. Dichtungen, letzte Aussprüche und Briefe der Toten des Weltkrieges. Dresden 1930, S. 137.
27 Gottfried Küenzlen: Der Neue Mensch. Zur säkularen Religionsgeschichte der Moderne. München 1994, S. 153 ff.
28 Die Tätigkeit des Verlages Eugen Diederichs in Jena während des letzten Jahrzehnts 1914–1924, o. O., o. J., Vorwort »Selbstentfaltung«. Eugen Diederichs, November 1924.
29 Gangolf Hübinger: Eugen Diederichs Bemühungen um die Grundlegung einer neuen Geisteskultur. In: Wolfgang J. Mommsen: Kultur und Krieg. Die Rolle der Intellektuellen, Künstler und Schriftsteller im Ersten Weltkrieg. München 1996, S. 259–274, hier S. 270.
30 Thomas Mann: Der Zauberberg. Berlin 1925, Bd. II, S. 628.
31 Ernst Jünger: Der Arbeiter. Herrschaft und Gestalt. Hamburg 1941, S. 104 ff. – Hüppauf: Schlachtenmythen (s. Anm. 25), S. 65 ff. – Alfred von Martin: Der heroische Nihilismus und seine Überwindung. Ernst Jüngers Weg durch die Krise. Krefeld 1948, S. 41.
32 Ernst Kantorowicz: Kaiser Friedrich der Zweite. Berlin 1927, S. 77.
33 Eugen Diederichs: Volkheit, Goethe und Mythos! In: Das deutsche Gesicht. Ein Weg zur Zukunft. Zum XXX. Jahr des Verlages Eugen Diederichs in Jena. Jena 1926, S. 13–20.
34 Eugen Diederichs: Selbstzeugnisse und Briefe von Zeitgenossen. Düsseldorf/Köln 1967, S. 300.
35 Ernst Jünger: Der Arbeiter, S. 201.
36 Helmut Lethen: Verhaltenslehren der Kälte. Lebensversuche zwischen den Kriegen. Frankfurt a. M. 1994, S. 206 ff.
37 Diederichs: Aus meinem Leben (s. Anm. 2), S. 82 ff.

38 Edith Hanke und Gangolf Hübinger: Von der »Tat«-Gemeinde zum »Tat«-Kreis. Die Entwicklung einer Kulturzeitschrift. In: Gangolf Hübinger (Hrsg.): Versammlungsort moderner Geister. Der Eugen Diederichs Verlag – Aufbruch ins Jahrhundert der Extreme. München 1996, S. 299–334.
39 Daniel Argelès: Thomas Manns Einstellung zur Demokratie. Der Fall eines »progressiven Konservativen«. In: Manfred Gangl/Gérard Raulet: Intellektuellendiskurse in der Weimarer Republik. Zur politischen Kultur einer Gemengelage. Darmstadt 1994, S. 221–231.
40 Thomas Mann: Brief vom 26. Okt. 1930 an Eugen Diederichs, zit. n. Hanke/Hübinger: »Tat«-Gemeinde (s. Anm. 38), S. 324.

Ernst Jüngers Novalis: Hermeneutik, Wissen, Politik

Nicholas Saul

Dass Ernst Jünger Novalis verehrt hat, ist kein Geheimnis der Literaturgeschichte geblieben. Der Name »Novalis« figuriert schon 1962 im nach wie vor maßgeblichen Standardwerk von Hans-Peter Schwarz: *Der konservative Anarchist*, als einer der drei Lehrer Ernst Jüngers.[1] Zu nennen ist außerdem Martin Meyers ebenso wichtige Biographie *Ernst Jünger* (1990)[2], in dem Novalis in Jüngers Spätwerk zum Apostel des konservativen romantischen Messianismus mutiert. Und, nicht zuletzt, um nur die führenden Forscher zu nennen, Hans Esselborns Aufsatz zu Trakls und Jüngers Novalis-Rezeption in Herbert Uerlings' Tagungsband der Novalis-Gesellschaft *»Blüthenstaub«. Rezeption und Wirkung des Werkes von Novalis* (2000)[3], in dem vorwegnehmend Hardenbergs Wirkung auf führende, nicht nur deutschsprachige Modernisten unter die Lupe kam.

Esselborns Aufsatz liefert vielleicht die wichtigsten Erkenntnisse. Vor allen Dingen stellt er erstmals in der Forschungsgeschichte Jüngers Frühwerk in den Mittelpunkt seiner Überlegungen, also – wohlgemerkt ohne das Spätwerk zu ignorieren –, eher das von Jünger sogenannte Alte Testament[4], die Zeugnisse jener Lebensphase der *vita activa* in den 20er und 30er Jahren der Weimarer Republik, vor dem tiefen biographischen Einschnitt der *Marmorklippen* (1939), mit der leicht dechiffrierbaren Verurteilung der NSDAP unter dem Namen Mauretanier, und vor dem Rückzug nach Goslar in die *vita contemplativa*, die fernab im schwäbischen Idyll Wilflingen enden sollte.

Für Esselborn ist Hardenberg vor allen Dingen Vermittler irrationaler, antimoderner, magischer Tendenzen (308). In vier Bereichen, jeweils gebunden an individuelle Werke des Novalis, hat Esselborn Jüngers Novalis-Rezeption aufgezeigt: Novalis erstens als *spiritus rector* der konservativen Utopie, namentlich im Nachkriegsroman *Heliopolis* (1949), inspiriert durch *Die Christenheit oder Europa*; Novalis, zweitens, als Repräsentant der mystischen Tradition von der Lesbarkeit der Welt als geheimnisvoller Chiffernschrift (*Die Lehrlinge zu Sais*); Novalis, drittens, als Repräsentant der Tradition von der Kultivierung der Nachtseite des Daseins: Rausch, Traum, Tod (*Hymnen an die Nacht*); schließlich: Novalis als Vermittler einer ebenso geheimnisvollen Tradition, welche die Macht des dichterischen Wortes zur Verwandlung der Wirklichkeit postuliert (*Heinrich von Ofterdingen*) (Esselborn, 307–308). Zu fragen bliebe, so Hans Esselborn damals selbst, inwiefern Jünger von der zeitgenössischen Forschung zu Novalis abhängig war, außerdem, inwiefern seine Novalis-Rezeption sich mit seiner Rezeption anderer, vor allem Spät-Romantiker, deckt, und, *last not least*, am wichtigsten, wie Jünger Hardenbergs von Esselborn nicht berücksichtigtes *naturwissenschaftliches* Werk rezipiert haben könnte.

Darauf aufbauend will ich mich heute auf einen Aspekt von Esselborns letzter Fragestellung konzentrieren – Jüngers Rezeption von Hardenbergs naturwissenschaftlichen Studien –, um Esselborns zweifelsohne gültige Einsichten in Form und Inhalten von Jüngers Novalis-Rezeption in zwei Bereichen zu ergänzen und zu differenzieren: auf dem Gebiet der Hermeneutik und der literarischen Produktivität, wie das dichterische Wort mit dem Wissensdiskurs zusammenhängt; und, zweitens, wie Hardenbergs politische Vision mit Jüngers faschistoider Vision zusammenhängt. These ist, im 1. Fall, dass Jünger wie Novalis nicht zufällig das dichterische Wort im Zeichen der vitalistischen Tradition als buchstäblich generativ-zeugend, als Fortsetzung des Lebensprozesses, versteht. Und im 2. Fall, dass Jüngers faschistoid-organische Staatsauffassung zwar mit der des Novalis verwandt sein dürfte, aber, dass er Hardenbergs politischen Organizismus radikal verkürzt und missversteht.

1.1 Hermeneutik und Wissen bei Jünger

Jünger hat sein ganzes Leben, wenigstens nach der Veröffentlichung des Erstlings, *In Stahlgewittern* (1920), ein mystisch anmutendes Verständnis der Bedingungen und Leistungen dichterischer Kommunikation verkündet. Schon in den 20er Jahren publizierte er in der Phase seiner *vita activa*, in militanten Zeitschriften, die für die ehemaligen Frontsoldaten des *Stahlhelm* als Sprachrohr der konservativen Revolution dienten, in *Die Standarte*, im *Arminius*, eine Reihe von kleinen Aufsätzen, die über die Wege und Mittel zur Verwirklichung jener Revolution reflektierten.[5] Zumal in *Die Methode der Revolution* (*Die Standarte*, Oktober 1925)[6] stellt er, wie häufig, in der Pose des Beobachters, eine für ihn vielversprechende Wende in der öffentlichen Weltanschauung fest. Nicht mehr, behauptet Jünger, sollte man sich an die Doktrin von der Freiheit des Willens halten. Stattdessen erkennt er eher eine quasi-religiöse Sehnsucht nach dem Glauben an höhere, den Willen des Individuums lenkende Gewalten. Ein Beispiel dafür findet Jünger bezeichnenderweise in den zeitgenössischen Naturwissenschaften, speziell denen, die wir heute Biowissenschaften nennen. Man wendet sich, so stellt Jünger fest, ab von den mechanistischen Theorien des herkömmlichen Darwinismus und »stellt im Vitalismus die Lehre von einer besonderen Lebenskraft auf, die ihre eigenen, schöpferischen Kräfte besitzt« (*MdR*, 115). Diese auf Blumenbach, Erasmus Darwin, Kant, Kielmeyer und nicht zuletzt Novalis und die deutsche Romantik zurückgehende Theorie hat Jünger bekanntlich um 1923 über Hans Driesch in Leipzig sowie in der zoologischen Forschungsstation Anton Dohrns in Neapel vermittelt bekommen.[7] Ein anderes Zeichen der Zeit findet Jünger sogar in den von ihm verachteten Großstadtbewohnern, in deren weitverbreiteter Hinwendung zum Okkultismus und Spiritismus (114). Am wichtigsten wohl als Indikator des Zeitgeistes und gleichzeitig Hebel der Argumentation ist die für ihn weltanschaulich äußerst wichtige Erscheinung von Oswald Spenglers *Untergang des Abendlandes* (1918–1922).[8] Dies, so Jünger in seinem Artikel, sei: »ein gewaltiges Gemälde, [...] in dem die Kulturen, die größten Lebenseinheiten der Welt, wie Pflanzen keimen, blühen und verwelken aus einem treibenden, geheimnisvollen Willen heraus« (115). Wichtig sei, dass sich die Deutschen zu dieser Ansicht der Dinge bekehrten. Das bedeute aber keineswegs den passiv gemeinten Fatalismus, eine Akzeptanz des prädestinierten Untergangs. Im Gegenteil, man solle sein Schicksal in Spenglers Sinne bejahen (115), und das meint konkret: Wollen der (konservativen) Revolution, als positiv gemeinten Vollzug eines ganz anderen deutschen Schicksals.

Wie also das Volk, wenigstens diejenigen, die nicht, wie die ehemaligen Frontsoldaten, schon ihre Freiheit in der Pflicht zu gehorchen erkannten, überzeugen? Jüngers Aufsatz, *Das Blut*, erschienen im April 1926 in *Die Standarte*[9], liefert die Antwort. Nicht, wie man meinen würde, durch Worte, oder jedenfalls nicht durch nur-Worte. Vielmehr, wie fortan immer, geht Jünger, auf der Basis seiner vitalistischen Lebensphilosophie, von Spenglers Blut und Boden-Ideologie aus.[10] Was eine Gemeinschaft verbindet und verbinden soll, ist das Blut (190). Aber, was die Bewusstwerdung, die Kommunikation von der Existenz dieses Bandes anbelangt, stellt mit Spengler (und Nietzsche natürlich) der Irrationalist Jünger einen »Zwiespalt zwischen Erkenntnis und Gefühl« (191) fest. »Nicht durch Worte offenbart sich das Blut« (191). »Das Blut«, so behauptet er, »ist tiefer als alles, was man darüber sagen und schreiben kann« (191). Daher können wir uns dem Einfluss des Blutes nicht entziehen: »Über alle Masken hinweg verständigen sich Ich und Du in einer Geheimsprache, die vor allen Sprachen ist« (192). Und was ist das »Mehr« (wie sich Jünger ausdrückt) dieser Geheimsprache? Es ist »ein Medium, das diese beiden umschließt«, »das Schicksal, das die Einzelnen verbindet zu einem gemeinsamen Sinn« (192). Diese »Geheimsprache«, die jenseits aller bewussten Erkenntnis und aller Individualität waltet, doch im Dunkeln lesen und ans Licht holen, ist Jüngers Kommunikationsideal, und zwar, weil sie *zeugende Kraft* besitzt: »[...] das unterirdische Wurzelgeflecht, das überall die Keime in die Höhe treibt, dieses eigentlich Verbindende, dem der Einzelne nichts bedeutet, weil es gebärende Kraft besitzt, das ahnen wir nur durch das Blut« (192–193). Daher offensichtlich Jüngers Faszination durch extreme Bewusstseinszustände und Novalis' *Hymnen*. So ist, in der ersten Fassung der neuromantischen Fragmentsammlung *Das Abenteuerliche Herz* (1929)[11], Jüngers »Überzeugung, daß alles, was uns auf der Tagseite des Lebens an reichen Früchten zufällt, sich auf der Nachtseite bildete« (63). Ebenso: »Im Lichte erscheint die Form, im Dunkel die zeugende Kraft« (65). Hier natürlich ein erstes Anzeichen von der Relevanz des Novalis für die Bildung dieser Anschauungen.

Für verstandesbezogenes, begriffsorientiertes, analytisches Wissen im Sinne Kants hat Jünger, unter Berufung auf Goethes Polemik gegen die analytische Wissenschaft, nur Spott übrig. So, ebenfalls in der ersten Fassung des *Abenteuerlichen Herzens*, in einem Kapitel, welches bekenntnisartig über Jüngers Suche 1923 nach dem Geheimnis des Lebens in einer Reihe von Experimenten zur Entwicklung von Seeigel-Embryonen im Rahmen des Forschungsaufenthaltes bei Anton Dohrn in Neapel berichtet[12], heißt es: Es gebe eine fatale und verräterische Ähnlichkeit in der Form von Teleskop, Mikroskop, und Kanone, sie verrieten nämlich allesamt das inhärente destruktive Potential aller Technik als Produkt des Verstandes (*W* VII, 94). Schlimmer noch – dies Jüngers Abschiedsworte an die offizielle Naturwissenschaft: »An der Zoologie tritt der der Wissenschaft eigentümliche Drang, das Leben zu töten, um über das Lebendige Aussagen machen zu können, besonders einleuchtend hervor« (95). Dahinter steckt aber mehr:

> den zartesten, geheimsten Kern des Lebens hebt keine Färbung mit Methylenblau oder Eosinrot heraus, und was im Raume und in der Zeit, in Ursachen und Wirkungen, in Trieben und Taten, in den bunten Zauberhülsen des Fleisches, in Blutbahnen und Zentralnervensystemen, in Zeugung und Tod, in Liebe, Kampf und Untergang, in all den tausend blendenden Überraschungen und dunklen Bedrohungen des Daseins

geschieht, ist nur von Bedeutung durch die unsichtbare Nabelschnur, durch die es der Welt einer tieferen Fruchtbarkeit verbunden ist. (95)

Jünger bezweifelt also nicht die Leistungen der Naturwissenschaft. Er bleibt z. B. lebenslänglich ein aktiver und anerkannter Entomologe. Nur, die Naturwissenschaft verfehlt auf dem Gebiet der Erforschung des Lebens immer und konstitutiv ihr Ziel. Was zählt ist das, was über sie hinaus bzw. hinter sie zurückgeht: »*Liebe* zur Wissenschaft« (97), welche auf anschaulich-poetische Weise ergänzend die Verbindung zur mütterlichen Quelle der Lebenskraft wiederherstellt. Diese kritische Position gegenüber dem üblichen Wissensdiskurs, dieser Wissensdiskurs sei grundsätzlich durch den poetischen Diskurs zu ergänzen, behält Jünger, aller Entomologie zum Trotz, sein ganzes Leben hindurch.

Ebenso verliert Jünger auch nach seiner persönlichen Wende nie den Glauben an die lebenspendende Nachtseite und den dementsprechenden Glauben an die dechiffrierende Kommunikation von dem, was auf der Nachtseite verborgen ist. Sie mag jenseits aller Wortsprache sein, teilt aber trotzdem nicht nur Sinn, sondern auch, wunderwirkend, *Leben* mit. Sie ist auch stets – dies das Kennzeichen der Authentizität – mit Blüten- und Wurzelmetaphorik verbunden. So, in der zweiten Fassung des *Abenteuerlichen Herzens* (1938)[13], heißt es bei Gelegenheit eines Besuches in den Dahlemer Treibhäusern bei Betrachtung der Orchideen: »Meine Übung besteht darin, sie lange und mit gedankenloser Starre zu betrachten, bis sich gleichsam durch Urzeugung das Wort einstellt, das ihnen angemessen ist« (219). Oder im selben Werk, an der Stelle, wo Jünger (im Gegensatz wohl zur Mikroskopie) seine synästhetische Poetik des doppelten Blickes, die von ihm sogenannte Stereoskopie, zu elaborieren versucht:

> Die wahre Sprache, die Sprache des Dichters, zeichnet sich durch Worte und Bilder aus, die so ergriffen sind, Worte, die, obwohl uns seit langem bekannt, sich wie Blüten entfalten, und denen ein unberührter Glanz, eine farbige Musik zu entströmen scheint. Es ist die verborgene Harmonie der Dinge, die hier zum Klingen kommt. (199)

Letztes Beispiel, aus *Heliopolis*[14], der später irregeleitete Dichter Fortunio, z. T. vielleicht ein Selbstporträt Jüngers, dessen Worte wohlwollend von dem Bergrat zitiert werden, weil die Leistung seiner dichterischen Worte die seines eigenen wissenschaftlich-historischen Diskurses im Reisebericht über den Kaukasus weit übertrifft. Es handelt sich um die Schilderung der sogenanten *turres somniorum*, der Traumtürme, einer schön-erhabenen Gruppierung von sieben spitzen Bergen, mit Kristallablagerungen umgeben, am Ende einer Bergkette, mit einem für den Besucher ganz besonderen *spiritus loci.* Wie der Bergrat, ist Fortunio natürlich auch in Falun gewesen, hat also die Tiefen der Erde schon ergründet, ist auch vertraut mit der Lehre des Meisters Nigromontanus, dass die Tiefe der Dinge kristallmäßig-hieroglyphisch überall auf der Oberfläche versteckt ist, lesbar für diejenigen, die Augen zum Sehen haben:

> Die Dichtung dringt weiter als die Erkenntnis vor. Kindliche Geister halten eher dem Blick auf diese Reiche stand. Schatzgräber hohen Ranges bleiben noch unbefangen, wo auch der Wissendste erschrickt. So sah Fortunio den Kristallwald als Kelchkranz, die Gipfel als aufgewölbte Frucht- und Blütenböden an. Und wunderbare Funde belohnten ihn für dieses Bild. Daher soll die Besteigung der smaragdenen Türme und das Eindringen in ihre Schlünde mit seinen Worten geschildert sein. (H, 23)

Auch hier, wohlgemerkt, ist die poetische Sprache selbstreflexiv als »Kelchkranz« und »Frucht- und Blütenböden« gekennzeichnet, eine wunderbare Wirkung zeitigend, in diesem Fall eine Offenbarung.

Dies dürfte mindestens eine Antwort sein auf Esselborns Frage nach Jüngers Beschäftigung mit Hardenbergs naturwissenschaftlichen Schriften. Denn Jüngers Begriff von dichterischer Kommunikation nicht etwa als Nachrichtentransfer von Verstand zu Verstand, sondern im Wesentlichen als eine ästhetische Form *geistiger Zeugung, geistiger Befruchtung in Liebe*, aus der Nachtseite des Lebens schöpfend, welche bezeichnenderweise stets in die Bildlichkeit der Neugeneration pflanzlichen Lebens von Blüte zu Blüte gekleidet wird, erinnert natürlich zwingend an Hardenbergs eigenen, wohlgemerkt für ihn *naturwissenschaftlich fundierten* Begriff poetischer Kommunikation, sonst unter dem Namen *Blütenstaub* bekannt. Darin also wurzelte die von Jünger postulierte, und immer wieder, schließlich in *Besuch auf Godenholm*[15] geschilderte, mysteriöse Macht des dichterischen Wortes zur Verwandlung der Wirklichkeit. Sie stellt, so die These, Jüngers frühzeitige und soweit ich sehe unabhängige Erkenntnis von Hardenbergs Beschäftigung mit der vitalistischen Tradition dar; auch, im Zeichen der nie bezweifelten Einheit von Natur- und Geisteswissenschaften, deren Umsetzung in seine eigene Ästhetik und poetische Praxis.

1.2 Hermeneutik und Wissen bei Novalis

Erinnern wir uns an Hardenbergs Theorie. Auch Hardenberg für seinen Teil versteht die Kommunikation mitnichten als eine Art abstrakten Datentransfer von Verstand zu Verstand. Sondern bei ihm steht Blumensex, *pars pro toto* aber buchstäblich gemeint, als hermeneutisch-kommunikatives Modell im Sinne der Zeugung neuen Lebens durch Worte im Anderen, als Modell der Sympoesie und Symphilosophie. Poetische Kommunikation wird damit als geistige Potenzierung gesetzt, als produktive Fortsetzung der geistigen Kontinuität des Lebens in aufsteigender Reihe. Daher die durchaus ernstgemeinte extravagante Metaphorik der Fragmentsammlung *Blüthenstaub*: die Selbstzuschreibung des *nom de plume* »Novalis« – des neugerodeten, also besonders fruchtbaren, Bodens. Deswegen das Motto: »Freunde, der Boden ist arm, wir müßen reichlichen Samen | Ausstreun, daß uns doch nur mäßige Erndten gedeihn« (HKA II, 413). Und deswegen der berühmte Imperativ: »Der wahre Leser muß der erweiterte Autor seyn« (HKA II, 470:125). Dieser Theorie verdankt sich auch die nicht weniger extravagante Blumenbildlichkeit seiner performativen Allegorie von der Entstehung der Poesie, *Heinrich von Ofterdingen*, an den strategischen Stellen, im Traum der blauen Blume, in *Klingsohrs Märchen*, in Astralis' Gesang am Anfang des 2. Teils.

Um das nur kurz zu rekapitulieren[16]: Hardenberg, das hat in den letzten Jahren auch die Novalis-Forschung erkannt, war durchaus ein Vitalist, Anhänger von Blumenbachs, Kants, Kielmeyers und Erasmus Darwins Ende des 18. Jahrhunderts weitverbreiteter Lehre der Bildungs- oder Lebenskraft. Wie für Jünger war für ihn der Lebensbegriff – als der Begriff des Organismus – das absolute Zentrum seiner Weltanschauung, und von daher gesehen ist seine Beschäftigung mit dem Tode, mit der Krankheit, als Nachtseite des Lebens, eher Ausdruck seiner *Lebens*philosophie als die berühmte angeblich pathologische Sympathie mit dem Tode. Den Begriff des Lebens als sich selbst autopoëtisch erzeugende Zeugung hat er sich schon früh, spätestens nach seiner Ankunft Dezember 1797 in Freiberg, angeeignet: »Ächte Produkte müssen das Producirende wieder produciren. Aus dem Erzeugten entsteht wieder das Erzeugende« (HKA III, 85). Desgleichen Kräfte: »Alle Kräfte sind Processe – Actionen. Alle Kräfte erzeugen sich selbst fortwährend« (HKA III, 662:598). Auch das Nicht-Ich ist in diesem Sinne Epigenesis: »die uranfängliche Absonderung – Zeugung im Großen« (HKA III, 301:338). Oder, das Phänomen der pflanzlichen Regeneration ansprechend und die spätere Theorie des *Blüthenstaub* bereits andeutend: »Über die Natur, als einen *geschloßnen* Körper – als *einen Baum* – woran wir die *Blüthenknospen* sind, – « (HKA II, 592:299). Bei Carl Friedrich Kielmeyer[17] hat Hardenberg zumal den Gedanken der *scala naturae* als eines Ökosystems gefunden, als einer Leiter, auf der die Naturkräfte immer ihren spezifischen Ausdruck bei bestimmten Gattungen finden. So sind die niederen Tiere und Pflanzen, die nur über eine äußerst schwache oder nichtexistente Vorstellungskraft verfügen, dafür kompensatorisch sehr stark in der Reproduktions- und Regenerationskraft. Umgekehrt vermögen die mit starker Sensibilität begabten höheren Tiere nur weniger Junge zu zeugen und verlorene Glieder etwa gar nicht zu regenerieren.[18] Daher bei Novalis die Anfälligkeit des Menschen für Krankheit und die zentrale Stellung der Medizin für ihn.[19]

Noch mehr: Bei Erasmus Darwin[20], dem Großvater von Charles, entdeckte Hardenberg die Decodierung der inneren Verwandtschaften der einzelnen Lebensformen auf der *scala naturae*. So verfügten Blumen nach Darwin in Wahrheit doch über die angeblich nur-tierische Kraft der Sensibilität. Ja, die Anthere und Stigmata im Blumenkelch würden sich nach Darwin, selbstständig, durch Liebe getrieben und Sensibilität gesteuert, gegenseitig annähern.[21] Insofern ist auch für Novalis die innere Verwandtschaft der Arten empirisch-morphologisch belegt: »Die Blüthe ist schon eine Annäherung zum Thierischen – Ist vielleicht das Höchste des Thiers ein der Pflanze sich näherndes Produkt« (HKA III, 602:294). Und daraus macht Hardenberg per analogiam sein Modell kommunikativer Steigerung des sich selbst zeugenden Lebens, Konstruktion der transzendentalen Gesundheit, gipfelnd in der individuellen Person des höchsten Naturprodukts, dem Menschen:

> Die Sinne [sind] an den Thieren, was Blätter und Blüthen an den Pflanzen sind. Die Blüthen sind Allegorieen des Bewußtseyns, oder des Kopfs. Eine höhere Fortpflanzung ist der Zweck dieser höheren Blüthe – eine höhere Erhaltung – Bey den Menschen ist es das Organ der Unsterblichkeit – einer progressiven Fortpflanzung – der Personalitaet. (HKA III, 663:602)

Genau dies, wie vorhin erwähnt, findet man in der extravaganten Darstellung botanischer und menschlicher Sexualität an den Hauptstationen von Heinrichs Werdegang wieder.[22] Daher also die Hauptthese, dass Hardenbergs buchstäblich durch die botanische Kommunikation belegte vitalistische Kommunikationstheorie die Anregung liefert für Jüngers eigenartige, modern anmutende Theorie der zeugenden Kommunikation.

In der Tat gibt es außer diesen ideen- und literaturwissenschaftlichen Annäherungen auch empirische Anhaltspunkte für die These, dass sich Jünger intensiv mit Novalis' Theorie zeugender Kommunikation auseinandergesetzt hat. Im Rahmen eines rezenten Forschungsaufenthaltes im Deutschen Literaturarchiv zu Marbach[23] durfte Verf. Jüngers großenteils im Oberförsterhaus in Wilflingen aufgehobene Bibliothek untersuchen. Daraus geht hervor, dass Jünger, bibliophil, wie er war, in der Tat die vielleicht beste damals erhältliche Novalis-Ausgabe besessen hat, die von Jacob Minor, 4 Bde., Diederichs 1923.[24] Und zwar erschienen gerade zu der Zeit, in der er sich, als Schüler Hans Drieschs, in Leipzig und in der Forschungsstation Anton Dohrns an der Bucht von Neapel mit dem Vitalismus auseinandersetzte. Bekanntlich wurde Minors Ausgabe z. T. schon auf der Basis einer kritischen Durchsicht der Handschriften produziert, um leider[25] schon 1929 in dieser Hinsicht von der ersten kritischen Ausgabe Paul Kluckhohns und Richard Samuels übertroffen zu werden; freilich scheint Jünger die Ausgabe Kluckhohns und Samuels nicht angeschafft zu haben.

Daraus geht hervor: Alle vier Bände Minors hat Jünger aufmerksam studiert. Anstreichungen im Text am Rande gibt es nach seiner Art, in der Regel mit Bleistift, öfter mit roter oder schwarzer Tinte, allerdings nicht häufig. Anmerkungen und Kommentare im Text sind noch seltener, sein *usus* war eher, dort nur die Korrektur offensichtlicher Druckfehler an Ort und Stelle durchzuführen. Dafür sind aber relativ häufig Notizen von Seitenzahlen und Kommentare zu den diesbezüglichen Stellen hinten, am hinteren Vorsatzblatt und, noch häufiger, das Inhaltsverzeichnis umrahmend. Und gerade an dieser Stelle ist man fündig geworden. Hinten im 2. Band nämlich, dem Band, der *Blüthenstaub* und andere Fragmentsammlungen enthält, findet man Folgendes:

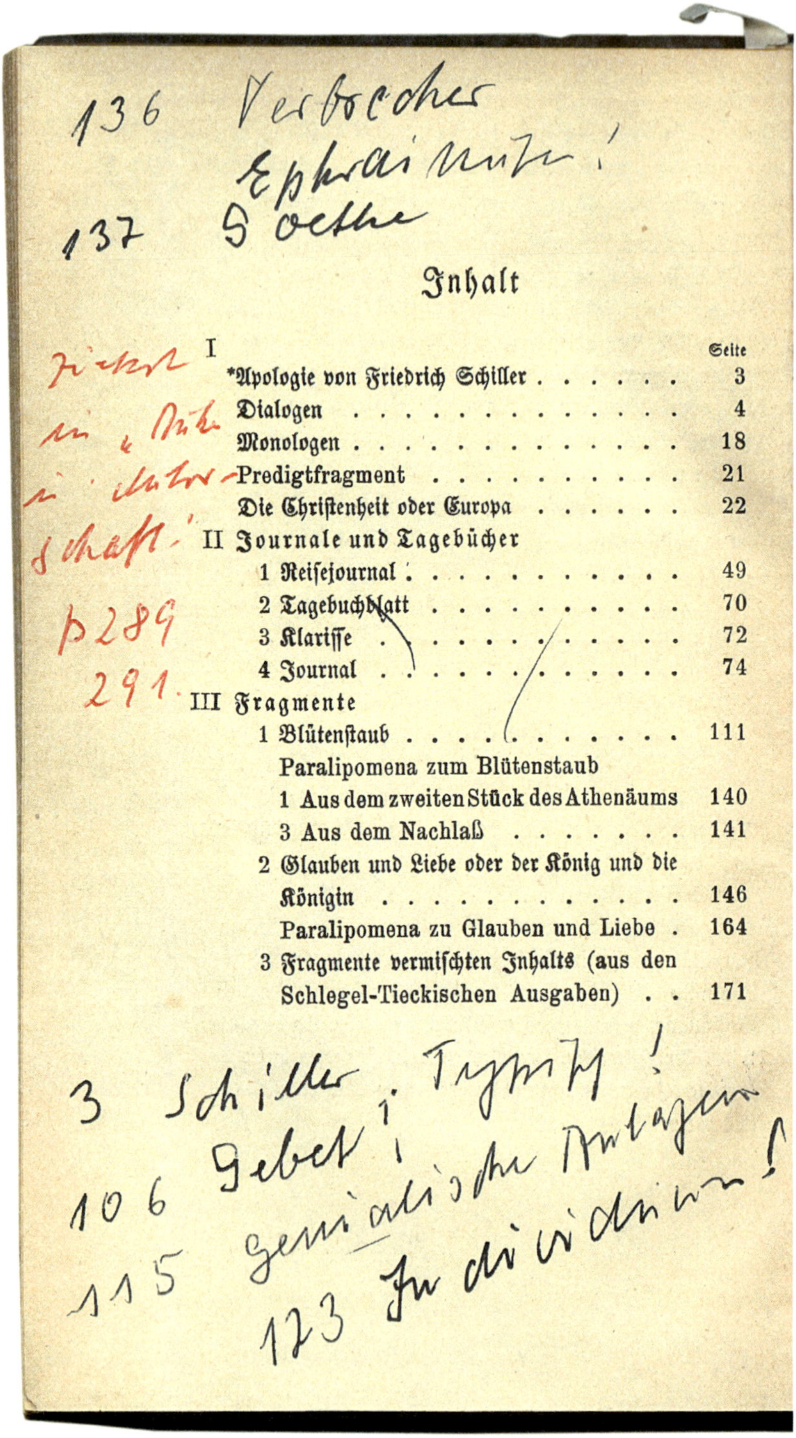

handwritten annotations:
136 Verbrecher
Ephraimiten!
137 Goethe

Fichte
in „Kritik"
in „Natur-
schaft"
p 289
291

Inhalt

	Seite
I	
*Apologie von Friedrich Schiller	3
Dialogen	4
Monologen	18
Predigtfragment	21
Die Christenheit oder Europa	22
II Journale und Tagebücher	
1 Reisejournal	49
2 Tagebuchblatt	70
3 Klarisse	72
4 Journal	74
III Fragmente	
1 Blütenstaub	111
Paralipomena zum Blütenstaub	
1 Aus dem zweiten Stück des Athenäums	140
3 Aus dem Nachlaß	141
2 Glauben und Liebe oder der König und die Königin	146
Paralipomena zu Glauben und Liebe	164
3 Fragmente vermischten Inhalts (aus den Schlegel-Tieckischen Ausgaben)	171

handwritten:
3 Schiller, Tryptich!
106 Gebet;
115 genialische Anlagen
123 Individuum!

43   Motto zu
       "Der Friede"

114   Pastina!
205   Blick
211   Den besten Räthe eigen
~~214~~
144   Roll und Pflanze

      Darwin, Er.: 1731–1802
      Darwin, Ch.: 1809–82
      Novalis: 1772–1801

135   Kinder (Gen.)
125   überdrüssig
146   Profane!
190   Sagen und Psychologie
181   unser Vorurtheil

Transkribiert man die für unser Erkenntnisinteresse relevanten Bemerkungen auf der rechten Seite, so erkennt man:

43	Motto für »Der Friede«
114	Darwin!
203	Blüte
211	Dem Geist Ruhe eigen
212	Gott wird Pflanze
~~144~~	
	Darwin, Er.: 1731–1802
	Darwin, Ch.: 1809–82
	Novalis: 1772–1801
135	Kinder (Gen.)
125	Übersetzungen
146	Profane!
190	sagen unsre Psychologen
191	neue Vereinigungen

Das sind zwar bestenfalls lapidare Bemerkungen, die einer Überinterpretation Widerstand leisten. Doch »43 Motto für ›Der Friede‹« bezieht sich offensichtlich auf Jüngers Lektüre von Hardenbergs *Europa*-Rede, welche bekanntlich seine eigene, diskret während des Krieges als Handschrift zirkulierende Rede *Der Friede* (1941) aus der Epoche seines eigenen ›Neuen Testaments‹ angeregt hat – freilich ohne dass er die Textstelle als Motto einsetzte. Die angestrichene Stelle: »Wer weiß, ob des Kriegs genug ist, aber er wird nie aufhören, wenn man nicht den Palmenzweig ergreift, den allein eine geistliche Macht darreichen kann. Es wird so lange Blut über Europa strömen, bis die Nationen [...]« (Minor, II, 43) wurde durch ein Zitat aus Spinozas Ethik ersetzt: »Der Haß, welcher durch Liebe gänzlich besiegt wird, geht in Liebe über; und die Liebe ist dann stärker, als wenn der Haß nicht vorausgegangen wäre. Spinoza, Ethik, 44. Lehrsatz«.[26] Desweiteren: »114 Darwin!« bezieht sich natürlich direkt auf Hardenbergs bekannte *Vermischte Bemerkung/Blüthenstaub*-Notiz aus Erasmus Darwins *Zoonomia*: »Darwin macht die Bemerckung, daß wir weniger vom Lichte, beym Erwachen, geblendet werden – wenn wir von sichtbaren Gegenständen geträumt haben« (HKA II, 417:19/418:18; vgl. II, 408; Minor, II, 114). Was Jüngers weitere Notizen an dieser Stelle anbelangt – das sind die Lebensdaten von Erasmus und Charles Darwin, sowie des Novalis selbst –, so dürfte wenigstens zweierlei klar sein: dass er, wie das Ausrufezeichen belegt, angenehm überrascht ist durch den Fund; und, dass er den Fund eher als allgemeine Resonanz interpretiert, also Novalis überhaupt durchaus in die naturwissenschaftliche und namentlich evolutionistisch-vitalistische Tradition einordnet – seine *eigene* Tradition – mit Filiationen von Erasmus bis Charles, usw. Gleich darauf folgend, wohl nicht zufällig, die Notiz zur »Blüte«, die wir vorher zitierten: »Über die Natur als einen geschlossnen Körper, als einen Baum; woran wir Blütenknospen sind« (Minor, II, 203:96) (vgl. HKA II, 592:299). Und dass Gott Pflanze wird (S. 212) zeugt deutlich genug von Hardenbergs – und Jüngers – Affinität mit der vitalistischen Tradition Erasmus Darwins: »Wenn Gott Mensch werden konnte, kann er auch Stein, Pflanze, Tier und Element werden, und vielleicht gibt es auf diese Art eine fortwährende Erlösung in der Natur« (Minor, II, 212).

Ein letzter Beleg zu Jüngers Interesse an der vitalistischen Tradition bei Novalis und in dieser Zeit. 1923, in Jüngers dichterischem Erstlingswerk, der Kriegsnovelle *Sturm*[27], werden im Hoffmannschen Stil dichterische Texte des jungen Frontpoeten Sturm im Text eingelagert und in der Rahmenerzählung von Sturms Kameraden einer Kritik unterzogen. Einer der drei eingelagerten Ausschnitte beinhaltet Herzensergießungen des Ästheten Kiel (*Sturm*, 67–83), einer Art Jünger *manqué*, der gegen den Untergang seiner Kultur wettert. Schließlich, in einer psychischen Verfallsphase, sehnt er sich wie der von Jünger hochverehrte Gottfried Benn nach evolutionärer Regression, phylogenetischer Degeneration, um sich in seiner Verzweiflung vor der Qual des den höheren Organismen eigentümlichen Bewusstseins retten zu können:

Manchmal wünschte er ein ganz einfaches Tier zu sein, eine Pflanze, Leben schlechthin, noch nicht im mindesten verzweigt. Er haßte den

> Gedanken einer Entwicklung, deren immer feiner organisierte Wesen auch jede Qual unendlich gesteigert empfinden mußten. (*Sturm*, 72)

Auch dies wohl eine Erinnerung an Novalis' Meinung von der konstitutiven Kränklichkeit höherer, weil mit Sensibilität begabter Organismen in der *scala naturae* (vgl. HKA III, 661:598).

2. Politik bei Jünger und Novalis

Damit sind wir beim zweiten Teil unserer Ausführungen angelangt, Jüngers und Hardenbergs politische Anschauungen. Noch eine Stelle aus dem *Sturm*. Jüngers Leutnant Sturm hat nämlich auch seinen Driesch studiert. Eine Heidelberger Dissertation *Über die Vermehrung der Amoeba proteus durch künstliche Teilung* (*Sturm*, 25) hat er abgebrochen[28], um in den Krieg zu ziehen. Der Vitalist Sturm bleibt im Krieg aber nicht bei der Biologie stehen. Er hat auch eine daraus entwickelte Theorie des modernen Staates, der deutlich genug aus dem Vitalismus hervorgeht. Und zwar deutet er ganz im Sinne des Vitalismus den Staat etwa nicht als künstliche Struktur, sondern ganz im Sinne Spenglers als *politischen Organismus*. Der alte Staat (gemeint ist Athen) zeichne sich im Gegensatz zum modernen, ganz wie die primitiven Tiere bei Hardenberg oder Kielmeyer, durch eine bemerkenswert starke Regenerationskraft aus. Im alten, demokratischen Staat können sich nämlich bei Verlust ihrer führenden Individuen die wichtigsten Teile des politischen Organismus von selbst regenerieren:

> Der Urstaat als Summe nahezu gleichwertiger Kräfte besaß noch die Regenerationsfähigkeit einfacher Lebewesen: Wurde er zerschnitten, so schadete das den einzelnen Teilen wenig. Bald fanden sie zu neuem Zusammenschluß und bildeten leicht im Häuptling ihren physischen, im Priester oder Zauberer ihren psychischen Pol. (*Sturm*, 11)

Hingegen reduziert die Evolution des geistig höherentwickelten modernen Staates, indem das Ganze jetzt mehr ist als die Summe seiner Teile, die Bedeutung des Einzelnen vom Gleichwertigen auf

> die einer spezialisierten Zelle [...] Heute gilt er längst nicht mehr das, was er an sich wert ist, sondern nur das, was er in bezug auf den Staat wert ist. Durch diese systematische Ausschaltung einer ganzen Reihe an sich sehr bedeutender Werte werden Menschen erzeugt, die allein gar nicht mehr lebensfähig sind. (*Sturm*, 10–11)

Für Leutnant Sturm, der gewiss Jüngers eigene Ansichten zum Ausdruck bringt, ist also der Stellenwert des Individuums im modernen Staatsorganismus bemerkenswert geschrumpft. Und die modernen Staaten, da sie ihre Teile nur schlecht regenerieren können, müssen sich deshalb als Ganzes gegenseitig im totalen Krieg bekämpfen (*Sturm*, 11). Dies das Ergebnis von Jüngers Politisierung der Biologie im Zeichen des Vitalismus. Bemerkenswert die Entwertung des Individuums gegenüber dem Ganzen, darin sehr stark der Kontrast zu Hardenbergs Organizismus.

Das gilt auch für die definitive Fassung von Jüngers Staatsauffassung vor dem Krieg: *Der Arbeiter* (1932).[29] Mit Spengler versteht Jünger den Prozess der Geschichte als organisches Werden: Blühen, Verwelken, Entwicklung der Kultur über die Zivilisation in den definitiven Untergang. Auch hier ist der Organismus, das hörten wir schon in *Das Blut*, ein Ganzes, »dem der Einzelne nichts bedeutet« (Berggötz, 193). Hier, wie sonst bei Jünger, ist der so verstandene Staat eben kategorial anders als der bürgerliche Staat. Dieser wird durch den vermeintlich freiwillig abgeschlossenen Gesellschaftsvertrag der vermeintlich freien Bürger konstituiert. In Wahrheit ist aber das für Jünger eine Illusion, wurzelloses Produkt des Verstandes und der Sprache. Die wahrhafte, preußisch akzentuierte Äußerung der Freiheit besteht darin, wie die ehemaligen Frontsoldaten wissen, in einer völlig paradoxen Äußerung der individuellen Freiheit: in der freiwilligen Anerkennung der notwendigen Unterordnung des Einzelnen unter den Willen des naturgemäß durch einen Führer verkörperten Ganzen, welches keine Diktatur sein kann, weil hier Freiheit und Notwendigkeit ineins fallen (*DA*, 20–32, 160). Was der physiologische Typus des entindividualisierten Arbeiters schließlich repräsentiert, ist die halbmetaphysische Form, die Gestalt, welche seine Erscheinung und das Schicksal seines Volkes bedingt (*DA*, 38). Bejahung des Schicksals, Selbstaufopferung im Kampf für das Ganze, ist Anteilnahme am Prozess der Entwicklung. Krieg, als aus dem dunklen aber fruchtbaren Seinsgrund kommend, ist in Wahrheit Erneuerung, ist die Regeneration des Ganzen, Werden des Übermenschen, Erfüllung des deutschen Schicksals, Anstoß für die nationalistische (Gegen-) Revolution (*DA*, 66, 91).

Nun: Natürlich geht auch Hardenberg in seiner politischen Philosophie vom Vitalismus aus. In der befruchtenden Rede der säkularen Predigt *Europa*, so heisst es, sind »der Stoff der Geschichte« nichts weniger als »fortschreitende, immer mehr sich vergrößernde Evolutionen« (HKA III, 510). Es gilt »überall das Evangelium des Lebens zu verkündigen« (HKA 508). Die Empfänger dieser befruchtenden Rede empfinden dadurch als erweiterte, geschwängerte Leser/-innen guter Hoffnung »das innige Empfängniß eines neuen Messias in ihren tausend Gliedern zugleich« (HKA 519). Und auch in der anderen Staatsschrift, *Glauben und Liebe*, der vermeintlichen Apologie des Monarchismus nach der Französischen Revolution, geht es um den durchaus ernstgemeinten Grundbegriff des Staates als eines organischen Körpers. Aber auch dieser Text darf keineswegs als eine reaktionäre Apologie des Monarchismus gedeutet werden. Denn hier, wie Ethel Mathala de Mazza gezeigt hat[30], ist die Rolle des Königspaars als Urbild eben revolutioniert worden, es ist – freilich provokant als Ideal gesetzt – nur dazu da, um, wie Blut, Geld, Geist und Lebenskraft, als Mitteilung durch *alle* Glieder des Staates befruchtend zu zirkulieren. Insofern hat Thomas Mann natürlich recht in seiner Rede über Novalis, wenn er das Demokratische und Republikanische daran hervorhebt.[31] Außerdem ist Novalis alles andere als Nationalist. »Deutschheit« ist »ächte Popularitaet«; »Deutsche«, heißt es in der gleichen *Vermischten Bemerkung*, »giebt es überall. Germanitaet ist so wenig, wie Romanitaet, Graecität, oder Brittannitaet auf einen besondern Staat eingeschränckt – Es sind allgemeine Menschencharactere – die nur hie und da vorzüglich allgemein geworden sind« (HKA II,438:66).

Fazit: Beide, Novalis wie Jünger, gehen von der Nation als von einem wesensgemäß politischen Organismus, als höchster Einheit des Lebens, aus. Jünger erkennt diesen gemeinsamen Ansatz mit dem ihm eigenen Scharfsinn. Aber das, was sie verbindet, trennt sie auch. Für Jünger ist emphatisch das Ganze mehr, als die Summe seiner Teile, so dass das Individuum als Person untergehen darf und soll im Dienst der nationalistischen Revolution. Für Novalis sind Individuum und Ganzes *gleichermaßen* Ausdruck der individuellen und wohlgemerkt gleichwertigen Persönlichkeit als höchste Blüte der lebendigen Kultur.

1 Mit Hamann und Goethe zusammen. Siehe Hans-Peter Schwarz: Der konservative Anarchist. Politik und Zeitkritik Ernst Jüngers. Freiburg i. Br. 1962, S. 249–253.
2 Martin Meyer: Ernst Jünger. München 1993 [=¹München/Wien 1990], S. 377, 383.
3 Hans Esselborn: Novalis-Rezeption in der deutschen Moderne. In: Herbert Uerlings (Hrsg.): »Blüthenstaub«. Rezeption und Wirkung des Werkes von Novalis. Tübingen 2000, S. 289–310. Zu Novalis S. 299–309. Vgl. ferner den für die Vorbereitung dieser Arbeit zu spät erschienenen, mit anderem Erkenntnisinteresse fokussierten Aufsatz von Andrea Benedetti: »Schicksalszeit«. »Zeitalter des Wassermannes« und »ewige Gegenwart«. Ernst Jüngers Rezeption der deutschen Romantik (Novalis, Friedrich Hölderlin und Joseph von Görres) zwischen Mythos, Moderne und Postmoderne. In: Totalität als Faszination. Systematisierung des Heterogenen im Werk Ernst Jüngers. Hrsg. von Andrea Benedetti und Lutz Hagestadt. Berlin/Boston 2018, S. 9–36 (bes. S. 20–22).
4 Jüngers Werke werden aus folgender Ausgabe zitiert: Ernst Jünger: Werke. 10 Bde. Stuttgart 1960–1967 [=W]. Zum Alten Testament siehe Strahlungen II, W III, S. 150–151, 165.
5 Siehe: Ernst Jünger. Politische Publizistik: 1919–1933. Hrsg. von Peter Berggötz. Stuttgart 2001 [=Berggötz].
6 Ernst Jünger: Die Methode der Revolution. In: Die Standarte. Wochenschrift des neuen Nationalismus. 25.1.1925 [MdR]. In: Berggötz (s. Anm. 5), S. 114–119.
7 Vgl. Helmut Kiesel: Ernst Jünger. Die Biographie. München 2007, bes. S. 171–172, 274–276. Zur Theorie der Lebenskraft bzw. des Vitalismus in der Romantik: Timothy Lenoir: Kant, Blumenbach, and Vital Materialism in German Biology. In: ISIS 71 (1980), S. 77–108; Helmut Müller-Sievers: Self-Generation. Biology, Philosophy, and Literature around 1800. Stanford 1997; Jocelyn Holland: German Romanticism and Science. New York/London 2009; John H. Zammito: The Gestation of German Biology. Philosophy and Physiology from Stahl to Schelling. Chicago/London 2018. Zum Vitalismus im 20. Jahrhundert: Hans Driesch: Der Vitalismus als Geschichte und Lehre. Leipzig 1905. Zu Jüngers Vitalismus: Benjamin Bühler: Lebende Körper. Biologisches und anthropologisches Wissen bei Rilke, Döblin und Jünger. Würzburg 2004, S. 255–291; Gregor Streim: Das Ende des Anthropozentrismus. Anthropologie und Geschichtskritik in der deutschen Literatur zwischen 1930 und 1950. Berlin/New York 2008, S. 117–160.
8 In Jüngers Bibliothek befindet sich heute noch: Oswald Spengler: Der Untergang des Abendlandes. Umrisse einer Morphologie der Weltgeschichte. 2 Bde. Bd. 1: Gestalt und Wirklichkeit. Wien 1918; Bd. 2: Welthistorische Perspektiven. München 2. Aufl. 1923 [=¹1922]. Beide Bände in Ernst Jüngers Bibliothek zu Wilflingen, DLA-Verzeichnis WJB16.04/47, WJB16.04/09 G: Jünger. Ernst.
9 Ernst Jünger: Das Blut. In: Die Standarte. Wochenschrift des neuen Nationalismus. 1/5, 29. April 1926, S. 104-107. In: Berggötz (s. Anm. 5), S. 191–196.
10 Vgl. Spengler: Untergang des Abendlandes (s. Anm. 8). Kapitel »Blut und Boden«, S. 151–155.
11 Jünger: Das Abenteuerliche Herz. Erste Fassung. In: W VII, S. 25–176.
12 Vgl. Kiesel: Ernst Jünger (s. Anm. 7).
13 Jünger: Das Abenteuerliche Herz. Zweite Fassung. Figuren und Capriccios. In: W VII, S. 177–338.
14 In: W X, S. 9–357.
15 In: W IX, S. 309–369.
16 Vgl: Vf.: Blüthenstaub: Leben und Mitteilen. Zum Kommunikationsbegriff der Romantik. In: Vf.: (Hrsg.): »Construktion der transscendentalen Gesundheit«: Novalis und die Medizin im Kontext von Naturwissenschaften und Philosophie um 1800. In: Blütenstaub. Jahrbuch der Internationalen Novalis-Gesellschaft. Bd. 5. Würzburg 2019, S. 153–169.
17 Carl Friedrich Kielmeyer: Ueber die Verhältniße der organischen Kräfte unter einander in der Reihe der verschiedenen Organisationen, die Geseze und Folgen dieser Verhältniße. Marburg an der Lahn 1993 [Stuttgart ¹1793]. Vgl. zu Hardenbergs Kielmeyer-Rezeption HKA III, 432:838 (dazu Anmerkung des Hrsg. S. 974–975; Bücherliste, 1006); HKA III, 660:598; Vf. (s. Anm. 16).
18 Vgl. Kielmeyer: Ueber die Verhältniße (s. Anm. 17) S. 9–10, 13–17, 24–43.

19 Vgl. Novalis, von Kielmeyer inspiriert: »Idee vom Übergang einer Kraft in die Andre« (HKA III, 432:838); »Leben ist Kraftäußerung – mithin Produkt entgegengesetzer Factoren« (HKA III, 660:598); »Die Heilkraft der Natur ist sehr mit der Reproduktionskraft verwandt – daher auf sie bey sensiblen Menschen wenig zu rechnen ist. Je edler der Mensch, desto künstlicher seine Erhaltung. Das Studium der Medicin wird Pflicht und Noth.« (HKA III, 661:598); »Dann wird jeder sein eigner Arzt seyn – und sich ein vollständiges, sichres und genaues Gefühl seines Körpers erwerben können – dann wird der Mensch erst wahrhaft unabhängig von der Natur, vielleicht im Stande sogar seyn verlorne Glieder zu restauriren, sich blos durch seinen Willen zu tödten, und dadurch erst wahre Aufschlüsse über Körper – Seele – Welt, Leben – Tod und Geisterwelt zu erlangen. Es wird vielleicht nur von ihm abhängen einen Stoff zu beseelen – Er wird seine Sinne zwingen ihm die Gestalt zu *produciren*, die er verlangt – und im eigentlichsten Sinn in *Seiner* Welt leben können.« (HKA II, 583:247).
20 Erasmus Darwin: Zoonomia, or, the Laws of Organic Life. 2 Bde. London 1792–1794. Bekanntlich erwähnt Hardenberg Darwin im *Blüthenstaub* (HKA II, 419:17).
21 Vgl. Darwin: Zoonomia (s. Anm. 20): »The individuals of the vegetable world may be considered as inferior or less perfect animals« (I, S. 102); »The approach of the anthers in many flowers to the stigmas, and of the pistil of some flowers to the anthers, must be ascribed to the passion of love, and hence belongs to sensation, not irritation« (S. 103); »the anthers and stigmas are real animals, attached indeed to the parent tree like polyps or coral insects, but capable of spontaneous motion; [...] they are affected with the passion of love and furnished with powers of reproducing their species, and are fed with honey, like the moths and butterflies, which plunder their nectaries« (S. 105); »I ask, by what means are the anthers in many flowers, and stigmas in other flowers, directed to find their paramours? [...] Is this curious kind of storge [sc: Liebe, **storgē**, στοργή] produced by mechanical attraction, or by the sensation of love?« (S. 106).
22 Im *Ofterdingen*: »Er sah nichts als die blaue Blume. [...] Endlich wollte er sich ihr nähern, als sie auf einmal sich zu bewegen und zu verändern anfing; die Blätter wurden glänzender und schmiegten sich an den wachsenden Stengel, die Blume neigte sich nach ihm zu ...« (HKA I, 197); »Ein Lilienblatt bog sich über den Kelch der schwimmenden Blume; die kleine Fabel saß auf demselben [...]. In dem Kelche lag Eros selbst, über ein schönes schlummerndes Mädchen hergebeugt, die ihn fest umschlungen hielt. Eine kleinere Blüthe schloß sich um beyde her, so daß sie von den Hüften an in Eine Blume verwandelt zu seyn schienen« (HKA I, 300); vgl. auch Astralis' Gedicht (HKA I, 317).
23 Für die Erlaubnis, Ernst Jüngers Marginalien – als Text und Bild – zu publizieren, seien an dieser Stelle dem Verlag Klett-Cotta (Frau Kniffler) im Namen der Erben Ernst Jüngers, sowie auch dem Deutschen Literaturarchiv Marbach (Frau Perlenfein) herzlich gedankt.
24 Novalis. Schriften. Hrsg. von Jacob Minor. 4 Bde. Jena 1923: WJB 12.05/45 (vorne). Bestand G: JÜNGER, ERNST (Wilflinger Bestand).
25 Novalis. Schriften. Im Verein mit Richard Samuel hrsg. von Paul Kluckhohn. Nach den Handschriften ergänzte und neu geordnete Ausgabe. 4 Bde. Leipzig 1929.
26 Vgl. *W* V, S. 201–244 (203).
27 Zuerst Ernst Jünger: Sturm. Stuttgart 1978 – zuerst in: Hannoverscher Kurier, 11. –27. April 1923. Dazu Bühler: Lebende Körper (s. Anm. 7), S. 259–267; Kiesel: Biographie (s. Anm. 7), S. 238–250.
28 Vgl. Hans Driesch: Die Lokalisation morphogenetischer Vorgänge. Ein Beweis vitalistischen Geschehens. Leipzig 1899, bes. S. 9–16, 70–82. Driesch befand, dass die von ihm vor der Phase der Gastrulation künstlich-experimentell geteilten Embryonen des Seeigels *spaerechinus granularis* sich trotzdem in zwei völlig unabhängige, vollkommen gebildete Tiere entwickelten. Das bewies scheinbar seine Arbeitshypothese, eine von den der materiellen Zellen unabhängige Lebenskraft würde das Werden des erwachsenen Tieres a priori steuern.

29 Ernst Jünger: Der Arbeiter – Herrschaft und Gestalt [=*DA*]. In: *W* VI, Essays II, S. 9–329.
30 Ethel Matala de Mazza: Romantic Politics and Society. In Vf. (Hrsg.): The Cambridge Companion to German Romanticism. Cambridge 2009, S. 191–208, bes. S. 194–195.
31 Thomas Mann: Von deutscher Republik (1922). In: T. M.: Gesammelte Werke. 13 Bde. Frankfurt a. M. 1974, S. 809–872, bes. S. 833, passim.

III.
Anarchistische Momente der Frühromantik und ihrer Rezeption

Das Novalis-Bild von Carl Schmitts Buch *Politische Romantik*

Reinhard Mehring

Markierte Hegel Anfang des 19. Jahrhunderts bereits den Auftakt exorzistischer Verwerfung der Frühromantik, so übersetzte Carl Schmitt (1888–1985) mit seiner nachhaltig wirkenden, 1919 erstmals publizierten und 1925 in erweiterter Ausgabe erneut erschienenen Monographie *Politische Romantik* (Kürzel: PR)[1] diese Linie unter anderen politisch-theologischen Aspekten in das 20. Jahrhundert. Diese scharfen Romantik-Verdikte sind sehr umstritten. So formulierte der Schlegel-Herausgeber Ernst Behler[2] schon vor Jahrzehnten mit Hinweis auf Schmitt die Aufgabe einer Enthegelianisierung der Romantikauffassung und Karl-Heinz Bohrer[3] stellte Schmitts Polemik 1988 bereits ausführlicher in die Linie von Hegels Romantikkritik. Schmitt konzentrierte seine Polemik auf Adam Müller und befasste sich mit Novalis wohl niemals eingehend. Er wurde in die Novalis-Forschung aber spätestens 1983 durch Hermann Kurzke eingeführt, der seine Analyse des Novalis mit einem Überblick über die Rezeption der politischen Romantik begann. Kurzke setzte hier bei Thomas Mann und Schmitt[4] ein und erörterte beide als Wegbereiter und »konservative« Autoren: Mann habe Novalis in den Konservatismus zurückgestellt, Schmitt die konservative Tradition dann von ihren »störenden romantischen Elementen«[5] purgiert und exorziert. Kurzke ging dabei auf Schmitts spärliche Novalis-Referenzen gar nicht ein. 1983 war auch noch nicht ersichtlich, ob Schmitt sich jemals näher mit Novalis befasst hatte, da Schmitt noch lebte und sein Vorlass noch nicht zugänglich war. Kurzke erwähnte Schmitt mehr als polemischen Anstoß für die Aktualisierung der politischen Romantik in der Weimarer Republik: Othmar Spann, Richard Samuel und Jakob Baxa, Paul Kluckhohn, Georg von Below, Alfred von Martin und andere Autoren der Weimarer Romantik-Debatten setzten sich bereits von der scharfen Polemik Schmitts ab.[6]

Schmitt polemisierte mit der *Politischen Romantik* nicht zuletzt gegen Zeitgenossen. Auch deshalb wurde er Novalis nicht gerecht. Der hier vorliegende Band eruiert die »republikanische« Deutungstradition, wogegen Schmitt die gegenrevolutionäre Herausforderung markiert. Richard Faber rückte Novalis in die Nähe der Französischen Revolution und interpretierte ihn als Ekstatiker des »tausendjährigen Reiches«. Schmitt steht dagegen für ein älteres Novalisbild, das sich weiter in »konservative«, »nationalistische«, »reaktionäre«, »katholisch-christliche«, holistisch-organizistische oder »gegenrevolutionäre« Deutungsstränge differenzieren ließe. Ich will Novalis hier aber nicht in den Spuren von Schmitts Feindbegriffen zum »wirklichen« oder gar »absoluten Feind« desselben erklären, sondern vielmehr sein relatives Desinteresse an Novalis durch den Primat des verfassungspolitischen Zugriffs erklären: Novalis antwortete mit seinen Schriften auf die Lage um 1800; Schmitt betrachtete die deutsche Verfassungsgeschichte mehr von den Entscheidungen von 1815 oder 1848 her. Die Zwischenstellung von 1800 interessierte ihn nicht sonderlich. Das möchte ich hier vorausschicken, bevor ich Schmitts Stellung zu Novalis rekonstruiere.

Es gibt keine einlässige Auseinandersetzung mit Novalis, weil Schmitt die politische Romantik paradigmatisch am Beispiel Adam Müllers exorzierte. Diese Entscheidung näher zu erklären, ist nicht ganz einfach. Für viele Epochen von Schmitts Leben und Werk gibt es zwar reichlich biographische Quellen. Gerade für die Jahre 1917 bis 1920, in denen er die *Politische Romantik* schrieb und den Systemumbruch vom Wilhelminismus in die Weimarer Republik in der *Politischen Romantik* spiegelte, fehlen sie aber. Das Buch entstand laut Vorwort 1917/18 und ist Anfang 1919 erschienen (PR 27). Es wurde also wahrscheinlich vor Kriegsende abgeschlossen und antwortete nicht mehr direkt auf die Umbruchzeit. Schmitt ist ein weltweit diskutierter Autor. Auch seine Streitschrift *Politische Romantik* ist berühmt und berüchtigt. Ich beginne mit einigen biographischen Bemerkungen und einer allgemeinen Beschreibung des Buches *Politische Romantik,* sammele dann Schmitts Novalis-Referenzstellen und erörtere schließlich sein relatives verfassungspolitisches Desinteresse an Novalis.

I. Das Buch *Politische Romantik*

Carl Schmitt wurde 1888 geboren und promovierte 1910. Er absolvierte in Düsseldorf dann sein juristisches Referendariat und legte 1915 das Zweite juristische Staatsexamen ab. Danach arbeitete er als Soldat in der Heeresverwaltung in München. 1916 habilitierte er sich mit einer staatsphilosophischen Grundlegungsschrift in Straßburg. In München führte er eine Art Doppelleben als Heeresjurist und Bohémien. Im Militärdienst begegnete ihm das Thema der Diktatur, das zu seinem

Lebensthema werden sollte. Schon 1915 begann er mit ersten Studien zur Diktatur, die 1921 in eine große Monographie mündeten, die ihm umgehend Berufungen an die Universitäten Greifswald und Bonn eintrugen. Die Abfassung der *Politischen Romantik* schob Schmitt aus ungeklärten Gründen dazwischen.

Schmitt war in München ein sehr merkwürdiger Soldat; er verteidigte zwar die Expansion der Diktaturbefugnisse, verklärte das Kriegsgeschehen aber nicht, sondern lehnte den deutschen »Militarismus« ab und neigte einer religiösen und apokalyptischen Sichtweise zu, die er 1916 mit seinem Buch über *Theodor Däublers ›Nordlicht‹*-Dichtung[7] auch publizierte. Er hatte doppelte Innensichten auf die pazifistische und anarchistische Intellektuellenszene: Einerseits verkehrte er privat in der Bohème und andererseits beobachtete er sie aus der gegenrevolutionären Perspektive des Militärs. Seine »Bewusstseinslage« kennzeichnete er rückblickend durch das »Gegensatzpaar Autorität gegen Anarchie«[8] und stellte sich publizistisch spätestens 1922, mit seiner Programmschrift *Politische Theologie*[9], in die Linie der Gegenrevolution. Das prägte bereits seinen begriffspolitischen Umgang mit der Romantik.

Wichtig ist hier zu beachten, dass Schmitt nicht an strikter Historisierung interessiert war, sondern einen eminent politischen und aktualistischen Umgang mit Geistesgeschichte pflegte. Wenn er die Romantik der Goethezeit zitierte, meinte er auch die zeitgenössischen Romantiker und hier vor allem die Schwabinger Bohème. Schmitts präsentistischer Umgang mit Geistesgeschichte resultierte primär aus seinen politischen Absichten und der juristischen Manier, die eigenen Positionsnahmen hinter geistesgeschichtlichen Masken zu verstecken. Die Autorenmasken, die er sich über die Jahrzehnte aufsetzte, sind kaum zu zählen. Sein kanonpolitischer Umgang mit der Geistesgeschichte war jedenfalls verfassungsgeschichtlich begründet: Schmitt äußerte sich über Autoren nicht deshalb, weil sie ihn intellektuell ansprachen, sondern weil sie ihm halfen, eine individuelle Perspektive auf eine Konstellation zu artikulieren. Seine Geistesgeschichte geht also von den verfassungspolitischen Konstellationen aus. Und hier interessierte Schmitt sich vor allem für die Weichenstellungen der frühen Neuzeit und des Jahres 1848. Nach Abschluss des Frühwerks mit der *Politischen Romantik* und seiner Studien über *Die Diktatur*[10] hat er sich deshalb über die Goethezeit nur noch selten geäußert. Das erklärt, weshalb er sich nach 1925, nach der erweiterten Neuauflage seiner *Politischen Romantik,* über die Romantik auch kaum noch äußerte.

Die Monographie *Politische Romantik* gehört in Schmitts katholische oder katholisierende Phase, die spätestens 1925 mit der Publikation der zweiten Fassung des Essays *Römischer Katholizismus und politische Form* endete. Während dieser Katholizismus-Essay sich nicht theologisch auf die Kirche bezieht, sondern lediglich deren autoritäre Form preist, befasste sich Schmitt in den Münchner Jahren, auch im Gespräch mit Franz Blei, mit einer theologischen Rechtfertigung der Kirche. Blei war ein Novalis-Kenner. Schon früh hatte er für Reclam eine Auswahl der Gedichte veranstaltet und 1906 hatte er ein bibliophil ausgestattetes, biographisch einführendes Novalis-Büchlein publiziert. Darin nennt Blei, auch von Baudelaire angeregt, Novalis einen Vorläufer des zeitgenössischen »Dandysmus«.[11] Und er schließt: »Der Tempel des dritten Reiches hebt sich langsam. An sein Fundament legten die Romantiker den ersten Stein.«[12] Ob Schmitt mit Blei jemals über Novalis gesprochen hat, ist nicht bekannt. Unter dem Eindruck des Weltkriegs neigte er damals religiöser Apokalyptik zu. Das ist für seine *Politische Romantik* wichtig, die zwischen Gegenrevolution und ästhetisierender Romantik strikt unterscheidet und nicht zuletzt gegen modernistische Romantisierungen der Kirche zielt. Diese »katholische« Kritik an der Romantik ist neben der starken Rezeption der französischen Literatur eine Eigenart von Schmitts Schrift. Sie richtet sich gegen eine Romantisierung des Katholizismus und gegen romantische Auffassungen der »organischen« Staatslehre. Schmitt steht also in anderen Rezeptionslinien und Fronten als etwa ein zeitgenössischer Germanist und adressierte sich mehr an die innerkatholische Debatte.

Schmitt kritisiert die politische Romantik exemplarisch vor allem am »Typus« (PR 27) und Beispiel Adam Müllers. Novalis und Friedrich Schlegel zieht er nur ergänzend heran. Er erörtert Novalis nicht als Hauptvertreter der politischen Romantik, weil er sich auf die Spätromantik nach 1815 konzentriert und die Frühromantik nicht spezifisch erörtern möchte. Zwei Müller-Kapitel umklammern zwei Kapitel zur »Struktur des romantischen Geistes«. Schmitt übernimmt zwar polemische Topoi von Hegels Romantikkritik, verlagert die philosophiegeschichtliche Herleitung aber auf Descartes und Malebranche und definiert die Romantik eigenwillig als »subjektiven Occasionalismus« (PR 23 f., 140 f., 147). Er verwirft mit der Romantik nicht nur Kant und die Folgen, sondern den neuzeitlichen Rationalismus (PR 79 ff.) insgesamt. Schmitt übernimmt fast alle Aspekte von Hegels Romantikkritik; er kritisiert den Typus des Romantikers moralistisch wie Hegel als eitlen, ästhetizistischen Bourgeois, der sich an die Stelle Gottes setzt, betrachtet die Romantik aber darüber hinaus auch als pseudokonservative »Reaktion gegen den modernen Rationalismus«, die die »höchste Realität« der alten Metaphysik, das vorreflexive Sein Gottes, durch moderne Ideen von »Volk« und »Geschichte« ersetzt (PR 86 ff.). Im Rückgang hinter Hegels Romantikkritik auf den Okkasionalismus liegt ein Alleinstellungsmerkmal der Studie. Mit der Formel vom »subjektiven Okkasionalismus« streicht Schmitt die Epigonalität der Romantik als »Reaktionsform« (PR 84) heraus. So profiliert er die katholische Kirche, Ontologie und Theologie, der er nahesteht, gegen die Romantik. In seinen Tagebüchern deutet er damals seine eigenen exzentrischen »Gefühle der Abhängigkeit« (PR 118) und Getriebenheit immer wieder religiös. Schmitt profiliert in der *Politischen Romantik* seine systematischen Überzeugungen aber nicht explizit, sondern beschränkt sich geistesgeschichtlich auf die strikte Disjunktion von Gegenrevolution und Romantik. Burke, de Bonald und de Maistre, Gentz, Haller (PR 47) und auch Stahl (PR 95) schichtet er von der Romantik ab.

Schmitt moniert, dass die Romantik vor der normativen Entscheidung über »Recht und Unrecht« (PR 161, 205), der Parteinahme und politischen Aktion in ein passives Vertrauen auf die »organische« Entwicklung (PR 80 ff.) und sentimentalische Betrachtungen und »Begleitaffekte« ausweiche. Am Ende unterscheidet er zwischen politischer Romantik, die keine echten Entscheidungen kennt, und romantisierender Politik, die unter den Zeitgeist geraten ist. Was er dagegen selbst vertritt, wird zwar kaum explizit, die *Politische Romantik* weist mit ihrer Disjunktion von Gegenrevolution und Romantik aber zweifellos auf die Programmschrift *Politische Theologie* und deren Option für die Gegenrevolution voraus.

Es ist beachtlich, dass Schmitt Anfang 1919 den Katholizismus noch gegen die Romantik ausspielt und Gentz, Haller und die Restauration nicht zur Romantik zählt. Donoso Cortés ist gleichfalls noch nicht erwähnt und es gibt noch keine klare Absage an die dynastische Legitimität und Restauration. Ausdrücklich sagt Schmitt vielmehr: »Legitimität aber ist eine unromantische Kategorie.« (PR 171) Wenn er über die romantische Mobilisierung der »Gefühle von Liebe und Treue« (PR 158 ff.) gegenüber dem Staat eingehend spottet, könnte das 1918, als Schmitt die *Politische Romantik* abschloss, noch auf eine Verteidigung des Wilhelminismus zielen. Eine starke Absage an den Monarchismus ist jedenfalls nicht herauszulesen, eher Spott auf die bürgerliche Verklärung und Ästhetisierung des Staates. Damit erscheint die Schrift als ein letztes Abwehrgefecht vor der ausdrücklichen Option für die Gegenrevolution.

Viele Eigenheiten, Fehler und Verzerrungen ließen sich monieren: Das Adam Müller-Bild ist offenbar ungerecht. Wichtige Romantiker wie Franz von Baader und Joseph Görres kommen kaum vor. Schmitt diskutiert Müllers freundschaftliche Zusammenarbeit mit Kleist nicht und ignoriert so das Verhältnis von Preußentum und Romantik. Er kritisiert die Modernität der Romantik allzu einseitig und verbucht die konservativen Motive und Bemühungen allein auf das Konto des politischen Opportunismus. Den offenkundigen Beitrag der Romantik zur Nationalisierung des Verfassungsdenkens erörtert er nicht. Wenn er dagegen die Romantiker als politische Opportunisten entlarvt, liest sich sein Buch wie eine vorweggenommene Selbstinquisition: Was für Müller fraglich ist, trifft auf die eigene politische Biographie nicht weniger zu. Wie eine Selbstbeschreibung liest sich Schmitts seitenlange Abrechnung mit Müllers »Argumentationssystem« (PR 144 ff.) und »oratorischem Talent« (PR 182 ff.). Schmitt musste sich mit seiner Romantikkritik selbst zur Option für die Gegenrevolution überreden. Der Name Adam Müllers ließe sich im Buch deshalb auch durch »Carl Schmitt« ersetzen. Als eine solche Selbstentlarvung und Selbstinquisition haben frühe Kritiker das Buch sogleich gelesen: Sie richteten das Charakterbild vom politischen Opportunisten gegen Schmitt selbst.[13] Im Spiegelfecht zeigt sich eine Familienähnlichkeit zwischen Müller und Schmitt. Später wird Schmitt sagen: Der Feind ist die »eigne Frage als Gestalt«.

II. Novalis-Erwähnungen in der *Politischen Romantik*

Schmitt hat sich sicher nur beiläufig und okkasionell mit Novalis beschäftigt. Das ist heute leicht nachvollziehbar, weil viele Nachlasseditionen Namensregister haben. In den Tagebüchern der 1920er Jahre wird Novalis gelegentlich erwähnt, in den Publikationen und Briefwechseln spielt er aber fast keinerlei Rolle. Ein wichtiger Nachschlag zur *Politischen Romantik* findet sich immerhin in der *Verfassungslehre* von 1928. Dort unterscheidet Schmitt für die »Lehre von der Monarchie«, die er selbst niemals vertreten hat, verschiedene Begründungen. Hier schreibt er eingehender:

> Im 19. Jahrhundert tritt die echte Idee der Monarchie zurück. [...] In der Rechts- und Staatsphilosophie von Fr. J. Stahl sind verschiedene Gesichtspunkte miteinander verbunden, aber selbst hier fehlt das spezi-

fisch Monarchische des Gedankenganges und die Argumentation wirkt wie ein kluges Plädoyer. [...] Noch viel weniger sind die romantischen Poetisierungen von Königen, wie sie bei Novalis und Adam Müller vorkommen, eine monarchische Staatstheorie. Sie machen aus dem Monarchen einen Anknüpfungspunkt für Stimmungen und Gefühle [...] Der Gedanke der Repräsentation des Staates, das politische Formprinzip der Monarchie, verflüchtigt sich in die Vorstellung, dass der König ein Symbol oder eine Art Fahne ist.[14]

Der Begriff der Repräsentation war für Novalis wichtig. Wenn Schmitt die Lehre vom König als »Symbol« auf eine »Art Fahne« reduziert, bagatellisiert und banalisiert er die Überlegungen polemisch. In der *Politischen Romantik* findet sich Novalis häufiger im Schulterschluss mit Müller erwähnt. Das Buch konzentriert sich aber mehr auf das Verhältnis zur Restaurationspolitik nach 1815 und die Spätromantik. Schon deshalb setzt es sich nicht näher mit den politischen Anschauungen von Novalis auseinander. Schmitt hat das Buch von 1919 für die zweite Auflage von 1925 erheblich überarbeitet und erweitert. Ein Textvergleich zeigt, dass dies nicht zuletzt Novalis-Erwähnungen betraf. Einige erfolgten nur in den Fußnoten. Längere Ausführungen im Haupttext gibt es nur an fünf bis sechs Stellen. Nur zwei davon (PR I, 73 = PR II, 112; PR I, 139 = PR II, 202) finden sich ziemlich identisch in beiden Fassungen, während andere Erwähnungen (PR II, 121 f., 156, 173 f.) 1919 noch fehlen. Diese Erweiterungen von 1925 betreffen aber eigentlich nicht die Grundauffassung, sondern schmücken sie nur aus.

Schmitt ergänzt und illustriert seine Pauschalkritik also 1925 mit einigen prägnanten Zitaten, ohne sich näher auf Novalis einzulassen. Damit reagiert er auf kritische Bedenken gegen die exemplarische Fokussierung auf Adam Müller. Er interessiert sich auch bei seinen Novalis-Ergänzungen aber weiter erstaunlich wenig für dessen politische Biographie oder juristische Ausbildung und Tätigkeit und kontextualisiert die Frühromantik insgesamt nicht in den Wendejahren um 1800 beim Aufstieg Napoleons. Ein Grund für dieses Desinteresse wurde bereits genannt: Schmitt konzentriert sich auf Müller und die Spätromantik und belastet sein Werk nicht mit dem historischen Vergleich zwischen Früh- und Spätromantik; er bestreitet der *Politischen Romantik* vielmehr pauschal die politische Produktivität und erklärt die Romantiker moralistisch zu Wendehälsen und Opportunisten, die vor der Politik in Poesie flüchteten. Dieser polemischen Zielsetzung ist alles untergeordnet.

So findet sich im Buch keine starke politische Kontextualisierung und Differenzierung zwischen den Antworten auf 1789 und 1815. Schmitt rührt diverse Autoren im Prototyp Adam Müller zusammen. Obgleich Novalis im Buch vergleichsweise häufig erwähnt ist, ist die Funktion seines Namens im Werk dennoch leicht überschaubar und begrenzt. Schmitt erwähnt Novalis häufiger mit wiederholenden Schlüsselformulierungen. Den *Ofterdingen*-Roman erwähnt er nicht und er zitiert meist nur aus wenigen Fragmenten nach der vierbändigen Ausgabe von Jacob Minor. Schmitt konzedierte 1922 gegenüber Ernst Robert Curtius die »schlechte Fundamentierung«[15] des Buches. Das Buch rechtfertigt das 1919 mit der exemplarischen Zuspitzung: »So bleibt in der Hauptsache unter den Deutschen Adam Müller als bisher unbezweifeltes Beispiel eines politischen Romantikers.« (PR 47 f.). Novalis fungiert im Buch dagegen nur als Pionier der Ästhetisierung und Poetisierung. Im Vorwort von 1924 zur erweiterten Auflage schreibt Schmitt dazu:

> Im Romantischen wird alles zum ›Anfang eines unendlichen Romans‹. Diese auf Novalis zurückgehende, den sprachlichen Sinn des Wortes wieder zur Geltung bringende Formulierung bezeichnet am besten die spezifisch romantische Beziehung zur Welt. (PR 26)

Im Haupttext ergänzt Schmitt 1925 dazu: »Dieses Fragment (Nr. 66) gibt die eigentliche Formel des Romantischen.« (PR 121, vgl. 122) Warum hat er diese Formel dann nicht zum Ausgangspunkt seiner immanenten Kritik gemacht, sondern eine exzentrische Gegenformel entwickelt? Schmitt bezieht sich mit seiner Novalis-Formel vermutlich auf folgende Bemerkungen aus den *Blütenstaub-Fragmenten*:

> Alle Zufälle unsers Lebens sind Materialien, aus denen wir machen können, was wir wollen. Wer viel Geist hat, macht viel aus seinem Leben – Jede Bekanntschaft, jeder Vorfall wäre für den durchaus Geistigen – erstes Glied einer unendlichen Reihe – Anfang eines unendlichen Romans. (HKA II, 437 f.:66)

Es wäre für Schmitt leicht möglich gewesen, diese Bemerkungen näher auszulegen und vom »magischen Idealismus« her zu entwickeln. Der Ansatz beim Okkasionalismus ist dagegen alles andere als nahe liegend und plausibel. Schmitt ignoriert die idealistische Grundlegung der Romantik und wählt einen externen, polemisch charakterisierenden Zugang. Er sucht die »eigentliche Formel« des Novalis nicht aus den Voraussetzungen des magischen Idealismus zu explizieren, sondern setzt eine gänzlich andere »Formel« apodiktisch voraus:

> Romantik ist subjektiver Occasionalismus, d. h. im Romantischen behandelt das romantische Subjekt die Welt als Anlass und Gelegenheit seiner romantischen Produktivität. (PR 23)

Man könnte Schmitts Alternativformel als eine polemische Strategie verstehen, sich auf die romantische Philosophie überhaupt nicht einzulassen. Sein konsequenter methodischer Begründungsverzicht ist bekannt. Als Jurist mied Schmitt – selbst in seinen Cortés- und Hobbes-Auslegungen – jeden theologischen oder philosophischen Begründungsrekurs. Das ist hier nicht auszuführen, wichtig ist aber, dass er die Möglichkeit einer philosophischen Auseinandersetzung mit der Romantik mit der Formel des Novalis zwar andeutet, für sich aber ein anderes Verfahren wählt. Mit seiner Gegenformel ist der Explikationsverzicht beschlossen. Auf die Philosophie des Novalis wird Schmitt sich niemals ernstlich einlassen. Seine weiteren Novalis-Erwähnungen variieren und exemplifizieren meist nur den Satz vom »Anfang eines unendlichen Romans«.

Jedes Wort des Novalis verdiente hier eigentlich eine nähere Auslegung: die Rede vom »Anfang« ebenso wie das Konzept vom »Roman« und die idealistische Metaphysik. Das alles lässt Schmitt aus. In der *Politischen Romantik* zitiert er nur beiläufig einige Novalis-Worte über die Bibel, »Deutschheit«, Antike und Frauen und spricht von einer »allgemeinen Auflösung« und »Zauberei der Phantasie«. Er bringt Novalis mit Müllers Lehre vom Gegensatz zusammen und schreibt:

> In einer allgemeinen Vertauschung und Vermengung der Begriffe, einer ungeheuerlichen Promiskuität der Worte, wird alles erklärlich und unerklärlich, identisch und gegensätzlich, und kann allem alles unterschoben werden. (PR 113)

Diese Ausführungen finden sich 1919 wie 1925. Fast alle anderen sind Zusätze von 1925. Das gilt für die Formel vom »unendlichen Roman« ebenso wie für das folgende Zitat:

> Wenn Novalis davon spricht, dass der Staat ein Makroanthropos ist, so ist das ein seit Jahrtausenden ausgesprochener Gedanke. Die Romantik liegt erst darin, dass dieser Staat-Mensch ein ›schönes‹ Individuum genannt wird, das Gegenstand der Liebe und ähnlicher Gefühle ist. [...] Bei Novalis wie bei Adam Müller erscheint der Staat als die Geliebte. (PR 173)

Auch hier geht Schmitt über eine wichtige Bemerkung schnell hinweg. Den Aufsatz *Die Christenheit oder Europa* erwähnt er auch erst 1925 beiläufig als »liebliche Idylle vom Mittelalter«, »poetische Phantasie« und märchenhafte »Schilderung des Naturzustands« (PR 174), als frühromantische Verkündigung eines »neuen Zeitalters« (vgl. 216). Das sind wohl die wichtigsten Referenzstellen. Ich hoffe nicht zu übertreiben, wenn ich die Novalis-Bemerkungen im Buch gleich doppelt marginalisiere: Sie sind 1919 schon beiläufig und wurden für die zweite Auflage im Herbst 1924 nur illustrativ ergänzt. Schmitt zitiert Novalis als Hauptvertreter der politischen Romantik eigentlich nur für die Generalthese von der ästhetizistischen Ausflucht ins »Poetisieren«. Diese These ist als solche nicht originell.

Schmitt verzichtete auf die nähere Auseinandersetzung mit Novalis, weil er sich buchstäblich ganz auf die exemplarische Hinrichtung Adam Müllers konzentrierte. Für die zweite Auflage weitete er die Belege unter dem Eindruck der Kritik zwar etwas aus, ohne jedoch sein homogenisierendes Verfahren aufzugeben und historisch genauer zwischen Früh- und Spätromantik zu differenzieren. Deshalb rückte Novalis nicht aus dem Schatten Adam Müllers heraus und verblieb in seiner marginalen und illustrativen Rolle. Eine nähere Auseinandersetzung etwa mit dem Europabild oder der Philosophie des Novalis fehlt 1919 wie 1925. Das heißt nicht, dass Schmitt dazu keine Meinung gehabt hätte. Aber er wollte in der *Politischen Romantik* offenbar nicht in die nähere Auseinandersetzung mit Novalis eintreten, weil dies der literarischen Anlage des Buches widersprach: Die exemplarische Auseinandersetzung mit Adam Müller sollte im Zentrum bleiben.

Schmitt weitete sein Buch 1925 also nicht zu einer Auseinandersetzung mit der Frühromantik aus. Er beließ es ganz in der – von Hegel abzweigenden – moralistischen Kritik am politischen Opportunismus und Ästhetizismus. Eine eingehende verfassungspolitische Kontextualisierung in die Lage nach 1789 und 1815 findet sich nicht. Man könnte vermuten, dass Schmitt 1919 als junger Autor, gerade 30 Jahre alt, noch nicht über eine starke verfassungsgeschichtliche Sicht auf die Lage nach 1789 verfügte. Ein Blick in seine Monographie *Die Diktatur* zeigt aber, dass dies nicht zutrifft und Schmitt damals bereits einen profilierten Blick auf die Französische Revolution und den revolutionären Verfassungsprozess hatte. Er beschrieb die Französische Revolution von der Praxis der Volkskommissare her als Übergang zur »souveränen Diktatur«. Seine früher publizierte Studie über *Diktatur und Belagerungszustand* schloss daran an, sodass davon auszugehen ist, dass Schmitt 1919 bereits ein klares Bild vom Übergang der Französischen Revolution in die Diktatur Napoleons hatte. In seiner *Politischen Romantik* verzichtete er damals aber auf die eingehende Darstellung der verfassungspolitischen Konstellation nach 1789 und 1815.

Seine Romantikkritik war eher moralistisch und postulatorisch: Schmitt führte nicht als politischer Denker vor, wie die Romantik die Lage verarbeitete; er erklärte stattdessen nur, dass die Romantik, in ihrem Ästhetizismus befangen, kategorial unfähig war, politisch und institutionell zu denken. Eine poetische Verklärung der Institutionen hielt er grundsätzlich für falsch. Schmitt lehnte es ab, den Staat zu poetisieren und zum Gegenstand der Liebe zu verklären und verkitschen. Seine moralistische Verwerfung der Romantik zielte auf den für ihn entscheidenden Herrschaftscharakter der Institutionen.

III. Ausklang der Romantikforschung

Es wurde gesagt, dass Schmitt seine Novalis-Belege in der 2. Auflage von 1925 stark erweiterte. Einen politischen oder systematischen Grund sehe ich dafür nicht. Nach der Publikation der *Politischen Romantik* schloss Schmitt, wie erwähnt, zunächst *Die Diktatur* ab. Er schrieb nach 1921 seine bedeutenden frühen Grundlegungsschriften und wandte sich im Zusammenhang mit seiner passionierten Liebe zu Kathleen Murray dann wieder Romantikforschungen zu. Der praktizierende Romantiker trieb Romantikforschung. Er schrieb an Murrays Dissertation über *Taine und die französische Romantik* intensiv mit und überarbeitete den Text für die Publikation bei Duncker & Humblot.[16] In diesen Zusammenhängen mag er gelegentlich Novalis gelesen haben, was aber bislang nicht nachweisbar ist. Die Erweiterungen der *Politischen Romantik* schrieb er im Herbst 1924 nach seinem Vorwort, das er separat auch im *Hochland* veröffentlichte.[17] Es ist möglich, dass ihm damals erst mit dem Hochland-Aufsatz die Idee zur Erweiterung der *Politischen Romantik* kam. Nach der Publikation der erweiterten Fassung erörterte Schmitt die Romantik dann niemals mehr eingehend.

1925 grenzte er sich in einer Rezension Joseph de Maistres noch einmal von der Romantik ab. Eine ätzende Besprechung von Paul Kluckhohns *Studien zur Staatsauffassung der deutschen Romantik* kann dann als letztes Gefecht gelten. Schmitt attestiert Kluckhohn hier 1926, »dass eine Kompetenz auf dem Gebiet der romantischen Liebe noch keinerlei Kompetenz auf dem Gebiet der Staatsauffassung zu begründen vermag«.[18]

Dass Schmitt Kluckhohns mimetisch begriffslose Behandlungsform der Romantik derart hervorhebt, mag als Generaleinwand gegen den Zustand der Romantikforschung gelesen werden: Schmitt kritisierte, dass Teile der Forschung ihren Gegenstand immanent und »romantisch« erörterten. Er äußerte sich damals vielfach negativ über die kritische Aufnahme seines Buches und hatte dabei bestimmte neoromantische Kreise im Blick. So äußerte er sich negativ über Othmar Spann, aber auch über Friedrich Meinecke, dessen *Idee der Staatsräson* er damals brutal verriss. Er kritisierte vor allem die »liberale« Auslegung der »organischen« Lehre und die holistische Ganzheitsideologie.

Es wurde angedeutet, dass Schmitt das romantische »Katholisieren« ablehnte und die Romantik als säkularisierten Protestantismus betrachtete. Aber auch seine eigenen Versuche, sich in katholische Traditionen der Gegenrevolution zu stellen, wurden vom Mehrheitskatholizismus niemals akzeptiert. Als Schmitt infolge seiner Scheidung und erneuten Heirat 1926 dann förmlich exkommuniziert wurde, brach er mit der katholischen Kirche und verschob die konfessionelle Stereotypisierung in den Antisemitismus. Polemische Abgrenzungen vom Protestantismus finden sich zwar weiterhin gelegentlich, Schmitt verzichtete aber fortan auf starke katholische Identifikationen und adressierte sich bis 1945 nicht weiter an die innerkatholische Diskussion. Damit hatte er das Interesse an der Romantik eigentlich verloren, das stellvertretend für seine Stellung zum Mehrheitskatholizismus stand.[19] Seine Ablehnung der *Politischen Romantik* stellte er nach 1925 nicht mehr ernstlich in Frage und positionierte sich auch nicht weiter im Feld der Romantikkritik zum Katholizismus. Erst nach 1945 bemühte er sich einige Jahre um eine Rekatholisierung seines Werkes, bis der Mehrheitskatholizismus sein literarisches Comeback von 1950 unter Verweis auf das nationalsozialistische Engagement scharf kritisierte und zurückwies.

IV. 1815 statt 1798, Hegel statt Novalis, Staat statt Nation

Ich bin bislang nur Schmitts Novalis-Referenzen näher nachgegangen und habe zu Novalis selbst noch nichts gesagt. Von Novalis ausgehend sehe ich wenigstens zwei Ansätze einer Entgegnung: die idealistische Aufwertung der Kategorie der »Möglichkeit« und »Zukunft« gegen Schmitts dezisionistischen »Realismus« und die Verteidigung der »poetischen« Staatslehre gegen Schmitts Polemik.

Dabei sei geschenkt, dass Novalis seine politische Philosophie nur fragmentarisch ausführen konnte und bei seiner Publikation von *Glauben und Liebe,* die hier besonders wichtig ist, in den *Jahrbüchern der Preußischen Monarchie* strategische Kompromisse machte. Gerade diese Publikation freilich war ihm besonders wichtig. Am 11. Mai 1798 schrieb er dazu an Friedrich Schlegel: »Ich schicke Dir hier etwas, was ich gern *bald* irgendwo abgedruckt hätte. Am besten *schickt* es sich in die Jahrbücher der preußischen Monarchie, ihrem Plane nach. In euer Journal *paßt es*, wie mich dünkt, nicht.« (HKA IV, 253) Schmitt bemängelte in der *Verfassungslehre,* wie zitiert, Novalis habe das Repräsentationskonzept der Monarchie auf ein »Symbol« verkürzt. Das ist selbst polemisch verkürzt. Novalis hatte einen starken idealistischen Begriff von der Repräsentation und leitete daraus vieles ab. Es wurde bereits zitiert, dass Schmitt die Rede von »Repräsentation« und vom Staat als »Macroanthropos« hervorhob. Er verweilte aber nicht bei diesen treffenden Beobachtungen, weil er sonst einige Zustimmung hätte formulieren müssen. Für das »mystische« Konzept von der Repräsentation« seien hier nur zwei Zitate genannt. Im *Brouillon* schreibt Novalis:

> Die Lehre vom Mittler leidet Anwendung auf die Politik. Auch hier ist der Monarch – oder die Regierungsbeamten – *Staatsrepraesentanten* – *Staatsmittler.* (HKA III, 314:398)

Er notiert weiter:

> Der Staat ist immer instinktmäßig nach der relativen Einsicht und Kenntniß der menschlichen Natur *eingetheilt* worden – der Staat ist immer ein Macroandropos gewesen – die Zünfte = die Glieder und einzelnen Kräfte – die Stände = die Vermögen. Der Adel war das Sittliche Vermögen – die Priester das religiöse Vermögen – die Gelehrten die Intelligenz, der *König der Wille. Allegorischer Mensch.* (HKA III, 286 f.:261)

Manche Parallelstellen ließen sich finden. Novalis betont in seinen theoretischen Schriften und Notizen nicht nur die Analogie von Mensch und Staat, sondern auch die Menschwerdung im Staat. So schreibt er: »Um Mensch zu werden und zu bleiben, bedarf er *eines Staats.*« (HKA III, 313:394) Solchen Formulierungen hätte Schmitt zustimmen können. Er gibt sich aber keine Mühe, das staatstheoretische Argument von der monarchistischen Auslegung zu trennen und verfassungspolitisch in der

Lage von 1798 zu situieren. Novalis sucht damals eine Antwort auf die Revolution und sieht sich in der Alternative: »Form, oder Unform«. Er meint: »Genau haben die meisten Revolutionisten gewiß nicht gewußt, was sie wollten – Form, oder Unform.« (HKA II, 499:45) Der bürokratischen Maschine und Konstitution stellt er die personalistische Repräsentation entgegen und nennt den König das »Lebensprinzip des Staates« (HKA II, 488:17). Die Integration des Volkes zur Nation oder Republik erhofft er dabei von einer vorbildlichen Lebensführung des jungen Königspaares. Königin Luise soll hier als »Ethometer« erzieherisch vorbildlich wirken und die Jugend vor Prostitution retten: »Was könnte nicht die Gesellschaft der Königin auf die jungen Weiber und Mädchen in Berlin würken?« (HKA II, 492:27) »Der König und die Königin können und müssen als solche das Prinzip der öffentlichen Gesinnung sein.« (HKA II, 492:28) Novalis spricht hier offenbar von einer »ästhetischen Erziehung« oder soziomoralischen Identifikation und Integration der Bürger in den Staat: von der Schaffung einer preußischen Nation. Mit Schmitts Weimarer Weggefährtem Rudolf Smend gesprochen, betont er die »persönliche Integration«[20] durch politische Führer. Die strategische Idealisierung seiner Ausführungen ist Novalis klar. So sagt er ausdrücklich: »Aber die Vortrefflichkeit der repräsentativen Democratie ist doch unläugbar. Ein natürlicher, musterhafter Mensch ist ein Dichtertraum.« (HKA II, 502:66) Für die Demokratie spricht nach Novalis der Korrekturmodus der Ämterbefristung. Demokratie gibt Macht nur auf Zeit. Novalis wünscht offenbar generell eine republikanische Gesinnung der Jugend.

Vielen Überlegungen hätte Schmitt zustimmen können. Er hätte dabei zwischen dem staatstheoretischen Grundansatz, der monarchistischen Auslegung und der republikanischen Politisierung unterscheiden können. Schmitt bezieht sich aber nicht zustimmend auf Novalis, weil er dessen Utopismus grundsätzlich ablehnt. Der »magische Idealismus« betont den »Divinationssinn«. Novalis sagt wörtlich:

> Die Philosophie ist von Grund auf *anth[i]historisch*. Sie geht vom *Zukünftigen*, und Nothwendigen nach dem Wircklichen – sie ist die W[issenschaft] des allg[emeinen] *Divinations*Sinns. Sie erklärt die Vergangenheit aus der Zukunft. (HKA III, 464 f.)

Diesen philosophischen Chiliasmus und Utopismus lehnt Schmitt grundsätzlich ab. Novalis idealisierte seine Überlegungen in Antizipation einer »neuen Zeit« und »Zukunft« des

»tausendjährigen Reiches«. Schmitt hielt von einem solchen Utopismus gar nichts und ignorierte deshalb vielleicht auch den *Ofterdingen*-Roman. Das Mittelalter-Kleid von Novalis' Überlegungen ist nicht zuletzt die Rückprojektion einer Vorprojektion: die Fabel, die der Utopie eine Gestalt geben kann. Mittelalter ist Zwischenzeit, Transformationszeit, Zeit des Übergangs, wie die Lage um 1800. Im zweiten Kapitel des Romans heißt es dazu:

> In allen Übergängen scheint, wie in einem Zwischenreiche, eine höhere, geistliche Macht durchbrechen zu wollen; und wie auf der Oberfläche unseres Wohnplatzes, die an unterirdischen und überirdischen Schätzen reichsten Gegenden in der Mitte zwischen den wilden, unwirthlichen Urgebirgen und den unermeßlichen Ebenen liegen, so hat sich auch zwischen den rohen Zeiten der Barbarey, und dem kunstreichen, vielwissenden und begüterten Weltalter eine tiefsinnige und romantische Zeit niedergelassen, die unter schlichtem Kleide eine höhere Gestalt verbirgt. (HKA I, 204)

Eine solche romantische Zeit war um 1800 Novalis' Hoffnung. Schmitt hätte sich ihr grundsätzlich anschließen können. Selbst 1942 noch zitierte er zum Weltkriegsgeschehen Hölderlin: »Auch hier sind Götter und walten, / Groß ist ihr Maß.«[21] Schmitt hätte aber verfassungspolitische Konkretisierungen eingefordert und die Lage um 1800 nicht mit dem Reichsmythos verbunden, den Novalis im *Ofterdingen* mit der Kyffhäusersaga erneuerte. Literarisch antwortete Novalis mit dem *Ofterdingen* bekanntlich vor allem auf Goethe; er poetisierte die Romanform über den *Wilhelm Meister* hinaus, indem er sie ins philosophische Märchen verwandelte; Novalis vertrat die – von Benjamin[22] erfasste – romantische Auffassung, dass ein Kunstwerk sich erst durch die Kunstkritik optimiert. In diesem Sinne notierte er: »Der wahre Leser muss der erweiterte Autor seyn.« (HKA II, 470:125) Als »wahrer Leser« transformierte Novalis das Evangelium der »Ökonomie«, das er *Wilhelm Meisters Lehrjahren* entnahm, unter dem Eindruck der 1795 in den *Horen* publizierten *Unterhaltungen deutscher Ausgewanderten* und seines diese abschließenden Märchens.

Die Literatur weist für den *Ofterdingen* oft auf Goethes *Märchen* hin. Dabei ist aber dessen Zusammenhang mit den *Unterhaltungen* zu beachten. Goethe formulierte mitten in den Revolutionsexodus, die Flüchtlingskrise von 1795 hinein Diskursregeln eines zivilen Umgangs mit den Flüchtlingsschicksalen: Die gastgebende Baronesse dekretierte den Gästen als

Hausherrin nach einem ersten Eklat als Umgangsregel für die »gesittete Bildung« (VI, 136)[23] das Gebot der »geselligen Schonung« (VI, 137): »Lasst uns dahin übereinkommen, dass wir, wenn wir beisammen sind, gänzlich alle Unterhaltung über das Interesse des Tages verbannen!« (VI, 139) Die *Unterhaltungen* dokumentieren eine fortschreitende Entpolitisierung der exemplarischen Geschichten in Richtung auf deren allegorische und symbolische Übersetzung.[24] Dieser Zug zur Entpolitisierung und Allegorisierung zeigt sich auch im *Ofterdingen*. Dort meint Heinrich eingangs zu den Kaufleuten:

> Ich weiß nicht, aber mich dünkt, ich sähe zwey Wege um zur Wissenschaft der menschlichen Geschichte zu gelangen. Der eine, mühsam und unabsehlich, mit unzähligen Krümmungen, der Weg der Erfahrung; der andere, fast Ein Sprung nur, der Weg der innern Betrachtung. (HKA I, 208)[25]

Man sollte die Romangestalt nicht einfach mit Novalis identifizieren und selbst Heinrich nicht auf den »Weg der innern Betrachtung« festlegen. Er wandert ja durch die Welt und poetisiert vor allem seine erotische Erfahrung. Auch Novalis war kein Einsiedler und Klosterbruder. Und als Dichter beschwor er die Liebe gerade auch als vereinigende soziale Kraft. Politisch proklamierte er ein Friedensreich, auch wenn sein »Europa« im *Ofterdingen* vom Kreuzzug gegen das »Morgenland« und der Rückeroberung des »heiligen Grabes« lebt. Die Ritter singen: »Wir waschen bald in frohem Muthe / Das heilige Grab mit Heydenblute.« (HKA I, 233) Klingsohr erklärt Heinrich: »Der wahre Krieg ist der Religionskrieg;« (HKA I, 285). Ich lese den Roman mit seiner Thematisierung von Ritterschaft und Krieg auch als zeitgenössische Stellungnahme zu den Revolutionskriegen nach 1789. Das Romanfragment endet aber mit Ausführungen des Sylvester zur Souveränität des Gewissens:

> Alle Bildung führt zu dem, was man nicht anders, wie Freyheit nennen kann, ohnerachtet damit nicht ein bloßer Begrif, sondern der schaffende Grund alles Daseyns bezeichnet werden soll. Diese Freyheit ist Meisterschaft. Der Meister übt freye Gewalt nach Absicht und in bestimmter und überdachter Folge aus. Die Gegenstände seiner Kunst sind sein, und stehn in seinem Belieben und er wird von ihnen nicht gefesselt oder gehemmt. Und gerade diese allumfassende Freyheit, Meisterschaft oder Herrschaft ist das Wesen, der Trieb des Gewissens. (HKA I, 331)

> Das Gewissen ist der Menschen eigenstes Wesen in voller Verklärung, der himmlische Urmensch. (HKA I, 332)

Schiller hatte im Gespräch mit Goethe über den *Wilhelm Meister* – so im Brief vom 8. Juli 1796 – bereits moniert, die »Idee der Meisterschaft« sei in den *Lehrjahren* noch nicht ganz klar. Novalis geht in die gleiche Richtung, haut in die gleiche Kerbe und revidiert Goethes Roman aus einer religiösen Auffassung von der Souveränität des Gewissens. Keck schreibt er damals, am 18. Juni 1800, an Friedrich Schlegel über seinen Roman: »Die Poësie ist nun geboren.« (HKA IV, 333) Der starke Gewissensbegriff, für den Novalis auch von »Geist« und »Gemüt« spricht, ließe sich theologisch wahrscheinlich im freikirchlichen Protestantismus und mystischen Traditionen verorten; politisch hätte ihn Schmitt als anarchistisches Denken abgelehnt. Novalis träumt von freier politischer Selbstherrschaft, charismatischer Herrschaft der reinen Gewissen, von einem Staat ohne die Befugnis, im Modus der Legalität »zu zwingen«.

Auch Schmitt waren solche anarchistischen Träume nicht ganz fremd. Er kritisierte die bürokratische Herrschaft des formalen Rechts, Entfremdung von Legalität und Legitimität, und argumentierte im Nationalsozialismus für eine Suspension der Legalität im charismatischen Führerstaat; Schmitt konstatierte eine Kluft zwischen einem »bürgerlichen Rechtsstaat« und der »unmittelbaren Gerechtigkeit« des charismatischen Führers und brauchte einige Jahre, um seinen chiliastischen Traum angesichts der terroristischen Wirklichkeit zu begraben und den Führerstaat definitiv als terroristischen Leviathan zu erkennen. Spekulativ psychologisierend ließen sich latente Affinitäten und Nähen zu den anarchistischen und utopistischen Motiven und Träumen des Novalis vermuten. So deutlich Schmitts Ablehnung des Ersten Weltkriegs in den publizierten Tagebüchern formuliert ist, so zweifellos ist doch auch seine »soldatische« Entscheidung für die Ordnungsmacht der Diktatur und die Gegenrevolution. Was sich vor 1918 in Schmitts ersten Publikationen zur Diktatur schon andeutet, wird als Ablehnung der »politischen Romantik« und Option für die Gegenrevolution nach 1918 dominant. Die Erfahrung der Münchner Bürgerkriegslage und Revolutionszeit von 1918/19 dürfte dabei für Schmitts Radikalisierung und gegenrevolutionäre Entscheidung prägend gewesen sein. Zweifellos hätte er trotz mancher persönlichen Sympathie und Koketterie mit Utopie und Anarchismus Novalis auch in den 1920er Jahren schon entgegnen können: Deine chiliastischen Träume vom »neuen« und »dritten Reich« kenne ich! Alle anarchistischen Utopien von der Herrschaftsfreiheit und freien Moral führen in die »Erziehungsdiktatur«. Das zeigt schon die bolschewistische Sowjetunion! Das war bereits die Erfahrung der Französischen Revolution!

Novalis hat das nicht klar gesehen. Sein »Weg der innern Betrachtung« changiert zwischen entpolitisierender ästhetischer Ausflucht und einer anarchistischen Idealisierung und Moralisierung der Politik. Novalis betrachtete das als religiöse Utopie. Einem politischen Realismus hat er sich niemals verschrieben. Um der Zukunft willen idealisierte er seine politischen Bemerkungen und setzte die bestehende Monarchie mit der idealen nahezu gleich. Wahrscheinlich war ihm die Staatsformenfrage sekundär. Gewiss war er kein dogmatischer Anhänger der dynastischen Legitimität, sondern er band seinen Monarchismus an idealisierte Voraussetzungen. Was er vor allem forderte, war die republikanische Gesinnung. Seine Verklärung des jungen preußischen Königspaars war 1798 wie 1800 dennoch auch eine politische Stellungnahme gegen die Französische Revolution.

Wie sehr seine Überlegungen damals auf verlorenem Posten standen, zeigt schon sein vor dem *Ofterdingen* entstandenes Fragment über *Die Christenheit oder Europa,* das erst 1826 vollständig publiziert wurde. Eine Wiederkehr des katholischen Mittelalters war damals ebenso unmöglich wie das tausendjährige Reich einer theokratischen »Regierung Gottes auf Erden« (HKA III, 523). Schmitt konnte diese Schrift deshalb nur als Märchen betrachten. Mit den damaligen verfassungspolitischen Entscheidungsfragen hatte sie nichts gemein. Gerade zerfiel das alte Reich und die letzten geistlichen Fürstentümer wurden säkularisiert. Die Trennung von Staat und Religion wurde vollzogen.

Novalis antwortete mit seinen politischen Träumereien auf die Zeit um 1798: die Lage nach den Koalitionskriegen, den Verträgen von Basel und Campoformio, in denen Preußen und Österreich sich mit Frankreich arrangierten, und den Regierungsantritt Friedrich Wilhelms III. Das ist für Schmitts Interesse, oder vielmehr: Desinteresse an Novalis wichtig. Schmitt unterschied verfassungspolitisch zwischen der Lage nach 1789 oder 1798 und der Jahre 1806 oder 1815: der preußischen Erhebung und der Antwort des Wiener Kongresses und der Restaurationsepoche. Er dachte die deutsche Verfassungsgeschichte von den Resultaten von 1815 her. Als Aufbruchzeit interessierte ihn der Vormärz weitaus mehr als die Lage um 1800. Eine komplexe Beschreibung der verfassungspolitischen Lage Deutschlands nach 1789 hat er deshalb nirgendwo publiziert.

Erst im Spätwerk – in der *Theorie des Partisanen* und der Besprechungsabhandlung *Clausewitz als politischer Denker* – erörterte er wenigstens die Lage nach 1806 und der preußischen Erhebung von 1812 eingehender. Das frühromantische Interim oder Interregnum aber ignorierte er stets.

Wenn man verstehen will, weshalb er die Romantik von der Restauration nach 1815 her dachte und ablehnte, sehe ich zwei Ansatzpunkte: Es wurde gesagt, dass Novalis den Staat als eine Nation oder Republik imaginierte, die über ein ideales Königspaar integriert wurde. Einen konstitutionellen Vorrang der Nation vor dem Staat gab es für Schmitt, der primär etatistisch dachte, aber nicht. Die nationalistische Mobilisierung Preußens gegen Napoleon beschäftigte ihn erst im Spätwerk bei Heinrich von Kleist. Novalis wie Kleist standen beide im persönlichen Kontakt mit Adam Müller. Über Müller hinausgehend wandte Schmitt sich in späten Überlegungen aber nicht Novalis, sondern Kleist und der nationalistischen Publizistik nach 1806 zu. Wenn Schmitt der Romantik von 1798 einen idealistischen Überschuss zubilligte, wie Novalis ihn wünscht, so lag er weniger im Nationalismus als in der Reichsidee. Der wichtigste Text, den er dazu schrieb, ist seine Kölner Antrittsrede vom Sommer 1933 über *Reich – Staat – Bund.* Dazu gibt es eine hochinteressante Berliner Vortragsfassung vom 22. Februar 1933, vor den Märzwahlen und dem Ermächtigungsgesetz gehalten, mit dem erst Hitler, nach Schmitts Kategorien, zum »souveränen« Diktator wurde. In Köln erklärte Schmitt lapidar: »Der Begriff des Staates hat das alte Reich zerstört.«[26] Im früheren Vortrag meinte er ausführlicher:

> Es gibt Begriffe, die geradezu eine explosive Kraft haben und umgekehrt: durch Zerstörung eines Begriffs kann ich ein Reich zerstören, und die Wirkungen einer Begriffszerstörung können je nach der historischen Lage der Sache so einer Thronzerstörung selber gleichen. Mit diesen Begriffen ist eine sehr wichtige unmittelbare Frage verbunden, nicht nur, weil sie der Kern von Mythen sein können, um die gekämpft wird, weil sie schließlich zu jedem Katechismus gehören, und ein Staat kann nicht existieren ohne einen Katechismus, und ein Katechismus kann nicht bestehen ohne Begriffe, handhabbare, klare Begriffe.[27]

Aber der Kampf um die Worte Reich und Staat wurde merkwürdigerweise niemals so geführt, daß man sagte, das Reich ist mehr als ein Staat oder das Reich ist etwas anderes als ein Staat, ist eine Art politisches Gebilde für sich, sondern Staat war das selbstverständliche Wort. Die reichstreuen Leute, die zum Ausdruck bringen wollten, dass sie selbst

1797 noch an einem Reich festhielten, fanden dafür kein anderes Wort, als daß sie versicherten, das Reich sei trotz allem doch noch ein Staat.[28]

Schmitt könnte hier Novalis als einen der reichstreuen Denker von 1797 meinen, die der Reichsidee nachträumten und doch vom Staat sprachen, denen ein verfassungspolitisch konkreter Reichsbegriff fehlte. Er nennt stattdessen aber immer wieder den jungen Hegel, der schon in seiner Verfassungsschrift von 1802 »aus dem Reich in den Staat« geflüchtet sei und dann die Konstitutionalisierung Preußens nach 1815 auf den Begriff brachte. Schmitt ging auf Novalis nicht näher ein, weil seine Verfassungsgeschichte an den Etappen der deutschen Antwort nach 1789 nicht kleinteilig interessiert war, sondern die Entscheidungen von 1815 zum Ausgangspunkt nahm. Er ging davon aus, dass der preußische Konstitutionalismus die Reichsidee beerbte und beerdigte. Novalis hätte er dagegen als einen Versuch der Rettung der Reichsidee durch Nationalisierung betrachtet. Liest man den *Ofterdingen* mit *Glauben und Liebe* zusammen, so wollte Novalis Preußen irgendwie mit der Reichsidee verknüpfen. Ein solcher Transfer war aber unmöglich. Die Reichsinsignien lagen in Wien und eine Übergabe an Berlin war politisch wie konfessionell für die damalige Lage der Nation nahezu ausgeschlossen.

Schmitts Befund, dass Staatsbegriff und territorialstaatlicher Separatismus, die Spannung zwischen Preußen und Österreich, eine Wiedergeburt des Reiches unter preußischen Vorzeichen vorerst ausschlossen, war politisch berechtigt. Wenn er das 1933 in seiner Kölner Antrittsrede ausführte, stellt sich die Frage, ob er den Nationalsozialismus 1933 als eine charismatische Wiedergeburt der Reichsidee betrachtete. Schmitt hätte seine latenten Affinitäten zu Anarchie und Utopismus dann in der nationalsozialistischen Reichsidee inkarniert. Buchstäblich muss man das wohl so sehen, obgleich Schmitt vorsichtig und vorbehaltlich formulierte; es könnte ernstlich so gedacht gewesen sein, war Schmitt doch auch ein religiöser Ekstatiker wie Novalis, der die religiösen Weihen suchte. Betont man diese Affinitäten, so eröffnet die Auseinandersetzung mit Novalis einen Zugang zu einer starken Deutung von Schmitts Reichsdenken. Ob die Idee des »Reiches« für Schmitt eine starke, über einen revanchistischen und hegemonialen Imperialismus hinausgehende »spekulative« oder »heilsgeschichtliche« religiöse Bedeutung hatte, ist in der Forschung umstritten. Andreas Koenen[29] hatte das Mitte der 1990er Jahre mit seiner quellengesättigten Pionierstudie und »katholischen« Deutung Schmitts behauptet. Eine starke »religiöse« Aufladung seines Reichsdenkens mied Schmitt aber im Nationalsozialismus, obgleich er die imperiale Herrschaft des »Reiches« mit diversen Feindbestimmungen zur »Substanz« Europas und zum essentiellen Rechtskriterium verklärte.

Seine Verfassungsgeschichte lehnte eine Verbindung Preußens mit der Reichsidee für die Lage um 1800 ab und meinte dagegen mit Hegel, dass die Rettung Deutschlands vor Napoleon nur durch die preußischen Reformen auf dem Weg der Etatisierung erfolgte. Diese »kleindeutsche« Antwort der preußischen Reformen hat Novalis nicht mehr erlebt. Was hätte er nach 1806 oder 1815 wohl gedacht und geschrieben? War die konstitutionelle Monarchie in ihrer idealisierten Fassung eine romantische Erfindung des Novalis?[30] War seine Romantisierung Preußens für die weitere Entwicklung der konstitutionellen Monarchie wirksam? War Friedrich Wilhelm IV. hier etwa ein echter Erbe? Zielte Schmitt mit seinem Exkurs gegen David Friedrich Strauß in der *Politischen Romantik* auch auf dieses späte Erbe?

V. Huber statt Schmitt?

Ich habe vier starke Gründe für Schmitts relatives Desinteresse an Novalis genannt: sein Desinteresse am philosophischen Idealismus und die moralische und polemische Engführung der *Politischen Romantik,* das relative Desinteresse an der spezifischen Lage um 1800 – nach 1789 und vor 1815 – und am Nationalismus als Ordnungskonzept. Blickt man über Schmitt hinaus in dessen nationalistischen Schülerkreis, ob der es anders sah, so landet man bei Ernst Rudolf Huber, dem bedeutendsten Schmitt-Schüler, als Theoretiker und Historiker des Nationalismus. Huber hatte Schmitts Verfassungstheorie schon vor 1933 nationalistisch revidiert und schon vor 1945 eine Selbstkritik des Nationalismus begonnen, die in seine monumentale Verfassungsgeschichte mündete. Huber hielt 1943 einen Vortrag über Adam Müller, den er – 1944[31] und 1965 – in zwei Fassungen publizierte. Am 14. März 1943 schrieb er dazu an den »Staatsrat« Schmitt:

> Hier [in Straßburg] sitze ich ganz in meinen Studien über den Volksgedanken fest; sie fesseln mich durch den Zauber, den die antiquarischen Gegenstände ausstrahlen. Ich werde mich mit Ihrer ›Politischen Romantik‹ auseinandersetzen müssen; wenn ich auch Ihrem Verdikt nicht ganz zustimme, so bin ich doch erneut betroffen zu sehen, wie unfruchtbar

die Romantik in der deutschen Bewegung zwischen Möser und Herder auf der einen Seite, Stein und Hegel auf der anderen Seite steht.[32]

In der Fassung von 1965 schreibt Huber:

> Müller war der erste Vertreter des organischen Konservatismus. Als solcher hat er nicht nur im 19. Jahrhundert fortgewirkt, sondern später in der Staats- und Ständelehre Othmar Spanns eine Wiedergeburt erfahren.[33]

Huber schließt einige Bemerkungen zu Schmitts Verdikt an und deutet im Zusammenhang an, dass Schmitt nicht zuletzt die zeitgenössische Aktualisierung durch Othmar Spann treffen wollte. Einleitend situiert Huber die politische Romantik »im Widerstreit von Restauration und Reform« und lässt sie mit Novalis beginnen. Er meint:

> Die Thronbesteigung Friedrich Wilhelms III. und der Königin Luise (1797) rief in der Romantik zunächst ein überströmendes Maß der Hoffnungen auf den inneren Wandel Preußens hervor. [...] Novalis' berühmter Aphorismen-Aufsatz ›Glauben und Liebe – oder der König und die Königin‹ ist für diese Zuversicht bezeichnend. [...] Der frühe Tod hat Novalis vor der Enttäuschung seiner Hoffnungen auf die Romantisierung Preußens bewahrt.[34]

Allgemein hält Huber fest:

> Die Romantik trat zunächst als eine Erneuerungsbewegung im Kampf gegen Aufklärung, Absolutismus und Klassizismus hervor. Aber in jähem Umbruch wandelte sie sich aus einer Bewegung der Erneuerung in eine Bewegung der Wiederbelebung, dann der Restauration und schließlich der Reaktion.[35]

Huber erörtert die politische Romantik, trotz seiner positiveren Einschätzung des Nationalismus, wie Schmitt primär von der Lage nach 1815 her. Auch er hatte kein besonderes Interesse an der Theorie des Novalis, weil er als Verfassungshistoriker von den nachhaltigen politischen Weichenstellungen und Wirkungen ausging und Novalis hier nur eine Momentaufnahme artikulierte. Der erste Band von Hubers Verfassungsgeschichte[36], der nachdenklichsten deutschen Nationalgeschichte überhaupt, setzt mit dem Ende des alten Reiches ein, ohne Novalis überhaupt zu erwähnen. Den Reichspatriotismus vermisst Huber damals in den Koalitionskriegen der Gegenrevolution schon bei Preußen und Österreich, die sich in Separatfrieden von 1795 und 1797 mit Frankreich arrangierten. Der Frieden von Lunéville liquidierte 1801 dann die letzten geistlichen Fürstentümer und das alte Reich war eigentlich bereits gestorben, als Österreich die Kaiserkrönung Napoleons 1804 mit einem eigenen Kaisertitel für Österreich beantwortete. Jede sakrale Weihe der Politik war damit perdu. Das Reich war, wie Schmitt meinte, durch souveräne Territorialstaaten abgelöst worden. Der souveräne Nationalstaat hatte das Reich als Ordnungskonzept beerbt und von einem neuen, religiös wiedervereinten Europa, wie Novalis es wünschte, konnte keine Rede mehr sein.

Schmitt unterschied bei politischen Denkern zwischen Siegern und Verlierern. Es wäre aber wohl übertrieben zu sagen, dass er Novalis als einen »Besiegten von 1798« betrachtete. Dessen politische Schriften hatten überhaupt keine Chance. Die idealistische Verklärung des jungen Königspaars war damals auch wenig überzeugend. Der philosophische Chiliasmus des Novalis ist davon nicht getroffen. Novalis war als Autor für Schmitt aber nicht zentral, weil er als Jurist die grundsätzliche Auseinandersetzung mit dem philosophischen Idealismus mied und die Lage von 1798 in seiner Verfassungsgeschichte keine relevante Rolle spielte. Es ist eine irritierende Rückfrage an Novalis, wenn man Schmitts latente Nähen zu Anarchismus und Utopismus betont und die spätere gegenrevolutionäre Entscheidung, selbst die für das nationalsozialistische Reich gleichsam als psychodynamische Kompromissbildung deutet. Diesen idealistischen Überschwang und Utopismus will ich hier aber nicht weiter skeptisch erörtern.

1 Carl Schmitt: Politische Romantik. München 1919; ders.: Politische Romantik. München 2. Aufl. 1925; die erste Auflage erschien 1919 noch unter dem Doppelnamen: Schmitt-Dorotić. Beide Auflagen werden hier unter dem Kürzel PR zitiert. Wo die erweiterte Auflage ohne Differenzierung zwischen den Fassungen gemeint ist, steht lediglich das Kürzel PR. Wo auf Abweichungen zwischen den Fassungen aufmerksam gemacht wird, steht PR I bzw. PR II.
2 Ernst Behler: Die Auffassung der Revolution in der deutschen Frühromantik (1972). In: Ders.: Studien zur Romantik und idealistischen Philosophie. Paderborn 1988, S. 66–85, hier S. 80 ff.
3 Karl-Heinz Bohrer: Die Kritik der Romantik. Der Verdacht der Philosophie gegen die literarische Moderne. Frankfurt a. M. 1989.
4 Zum Vergleich der Romantik-Bilder von 1918/19 von Vf.: Thomas Manns philosophische Dichtung. Vom Grund und Zweck seines Projekts. Freiburg i. Br. 2019, S. 107 ff.; vgl. auch Vf.: Carl Schmitt: Denker im Widerstreit. Freiburg i. Br. 2017; zum Forschungsstand vgl. Vf.: Vom Umgang mit Carl Schmitt. Die Forschungsdynamik der letzten Epoche im Rezensionsspiegel. Baden-Baden 2018.

5   Hermann Kurzke: Romantik und Konservatismus. Das ›politische‹ Werk Friedrich von Hardenbergs (Novalis) im Horizont seiner Wirkungsgeschichte. München 1983, S. 41; vgl. ders.: Novalis. München 2. Aufl. 2001, S. 47 f.
6   Kurzke: Romantik und Konservatismus (s. Anm. 5), S. 43 ff.
7   Carl Schmitt: Theodor Däublers ›Nordlicht‹. Drei Studien über die Elemente, den Geist und die Aktualität des Werkes (1916). Berlin 2. Aufl. 1991.
8   Carl Schmitt: Donoso Cortés in gesamteuropäischer Sicht. Köln 1950, S. 9.
9   Carl Schmitt: Politische Kapitel. Vier Kapitel zur Lehre von der Souveränität (1922). Berlin 3. Aufl. 1979.
10 Carl Schmitt: Die Diktatur. Von den Anfängen des modernen Souveränitätsgedankens bis zum proletarischen Klassenkampf (1921). München 2. Aufl. 1928.
11 Franz Blei: Novalis. Leipzig 1906, S. 33 f.
12 Ebd., S. 62 f.
13 Johannes Kirschweng: Der Romantiker Carl Schmitt. In: Rhein-Mainische Volkszeitung Nr. 16 vom 21. Januar 1926; Wiederabdruck in: Schmittiana N.F. I (2011), S. 108–110; Waldemar Gurian (Paul Müller): Entscheidung und Ordnung. Zu den Schriften von Carl Schmitt. In: Schweizerische Rundschau 34 (1934/35), S. 566–576; Karl Löwith: Politischer Dezisionismus. In: Internationale Zeitschrift für Theorie des Rechts 9 (1935), S. 101–123; Gottfried Salomon: Staatsrecht in Deutschland. In: Freie Wissenschaft. Ein Sammelbuch aus der deutschen Emigration. Hrsg. von Emil J. Gumbel. Strasbourg 1938, S. 174–189.
14 Carl Schmitt: Verfassungslehre. München 1928, S. 284 f.
15 Carl Schmitt: Der Schatten Gottes. Introspektionen, Tagebücher und Briefe 1921 bis 1925. Hrsg. von Gerd Giesler / Ernst Hüsmert / Wolfgang H. Spindler. Berlin 2014, S. 37.
16 Kathleen Murray: Taine und die französische Romantik. München 1924.
17 Carl Schmitt: Romantik. In: Hochland 22 (1924), S. 157–171.
18 Carl Schmitt: Rezension zu Kluckhohn. In: Deutsche Literaturzeitung (1926), Sp. 1061–1063, hier Sp. 1062.
19 Einen kleinen Beleg übergab ich aus Schmitts Nachlass der Novalis-Gesellschaft: die 1925 erschienene Dissertation des Kluckhohn-Schülers Richard Samuel über *Die poetische Staats- und Geschichtsauffassung Friedrich von Hardenbergs*. Schmitt hat das fast gänzlich unaufgeschnittene Exemplar allenfalls auf den ersten Seiten gelesen. Das Exemplar erhielt ich einst durch Ernst Hüsmert, der es von Schmitt geschenkt erhalten hatte.
20 Rudolf Smend: Verfassung und Verfassungsrecht (1928). In: Ders.: Staatsrechtliche Abhandlungen. Berlin 1955, S. 142 ff.
21 Carl Schmitt: Land und Meer. Eine weltgeschichtliche Betrachtung. Leipzig 1942, S. 76 (Schlusssatz).
22 Dazu Walter Benjamin: Der Begriff der Kunstkritik in der deutschen Romantik. In: Ders.: Gesammelte Schriften. Bd. I.1. Hrsg. von Rolf Tiedemann und Hermann Schweppenhäuser. Frankfurt a. M. 1974, hier S. 62 ff.
23 Goethe wird hier nach der von Erich Trunz herausgegebenen Hamburger Ausgabe zitiert.
24 Dazu Verf.: Goethes Flüchtlinge. Poetisierung des Dramas. In: ZRGG 68 (2016), S. 313–333.
25 Vielleicht unter dem Eindruck von Novalis lässt Thomas Mann seinen Castorp im *Zauberberg* sagen: »Zum Leben gibt es zwei Wege: Der eine ist der gewöhnliche, direkte und brave. Der andere ist schlimm, er führt über den Tod, und das ist der geniale Weg.« (Thomas Mann: Werke in dreizehn Bänden. Frankfurt a. M. 1974. Bd. III, S. 144).
26 Carl Schmitt: Reich – Staat – Bund. In: Carl Schmitt: Positionen und Begriffe im Kampf mit Weimar – Genf – Versailles 1923–1939. Hamburg 1940, S. 191.
27 Schmittiana NF II (2014), S. 22.
28 Ebd., S. 24.
29 Andreas Koenen: Der Fall Carl Schmitt. Sein Aufstieg zum ›Kronjuristen des Dritten Reiches‹. Darmstadt 1995.
30 Friedrich Wilhelm III. war mehr von Haller beeinflusst. Dazu vgl. Ernst Rudolf Huber: Deutsche Verfassungsgeschichte seit 1789. Bd. II. Stuttgart 1960, S. 478 ff;

zum »Romantiker auf dem Thron« auch Frank-Lothar Kroll: Friedrich Wilhelm IV. und das Staatsdenken der deutschen Romantik. Berlin 1990; ders.: Politische Romantik und romantische Politik bei Friedrich Wilhelm IV. In: Ders.: Das geistige Preußen. Zur Ideengeschichte eines Staates. Paderborn 2001, S. 75–86.

31 Zeitschrift für deutsche Geisteswissenschaft 6 (1943/44), S. 162 ff.
32 Huber am 14. März 1943 an Schmitt. In: Carl Schmitt – Ernst Rudolf Huber. Briefwechsel 1926–1981. Mit ergänzenden Materialien. Hrsg. von Ewald Grothe. Berlin 2014, S. 308 f.
33 Ernst Rudolf Huber: Adam Müller und Preußen. In: Ders.: Nationalstaat und Verfassungsstaat. Stuttgart 1965, S. 48–70, hier S. 51.
34 Ebd., S. 49.
35 Ebd.
36 Ernst Rudolf Huber: Deutsche Verfassungsgeschichte seit 1789. Bd. I: Reform und Restauration 1789 bis 1830. Stuttgart 1957.

Novalis und die Anarchie

Rainer Barbey

Friedrich von Hardenberg ist im Laufe einer wechselvollen Rezeptionsgeschichte mit den verschiedensten politischen Strömungen in Verbindung gebracht worden. Einigen Interpreten erschien er als lebenslanger Vertreter eines ideellen Republikanismus mit Sympathien für revolutionäre Freiheitsbestrebungen; die Ideen in manchen seiner Fragmente wurden durch den Begriff ›Staatssozialismus‹ zu bezeichnen versucht oder als das Plädoyer für eine kommunistische Gesellschaftsordnung angesehen.[1] Andere Analysen der politischen Romantik hingegen kommen zu einer gegenteiligen Wertung, für sie »gehen fast alle großen konservativen Ideen des 19. Jahrhunderts auf Novalis zurück.«[2] Je nach ideologischer Perspektive mal abwertend, mal bewundernd wird er in dieser Sichtweise zum geschichtsphilosophischen Programmatiker »der romantischen Reaktion«[3], zum paradigmatischen gegenrevolutionären Intellektuellen, dessen politisches Werk die »glänzendste Synthese« aller damaligen restaurativen Tendenzen darstellt, indem es »die absolute Autorität des Staates, den hierarchischen Aufbau der Gesellschaft, die Kraft der religiösen Bindung und die kulturelle Sendung Deutschlands rühmt«.[4] Von hier bis zu der Einschätzung, der Frühromantiker sei ein ideengeschichtlicher Vorbote wahlweise faschistischer oder stalinistischer, mithin totalitärer Politikmodelle im 20. Jahrhundert gewesen[5], ist es innerhalb dieser beiden Interpretationsschienen oftmals nur ein Schritt. Eine dritte, wiederum völlig entgegengesetzte Forschungstradition geht schließlich davon aus, dass Novalis als im Grunde unpolitischer Schwärmer angesehen werden müsse, ein Vorläufer biedermeierlicher Innerlichkeit, der seine idyllischen Utopien – »weder revolutionär, noch reaktionär«[6] – gleich wirklichkeitsfernen, poetischen Traumbildern entwerfe.

Für die Verschiedenartigkeit der Urteile bei dem Versuch, das Denken Friedrich von Hardenbergs politisch auf den Begriff zu bringen, dürfte es mehrere Gründe geben: Der überwiegend fragmentarische Status der Schriften, die der früh Verstorbene hinterließ, die Fülle der zumeist unausgeführten Ideen, der spekulative Charakter vieler, teils flüchtig hingeworfener Notate, deren Sinn sich nur schwer rekonstruieren lässt, die ein oder andere Veränderung von weltanschaulichen Positionen innerhalb der intellektuellen Entwicklung des Autors, schließlich auch das unmittelbare Nebeneinander von sich widersprechenden oder gar gegenseitig ausschließenden Behauptungen, das dem Novalischen ›Synkritizismus‹ geschuldet ist. Eine erkenntniskritische Methode, die es sich zur Aufgabe setzt, »durchgehends auf den synthetischen Zusammenhang der Entgegengesezten« (HKA II, 292) zu reflektieren, die also zu jeder Hypothese ihr Gegenteil mitbedenkt und oppositionelle Theorien auf höherer Ebene zusammenführen möchte, stellt herkömmliche Vorstellungen von ideologischer Kohärenz in Frage und muss eine nach logischen, rationalen Prinzipien operierende Analyse notwendigerweise irritieren. Eine wissenschaftliche Lektüre, die das Werk von Novalis in die politische Ideengeschichte einordnen möchte, muss sich also stets diesen antinomischen Charakter bewusst machen, die Vorläufigkeit der fragmentarisch überlieferten Notizen mitbedenken, den werkimmanenten Kontext der jeweiligen Einzeläußerung berücksichtigen und, soweit dies möglich ist, die Entfaltung von Hardenbergs Gesellschaftsentwürfen chronologisch nachzeichnen, auch wenn sich manche Unschärfen bei deren Verortung selbst auf diese Weise nie ganz werden ausräumen lassen.

Wenn »der sonderbarste Revolutionär der europäischen Geschichte«[7] im Folgenden mit einer weiteren politischen Strömung, nämlich dem Anarchismus in Bezug gesetzt werden soll, ergibt sich eine zusätzliche methodische Schwierigkeit, ist hier doch eine eindeutige Begriffsbestimmung ähnlich problematisch wie im Falle von Hardenbergs heterogener Gedankenwelt. Dass der Anarchismus bis heute eine Vielzahl schillernder Persönlichkeiten und interessanter Texte, aber kein geschlossenes theoretisches System hervorgebracht hat, mag vielleicht der wiederum ureigenen anarchistischen Befürchtung geschuldet sein, dass eine systematisch ausgearbeitete Gesellschaftstheorie »zur Autorität gerinnen und die Freiheit des einzelnen und damit auch der Gesellschaft einschränken könnte«.[8] Allenfalls lässt sich das vielgestaltige Erscheinungsbild, das die verschiedenen Schattierungen des Anarchismus darbieten, auf den gemeinsamen Nenner der Negation von politischen, sozialen, ökonomischen und religiösen Herrschaftsstrukturen bringen, die mit einer großen Skepsis gegen jede Form von Autorität und einem emphatischen Bestehen auf individueller Freiheit einhergeht. Ferner muss man bedenken, dass anarchistische Ansätze der Gesellschaftsorganisation, von wenigen kurzen historischen Augenblicken abgesehen, nie in größerem Maßstab in die soziale Praxis überführt worden sind, sodass ihnen eine Art Schattendasein, ein Außenseiterstatus neben den bedeutenden politischen Systemen der Menschheitsgeschichte zukommt. Es mag daher wenig verwunderlich sein, dass Novalis in der Forschung bisher entweder unter der Verwendung eines unreflektierten bzw. fehlerhaften Anarchismus-Begriffs oder nur andeutungsweise, gleichsam im Vorübergehen mit anarchistischem Denken zusammengebracht worden ist, ohne etwaig vorhandene Parallelen genauer darzustellen.[9] Dabei weist Hardenbergs »Ideenparadies« sowohl in seinen ästhetischen Prämissen als auch in den im weitesten Sinn politischen Utopien eine Fülle von Schnittmengen mit anarchistischen Vorstellungen auf. Mit den folgenden Überlegungen soll versucht werden, diese Analogien, beginnend mit den anarchistischen Elementen in der Ästhetik des Novalis, herauszuarbeiten, um auf einen bisher unterbelichteten Aspekt im Werk des Frühromantikers aufmerksam zu machen und diese zur weiteren Diskussion zu stellen.

Ästhetischer Anarchismus, »Naturanarchie« des Märchens

Bereits in den für die gesamte spätere Entwicklung seines Denkens grundlegenden »Fichte-Studien« der Jahre 1795/96 übernimmt Friedrich von Hardenberg in enger Verbindung von Philosophie und Poetik den emphatischen Freiheitsbegriff im Zusammenhang mit der Selbstsetzung des autonomen Individuums im idealistischen System der *Wissenschaftslehre* und verleiht ihm unter anderem eine ästhetische Dimension. Gleich zu Beginn seiner Aufzeichnungen behauptet Novalis in Anknüpfung an Fichtes unbedingten Grundsatz über die Konstitution des Ich, dass dessen »erste Handlung eine freye Handlung seyn muß« und schließt daraus, dass »die Bestimmung des Ich, als Ich, frey« zu sein habe (HKA II, 105), mehr noch: »Zweck des Ich« ist »totales Freyseyn« (HKA II, 267).[10] Folglich zielt auch jede philosophische Reflexion »auf Emancipation ab« (HKA II, 273), ist doch die Freiheit »der absolute Grund alles Begründens« (HKA II, 270), so dass Philosophie in ihrer Gesamtheit zu einem »Compass der Freyheit« (HKA II, 290) wird. In diesem von Novalis projektierten metaphysischen Gedankengebäude, »das von Freyheit anfängt und zu Freyheit geht« (HKA II, 273), kommt der Imagination eine Sonderrolle innerhalb der geistigen Autonomie des Subjekts zu. Freiheit wird als »Zustand der *schwebenden* Einbild[ungs]K[raft]« (HKA II, 188) definiert, die zweckfreie, von der Objektwelt emanzipierte Darstellung des künstlerisch tätigen Bewusstseins erhält »einen freyen selbstständigen, idealischen Karakter« (HKA II, 282).

Diese Grundannahme in Hardenbergs transzendentalpoetischem System, nach der die freischwebende Phantasie zum schöpferischen Ausdrucksvermögen des selbstbestimmten Ichs wird, kehrt auch in späteren Aufzeichnungen immer wieder. Sie gilt bereits für die ästhetische Wahrnehmung, wenn Novalis etwa die Rezeption von Literatur als eigenmächtigen, durch keine externen Instanzen kontrollierbaren und in höchstem Maße individuellen Vorgang beschreibt: »Der Leser sezt den *Accent* willkührlich – er macht eigentlich aus einem Buche, was er will. [...] Es giebt kein *allgemeingeltendes Lesen*, im gewöhnlichen Sinn. Lesen ist eine freye Operation. Wie ich und was ich lesen soll, kann mir keiner vorschreiben.« (HKA II, 609).

Die Lektüre als anarchischer Akt[11] besitzt ihre spiegelbildliche Entsprechung in der völligen Autonomie auf der Produktionsseite von literarischen Texten. Die »ganze Poësie beruht auf thätiger Idéenassociation – auf selbstthätiger, absichtlicher, idealischer *Zufallproduktion*« (HKA III, 451:953), heißt es im *Allgemeinen Brouillon*. Da der künstlerische Schaffensprozess ein Spiel ist, das in der freien, willkürlichen und beliebigen Kombination verschiedenster Elemente besteht, verwundert es auch nicht, dass Hardenberg die traditionellen Kategorien normativ-klassizistischer Regelpoetik wie »Richtigkeit, Deutlichkeit, Reinheit, Vollständigkeit, Ordnung« nur als Charakteristika »für die niedrigern Gattungen« der Literatur gelten lassen will (HKA III, 399:688). Gänzlich anders geartete poetologische Kriterien hält Novalis in den Jahren 1799 und 1800 in weiteren Notizen fest, die Chaos, Fragment und Unverständlichkeit auf dem Feld der Epik und Lyrik zum Formideal erheben: »Erzählungen, ohne Zusammenhang, jedoch mit Association, wie *Träume*. Gedichte – blos *wohlklingend* und voll schöner Worte – aber auch ohne allen Sinn und Zusamenhang – höchstens einzelne Strofen verständlich – sie müssen, wie lauter Bruchstücke aus den verschiedenartigsten Dingen [seyn]« (HKA III, 572:113).

Dieses anarchistische Prinzip der freien Assoziation gilt in besonderem Maße für die beiden romantischsten Gattungen, den Roman und das Märchen. Während seiner Arbeit am *Heinrich von Ofterdingen* beklagt Novalis die »Unbequemlichkeiten einer chronologisch fortschreitenden Erzählung« und nimmt sich eine »Darstellung in einzelnen unabhängigen Capiteln« vor (HKA III, 645). Hardenbergs Romanpoetik gebietet die Anachronie; das Ordnungsmuster einer linearen Zeitstruktur soll aufgebrochen werden, Ziel der epischen Darstellung ist das Zusammenspiel autonomer Einzelelemente: »Die Schreibart des Romans muß kein *Continuum* – es muß ein in jeden Perioden gegliederter Bau seyn. Jedes kleine Stück muß etwas abgeschnittnes – begränztes – ein eignes Ganze seyn« (HKA III, 562:45). Eine solche Form der geordneten Zusammenhanglosigkeit[12] fordert Novalis allerdings weit mehr noch für das Märchen, das in der Ästhetik des Frühromantikers die höchste Position innerhalb der Gattungshierarchie innehat, handelt es sich bei diesem Genrebegriff doch für ihn nicht nur um die bloße Bestimmung einer literarischen Textsorte, sondern um das Paradigma jeder Art von Dichtkunst schlechthin. »Das Mährchen ist gleichsam der *Canon* der *Poësie* – alles poëtische muß mährchenhaft seyn. Der Dichter betet den Zufall an« (HKA III, 449:940), vermerkt das *Allgemeine Brouillon* in einem seiner zahlreichen Notate zur Märchenpoetik[13], das mit dem bezeichnenden Nachsatz über den gleichsam sakralen Stellenwert des Zufalls bereits den anarchischen Charakter von Hardenbergs Verständnis dieser Gattung andeutet. Am ausführlichsten äußert er sich dazu im bekannten Fragment Nr. 234 seines Enzyklopädie-Projekts:

> In einem ächten Märchen muß alles wunderbar – geheimnißvoll und unzusammenhängend seyn – alles belebt. Jedes auf eine andre Art. Die ganze Natur muß auf eine wunderliche Art mit der ganzen Geisterwelt vermischt seyn. Die Zeit der allg[emeinen] Anarchie – Gesezlosigkeit – Freyheit – der *Naturstand* der *Natur* – die Zeit vor der *Welt* (Staat.). Diese Zeit vor der Welt liefert gleichsam die zerstreuten Züge der Zeit *nach der Welt* – wie der Naturstand ein *sonderbares Bild* des ewigen Reichs ist. Die Welt des Märchens ist die *durchausentgegengesezte* Welt der Welt der Wahrheit (Geschichte) – und eben darum ihr so *durchaus ähnlich* – wie das *Chaos* der *vollendeten Schöpfung*. (Über *die Idylle*.) In der *künftigen* Welt ist alles, wie in der *ehmaligen* Welt – und *doch alles ganz Anders*. Die *künftige* Welt ist das *Vernünftige* Chaos – das Chaos, das sich selbst durchdrang – in sich und außer sich ist – Chaos^2 oder ∞ (HKA III, 280 f.).

Der hier wiedergegebene, für das Verständnis von Hardenbergs poetischer Weltanschauung ungemein wichtige Textentwurf besitzt eine gattungstheoretische und geschichtsphilosophische Dimension. Mit seiner phantastischen Fiktionalität gestaltet das Märchen in zusammenhangloser Darstellung einen gesetzlosen und freien, einen vorstaatlichen Naturzustand[14]; dieser ist Teil der mythischen Urgeschichte und somit der »Wahrheit« der historischen Zeitrechnung ontologisch entgegengesetzt. Die »ächte Naturanarchie« (HKA III, 438:883) des Märchens ist darüber hinaus als der Vorschein eines künftigen goldenen Zeitalters anzusehen, das den prähistorischen Urzustand der Welt auf höherer Ebene als potenziertes, mit der Vernunft synthetisiertes Chaos wiederholt. Eine solche dialektische Versöhnungstendenz ist zugleich der Gattung selbst eigen, für Novalis ist »eine abs[olute], wunderbare *Synthesis* oft die Axe des Märchens – oder das Ziel desselben« (HKA III, 455:989).

Nicht ohne Grund verweist die Genre-Definition des *Allgemeinen Brouillon* in diesem Kontext gleichsam im Vorübergehen auf die Idylle, die hier mit Sicherheit in der Konzeption von Friedrich Schillers *Über naive und sentimentalische Dichtung* (1795) verstanden wird als die wahlweise Gestaltung eines vorkulturellen Arkadiens oder der höherwertigen, weil vorwärtsweisenden Harmonie von Natürlichkeit und Zivilisation in einem zukünftigen Elysium. In der ganz ähnlich ausgerichteten Geschichtsmetaphysik von Hardenbergs Gattungsbestimmung ist ein »höheres Mährchen« dann gegeben, »wenn ohne den Geist des Märchens zu verscheuchen irgend ein *Verstand* – (Zusammenhang, Bedeutung – etc.) hinein gebracht wird« (ebd.). Denn mit dieser Eigenschaft, der Vereinigung von Chaos und Organisation, von Ratio und Mythos, besitzt es wiederum einen visionären Charakter, es ist immer auch »*Prophetische Darstellung* – idealische Darstellung«. »Der ächte Märchendichter ist ein Seher der Zukunft«, wobei sich der teleologische Blick nach vorn zugleich triadisch an der Vergangenheit orientiert: »(Mit der Zeit muß d[ie] Gesch[ichte] Märchen werden – sie wird wieder, wie sie anfieng.)« (HKA III, 281:234).

Anarchie, Demokratie, Monarchie

Für die Untersuchung von möglichen Überschneidungen zwischen anarchistischen und frühromantischen Denkfiguren wirft die Engführung von Gattungspoetik und Geschichtsphilosophie, die im *Allgemeinen Brouillon* hinsichtlich des Märchens unternommen wird, eine entscheidende Frage auf: Sind in diesem denkbar weiten Verständnis des Genres auch Hardenbergs politische Utopien als Märchen in dem Sinne zu verstehen, dass sie einen paradiesischen Endzustand in der Menschheitsgeschichte, ein Goldenes Zeitalter als höhere Form der Naturanarchie projektieren? Bei einem ersten flüchtigen Blick auf die Fragmentsammlung *Glauben und Liebe*, die aus Anlass der Thronbesteigung des Herrscherpaars Friedrich Wilhelm III. und Luise am 16. November 1797 entsteht und die teilweise im Juli 1798 in den *Jahrbüchern der Preußischen Monar-*

chie publiziert wird, glaubt man diese Frage verneinen zu müssen; häufig ist in der Forschung die These anzutreffen, Novalis habe sich »an keiner Stelle seines Werks so ausschließlich konservativer Theoreme bedient und so entschieden das aufklärerische Vertragsdenken, die Volkssouveränität, die Demokratie und die Lehre von einer volonté générale zurückgewiesen«.[15] In der Tat wirkt dieses Werk zunächst wie die panegyrische Verklärung absolutistischer Herrschaftsverhältnisse, die sich affirmativ des Bildes vom Sonnenkönig zur Beglaubigung monarchischer Allgewalt[16] zu bedienen und eine gänzlich unanarchistische, totalitäre Staatsidee zu vertreten scheint, wenn Friedrich von Hardenberg beispielsweise kritisiert, »daß man den Staat zu wenig sieht. Überall sollte der Staat sichtbar, jeder Mensch als Bürger charakterisiert sein. Ließen sich nicht Abzeichen und Uniformen durchaus einführen?«[17] Eine genauere Analyse der politischen Ideen von *Glauben und Liebe* fördert jedoch eine Reihe von progressiven Gehalten zutage. Statt des traditionellen Gottesgnadentums beruht die von Novalis konzipierte Monarchie »auf der freiwilligen Annahme eines Idealmenschen«, einer vertragsrechtlich anmutenden Konstruktion also, deren Grundlage nicht auf dem vermeintlich göttlichen Ursprung der Königsherrschaft, sondern dem aufklärerischen Glauben an die Perfektibilität des Menschen beruht. »Alle Menschen sollen thronfähig werden. Das Erziehungsmittel zu diesem fernen Ziel ist ein König. Er assimilirt sich allmählich die Masse seiner Unterthanen. Jeder ist entsprossen aus einem uralten Königsstamm. Aber wie wenige tragen noch das Gepräge dieser Abkunft?« (HKA II, 489).[18] Der Monarch ist mithin lediglich ein Mittel zum Zweck: Aufgrund seiner Vorbildfunktion als Repräsentant eines idealen Menschentums fällt ihm die erzieherische Aufgabe zu, die Untertanen auf seine Stufe zu heben und auf diese Weise die ursprünglich königliche Abkunft jedes Menschen einzulösen, d. h. die in einer mythischen Vorzeit gegebene, aber in einer schlechten Gegenwart verlorengegangene Gleichheit aller wiederherzustellen. Diese Vision einer Gesellschaft von Königen, der aus Sicht von Novalis nur haushälterische Gründe entgegenstehen[19], zeigt, dass es in *Glauben und Liebe* um eine Verbindung von Demokratie und Monarchie zu tun ist. Schon in den vermutlich zwischen Dezember 1797 und Januar 1798 niedergeschriebenen *Vermischten Bemerkungen* hatte Hardenberg die Frage gestellt, »ob nicht Monarchie – und Demokratie schlechterdings, als Elemente eines wahren Universal-Staats, vereinigt werden müßten und könnten?« (HKA II, 468). Unter

Demokratie verstand Novalis in diesen Entwürfen eine reduzierte Form von Staatlichkeit, einen dem anarchischen Naturstand angenäherten ›minimal state‹, in dem sich die königliche Entscheidungsgewalt der Monarchie auf eine amorphe, noch nicht hinreichend individualisierte Menschenmenge verteilt, die damit aber bereits als ein früher Vorschein von Hardenbergs universellem Königtum verstanden werden kann.

> Eine wahre Demokratie ist ein absoluter Minus-Staat. Eine wahre Monarchie ist ein absoluter Plus-Staat. [...] Demokratie, im gewöhnlichen Sinn, ist im Grunde von der Monarchie nicht verschieden, nur daß hier der Monarch eine Masse von Köpfen ist. Ächte Demokratie ist Protestantismus – politischer Naturstand, wie der Protestantism im engern Sinn – religioeser Naturstand. (ebd.)

Die konstitutionelle Monarchie, in der Herrschaftsformenlehre der *Vermischten Bemerkungen* folgerichtig »halber Staat und halber Naturstand«, verwarf Novalis jedoch als falsche Versöhnung von Demokratie und Monarchie, denn in ihr erblickte er nur »eine künstliche und sehr zerbrechliche *Maschine*« (ebd.). Dem hier anklingenden Unbehagen an seelenlosen, anonymen Verwaltungsstrukturen, das sich stärker noch in *Glauben und Liebe* findet[20], stellte Hardenberg die glückliche Vereinigung von Natur und Kultur im Medium der Kunst gegenüber: »Naturwillkühr und Kunstzwang durchdringen sich, wenn man sie in Geist auflößt. [...] Der poëtische Staat – ist der wahrhafte, vollkommne Staat.« (ebd.)

In dieser utopischen Gesellschaftsordnung, die nur ein einziges Gesetz in Gestalt der moralisch-ästhetischen Forderung »Sey so gut und poëtisch, als möglich« (ebd.) kennt[21], fallen die Gegensätze von demokratischem Naturstand und absoluter Monarchie in eins. Der poetische Staat »negiert die Herrschaft, die in der Geschichte den Staat den Menschen entfremdete«[22], indem staatliche und individuelle Ansprüche im Medium liebender Harmonie konvergieren – Ideen, die in ganz ähnlicher Form in der politischen Programmatik von *Glauben und Liebe* enthalten sind. Propagiert wird dort die Überzeugung, »daß kein König ohne Republik und keine Republik ohne König bestehn könne, daß beide so untheilbar sind, wie Körper und Seele, und daß ein König ohne Republik, und eine Republik ohne König, nur Worte ohne Bedeutung sind« (HKA II, 490).[23] Das Wesen dieser spezifischen Verknüpfung von Monarchie und Republikanismus ist allerdings nur dann adäquat zu erfassen, wenn man sich das eigenwillige Verständnis von Königtum vor Augen hält, das in dieser Schrift entwickelt wird.[24] Entscheidend für Hardenbergs utopische Konzeption ist nämlich, dass er es jenseits der staatlichen Ordnung ansiedelt. Er fasst den vollkommenen Monarchen als »ein Wesen, was zur Menschheit, aber nicht zum Staate gehört«. »Man hat sehr unrecht, den König den ersten Beamten des Staats zu nennen. Der König ist kein Staatsbürger, mithin auch kein Staatsbeamter« (HKA II, 489). Aufgabe des Regenten ist es zudem, die staatlichen Organe »vielmöglichst zu individualisiren« (ebd.); sie knüpft an das Leitbild vom Staat als Makroanthropos (vgl. HKA III, 286), als einer »Person, wie das Individuum« (HKA II, 236) an, das einem an vielen Orten des Hardenbergschen Werkes begegnet.

In den Kontext einer solchen Individualisierung staatlicher Beziehungen gehört, dass in *Glauben und Liebe* der rationale Buchstabe der Verfassung durch den universellen Geist der Herrscherehe ersetzt werden soll. Keine konstitutionelle, sondern eine familiäre Monarchie ist das Ziel, in der alle Staatsbürger durch das private Band der Liebe miteinander verbunden sind. Die von Novalis entworfene Utopie stellt sich die »höchste gebildetste Menschheit in monarchischer Form« vor (HKA II, 488), weil in ihr die Naturanarchie der Vorzeit auf erweiterter Stufenleiter in der natürlichen Regierung der Herrscherfamilie aufgehoben ist. Die Auffassung, der Familienverband in der Menschengesellschaft des Urzustands sei die erste, letzte und höchste, die naturgemäße Herrschaftsform, ist aller Wahrscheinlichkeit nach durch die im neunten Buch des zweiten, 1785 erschienenen Teils artikulierten *Ideen zur Philosophie der Geschichte der Menschheit* von Johann Gottfried Herder angeregt worden[25]; die Pointe bei Novalis bestünde dann darin, dass diese natürliche Form der Regierung durch eine Königsfamilie ausgeübt wird.

Insgesamt gesehen ist jedenfalls festzuhalten, dass Hardenbergs idealer Monarch in genauer Entsprechung zur literarischen und geschichtsphilosophischen Semantik des *Brouillon*-Fragments Nr. 234 ein Märchenkönig ist. Damit ergibt sich die gesellschaftspolitische Stufenfolge »Anarchie – Demokratie – Aristokratie – *Monarchie*« (HKA III, 446), die in eine Gesellschaftsformation einmündet, in der königliche Alleinherrschaft umfassend naturalisiert und staatliche Institutionen humanisiert worden sind. Die ursprünglich als ein Teil von *Glauben und Liebe* konzipierten *Politischen Aphorismen*, deren Publikation von der preußischen Zensur untersagt wurde, fassen diese menschheitsgeschichtliche Triade, in der politischer und ästhetischer Naturstand in Gestalt der familiären Monarchenherrschaft wiederkehrt, bündig so zusammen:

> Wären die Menschen schon das, was sie sein sollten und werden können – so würden alle Regierungsformen einerlei sein – die Menschheit würde überall einerlei regiert, überall nach den ursprünglichen Gesetzen der Menschheit. Dann aber würde man am Ersten die *schönste, poetische*, die natürlichste Form wählen – Familienform – Monarchie (HKA II, 503).

Religiöse Anarchie, anarchistisches Christentum

Der Märchencharakter der Schrift *Die Christenheit oder Europa*, die Mitte November 1799 im Kreise der Jenaer Frühromantiker vorgetragen wurde, dort auf ein gespaltenes Echo stieß und auf Anraten Goethes nicht veröffentlicht wurde, wird bereits durch den formelhaften, das »Es war einmal« und die typisierte Raumbeschreibung des Genres aufnehmenden Texteingang deutlich[26]: »Es waren schöne glänzende Zeiten, wo Europa ein christliches Land war, wo *Eine* Christenheit diesen menschlich gestalteten Welttheil bewohnte; *Ein* großes gemeinschaftliches Interesse verband die entlegensten Provinzen dieses weiten geistlichen Reichs« (HKA III, 507). Dieser christliche Universalismus unter der theokratischen Obhut des Papstes und einer um sozialen Ausgleich bemühten, allseits kindlich verehrten Priesterschaft in Hardenbergs stilisiertem Mittelalter wird indes durch die Reformation zerstört; durch seine Sezession von der Einheitskirche und das lutherische Priestertum aller Getauften, das den Sonderstatus der Geistlichkeit beendet, schafft der Protestantismus einen »Zustand religiöser Anarchie« (HKA III, 511), der schlussendlich durch eine weitere historische Zäsur, die Französische Revolution mit der Trennung von Kirche und Staat, seine Vollendung erfährt. In seinem *Europa*-Aufsatz scheint Novalis ›Anarchie‹ demnach mit einer klar negativen Konnotation, als Synonym für gesellschaftliche Desintegration, moralischen Werteverfall und spirituelle Abstumpfung zu verwenden. Die Bedeutung des Begriffs erhält eine ambivalente, wenn nicht gar positive Dimension aber insofern, als die beschriebenen Verfallsphänomene des Ist-Zustands zugleich die Voraussetzung für die von Hardenberg avisierte chiliastische Utopie darstellen:

> Wahrhafte Anarchie ist das Zeugungselement der Religion. Aus der Vernichtung alles Positiven hebt sie ihr glorreiches Haupt als neue Weltstifterin empor. Wie von selbst steigt der Mensch gen Himmel auf, wenn

ihn nichts mehr bindet, die höhern Organe treten von selbst aus der allgemeinen gleichförmigen Mischung und vollständigen Auflösung aller menschlichen Anlagen und Kräfte, als der Urkern der irdischen Gestaltung zuerst heraus. (HKA III, 517)

Indem er den gegenwärtigen Zerfall zum Ausgangspunkt einer grundlegenden Erneuerung stilisiert, verwendet Hardenberg an diesem zentralen Umschlagspunkt seiner geschichtsphilosophischen Konstruktion mit dem Topos der schöpferischen Zerstörung gleichzeitig eine Denkfigur, die später im ›klassischen‹ Anarchismus des 19. Jahrhunderts, bei Michail Bakunin, in säkularer Form eine prominente Rolle spielen wird.[27] Mehr noch: Die libertären Elemente der anarchischen Geschichtsentwicklung, die durch den Protestantismus eroberte Religions- und Gewissensfreiheit oder die laizistische Entbindung der Religion in den privaten Bereich im revolutionären Frankreich, sieht Novalis nicht etwa als zwar notwendige, aber verwerfliche Vorrausetzungen, die es in der von ihm propagierten Zukunftsvision letztlich zu überwinden gälte. In seinem *Europa*-Entwurf sind Reformation und Französische Revolution in ihren jeweiligen historischen Kontexten berechtigte Protestbewegungen, die aus einem »Mangel an Freiheit« (ebd.) entstanden und deren Errungenschaften in die angestrebte religiöse Erneuerung einfließen sollen. Die protestantische Wiederaneignung des Rechts auf freie Religionsausübung und die Kirchenreform in Frankreich, die der christlichen Staatsreligion »das Recht der Hausgenossenschaft gelassen hat, und zwar nicht in einer Person, sondern in allen ihren unzähligen individuellen Gestalten« (HKA III, 518), sind Vorläufer einer allumfassenden, dennoch sehr persönlichen und selbstbestimmten Spiritualität, die der vormaligen Anarchie nicht nur sehr ähnlich ist, sondern als »Zeugungselement der Religion« explizit Eingang in Hardenbergs unorthodoxe Definition einer neuen christlichen ›Dreifaltigkeit‹ findet:

Das Christenthum ist dreifacher Gestalt. Eine ist das Zeugungselement der Religion, als Freude an aller Religion. Eine das Mittlerthum überhaupt, als Glaube an die Allfähigkeit alles Irdischen, Wein und Brod des ewigen Lebens zu seyn. Eine der Glaube an Christus, seine Mutter und die Heiligen. Wählt welche ihr wollt, wählt alle drei, es ist gleichviel, ihr werdet damit Christen und Mitglieder einer einzigen, ewigen, unaussprechlich glücklichen Gemeinde. (HKA III, 523)

Da in dem »allgemeinen christlichen Verein« (HKA III, 511), wie er Novalis in seiner Eschatologie vorschwebt, größtmögliche Wahlfreiheit und Toleranz herrschen, ließe sich dieses höchste Stadium heilsgeschichtlicher Vervollkommnung, das die katholische Universalreligion des Mittelalters mit neuzeitlichen Autonomiebestrebungen vereinbaren soll, vielleicht am treffendsten durch den Terminus ›anarchistisches Christentum‹ umschreiben. Hardenbergs alternative Trinität beinhaltet kein reguläres Glaubensbekenntnis, das zur Abgrenzung von anderen Konfessionen dient, schließt sie doch die Anhänger nicht-christlicher Glaubensgemeinschaften und selbst kirchenferne, aber religiös aufgeschlossene Menschen mit ein – denn es genügt bereits, sich für die erstgenannte, sehr offen gehaltene Option einer unspezifischen »Freude an aller Religion« in einem pluralistischen Nebeneinander jenseits der Staatskirche zu entscheiden, um organischer Teil der künftigen spirituellen Gemeinde von souveränen Einzelpersonen zu sein. »Keiner wird dann mehr protestiren gegen christlichen und weltlichen Zwang, denn das Wesen der Kirche wird ächte Freiheit seyn, und alle nöthigen Reformen werden unter der Leitung derselben, als friedliche und förmliche Staatsprozesse betrieben werden« (HKA III, 524). In Analogie zum poetischen Staat der *Vermischten Bemerkungen* sollen Herrschaftsverhältnisse zwischen Menschen durch eine natürliche, zwanglose Interessengemeinschaft von Individuum und kollektiver Administration aufgehoben werden.

Hardenbergs anarchistisches Christentum sieht demnach keine völlige Auflösung (kirchen-)staatlicher Verwaltungsstrukturen vor. Auffällig ist allerdings, dass am Schluss der *Europa*-Rede von einer Wiedereinsetzung des Papsttums, das im Februar 1798 als Folge der Eroberung Roms durch Napoleon zwischenzeitlich an ein Ende gekommen war, nur sehr indirekt die Rede ist, in der Frage nämlich, ob die katholische »Hierarchie« (HKA III, 522), unter der Hardenberg an dieser Stelle höchstwahrscheinlich auch die Alleinherrschaft eines religiösen Monarchen versteht[28], ein geeignetes Organisationsmodell eines künftigen christlichen Staatenbundes abgeben könnte. Während die bevorstehende Neu-Evangelisierung des Kontinents in die Hände eines »ehrwürdigen europäischen Consiliums« gelegt wird[29] und die Funktion des Papstes (im Zweifelsfall muss man sie sich vermutlich als sakrales Äquivalent des Märchenkönigtums aus *Glauben und Liebe* vorstellen) für die Zukunft seltsam unbestimmt bleibt, verficht Novalis andererseits sehr entschieden ein transzendent-kosmisches Reich der

Freiheit jenseits der Nationalstaaten, konstituiert durch eine »sichtbare Kirche ohne Rücksicht auf Landesgränzen« und eine äußerst ätherische Staatsidee (HKA III, 524), die »eine höhere Sehnsucht an die Höhen des Himmels« binden und ihr damit »eine Beziehung auf das Weltall« verleihen soll (HKA III, 517 f.).

In einem wenig später, im Winter 1800 entstandenen Fragment heißt es über die christliche Religion, sie sei »der Keim *alles Democratismus*« (HKA III, 651), in *Die Christenheit oder Europa*, wo dem offenbar in den Rang einer »neuen Urversammlung« (HKA III, 521) erhobenen Konzil als ›Kirchenparlament‹ eine so gewichtige Rolle zugewiesen wird, trägt dieser Keim »universelle Individualität« und die »gewaltige Ahndung der schöpferischen Willkühr, der Grenzenlosigkeit, der unendlichen Mannigfaltigkeit, der heiligen Eigenthümlichkeit und der Allfähigkeit der innern Menschheit« in sich (HKA III, 519). In dieser Eigenmächtigkeit, Ungebundenheit, Vielfalt und Originalität der Menschen in der kommenden goldenen Zeit verbinden sich politische und ästhetische Anarchie, die Geschichte ist wieder, ja erst eigentlich Märchen geworden.

»Systemlosigkeit, in ein System gebracht«

Unter den »Physicalischen Fragmenten« der Freiberger naturwissenschaftlichen Studien von 1798/99 ist eine Notiz enthalten, die als ein Axiom der gesamten Philosophie von Novalis gelten kann. Sie lautet: »*Synth[ese] der getrennten Systeme* – oder auch d[es] Systems und des Nichtsystems. Das Reich der *Willkühr* (Anarchie) und d[as] Reich der Gesetze – das System – Archie – haben nichts mit einander zu thun – Sie sind abs[olut] getrennt – *Harmonische Synthese beyder*« (HKA III, 98). Diese wenigen Satzfetzen bringen die Quintessenz von Hardenbergs Geschichtsteleologie im Hintergrund der ästhetischen und fiktionalen Schriften, genauso aber der politischen Ideen der *Vermischten Bemerkungen*, von *Glauben und Liebe* sowie *Die Christenheit oder Europa* zum Ausdruck – die Harmonisierung von Anarchie und Gesetzesherrschaft, von System und Systemlosigkeit[30], von schöpferischem Chaos und vernunftgeleiteter Organisation, wie es auch Friedrich Schlegel als Wesen des Romantischen bestimmte.[31] Vielleicht hat gerade dieses permanente »*Schweben* zwischen Extremen, die nothwendig zu vereinigen und nothwendig zu trennen sind« (HKA II, 266), dafür gesorgt, dass die Utopien Hardenbergs so häufig missverstanden, nicht ernstgenommen oder abgelehnt worden sind. Auch der wohl berühmteste Anarchist, Michail Bakunin, ist da keine Ausnahme, wenn er den Autor undifferenziert unter diejenigen Romantiker zählt, die »die Partei der Kirche gegen die Unverschämtheit der Freidenker, die Partei der Könige gegen die Völker und die Partei aller Aristokratien gegen das elende Straßengesindel«[32] ergriffen haben. Es stimmt zwar, dass Friedrich von Hardenberg im Unterschied zu den meisten Anarchisten den Staat nicht grundsätzlich ablehnt, jedoch bilden die »freye Verbündung selbstständiger, selbstbestimmter Wesen« (HKA II, 456), die Synthese von »*Freyheit* und *Gleichheit*« (HKA III, 284) in einer harmonischen, dem Naturzustand angenäherten Regierungsform Konstanten seines Denkens, die anarchistischen Freiheitsidealen sehr nahe kommen. Es wird Zeit, diese so wichtige Komponente im Werk des Novalis gebührend zur Kenntnis nehmen.

1 Die Termini ›Idealrepublikanismus‹ und ›Staatssozialismus‹ zur Charakteristik von Hardenbergs politischem Denken verwendet beispielsweise Paul Kluckhohn: Persönlichkeit und Gemeinschaft. Studien zur Staatsauffassung der deutschen Romantik. Halle an der Saale 1925, S. 48 ff. Die »Aufhebung des Rechts und der Klassengesellschaft bzw. der Stände und eine kommunistische Eigentumsordnung« erkennt Jürgen Kreft: Die Entstehung der dialektischen Geschichtsmetaphysik aus den Gestalten des utopischen Bewußtseins bei Novalis. In: DVjs 39 (1965), S. 228 in der »Zukunftslehre« in Fragment Nr. 79 des *Allgemeinen Brouillon*.
2 Jakob Baxa: Einführung in die romantische Staatswissenschaft. Jena 2. Aufl. 1931, S. 98 (im Original durch Sperrdruck hervorgehoben).
3 Georg Lukács: Fortschritt und Reaktion in der deutschen Literatur. In: Ders.: Kurze Skizze einer Geschichte der neueren deutschen Literatur. Hrsg. von Frank Benseler. Neuwied 1975, S. 79.
4 Louis Bergeron, François Furet, Reinhart Koselleck: Fischer Weltgeschichte Bd. 26: Das Zeitalter der europäischen Revolution 1780–1847. Frankfurt a. M. 1969, S. 112.
5 Dass sich »die Novalissche Wesensphilosophie und das Grundschema der Ideologien des modernen Totalitarismus ähneln«, behauptet etwa Hans Wolfgang Kuhn: Der Apokalyptiker und die Politik. Studien zur Staatsphilosophie des Novalis. Freiburg i. Br. 1961, S. 150.
6 Benno von Wiese: Romantischer Konservatismus: Novalis. In: Neue Schweizer Rundschau / Nouvelle Revue Suisse 20 (1927), S. 1129. In einer kurz darauf veröffentlichten Arbeit vertritt von Wiese die These, dass erst beim katholischen »Friedrich Schlegel und vor allem bei Adam Müller der Mythos des Novalis aus seiner poetischen und mystischen Sphäre herausgenommen und zum ideologischen Überbau einer gegenrevolutionären politisch konservativen und sozial ständischen Gesinnung« werde (Novalis und die romantischen Konvertiten. In: Romantik-Forschungen. Halle an der Saale 1929, S. 236).
7 Ludwig Pesch: Die romantische Rebellion in der modernen Literatur und Kunst. München 1962, S. 11.
8 Peter Lösche: Anarchismus. Darmstadt 1977, S. 14. Zur unklaren Begriffslage schreibt Lösche: »[D]as Problem der Anarchismusforschung besteht genau darin, daß sie sich ihres Forschungsgegenstandes nicht sicher ist, daß in historischen

wie sozialwissenschaftlichen Publikationen strittig, ja häufig sogar unreflektiert bleibt, was eigentlich Objekt der Forschung, was ›Anarchismus‹ sei. Völlig verschiedene historische Erscheinungen, inhaltlich divergierende Schriften, gegensätzliche Handlungen und Verhaltensweisen sowie konträre Persönlichkeiten sind in der wissenschaftlichen Literatur gleichermaßen mit dem Etikett ›anarchistisch‹ versehen worden« (ebd., S. 2). Vgl. zu Theorie und (Begriffs-) Geschichte des Anarchismus u. a. Peter Christian Ludz, Christian Meier: Art. »Anarchie, Anarchismus, Anarchist«. In: Geschichtliche Grundbegriffe. Historisches Lexikon zur politisch-sozialen Sprache in Deutschland. Hrsg. von Otto Brunner, Werner Conze, Reinhart Koselleck. Bd. 1. Stuttgart 1972, S. 49–109; Daniel Guérin: Anarchismus. Begriff und Praxis. Aus dem Französischen übersetzt von H.H. Hildebrandt, Eva Demski. Frankfurt a. M. 1987 und Horst Stowasser: Anarchie! Idee – Geschichte – Perspektiven. Hamburg 2007.

9   Zwar zutreffend, aber ohne nähere Erläuterung werden etwa von Kreft (s. Anm. 1), S. 244 oder Richard Faber: Novalis: Die Phantasie an die Macht. Stuttgart 1970, S. 45 bei der Diskussion einzelner Werke Hardenbergs die Schlagworte »anarchistischer Chiliasmus« bzw. »*utopischer* Anarchismus« in den Raum gestellt. Für die Novalis-Forschung wenig ergiebig ist die Arbeit von Dietrich Mathy: Poesie und Chaos. Zur anarchistischen Komponente der frühromantischen Ästhetik. München/Frankfurt a. M. 1984. Mit einem ideologisch höchst verzerrten Anarchismus-Begriff, der sich weitgehend in der Auflösung konservativer Normen in Kunst und Gesellschaft erschöpft, operiert Hans Sedlmayr: Ästhetischer Anarchismus in Romantik und Moderne. In: Scheidewege 8 (1978), S. 174–196. Neben Friedrich Schlegel erblickt Sedlmayr in Novalis den entscheidenden Vorläufer einer im 20. Jahrhundert angeblich alle Bereiche des Lebens erfassenden ästhetischen Anarchie.

10 In seinen Studien kritisiert Hardenberg freilich des Öfteren die theoretischen Prämissen der *Wissenschaftslehre*. Fichtes erster Grundsatz scheint ihm lediglich »ein reines Associationsgesetz«, »ein hypothetischer Satz« zu sein (HKA II, 177). Auch das absolute Ich ist für Novalis eine Hilfskonstruktion, »wie alle Vernunftideen blos regulativen, classificirenden Gebrauchs – Gar nicht in Beziehung zur Realität« (HKA II, 258:502). Im *Allgemeinen Brouillon* wird er sich später notieren: »Fichtens Ich – ist ein Robinson – eine wissenschaftliche *Fiction* – zur Erleichterung d[er] Darstellung und Entwickl[ung] der W[issenschafts]L[ehre]« (HKA III, 405). Vgl. zu Hardenbergs Fichte-Rezeption nebst vielen weiteren Arbeiten desselben Autors den Aufsatz von Manfred Frank: Von der Grundsatz-Kritik zur freien Erfindung. Die ästhetische Wendung in den ›Fichte-Studien‹ und ihr konstellatorisches Umfeld. In: Athenäum 8 (1998), S. 75–95 sowie Bernhard Loheide: Fichte und Novalis. Transzendentalphilosophisches Denken im romantisierenden Diskurs. Amsterdam/Atlanta, GA 2000 und Dalia Nassar: Interpreting Novalis' ›Fichte-Studien‹. In: DVjs 84 (2010), S. 315–341.

11 Der Ausdruck stammt von Hans Magnus Enzensberger, einem weiteren literarischen Anarchisten, der knapp hundertachtzig Jahre nach Novalis schreiben wird: »In den Akt des Lesens gehen zahllose viele Faktoren ein, die vollkommen unkontrollierbar sind: die soziale und psychische Geschichte des Lesers, seine Erwartungen und Interessen, seine augenblickliche Verfassung, die Situation, in der er liest [...]. Das Resultat ist mithin durch den Text nicht determiniert und nicht determinierbar. Der Leser hat in diesem Sinn immer recht, und es kann ihm niemand die Freiheit nehmen, von einem Text den Gebrauch zu machen, der ihm paßt. Zu dieser Freiheit gehört es, hin- und herzublättern, ganze Passagen zu überspringen, Sätze gegen den Strich zu lesen, sie mißzuverstehen, sie umzumodeln, sie fortzuspinnen und auszuschmücken mit allen möglichen Assoziationen, Schlüsse aus dem Text zu ziehen, von denen der Text nichts weiß, sich über ihn zu ärgern, sich über ihn zu freuen, ihn zu vergessen, ihn zu plagiieren und das Buch, worin er steht, zu einem beliebigen Zeitpunkt in die Ecke zu werfen. Die Lektüre ist ein anarchischer Akt.« (Mittelmaß und Wahn. Gesammelte Zerstreuungen. Frankfurt a. M. 1991, S. 33 f.)

12 Vor allem mit Blick auf Goethes *Wilhelm Meister* neigt Hardenberg an manchen Stellen seines fragmentarischen Werkes dazu, eher den Ordnungscharakter des

literarischen Kunstwerks zu betonen. So kommt Novalis, die Handlung der *Lehrjahre* vor Augen, beispielsweise zu folgendem, seine anarchische Poetik revidierenden Axiom: »Je größer der Dichter, desto weniger Freyheit erlaubt er sich, desto philosophischer ist er. Er begnügt sich mit der willkührlichen Wahl des ersten Moments und entwickelt nachher nur die Anlagen dieses Keims – bis zu seiner Auflösung« (HKA II, 581). In einer Essay-Skizze über Goethe schließlich formuliert Hardenberg angesichts des Meister-Romans die auch für einen Frühromantiker erstaunlich anmutenden Sätze: »Der Sitz der eigentlichen Kunst ist lediglich im Verstande. Dieser konstruirt nach einem eigenthümlichen Begriff. Fantasie, Witz und Urtheilskraft werden nur von ihm requirirt« (HKA II, 641).

13 Noch prägnanter postuliert das Fragment Nr. 620 das märchenhafte Wesen der Literatur: »POËTIK. *Alles* ist ein *Mährchen*« (HKA III, 377). Vgl. zu Theorie und Praxis des Märchens im Werk Hardenbergs die Arbeiten von Albert Reble: Märchen und Wirklichkeit bei Novalis. In: DVjs 1940, S. 70–110; Eckhard Heftrich: Novalis. Vom Logos der Poesie. Frankfurt a. M. 1969, S. 115–128; Friedmar Apel: Die Zaubergärten der Phantasie. Zur Theorie und Praxis des Kunstmärchens. Heidelberg 1978, S. 128–136 sowie Mathias Mayer, Jens Tismar: Kunstmärchen. Stuttgart/Weimar 4. Aufl. 1997, S. 65–70.

14 Wie widersprüchlich die fragmentarischen Aufzeichnungen Hardenbergs bisweilen sein können, zeigt gerade ein Blick auf seine Einschätzung des Naturstands. Ebenfalls im *Allgemeinen Brouillon* befindet sich die folgende Äußerung, die der oben zitierten Beschreibung anarchischer Ungebundenheit diametral entgegenzustehen scheint: »Die abs[olute] Gleichheit ist das höchste Kunststück – das Ideal – aber nicht natürlich. Von *Natur* sind die Menschen nur relativ gleich – welches die alte Ungleichheit ist – der Stärkere hat auch ein stärkeres Recht. Ebenfalls sind die Menschen v[on] Natur nicht frey, sondern vielmehr mehr oder weniger gebunden« (HKA III, 416:762). Bereits in den *Vermischten Bemerkungen* hieß es hingegen in einer an Rousseaus Verdikt über die Institution des Privatbesitzes von natürlichen Gütern gemahnenden Passage, die nicht nur auf eine entsprechende Aussage des Bergmanns im *Heinrich von Ofterdingen* vorausweist (»Die Natur will nicht der ausschließliche Besitz eines einzigen sein. Als Eigentum verwandelt sie sich in ein böses Gift«, HKA I, 245), sondern sich wiederum eher in die geschichtsphilosophische Charakteristik von Hardenbergs Märchenpoetik einfügen lässt: »Die Natur ist Feindinn ewiger Besitzungen. Sie zerstört nach festen Gesetzen alle Zeichen des Eigenthums, vertilgt alle Merckmale der Formation. Allen Geschlechtern gehört die Erde – jeder hat Anspruch auf alles. Die Frühern dürfen diesem Primogeniturzufalle keinen Vorzug verdanken« (HKA II, 416).

15 Hermann Kurzke: Romantik und Konservatismus. Das »politische« Werk Friedrich von Hardenbergs (Novalis) im Horizont seiner Wirkungsgeschichte. München 1983, S. 191.

16 »Der König ist das gediegene Lebensprinzip des Staats; ganz dasselbe, was die Sonne im Planetensystem ist« (HKA II, 488). Diese astronomische Leitmetapher für den Absolutismus ist ebenso in den *Politischen Aphorismen* anzutreffen: »Vielleicht lieben wir alle in gewissen Jahren Revolutionen, freie Konkurrenz, Wettkämpfe und dergleichen demokratische Erscheinungen. Aber diese Jahre gehn bei den Meisten vorüber – und wir fühlen uns von einer friedlicheren Welt angezogen, wo eine Centralsonne den Reigen führt, und man lieber Planet wird, als einen zerstörerischen Kampf um den Vortanz mitkämpft« (HKA II, 503:68).

17 Herbert Uerlings: Novalis (Friedrich von Hardenberg). Stuttgart 1998, S. 88 f. sieht in diesen von Novalis angeregten äußeren Kennzeichen für die Bürger des poetischen Staates »ein aus der literarischen Utopie übernommenes Motiv«, betont jedoch zugleich völlig zurecht, dass sich *Glauben und Liebe* von früheren Texten dieser Gattung »durch die Ablehnung des Institutionalismus und der antiindividualistischen Anthropologie« unterscheide. Letztere Einschätzung der Hardenbergschen Utopie vertritt bereits Hans-Joachim Mähl: Der poetische Staat. Utopie und Utopiereflexion bei den Frühromantikern. In: Utopieforschung. Interdisziplinäre Studien zur neuzeitlichen Utopie. Hrsg. von Wilhelm Voßkamp. Bd. 3. Stuttgart 1982, S. 288.

18 Wilfried Malsch: Der ästhetische Schein des poetischen Staates: Zur Bedeutung Schillers für Novalis. In: Aurora 51 (1991), S. 32 erkennt in dieser Stelle eine Parallele zu Marquis Posas Aufforderung »Werden Sie / Von Millionen Königen ein König« an Philipp II. im *Don Karlos* (Schillers Werke. Nationalausgabe. Bd. 7.1: Don Karlos. Hamburger Bühnenfassung 1787, Rigaer Bühnenfassung 1787, Letzte Ausgabe 1805. Hrsg. von Paul Böckmann, Gerhard Kluge, Lieselote Blumenthal. Weimar 1974, S. 515). In den Augen des Novalis muss ein wahrer König darüber hinaus oberster Künstler sein, der seine Untertanen nicht nur politisch zu ebenbürtigen Fürsten heranbildet, sondern auch in ästhetischer Hinsicht erzieht. Die Vorgabe »Alle Menschen sollen thronfähig werden« wird in Hardenbergs poetischer Staatskonzeption demnach konsequenterweise ergänzt durch die Forderung »Jeder Mensch sollte Künstler seyn« (HKA II, 497:39).

19 »Aus *Oeconomie* giebt es nur Einen König. Müßten wir nicht haushälterisch zu Wercke gehn, so wären wir alle Könige« (HKA III, 474:1129).

20 »Kein Staat ist mehr als Fabrik verwaltet worden, als Preußen, seit Friedrich Wilhelm des Ersten Tode. So nöthig vielleicht eine solche maschinistische Administration zur physischen Gesundheit, Stärkung und Gewandheit des Staats seyn mag, so geht doch der Staat, wenn er bloß auf diese Art behandelt wird, im Wesentlichen darüber zu Grunde« (HKA II, 494). Als ideologischen Hintergrund dieses Verwaltungsprinzips beschreibt Novalis ein System, das die Untertanen über deren Egoismus an den Staat bindet; es wird in der Forschung wahlweise als Merkantilismus (Kuhn [s. Anm. 5], S. 187), ökonomischer Liberalismus (Rolf-Peter Janz: Autonomie und soziale Funktion der Kunst. Studien zur Ästhetik von Schiller und Novalis. Stuttgart 1973, S. 115) oder als Physiokratie (Kurzke [s. Anm. 15], S. 141) identifiziert.

21 Die anarchische Utopie weitgehender Gesetzlosigkeit verfolgt Hardenberg auch im *Allgemeinen Brouillon* mit seiner Hypothese, auf einer entsprechend vollendeten Stufe der Menschheitsentwicklung würden explizite Rechtsnormen durch eine ideale Staatsverfassung zunehmend obsolet. »Eine vollk[ommene] Constitution – Bestimmung des *Staatskörpers* – der Staatseele – des Staatsgeistes – macht alle ausdrückliche Gesetze überflüssig. Sind die Glieder genau bestimmt, so verstehn sich die Gesetze von selbst. [...] Mit wahrer Kultur im Allg]emeinen[vermindert sich die Zahl der Gesetze.« Derselbe Grundsatz gilt für ethische Bestimmungen, die nicht schriftlich fixiert sind, auch sie verlieren laut Novalis mit der Vervollkommnung menschlichen Wissens ihre Funktion: »Wenn wir das Wesen eines Geistes näher bestimmen werden, so haben wir auch keine geistigen Gesetze mehr nöthig. [...] Mit vollständiger Selbstkenntniß – und Weltkenntniß – vollständiger Selbst und Weltbestimmung verschwindet das Moralgesetz und die Beschreibung des moralischen Wesens steht an der Stelle des Moralgesetzes« (HKA III, 284 f.).

22 Klaus Peter: Stadien der Aufklärung. Moral und Politik bei Lessing, Novalis und Friedrich Schlegel. Wiesbaden 1980, S. 110. An anderer Stelle schreibt Peter, das entscheidende Element in Hardenbergs Gesellschaftsutopien sei »die völlige Abwesenheit von Herrschaft: Das Band, das alle bindet und verbindet, das Zwang ausübt, der aber nicht als Zwang empfunden wird, ist die Liebe« (Klaus Peter: Einleitung. In: Ders. (Hrsg.): Die politische Romantik in Deutschland. Eine Textsammlung. Stuttgart 1985, S. 33).

23 Eine ganz ähnlich geartete Synthese schwebt zeitgleich Friedrich Schlegel in den Athenäums-Fragmenten vor: »Die vollkommne Republik müßte nicht bloß demokratisch, sondern zugleich auch aristokratisch und monarchisch sein; innerhalb der Gesetzgebung der Freiheit und Gleichheit müßte das Gebildete das Ungebildete überwiegen und leiten, und alles sich zu einem absoluten Ganzen organisieren.« (Kritische Friedrich-Schlegel-Ausgabe Bd. II: Charakteristiken und Kritiken I (1796–1801). Hrsg. von Hans Eichner. Paderborn/München/Wien 1967, S.198)

24 Da *Glauben und Liebe* stellenweise ganz konkrete Vorschläge für praktisches Regierungshandeln enthält, verbietet sich allein aus diesem Grund eine Deutung als unpolitisch-romantische Träumerei; selbst innerhalb der so häufig mit Lukács gegen Novalis argumentierenden DDR-Germanistik wurde der Text zurecht als

»eine späte Spielart von Staatsutopie und Fürstenerziehung« gewertet (Hans-Dietrich Dahnke: Einleitung. In: Novalis: Werke in einem Band. Berlin/Weimar 1983, S. XXI). Bei Hofe stießen Hardenbergs Ideen seinerzeit dennoch auf Unverständnis. In einem Brief an Novalis Ende Juli 1798 zitiert Friedrich Schlegel erst eine ›verdrießliche‹ Äußerung Friedrich Wilhelms III. (»Von einem König wird mehr verlangt als er zu leisten fähig ist.«) nach einem Schreiben von Johann Friedrich Gottlieb Unger, dem Herausgeber der *Jahrbücher der Preußischen Monarchie*, und referiert dann »eine allerliebste Anekdote aus einer andern Quelle. Der König hat den Glauben und Liebe gelesen aber nicht verstanden, und daher dem Obristlieutenant Köckeritz Ordre gegeben, ihn zu lesen. Weil dieser ihn aber gleichfalls nicht verstanden, hat er den Consistorialrath Niemeyer zu Rathe gezogen. Dieser hat auch nicht verstanden, worüber er höchlich entrüstet gewesen und gemeynt hat, es müsse gewiß einer von den beyden Schlegeln geschrieben haben« (HKA IV, 497). Eine ähnliche Reaktion riefen die Passagen über Luise von Preußen hervor. In einem Tagebucheintrag des Pfarrers Johann Friedrich Abegg vom 23. Juli 1798 wird der Herausgeber der *Berlinischen Monatsschrift*, Erich Biester, mit den Worten wiedergegeben, das, was Hardenberg »über die Königin sage, sei halber Wahnsinn, und der König selbst finde es abgeschmackt und unsittlich« (HKA IV, 622).

25 Vgl. zu den staatskritischen Implikationen dieser für Novalis wichtigen Schrift Olaf Briese: Aufklärerischer Anarchismus. Die verdrängte Tradition des 18. Jahrhunderts. In: IASL 41 (2016), S. 61–64. Die Priorität der Familie im Verhältnis zum Staat im persönlichen Denken und Fühlen Hardenbergs belegt ausführlich ein Brief an die Mutter Ende Juni 1793: »Die Familie ist mir noch näher als der Staat. Freylich muß ich thätiger Bürger seyn um eine Familie an mich knüpfen zu können. Aber mir ist das Leztere näherer Zweck als der Erstere. Man ist auch am allervollkommensten Bürger des Staats, wenn man zuerst für seine Familie ganz da ist – Aus dem Wohlseyn der einzelnen Familien besteht der Wohlstand des Staats. Nur durch meine Familie bin ich unmittelbar an mein Vaterland geknüpft – das mir sonst so gleichgültig seyn könnte, als jeder andere Staat« (HKA IV, 121).

26 Bereits Carl Schmitt schrieb abfällig, aber durchaus zutreffend: »Der Aufsatz ist in seinem Inhalt, seiner Stimmung und seinem Tonfall ein Märchen […]; er gehört in eine Reihe mit der Schilderung des Naturzustandes, die Rousseau im ›Discours sur l'inégalité‹ gegeben hat« (Politische Romantik. Berlin 3. Aufl. 1968, S. 174). Barbara Steinhäuser-Carvill: Die Christenheit oder Europa – eine Predigt. In: Seminar 12 (1976), S. 78 f. spricht mit Blick auf den Anfang von einer Legende, ordnet den gesamten Text aber der Predigtgattung zu. Stefan Matuschek: Poesie und Prosa der Europa-Idee. Novalis' ›Die Christenheit oder Europa‹ und seine modernen Leser. In: Schönheit, welche nach Wahrheit dürstet. Beiträge zur deutschen Literatur von der Aufklärung bis zur Gegenwart. Hrsg. von Gerhard Kaiser, Heinrich Macher. Heidelberg 2003, S. 173 sieht in Hardenbergs Europa-Rede eine »Gattungsmischung im Sinne der progressiven Universalpoesie« gegeben, »insofern auch sie dem zugehörigen Postulat der Gattungsmischung (aus Märchen, Geschichtsschreibung, geschichtsphilosophischem Traktat, politischer Rede, Predigt und Prophetie) und einem sich selbst als progressiv verstehenden Universalismus folgt.«

27 »Die Lust der Zerstörung ist zugleich eine schaffende Lust«, lautet der berühmte letzte Satz eines frühen Aufsatzes Bakunins. Der Text erschien in mehreren Fortsetzungen 1842 unter dem Pseudonym Jules Elysard in den *Deutschen Jahrbüchern für Wissenschaft und Kunst* (das Zitat in Nr. 251 vom 21. Oktober, S. 1002). Die Abfolge von Destruktion und Konstruktion begegnet dem Leser der *Europa*-Rede auch in der erhofften Entstehung eines nationenübergreifenden Universalstaates als pazifistischer Utopie vom ewigen Frieden, wenn Novalis darüber spekuliert, ob »eine nähere und mannigfaltigere Connexion und Berührung der europäischen Staaten zunächst der historische Zweck des Krieges wäre« (HKA III, 522). In vergleichbarer Weise äußert sich Klingsohr im *Heinrich von Ofterdingen* über das Erneuerungspotenzial militärischer Zerstörung: »Neue Welttheile sollen entstehen, neue Geschlechter sollen aus der großen Auflösung

anschießen« (HKA I, 285; siehe hierzu das Kapitel: »Der Krieg als ›poetische‹ Geschichtskategorie« in: Hans-Joachim Mähl: Die Idee des goldenen Zeitalters im Werk des Novalis. Studien zur Wesensbestimmung der frühromantischen Utopie und zu ihren ideengeschichtlichen Voraussetzungen. Tübingen 2. Aufl. 1994, S. 320 ff.). Wiederum in ihrer eschatologischen Ausprägung erscheint die Idee der schöpferischen Destruktion außerdem in einem Brief an Friedrich Schlegel vom 20. Januar 1799, wo Novalis auf die »Annihilation des Jetzigen« eine »*Apotheose* der Zukunft« folgen lässt, für ihn »der Kern der Geheiße des Xstenthums« (HKA IV, 274).

28 Im *Allgemeinen Brouillon* wird der Terminus ›Hierarchie‹ definiert als »Monarchie. Regierung eines Einzelnen« und dem Protestantismus als »Democratie. *Regierung aller* – und eines jeden« gegenübergestellt (HKA III, 285:254). Den staatenübergreifenden, universellen Charakter der katholischen Kirche als zukunftsweisendes Element analog zu Freimaurerloge und Gelehrtenrepublik hebt Novalis im Einklang mit seiner Europa-Utopie bereits in den *Vermischten Bemerkungen* hervor: »Die Basis aller ewigen Verbindungen ist eine absolute Tendenz, nach allen Richtungen. Darauf beruht die Macht der Hierarchie, der ächten Masonnerie, und des unsichtbaren Bundes ächter Denker – hierinn liegt die Möglichkeit einer Universalrepublik« (HKA II, 444:74).

29 Hardenbergs konziliaristische Position am Ende von *Die Christenheit oder Europa* klassifiziert Richard Faber: Romantischer Messianismus. Über Novalis' ›Die Christenheit oder Europa‹. In: Abendländische Eschatologie. Ad Jacob Taubes. Hrsg. von dems., Eveline Goodman-Thau, Thomas Macho. Würzburg 2001, S. 281 als »apapistisch, wenn nicht antipapistisch«.

30 Diese Formulierung gebraucht Novalis an einer Stelle der »Fichte-Studien«, die dem oben zitierten Fragment aus der Freiberger Zeit sehr nahekommt: »Das eigentliche Philosophische System muß Freyheit und Unendlichkeit, oder, um es auffallend auszudrücken, Systemlosigkeit, in ein System gebracht, seyn. Nur ein solches System kann die Fehler des Systems vermeiden und weder der *Ungerechtigkeit*, noch der Anarchie bezogen [bezichtigt] werden« (HKA II, 288 f.).

31 Die romantische Poesie identifiziert Friedrich Schlegel wiederholt mit dem Chaos, setzt jedoch gleichzeitig mehrfach hinzu, dass sie »chaotisch aber in sich organisirt« sei (Kritische Friedrich-Schlegel-Ausgabe Bd. XVI: Fragmente zur Poesie und Literatur. Erster Teil. Hrsg. von Hans Eichner. Paderborn, München/Wien 1981, S. 318). Siehe hierzu meinen Aufsatz Anarchistische Denkfiguren bei Friedrich Schlegel: In: Jahrbuch Forum Vormärz Forschung 22 (2016), S. 131–152.

32 Michail Bakunin: Gott und der Staat. In: Ders.: Gesammelte Werke Bd. 1. Berlin 1921, S. 144.

»... daß man in der Todesstunde dieses Jahrhunderts an Novalis den Lebendigen denkt«.
Novalis und der Friedrichshagener Dichterkreis

Nicholas Saul

Heute möchte ich etwas zur Affinität zwischen Novalis und den sogenannten Friedrichshagenern sagen. Das ist ein Thema, zu dem in der Forschung manchmal quasi im Vorbeigehen ein kurzes, in der Regel wohlwollendes Wort gesagt wurde – etwa von Walter Gebhard, Monika Fick, Herbert Uerlings, neuerdings von Rolf Kauffeldt und Gertrude Cepl-Kaufmann.[1] Seltsamerweise wurde diese vermeintliche Affinität zwischen Hardenberg und Friedrichshagen aber m. W. nie ausführlich behandelt. Schaut man sich die Sache näher an, hat das doch einen guten Grund – darin, dass sich der Gegenstand einer solchen Untersuchung nur schwer definieren lässt. Zum einen: Was soll man sich konkret unter dem anscheinend so gut bekannten Friedrichshagener Dichterkreis vorstellen? Das Einzige, was daran unzweideutig erscheint, ist die Ortsbezeichnung. Aber viele sogenannte Mitglieder haben nie da gewohnt. Rilke, Lou Andreas-Salomé. Gerhard Hauptmann wohnte im zwei Fußstunden entfernten Erkner. Die Brüder Hart sind bald weggezogen, um eine neue Gruppe (die *Neue Gemeinschaft*) zu gründen. Sogar Wilhelm Bölsche, mit Bruno Wille einer der beiden anerkannten Hauptpfeiler der Gruppe, hat sich bald ein anderes Schlupfloch in Schreiberhau im weit entfernten Riesengebirge geleistet, wohin er dann 1918 definitiv umgezogen ist. Diese Skepsis zieht eine andere Frage nach sich: War das wirklich eine einzige, singuläre Gruppe? Allesamt Dichter waren sie jedenfalls nicht. Gab es doch genug Denker oder geistig anders Tätige, wie etwa die Gebrüder Kampffmeyer, beide natürlich in der SPD aktiv.[2] Oder Fidus, *recte* Hugo Höppener, der Künstler der Gruppe. Doch kann vielleicht gerade hier, in der Verschiedenheit der Berufe, eine gewisse innere Einheit erkannt werden – in der Sprache der Zeit, eine gemeinsame *Weltanschauung* –, welche es uns erlaubte, von einer Struktur zu reden, die als Ganzes tatsächlich mehr wäre als die Summe seiner Teile und somit das Hauptkriterium einer übergreifenden Gruppenidentität erfüllte. Allesamt waren die individuellen Mitglieder dieser Gruppe nämlich Utopisten, die ein neues Selbstbewusstsein teilten. Sie lehnten die mechanistische und materialistische Weltanschauung des 19. Jahrhunderts ab. Mitnichten lehnten sie dabei aber die Fortschritte der Naturwissenschaft ab, im Gegenteil. Nur, sie wollten in der technisch geprägten und sinnentleerten Massenkultur des späten 19. Jahrhunderts eine Revolution der Innerlichkeit in die Wege leiten, um darauf eine neue, verjüngte Kultur aufzubauen. Statt Mechanismus und Materialismus also Vitalismus und Organizismus. Die Naturwissenschaften sollten durch einen spiritualisierten Naturbegriff ergänzt, die Massenkultur durch den Individualismus, der abstrakte Verstand durch Phantasie und Körperlichkeit, und das Großstadtleben durch Leben in der Natur ersetzt – eben hinter der Weltstadt in Friedrichshagen. In diesem Sinne haben die Friedrichshagener unisono den Evolutionismus bejaht, auch den Sozialismus oder Anarchismus verfochten und, beides zusammenführend, durch größere pädagogische Volksbildungsprojekte, mit Vorträgen, Schauspielaufführungen, Zeitschriften und einer Freien Universität in die Wirklichkeit umzusetzen versucht. Herbe Kritiker der etablierten Konfessionen im wilhelminischen Preußen, waren sie doch keineswegs religionsfeindlich, sondern wollten eine neue Religion der erotischen Liebe im Rahmen des Haeckelschen Monismus gründen. *Last not least*: Sie erkannten dem ästhetischen Diskurs eine besondere Erkenntniskraft jenseits des naturwissenschaftlich-philosophischen Diskurses zu, deshalb der allgegenwärtige Fokus auf das Dichterische. Damit repräsentiert diese Weltanschauung gut die von Silvio Vietta umrissene ästhetische Moderne[3]: Sie akzeptiert die Errungenschaften der modernen Zeit, kritisiert aber und kompensiert ästhetisch deren Defizite, Großstadt und Massenleben, Technik und Säkularismus. So können wir mit Richard Faber und Wolfgang Eßbach[4], auch Herbert Scherer[5], an dieser Weltanschauung durchaus die Kriterien einer authentischen Gruppenbildung erkennen: ein gemeinsames Bewusstsein, welches sich von der Orthodoxie deutlich abhebt; das Bedürfnis des freien Dialogs über das Neue; und einen quasi-akademischen Freiraum, der die dialogische Entfaltung der neuen Lehre ermöglicht.

Nun: Für die Friedrichshagener war Novalis durchaus der Mann der Stunde. Sophie von Hardenberg hatte 1873 das Familienarchiv erstmals für Forscher geöffnet[6], daraus ging 1901 die neue Reimer-Ausgabe von Ernst Heilborn hervor[7], u. a. mit vielen neu veröffentlichten Fragmenten. Im gleichen Jahr auch Heilborns Biographie[8], beides die Basis aller weiteren wissenschaftlichen Beschäftigungen mit Hardenbergs Werk. Doch schon vorher war eine quasi-inoffizielle Welle des sogenannten Novalismus losgegangen. Carl Busses *Novalis' Lyrik* war schon

1898 erschienen.[9] Im gleichen Jahr und flink im Trend wie immer brachte Diederichs, herausgegeben durch Carl Meißner, seine Neuausgabe von *Novalis. Sämmtliche Werke* in drei Bänden[10], welche ausgezeichnet wurde durch eine ambitionierte 80-seitige Einleitung von Bruno Wille, heraus.[11] Da diese Ausgabe nur auf Bülows ergänzter Ausgabe von 1846 basierte, brachte also Diederichs, unter Zugzwang gesetzt durch Heilborns Ausgabe und nach einer Vereinbarung mit Heilborn selbst, 1901 noch einen 4. Band mit Fragmenten heraus, welcher von Wille selbst besorgt wurde.[12] Daraufhin waren die Friedrichshagener nicht mehr zu bremsen. Willes Kommilitone Bölsche rezensierte diese Ausgabe 1899 äußerst freundlich unter dem Titel »Novalis und das neue Jahrhundert«.[13] Fast so freundlich war Heinrich Hart.[14] Und Bölsche selbst, der als freier Schriftsteller verständlicherweise selten eine Gelegenheit verpasste, um seine Einkünfte zu vermehren, brachte 1903 eine konkurrierende Ausgabe z. T. mit Heilborns neuen Funden, *Novalis' Werke*, in 3 Bänden heraus[15], ebenfalls mit einer ambitionierten Vorrede.[16] In der Tat, Bölsche publizierte mit großer Begeisterung immer wieder zu Novalis oder zu Themen, mit denen er Novalis in Verbindung setzte.[17]

Dass man also von einer regelrechten Novalis-Kampagne der publizistisch äußerst gewieften Friedrichshagener sprechen kann, ist klar. »Wer sehnt sich heutzutage noch nach der blauen Blume?« (Wille: »Einleitung«, XIII), fragt Wille rhetorisch am Anfang seiner tonangebenden Einleitung zu Meißners Ausgabe. Wie Georg Brandes schon angemerkt hatte[18], so Wille, ist das deutsche Volk leider kein Volk mehr von Dichtern und Denkern (WE, XIf.), sondern nur praktisch und realistisch, ja militaristisch geworden. Damit fehlt dem Volk die von Wille sogenannte »centrale Harmonie« (XIII). Der zeitgemäße Dichtungsstil, Naturalismus, verwechselt folgerichtig objektive Wissenschaftlichkeit mit subjektiver Wirklichkeit (XVII). Doch gibt es eine geistige Tradition, die nichts mit der als leerer Illusion falsch verstandenen Romantik von Rudolf Haym[19] zu tun hat, auch nichts mit der leeren Neuromantik eines Loris oder George (XVIIIf.). Diese echte geistige Tradition machte es uns Modernen doch möglich, »eine neue angemessene Weltanschauung hervorzubringen« (XVIII). Gemeint ist eine neue Sicht auf die Romantik, welche »ein Ewiges in der Romantik« erkennt (XIX). Was zur Herstellung der zentralen Harmonie fehlt, ist natürlich die »subjektive Kultur« (XX), welche die objektive Machtausübung des modernen Individuums auf die äußere Natur sinngebend ergänzte. Das findet man in jener »ewige[n] Quelle und Strömung romantischen Charakters« (XXI), Lyrik, Philosophie, Religion und Mystik, wovon eben Novalis der Hauptrepräsentant ist. Für Novalis ist, wie man heute wieder erkennt, das »Ich [...] das Centrum der Welt« (XXIII). Insofern ist seine Lehre ein »kosmischer Individualismus« (XXV), das »Ich erweitert sich zum All« (XXV). Deswegen tritt die »Mission dieses Dichterphilosophen« (XXI) jetzt in »ein neues, bedeutendes Stadium ihrer Wirksamkeit« (XXI). Die Phantasie als dichterisches Vermögen transzendiert in der Sehnsucht nach dem Unbestimmten den Exaktheitsglauben des 19. Jahrhunderts und erschließt somit das All (XXXV–XXXX). Die heilbringende Sehnsucht nach der blauen Blume schickt unser Ich auf eine »Entdeckungsreise in unbekannte Gebiete« (XXXIX).

Hier erlaubt sich Wille anlässlich von Novalis' Wiederaufleben in der Gegenwart sogar eine metaphysisch-naturwissenschaftliche Spekulation. Das Gesetz von der Erhaltung der Kraft kann durch Novalis' Fortleben erweitert werden. Also: Das Individuum existiert schon vor der Geburt, zunächst in »einströmende[r]«, dann, nach dem Tod, in »ausströmende[r]« Form (XXXXVIII). Wenn das menschliche Wesen in diesem Sinne als fortdauernd gedacht wird, kann sie nur in verschiedenen leiblichen Formen fortdauern. Novalis' Werke sind somit nach seinem Tod sein von Wille so genannter »Thatenleib« (XXXIX, LXXX), welcher fortwährend unsere Individualität »ausströmend« durch rezeptive Leseakte verwandelt. In diesem Ton äußern sich auch Bölsche und Hart in ihren Rezensionen.[20] Für Bölsche, der seinerseits als Kenner immer die naturwissenschaftliche Seite Hardenbergs betont, ist er der Verfechter eines »verwegene[n] Realismus« (Bölsche: »Novalis und das neue Jahrhundert«, 190), der den Dualismus von Kunstwahrheit und naturwissenschaftlicher Wahrheit gegen den Geist der Zeit überwindet, und in dessen Gefolge die Dichtung »ihr königliches Recht, Welten zu vergeben« (192) gerade jetzt behaupten soll. Es bildet sich heute eine »»Novalis-Bewegung««, »eine ganz neue Gemeinde« (Bölsche: »Friedrich von Hardenberg, genannt Novalis«, VIII).

Im 2. Teil meiner Ausführungen untersuche ich deshalb was genau die Friedrichshagener aus diesem messianisch dargestellten Novalis in ihren eigenen dichterischen und populärphilosophischen Texten gemacht haben. Nochmals, *pars pro toto*, die Dioskuren Bölsche und Wille also. These ist, dass diese beiden, wie mein Titelzitat aus Bölsches »Wort zu Novalis«[21] andeutet, dass sie Hardenbergs naturwissenschaftliche Leistungen im

Zeichen des Vitalismus als Erste erkannt und produktiv gemacht haben.[22]

Bölsche zunächst.[23] Die zwei Hauptzeugnisse von Bölsches Novalis-Rezeption sind, wie ich meine, erstens sein dritter Roman, *Die Mittagsgöttin. Ein Roman aus dem Geisteskampfe der Gegenwart*, zuerst 1891 in der Deutschen Verlags-Anstalt veröffentlicht, dann von Diederichs übernommen und, leicht überarbeitet, um 1900 mehrfach neu aufgelegt.[24] Bölsche selbst erzählt in dem legendenbildenden Aufsatz »Friedrichshagen in der Literatur« (1909), wie er damals, kurz nach dem Umzug an den Müggelsee, mit Wille dank der freien Natur vom Ästhetischen gepackt wurde und »meinen Roman ›Die Mittagsgöttin‹ zu Ende« schrieb (252). Zweitens, Bölsches notorischer Publikumsschlager, seine erotische *relecture* der Darwinschen Entwickelungsgeschichte, *Das Liebesleben in der Natur* (1898–1902)[25], ebenfalls in Friedrichshagen verfasst.

Die Mittagsgöttin. Das ist, wie vielleicht bekannt, ein bewusst sensationell geschriebener, halbautobiographischer Roman über das Phänomen Spiritismus.[26] Der Ich-Erzähler heißt, wie der Autor, Wilhelm. Er hat auch Naturwissenschaften und Philosophie studiert, wohnt in Berlin, und verdient seinen Lebensunterhalt durch das Schreiben populärwissenschaftlicher Werke. Einerseits ist der Roman durchaus ein Produkt des Naturalismus. Die Erfahrung der Masse, die neue, grelle, elektrische Straßenbeleuchtung, solche Dinge, werden virtuos im Geiste des Naturalismus dargestellt, um die Entfremdung der Hauptfiguren in der Großstadt zu unterstreichen. 30 Jahre alt, eine Idee jünger als Bölsche selbst, befindet sich Wilhelm, mit Nietzsche, am Mittag, dem Mittelpunkt seines Lebens, und es kriselt. Er liebt seine Verlobte, die blasse Therese, nicht. Als Alternative zur seelenlosen Moderne präsentiert Bölsche nun den damals äußerst kontroversen Spiritismus. Der naturwissenschaftlich ausgebildete, aber nach Sinn suchende junge Mann wird nun, bei Gelegenheit einer *séance* in Berlin und trotz seiner Ausbildung, von einem Grafen fasziniert, der aus dem Spreewald kommt, und der ein eigenes Medium, die Amerikanerin Lilly, zur Verfügung hat, welche ihn wieder in Kontakt zu seiner geliebten, aber verstorbenen Frau setzen soll.

Repräsentiert also Berlin die moderne Welt, meint der Spreewald die archaische Vormoderne, ist als Portal zur Nachtseite des Daseins zudem die Quelle des verborgenen Sinns. Und genau hier hört *Die Mittagsgöttin* auf, ein nur naturalistischer Roman zu sein. Fortan handelt es sich eher selbstreflexiv um die beiden Themen, die hinter dem Spiritismus-Motiv verbor-

gen sind: Kunst und Sexualität. Bietet der Spiritismus nämlich
einerseits pygmalionartig die Möglichkeit, die tote Liebe wieder plastisch zu vergegenwärtigen – erotische Erfüllung also
–, so bietet er auch andererseits die Möglichkeit, über die ästhetischen Mittel nachzudenken, mit denen die verlorene Liebe
(wieder) hergestellt wird. In der Tat erweist sich Lilly als Betrügerin, alle Manifestationen des Ektoplasmas sind nur Schauspiel, eben lügende Kunst. Zudem wird klar, dass die Tendenz,
suggestiv-ästhetische Inszenierungen der verlorenen erotischen
Liebe produktiv wie rezeptiv plausibel zu machen, unmittelbar
von dem Niveau der *gegenwärtigen* erotischen Befriedigung aller Teilnehmer abhängt: Nach Wilhelms leidenschaftlich und
plastisch geschilderter Affäre mit Lilly weigern sich hartnäckig
die Geister zu erscheinen (*Mittagsgöttin* II, 255). Spiritismus,
so soll der Leser folgern, ist mithin nichts als autosuggestiv-
trügerischer Liebesersatz. Schließlich will Lilly als letzten, verzweifelten Kraftakt die Mittagsgöttin des Romantitels selbst
beschwören. Das ist die alte wendische Sagengestalt Pschipolniza (*Mittagsgöttin* I, 170–172; II, 233, 272-274, 284–286, 327).
Sie, mit einer Sichel bewaffnet, erscheint nur mittags in der heißen Sonne, und bestraft oder belohnt die Bauern je nachdem,
ob sie tüchtig gearbeitet haben oder nicht. Natürlich erscheint
sie nicht. Insofern ist der Spiritismus endgültig widerlegt, und
Pschipolniza stellt in Wahrheit die Nemesis von beiden, Lilly
und Wilhelm, dar, genau zur Mittagszeit seines Lebens. Der
Roman selbst ist damit, als ästhetische Entlarvung der Lüge,
auch ein immanenter Kontrast zur Lügenkunst des Spiritismus,
feiert selbstreflexiv die Möglichkeit der Kunst, Wahrheit zu
entdecken, und stellt so den Übergang vom Naturalismus zur
ästhetischen Moderne dar. Wie ich an anderer Stelle dargetan
habe, ist er eine intertextuelle Modernisierung von Schillers
Geisterseher. Aber nicht nur das. Denn die Fabel von einem jungen Naturforscher, der die bürgerliche moderne Welt und seine
erste Geliebte verlässt, um erotische Erfüllung in der Fremde,
in der Gestalt einer Göttin zu suchen, verrät natürlich auch die
innere Form vom Märchen Hyacinth und Rosenblüthchen aus
Die Lehrlinge zu Sais.[27] Nur, wir haben es hier entschieden mit
einer sicher, nach diesem Vorspann, unerwarteten kompletten
Depotenzierung des Novalis zu tun. Geliebte und Göttin gehen
mitnichten ineinander auf. Insofern dient Bölsches Einsatz des
Novalis-Motivs höchstens dazu, das urromantische Phänomen
des Spiritismus und der Nachtseite der Natur bestenfalls als
eine unbewusste Psychopathologie der Moderne zu entlarven.
Somit stellt der Roman – wohlgemerkt zuerst 1891 publiziert –

eine erste, eher *skeptische* Novalis-Rezeption in der Frühphase des Friedrichshagener Kreises dar.

Das sollte sich bald ändern. *Das Liebesleben in der Natur*, Bölsches großer Verkaufsschlager, verrät schon eine tiefere Affinität mit Novalis' vitalistischer Entwicklungslehre und Liebesphilosophie. In drei üppig bebilderten Bänden (illustriert von Müller-Schönefeld), im intimen Du-Ton und der metaphernreichen Sprache des Populärphilosophen gehalten, liest Bölsche Darwins Evolutionslehre neu, als monistische Entwicklungsgeschichte der kosmischen Liebe: »Werden im ewigen Gesetzeslauf der Natur. Werden durch die Liebe« (*Liebesleben* I, 9). Liebe bedeutet hier ganz in Novalis' Sinn Liebe als oberste Tathandlung gesetzt, als absolute Selbsthingabe – ekstatischer Tod also –, ein Akt, der aber gleichzeitig *neues* Leben zeugt (I, 38–39), in dem das alte Leben voll aufgeht. Was hat das mit der Evolution zu tun? »Im Anfang war der Bazillus« (100), so Darwin, so Bölsche, entstanden wohl durch »Urzeugung« (103). Aber der Bazillus muss sich irgendwie vermehren können, und das erreicht er zunächst durch schlichte Selbst-Teilung, so, dass ein neuer Einzeller erzeugt wird, in dem der verstorbene alte doch noch weiterlebt. Schon hier wird also das Leben quasi liebesvoll als unsterblich erkannt (103). Daraus folgert Bölsche weiter, auch mit Darwin: »in dem Urbazillus steckt schon der Mensch« (103). Alle Lebewesen sind durch das universelle Band von Liebe und Tod verbunden. Noch mehr: Nach Haeckels (und Darwins) sog. biogenetischem Grundgesetz[28] rekapitulieren alle Lebewesen in ihrem Werden als Keim ontogenetisch die Phylogenie des *ganzen* Stammes. Wir wechseln werdend wiederholt die Form, werden im Mutterschoß ontogenetisch noch einmal Fisch (usw.), bevor wir schließlich Mensch werden (22–23).

Aber wie vollzieht sich für Bölsche die phylogenetische Entwicklung vom Einfachen zum Komplexen? Das erfolgt nicht mehr über die einfache Selbstteilung, sondern nur mehr über den Geschlechtsverkehr. Denn die Protozoen vermehren sich durch Selbstteilung fortschrittslos nur auf der primitivsten Ebene. Später in der Evolutionsgeschichte erfolgt aber die Zeugung durch Fusion, Sich-Gegenseitig-Einverleiben, mit der Konsequenz, dass erstmals eine Differenz und die Vermehrung des Erbguts und damit auch der Komplexität entsteht (133–147). Erst nach dieser Mischung erfolgt die Selbstteilung, und zwar jetzt auf höherer Stufe. Das ist die Urform des Geschlechtsverkehrs. So entstehen weiters die zwei Geschlechter, auch immer komplexere Wesen, bis der Mensch, als Gipfel der Liebesentwicklung, den Prozess vorläufig abschließt. Wenn Bölsche ausführt, dass diese Selbstteilungen anfangs im Meer erfolgen, im Urgewässer, so dass Leben und Liebe wie Aphrodite im Mythos aus dem Wasser steigen (106), kann man unschwer ganz im Sinne des Novalis eine genuin neu-romantische Fusion von Dichtung und Naturwissenschaft erkennen.

Nun: Auch wenn der Name Novalis an dieser Stelle nicht explizit fällt, kann man an anderer Stelle doch ziemlich plausibel positivistisch Bölsches Novalis-Lektüre als solche belegen. Damit meine ich Bölsches daraus hervorgehende – von den Zeitgenossen als schockierend empfundene – Analogie zwischen Sexualität und Fressen, Zeugen und Ausscheiden. Wie, genau, fragt Bölsche, sind die Einzeller dazu gekommen, sich mit anderen Wesen zu verschmelzen, statt sich nur in einer ewigen Wiederkehr des Gleichen zu teilen? Er spekuliert: Um ihren Stoffwechsel aufrechtzuerhalten (146), müssen sie sich natürlich ernähren. So wachsen sie, bis sie eine vorgeschriebene Grenze erreichen. Erst dann können und müssen sie sich teilen. Insofern, so Bölsche, besteht Analogie zwischen der primitiven Zellteilung und Ausscheidung (146). Denkt man diesen Vorgang weiter, so ist umgekehrt das Sicheinverleiben des fremden Lebens *auch* eine Form des Fressens: »[...] der Vorgang des Kinderkriegens ist bloß eine höhere Form der Abscheidung eines Exkrements; und *die Liebe* im Sinne der Verschmelzung zweier Individuen zum Zweck der Erzeugung eines Dritten ist *bloß eine verfeinerte Form des Fressens*« (150–151). Genau hier, versteht sich, denkt man an Hardenbergs *Großes physikalisches Studienheft* aus den *Freiberger naturwissenschaftlichen Studien* (1798–1799), vor allen Dingen an seine produktiven Reaktionen auf Friedrich Schlegels Hefte *Zur Physik* vom Sommer 1798 (HKA III, 87–91), in dem immer wieder Analogien zwischen Geschlechtsverkehr und Fressen gezogen werden als Teile des vitalistisch verstandenen aufsteigenden Zeugungsprozesses auf der *scala naturae*: »Umarmen ist Genießen – Fressen« (88). »Alles Fressen ist ein Assimilationsprozess – Verbindungs – Generationsprocess« (85). Plastischer noch die sogenannte *Abendmahlshymne*, das *7. Geistliche Lied*, in dem die sexuelle Ekstase als Dezentrierung des gewöhnlichen und Zeugung des höheren Bewusstseins mit dem Essen des Sakramentes als Fleisch und Blut gleichgesetzt wird:

> Nie endet das süße Mahl,
> Nie sättigt die Liebe sich.
> Nicht innig, nicht eigen genug

Kann sie haben den Geliebten.
Von immer zärteren Lippen
Verwandelt wird das Genossene
Inniglicher und näher. (HKA I, 167)

Man kennt die zahlreichen anderen Stellen im *Brouillon* und anderswo (HKA II 620:439), in denen Hardenberg diese Analogie weiter ausführt, und die wird der spätere Novalis-Herausgeber Bölsche gewiss schon vor der Verfassung des *Liebeslebens in der Natur* in Heilborn oder Wille gelesen haben. Novalis also hier als Anstoß zur erotischen Romantisierung der Evolutionslehre im Geiste Friedrichshagens.

Damit sind wir im letzten Abschnitt bei Wille angelangt: sein erster Roman *Offenbarungen des Wacholderbaums. Roman eines Allsehers*, ebenfalls 1901[29], auch mehrfach aufgelegt von Diederichs und mit vielen schönen Fidus-Illustrationen, als Pendant zur *Mittagsgöttin*.

Auch dieser Roman, entstanden offenbar parallel zur zweiten Auflage der *Mittagsgöttin* und zum *Liebesleben in der Natur* in Friedrichshagen, weist bezeichnende Einflüsse von Bölsche und Novalis auf, aber auch entscheidende Unterschiede zu Bölsches Werk, und dürfte als intertexueller Kommentar von dessen Werken und insbesondere der *Mittagsgöttin* gelten. Beispielsweise heißt es bei Wille im Kapitel »Liebesreigen« (*Offenbarungen* I, S. 293–312):[30] »Freund Bölsche nennt die Liebe eine Form des Fressens« (303), und Wille kann der Versuchung nicht widerstehen, Bölsches verwegene Identifikation von Fressen und Lieben ausführlich und lobend, aber auch kritisch zu besprechen. Wichtiger für unseren Zweck: Auch der *Wacholderbaum*, wie die *Mittagsgöttin*, ist im doppelten Sinne ein autobiographischer Roman. Der Ich-Erzähler wird zwar zunächst Merlin, nach der Sagengestalt, genannt (*Offenbarungen* I, 6, 74). Doch in Wirklichkeit heißt er, wie sein Verfasser, Bruno (226), so dass der *Wacholderbaum* also durchaus auch ein konfessionelles Element enthält – es gibt, wie schon angemerkt, zahlreiche inhaltliche Überlappungen mit anderen Publikationen Willes. Weiters, und wohl entscheidend, spielt auch hier der symbolische Mittag – des Lebens – eine zentrale Rolle. Merlin-Bruno befindet sich genau wie Wilhelm *expressis verbis* an der krisenhaften Mittagszeit seines Lebens »am Mittage des Lebens angelangt« (II, 204). Freilich ist Bruno mit 35 fünf Jahre jünger als Wille selbst um die Zeit. Noch ein Signal der gegenseitigen Bezugnahme dieser beiden Romane: Willes Hauptprotagonist, der sich herabwertend einen »Spoikenkicker«

(= Geisterseher; II, 34) nennt, begegnet gerade an einem »Mittag von einer Schwüle, wie sie selten im Mai vorkommt« (34) und in einer gefährlichen Situation einem bösen wendischen Geist, dem »berüchtigte[n] wendische[n] Poldsche« (34; vgl. 36) – offensichtlich einem nahen Verwandten der Pschipolniza aus dem Spreewald –, der ihn auf dem sogenannten Teufelsmoor ins Wasser drängen will (II, 35-36). Der Mittag ist also auch bei Wille eine Art Leitmotiv, gewiss eine Bezugnahme auf Bölsches erfolgreichen Roman, ist aber hier etwas anders gewendet – dies, wie wir sehen werden, der bezeichnende Unterschied zu Bölsche.

Der »Poldsche« nach Fidus (*Offenbarungen* I, 36)

Eine weitere Affinität mit der *Mittagsgöttin*: Der *Wacholderbaum* ist als Roman ebenso wie *Die Mittagsgöttin* stilistisch hybrid, zwischen Naturalismus und Ästhetizismus gehalten. Er ist großenteils, weil später konzipiert als Bölsches Roman, im gepflegten Ton des feinsten Ästhetizismus gehalten. Doch enthält er auch stilistisch wie inhaltlich ein ziemlich gelungenes kleines Intermezzo im authentischen Ton des Naturalismus: die Autobiographie eines »Mädchen[s] für Geld« (II, 222–233), einer jungen Frau vom Lande, welches, schwanger, in die Großstadt und ins Milieu des *demi-monde* und Varieté-Theaters flüchtet, um schließlich, wieder in die Heimat zurückgekehrt, ins Wasser zu gehen. Bölsches Lilly, Wilhelms wahre Geliebte, ist wohlgemerkt auch ursprünglich ein Berliner Mädchen für Geld aus dem Milieu des Varieté-Theaters (*Mittagsgöttin* II, 400, 414–416). Auch darauf kommen wir zurück.

Allerdings gibt es tiefgreifende formale und inhaltliche Unterschiede. Willes Roman hat im Gegensatz zur *Mittagsgöttin* zumal eine im Grunde analytische Form, welche im Gegensatz zu Bölsches Roman eine genuin (neu-)romantische Dimension – Erkenntnis des Selbst als Erkenntnis des Universums – am Schluss enthüllt. Der relativ junge Erzähler blickt trotz der Mittagszeit aus dem Standpunkt der Erzähl-Gegenwart in Wahrheit als kranker und todessehnsüchtiger Mann auf sein Leben zurück, um erzählend und reflektierend dessen Rätsel zu lösen und Sinn zu begreifen, welches ihm schließlich in einer Art Apotheose in der Tat gelingt (»Verklärung«; II, 299–401). In Wahrheit vertritt der Roman in formaler Hinsicht trotz der analytischen Grundanlage exemplarisch die typische bunt-verwirrende Gattungsvielfalt des romantischen Romans als absolute Poesie, mit lyrischen Einlagen, Dialogen, Märchen, Selbstreflexionen und philosophischen Aufsätzen. Dabei dient aber die Märchen-Schicht dem echt romantischen Hauptzweck des Ganzen, die vielfältige äußere Wirklichkeit innerlichkeitsmäßig zu vereinheitlichen und zu verklären, indem Märchen und Wirklichkeit dank der Erzählleistung in einem ozeanischen Allbewusstsein schließlich als Krönung und *clôture* des Ganzen ineinander übergehen. Gerade hier also der Einfluss von Novalis' *Ofterdingen*, welcher einen weiteren, denkbar starken Gegensatz zur Welt der *Mittagsgöttin* darstellt, die selbstständige und erzähltechnisch beglaubigte Wirklichkeit der dichterisch geschauten transzendenten Welt. Der Name Merlin signalisiert offenkundig die Doppelexistenz der Hauptfigur, wie im *Ofterdingen*, einmal in der Wirklichkeit, einmal in der parallelen Märchenwelt, dem Reich des Wacholderbaums, das sich ihm langsam restlos erschließt.[31] In der Hauptsache wird diese Märchenwelt aber nicht nur durch den Wacholderbaum, sondern auch durch das Grimmsche Märchen von der Wassernixe (I, 14) konstituiert, die den verliebten Jüngling endlich ins Wasser lockt. Diese an sich bescheidene Quelle wird dann angereichert durch eine zweite, mit dem Mittagsthema mehr oder weniger geschickt verflochtene, historische Sage vom ewigen Fluch einer verratenen Wendenfrau nach der historischen Niederlage ihres heidnischen Volkes gegen die christlichen Ritter. Undinemäßig soll auch diese Wendenfrau heute noch als Wassernixe im örtlichen See (I, 29–37) leben. Besonders am Johannistag zu Mittag lockt sie, wie der Poldsche, am Unwiderstehlichsten die Menschen – und schließlich auch den Erzähler – zum Selbstmord ins Wasser (II, 214). Kein Zufall, dass gerade am 24. Juni, am Johannistag der blauen Blume, auch Merlin-Bruno den

Wacholderbaum, der ihm alle vitalistischen und animistischen Naturgeheimnisse von seinem ewigen monadenhaften Leben offenbart, zu seinem geistigen Führer erklärt (II, 205–206). So stellt sich langsam heraus, dass Merlin-Bruno, der sich wie Heinrich von Ofterdingen der philisterhaften Weltanschauung seines Vaters entzogen hat, und ebenso wie Heinrich um seine verschwundene Geliebte Marie trauert, endlich das Schicksal der Marie entdeckt und die lange ersehnte Wiedervereinigung mit ihr anbahnt. Die Geliebte stammt nämlich aus der unteren Klasse, ihre Ehe mit Bruno wäre somit eine Missheirat gewesen. So verschwindet sie eines Tages ohne Warnung und spurlos. Doch endlich erlebt Bruno am verhängnisvollen Nixen-See die Bergung der Leiche einer seltsamerweise nicht zu identifizierenden jungen Frau. Auch wenn Bruno die Schöne nicht (mehr) zu erkennen vermag, ist er von ihr bezeichnenderweise unwiderstehlich fasziniert. Natürlich ist es die verschollene Geliebte Marie, wie Bruno zufällig-schicksalhaft aus der von ihr geschriebenen Autobiographie erfährt. *Sie* war es, die, ihm unbewusst, aber mit seinem Kind, schwanger, in die Großstadt geflüchtet war, das gemeinsame Kind Marleneken bei einer weisen Frau unweit des Schlosses untergebracht, und als »Mädchen für Geld« (II, 222–233) im Berliner Milieu gelebt hat. Später kann Merlin-Bruno diese seine Tochter Marleneken für sich gewinnen. Allerdings geschieht das um den Preis eines schlimmen Unfalls an der symbolischen Wassermühle – er rettet sie vor dem Ertrinken –, der ihn selbst, am Mittag seines Lebens, tödlich verletzt. So gewinnt Bruno seine verlorene Liebe schließlich wieder, wie der verliebte Jüngling im Märchen von der Wassernixe, doch bezahlt er diesen Gewinn mit dem eigenen Wassertod. Gerade an seinem Geburtstag, exakt am Mittag seines Lebens in der Erzählzeit, stirbt Merlin-Bruno (freilich erst nach 700 Seiten), wird aber im All wiedergeboren. Als Testament der Offenbarungen soll das Buch im uns schon bekannten Willeschen Sinn als »Tatenleib« (II, 105–114, 393), ganz im Sinne von Willes Novalis-Deutung 1898 (»Einleitung«, XXXXIX, LXXX) auf uns *wirken*.

Kurzum: Willes *Wacholderbaum* ist eine Kontrafaktur und Widerlegung ausgerechnet seines Freundes Bölsches *Mittagsgöttin*, in dem der Hauptprotagonist gerade die von Bölsche geleugnete Existenz einer inneren, höheren Wirklichkeit im vollen romantischen Sinne des Wortes affirmiert (freilich nicht als Spiritismus). Fassen wir zusammen. Das ist nur ein erster Vorstoß, der Anfang einer systematischen Untersuchung. Es gibt aber, wie die beiden konfessionellen Mittagsromane belegen, mindestens zwei Phasen in der Friedrichshagener Novalis-Rezeption. In der ersten Phase, in Bölsches *Mittagsgöttin*, macht Novalis eher eine schlechte Figur, als naiver geistersehender Romantiker im traditionellen Sinn des eisernen 19. Jahrhunderts. Erst danach wird Novalis zum geistigen Führer des neuen Jahrhunderts. Und das wird genau dadurch ermöglicht, dass die beiden, Bölsche und Wille, auf der Basis der neuesten Novalis-Forschung ein neues, adäquates Verständnis von einer bisher völlig verkannten Dimension des Hardenbergschen Denkens erkannt und in den Vordergrund gezogen haben: seine *naturwissenschaftliche* Genialität, insbesondere auf dem Gebiet der vitalistisch verstandenen Lebenswissenschaften. Genau das, was heute die Forschung nach der Jahrtausendwende als aktuell erkennt.

1 Vgl. Walter Gebhard: »Der Zusammenhang der Dinge«. Weltgleichnis und Naturverklärung im Totalitätsbewußtsein des 19. Jahrhunderts. Tübingen 1984, S. 330–428, bes. 349–350; Monika Fick: Sinnenwelt und Weltseele. Der psychologische Monismus in der Literatur der Jahrhundertwende. Tübingen 1993, S. 23, 25, 59–60, 101, 319; Herbert Uerlings: Friedrich von Hardenberg, genannt Novalis. Werk und Forschung. Stuttgart 1991, S. 84–90; Rolf Kauffeldt, Gertrude Cepl-Kaufmann: Berlin-Friedrichshagen. Literaturhauptstadt um die Jahrhundertwende. Der Friedrichshagener Dichterkreis. Berlin 1994, S. 160, 166, 361–362. Außerdem: William Richard Cantwell: The Friedrichshagener Dichterkreis. A Study of Change and Continuity in the German Literature of the Jahrhundertwende. Diss. University of Wisconsin 1967.
2 Vgl. Herbert Scherer: Bürgerlich-oppositionelle Literaten und sozialdemokratische Arbeiterbewegung nach 1890. Stuttgart 1974, S. 19–29, bes. S. 27; Carolin Kosuch: Missratene Söhne: Anarchismus und Sprachkritik im Fin de Siècle. (Schriften des Simon Dubnow-Instituts, 23) Göttingen 2015, S. 155–158.
3 Silvio Vietta: Ästhetische Moderne in Europa. Grundzüge und Problemzusammenhänge seit der Romantik. München 1997.
4 Richard Faber/Christine Holste (Hrsg.): Kreise, Gruppen, Bünde. Zur Soziologie moderner Intellektuellenassoziation. Würzburg 2000; Wolfgang Eßbach: ›Intellektuellengruppen in der bürgerlichen Kultur‹. In: Ebd., S. 22–34.
5 Siehe Anm. 2.
6 [Sophie von Hardenberg (Hrsg.):] Friedrich von Hardenberg, genannt Novalis. Eine Nachlese aus den Quellen des Familienarchivs. Herausgegeben von einem Mitglied der Familie. Gotha 1873.
7 Novalis Schriften: Kritische Neuausgabe auf Grund des handschriftlichen Nachlasses von Ernst Heilborn. Berlin 1901.
8 Ernst Heilborn: Novalis, der Romantiker. Berlin 1901.
9 Carl Busse: Novalis' Lyrik. Oppeln 1898.
10 Novalis. Sämmtliche Werke. Hrsg. von Carl Meißner, eingeleitet von Bruno Wille. 4 Bde. Florenz und Leipzig 1898–1901.
11 Bruno Wille: »Einleitung«. In: Novalis. Sämmtliche Werke (s. Anm. 10), I, S. IX–XCIII.
12 Vgl. Anm. 10.
13 Wilhelm Bölsche: »Novalis und das neue Jahrhundert«. In: Deutsche Rundschau. Hrsg. von Julius Rodenberg, CI (1899), S. 188–192.
14 Heinrich Hart: »Neues vom Büchertisch« [=Meißner: Novalis. Schriften (1898)]. In: Velhagen und Klasings Monatshefte, 2 (1899), S. 121–123.

15 Novalis. Werke. Hrsg. von Wilhelm Bölsche. 3 Bde. Leipzig 1903.
16 Bölsche: »Friedrich von Hardenberg, genannt Novalis« In: Novalis. Werke (s. Anm. 15), I, III–XLVII.
17 Bölsche: »Ein Wort zu Novalis«. In: Wilhelm Bölsche: Hinter der Weltstadt. Friedrichshagener Gedanken zur ästhetischen Kultur. Jena/Leipzig 1904, S. 23–36; »Fechner«. In: Ebd., S. 259–347; »Friedrichshagen in der Literatur«. In: Wilhelm Bölsche: Auf dem Menschenstern. Gedanken zu Natur und Kunst. Dresden 1909, S. 245–259.
18 Georg Brandes: Die romantische Schule in Deutschland. Leipzig 1887. [=Georg Brandes: Die Litteratur des 19. Jahrhunderts in ihren Hauptströmungen dargestellt. 2 Bde. Leipzig 1882–1887. Bd. 2.]
19 Rudolf Haym: Die romantische Schule. Ein Beitrag zur Geschichte des deutschen Geistes. Berlin 1870.
20 Vgl. Anm. 13, 14.
21 Bölsche: »Ein Wort zu Novalis« (s. Anm. 17), S. 23.
22 Zum Thema Hardenberg-Vitalismus: Jocelyn Holland: German Romanticism and Science. New York, London 2009; Vf.: »Blüthenstaub: Leben und Mitteilen. Zum Kommunikationsbegriff der Romantik«. In: Vf. (Hrsg.): »Construction der transcendentalen Gesundheit«. Novalis und die Medizin im Kontext von Naturwissenschaften und Philosophie um 1800. In: Blütenstaub 5. Jahrbuch der Internationalen Novalis-Gesellschaft. Würzburg 2019, S. 153–169.
23 Einführendes zu Bölsche nach wie vor: Alfred H. Kelly: Between Poetry and Science. Wilhelm Bölsche as Scientific Popularizer. Diss. University of Wisconsin 1975.
24 Wilhelm Bölsche: Die Mittagsgöttin. Ein Roman aus dem Geisteskampfe der Gegenwart. Jena ^{3}1905 [=^{1} Stuttgart 1891].
25 Wilhelm Bölsche: Das Liebesleben in der Natur. Eine Entwickelungsgeschichte der Liebe. Mit Buchschmuck von Müller-Schönefeld. 3 Bde. Leipzig: Diederichs 1898–1903.
26 Vgl. dazu Priska Pytlik: Okkultismus und Moderne. Ein kulturhistorisches Phänomen und seine Bedeutung für die Literatur um 1900. Paderborn/München/Wien/Zürich 2005; dies. (Hrsg.): Spiritismus und ästhetische Moderne – Berlin und München um 1900. Dokumente und Kommentare. Tübingen 2006; Vf.: »Modernity's Dark Side. Wilhelm Bölsche: ›Die Mittagsgöttin‹. Darwinism, Evolutionary Aesthetics and Spiritualism«. In: Jerome Carroll, Steve Giles, Maike Oergel (Hrsg): Aesthetics and Modernity from Schiller to Marcuse. London 2012, S. 233–253.
27 Vgl. Vf.: »Modernity's Dark Side« (s. Anm. 26), S. 245–246.
28 Ernst Haeckel: Natürliche Schöpfungs-Geschichte: Gemeinverständliche wissenschaftliche Vorträge über die Entwickelungslehre im allgemeinen und diejenigen von Darwin, Goethe und Lamarck im besonderen. Berlin ^{2}1870 [=^{1}1868], S. 309, 361–362.
29 Bruno Wille: Offenbarungen des Wacholderbaums. Roman eines Allsehers. 2 Bde. Jena ^{3}1907 [=^{1} Jena 1901]. Zu Wille wie auch zu diesem Roman: Eric Paul Jacobsen: From Cosmology to Ecology. The Monist World-View from 1770 to 1930. Bern 2005, bes. S. 258–276; Axel Goodbody: »Heimat als Identität und ökologisches Bewusstsein stiftender Faktor: Zu Ansätzen in Romanen um 1900 von Bruno Wille, Hermann Hesse und Josef Ponten«. In: Adam Paulsen/Anna L. Sandberg (Hrsg.): Natur und Moderne um 1900: Räume, Repräsentationen, Medien. Bielefeld 2013, S. 183–202.
30 Vgl. die Parallelstelle in: Materie nie ohne Geist. Vortrag im Giordano-Bruno-Bund zu Berlin gehalten und für den Druck erweitert von Bruno Wille. Berlin/Bern 1901, S. 34.
31 In diesem Sinne auch Brunos Verteidigung der Romantik gegen die klassischen Einwände des philisterhaften Naturwissenschaftlers Oswald (II, 206–211).

»... das wahrhaft Erhabene ist die Vernunft«
Zu Gustav Landauers Lesart der Romantik

Hanna Delf von Wolzogen

Gustav Landauer[1] wurde am 2. Mai 1919, dem Geburtstag von Novalis, in München von konterrevolutionären Soldaten ermordet. Schon in der Revolutionszeit werden die Münchner Revolutionäre von der antisemitischen Presse als »verantwortungslose«, »landfremde Phantasten« diskreditiert. Einige von ihnen werden schließlich ermordet.[2] Auch noch von seinen Biographen wurde Gustav Landauer lange mit dem Epitheton »romantisch« belegt und ins Umfeld der von Nietzsche inspirierten Neuromantik gestellt.[3] Bereits zu Beginn des Krieges wurde G. L.s konsequente Antikriegshaltung bei den Vertretern des »Geistes von 1914«[4] als gefährlicher Utopismus abgetan. Ein komplizierter Befund, der noch komplizierter wird dadurch, dass es sich bei G. L. um einen »Romantiker« handelt, der gerade in Kriegszeiten nicht gegen, sondern mit dem Arsenal romantischer Denkfiguren zu Vernunft und Nüchternheit im Denken und Urteilen mahnt. Vom äußersten anarchistischen Rande her hatte er seit den 1890er Jahren mit eben diesem Rüstzeug auf die bürokratischen, dogmatischen und konformistischen Tendenzen der Sozialdemokratie hingewiesen[5] und war zu einem der schärfsten Kritiker der wilhelminischen Gesellschaft geworden. Nicht zuletzt wurden seine wohl bekanntesten Schriften, *Die Revolution*[6] und der *Aufruf zum Sozialismus*[7], in Kriegszeiten zu Kultbüchern einer durch Jugendbewegung und Freistudentenschaft geprägten Generation, die, desillusioniert und orientierungslos als Kriegsveteranen von der Front zurückgekehrt, neue Sinnhorizonte suchte. Für diese Generation gehörte G. L. zu den wenigen moralisch integren Intellektuellen der älteren Generation.

Spätestens seit dem Erscheinen seiner Briefe[8] war auch bekannt, dass G. L. diese konsequent vernünftige Antikriegshaltung auch gegenüber engen Freunden und Weggefährten vertrat, ohne den Bruch mit ihnen zu scheuen. So geschehen mit Richard Dehmel[9], mit Florens Christian Rang im Forte-Kreis[10], und mit Fritz Mauthner, seinem ältesten Mentor und Freund:

> Alle Achtung vor den Epigonen von Clausewitz bin ich auch – rein sprachkritisch bemerkt – durchaus nicht Deiner Meinung über die Bedeutung des Wortes ›Helden‹, so ist doch meine Achtung vor den euro-

päischen Soldaten und ihren militärischen Führern groß. Aber gar keine Achtung vor den Epigonen Spinozas und Goethes und Fichtes; nichts (nicht einmal die Feldpost) hat in diesem Krieg so kläglich versagt wie der deutsche Geist.[11]

So geschehen mit Martin Buber, dessen Rede *Der Geist des Orients* G. L. akribisch widerlegte.[12] Anders als etwa Thomas Mann blieb der »Romantiker« Landauer bemerkenswert resistent gegenüber den Fallstricken des herrschenden »romantisch-deutschen Geistes«, und nicht minder hellsichtig gegenüber der bolschewistischen Gefährdung der Revolution.[13] Erst mit der Ende der 1970er Jahre einsetzenden Revision des Romantik-Begriffs und der damit einhergehenden Rezeption von Benjamin, Bloch, Scholem u. a.[14], die zur Generation seiner jugendlichen Leser gehörten, wurde, erweitert um den Horizont einer jüdischen Moderne[15], auch der »Romantiker« G. L. neu lesbar.

Kind seiner Zeit – Neuromantik

Als Kind seiner Zeit kannte G. L., 1870 geboren, das ideologische Rüstzeug des neuen deutschen Reiches. In seiner Parodie auf das Regierungsjubiläum Wilhelms II. *Vor 25 Jahren* (1913)[16] portraitiert er sich als dekadentes Kind dieser Zeit und nennt sich einen »Anarchisten, ... ehe ich ein Sozialist wurde«, einen ästhetischen Rebellen und Reclam-Heft-Leser, dessen nach »Schönheit und Reinheit« lechzendes Herz in den Musikdramen Richard Wagners Erfüllung, dessen Unbehagen an »engen Philisterschranken« in Schopenhauer und Nietzsche seinen Ausdruck fanden. Ein Blick in die Tagebücher und Briefe des Jünglings belehren uns über die Bildungserlebnisse und Lektüre-Abenteuer des Schülers und Studenten: Aus Wagner, Nietzsche, Ibsen, Arthur Gobineau, Konstantin Frantz, Eugen Dühring, David Fr. Strauß usw. setzt sich das Potpourri seiner Lesefrüchte zusammen.[17] Die Rebellion vollzieht sich tatsächlich mit und durch diesen Geisterreigen hindurch, führt zunächst zur Sozialdemokratie und bald zu ihrer radikalen Kritik. G. L. kennt die Bemühungen seiner Freunde und Weggefährten um den Begriff einer neuen Romantik und sieht sich (literarisch und praktisch) in dieser Bewegung, doch teilt er die Versprechen ihrer Weltanschauungen nicht.[18] Am Ende einer Phase ästhetisch-politischer Opposition (Friedrichshagener Kreis, Neue Gemeinschaft, Neue Freie Volksbühne) und einer Phase politischer Praxis als anarchistischer Agitator und Redakteur des *Sozialist* steht Landauer am Ende des Jahrhunderts vor dem Nichts und an einer Lebenswende.[19] In diese Zeit fallen die Redaktion von Fritz Mauthners sprachkritischem Werk, aber auch die neuerliche Hinwendung zur Literatur. Im *Sozialist* wird eine Vortragsreihe *Zur Geschichte der deutschen Literatur* angekündigt, in der sich Sätze finden wie »[...] wir haben Zeit auch wieder zur Kunst«.[20] Als eine der letzten Ausgaben des *Sozialist* erscheint eine Goethe-Nummer.[21] Die Besprechung der bei Eugen Diederichs erschienenen Lyrik-Anthologie *Die blaue Blume* schreibt ein Kenner und Liebhaber romantischer Lyrik. Romantik wird hier so definiert:

> Ueber den ›Begriff‹ der Romantik ist viel herumgestritten worden, und viele unnütze, gequälte und quälende Versuche sind gemacht worden, mit möglichst viel Aufwand von Geistreichelei und Tiefsinn, die verschiedenen Tendenzen, die in dem Wort Romantik zusammenlaufen, aus einer Quelle entspringen zu lassen, wo doch Romantik nichts anderes ist, als die Seelenverfassung einer Menschengruppe um den Anfang des 19. Jahrhunderts, in denen das Wiederaufleben deutscher Vorzeit, die Kulturen und Literaturen fremder, zumal romanischer und indischer Völker, ein neues Keimen des Sturms und Drangs, eine mächtige Vertiefung der seelischen Grundlagen, Skepsis und Religion, Ironie und Harmonie nebeneinander herliefen, sich verschmolzen und wider einander strebten.[22]

In der Essay-Sammlung *Skepsis und Mystik*, einer für sein eigenes Denken programmatischen Auseinandersetzung mit Mauthners Sprachkritik, formuliert G. L., auf Schlegels berühmtes Diktum anspielend:

> Kants ›Kritik der reinen Vernunft‹ steht für mich in ursächlichem Zusammenhang nicht nur mit der Romantik, sondern eben so mit den revolutionären Umgestaltungen von 1830 und 1848; so ist für mich das große Werk der Skepsis und der radikalsten Negation, das Mauthner verübt hat, der Wegbereiter für neue Mystik und für neue starke Aktion.[23]

D. h. aber die Romantik ist wie die Revolutionen des 19. Jahrhunderts eine Folge der Kantschen Kritiken resp. der Aufklärung. Die parallelisierende Aktualisierung dieser Konstellation (Sprachskepsis – neue Mystik – neue Aktion) deutet darauf hin, dass nicht allein das historische Phänomen, sondern auch die Konstellation von theoretischen (Kant, Mauthner), politischen (Revolution, Aktion) und mentalen Praktiken (Seelenverfaßtheit, Mystik) eine Rolle spielt.

Noch radikaler formuliert G. L. in dem für Bubers sozialpsychologische Reihe *Die Gesellschaft* geschriebenen Essay *Die*

Revolution.²⁴ »Ein Grundgedanke«, schreibt er, seinen Essay verteidigend, an Fritz Mauthner, sei »doch eben, daß die Revolution nicht das ist, was die Revolutionäre davon glauben, aber etwas anderes, im Zeitalter des Individualismus überaus Köstliches und Nötiges.«²⁵

In seinem *Revolutions*-Essay unternimmt es G. L. tatsächlich, einen bis dato völlig neuen Begriff von Revolution zu entwerfen, der sowohl in seiner kulturhistorischen Perspektivierung als auch als Text bemerkenswert ist.²⁶ Hier wird apodiktisch formuliert:

> Auflösung und Zerschneidung der Gesamtheitsformen, der apotheisierten Gebilde durch den Individualismus: das ist Sozialpsychologie, das ist Revolution. Die Enthauptung Karls I. und die Erstürmung der Bastille waren angewandte Sozialpsychologie; und jede Untersuchung und Analyse der heiligen Gebilde und überindividuellen Formationen ist revolutionär. [...]: Rousseau, Voltaire, Stirner waren, indem sie Sozialpsychologen waren, Revolutionäre; [...].²⁷

D. h. aber nichts anderes, als dass Kants Kritiken und die Aufklärung selbst »Revolution« *sind*. Im Essay beruft sich G. L. auf Hegels durch Marx berühmt gewordenes Diktum und formuliert, diesen implizit widerlegend: »[...] insbesondere will ja die Utopie [...] den idealen Zustand für die ganze Menschheit usw. In revolutionären Zeiten wird gar oft das Herz, das am Alten hängt, klein gemacht, und der Verstand macht sich groß; die Welt soll, wie Hegel so spitz gesagt hat, auf den Verstand, d. h. auf den Kopf gestellt werden.«²⁸ Tatsächlich könnte der *Revolutions*-Essay als Explikation des Hegelschen Satzes über die Französische Revolution gelesen werden. Er lautet:

> Solange die Sonne am Firmamente steht und die Planeten um sie kreisen, war das nicht gesehen worden, daß der Mensch sich auf den Kopf, d. i. auf den Gedanken stellt und die Wirklichkeit nach diesem erbaut [...]. Eine erhabene Rührung hat in jener Zeit geherrscht, ein Enthusiasmus des Geistes hat die Welt durchschauert, als sei es zur wirklichen Versöhnung des Göttlichen mit der Welt nun erst gekommen.²⁹

Anders als Hegels Schüler bezweifelt G. L. zunächst, dass über Geschichte wissenschaftliche Aussagen möglich seien; weder deduktiv, was G. L., Spinoza folgend, »more geometrico« demonstriert³⁰, noch induktiv durch empirische Verfahren.³¹ Auch die deduktiv gewonnene Figur der dynamischen Polarität von »Topie« und »Utopie« hat lediglich umschreibenden Charakter, wenngleich sie den Kern des G. L.schen Arguments erfasst. Er definiert: a) Das »allgemeine und umfassende Gemenge des Mitlebens im Zustand relativer Stabilität nennen wir: *die Topie*.«[32] b) »Änderungen in der Bestandsicherheit der Topie« werden durch »die *Utopie*« erzeugt. Diese gehört »von Haus aus nicht dem Bereiche des Mitlebens«, sondern dem »Individualleben« an.[33] Die »Utopie« wird beschrieben als ein Gemenge von »Bestrebungen und Willenstendenzen, die immer heterogen und einzeln vorhanden sind«, die sich aber im »Moment der Krise [...] durch die Form des begeisterten Rausches zu einer Gesamtheit und zu einer Mitlebensform vereinigen und organisieren: zu der Tendenz nämlich, eine [...] Topie [...] ohne Schädlichkeiten und Ungerechtigkeiten« zu gestalten.[34] G. L. folgt mithin Hegels Rede von der Revolution als dem »Auf den Kopf stellen« mit leichter Verschiebung der Perspektive. G. L. sieht in der Revolution eine historische Folge der Aufklärung (verstanden als eine auf Verstand und Sinnlichkeit basierende Denkungsart), lenkt aber den Fokus auf die Individuen, die sich ihres Verstandes – und ihrer Sinnlichkeit – bedienen.

Kulturhistorisch wirksam ist diese Dynamik nach G. L. nur in der europäischen Neuzeit, in der er ein Zeitalter des Verfalls, des Übergangs und des Individualismus, aber eben auch eine Epoche der Befreiung der Individuen aus »apotheisierten Gesamtheitsformen« sieht. Zeugen und Protagonisten dieser Dynamik sind Mystiker, Dichter, aber auch Naturwissenschaftler:

> [...] und es kam Copernikus. *De Revolutionibus Orbium Coelestium*[35]: da war auch dem Orbis Humanus die Revolutio gekommen, die unaufhaltsam mit zentrifugaler Gewalt die Individuen ins Leere hinauswarf, worin einige, wenige sich in sich selber konzentrierten und einen Stern aus sich gebaren, die Massen aber als chaotische Staubteilchen auseinander schwirrten.[36]

Indem G. L. – mit Stirner[37] und gegen Hegel – das Individuum (im Plural) zum Agenten dieses Befreiungs- und Entzauberungswerks (Max Weber) macht, gibt er dem Hegelschen Gedanken eine über die ökonomische von Marx hinausweisende nicht materialistische Dimension. Das Insistieren auf der Vielheit der Individuen (mit Spinoza zu sprechen, auf der Singularität der Wesenheiten) setzt nicht nur (anarchisch) sämtliche »Gesamtheitsformen« mitsamt ihrer »Apotheisierungen« in den Bannstrahl des Zweifels. Auch Hegels »schöne Seele«[38] wird dabei zwar als aporetische Denkfigur rehabilitiert, aber ohne begriffliches Netz und doppelten Boden aufs (Schlacht)

Feld historischer Praxis geworfen. G. L. beschreibt im *Revolutions*-Essay die Neuzeit als einen epochalen Prozess mit ungewissem Ausgang. Der letzte Satz des *Revolutions*-Essays lautet (mit Blick auf die Russische Revolution von 1905): »Nur das können wir wissen: daß unser Weg nicht über die Richtungen und Kämpfe des Tages führt: sondern über Unbekanntes, Tiefbegrabenes und Plötzliches.«[39]

»... haben es mit schönem Gefühl gewußt ...«[40]

Folgerichtig sieht G. L. in seinem *Revolutions*-Essay mit Novalis im christlichen Mittelalter eine »Zeit großen Bleibens«, einen »Höhepunkt der Kultur«;[41] wobei seine intertextuelle Paraphrase von Novalis' *Die Christenheit oder Europa* (1799)[42] – mit Kropotkin – die Perspektive leicht verschiebt. In den Vortragsnotizen heißt es:

>›Europa oder die Christenheit.‹ 1799. – Voll Ehrfurcht u. Liebe zum alten Katholizismus – aber als etwas Vergangenem.[43]

Und:

>Einer der klassischsten Aufsätze der Deutschen. Starker, fester Ton. Kriegerisch, aber nicht polemisch. Vereinigung von Milde und Verachtung. Manifest gegen die Aufklärung. Für die Verwirklichung des Romantischen. Große Anschauung des geschichtlichen Werdens.[44]

G. L. vollzieht so eine Umwertung: Novalis' »Manifest gegen die Aufklärung« wird im *Revolutions*-Essay zum Phänomen der »revolutio«; und zwar in politischer (»polemisch«), geschichtsphilosophischer (»Anschauung des geschichtlichen Werdens«) und poetologischer (»Verwirklichung des Romantischen«) Hinsicht.

Novalis: »Anarchie ist das Zeugungselement der Religion. Aus der Vernichtung alles Positiven hebt sie ihr glorreiches Haupt als neue Weltstifterin empor.«[45]

G. L. insistiert mit Novalis auf dem Individuum und seinen anarchischen Potenzen. Als Subjekt der »revolutio« ist es vielstimmig, denn individuelle Befreiung (des Denkens, des Tuns) ist Ursache und Bedingung der Freiheit des Gemeinwesens und der Gattung. Der mit der Freiheit des Einzelnen gesetzte Antagonismus zu jedweden »Gesamtheitsformen«, wie G. L. bewusst unscharf formuliert, ist die treibende Kraft der »revolutio« und die ungelöste Frage der sozialen Revolution. Mit Novalis nimmt

G. L. das »individualisierende Prinzip«⁴⁶ des Christentums mit seinen bindenden und transzendierenden Vermögen des Glaubens, Sehnens, Hoffens und Liebens – quasi als Erbe und ungelöste Frage – in die Theorie des Sozialismus auf:

> Die Romantiker, wie z. B. Novalis, haben es mit schönem Gefühl gewußt, daß das Blau die Farbe der Christenheit ist, diese Farbe, die mehr die Dunkelheit des Unwissens als das Licht der Erkenntnis zu bedeuten scheint, und die doch in Unendlichkeit da ist, wohin alle Sehnsucht geht und woher alles Licht fließt.⁴⁷

In Umkehrung der Hegelschen Perspektive sind es gerade die Individuen, sozusagen die »schönen Seelen« (bzw. das »unglückliche Bewußtsein«) im Plural, aus deren »Seelenverfaßtheit«, im *Revolutions*-Essay »Utopie« genannt, im Moment der Revolution jener heilige »Enthusiasmus des Geistes« (Hegel) kommt, der, zur Einheit (»Geist«) tendierend, neue Gemeinwesen schafft. Indes handelt es sich jetzt weder um ein cogito noch um nur »schöne Seelen«, sondern eine »terra abscondita« von gattungshistorischem Ausmaß.⁴⁸

Novalis: »Die Ursachen der Revolution und ihr eigentliches Wesen, muß wenn sie wirklich ächt ist, jeder Zeitgenosse in sich selbst finden.«⁴⁹

Romantik. Revolution – in Kriegszeiten

Fr. Schlegel:
›Die französische Revolution, Fichtes Wissenschaftslehre und Goethes Meister sind die größten Tendenzen des Zeitalters.‹ ––
Goethe – Schiller (z. B. Xenien)
Philosophie: Kant – Fichte
Anti–Philister Revolution
Romantik
Goethe: ›Die christliche Religion ist eine intentionierte politische Revolution, die, verfehlt, nachher moralisch geworden ist.‹ ––
Anwendung auf Romantik: gesellschaftliche –– aesthetisch, geistig, religiös.⁵⁰

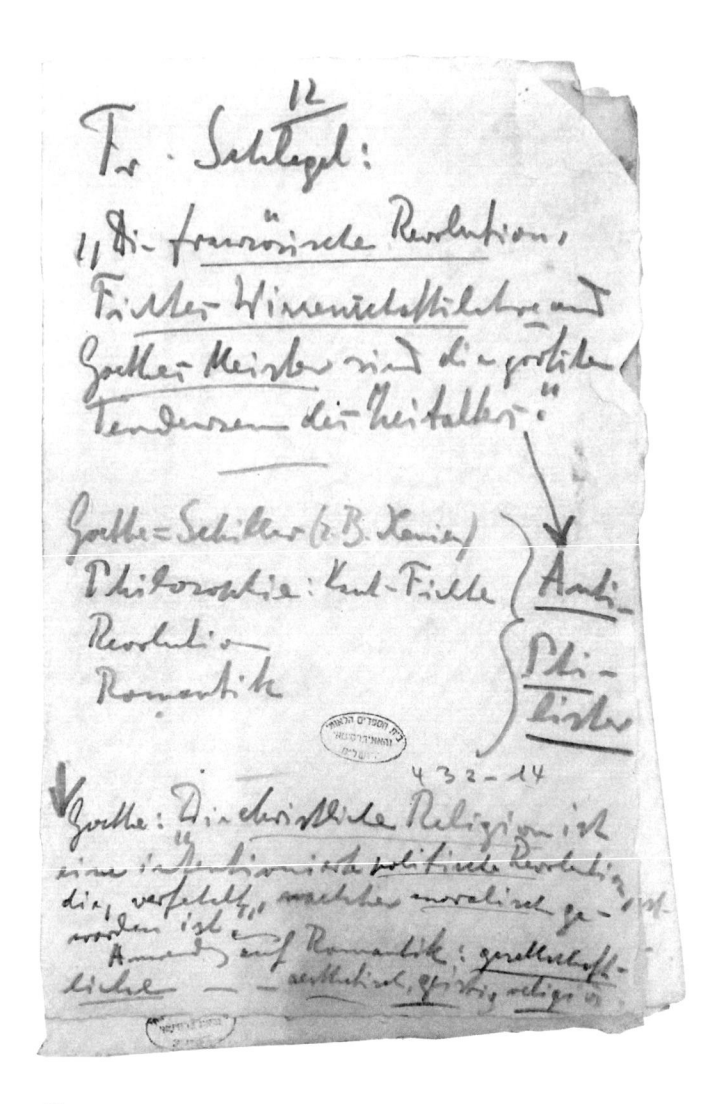

Abb. 1

Zitiert wurde ein Blatt aus G. L.s Vortragsnotizen (Abb. 1)«. Solche Notizen gehörten zur Medienpraxis von G. L., der als praktizierender Leser, Übersetzer, Kritiker und Theatermann die Romantik auch einfach literarisch nehmen konnte. So portraitierte er den Mönch, Freimaurer und Fichte-Freund Ignatius Aurelius Feßler in der *Vossischen*[51], schätzte, wie Nietzsche, die Lyrik Brentanos, die Sprache Kleists, begrüßte die Wiederentdeckung Hölderlins durch die George-Schule und schrieb einen Artikel zum gerade wiederaufgefundenen Manuskript von Brentanos *Alois und Imelde*.[52]

In der Berliner *Königlichen Bibliothek* studierte er Fichtes Nachlass und trug sich mit dem Plan einer Ausgabe seiner Schriften.[53] Seine Zeitschrift *Der Sozialist* brachte im Rubrum »Zum Weiterdenken« regelmäßig Zitate von Baader, Bettine, Jean Paul, Novalis, Goethe.[54] Noch 1915, als das Blatt sein Erscheinen einstellen muss, hat Fichte das letzte Wort. Geradezu märchenhaft mutet an, dass jemand, wie G. L. 1909 in Magdeburg, vor 400 Arbeitern 10 Vorträge *Zur Literatur unserer Zeit* halten konnte.[55] In Zeiten des Weltkriegs gehörten Vorträge zu G. L.s Haupteinnahmequelle. AbonnentInnen der Volksbühne, des Berliner Lyceumclubs oder Damen der Berliner Gesellschaft bildeten sein Auditorium. Zwei Zyklen zur Romantik waren darunter: zum einen die zitierten Vorträge über *Die deutsche Romantik in der Literatur. Vier Abhandlungen*[56], gehalten 1915 im gerade eröffneten Haus der Berliner Volksbühne und zum anderen der Zyklus über *Himmlische und irdische Liebe in Dichtungen Goethes und der Romantik,* gehalten 1916 im Berliner Frauenclub von 1900.[57] Dass seine Vortragsnotizen z. T. auf Rückseiten von gedruckten Anzeigen von Vorträgen über die *Männer- und Frauengestalten aus der Zeit der Französischen Revolution*[58] geschrieben wurden, ist nicht nur ein Zufall. Seit 1911 arbeitete G. L. an der Anthologie *Briefe aus der französischen Revolution*, in deren Vorwort er davon spricht, dass »die Französische Revolution mit ihren Methoden und ihren Ergebnissen unsere Vergangenheit werden« müsse.[59] Die Romantiker, denen seine Vorträge gewidmet sind, gehören zum nämlichen Forschungsfeld, nicht zuletzt die Briefautorinnen Bettine von Arnim und Rahel Varnhagen.

Die zitierten Notizen befinden sich auf handtellergroßen Zetteln, die G. L. bei seinen Vorträgen nutzte. Da er aus Überzeugung frei sprach[60], befinden sich auf diesen Zetteln lediglich Zitate und Leitsentenzen. Der Form nach würden sie gut ins Textsorten-Universum der romantischen Universalpoesie passen. Diese Notizzettel sind weder foliiert, noch fortlaufend sortiert und wohl auch nicht vollständig überliefert. Gleichwohl erlauben sie einen Einblick, in das, was G. L. über die Romantik gesagt haben könnte. Werfen wir einen weiteren Blick hinein:

Was ist Romantik?

Einige Blätter enthalten eine Art Exposé: Die Romantik solle – »im Vergleich zu Malerei u. bildenden Künsten«[61] – in »Verbindung direkter Art mit Weltanschauung, Lebensgestaltung, öffentlichen Zuständen« betrachtet werden und: »Hier gilt auch der Versuch, das Programm, das Wollen, die Polemik.« (Abb. 2)

Mit Wielands *Oberon* nimmt G. L. seine Hörerinnen auf den folgenden Zetteln mit auf den »Ritt ins alte romantische Land«[62], um zu fragen (Abb. 3):

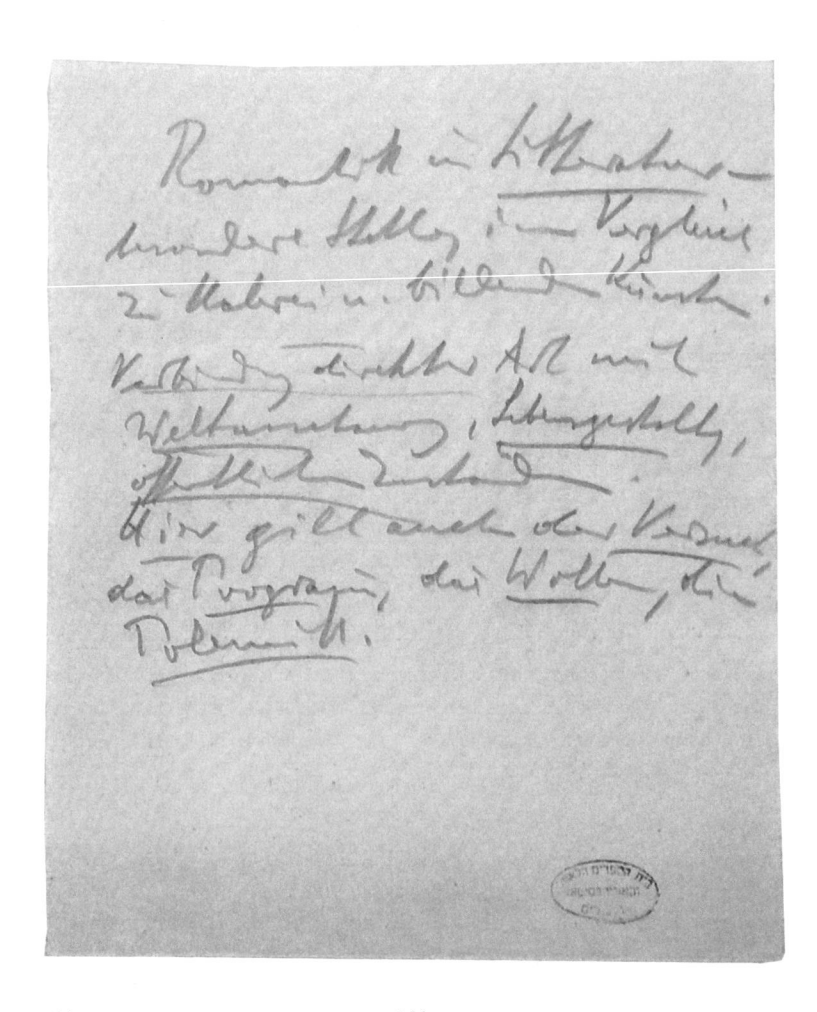

Abb. 2

»... das wahrhaft Erhabene ist die *Vernunft*«

Was ist Romantik? – Nicht Rückkehr zum Katholizismus. Mischung aus
Sinnlichkeit und Geistigkeit; [am Rande:] Nazarener –
Nicht deutsch-patriotische Mittelalterlichkeit;
[am Rande:] Präraphaeliten
Nicht Waldesnatur und Mühlräderrauschen;
Nicht Liebesfreiheit und Frauenemanzipation;
Nicht ironische Selbstauflösung der Kunst und des Lebens;

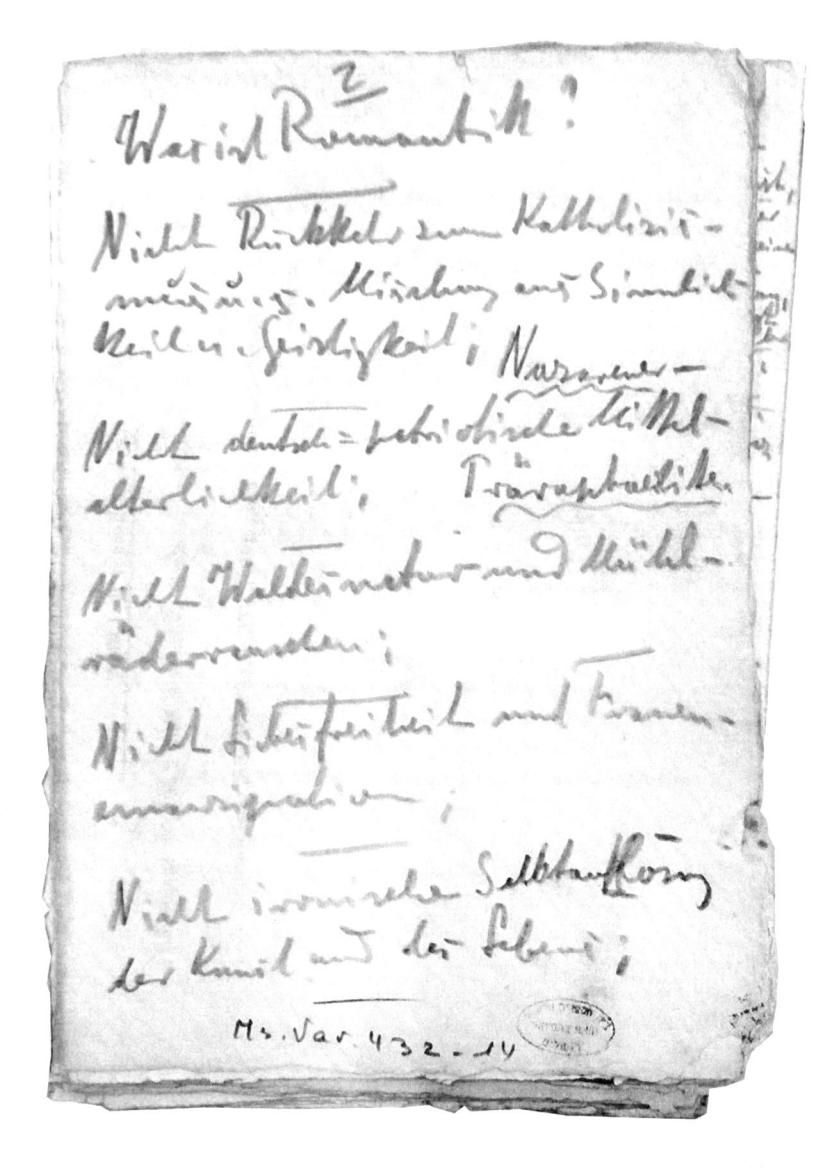

Nicht Nebel, Dunst und Gemüt gegen Verstand u. Wissenschaft;
Nicht Einheit aus Wissenschaft u. Kunst, Religion u. Philosophie;
Nicht Abkehr von der Zeit und Weilen in Spiel u. Traum,
Nicht romanhaftes Leben ...
Nicht romantisch im Sinne von *Ariost*: – Verschmelzung von Rittertum u. Christlichkeit, wobei die Liebe die Rolle der Vermittlerin spielt*
(Wilhelm Traugott *Krug*).
Nicht Romantik im Sinne von politischer Reaktion (Chateaubriand);
Nicht im Sinne einer Dichter*schule**
oder eines Schriftstellerklüngels;
Nicht im Sinne des Gegensatzes zu klassisch; *Goethe*: Klassisch ist das Gesunde; Romantisch das Kranke.
Nicht gotisch und dürerisch und *nicht* romanisch;
Nicht das Versenken u. Spielen mit okkulten und übernatürlichen Dingen, –

Es scheint, als ließe sich »Romantik« weder literarhistorisch noch gattungspoetisch – »Märchen«, »Volkslieder«, »Romanzen«, »Balladen« – oder mit Tieck deklinieren.[63] Landauers vorläufige Synopse: »Das interesselose Wohlgefallen – Zwecklosigkeit – Lust ohne Lust – Lüge als *Spiel* – Leben als Spiel – Paradoxie – Traum Leben, Leben Traum – Göttlichkeit – Leichtigkeit. Übermut – Hybris – – – Das ›Experiment‹ zum Ernst geworden, und also mißglückt.«

Auf einem weiteren Blatt Zitate aus Hölderlins *Empedokles*-Fragment, die auch als Anspielung auf die Prosa des Kriegsalltags von 1915 gelesen werden könnten: »Und unbesiegbar groß, wie aus dem Styx / Der Götterheld, gehen Völker aus dem Tode, / Den sie zu rechter Zeit sich selbst bereitet.«[64] Aus der *Empedokles*-Ode – »›Das Leben der Welt, ihr Friedensgeist‹ soll die Menschen ergreifen und ›Wie heil=ger Wiegensang die Seele stillen‹«[65] – »Und werden wie die Gebrechlichen [...]«, kommentiert mit: »<u>Schwäche und Stärke: Hölderlin</u>« (Abb. 4).

Schwäche u. Stärke: Hölderlin;

„Die Schwachen wissen das Schicksal
nun, und die andern,
die Starken achten es gleich, zu fallen,
zu stehen,
Und werden wie die Gebrechlichen!"

———————— ⊕ ————————

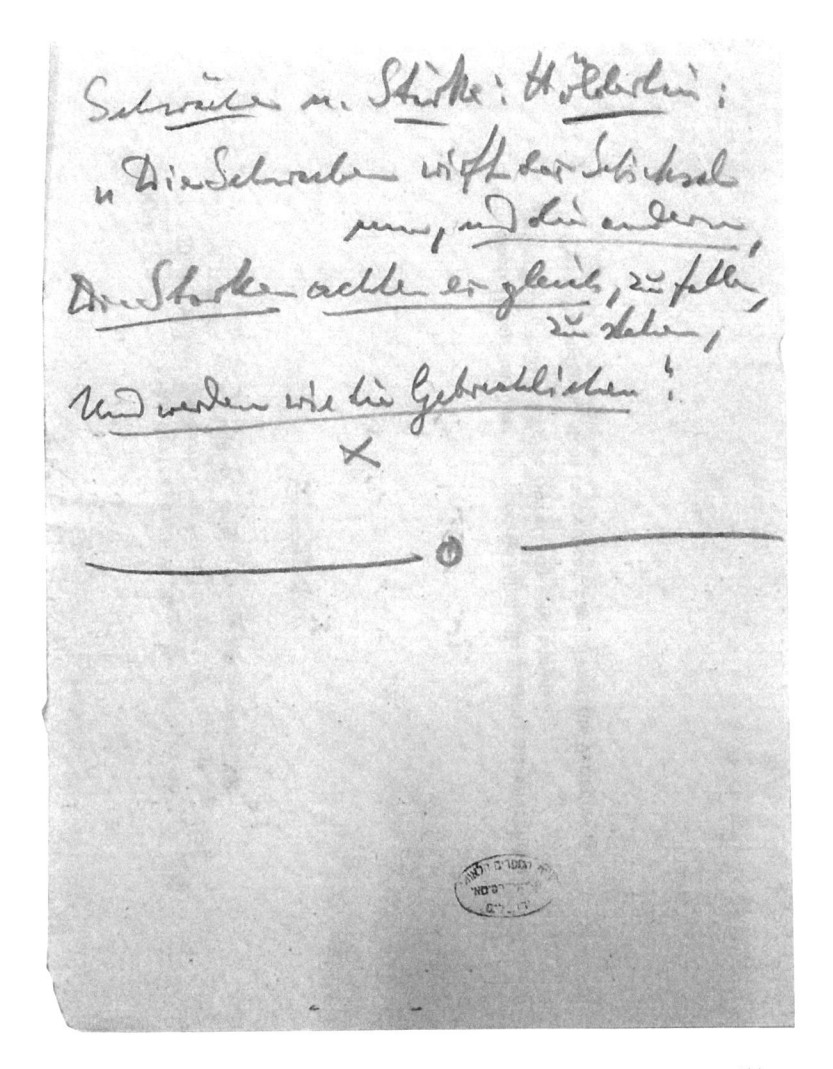

Abb. 4

Auf einem anderen Blatt zu Novalis (Abb. 5):

> Novalis nennt Ironie ›die Besonnenheit, die wahrhafte Gegenwart des Geistes‹[66]
>   Ichichich ! ! ! —
> Novalis: Die Wiederherstellung des ursprünglichen Chaos, der unerschöpflichen Menge von Materialien, statt der Beschränkung auf die Individuation. – Auch so dichten: Erzählungen ohne Zusammenhang, Assoziation, wie Träume.
> ›Gedichte, bloß wohlklingend u. voll schöner Worte, aber ohne allen Sinn.‹[67]
> Echtes Märchen – Anarchie –
> J. Hart   So sind seine Fragmente
> Freud
> Die Ahnung.[68]

»... das wahrhaft Erhabene ist die *Vernunft*«

Im Zyklus über *Himmlische und irdische Liebe*[69] sprach G. L. über den Roman *Heinrich von Ofterdingen*, den er seinen Hörerinnen in einem Verfahren, das man heute close reading nennen würde, erläuterte (Abb. 6). In ähnlicher Weise sprach er über Kleists *Marquise von O.*, Jean Pauls *Titan* und Hölderlins *Gedichte*.

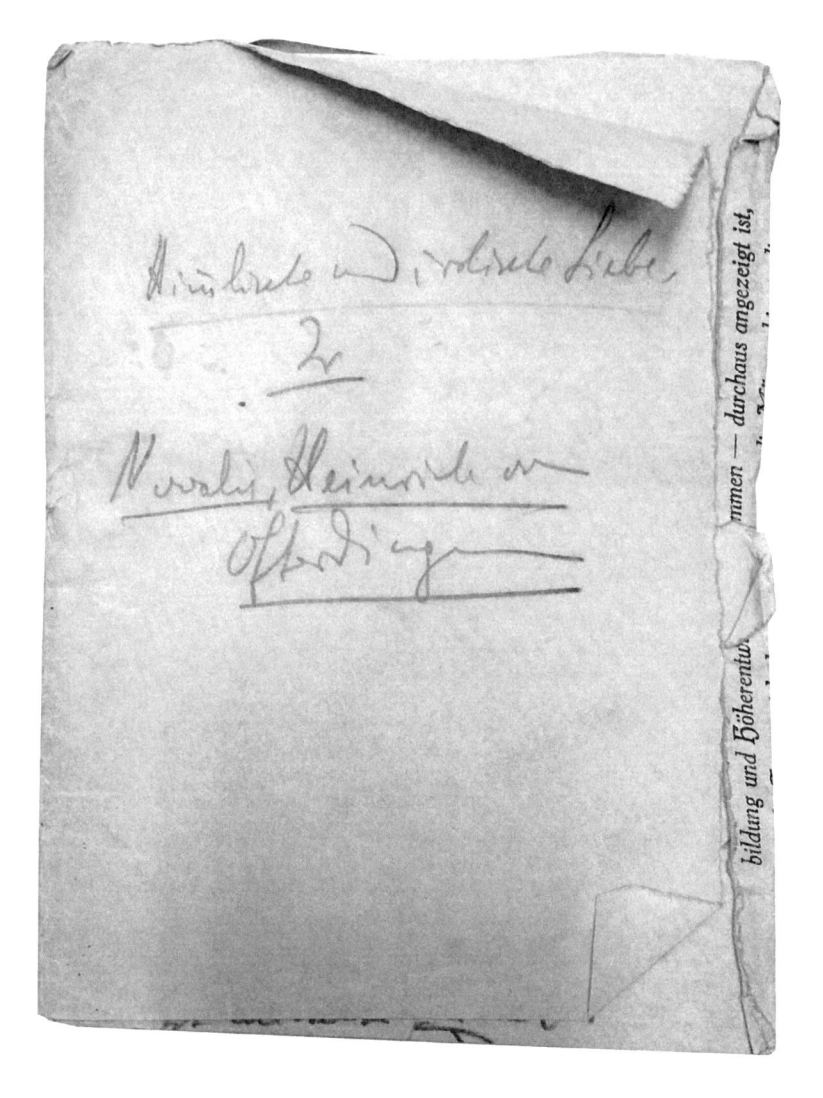

Abb. 6

Auf einem nächsten Blatt dann (Abb. 7):

> Trotz allem und allem bei fast allen: der <u>Intellektualismus</u> – die Verstandes<u>sehnsucht</u> nach der Verstandlosigkeit.
> Schwäche der Lebenskraft und der Gestaltungskraft.
> <u>Bei einigen – Novalis – in seltenen Produktionen volle Gestaltungskraft.</u>
> – –
>
> Bei <u>Hölderlin</u> und bei <u>Bettine</u> (später nicht mehr) wunderbare Verschmelzung der Intellektualität und lyrischen Gestaltung.
> <u>Ein einziger der Gestalter der Romantik</u>: <u>Kleist</u>. Nur – der <u>Unterschied</u>: Was die andern verständig formulierten, war seine Natur – R. Ir. – Kri.[70]

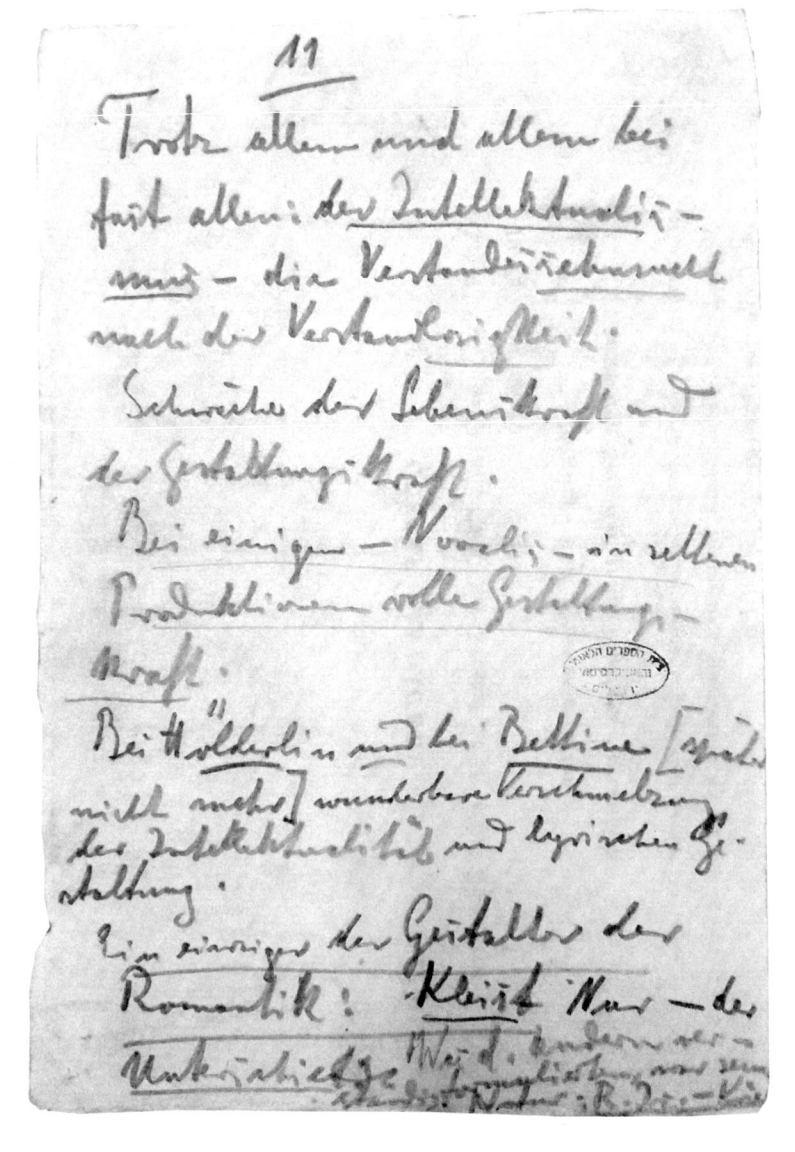

Angesichts solcher Formulierungen liegt die Vermutung nahe, dass G. L. die Romantik gegen ihre eigenen reaktionären Tendenzen, aber auch gegen ihre Kritiker las. Die Romantiker sind Zeugen der Revolution; nicht nur des »terreur«, sondern auch einer Freiheitserfahrung, die sie lebenspraktisch und ästhetisch zu bewältigen hatten: »Romantik dreimal Gestalt geworden: Novalis / Kleist / Hölderlin«[71] und: »<u>Novalis</u> – stirbt an d. Schwindsucht / <u>Hölderlin</u> – wird wahnsinnig. / <u>Kleist</u> – muß sich selbst helfen.«[72]

G. L. interessiert der Typus des Romantikers, und nicht minder seine (und ihre) sprachlichen Ausdrucksformen.[73] Wie die Mystiker der Religionen sieht er in den Romantikern Leute, die – mehr oder weniger genial – nie Gehörtes zur Sprache bringen: »<u>Hier</u> gilt auch der <u>Versuch</u>, das <u>Programm</u>, das <u>Wollen</u>, die <u>Polemik</u>«, hatte es geheißen. Auf einem anderen Blatt notiert er: »Zwei Wanderer«, vermutlich hat G. L. seinen Zuhörerinnen Hebbels Gedicht vorgelesen, was vermuten lässt, dass er seine Vorträge unter das sprachkritische Leitmotiv seines Denkens stellte.

»Was die Vernunft fordert, das ist die Schönheit«[74] oder das *Älteste Systemprogramm*

Ein weiteres Blatt notiert:

<u>Kant</u>: Schon er in all s. Nüchternheit usw. macht den <u>Salto mortale</u> (Romantische Ironie): <u>weil</u> die Welt nicht zu erkennen – soll sie – anders herum, schöpferisch, gläubig, erfaßt werden. Das Ding an sich – etwas ›Moralisches‹ –
Das interesselose Wohlgefallen – das Spiel – das wahrhaft Erhabene ist die <u>Vernunft</u>. – –
<u>Die fr. Revolution</u>. – –
<u>Fichte</u>: Erklärung des Seins a. dem Denken: die Welt ist Bewusstsein, ist Ich, und Ich ist Thun (Thathandlung)

Und (Abb. 8):

›Das Ich setzt sich als <u>bestimmend</u> das Nicht-ich.‹[75] — —
›Ein bloßer Hauch des freien Menschen stößt das System des Dogmatismus um.‹ — —
<u>Seine Sprache.</u> Gestalt u. Haltung
<u>Goethe und er</u>
<u>Individualismus</u>: Jeder soll das, was schlechthin nur <u>er</u> soll und nur <u>er</u> kann.
(Hier nichts vom späteren Fichte.) — —
<u>Novalis aber hat's gelebt!</u>

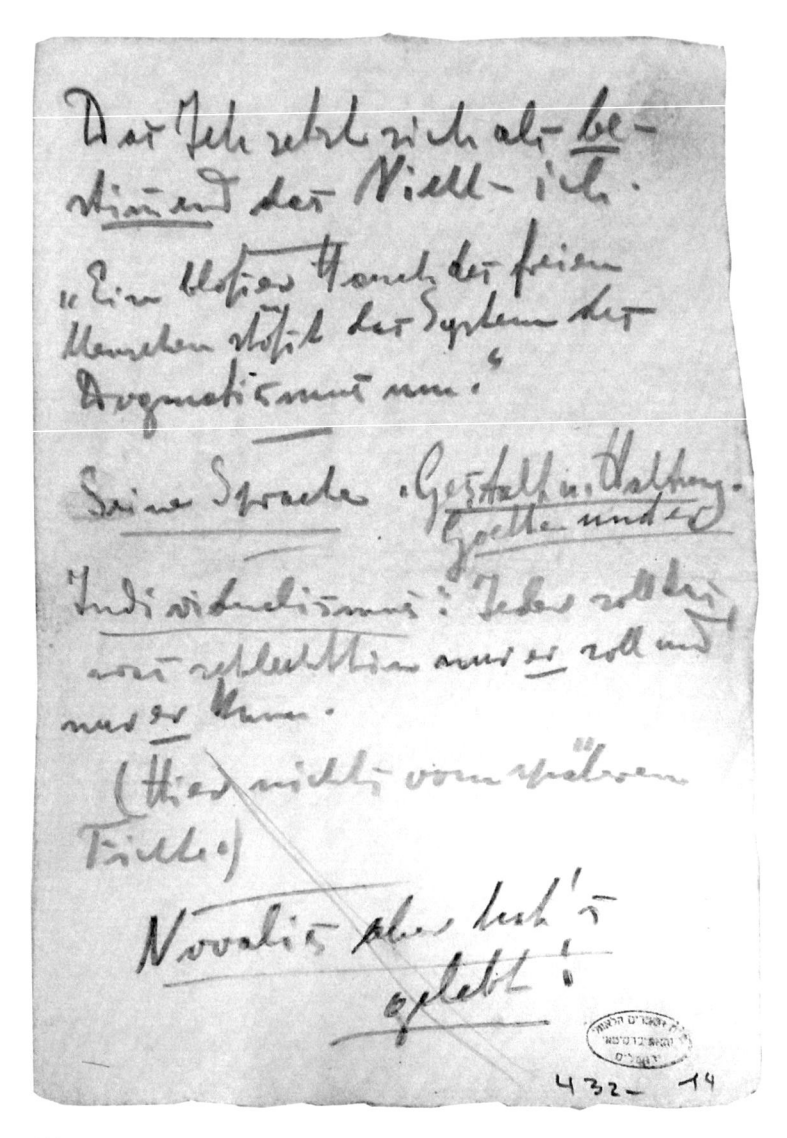

Abb. 8

Neues Blatt:

>   Recht eigentlich der Philosoph der Romantik aber <u>Schelling</u>. – –
>   Er erlöste die <u>Geistreichen</u> und im Verlangen <u>Begierigen</u> – die <u>Schlegel</u>
>   und <u>ihre Frauen</u> vor allem – indem er das <u>brachte</u>, wovon sie <u>redeten</u>. Sie
>   brauchten nämlich den <u>persönlichen</u> Umgang mit der <u>Natur</u>. – –
>   Die <u>Identitätsphilosophie.</u>
>   Neue, dichterische Gestalt von <u>Spinoza</u>.
>   Gott in der <u>Natur</u> – im <u>Ich</u> – im <u>geschichtlichen Werden</u>.
>   Entwicklung – Historische Anschauung. Versetzen in die Zeiten. Die
>   Geschichtsschreiber.
>   (Ranke – Savigny).

G. L.s fragmentarische Blätter legen den Blick auf einen weiteren Text aus dem frühromantischen Korpus nahe, obgleich er in G. L.s Zettel-Universum nicht erwähnt wird. Gemeint ist die sog. Gründungsakte des frühromantischen Diskurses, das Franz Rosenzweig das Älteste *Systemprogramm des deutschen Idealismus* (1795/6) nannte.[76] Das Fragment in seiner apodiktischen Radikalität gehört m. E. zum intertextuellen Gefüge von G. L.s Lesart der Romantik. Wir wissen nicht, ob G. L. diesen Text noch zur Kenntnis nehmen konnte. Die oben zitierten Blätter zeigen jedoch, dass ihm die Motive vertraut waren. Es lohnt daher ein Blick auf diesen faszinierenden Text. Er setzt ein mit der Wendung »eine Ethik«.[77] Eine monistische Ethik wie die Spinozas ist gemeint. Auf sie bezieht sich auch der *Revolutions*-Essay als auf einen Schlüsseltext. Behauptet das Systemprogramm, die »ganze Metaphysik falle künftig in die Moral«, daher könne die Ethik nichts anderes sein als »ein vollständiges System aller Ideen« oder kantisch, denn der Text argumentiert auf der Folie der Kant'schen Begrifflichkeit, »aller praktischen Postulate«. Der Text intendiert eine »Philosophie der Praxis«, wenngleich der thetische Duktus eher an ein »Aktionsprogramm«[78] denn an eine Philosophie denken lässt. G. L.s *Revolutions*-Essay tritt bewusst essayistisch auf und behauptet, er *sei* Revolution. In beiden Texten geht es um Freiheit. Das *Systemprogramm* formuliert mit Fichtes *Wissenschaftslehren*: »die erste Idee ist natürlich d Vorst <u>von mir selbst</u> als einem absolut freien Wesen.«[79] Gemeint ist eine »Idee«, die in nichts als dieser freien Tat ihren Seinsgrund hat, d. h. die, im Sinne der Kantischen Definition, nicht aus einem »Zustand der Wirklichkeit begründet wird, sondern gleichsam aus einer Vorstellung von der Zukunft der Wirklichkeit, wie sie sein sollte.«[80] Solch einen Zustand herstellen, kann nur ein Wesen, das frei (kantisch gesprochen: nach

»Zwecken«[81]) handeln kann. Die Idee der Freiheit ist nach Kant ein »Faktum der reinen Vernunft« (KpV, 81). Sie wird zwar apodiktisch begründet, aber sie hat nur praktische Realität, d. h. ihr Geltungsanspruch kann nicht theoretisch überprüft werden, er stellt nur eine (apriorische) Forderung an die Realität und appelliert an die Freiheit der Handelnden.[82] Das Systemprogramm formuliert weiter: »Mit dem freyen, selbstbewußten Wesen tritt zugleich eine ganze Welt – aus dem Nichts hervor – [...]«. Diese Welt ist nicht die »Realität«, sie ist »Schöpfung aus dem Nichts«, denn es wird angekündigt: »Hier werde ich auf die Felder der Physik herabsteigen; [...]« und gefragt: »Wie muß eine Welt für ein moralisches Wesen beschaffen seyn?«[83] Der Text *ist* »Revolution«: Er will »über den Staat hinaus«, er will »das ganze elende Menschenwerk von Staat, Verfaßung, Regierung, Gesezgebung – bis auf die Haut entblösen«, er will »Umsturz alles <Aberglaubens> Afterglaubens, Verfolgung des Priesterthum [...] durch d Vernunft selbst.«[84]

G. L.s *Revolutions*-Essay formuliert sprachskeptisch, bewusst unscharf und versuchsweise. Auch in diesem Text steht die Freiheit des »Ich« im Zentrum. Frei handelnde Individuen (in Gestalt von Naturwissenschaftlern, von Selbstdenkern und Skeptikern) waren es, mit denen die »Schöpfung aus dem Nichts« oder »revolutio« in die Welt kam. Ihre anarchische Potenz stürzte Welten (des »Aberglaubens«, des »Wahns«) und schuf neue Welten. Seine radikal pragmatische Perspektive sieht Einzelne (mit Spinoza »individuelle Wesenheiten«), »individuelle Bestrebungen« und »Willenstendenzen«, als Agenten des historischen Prozesses, und er legt, mit der Vernunft-Forderung, die Rechtfertigung der »Welt« als »Realität, Topie« und der »Welt«, wie sie sein soll, »Utopie«, auf die Schultern der »moralischen Wesen«. Der Antagonismus von »Utopie – Topie«, der Revolutionen erzeugt, ist ein zutiefst krisenhafter Prozess, der auch die Möglichkeit des Scheiterns birgt. In dieser Hinsicht ist die gesamte Metaphorik der frühromantischen Fichte-Kritik, die G. L. nur z. T. kennen konnte, im *Revolutions*-Essay präsent, als Kanon ungelöster Fragen. Das Systemprogramm formuliert: »Ich bin nun überzeugt, daß der höchste Akt der Vernunft, der indem sie alle Ideen umfast, ästhetischer Akt ist, und daß Wahrheit und Güte, nur in der Schönheit verschwistert sind.«[85]

In G. L.s Hölderlin-Notizen lesen wir: »Wir leben in dem Dichterklima nicht! – Was die Vernunft fordert, das ist die Schönheit.«.[86] In *Notizen zu Spinoza* erläutert er: »Glut und Innigkeit, Licht, Bild und Natur der großen Künstler und Dichter – Sache des öffentlichen Lebens.«[87] Nicht Poetologie, Kunst, Musik allein, sondern »Dichter und Künstler« als »Naturen« bilden den utopischen Vorschein einer Gemeinschaft freier Geister, einer Gemeinschaftlichkeit des Fühlens, Denkens und Erkennens (Frank). Künstler, d. h. solche, die in den Sprachen ihrer Künste »schöpferisch« d. h. produktiv sind, gelten G. L. auch in ihrem Scheitern als Garanten von Freiheit und Vernunft. In Zeiten, in denen »Individualismus und Einsamkeit« herrschen, gilt: »Keine Überwältigung – keine Einheit des Denkens. Keine Einheit des Sinnbilds oder Wahns: der Religion, des Mythos. Kein Absolutes.« Und im Sinne der Vorträge über *Himmlische und irdische Liebe*: »Bescheidener: Einheit der Sinne – und der durch die Sinne vermittelten Sympathie zwischen den Menschen. / Menschenliebe, Brüderschaft – Natur.«[88] Oder in den Shakespeare-Vorträgen: »[...] die Gewaltgier und Brunst, [...] zurücktreten zu lassen und dafür das Element des Spiels, der Abgeklärtheit des romantischen Zaubers [...], in jedem Fall der Weisheit und Rede sich ausbreiten zu lassen.«[89]

Der oszillierende Begriff, der diesen Gedanken bei G. L. trägt, lautet wie bei Hegel »Geist«. Im *Aufruf zum Sozialismus* formuliert er:

> Der Geist, der uns trägt, ist eine Quintessenz des Lebens und schafft Wirklichkeit und Wirksamkeit. Dieser Geist heißt mit anderm Namen: Bund; und was wir dichten, schön machen wollen, ist Praktik, ist Sozialismus, ist Bund der arbeitenden Menschen.

In diesem utopischen Licht würden auch die »Romantiker« als »Lehrer der Menschheit« im Sinne des Systemprogramms gelten. Die »neue Mythologie«, von der dort die Rede ist, müsste nach G. L. jedenfalls vielstimmig sein. An den Schluss seines *Revolutions*-Essays setzte er Beethovens *Ode an die Freude*.

---

1 Im Folgenden: G. L.
2 Zu Kurt Eisner vgl. Bernhard Grau: Kurt Eisner. 1867–1919. Eine Biographie. München 2017, S. 449 ff. Landauer spricht in seinen Briefen vom »Zeitungslandauer« als einem »wirklich ekelhaften Kerl«; so am 27.2.1919 in: Gustav Landauer: Briefe 1899–1919. 6 Bde. Hrsg. von Vf. u. Mitwirkung von Jürgen Stenzel, Inga Wiedemann. Göttingen 2022, Bd. 3, S. 685, im Folgenden: Briefe 2022.
3 Vgl. vor allem die immer noch lesenswerte Biographie von Eugene Lunn: Prophet of Community. The Romantic Socialism of G. L. Berkeley 1973, der Georg Lukacs' von Thomas Mann inspirierten wirkmächtigen These vom »romantischen Irrationalismus« folgt; vgl. Lukács: Die Zerstörung der Vernunft. Der Weg des Irrationalismus von Schelling zu Hitler. Berlin 1954. Für die Neubewertung

insbesondere der Frühromantik seit den 1970er Jahren vgl. Richard Faber in: Romantische Utopie – utopische Romantik. Hrsg. von dems., Gisela Dischner. Hildesheim 1979, S. 336 ff. Das in den 1890er Jahren einsetzende Interesse und die damit einhergehende Neubewertung der Romantik war keineswegs eindeutig, stand noch stark unter dem Eindruck der Hegelschen, junghegelianischen und Heineschen Kritik; vgl. zu Hegel Otto Pöggeler: Hegels Kritik der Romantik (1955). München 1998. Im Hinblick auf G. L. vgl. die sozialpsychologische Bewertung von Karl Mannheim: Das konservative Denken I. Soziologische Beiträge zum Werden des politisch-historischen Denkens in Deutschland. In: Archiv für Sozialwissenschaft und Sozialpolitik. Tübingen 1927. Bd. 57, S. 111 ff.

4   Vgl. u. a.: Kultur und Krieg. Die Rolle der Intellektuellen, Künstler und Schriftsteller im Ersten Weltkrieg. Hrsg. von Wolfgang J. Mommsen, Elisabeth Müller-Luckner 1996.
5   Vgl. die Polemiken und Kritiken in der Zeitschrift *Der Sozialist*; eine Auswahl als Reprint: Signatur: g. l. Gustav Landauer im ›Sozialist‹ (1892–1899). Hrsg. von Ruth Link-Salinger. Frankfurt a. M. 1986 sowie G. L.s Briefe in: Gustav Landauer: Briefe und Tagebücher 1884–1900. Hrsg. von Christoph Knüppel. Göttingen 2017.
6   Gustav Landauer: Die Revolution. Frankfurt a. M. 1907 (Die Gesellschaft. Sammlung sozialpsychologischer Monografien. Hrsg. von Martin Buber. 13), im Folgenden: G. L.: Revolution, Seitenzahl. Der Essay gehört zu den einflussreichsten Schriften G. L.s, wenngleich für die Zeitgenossen mehr oder weniger ein Geheimtipp; vgl. dazu schon Karl Jentsch: Briefe 2020, Nr. 1908/44.
7   Gustav Landauer: Aufruf zum Sozialismus. Berlin: Verlag des Sozialistischen Bundes 1911; 2. Aufl. Berlin 1919.
8   Gustav Landauer: Sein Lebensgang in Briefen. 2 Bde. Hrsg. von Martin Buber, Ina Britschgi-Schimmer. Frankfurt a. M. 1929, eine viel beachtete Ausgabe.
9   So nahm G. L. Eugen Diederichs Einladung zur zweiten Lauenstein-Tagung wegen Dehmel nicht an; vgl. am 19.9.1917: Briefe 2022, Bd. 3, 378.
10 Vgl. z. B. an Buber, 28.10.1914: Briefe 2022, Bd. 2, S. 574: »Ich will in keinem Kreise sein […], wenn einer drin ist, […] der von einer sehr hohen und sehr tragischen Weltbetrachtung aus ein Auswirken des Absoluten selbst in diesem europäischen Krieg gräßlichster Art […]«.
11 An Fritz Mauthner, 2.11.1914: Briefe 2022, Bd. 2, S. 577.
12 Vgl. G. L. an Buber, 12.5.1916: Briefe 2022, Bd. 3, S. 230 f. Die als Kriegsbuber-Affäre bekannte Kontroverse wurde zuerst von Paul Mendes-Flohr analysiert; vgl. ders.: Von der Mystik zum Dialog. Martin Bubers geistige Entwicklung bis hin zu »Ich und Du«. Königstein 1978.
13 Vgl. u. a. Briefe 2022, Bd. 3, die Seiten 569, 582, 618, 623 ff.
14 Bekannt ist, dass Ernst Bloch zentrale Motive G. L.s übernahm wie in *Geist der Utopie* (1918) und *Thomas Münzer* (1921); vgl. dazu Arno Münster: Utopie, Messianismus und Apokalypse im Frühwerk von Ernst Bloch. Frankfurt a. M. 1983, S. 124 ff. Dass auch Benjamin G. L. kannte, ist aus seinem Briefwechsel mit Gershom Scholem bekannt. Vgl. zu Benjamins Mauthner-Rezeption Julia Abel: Verschwiegene Rezeption. Fritz Mauthners Sprachkritik und Walter Benjamin. In: An den Grenzen der Sprachkritik. Fritz Mauthners Beiträge zur Sprach- und Kulturtheorie. Hrsg. von Gerald Hartung. Würzburg 2013, S. 311 ff.
15 Im Hinblick auf G. L. ist Michael Löwy zu nennen, der G. L.s Denken als eine Form modernen »historischen Messianismus« bzw. »jüdisch romantischer Religiosität« liest; vgl. ders.: Rédemption et Utopie. Le judaïsme libertaire en Europe centrale. Paris 1988, S. 162–176.
16 Vgl. gl. [d.i. G. L.]: Vor fünfundzwanzig Jahren. In: Der Sozialist. 5. Jg. Nr. 12 (15.6.1913), S. 89–91. Vgl. dazu auch Briefe 2017 (s. Anm. 5), S. 332 ff. und S. 691.
17 Die Lektüren des Schülers und Studenten sind nachgewiesen in G. L.: Briefe und Tagebücher (s. Anm. 5).
18 Vgl. an Eugen Diederichs, den Verleger der Neuromantik, 31.10.1898: ebd., S. 528 und die Hinweise auf die früheren Verwendungen des Begriffs durch Bruno Wille, Hermann Bahr, Hermann Eichfeld, Otto Brahm und Heinrich Mann: ebd., S. 1203 f. G. L. wird bald zum Kritiker des Wille-Hartschen Monismus; eine der »wie Pilze aus der Kiefernhaide emporschießenden« Weltanschauungen, deren

»Urheber sich [...] aus der widerlichen Menschenwelt« zurückgezogen hätten und mit »sehr brauchenswerthen«, aber »ins Moralische mißdeuteten erkenntnistheoretischen Hypothesen ausstaffirten« Ideen; vgl. G. L.: Mauthners Sprachkritik. In: Die Zukunft. 9. Jg. (1900/1901). Bd. 35. Nr. 32 (11.5.1901), S. 220–224.

19 Vgl. zu dieser Phase den Briefwechsel mit Fritz Mauthner: G. L. – Fritz Mauthner. Briefwechsel 1890–1919. Bearbeitet von Verf., Hrsg. von Verf. und Julius Schoeps. München 1994 und Briefe 2022, Bd. 1, S. 35–81 f.; Briefe 2017 (s. Anm. 5), S. 583 ff. und die Einleitung, S. 663 ff.

20 In: Der Sozialist. 8. Jg. Nr. 9 (26.2.1898), S. 48 f. wird eine Vortragsreihe von 21 Vorträgen (zu 3 Serien) *Zur Geschichte der deutschen Literatur* angekündigt, die im Louisenstädtischen Conzertsaal, Alte Jakobstraße, stattfinden soll, beginnend am 20.3.1898 (je Di und Fr). Hier erschien auch der Artikel Jean Paulinski [d.i. G. L.]: Der letzte Rest Hegelei. In: Der Sozialist. NF. 9. Jg. (Dezember 1899), S. 5–12, in dem G. L. seine Enttäuschung an der Arbeiterbewegung artikulierte und die Hoffnung, es möge doch noch einer kommen, der »Wiedergeburt schafft«, »einer von den Stillen im Lande, ein Verträumter und Versonnener, ein Reiner und Seelenmeister, einer aus der Familie des Jesus von Nazareth«.

21 Vgl. Der Sozialist. 9. Jg. Neue Folge (August 1899).

22 Vgl. Die blaue Blume. Eine Anthologie romantischer Lyrik von Friedrich von Oppeln-Bronikowski und Ludwig Jacobowski. Mit Einleitungen der Hrsg. Leipzig o. J. [1900] und G. Ls Besprechung in: Die Nation. Politische Wochenschrift. Berlin. 18. Jg. Nr. 28 (14.4.1900), S. 395–397, Zitat: S. 395.

23 G. L.: Skepsis und Mystik. Versuche im Anschluß an Mauthners Sprachkritik. Berlin 1903, S. 3.

24 G. L.: Die Revolution (s. Anm. 6).

25 An Fritz Mauthner, 5.10.1907: Briefe 2022, Bd. 1, S. 557.

26 Vgl. Verf. in: The Skepsis and Antipolitics of Gustav Landauer. Hrsg. von Libera Pisano, Cedric Cohen-Skalli. Hamburg 2020 (The Maimonides Library for Philosophy an Religion).

27 G. L.: Die Revolution, 9.

28 G. L.: Die Revolution, 17.

29 Hegel: Vorlesungen zur Philosophie der Geschichte (1837). In: Werke in zwanzig Bänden. Hrsg. von Karl Markus Michel und Eva Moldenhauer. Frankfurt a. M. 1970. Bd. 12, S. 529. Obwohl Nachweise seiner Hegellektüre rar sind, geht aus brieflichen Bemerkungen hervor, dass G. L. die »Hegelrenaissance« um 1900 durchaus wahrnahm; er kannte Rudolf Hayms Artikel im *Ersch und Gruber* (1818–1889), dessen *Die Romantische Schule*. Berlin 1870 und vermutlich auch: *Hegel und seine Zeit*. Berlin 1857.

30 Vgl. zum Einfluss Spinozas auf G. L.s Denken Verf.: »In die größte Nähe zu Spinozas Ethik«. Zu G. L.s Spinoza-Lektüre. In: Dies., Gert Mattenklott: Gustav Landauer im Gespräch. Tübingen 1997, 2. Aufl. 2017, S. 69 ff.; neuerdings Jan Rolletschek: ›Materialist aus der Schule Spinozas‹. Gustav Landauers spinozistischer Anarchismus. In: RLS Jahrbuch (2018), S. 47 ff. und Elke Dubbels: Sprachkritik und Ethik. Landauer im Vergleich mit Spinoza. In: An den Rändern der Moral. Studien zur literarischen Ethik. Hrsg. von Ulrich Kinzel. Würzburg 2008, S. 103 ff. G. L. selbst weist verschiedentlich auf den Spinoza-Bezug von Goethe, Novalis u. a. Romantikern hin.

31 Als früher und intensiver Leser Nietzsches teilt G. L. dessen Historismus- und Positivismus-Kritik.

32 G. L.: Die Revolution, 12.

33 G. L.: Die Revolution, 12 f.

34 G. L.: Die Revolution, 13.

35 Nikolaus Kopernikus: De Revolutionibus Orbium Coelestium Libri VI. Nürnberg 1543, deutsch: Über die Kreisbewegungen der Weltkörper. Thorn 1879.

36 G. L.: Die Revolution, 58. Die Anspielung auf Nietzsche ist offensichtlich; vgl. ders.: »Man muß noch Chaos in sich haben, um einen tanzenden Stern gebären zu können.« In: Also sprach Zarathustra I. Vorrede 5. In: Ders.: Sämtliche Werke. KSA in 15 Bden. Hrsg. von Giorgio Colli, Mazzino Montinari. München 1980. Bd. 4, S. 19.

37 Vgl. seine frühe Stirner-Kritik: Zur Entwicklungsgeschichte des Individuums I–V. In: Der Sozialist. 5./6. Jg. (2.11.1895–8.2.1896); auch in: Signatur g. l. (s. Anm. 5), S. 317–349. Gerald Hartung hat darauf hingewiesen, dass Stirner der Einzige unter den Junghegelianern war, der sprachkritisch argumentierte; vgl. ders.: In: An den Grenzen der Sprachkritik (s. Anm. 14), S. 67 ff.
38 Hier als Metapher für Hegels Romantik-Kritik gemeint; vgl. ders.: Phänomenologie des Geistes. Bamberg, Würzburg 1807; insbesondere im Kapitel (BB) Der Geist. C. Der seiner selbst gewisse Geist. Die Moralität. In: Ders.: Werke (s. Anm. 29), Bd. 3, S. 461 ff. und die richtungweisende Studie von Emanuel Hirsch: Die Beisetzung der Romantiker in Hegels Phänomenologie (1924). In: Materialien zu Hegels ›Phänomenologie des Geistes‹. Hrsg. von Hans Friedrich Fulda, Dieter Henrich. Frankfurt a. M. 1973, S. 245 ff. Hirsch nennt Fichte, Fr. Schlegel, Jacobi, Novalis und Hölderlin im Hintergrund der Hegelschen Reflexion.
39 G. L.: Die Revolution, 118 f.
40 G. L.: Die Revolution, 40.
41 G. L.: Die Revolution, 29.
42 Vgl. in Novalis. Werke, Tagebücher und Briefe Friedrich von Hardenbergs. Hrsg. von Hans-Joachim Mähl, Richard Samuel. 3 Bde. München 1978. Bd. 2, S. 729 ff. und G. L.: Revolution, 32. G. L. hatte die Rede bereits 1894 studiert; vgl. seine Notizen zu: Renaissance und Reformation: National Library of Israel, Jerusalem, ARC. Ms. Varia, 432, Nr. 17, im Folgenden: GLAJ Nr., hier: »Es waren schöne glänzende Zeiten, wo Europa ein christliches Land war, wo Eine Christenheit diesen menschlich gestalteten Welttheil bewohnte; Ein großes gemeinschaftliches Interesse verband die entlegensten Provinzen dieses weiten geistlichen Reichs.« Aus diesen Notizen geht hervor, dass G. L. gegen die bürgerlich-liberale Reformationsgeschichte Rankes u. a. die des ultramontanen Kirchenhistorikers Johannes Janssen rezipierte; vgl. ders.: Geschichte des deutschen Volkes seit dem Ausgang des Mittelalters. 8 Bde. Freiburg i. Br. 1879–1894.
43 Notizen zu Vorträgen zum Thema: Die deutsche Romantik in der Literatur, Musik und bildender Kunst: GLAJ 14, Abb. 1 (gehalten im Herbst 1915); vgl. die Erwähnung in Briefe 2022, Bd. 3, S. 149. Hirsch hat auf die Ähnlichkeit von Hegels Begriff des Gewissens und den Formulierungen am Schluss des *Ofterdingen*-Romans hingewiesen; vgl. ders.: Beisetzung der Romantiker (s. Anm. 38), S. 255.
44 G. L.: Die deutsche Romantik, GLAJ 14 (s. Anm. 43), Abb. 2 und zitiert Novalis: Christenheit oder Europa (s. Anm. 42), Bd. 2, S. 743: »Die Zeit der <u>Auferstehung der Religion</u> ist gekommen. / ›Alle eure Stützen sind zu schwach, wenn euer Staat die Tendenz zur Erde behält.‹ / ›Knüpft ihn durch eine höhere Sehnsucht an die Höhen des Himmels.‹ / ›O das der Geist der Geister euch erfüllte!‹«
45 Novalis: Christenheit (s. Anm. 42), S. 743.
46 Ebd., S. 737.
47 G. L.: Die Revolution, 40 f.
48 Vgl. G. L.s Formulierung in: Anarchische Gedanken über Anarchismus. In: Die Zukunft. 10. Jg. Bd. 37. Nr. 4 (26.10.1901), S. 134–140: »Der ist mir ein Herrenloser, ein Freier, […], wer seiner Herr ist, wer den Trieb festgestellt hat, der er sein will und der sein Leben ist. Der Weg zum Himmel ist schmal, der Weg zu einer neuen, höheren Form der Menschengesellschaft führt durch das dunkle, verhangene Tor unserer Instinkte und der terra abscondita unserer Seele, die unsere Welt ist.«
49 Novalis: Randbemerkungen zu Friedrich Schlegels Ideen. In: Novalis. Werke. Bd. 2 (s. Anm. 42), S. 724.
50 G. L.: Die deutsche Romantik, GLAJ 14 (s. Anm. 43), Abb. 3. G. L. zitiert Fragment Nr. 215, in: Athenäum. Hrsg. von August Wilhelm und Friedrich Schlegel. 6 Hefte. Berlin 1798–1800, Reprint: Darmstadt 1977. Bd. 1, S. 232 und Johann Wolfgang von Goethe: Maximen und Reflexionen aus dem Nachlaß 1919. In: Sophien-Ausgabe. Bd. 42/2, S. 213.
51 Ignatius Aurelius Feßler. In: Vossische Zeitung. Königlich privilegierte Berlinische Zeitung von Staats- und Gelehrtensachen. Berlin, Nr. 295 (26.6.1904) und Nr. 302 (3.7.1904).

52 G. L.: Alois und Imelde. In: Berliner Börsen-Courier. Nr. 255 (4.6.1913), Beilage und ders.: Ein unbekanntes Drama von Clemens Brentano. In: Ebd., Nr. 321 (12.7.1913), Beilage.
53 Vgl. etwa die Erwähnung in: Briefe 2022, Bd. 2, S. 244.
54 Vgl. Der Sozialist. Organ des Sozialistischen Bundes. Bern/Berlin 1909–1915. Reprint hrsg. von Andreas Seiverth. Vaduz 1980.
55 Gehalten vom 7.10.–16.12.1909, veranstaltet vom Arbeiterbildungsausschuss der Gewerkschaften. G. L. sprach über Goethe, Jean Paul und Immermann, die Romantiker von Novalis bis Brentano, Hölderlin und Lenau, Bettina Brentano und Rahel Levin, Kleist, über Hebbel, Stifter, Gottfried Keller und schließlich über Lyrik seiner Zeit; vgl. Briefe 2022, Bd. 1, S. 784.
56 G. L.: Die deutsche Romantik, GLAJ 14 (s. Anm. 43).
57 G. L.: Himmlische und irdische Liebe in der Dichtung Goethes und der Romantiker, GLAJ 13. In den Notizen befinden sich mehrere Konzepte. Folgende Themen sind darunter: 1. Goethe: Von Mignon zu Makarie / 2. Novalis: Heinrich von Ofterdingen / 3. Goethe: Satyros; Der Ewige Jude; Die Geheimnisse / 4. Kleist: Amphitrion u.d. Marquise von O. / 5. Goethes Geschwister und ihr Zusammenhang mit Frau von Stein / 6. Jean Paul: Titan / 7. Goethe: Römische Elegien / 8. Brentano: Aloys und Imelde / 9. Hölderlin: Die Gedichte / 10. Goethe: Westöstlicher Diwan. Lediglich der Hölderlin-Vortrag wurde als Aufsatz publiziert; vgl. ders.: Friedrich Hölderlin in seinen Gedichten. Ein Vortrag, gehalten am 13.3.1916 in Berlin. In: Die weißen Blätter. 3. Jg. Heft 6 (Juni 1916), S. 183–213.
58 G. L.: Männer- und Frauengestalten aus der Zeit der französischen Revolution, vom 16.10. bis 18.12.1911 im Deutschen Lyceum-Club; vgl. Briefe 2022, Bd. 2, S. 266 f. sowie auf Notizen zu G. L.: Die Geschichte der Friedensbestrebungen von der französischen Revolution bis zur Gegenwart; vgl. Briefe 2022, Bd. 3, S. 99 f.
59 G. L.: Briefe aus der Französischen Revolution. Ausgewählt, übersetzt und erläutert von G. L. 2 Bde. Frankfurt a. M. 1918, Bd. 1, S. XII.
60 G. L. galt bei seinen Zeitgenossen als charismatischer Redner. Auch Kurt Eisner lud ihn 1918 ein, in der Münchner Revolution »durch rednerische Betätigung an der Umbildung der Seelen mitzuwirken«; vgl. in Briefe 2022, Bd. 3, S. 572 und Verf. in: »... die beste Sensation ist das Ewige ...«. G. L. – Leben, Werk, Wirkung. Hrsg. von Michael Matzigkeit. Düsseldorf 1995, S. 205 ff.
61 G. L.: Die deutsche Romantik, GLAJ 14 (s. Anm. 43).
62 Christoph Martin Wieland: Oberon. Ein Gedicht in vierzehn Gesängen. Weimar 1780, Anfang des ersten Gesangs.
63 G. L.: Die deutsche Romantik, GLAJ 14 (s. Anm. 43), Zitate aus Tieck: Vorrede zu Phantasus (1812).
64 Hölderlin: Der Tod des Empedokles. Erste Fassung II,4. In: Stuttgarter Ausgabe. Bd. 2, S. 511; Frankfurter Ausgabe. Bd. 13, S. 655 und S. 744.
65 Hölderlin: Empedokles. In: Stuttgarter Ausgabe, Bd. 2, S. 511; Frankfurter Ausgabe, Bd. 13, S. 556 und S. 745 (Abb. 4).
66 Novalis: Blüthenstaub, Nr. 29. In: Ders.: Werke (s. Anm. 42), Bd. 2, S. 241.
67 Novalis: Fragmente und Studien. In: Ders.: Werke (s. Anm. 42), Bd. 2, S. 769.
68 G. L.: Die deutsche Romantik, GLAJ 14 (s. Anm. 43), (Abb. 5)
69 G. L.: Über himmlische und irdische Liebe, GLAJ 13 (s. Anm. 57), (Abb. 6)
70 G. L.: Die deutsche Romantik, GLAJ 14 (s. Anm. 43), (Abb. 7)
71 G. L.: Notizen zu Novalis, Kleist, Hölderlin, GLAJ 24.
72 G. L.: Die deutsche Romantik, GLAJ 14 (s. Anm. 43).
73 Als Typus moderner Intellektualität sieht er z. B. den »modernen Romantiker« in Strindberg. In: Blätter des deutschen Theaters. 2. Jg. Nr. 21 (1912/13), S. 321–324, auch in G. L.: Dichter, Ketzer, Außenseiter. Essays und Reden zu Literatur, Philosophie, Judentum. Hrsg. von Verf. Berlin 1997, S. 105 ff.
74 G. L.: Die deutsche Romantik, GLAJ 14 (s. Anm. 43).
75 Sätze aus der Analyse des dritten Grundsatzes der Fichteschen Wissenschaftslehre von 1794. In: Johann Gottlieb Fichte: Werke. Hrsg. von Immanuel Hermann Fichte. Berlin 1845/46. Bd. 1, S. 125.
76 Vgl. die kritische Edition in: Mythologie der Vernunft. Hegels »ältestes Systemprogramm des deutschen Idealismus«. Hrsg. von Christoph Jamme, Helmut

Schneider. Frankfurt a. M. 1984 (mit Bibliographie), S. 11 ff., im Folgenden: Systemprogramm, Seitenzahl. Der Text wurde 1917 von Franz Rosenzweig erstmals veröffentlicht. Dieter Henrich vermutet, dass Rosenzweig für seine Veröffentlichung eine Fotografie des lang vermissten Textes benutzte, die später von Martin Buber der Staatsbibliothek zu Berlin übergeben wurde; vgl. ders.: Aufklärung der Herkunft des Manuskripts [...]. In: Ebd., S. 151 f. Als Autoren des Manuskripts wurden Hegel, in dessen Hand es überliefert ist, Schelling und Hölderlin vermutet, jedoch konnte die Autorschaft bislang nicht zweifelsfrei geklärt werden.
77 Systemprogramm (s. Anm. 76), S. 11. Ich folge in dieser Annahme Manfred Frank; vgl. seine Interpretation in ders.: Der kommende Gott. Vorlesungen über die Neue Mythologie. 6. Vorlesung, S. 153 ff. und Dieter Henrich (s. Anm. 76), S. 156.
78 Dieter Henrich vermutet darin den Plan einer Veröffentlichung als Grundlage eines Aktionsprogramms; vgl. Henrich (s. Anm. 76), S. 156 und ders.: Systemprogramm? In: Hegel-Studien. Beiheft 9 (1969), S. 9 f.
79 Systemprogramm (s. Anm. 76), S. 11.
80 Frank: Der kommende Gott (s. Anm. 77), S. 158.
81 Vgl. Kant: »Ursache von der Wirklichkeit des Gegenstandes dieser Vorstellung« (KdU B XXII, Anm.; KpV, 16, Anm.), zitiert nach Frank: Der kommende Gott (s. Anm. 77), S. 157.
82 Ebd., S. 159.
83 Systemprogramm (s. Anm. 76), S. 11.
84 Ebd., S. 12.
85 Ebd.
86 G. L.: Die deutsche Romantik, GLAJ 14 (s. Anm. 43).
87 G. L.: Notizen zu Goethe und Spinoza, GLAJ 72, abgedruckt in G. L.: Dichter, Ketzer (s. Anm. 73), S. 52.
88 Ebd.
89 Vgl. G. L.: Der Sturm. In: Ders.: Shakespeare. Dargestellt in Vorträgen. Hrsg. von Martin Buber. 2 Bde. Frankfurt a. M. 1920. Bd. 2, S. 286.

IV.
Internationale
Frühromantik-Rezeption
in Spät- und Postmoderne

Die Frühromantik bei Herbert Marcuse und Norman O. Brown:
mit einem Exkurs zu Susan Sontag und Abbie Hoffman*

Dennis F. Mahoney

In seinem einleitenden Beitrag zu »Romantik und Moderne« liefert Richard Faber den Kontext von Thomas Manns Novalis-Zitaten in dessen 1922 gehaltener Rede *Von deutscher Republik*, wo Novalis im Zusammenhang mit Walt Whitman und Leo Tolstoi gebracht wird.[1] In einem anderen, weniger bekannten Text aus dem Jahr 1922 gibt es ebenfalls eine Kontextualisierung von Romantik und Moderne, wo Novalis und Thomas Mann wichtige Rollen spielen, und zwar in Herbert Marcuses Freiburger Dissertation *Der deutsche Künstlerroman*. Gleich am Anfang verwendet Marcuse zentrale Ideen aus Hegels *Ästhetik* und Lukács' *Theorie des Romans*, um zu erklären, warum der Künstler eine so prominente und auch so problematische Figur in deutschen Romanen vom Sturm und Drang bis zu Thomas Mann werden sollte.[2] Lukács zufolge sind die Zeiten vorbei, wo sich die Menschen in der Welt zu Hause fühlten und dies in der Literatur zum Ausdruck gaben. Dementsprechend schreibt Marcuse gegen Ende seiner Einleitung: »Im romantischen Künstlerroman kann der Künstler auf dem Boden der gegenwärtigen Umwelt auch nur die Möglichkeit einer Erfüllung nicht mehr sehen: er flüchtet in ein lebensfernes, idealisches Traumland und baut sich dort seine poetisierte Welt der Erfüllung auf.«[3] Bereits das Wort ›Erfüllung‹ deutet an, dass sich Marcuse später mit *Heinrich von Ofterdingen* auseinandersetzen wird, dessen zwei Teile »DIE ERWARTUNG« (HKA I, 195) und »DIE ERFÜLLUNG« (HKA I, 317) heißen. Im abschließenden 10. Kapitel der Dissertation analysiert er aber auch Künstlerfiguren wie Tonio Kröger oder Gustav von Aschenbach in den Novellen von Thomas Mann, und zwar als »die Tragik der Zeit, die hier anklingt, nicht die Tragik eines einzelnen Künstlers«. (S. 331) Es ist daher kein Wunder, dass Marcuse später in seiner Karriere so eindringlich gegen die ›Eindimensionale Gesellschaft‹ schrieb und Solidarität mit rebellierenden Jugendlichen auf beiden Seiten des Atlantiks zeigte. Im zweiten Teil dieses Beitrags wird daher Marcuses Einfluss auf amerikanische Denker und Aktivisten der 60er Jahre wie Norman O. Brown, Susan Sontag und Abbie Hoffman untersucht, auch was die Verwendung von Gedanken und Denkfiguren aus der deutschen Romantik angeht. Zuallererst wenden wir uns Marcuses Ausführungen über den frühromantischen Künstlerroman zu!

Im unmittelbaren Anschluss an das Goethe-Kapitel seiner Dissertation interpretiert Marcuse *Franz Sternbalds Wanderungen* von Tieck, Friedrich Schlegels *Lucinde* und auch *Heinrich von Ofterdingen* als Reaktionen auf *Wilhelm Meisters Lehrjahre*: »Auch die Romantik kämpfte um die versöhnende Einheit des Idealen und Realen, aber sie will sie durch Aufhebung und Einbeziehung des Realen ins Ideale, nicht, wie Goethe, durch Verwirklichung des Idealen im Realen erreichen.« (S. 87) Als abschließende Bewertung von Tiecks Poetisierung der Wirklichkeit in *Sternbald* zitiert er Goethes ironisches, durch Caroline Schlegel vermitteltes, Urteil: »Es wären viel hübsche Sonnenaufgänge darin [...] nur kämen sie zu oft wieder«. (S. 104) Der ethische Ernst von Schlegels *Lucinde* wird anerkannt, wenngleich Marcuse auch hier keine befriedigende Lösung findet: »der Roman der ›Lebenskunst‹ endet mit lebensfliehenden ›Tändeleien der Phantasie‹. Wieder ist der romantische Künstler heimatlos«. (S. 108)[4] Erst bei Novalis erblickt er eine ästhetisch gelungene Umgestaltung der Wirklichkeit. So wie es seinem Verfasser gelungen ist, »in einem unkünstlerischen ›Beruf‹ mit ganzer Hingabe aufzugehen, auch ›Geschäftsarbeiten‹ poetisch zu behandeln« (S. 112) – Marcuse zitiert hier aus Ernst Heilborns Ausgabe der Schriften aus dem Jahre 1901 (II, S. 319) – so soll Heinrich in allen Lebensbereichen die Wunderwelt offenbaren, die er in seinem Traum von der blauen Blume erblickt hat. Der Berufene – so formuliert es Marcuse in Bezug auf das zentrale 5. Kapitel des ersten Teils von *Ofterdingen* – »muß in den Berg hinein, nicht über ihn hinüber«. (S. 114) Und obwohl wir Menschen die Idealwelt unserer Träume nie ganz besitzen werden – bisher eines der größten Probleme des Künstlers – offenbart die Vision Mathildes, Heinrichs toter Geliebter, dass uns alle Wege zu diesem Ziel hinführen. In seiner Explikation des wohl berühmtesten Zitats aus *Heinrich von Ofterdingen* wird Marcuse selber beinahe poetisch:

> Hier steht jenes Wort, das die wundervolle Sicherheit, Gläubigkeit und Einheit dieses Künstlertums am schönsten ausspricht: ›Wo gehen wir denn hin? – Immer nach Hause‹ (ebd., S. 168 [HKA I, 325]), – der schärfste Gegensatz zu dem ruhelos sehnsüchtigen Getriebenwerden der romantischen Künstlermenschen. (S. 119)

In seinen Schlussworten zum Kapitel findet Marcuse in *Ofterdingen* zum ersten Mal seit den *Lehrjahren* alle Problematik des

Künstlertums gelöst – wenn auch in umgekehrter Richtung: »Dort war die Wirklichkeit gewonnen, hier überwunden; diese beiden Pole des Künstlerromans werden durch Goethe und Novalis bezeichnet.« (S. 120) Marcuses unparteiische Behandlung unterscheidet sich wohltuend von den ›Entweder-oder‹-Vergleichen bei Lukács, sowohl in seiner *Theorie des Romans* als auch in seinen späteren Entscheidungen für Thomas Mann und gegen Kafka oder für den Realismus und gegen den Expressionismus. In dieser Hinsicht ist es bedauerlich, dass *Der deutsche Künstlerroman* bei seinem Erscheinen von anderen Literaturwissenschaftlern nicht zur Kenntnis genommen wurde und erst 1978, ein Jahr vor Marcuses Tod, im 1. Band seiner *Schriften* bei Suhrkamp erschienen ist.

Heute ist Marcuse vor allem bekannt durch seine Verbindung von Marx, Freud und der Kritischen Theorie der Frankfurter Schule in Büchern wie *Eros and Civilization. A Philosophical Inquiry into Freud* (1955) und *One-Dimensional Man. Studies in the Ideology of Advanced Industrial Society* (1964). Seine Studien in Berlin und Freiburg, wo er am Ende der Zwanziger Jahre Assistent bei Heidegger wurde, hatten ihn allerdings auf eine Karriere als Germanisten bzw. Philosophiedozenten vorbereitet, bis der zunehmende Antisemitismus an deutschen Universitäten dieses Vorhaben zunächst vereitelte: Seine 1932 bei Klostermann in Frankfurt veröffentlichte Habilitationsschrift über *Hegels Ontologie und die Grundlegung einer Theorie der Geschichtlichkeit* hat er in Freiburg nicht einmal eingereicht. Stattdessen akzeptierte er die Einladung von Max Horkheimer, am Frankfurter Institut für Sozialkunde mitzuarbeiten, zuerst in der Schweiz und später im amerikanischen Exil an der Columbia University in New York City und in Santa Monica, California. Nach dem amerikanischen Eintritt in den Zweiten Weltkrieg arbeitete er in Washington, D. C., mit Kollegen wie Franz Neumann als Forscher beim »Office of Strategic Services« und weiteren Einrichtungen im amerikanischen Außenministerium. Nach dem Tod seiner ersten Frau im Jahre 1951 zog er nach Massachusetts, wo er 1954 Professor für Philosophie und Politik an der 1948 gegründeten Brandeis University in Waltham bei Boston wurde. Brandeis war nach dem ersten jüdischen Mitglied des Obersten Gerichtshofs benannt und hatte als nicht religiös gebundene, aber jüdisch gesponserte Privatuniversität bereits prominente Fakultätsmitglieder wie Eleanor Roosevelt und Leonard Bernstein, als Marcuse dort Professor wurde.

Die utopische Bedeutung der Kunst bleibt ein wesentlicher Zug in Marcuses Schriften aus dieser Zeit an der Brandeis University. In *Eros and Civilization* interpretiert Marcuse innerhalb des Kapitels »The Aesthetic Dimension« Schillers Briefe *Über die ästhetische Erziehung des Menschen* als den Versuch, die entstehende Entfremdung der modernen Welt dadurch zu bekämpfen, dass die inneren Beziehungen zwischen Sinnlichkeit und Schönheit, Freiheit und Kultur mit Hilfe des Spieltriebs des Menschen zum Vorschein kommen.[5] Und in einem früheren Kapitel zum Thema »Phantasy and Utopia« erläutert Marcuse, wie Freuds Metapsychologie die Phantasie in ihre Rechte einsetzt:

> Imagination envisions the reconciliation of the individual with the whole, of desire with realization, of happiness with reason. While this harmony has been removed into utopia by the established reality principle, phantasy insists that it must and can become real, that behind the illusion lies *knowledge*. The truths of imagination are first realized when phantasy itself takes form, when it creates a universe of perception and contemplation – a subjective and at the same time objective universe. This occurs in *art*.[6]

Novalis wird in *Eros and Civilization* auch direkt zitiert, und zwar in dem Kapitel über die Urbilder von Orpheus und Narziß, wo es um die Überwindung der sogenannten Vernünftigkeit des Leistungsprinzips geht, wofür Prometheus als Kulturheld steht:

> Phantasy is cognitive in so far as it preserves the truth of the Great Refusal, or, positively, in so far as it protects, against all reason, the aspirations for the integral fulfillment of man and nature which are repressed by reason. In the realm of phantasy, the unreasonable images of freedom become rational, and the ›lower depth‹ of instinctual gratification assumes a new dignity. [...] However, the effort to derive from these truths the contents of a valid reality principle surpassing the prevailing one has been entirely inconsequential. Novalis's statement that ›all internal faculties and forces, and all external faculties and forces, must be deduced from productive imagination‹ has remained a curiosity – as has the surrealist program *de pratiquer la poé*sie.[7]

In der Einleitung zu seiner 1970 erschienenen Arbeit *Novalis. Die Phantasie an die Macht* verweist Richard Faber auf diese Textstelle bei Marcuse und macht auch darauf aufmerksam, dass der Untertitel zu seinem Buch die Hauptparole der Pariser Studentenrevolution wiedergibt – nämlich *L'imagination prend le pouvoir*.[8] Im Mai des Jahres 1968 schien auf den Straßen von

Paris der Surrealismus doch realistisch zu werden! Diese Stimmung erinnert an eine Stelle in Hardenbergs Brief an Friedrich Schlegel vom 1. August 1794 während der radikalen Phase der Französischen Revolution, wo er bemerkt: »Es realisieren sich Dinge, die vor zehn Jahren noch ins philosophische Narrenhaus erwiesen wurden.« (HKA IV, 140) Bei Marcuses Erwähnung des surrealistischen Programms fällt allerdings auf, dass die meisten literarischen Zitate in *Eros and Civilization* aus der Moderne des 20. Jahrhunderts, und nicht aus der klassisch-romantischen Zeit herstammen. Wenn Marcuse z. B. über «the liberation from time which unites man with god, man with nature« spricht, zitiert er aus Rilkes *Sonette an Orpheus*[9], obwohl Marcuse als Quelle zu seiner Beschreibung von Orpheus als »the poet as *liberator* and *creator*« die Monographie von Walter Rehm angibt, die neben Rilke auch Novalis und Hölderlin behandelt.[10]

Eine Erklärung dafür liefert der Abschnitt aus *One-Dimensional Man* – dem letzten Buch aus Marcuses Zeit an Brandeis – zum Sieg der repressiven Entsublimierung über das unglückliche Bewusstsein.[11] In Worten, die an seine Dissertation über den deutschen Künstlerroman erinnern, argumentiert Marcuse, dass die höhere Kultur der vortechnischen Welt eine Entfremdung von der Welt der Arbeit und Industrie zum Ausdruck brachte, die auch im positiven Sinn romantisch ist:

> The traditional images of artistic alienation are indeed romantic in as much as they are in aesthetic incompatibility with the developing society. This incompatibility is the token of their truth. What they recall and preserve in memory pertains to the future: images of a gratification that would dissolve the society which represses it. The great surrealist art and literature of the Twenties and Thirties has still recaptured them in their subversive and liberating function.[12]

Marcuse argumentiert aber, dass in der heutigen Industriegesellschaft, wo Motorboote über die Seen sausen und Flugzeuge durch die Luft fliegen, die alten Bilder ihre Macht verloren hätten und die enterotisierte Natur selbst eindimensional geworden sei. Erst in diesem Zusammenhang, meint er, seien nicht nur die surrealistischen Gemälde, sondern auch die theoretischen Anstrengungen von Valéry, Barthes und Adorno zu verstehen, was die moderne Kunst angeht. Das Gleiche gilt für Marcuses Besprechung der Verfremdung von Romanze und Kitsch bei Brecht, mit dem er schon im Berlin der Zwanziger Jahre verkehrt hatte: »The deceived sing of their deception, but they learn (or have learned) its causes, and it is only in learning the causes (and how to cope with them) that they regain the truth of their dream«.[13] Auch bei Abbie Hoffmans Marcuse-Rezeption am Ende der 1960er Jahre wird politisches Theater wichtig.

Zunächst soll aber Norman Brown (1913–2002) besprochen werden, wo sowohl Nähe als auch Divergenz zu Marcuse offensichtlich sind. Als Student in Oxford, wo Isaiah Berlin sein Tutor war, und an der University of Wisconsin, vertiefte er sich in die Studien vom frühen Karl Marx, die die Mitglieder der Frankfurter Schule gerade neu entdeckt hatten. Während des Zweiten Weltkrieges arbeitete auch er in Washington, D. C., beim Office of Strategic Services, dem Vorläufer der CIA, wo sein Chef der Historiker Carl Schorske und seine Kollegen Herbert Marcuse und Franz Neumann waren. Enttäuscht von dem zunehmenden Antikommunismus und Antiintellektualismus des Kalten Kriegs zog sich Brown nach Henry Wallaces erfolgloser Kandidatur für die US-Präsidentschaft im Jahre 1948 aus Washington zurück und wurde Professor für Altphilologie an der Wesleyan University in Middletown, Connecticut, etwa zwei Autostunden von Boston und Umgebung entfernt, wo Marcuse jetzt wohnte. Es war auch Marcuse, der Brown 1953 zum Freud-Studium angeregt hat. Im Vorwort zu dem daraus resultierenden Werk *Life Against Death. The Psychological Meaning of History* (1959) erklärt Brown die Beweggründe für seine Untersuchung folgendermaßen: »Freud was right in positing a death instinct, and the development of weapons of destruction makes our present dilemma plain: we either come to terms with our unconscious instincts and drives – with life and with death – or else we surely die«.[14]

Es geht aber nicht nur um Freud. Wesleyan University ist nach dem Methodisten John Wesley genannt, dem großen Erneuerer des englischen Protestantismus im 18. Jahrhundert in ähnlicher Art und Weise wie beim deutschen Pietismus; sein Bruder Charles Wesley verfasste viele Kirchenlieder, die noch heute von diversen christlichen Gemeinden gesungen werden. Aus dieser Erbschaft des Protestantismus und dessen Bemühen um die Besserung des menschlichen Zustands kommend, wollte Brown Aspekte der herätischen Tradition des jüdisch-christlichen Abendlands zum Vorschein bringen und damit auch die Psychoanalyse reformieren bzw. romantisieren. So schreibt er am Ende des Kapitels zum Thema »Instinctual Dualism and Instinctual Dialectics«: »once again it appears that psychoanalysis completes the romantic movement and is understood only if interpreted in that light«.¹⁵ In »The Resurrection of the Body«, dem Schlusskapitel des Werks, interpretiert er Freud durch die Linse Jacob Böhmes und dessen Erben in der Romantik, wozu er Blake, Novalis, Hegel und auch Goethe zählt.¹⁶ Und in seinem nächsten Buch, *Love's Body* (1966), das sich noch eingehender mit Visionen von der Auferstehung des Leibes beschäftigt, gibt es am Anfang vom Kapitel VIII (»Boundary«) sogar eine englischsprachige Übersetzung aus der »Hymne«, dem 7. Geistlichen Lied, »Originally everything was body, ONE BODY (Novalis)«.¹⁷ Allerdings soll festgestellt werden, dass Brown hier in die Vergangenheit setzt, was bei Novalis Verheißung ist: »Einst ist alles Leib, / *Ein* Leib«. (HKA I, 167)

In der Würdigung, aber auch der herben Kritik an dem Vorhaben seines Freundes, die 1967 im Februar-Heft des Journals *Commentary* erschien, ging es Marcuse um mehr als solche Feinheiten. Grundsätzlich kritisiert er Browns konsequente Übernahme religiöser Symbolik aus der Heiligen Schrift. Marcuse zufolge bedeutet die Sexualisierung des Geistes die Vergeistigung der Sexualität, bis auch sie symbolisch wird: »Behind the veil of Brown's sexualized language, desexualization prevails«.¹⁸ Ein Beispiel dafür ist die folgende Stelle aus Kapitel IX (»Food«), wo Brown ein ungenau wiedergegebenes, nicht übersetztes Novaliszitat aus dem 10. Teplitzer Fragment lediglich als Ausgangspunkt benutzt, ohne dem Wort »Ähnliches« Aufmerksamkeit zu widmen:

> Communion; oral copulation. *Ist nicht die Umarmung etwas dem Abendmahl ähnliches?* Eucharist is marriage feast; the union of the bridegroom and the bride. He gives himself to his bride with the bread. Eat your fill, lovers; drink, sweethearts, and drink deep. The two become one flesh, incorporate each other, by eating. The transubstantiation is the unification, is in the eating.¹⁹

Darüber hinaus stellt Marcuse fest: »Fulfillment becomes meaningless if everything is one, and one everything«.²⁰ Interessanterweise haben wir hier wieder den Begriff der ›Erfüllung‹, der für Marcuse bei seiner Besprechung des romantischen Künstlerromans so wichtig war. Ohne dass er es explizit sagt, scheint ihm Browns Ansatz ›romantisch‹ im schlechten Sinn des Wortes zu sein. Aber er kritisiert ausdrücklich den Schlusssatz von *Love's Body*, nämlich: »Everything is only a metaphor, there is only poetry«.²¹ Dazu schreibt Marcuse:

But the poet and singer can give to such words a new and revolutionary connotation only if his speech and song subvert the established meaning not merely symbolically but also literally, that is to say, if he cancels this meaning by translating the impossible into the possible, the mystical absurd into the real absurd, the metaphysical utopia into the historical utopia, the second into the first coming, redemption into liberation. Brown moves in the opposite direction.[22]

Mit anderen Worten: die Phantasie an die Macht! Fairerweise soll erwähnt werden, dass Brown auf diese Kritik seines Freundes eingeht. In einer Formulierung, die Ernst Blochs *Atheismus im Christentum* (1968) antizipiert, behauptet Brown: »The real atheism is to become divine«; seine Replik wird am Ende von Marcuses Aufsatz in der Sammlung *Negations. Essays in Critical Theory* (1968) auch abgedruckt.[23]

Nun soll aber Susan Sontags 1961 verfasste Rezension von Browns früherem Buch *Life Against Death* besprochen werden, und zwar als zusätzliches Zeichen der Nachwirkung von Marcuses *Eros and Civilization* im Strukturwandel der amerikanischen Öffentlichkeit. Sontag (1933–2004) und Marcuse lernten einander kennen, als er 1952–53 eine Wohnung bei ihr und ihrem Mann Philip Rieff bezog, während Marcuse am Russian Research Center der Harvard University arbeitete, Sontag Anglistik und Philosophie an Harvard studierte und Rieff an Brandeis zu unterrichten begann. Zu dieser Zeit war Rieff mit der Herausgabe von Freuds Schriften beschäftigt; Marcuses Freud-Studien haben ihn so beeindruckt, dass er sich mit Erfolg für eine Professur an Brandeis für Marcuse einsetzte.[24] Insofern ist es kein Wunder, dass Sontag gleich am Anfang ihrer Rezension der Taschenbuchausgabe von *Life Against Death* auch Marcuses Buch als weiteres Beispiel eines in Amerika neu erwachten Interesses am Thema Sexualität und Freiheit erwähnt.[25] Diese Verbindung kehrt in der Rezension immer wieder. So schreibt Sontag, es gehe bei Brown und Marcuse nicht mehr um eine therapeutische Behandlung von einzelnen Individuen, damit sie wieder im Dienst einer gut funktionierenden Gesellschaft stehen können, sondern um eine allgemeine Erneuerung der Kultur:

Psychoanalysis is conceived by Brown not as a mode of treatment to smooth away the neurotic edges of discontent, but as a project for the transformation of human culture, and as a new and higher level in human consciousness as a whole. Freud's psychological categories are thus correctly seen, in the terminology of Marcuse, as political categories.[26]

Aus diesem Zitat wird offensichtlich, warum Sontag ihren 1964 geschriebenen Aufsatz »Against interpretation« mit der Aufforderung schließt, dass wir anstelle einer Hermeneutik eine Erotik der Kunst brauchen.[27] Es erklärt auch, warum Sontag ihre im gleichen Jahr verfasste Besprechung von zwei Übersetzungen der späteren Literaturkritik von Lukács zum Thema Realismus mit der Bemerkung schließt, der beste Dienst an Lukács wäre die Übersetzung seiner früheren Schriften wie *Die Seele und die Formen, Die Theorie des Romans* und vor allem *Geschichte und Klassenbewußtsein*, und der beste Dienst an der Vitalität der marxistischen Kunstbetrachtung die Übersetzung der Schriften von Walter Benjamin: »Benjamin shows us what Lukács as a literary critic might have been«.[28] In ihrer Literatur- und Filmkritik der frühen 60er Jahre spielte Sontag eine einflussreiche Rolle bei der Bekanntmachung von Persönlichkeiten wie Camus, Sartre, Artaud, Bresson, Resnais und Godard im amerikanischen Lesepublikum. Durch ihre Besprechungen von ›Camp‹ und ›Happenings‹ zeigte sie aber auch ein Gespür für neue Entwicklungen in der amerikanischen Kunstszene, die soziopolitische Implikationen hatten.

Noch radikaler in dieser Hinsicht war eine weitere Persönlichkeit, die von Marcuse beeinflußt wurde, nämlich Abbie Hoffman (1937–1989), der bei Marcuse an Brandeis studiert hatte und während der 60er Jahre mit Jerry Rubin und Paul Krassner die sogenannte ›Youth International Party‹ gründete als politische Fortsetzung der Hippie-Bewegung. In seiner Autobiographie nennt er Marcuse »America's most brilliant Marxist«, was Stephen Whitfield in Zweifel zieht: »His colleague in the wartime OSS, sociologist Barrington Moore, Jr., claimed that Marcuse told him that there was ›quite a lot of utility in the Marxist tradition – if you didn't take it too seriously‹«.[29] Hoffman selbst galt als der Hauptspaßmacher und Clown der amerikanischen Studentenrevolution, wie etwa Fritz Teufel in der westdeutschen Szene derselben Zeit. Hoffmans Rezeption von Marcuses Aufsatz »Repressive Tolerance« – der im 1965 mit Barrington Moore, Jr. und Robert Paul Wolff veröffentlichten Band *A Critique of Pure Tolerance* erschien und Marcuses Studenten an Brandeis gewidmet ist – ist allerdings ernstzunehmen:

> In it, he successfully demolished the myth of the U. S. as the free marketplace of ideas. By oversaturation, the ruling class maintained its control over the minds of the people. [...] It wasn't enough to leaflet on street corners, when three networks maintained a nonstop thought barrage

directed at millions. The implication of Marcuse was clear: to publicize radical ideas, you needed prime-time access. No one would volunteer the space. It would have to be stolen.[30]

Diese Schlussfolgerung erklärt, warum Hoffman solche Szenen wie die Streuung und Verbrennung von echten und falschen US-Dollars in der Wall Street Börse im April 1967 organisiert hat. Rückblickend kommentiert Hoffman:

> Guerilla theater is probably the oldest form of political commentary. The ideas just keep getting recycled. Showering money on the Wall Street brokers was the TV-age version of driving the money changers from the temple. The symbols, the spirit, and the lesson were identical.[31]

Hoffman nannte seine Variante von Guerilla-Theater »monkey theater« (Affentheater), was aber gleichzeitig ein weiteres Wortspiel enthält, denn »to monkey around« bedeutet, er wollte so lange herumalbern, bis die Aufmerksamkeit der (Fernseh)Zuschauer gewonnen wurde. Wie Craig Peariso in seiner Studie *Radical Theatrics* kommentiert:

> For this reason, he considered nightly news coverage of monkey theater to be something akin to an ›advertisement for the revolution‹. Images depicting hippies tossing money onto the floor of the New York Stock Exchange would convey information much like the most persuasive images on television: commercials.[32]

Es gibt andere Aktionen, woran Hoffman und Gefährten beteiligt waren: der Versuch eines Exorzismus des Pentagons im Oktober 1967, als Soldaten das Herannahen von 50 000 Gegnern des Vietnam-Kriegs an das Gebäude verhinderten; die Nominierung des Schweins »Pigasus« als Präsidentschaftskandidat der ›Youth International Party‹ im August 1968 zur Zeit des Parteikongresses der Demokraten in Chicago; oder der Schrei »The whole world is watching!«, als die Polizei mit Knüppeln gegen die versammelten Demonstranten in Lincoln Park, Chicago vorging. Sicherlich könnten weitere Beispiele vom politischen Straßentheater in Paris, Berlin, Prag und anderen Unruheherden der späten 60er Jahre genannt werden. Aber es gibt noch eine Episode, die Herbert Marcuse direkt involviert, und zwar seinen Auftritt im Fillmore East, dem damaligen Rockmusik-Palast in New York City, den Hoffman im Frühjahr 1967 miterlebt hat:

There he was, this statuesque, white-haired, seventy-year-old European Marxist scholar, following the Group Image acid rock band onto the stage, accompanied by the thunderous foot-stomping cheers of America's most stoned-out, anti-intellectual generation. [...] ›De only proper responce to dis von-dimensional machine of destruction can be total and complete rrrrrefuseal!‹ cried the philosopher, standing on the Fillmore stage. The joint went crazy.[33]

In Hoffmans Wiedergabe von Marcuses Rede haben wir eine Aktualisierung eines Satzes aus *Eros and Civilization*, der in nächster Nähe zum Novalis-Zitat über die produktive Einbildungskraft steht, nämlich: »Phantasy is cognitive in so far as it preserves the truth of the Great Refusal«.[34] Und wenn Hoffman im Kapitel »Museum of the Streets« feststellt, »Artists are the collective eyes of the future«[35], ist die Nähe nicht nur zu Marcuse, sondern zur Frühromantik auch spürbar. Vielleicht war es kein bloßer Zufall, dass ich im Frühjahrssemester 1970 an Holy Cross College in Worcester, Massachusetts (Abbie Hoffmans Geburtsort) nicht nur einen Auftritt von ihm erlebte, sondern mich für die *Hymnen an die Nacht* begeisterte!

---

*   Dieser Beitrag ist den Studenten, Kollegen und Administratoren der Universität Vermont gewidmet, die mir in den Jahren seit 1979 so viel Unterstützung gegeben haben.
1   (s. S. 23–35 dieses Bandes).
2   Zu einer Situierung von Mann, Marcuse und Lukács innerhalb neuromantischer Tendenzen in der deutschen Literatur und Gesellschaft zwischen 1901 und 1933, vgl. das Kapitel »Neo-Novalicism« in Verf.: The Critical Fortunes of a Romantic Novel. Novalis' ›Heinrich von Ofterdingen‹. Columbia, SC, 1994, S. 30–48, vor allem S. 39–45.
3   Herbert Marcuse: Der deutsche Künstlerroman. In: Schriften. Bd. 1. Frankfurt a. M. 1978, S. 17; Zitatbelege nach dieser Ausgabe künftig im Text.
4   Zu Schlegels *Lucinde* vgl. den Beitrag von Rüdiger Goerner (s. S. 273–285 dieses Bandes).
5   Man soll in diesem Zusammenhang nicht außer Acht lassen, dass Marcuse 1911 zu seinem *Bar Mitzvah* in Berlin u. a. eine Schiller-Ausgabe bekam und dass seine erste Buchveröffentlichung im Jahre 1925 eine Schiller-Bibliographie war. S. Barry Katz: Herbert Marcuse and the Art of Liberation. London 1982, S. 20 und 56.
6   Marcuse: Eros and Civilization. A Philosophical Inquiry into Freud, with a New Preface by the Author. New York 1962, S. 130. Vgl. dazu Marianne von Eckhardt-Jaffés Übersetzung aus *Triebstruktur und Gesellschaft. Ein philosophischer Beitrag zu Sigmund Freud*: »Die Phantasie sieht das Bild der Wiederversöhnung des Einzelnen mit dem Ganzen, des Wunsches mit der Verwirklichung, des Glücks mit der Vernunft. Für das geltende Realitätsprinzip ist diese Harmonie ins Reich der Utopie entrückt, aber die Phantasie besteht darauf, daß es Wirklichkeit werden muß und kann: daß hinter der Illusion ein *Wissen* steht. Die Wahrheiten der Vorstellungskraft werden erst realisiert, wenn die Phantasie selbst Form annimmt, wenn sie ein Universum der Wahrnehmung und des Verständnisses – ein subjektives und gleichzeitig objektives Universum – schafft. Dies geschieht in der *Kunst*.« In: Schriften. Bd. 5. Frankfurt a. M. 1979, S. 126.

7   Ebd., S. 145. Vgl. dazu Marianne von Eckhardt-Jaffés Übersetzung: »Die Phantasie hat insofern erkennende Funktion, als sie die Wahrheit der ›Großen Weigerung‹ aufrechterhält oder, positiv ausgedrückt, insofern sie die Ansprüche des Menschen und der Natur auf vollständige Erfüllung gegen alle unterdrückende Vernunft bewahrt und schützt. Im Reich der Phantasie werden die unvernünftigen Urbilder der Freiheit vernunftvoll, und die ›niedrigen Abgründe‹ der Triebbefriedigung gewinnen eine neue Würde. [...] Die Anstrengungen allerdings, aus diesen Wahrheiten den Gehalt eines stichhaltigen Realitätsprinzips abzuleiten, das dem heute geltenden überlegen wäre, blieben völlig erfolglos. Novalis' Feststellung: ›Aus der produktiven Einbildungskraft müssen alle inneren Vermögen und Kräfte und alle äußeren Vermögen und Kräfte deduziert werden‹, blieb eine Kuriosität – genau so wie das surrealistische Programm *de pratiquer la poésie*«. In: Schriften. Bd. 5. Frankfurt a. M. 1979, S. 139 f. Novalis wird hier aus J. Minors Ausgabe der Schriften zitiert (Jena 1923, Bd. 3, S. 375; HKA III, 413: 746).
8   Richard Faber: Novalis. Die Phantasie an die Macht. Stuttgart 1970, S. 12.
9   Marcuse: Eros and Civilization (s. Anm. 6), S. 147. Eckhardt-Jaffé übersetzt diese Stelle als »Befreiung von der Zeit, die den Menschen mit Gott, den Menschen mit der Natur eint«. In: Schriften. Bd. 5, S. 141.
10 Ebd., S. 154. Zum Orpheus-Bild bei Novalis, auch im Zusammenhang mit Walter Rehms Monographie »Orpheus. Die Dichter und die Toten. Selbstdeutung und Totenkult bei Novalis – Hölderlin – Rilke«. Düsseldorf 1950, s. Verf.: »›Aber sinke ich auch, so ist es mir rühmlich zu sinken‹: Das Orpheus-Motiv in Novalis' Dichtungen von den Jugendarbeiten bis zu *Heinrich von Ofterdingen*«. In: Blütenstaub. Jahrbuch für Frühromantik 4 (2018), S. 81–95.
11 Vgl. das Kapitel »The Conquest of the Unhappy Consciousness: Repressive Desublimation«. In: Herbert Marcuse: One-Dimensional Man. Studies in the Ideology of Advanced Industrial Society. Boston 1968, S. 54–83.
12 Ebd., S. 60. Vgl. dazu die deutsche Übersetzung von Alfred Schmidt aus »Der eindimensionale Mensch. Studien zur Ideologie der fortgeschrittenen Industriegesellschaft«: »Die traditionellen Bilder künstlerischer Entfremdung sind in der Tat insofern romantisch, als sie mit der sich entwickelnden Gesellschaft ästhetisch unvereinbar sind. Diese Unvereinbarkeit ist das Zeichen ihrer Wahrheit. Woran sie erinnern und was sie im Gedächtnis aufbewahren, erstreckt sich auf die Zukunft: Bilder einer Erfüllung, welche die Gesellschaft auflösen würde, die sie unterdrückt. Die große surrealistische Kunst der zwanziger und dreißiger Jahre hat sie in ihrer subversiven und befreienden Funktion noch einmal eingefangen.« In: Schriften. Bd. 7. Frankfurt a. M. 1979, S. 80.
13 Marcuse: One-Dimensional Man (s. Anm. 11), S. 70. In Schmidts Übersetzung heißt es: »Die Getäuschten singen von ihrer Täuschung, aber sie erfahren deren Ursachen (oder haben sie erfahren), und nur, indem sie die Ursachen erfahren (und wie sie zu bewältigen sind), gelangen sie wieder zur Wahrheit ihres Traums.« (Ebd., S. 89 f.)
14 Norman O. Brown: Life against Death. The Psychological Meaning of History. 2. Auflage. Middeltown, CT 1985, S. xviii. Browns Vorwort schließt mit einem lobenden Hinweis auf »Herbert Marcuse's *Eros and Civilization*: the first book, after Wilhelm Reich's ill-fated adventures, to reopen the possibility of the abolition of repression«. (S. xx)
15 Ebd., S. 86.
16 Ebd., S. 311.
17 Norman O. Brown: Love's Body. New York 1966, S. 141.
18 Herbert Marcuse: »Love Mystified: A Critique of Norman O. Brown«; zitiert nach seinem Druck in: Negations. Essays in Critical Theory. Boston 1968, S. 227–243, hier S. 231.
19 Brown: Love's Body (s. Anm. 17), S. 167 f. Browns Quelle für das Novaliszitat ist die Studie von Rehm (s. Anm. 10), S. 133, wo es allerdings heisst: »Ist die Umarmung nicht etwas dem Abendmahl Ähnliches?« (vgl. HKA II, 596).
20 Marcuse: »Love Mystified« (s. Anm. 18), S. 237.
21 Brown: Love's Body (s. Anm. 17), S. 266. Browns Satz dient als Kommentar zu einem der vielen Zitate aus Anagarika Govindas *Foundations of Tibetan Mysticism*

(New York 1959): »Hereby the duality, the discrepancy between mind and body, mundane form and supramundane formlessness, is annihilated. Then the body of the Enlightened One becomes luminous in appearance, convincing and inspiring by its mere presence, while every word and every gesture, and even his silence, communicate the overwhelming reality of the *Dharma*«. (S. 226)

22 Marcuse: »Love Mystified« (s. Anm. 18), S. 239.
23 Norman O. Brown: »A Reply to Herbert Marcuse«. In: Negations (s. Anm. 18), S. 243–247, hier S. 244.
24 Siehe Stephen J. Whitfield: »A Radical in Academe. Herbert Marcuse at Brandeis University. In: Journal for the Study of Radicalism 9/2 (2015), S. 93–124, hier S. 95 f.
25 Susan Sontag: »Psychoanalysis and Norman O. Brown's *Life Against Death*«. In: Against Interpretation and Other Essays. New York 1966, S. 256–262, hier S. 256 f.
26 Ebd., S. 258.
27 Sontag: »Against interpretation«. In: Against Interpretation, S. 3–14, hier S. 14.
28 Sontag: »The literary criticism of Georg Lukács«. In: Against Interpretation, S. 82–92, hier S. 89.
29 Whitfield: A Radical in Academe (s. Anm. 24), S. 97. Abbie Hoffmans Beschreibung von Marcuse steht in seiner Autobiographie: Soon to be a Major Motion Picture. Introduction by Norman Mailer. New York 1980, S. 25.
30 Hoffman: Soon to be (s. Anm. 29), S. 84.
31 Ebd., S. 102.
32 Craig J. Peariso: Radical Theatrics: Put-ons, Politics, and the Sixties. Seattle 2014, S. 49.
33 Ebd., S. 84 f.
34 Marcuse: Eros and Civilization (s. Anm. 6), S. 145.
35 Hoffman: Soon to be (s. Anm. 29), S. 106.

Vom subversiven Einspruch zum Wellnessversprechen
Frühromantische Konzepte von Muße, Müßiggang und Faulheit im Wandel

Olaf Briese

Es ist mit einer schlechten Nachricht zu beginnen: Das Titelschlagwort des Wellness-Blattes *The happy way* von Januar/Februar 2019 lautet: *Die geheime Kraft des Nichtstuns* (und Erörterungen dazu finden sich neben denen über ein *Seelen-Tarot*, neben denen über einen *Spirituellen Notfallkoffer*, neben denen über ein *Emoskop*).[1]

Das scheint anzuzeigen: Das Plädoyer für Faulheit wird Element einer esoterisch tingierten Wellness-Industrie. Das, was einst subversiv angelegt war, nämlich als intellektuell-antibürgerliche oder sozialistisch-kommunistische Kritik an sich selbst verstehender Arbeitstätigkeit, ist mittlerweile medienprofitabel angeeignet und instrumentalisiert worden und dient der individuellen Selbstoptimierung. Man müsste hinzufügen, wenn das nicht auf der Hand liegen würde: im kapitalistischen Systemzusammenhang. Dieser Beitrag möchte Etappen dieser Transformation nachzeichnen: Er geht aus von Friedrich Schlegels antibürgerlichem, auf schöpferische Praktiken von Intellektuellen und Künstlern abzielenden Entwurf von Muße und Müßiggang in seinem Roman *Lucinde* von 1799. Daran anschließend wird Paul Lafargues Utopie genereller kommunistischer sozialer Befreiung aus dem Jahr 1883 skizziert – die der Befreiung von Lohnarbeit und Arbeit an sich. Abschließend werden die situationistisch-postmodernen, auf Globalisierungsphänomene und auf das Schwinden traditioneller Arbeitswelten reagierenden Papiere der »Glücklichen Arbeitslosen« aus dem Jahr 2002 thematisiert. Methodisch ist der Beitrag nicht rezeptionsgeschichtlich, sondern typologisch-transformationsgeschichtlich angelegt. Er stellt jeweilige Gemeinsamkeiten und Unterschiede heraus und fragt, welche historisch-konkreten Signaturen Konzepte von Muße, Müßiggang und Faulheit tragen.

Friedrich Schlegels *Idylle über den Müßiggang* (1799)

In Friedrich Schillers *Lied von der Glocke* – ein Born beglückender Freude für die Jenaer Frühromantiker – hatte es 1799 geheißen, dass, im Gegensatz zur müßigen Adelsschicht, des Bürgers Zier vor allem der Hände Fleiß und die produktive

Arbeit sei. Das war verdichtete protestantische Arbeitsethik, bürgerliche Arbeitsethik. Sie manifestierte sich gleichfalls im Jahr 1799 in Immanuel Kants *Anthropologie in pragmatischer Hinsicht*, einem Werk, in dem Kant den Drang zu Tätigkeit und Arbeit, als elementare Basis von Kultur, erstens deskriptiv erklärte, zweitens aber auch normativ verklärte und sie fand sich literarisch propagiert u. a. in Joachim Heinrich Campes *Robinson der Jüngere* (1779).

Gegen solche moralische Rigidität wandten sich, wie mittlerweile in der Forschung facettenreich herausgestellt wurde, die Frühromantiker. Exemplarisch steht dafür Friedrich Schlegel mit seiner Textcollage *Lucinde* (1799) und der darin enthaltenen Passage, die mit *Idylle über den Müßiggang* überschrieben ist. Das ist ein kurzer Text im Rahmen dieses mit Bedacht strukturierten Collageromans, und allein schon wegen seiner Überschrift bedeutet er eine Provokation. So spricht er eben nicht von Muße, also einer jeweils begrenzten Zeitphase einer Tätigkeits- oder Arbeitsunterbrechung, sondern von Müßiggang und damit von einer übergreifenden Lebenseinstellung, die nicht nur damaligen Vorstellungen entsprechend als lasterhaft galt. Dieser Text – in dessen Verlauf sogar »Faulheit« als Positivtopos fällt – ist vielfach interpretiert worden. Zwei hauptsächliche Interpretationslinien zeichneten sich in den letzten Jahrzehnten ab, eine literatursoziologische und eine philologisch-textimmanente, wobei, ohne hier das Faktum einer Erstentdeckung proklamieren zu wollen, Gisela Dischners *Friedrich Schlegels Lucinde und Materialien zu einer Theorie des Müßiggangs* (1980) für die literatursoziologische Lesart einflussreiche Akzente setzte.[2]

Darin wurde herausgearbeitet, wie Schlegel sich gegen die christliche Arbeits- und Tugendethik wandte, wie er gegen den aufklärerischen bürgerlich-ökonomischen Arbeitskult opponierte, und es wurde verdeutlicht, dass er sich nicht nur gegen Arbeit auf ökonomischem Gebiet wandte, sondern auch dagegen, was sich als moralisch-pädagogische ›Arbeit am Selbst‹ bezeichnen lässt. Kurzum: Überzeugend wurde herausgestellt, wie Schlegel in *Lucinde* jedes Nützlichkeitsdenken in Bezug auf kulturelle Handlungen an sich verwarf und das alternativ mit der Apotheose zweckfreier Wissenschaft und Kunst verknüpfte.

Die Forschung der letzten Zeit – ohne hier wiederum Erstentdeckerrechte behaupten zu wollen, ist die Monographie von Leonhard Fuest (2008) einflussreich gewesen[3] – scheint aber von eher literatursoziologischen Lesarten partiell wieder abzugehen (ohne deren Errungenschaften zu negieren) und sich den philologisch-poetologischen, mithin auch literarisch-selbstreflexiven Dimensionen der Textvorlage zuzuwenden. Vermehrt wird auf ihren Stellenwert im Rahmen des Gesamtkonzepts des Romans aufmerksam gemacht (und auf die teilweise Relativierung dieses Anspruchs auf Müßiggang), ebenso auf die komplizierten und bruchhaften Textstrukturen dieser Idylle, die, allein wenn man den Titel beim Wort nimmt, nur eine proklamierte, letztlich aber gar keine Idylle ist. Thematisiert werden in der Forschung auch die Selbstwidersprüche der kurzen Pièce. *Inhaltlich* sind sie erkennbar in der Propagierung einer artifiziellen *Kunst* des Müßiggangs, die sehr wohl erworbener und erlernter Fertigkeiten bedarf und durchaus und ausdrücklich in Tätigkeit mündet – nämlich die der Kunstproduktion oder besser: der Kunstkreation. Und *strukturell* sind sie erkennbar und werden vom Autor offenbar bewusst verdeutlicht in abrupten Brüchen, unlogisch wirkenden Szenenfolgen und in sich selbst unlogisch wirkenden Szenen. Diese bezeugen zwar die Kunst der Kreation, aber eben eine andere als die, die rational-zweckhafter Tätigkeit folgt – eben eine solche, die sich den Assoziationen, Eingebungen und Träumen ungeplant-geplanten Müßiggangs verdankt und sich rhetorisch als Poetik der Digression verwirklicht: mit »Tändeleien, Abschweifungen und Verfehlungen« und dem »unabschließbare[n] ironische[n] Spiel mit den Begriffen«.[4] Insofern scheint es, als ob der Ich-Erzähler bzw. Autor das verheißene Ideal von aus Müßiggang entspringender Kunst wenn nicht gänzlich infrage stellt, so doch zumindest hinterfragt und zumindest »die Beschreibbarkeit und Theoretisierbarkeit von Arbeit und Nichtarbeit problematisiert« und am Ende gar »die im Text vorgetragene Wertschätzung des Müßiggangs in sich fragwürdig« wird.[5]

Um den Text kurz in Erinnerung zu rufen: Er beginnt mit einer religiösen Eingebung an den Ich-Erzähler durch einen Genius, der das »Evangelium der echten Lust und Liebe« verkündet, das von keiner »Wissenschaft der Poesie« redet, sondern der »gottähnlichen Kunst der Faulheit«.[6] Diese Kunst vollzieht der Ich-Erzähler und Empfänger der Botschaft performativ mit. Er liegt an einem Bach und gibt sich – gleich einem »Narcissus« oder einem »Weisen des Orients« – dem sanften Rausch von Phantasien hin, nicht ohne den Vorsatz, das ihm Gegebene und von ihm passiv Erlebte »durch eigne Erfindsamkeit« für eine imaginäre Geliebte (offenbar Lucinde) zu reproduzieren.[7] In Kontemplation versunken, beginnt er aber alsbald zu *denken*. Er denkt nach über den Status von Göttern (im Plural), die mit Bewusstsein und Absicht nichts tun und vergleicht das mit dem Streben von Dichtern, Heiligen und Weisen, ihnen ähnlich zu werden: nämlich gottähnlich. Tätigkeit sei – heißt es darauf in einer kulturvergleichenden Argumentationswendung – eine nordische Unart (nordisch einerseits im Sinn von protestantisch gegenüber südlich-katholisch, andererseits globalkulturell im Sinn von christlicher gegenüber indisch-asiatischer Kultur). Fleiß und Nutzen, so heißt es generalisierend weiter, seien die Todesengel, die den Menschen die Rückkehr ins Paradies verwehren. Sanftmut und Passivität hingegen gewähren den Zugang zu wirklicher Wissenschaft und wirklicher Kunst, also Tätigkeiten, die somit als paradiesisch klassifiziert sind. Sie wären Privilegien für Vornehme, im Unterschied zu Gemeinen, darin sei das »eigentliche Prinzip des Adels«[8] verkörpert. Diese Praktiken sind nun selbstreferentiell verschlungen: Um Wissenschaft und Künste zweckfrei und in Passivität ausüben zu können, bedarf es vorausgehender und begleitender Tätigkeit: nämlich der Einübung in Müßiggang: »In der Tat, man sollte das Studium des Müßiggangs nicht so sträflich vernachlässigen, sondern es zur Kunst und Wissenschaft, ja zur Religion bilden!«.[9] So ist Müßiggang das Mittel und der Zweck seiner selbst. Er äußere sich im reinen Vegetieren: nämlich einer Passivität, die mit Pflanzenhaftigkeit – d. h. einem Naturzustand – gleichgesetzt wird und damaligen Männer-Frauen-Stereotypen folgend als Ausdruck vollendeter Weiblichkeit gilt.

Eine nächste Erscheinung unterbricht jedoch diese Szenerie scheinbarer Selbstvergessenheit. Der Erzähler – und damit die Leserinnen und Leser – werden versetzt ins Theater. D. h.: Der Regression ins Erotisch-Naturhafte folgt der Sprung in die Kultur, in die Hochkultur. Die Gegensätze, von denen der Text lebt, gewinnen damit an Schärfe. Das eher billige Theater zeigt beidseitig zwei Bühnendekorationen. Rechts befindet sich Prometheus, der, angekettet und von undefinierten Gesellen angetrieben, unter arbeitsamer Anstrengung unablässig Menschen verfertigt. Rechts sieht man einen Herkules mit Hebe auf dem Schoß. Auf der Bühne selbst tummeln sich Faungestalten, ähnlich den Teufeln christlicher Maler und Dichter, also »Satanisken«. Diese erweisen sich aber letztlich als Menschen, nämlich als von Prometheus gefertigte Gebilde, und auch das Publikum besteht aus solchen. Es sind Menschen, aber eben keine wirklichen Menschen. Sie glauben, ein eigenes Ich zu haben, sind aber nur mechanische puppenähnliche Produkte.

Zumindest die »Satanisken« verfügen über eine gewisse reflexive Dignität, denn einige von ihnen beurteilen und verstehen das Geschehen. Lobend äußern sie sich über Herkules, der nach allen vollbrachten Arbeiten und nach seinem Tod, in den Olymp versetzt, allen Aufgaben enthoben war und sich mit seiner Gemahlin Hebe, der Göttin der Jugend, offenbar vorrangig erotischen Spielen widmete. Über Prometheus hingegen – hier explizit auch als ein Vertreter des ›Sturm und Drang‹ markiert – lästern sie. Er (antiken Mythen zufolge der Feuerbringer für die Menschen, in anderen Mythen sogar ihr bildender Erschaffer) sei der Erfinder der Erziehung und Verführer zur Arbeit. Zur Strafe müsse er nun selbst unentwegt arbeiten. Die zuschauenden und zuhörenden Menschen, dieser Kommentare gewärtig, brechen nunmehr in Tränen aus, springen auf die Bühne, um ihrem Stammvater Prometheus ihr Mitleid zu versichern – und damit bricht diese »allegorische Komödie«[10], wie der Ich-Erzähler seine Eingebung nennt, ab.

Diese angebliche Idylle ist damit beendet. Und sie hinterlässt ein Unbehagen ob ihrer kompletten Unlogik. Der Text ist von Inhalt und Form her eine Burleske, eine Farce, eine Groteske, eine poetische Absurdität. Verficht er überhaupt eine Kritik an der christlichen Arbeitsethik und an der kapitalistischen Bürgerkultur, wenn ein Hauptstrang der Handlung doch ins Theater und in eine Komödienvorstellung führt? Hat man es hier, wie jüngst vermutet wurde, mit radikaler Ironie zu tun, die »gleichermaßen beständig wie hektisch die eigenen Setzungen« unterminiert?[11]

Immerhin ist bei aller gewollter Mehr- und Überdimensionalität so viel zu erkennen: Die zwei Teile des Textes enthalten eine Positiv- und eine Negativvision – göttlich und teuflisch. Positiv wird das göttliche Ideal des Vegetabilen, des Weiblichen, der Passivität, des Heiligen, der wirklichen Wissenschaft und wirklicher Kunst propagiert und, sozial gesehen, einem Adel, möglicherweise vorrangig einem Geistesadel, zugewiesen. Negativ wird das teuflische Ideal von Tätigkeit, Arbeit, Moral und Effizienz geschildert: Normierung, Selbstdisziplinierung, Selbstoptimierung, Leistungsethik, Lebenseffizienz, kurzum: Bürgerlichkeit und Philisterhaftigkeit. Das richtet sich ausdrücklich auch gegen aufklärerische Fortschrittsideologien (gegen »das unbedingte Streben und Fortschreiten ohne Stillstand und Mittelpunkt«[12]). Und die Abfolge dieser zwei Visionen scheint anzuzeigen, wie die kulturellen Entwicklungen verlaufen sind und weiterhin verlaufen werden: Der als negativ ausgemünzte Zustand ist oder wird der Normalzustand der Massenkultur in der Arbeits- und Kunstwelt. Der als positiv verklärte Zustand bleibt ein Ausnahmezustand und ist den elitären Akteuren vorbehalten, die in der Lage sind, ihn für sich zu erringen.

Paul Lafargues *Das Recht auf Faulheit* (1883)

Im August 1866 hat ein deutscher Familienvater ein Problem. Er hat einen Mann in seine Familie eingeführt, und dieser hat ein Verhältnis mit der Tochter angeknüpft. Sie sind ineinander verliebt und wollen heiraten, daraufhin schreibt der Brautvater seinem potentiellen Schwiegersohn einen Brief. Er bemängelt darin, der Mann habe die Etikette vergessen und turtle viel zu viel herum. Er solle sein Benehmen den europäischen Breitengraden anpassen (es handelt sich nämlich um ein farbiges Halbblut, einen Kreolen, einen offenbar viel zu galanten Franzosen). In Briefen an einen Freund spricht der Familienvater übrigens von einem »Naturkind«, das aus einem »Negerstamm« komme; einer anderen Tochter gegenüber ist dieser potentielle Schwiegersohn schlichtweg ein »Abkömmling eines Gorillas« und ein »Negrillo«.[13] Bevor er die Tochter des Hauses heiraten könne, so der Hausvater weiter an den Bewerber, müsse der Mann schon etwas erreicht haben im Leben. Danach sehe es aber auch zukünftig nicht aus, denn von Natur aus, so der Absender an den Adressaten, scheine er nicht sonderlich arbeitsam zu sein. Er erwarte also eine Offenlegung der Vermögensverhältnisse, bevor er ihm seine Tochter zur Frau geben könne.[14] Hier spricht also ein typischer Hauspatriarch, spricht beständig von meiner Tochter (obwohl es noch eine Mutter zu dieser Tochter gibt). Und dieser Hauspatriarch entscheidet und nicht die erwachsene Tochter selbst.

Dieser Hausvater, man sollte auch seinen Namen erwähnen, hieß Karl Marx, seine betreffende Tochter Laura, und der gemaßregelte Bräutigam hieß Paul Lafargue (der eineinhalb Jahre später Laura Marx tatsächlich ehelichen durfte). Dieser Mann, dem bescheinigt wurde, nicht genügend arbeitsam zu sein, legte 15 Jahre später sein Buch *Le droit à la paresse* vor (*Das Recht auf Faulheit*), und zwar 1880 als Zeitschriftenbeitrag in *L'Egalité* und 1883 erstmals auf Französisch als Buch; diese Buchausgabe war dann die Vorlage für die deutsche Übersetzung, die 1883/84 als Fortsetzung in *Der Sozialdemokrat* veröffentlicht wurde, übersetzt von Eduard Bernstein. Wenige Wochen später, im Frühjahr 1884 erschien diese Übersetzung erstmals auf Deutsch in Buchform (und erlebte in den Jahren darauf weitere Auflagen).[15] Bernstein nennt das Buch des Sozialisten und Kommunisten Lafargue eine Satire, und er hat Recht: Man hat es nicht mit einer Ironeske oder Antiphrase zu tun, die ihren Inhalt dementiert, sondern mit einer Parodie und Satire, die gedanklich und sprachlich humorvoll und komisch zuspitzt, aber dennoch einen ernsten Kern beinhaltet und kommuniziert.

Einige Informationen zu Lafargue: Er wurde 1842 auf Kuba geboren, sein Vater war ein wohlhabender Kaffeeplantagenbesitzer. Er wies schwarzhäutige Afrikaner, europäische Auswanderer (auch jüdische) und indianische Vorfahren auf. Die Eltern kamen mit der Familie Anfang der sechziger Jahre nach Frankreich; als Medizinstudent vertrat Lafargue anarchistische Positionen Proudhons und alsbald auch Marxsche. Er wurde nach England ausgewiesen und lernte dort Marx, die Marxsche Familie und Laura Marx näher kennen. Nach Abschluss seines Medizinstudiums kam es 1868 zur Heirat. Er verdiente sein Geld als Arzt, aber nach dem Tod seines dritten Kindes arbeitete er nie mehr in diesem Beruf. Er machte sich selbstständig mit einem Fotoatelier und als Versicherungsagent. Und wichtig: Er war, einschließlich eines kurzzeitigen Exils in Spanien nach der Pariser Kommune, aktiv in der französischen Arbeiterbewegung tätig. Er bewährte sich in der praktischen Arbeit als Marxist, übersetzte Arbeiten von Marx und Engels ins Französische und kämpfte von marxistischen Positionen aus gegen den Anarchismus. Seit den 1880er Jahren war er eine führende Persönlichkeit bei der parteimäßigen Organisation der französischen Arbeiterbewegung im sozialistisch-kommunistischen Sinn. Dennoch war er, der einstige Proudhonianer, gerade während seines Exils in Spanien in den 1870er Jahren, wieder mit dort vorherrschenden anarchistischen Positionen konfrontiert. Trotz seiner vehementen politischen Organisationsarbeit gegen spanische Anarchisten war er auf lebensweltlicher Ebene offenbar dennoch von ihnen fasziniert. Bezogen auf *Das Recht der Faulheit* hält Guillaume Paoli fest: »Es sieht so aus, als ob sich in ihm ein Anarchismus des Gefühls an einem Marxismus der Vernunft rächen sollte.«[16] Denn: Diese Schrift über die Faulheit scheint nicht wenige Spuren anarchistischer Zivilisations- und Kulturkritik zu tragen, wie sie auch bei Proudhon mitunter angeklungen waren.[17] Solche anarchistischen Einflüsse haben Lafargue lebenslang geprägt. Nicht nur zur Zeit der entstehenden Bekanntschaft mit Marx beklagte sich dieser darüber, so 1866: »Der verdammte Bursche quält mich mit seinem Proudhonismus« bzw. man habe es mit einem »Proudhongläubige[n]« zu tun, und im Entstehungsumfeld der Schrift *Das Recht auf Faulheit*, 1882, attestierte Marx, Lafargue sei »Bakuninenist«, also Anarchist.[18]

Wovon handelt nun diese Schrift Lafargues? Man hat es hier nicht mehr, wie noch bei Schlegel, mit antibürgerlichen Provokationen zu tun und nicht mit der Verteidigung des Rechts von Intellektuellen und Künstlern auf Muße. Vielmehr steht man mitten in den sozialen Arbeitskämpfen des 19. Jahrhunderts. Das Buch wurde aus der Arbeiterbewegung für die Arbeiterbewegung geschrieben, und sein Untertitel *Zurückweisung des »Rechts auf Arbeit« von 1848* bezieht sich ausdrücklich auf die Proklamation des Rechts auf Arbeit im Zuge der französischen Februar-Revolution 1848 (25. Februar 1848: Verpflichtungserklärung des Staats, den Arbeitern Unterhalt durch Arbeit zu garantieren; 1. und 2. Verfassungsentwurf 1848: allgemeine Verpflichtungen zur Arbeitsbeschaffung; Übernahme in die Verfassung vom 4. November 1848).[19] Ebenso reagiert die Schrift offenbar auch direkt auf Arbeitszeit-Debatten innerhalb der organisierten französischen Arbeiterbewegung.[20]

Abgesehen von diesen Details: *Das Recht auf Faulheit* richtet sich generell gegen die Verbürgerlichung der Arbeiter und der Arbeiterbewegung. Die Schrift polemisiert moralisch, sozialpsychologisch, anti-religiös, anthropologisch, ökonomisch sowie geschichtsphilosophisch gegen den unter Arbeitern und Theoretikern der Arbeiterbewegung verinnerlichten Arbeitszwang. Es geht dem Verfasser um die Freiheit von Lohnarbeit und vom verinnerlichten Zwang zu Lohnarbeit sowie zur Arbeit an sich und stattdessen um Muße, Müßiggang und Freizeit und um möglichst viele physische und sexuelle Genüsse. Die Schrift intendiert keine politische Revolution, und ökonomisch auch kein Gemeinschaftseigentum. Ausschlaggebend für den Weg in die neue Genussgesellschaft seien vielmehr drei Hauptfaktoren: erstens eine moralische und ideologische Umkehr im Sinne zunehmender Arbeitsverweigerung aufgrund der Erkenntnis des wahren hedonistischen Lebenssinns im Genuss und Selbstgenuss, zweitens eine Arbeitszeitreduzierung durch den geläuterten Staat und einsichtige Kapitalisten, drittens eine gravierende Arbeitserleichterung und Arbeitszeitreduzierung durch Technik. Als Resultat sei eine Arbeitszeit von drei Stunden täglich zu erwarten.[21] Mit seinem Lob der Faulheit war Lafargue innerhalb der Arbeiterbewegung, die er so heftig attackierte, zwar ein Solitär. Aber es ist hervorzuheben, dass auch andere ihrer Theoretiker von einer radikalen Reduzierung der Arbeitszeit durch technische Errungenschaften ausgingen. So ging etwa August Bebel 1879 von einer zukünftigen täglichen Arbeitszeit von zwei bis drei Stunden aus; Michail Kropotkin in den Jahren 1886/90 von einem Ruhestand mit ca. vierzig Jahren.[22]

In dem Zusammenhang kritisiert Lafargue die Arbeitsmoral der Arbeitenden und der Arbeiterklasse (und ihre Genussfeindschaft) auf ganz verschiedenen Ebenen. Zwar handelt es sich um einen Essay, der nicht in jedem Fall auf analytische Präzision bedacht ist, der teilweise mit Inkonsistenzen und schlagwortartiger Inkonkretheit aufwartet. Dennoch lassen sich in diesem Text verschiedene Argumentationsebenen unterscheiden. Auf moralischer Ebene diagnostiziert Lafargue, Arbeiter hätten sich in ein Zwangskorsett von Moral hineinbegeben, er greift das so heftig an, als hätte er Nietzsche gelesen. Jedoch ist nicht Nietzsche seine Quelle, sondern er stützt sich auf radikal-moralkritische Autoren der französischen Aufklärung.[23] Auf religiöser Ebene attestiert der Autor ein Nachwirken überkommener religiös-christlicher Vorstellungen: der sinnes- und genussfeindlichen des Christentums; die Arbeiter und die Arbeiterbewegung stünden noch im Bann christlicher Tugendprediger. Auf sozialpsychologischer Ebene prangert er an, dass Arbeit zu einem Laster, einer Sucht geworden sei, darin zeige sich eine doppelte Verrücktheit, die, nur zu arbeiten, und die, nicht zu konsumieren. Auf anthropologisch-sinnlicher Ebene appelliert der Autor an in seinen Augen ursprüngliche Instinkte, die im Verlauf des Kultur- bzw. Zivilisationsprozesses verloren gegangen wären. Es gehe darum, sich dieser ursprünglichen Leidenschaften wieder bewusst zu werden, und das hieße: statt asketisch und genussfeindlich zu leben, sich vielfältiger physischer Genüsse (Essen, Trinken, Kleidung) bewusst zu werden. Auf technischer Ebene geht Lafargue davon aus, dass Maschinen die Menschen befreien könnten (wenn sie sich erst einmal selbst befreien würden und sich des technischen Potentials bewusst würden). Das verbindet er mit einem ökonomischen Diskurs, der in einen anti-kolonialen mündet: Überarbeit schaffe unnütze Überproduktion; diese Überproduktion werde exportiert als Instrument der Kolonialisierung.

Und vor allem: Lafargue argumentiert geschichtsphilosophisch-kulturkritisch, also nicht nur kapitalismuskritisch. Einerseits polemisiert er gegen den Götzen Fortschritt, gegen die aufklärerische Fortschrittsideologie. Andererseits und damit verbunden verklärt er wiederkehrend Barbaren und ›Gute Wilde‹ außerhalb der jetzigen kapitalistischen Einflusssphären (ähnliche sozialromantische Argumente finden sich auch an vielen anderen Stellen seines Werks, z. B. in *Die Entwicklung des Eigenthums* 1890).[24] D. h. er plädiert mit Rückgriff auf antike Beschreibungen wie die von Tacitus und auf die ethnologische Literatur der Aufklärung und des 19. Jahrhunderts für »die glücklichen Nationen, die Zigarren rauchend in der Sonne liegen«, für »Barbaren gegenüber Zivilisierten und Christen«.[25]

Und an anderen Stellen seines Schaffens – allerdings nicht in dieser Eloge auf die Faulheit – artikuliert sich dieser geschichtsphilosophisch-anti-modernistische Diskurs als ein anti-patriarchalisch-geschlechtstheoretischer, der das Matriarchat als unentfremdete Kulturform verklärt.[26] Im Anhang zu seinem Buch untermauert Lafargue diesen geschichtsphilosophischen Diskurs philosophisch-philologisch. Er unterfüttert das Recht auf Arbeitsenthaltung und Muße mit Bezug auf antike Autoren wie Herodot, Plato, Aristoteles, Xenophon, Titus Livius, Cicero.

Bemerkenswert an dieser Abhandlung ist, dass sie nicht innerhalb eines explizit *politischen* Rahmens steht. Zwar erscheint Arbeit gelegentlich auch als Zwangsdisziplinierung mit der Staatsmacht und dem Militär als Stütze.[27] Aber im Grunde argumentiert der Autor nicht-politisch und nicht-revolutionär (Derfler, der wohl beste Kenner des Schaffens Lafargues, spricht von einer reformerischen Phase Lafargues während der Jahre 1879–1881[28]). So findet sich bei ihm das Plädoyer für *Arbeitsverweigerung* – nichts hingegen von der Marxschen Programmatik der Entfaltung des Menschen durch Arbeit, nichts von einem revolutionären Übergang zum Kommunismus. Der neue Zustand der Arbeitsminimierung komme vielmehr zustande durch Arbeitsverweigerung auf Seiten der Arbeiter und Arbeitszeitreduzierung durch geläuterte staatliche Institutionen und einsichtige Kapitalisten. Darüber hinaus ermögliche vor allem die technische Evolution das Schwinden menschlicher Arbeitstätigkeit. Und eben auch die Arbeitsverweigerung durch das einsichtig gewordene Proletariat. Insofern findet man in diesem Werk keine wie auch immer angelegte historisch-materialistische Sicht auf geschichtliche Entwicklungen. Geradezu entgegengesetzt könnte als Motto über dieser Schrift für die ›Faulheit‹ stehen: ›Das Bewusstsein bestimmt das Sein‹. Ideelle, d. h. moralische und Bewusstseinswandlungen erweisen sich als Triebkraft von geschichtlichen Veränderungen. Proklamiert wird eine Reform des Kapitalismus durch Selbstaufhebung seiner selbst mittels technischer Errungenschaften und durch den Nichtarbeitswiderstand aufgeklärter Proletarier. Der Kapitalismus implodiert!

Wie wäre, zusammengefasst, dieses Werk zu verorten? Es war keine satirische Eintagsfliege. Im Gegenteil, es bezeugt eindeutig Kontinuitäten im Schaffen Lafargues. Seine späteren Schriften *Die Religion des Kapitals* und *Die Entwicklung des Eigenthums* (1887 bzw. 1890) knüpften an die Argumentation seiner Schrift von 1883 an: »Meine Religion gebietet mir, von der Kindheit bis zum Tod zu arbeiten, sowohl im Sonnenlicht wie im Schein der Gaslampe, Tag und Nacht [...]. Sie verbietet mir den Genuss von Wild und Geflügel und Rindfleisch erster, zweiter und dritter Qualität, sowie Lachs, Hummer und feinere Fischsorten zu kosten« oder: »[Es] läßt sich die körperliche und, von gewissen Ausnahmen abgesehen, wahrscheinlich auch geistige Inferiorität des Zivilisierten nicht bestreiten«.[29] Hervorhebenswert wären vor allem zwei Aspekte, die diese Schrift zum Lob der Faulheit veranlasst haben könnten (persönlich und geschichtstheoretisch):

Denkbar als Motivation ist, dass Lafargue persönlich-rassistischen Kränkungen (selbstredend nicht nur von Marx) als arbeitsscheuer Karibe entgegentreten wollte, und dieser Aspekt wäre keinesfalls zu unterschätzen. Darüber hinaus ist sein alternatives geschichtsphilosophisches Modell in Betracht zu ziehen: Fortschritt, auf Arbeit und Tätigkeit fixiert, ist ein Götze. Das deutet auf romantische Einflüsse hin (»romantisches Bohème-Element«, »romantisch-sentimentale Züge«[30]), ohne dass diese auf eine Person oder auf ein Werk zurückzuführen wären. Zumindest ist auf Lafargues intensive Auseinandersetzung mit Chateaubriand zu verweisen[31], vor allem aber auf seine Rezeption von ethnologischer Literatur, insbesondere über nordamerikanische Indianer.[32]

Das Buch wurde übrigens in der Arbeiterbewegung, auch jenseits des französischen und deutschen Sprachraums, nachhaltig rezipiert. 1906 wurde überliefert, dass es neben dem *Kommunistischen Manifest* von Marx und Engels die meistübersetzte kommunistische Schrift sei; in Kreisen französischer Sozialisten und Kommunisten galt es als wichtigste und schärfste Kritik des Kapitalismus seit dem *Manifest*.[33] Von den engen Vertrauten Marx und Engels sind übrigens keine Kommentare dazu überliefert, weder brieflich noch öffentlich. Engels warnte Bernstein allerdings vor der Übersetzung des Werks, weil es von bürgerlichen Kreisen gegen die Arbeiterbewegung oder den Marxismus ausgespielt werden könnte, lobte dann aber bald darauf Bernsteins »Bearbeitung«, d. h. Abschwächung.[34] Im Briefwechsel von Marx und Engels findet sich nichts zum Werk, auch nichts in Briefen Engels an Lafargues Frau oder an Lafargue selbst. Zwar erfolgte zu Marx' Lebzeiten nur der französische Zeitschriftenabdruck, den Zeitpunkt der Erstveröffentlichung als Buch 1883 erlebte er wahrscheinlich nicht mehr (der genaue Monat dieser Erstveröffentlichung ist schwer zu ermitteln; in der Bibliothek von Marx ließ sich kein Exemplar nachweisen, in der von Engels eine deutsche Ausgabe von 1887[35]). Dennoch erscheint dieses Schweigen, vor allem aber

Engels ausbleibende Reaktion, als Anomalie, weswegen vermutet worden ist, dass Lafargue zumindest bestimmte Briefe von Engels an sich oder seine Frau zu einem bestimmten Zeitpunkt vernichtet habe.[36]

Als nächster Rezeptionsumstand ist zu erwähnen, dass es einige Jahre nach der deutschsprachigen Neuedition von Lafargues Buch durch Iring Fetscher 1966 kritische Einwände gab. Ernst Benz machte 1974 darauf aufmerksam, dass Bernsteins Übersetzung, auf die Fetscher zurückgegriffen hatte, nicht unerhebliche Abweichungen vom Original aufwies. Dieser hatte den radikalen Text in Manchem tatsächlich entschärft, Passagen ausgelassen und manche auch, für die deutsche Leserschaft, mit Beispielen aus dem deutschen Politikbereich unterlegt. Schließlich diente ein am Ende des Buches von ihm eingefügtes Zitat aus Marx' *Kapital* zwei Zwecken: einerseits das Buch als ›marxistisch‹ zu legitimieren, andererseits einer Passage Lafargues eine geradezu entgegengesetzte Lesart zu geben. Durch diese Bearbeitungen Bernsteins sei zwar kein neues Buch entstanden, aber nachweislich ein durchweg zahmeres.[37] Erst seit Kurzem, seit 2018, liegt im Buchhandel eine Neuübersetzung anhand des französischen Originals vor.

Mehr Zuckerbrot, weniger Peitsche
Aufrufe, Manifeste und Faulheitspapiere der »Glücklichen Arbeitslosen« (2002)

Die sog. Arbeitsgesellschaft hat sich verändert und wird sich weiter gravierend verändern, und die Idee eines bedingungslosen Grundeinkommens scheint nicht völlig abwegig zu sein. Abschließend soll ein Projekt kurz erwähnt werden, das mittlerweile, nach über zwanzig Jahren, in dieser Hinsicht als ›klassisch‹ angesehen werden kann. Es handelt sich um die Manifeste der »Glücklichen Arbeitslosen« aus der Zeit von 1996–2002. Hauptinitiator war der Lebenskünstler Guillaume Paoli, der in vielen künstlerisch-anarchistischen Szenen aktiv war und ist, u. a. als freier Vortragender und Demotivationstrainer. Diese Manifeste sind in einem Buch *Mehr Zuckerbrot, weniger Peitsche* (2002) gebündelt. Darin finden sich keine politisch korrekten und politisch belastbaren Aussagen. All diese Verlautbarungen zeichnen sich durch Lust am Paradoxen und an Provokation aus, und die Stärke der Aussagen liegt meist in Aussagen darüber, was sie nicht bezwecken wollen.

Demzufolge handelt es sich weder um einen sozial-ökonomischen Diskurs für soziale oder politische Bewegungen, noch um irgendeine Spaßguerilla. Es gehe auch nicht um eine potentiell kommerzielle Festivalisierung von Kulturkritik. Hauptsächlich richten sich die AutorInnen gegen jede Fortschrittsideologie und eine durchgehende Ökonomisierung des Alltags. Sie erstreben ein Moratorium für Gedankenexperimente jenseits aller üblichen Normierungen, es gehe darum, nicht »mit den Wölfen zu heulen«, darum »Fragenschutzgebiete« einzurichten.[38] Anders gesagt: Es gehe um Propaganda durch Tat, Untat und Nicht-Tat, und diese Propaganda verortet sich geschichtlich: 1975 sei »Arbeitet nicht« oder »Berufsverbot für alle« eine revolutionäre oder subversive Parole gewesen (nämlich in Zeiten der kapitalistischen Vollbeschäftigung). Im Jahr 2002 sei die Lage gänzlich anders. Eine zwangsweise gegebene Arbeitslosigkeit sei ohnehin gesellschaftliche Normalität, und wenn das so sei, warum sollte man diesen Zustand beständig verteufeln und nicht loben? Warum könnte das Los, arbeitslos zu sein, nicht als Hauptgewinn gelten?

Dieses Programm bedeutet also ein Plädoyer für einen Passivismus (statt eines Aktivismus), d. h. für ein *Müßiggängertum*. Es situiert sich innerhalb einer paradoxen arbeitsvernichtenden Arbeitsgesellschaft, die systematisch und massenhaft Arbeitskräfte freisetzt, aber diese dann als arbeitsscheu denunziert. Und die Alternative, für die die VertreterInnen plädieren, ist die einer paradoxen Selbstfreisetzung, die – nicht zuletzt durch staatliche und gesellschaftliche Alimentierung – gewürdigt werden soll. Nochmals ist hervorzuheben: Hier handelt es sich nicht um eine intendierte Sozialbewegung, sondern um eine Intellektuellenbewegung, nämlich von Intellektuellen für Intellektuelle mit dem Ziel einer »Suche nach unklaren Ressourcen«, einem sinnerfüllten Leben in einem »Reich der Simulation« jenseits der offiziösen Simulation.[39] Damit gewannen die AkteurInnen genügend Medienaufmerksamkeit; sie hätten die Chance gehabt, damit Talkshowkarriere zu machen. Aber sie verweigerten sich auch dieser Perspektive: Sie wollten nicht Teil eines Arbeitszirkus sein, aber auch nicht Teil einer politischen Propaganda und auch nicht Teil eines medialen Erregungszirkus. Ihr Ziel war eben nur das einer punktuellen medialen Präsenz und Provokation, aber nicht das einer Dauerpräsenz und Dauerprovokation. Es gehe um eine punktuelle Störung des Sozial- und Kulturbetriebs, nicht um institutionalisierte Dauerstörungen.

So unsystematisch und spontan das alles klingt: Bei genauer Lektüre dieser Manifeste und Verlautbarungen lassen sich mindestens fünf Quellen erschließen: erstens avantgardeaffine

Kunsttheorien, z. B. aus dem Umkreis der Dadaisten, der Situationisten und der Postmoderne (Immaterialität von Gesellschaft). Als zweite Quelle sind kulturkritische Muße- und Faulheitsmodelle seit der Antike anzusehen (einschließlich ›östlicher Weisheitslehren‹). Eine dritte Quelle bilden Theorien über das Ende der traditionellen Arbeitsgesellschaft (u. a. Gortz, Rifkin). Als vierte sind kulturkritische Diskurse anzusehen, die vor- und nichtkapitalistische Lebenspraktiken verklären, versehen mit Elementen des Ideologems des ›Guten Wilden‹. Als fünfte Quellen kann die anarchistisch-anarchoide Ablehnung kapitalistischer Herrschaftsmechanismen und kultureller Konventionen an sich gelten.

Ein Nachsatz: *Macht blau!* (2015)

Dieser Beitrag, der – ausgehend von Schlegels Apotheose von Muße, Müßiggang und Faulheit über Lafargues romantisierender Verklärung von Faulheit und Genuss einen Bogen zu postmodern anmutenden Konzepten einer ›glücklichen Arbeitslosigkeit‹ schlug – begann mit einer schlechten Nachricht. Er konstatierte, dass Esoterik-Diskurse mittlerweile Faulheits-Diskurse kapern. Enden soll er mit einer Nachricht, über die die Meinungen, ob es eine schlechte oder eine gute sei, auseinander gehen werden. *Macht blau! Schwerpunkt Faulheit* ist der Titel der Augustnummer 2015 des Wirtschaftsmagazin *brand eins*.[40] Das Heft dieses Hauptorgans der selbsternannten wirtschaftlich ›Kreativen‹ stellt die Vorzüge von Arbeitszeitverkürzung, Muße und Faulheit aus der Sicht von eher unkonventionellen WirtschaftstheoretikerInnen und WirtschaftsjournalistInnen heraus. Wege zu neuer Menschlichkeit oder zu kapitalistischer Selbstoptimierung auf andere Art? Oder beides? Oder keins von beidem?

1 Vgl. The happy way. Nr. 1. Januar/Februar 2019: Die geheime Kraft des Nichtstuns.
2 Vgl. Gisela Dischner: Friedrich Schlegels ›Lucinde‹ und Materialien zu einer Theorie des Müßiggangs. Hildesheim 1980; als Vorlauf von dezidiert konservativer Seite u. a.: Gerd-Klaus Kaltenbrunner: Faulheit und Revolution. In: ZfRG, 16 (1964), S. 141–167.
3 Vgl. Leonhard Fuest: Poetik des Nicht(s)tuns. Verweigerungsstrategien in der Literatur seit 1800. München/Paderborn 2008, S. 49 ff.; vgl. auch: Martin Jörg Schäfer: Die Gewalt der Muße. Wechselverhältnisse von Arbeit, Nichtarbeit, Muße. Zürich 2013, S. 35 ff.; Heide Volkening: Über europäische Arbeit und die orientalische Kunst der Passivität. Friedrich Schlegels ›Idylle über den Müßiggang‹. In: Arbeit und Müßiggang in der Romantik. Hrsg. von Claudia Lillge/Thorsten Unger/Björn Weyand. Paderborn 2017, S. 115–128.
4 Fuest (s. Anm. 3), S. 57.
5 Schäfer (s. Anm. 3), S. 35, 40.
6 Friedrich Schlegel: Lucinde. In: Kritische Friedrich-Schlegel-Ausgabe. Hrsg. von Ernst Behler. Bd. 5. München/Paderborn/Wien 1962, S. 1–92, hier S. 25.
7 Ebd., S. 25 f.
8 Ebd., S. 27.
9 Ebd.
10 Ebd., S. 29.
11 Schäfer (s. Anm. 3), S. 51.
12 Schlegel (s. Anm. 6), S. 26.
13 Karl Marx an Friedrich Engels. 23. Aug. 1866. In: Karl Marx/Friedrich Engels: Werke. Hrsg. vom Institut für Marxismus-Leninismus beim ZK der SED. Berlin 1956 ff. Bd. 31, S. 210; ders. an dens. 11. Febr. 1882. In: Ebd., Bd. 35, S. 109; Karl Marx an Jenny Marx. 5. Sept. 1866. In: Ebd., Bd. 31, S. 527 (künftig zitiert als: MEW).
14 Vgl. Karl Marx an Lafargue. 13. Aug. 1866. In: MEW. Bd. 31, S. 518 f.
15 Vgl. Maurice Dommanget: Présentation. In: Paul Lafargue: Le droit à la paresse. Paris 1978, S. 8–89, hier S. 20.
16 Guillaume Paoli: Wider den Ernst des Lebens. In: Paul Lafargue: Das Recht auf Faulheit. Widerlegung des »Rechts auf Arbeit« von 1848. Berlin 2013, S. 81–123, hier S. 89.
17 Gewisse zivilisationskritische Elemente finden sich in der Tat bei Proudhon (der allerdings in toto dennoch einem evolutionären Fortschrittsmodell anhing), vgl. P.-J. Proudhon: Système des contradictions économiques, ou philosophie de la misère. Bd. 2. Paris 1846, S. 517; P.-J. Proudhon: Théorie de l'impôt. Question mise au concours par le conseil d'État du canton de Vand en 1860. Bruxelles 1861, S. 16. In den französischen Debatten um das »Recht auf Arbeit« 1848 verwarf Proudhon diese Forderung übrigens nicht, wandte sich aber gegen eine staatliche Organisation und Alimentierung von Arbeit mittels Nationalwerkstätten usw. und befürwortete stattdessen die Förderung von Handwerkern (und mithin von ›Arbeit‹) durch staatliche und nichtstaatliche Kreditsysteme (vgl. P.-J. Proudhon: Le droit au travail et le droit de propriété. Paris 1848).
18 Marx an Laura Marx. 20. März 1866. In: MEW. Bd. 31, S. 508; Marx an Engels. 7. Juni 1866. In: Ebd., S. 222; ders. an dens. 11. Febr. 1882. In: Ebd., Bd. 35, S. 110. Noch im April 1866 verstand sich Lafargue öffentlich als Schüler des geliebten Lehrers Proudhon, der damit begonnen habe, die Moral- und Volkswirtschaftslehre von mystischen Elementen zu säubern (Paul Lafargue: *La methode idéaliste et la méthode positive*. In: La Rive Gauche, 22. April 1866, zit. nach: Leslie Derfler: Paul Lafargue and the Founding of French Marxism 1842–1882. Cambridge/London 1991, S. 51).
19 Vgl. Michael Rath: Die Garantie des Rechts auf Arbeit. Mit einem Anhang […]. Göttingen 1973, S. 31 ff.
20 Vgl. Dommanget (s. Anm. 15), S. 72 ff.
21 Vgl. Paul Lafargue: Das Recht auf Faulheit. Zurückweisung des »Rechts auf Arbeit« von 1848. Ditzingen 2018, S. 29, 44, 52.

22 Vgl. August Bebel: Die Frau und der Sozialismus [1879]. 172. bis 175. Tausend. Stuttgart/Berlin 1922, S. 403; Peter Seyferth: Anti-Work. A Stab in the Heart of Capitalism. In: Routledge Handbook of Radical Politics. Hrsg. von Ruth Kinna/ Uri Gordon. New York 2019, S. 374–390, hier S. 377 f. Zu den Diskussionen um Arbeit, Arbeitszeitverkürzung und Faulheit in der deutschen Sozialdemokratie um 1880: Walter Fähnders: Recht auf Arbeit – Recht auf Faulheit. In: Arbeit und Müßiggang 1789–1914. Dokumente und Analysen. Hrsg. von Wolfgang Asholt/ Walter Fähnders. Frankfurt a. M. 1991, S. 81–92, hier S. 87 ff.
23 Edward Berenson: Populist Religion and Left-Wing Politics in France, 1830–1852. Princeton 1984, S. 238.
24 Paul Lafargue: Die Entwicklung des Eigenthums [1890]. Berlin 1893, S. 7 f., 11 ff.
25 Lafargue (s. Anm. 21), S. 27, 11.
26 Vgl. Paul Lafargue: Geschlechterverhältnisse. Ausgewählte Schriften. Hrsg. von Fritz Keller. Hamburg, Berlin 1995.
27 Vgl. Lafargue (s. Anm. 21), S. 15 f., 37 f.
28 Vgl. Derfler (s. Anm. 18), S. 173 f.
29 Paul Lafargue: Die Religion des Kapitals [1887]. Hrsg von Jean-Pierre Baudet. Berlin 2009, S. 20; ders. (s. Anm. 24), S. 7.
30 Kaltenbrunner (s. Anm. 2), S. 166; Iring Fetscher: Einleitung. In: Ders. (Hrsg.): Paul Lafargue: Das Recht auf Faulheit & Persönliche Erinnerungen an Karl Marx. Frankfurt a. M./Wien 1966, S. 5–14, hier S. 10.
31 Vgl. Paul Lafargue: Die Anfänge der Romantik (1896/97). In: Ders.: Vom Ursprung der Ideen. Eine Auswahl seiner Schriften von 1886 bis 1900. Hrsg. von Katharina Scheinfuß. Dresden 1970, S. 135–171.
32 Vgl. Leslie Derfler: Paul Lafargue and the Flowering of French Socialism 1882–1911. Cambridge/London 1998, S. 182 ff.
33 Vgl. Dommanget (s. Anm. 15), S. 8 ff.
34 Friedrich Engels an Eduard Bernstein. 13. Nov. 1883. In: MEW. Bd. 36, S. 72; ders. an dens. 28. Jan. 1884. In: Ebd., S. 92.
35 Vgl. Die Bibliotheken von Karl Marx und Friedrich Engels. Annotiertes Verzeichnis des übermittelten Bestandes. Berlin 1999 (MEGA², Bd. IV/32).
36 Vgl. Dommanget (s. Anm. 15), S. 49 f.
37 Vgl. Ernst Benz: Das Recht auf Faulheit oder Die friedliche Beendigung des Klassenkampfes. Lafargue-Studien. Stuttgart 1974, S. 60 ff.
38 Mehr Zuckerbrot, weniger Peitsche. Aufrufe, Manifeste und Faulheitspapiere der Glücklichen Arbeitslosen. Berlin 2. Aufl. 2002, S. 173, 26.
39 Ebd., S. 45, 49.
40 Vgl. brand eins. Wirtschaftsmagazin, 17 (2015). August 2015: Macht blau! Schwerpunkt Faulheit.

»Gemeinschaftlicher Wahnsinn hört auf Wahnsinn zu seyn und wird Magie.«
Über den Wahnsinn von Fukushima

Yu Takahashi

I. Einleitung

Am 11.3.2011 hat Ostjapan ein großes Erdbeben erlebt, das eine Stärke von 9,0 Momentan-Magnitude hatte, was theoretisch einmal pro eintausend Jahre geschehen sollte. 18.430 Menschen sterben oder werden vermisst. Etwa 163 km südwestlich vom Epizentrum lag das Kernkraftwerk Fukushima I. Durch das Beben wurde dessen Stromempfang zerstört und die externe Stromversorgung musste ausfallen. Und durch den nachfolgenden 13 bis 15 Meter hohen Tsunami wurden die Notstromdieselgeneratoren weggespült. Wegen des ›Blackouts‹ war keine Kühlung der Reaktoren mehr möglich und das führte zu den Wasserstoffexplosionen der Reaktoren 1, 3 und 4. Etwa 165.000 Menschen mussten aus dem kontaminierten Gebiet evakuiert werden und etwa 43.000 davon leben immer noch in Zufluchten.[1]

Nicht wenige Wissenschaftler behaupten, dass die AKW-Katastrophe vermeidbar gewesen wäre. Costas Synolakis von der University of Southern California sagt zum Beispiel: »Die Katastrophe hätte vermieden werden können, wenn interne Standards befolgt worden wären, es internationale Reviews gegeben hätte – und man den gesunden Menschenverstand genutzt hätte.«[2] Dieses Zitat zeigt nicht nur, dass es keine angemessenen Sicherheitsmaßnahmen gegeben hat, sondern auch, dass der Unfall wegen Mangel an Verstand geschehen ist. 1999 hatte es einen Unfall der Kategorie 4 in Tokaimura gegeben und bereits dabei entstand die Kritik: »Sobald irgendwo in der Welt ein Unfall passierte, wurde verkündet: ›Japans Technik und Japans Techniker sind besser‹, ›In Japan ist die Sicherheitskultur besser entwickelt‹ [...] Dieser Unfall hat gezeigt, daß diese Behauptung falsch ist.«[3]

Der Fall von Fukushima hat endlich bewiesen, dass ein solcher »Sicherheitsmythos« nicht mehr gültig ist. Es gibt auch in Deutschland christliche Gruppen, die die Atomenergie als »Machbarkeitswahn« und als »Hybris« betrachten, durch die sich der Mensch über die göttliche Schöpfung erheben wolle.[4]

II. Romantik und Wahnsinn

Diese Kritik erinnert uns an die Moderne-Auffassung von Friedrich Schlegel: »Der revolutionäre Wunsch, das Reich Gottes zu realisieren, ist [...] der Anfang der modernen Geschichte.«[5] Auch sein Freund Novalis sagt »jeder Mensch, der jetzt von Gott und d[urch] Gott lebt, soll selbst Gott werden« (HKA III, 297, 320). Aber anders als die atomare ›Hybris‹ wussten die Romantiker, dass der ›Wunsch‹ ›Wunsch‹ und das ›Sollen‹ ›Sollen‹ bleiben sollten, wie das folgende Fragment von Schlegel zeigt: »Wer etwas Unendliches will, weiß nicht was er will«[6] oder das folgende von Novalis: »Wir *suchen* überall das Unbedingte, und *finden* immer nur Dinge« (HKA II, 412:1). Den »Machbarkeitswahn« der modernen Technologie kritisiert Novalis im Romanfragment *Die Lehrlinge zu Sais* (geschrieben um 1798), indem er die »tausendfaltigen Naturen« sprechen lässt:

> O! daß der Mensch [...] die innre Musik der Natur verstände, und einen Sinn für äußere Harmonie hätte. Aber er weiß ja kaum, daß wir zusammen gehören, und keins ohne das andere bestehen kann. [...] Seine Begierde, Gott zu werden, hat ihn von uns getrennt [...]. Lernt er nur einmal fühlen? [...] durch das Gefühl würde die alte, ersehnte Zeit zurückkommen [...]. (HKA I, 95 f.)

Das trifft ganz genau die Erklärung von Michel Foucault über den Wahnsinn im 19. Jahrhundert: »Für das neunzehnte Jahrhundert wird das anfängliche Modell des Wahnsinns das sein, daß man sich für Gott hält, während es für die voraufgehenden Jahrhunderte das war, Gott abzulehnen.«[7]

›Wahnsinn‹ ist im Fall des 19. Jahrhunderts also der Zustand, den ›Wunsch‹ oder das ›Sollen‹, gottesgleich zu sein, mit der Realität zu verwechseln. Immanuel Kant erklärt in seiner Schrift *Die Religion innerhalb der Grenzen der bloßen Vernunft* (1793) den »Religionswahn« wie folgt: »Wahn ist die Täuschung, die bloße Vorstellung einer Sache mit der Sache selbst gleichgeltend zu halten. [...] Selbst der Wahnsinn hat daher diesen Namen, weil er eine bloße Vorstellung [...] für die Gegenwart der Sache selbst zu nehmen, und eben so zu würdigen gewohnt ist.«[8]

Panajotis Kondylis behauptet, dass eine der Hauptleistungen der deutschen Aufklärung in der Rehabilitierung der Sinnlichkeit liegt. Statt der Starrheit des Intellekts wurde die Dynamik der Sinnlichkeit geschätzt, damit die Wissenschaften nicht spekulativ, sondern empirisch betrieben würden.[9] Als Ergebnis dessen kam es zur »Konstituierung des Wahnsinns als Geisteskrankheit am Ende des achtzehnten Jahrhunderts« und zur Trennung zwischen Vernunft und Wahnsinn, wie Foucault ausführt[10].

An der oben zitierten Stelle der *Lehrlinge zu Sais* leidet der Mensch unter zwei Dimensionen von ›Wahnsinn‹: eine ist die »Begierde, Gott zu werden«, d. h. der Wahn des Sinns im Sinne des Bewusstseins, die andere liegt in der Entstellung der Empfindungen, also im Wahn der Sinne im Sinne der Wahrnehmungsorgane. Den ›Wahnsinn‹ zu überwinden heißt bei Novalis also, die Abgrenzung zwischen Sinn und Sinnen zu überwinden:

> Wir haben 2 Systeme von Sinnen[...]. Ein System heißt der Körper, Eins, die Seele. [...] [B]eyde Systeme sollen eine freye Harmonie, keine Disharmonie oder Monotonie bilden. Der Übergang von Monotonie zur Harmonie wird freylich durch Disharmonie gehn – und nur am Ende wird eine Harmonie entstehn. [...] Gemeinschaftlicher Wahnsinn hört auf Wahnsinn zu seyn und wird Magie. (HKA II, 546 f.:111)[11]

Daher gilt »Magie« bei Novalis als »Kunst, die Sinnenwelt willkürlich zu gebrauchen« (ebd.). In seinem Essay *Europa* wird die Geschichte Europas als die des Verderbens des »heiligen Sinns« beschrieben. In der Übergangszeit vom Mittelalter zur Neuzeit erlitt der Mensch eine »Vertrocknung des heiligen Sinns« und »jener unsterbliche Sinn« wurde »getrübt, gelähmt, von andern Sinnen verdrängt«, weil die „Bedürfnisse und die Künste ihrer Befriedigung« verwickelter wurden und der Mensch deshalb »habsüchtig« wurde (HKA III, 509–512). Aber mit der Wiederbelebung des Christentums träten »die höhern Organe« wieder in Tätigkeit, man würde die »Wichtigkeit« des »heiligen Organs« einsehen lernen und »eine Menge wahrhaft heiliger Gemüther« würde wieder geboren (HKA III, 517–524). Fast zur selben Zeit forderten Hegel, Schelling und Hölderlin im *Ältesten Systemprogramm* neben einer »neuen Mythologie« eine »*sinnliche Religion*«, um »ewige Einheit« unter den Menschen zu realisieren.[12] Ganz dementsprechend forderte Novalis die Vereinigung der menschlichen Eigenschaften nicht durch Ausgrenzung, sondern durch Überwindung des Wahnsinns aufgrund der Vereinigung des inneren Sinns und der äußeren Sinne.

III. Verwechslung von Mittel und Zweck

Helmut Schanze schreibt in seiner neuesten Arbeit: »Karl Marx hängt unabsehbar an romantischen Utopien des Gemeinsinns.«[13] Marx sieht das wesentliche Problem der modernen Gesellschaft darin, dass der Mensch wegen des Privateigentums vom »Sinn des *Habens*« besessen ist und deshalb alle seine physischen und geistigen Sinne entfremdet worden sind. Die »Aufhebung des Privateigentums« gilt demnach als die »vollständige Emancipation aller menschlichen Sinne[...]«.[14]

Marx bemerkt auch: »Die *Bildung* der 5 Sinne ist eine Arbeit der ganzen bisherigen Weltgeschichte« und »Die *Sinnlichkeit* [...] muß die Basis aller Wissenschaft sein.«[15] Marx behauptet, dass das Geld, das eigentlich ein Medium fürs Leben ist, in der kapitalistischen Gesellschaft zum »Selbstzweck«[16] wird und dass das Menschenleben als bloßes »Mittel« geopfert wird. Die Abschaffung des »Sinns des Habens« und die Rehabilitierung der menschlichen Sinnlichkeit sollten also dazu dienen, die Verwechselung von Mittel und Zweck zu vermeiden.

»Der Grund aller Verkehrtheit in Gesinnungen und Meinungen ist – Verwechselung des Zwecks mit dem Mittel« (HKA II, 499:44), sagt Novalis. Die Verwechslung von Mittel und Zweck in der industriellen Gesellschaft geschieht in der Form, dass die Technologie zum ›Selbstzweck‹ wird und dadurch das Menschenleben als ›Mittel‹ vernachlässigt bzw. vernichtet. Ein treffendes Beispiel dafür ist, dass Kernreaktoren, die ursprünglich für die Herstellung von Plutonium für Atombomben gebaut wurden, für die Herstellung von Elektrizität eingesetzt wurden.[17] Selbst der Zweck des AKWs wird nicht mehr die Stromherstellung sein, sondern ›Wiederaufarbeitung‹, d. h. weitere Plutoniumproduktion, die militärischen Ursprungs und militärisch anwendbar ist.[18] Bereits das Wort ›Brennstoffkreislauf‹ impliziert, dass der ›Brennstoff‹ zum ›Selbstzweck‹ geworden ist und nicht mehr das Mittel für die Stromerzeugung ist.

IV. Atomenergie als »Wahnsinn«

»Einige mögen sich wegen Fukushima Sorgen machen. Ich versichere Ihnen, dass die Situation unter Kontrolle ist«, sagte Japans Premierminister Shinzo Abe am 7.9.2013 beim IOC-Treffen in Buenos Aires.[19] Die frühere Democratic Party of Japan-Regierung hatte nach dem Fukushima-Unfall geplant, bis 2040 alle Atomkraftwerke abzuschaffen. Aber die Liberal Democratic Party Regierung unter Premier Abe beschloss 2014 den »Ausstieg vom Ausstieg« und kündigte an, die Reaktivierung von Atomreaktoren zu unterstützen, sofern sie die Sicherheitstests der Nuclear Regulation Authority (NRA) bestehen würden.[20]

Im Oktober 2006, in der ersten Abe-Regierungszeit, hatte ein kommunistischer Unterhausabgeordneter, der auch ein qualifizierter Atomphysiker war, in der parlamentarischen Debatte auf die Gefahr der AKWs hingewiesen:

> Bei 43 Kernkraftwerken [einschließlich Fukushima I] besteht die Gefahr der Kernschmelze aufgrund des Verlusts der Kühlungsfunktion, denn diese sind so konstruiert, dass die Stromübertragungsleitungen bei Erdbeben beschädigt werden und dadurch ein totaler Stromausfall verursacht wird; bzw. bei großen Tsunami-Wellen die Förderung des Kühlungswasser[s] gestört wird.[21]

Aber die Abe-Regierung hat die Sicherheitsaufforderung zurückgewiesen mit der Begründung, dass »ein Ausfall von Diesel-Notstromaggregaten oder ein Verlust der Kühlungsfunktion von Reaktoren bisher in Japan nicht vorgekommen« sei.[22] Das ist ein Beweis dafür, dass allein schon der gesunde Menschenverstand den Unfall von Fukushima hätte verhindern können. Hier gilt die Atomenergie-Kritik von Michael Ende:

> Es ist vollkommen wahnwitzig zu glauben [...], man könne alle Eventualitäten bei der Verwendung atomarer Energie, sei diese nun militärisch oder ›friedlich‹, kontrollieren und in den Griff bekommen. [...] Der Grund für dieses verzweifelte Sichblindstellen liegt in einem Wirtschafts- und Finanzsystem[...]: Es muß ständig wachsen, um zu existieren.[23]

Laut Duden hat das Wort ›Wahnwitz‹ ursprünglich Mangel an Verstand bedeutet.[24] Das Wort ›Wahn‹ wurde von ›wana‹ abgeleitet und teilt seinen Ursprung mit dem Wort ›ohne‹.[25] Dass die Atomenergie oft als ›Wahnsinn‹ bezeichnet wird, hat angemessene Gründe. ›Wahnsinn‹ ist nach der klassischen Bedeutung ›Ohnesinn‹[26], d. h. der Mangel an Besinnung und an Sinneswahrnehmung. Das Wort ›Sichblindstellen‹ bedeutet, dass dieser Wahn vom Menschen selbst erzeugt wird. Dieses ›Sichblindstellen‹ im Zeitalter der Atomkraft hat Günther Anders bereits im Jahr 1956 als »Apokalypse-Blindheit« bezeichnet: »*Man glaubt kein Ende, man sieht kein Ende – Der Fortschrittsbegriff hat uns apokalypse-blind gemacht.*«[27] Diese Blindheit zeigt sich am klarsten in dem Anspruch »unter Kontrolle«.

Es gibt eine Reihe von Studien von Miyazaki und Hayano seit Ende 2016, die etwa 60.000 Menschen in der Stadt Date, etwa 50–60 km nordwestlich von dem AKW untersuchten und behaupteten, »dass die individuell gemessenen Strahlendosen nur 15 % der errechneten Strahlendosen betrugen«.[28] Das Ergebnis wurde sofort von der Regierung und der Atomlobby für eine Verharmlosung des Unfalls und für Rückkehrmaßnahmen der evakuierten Leute benutzt. Neulich wurde festgestellt, dass fast die Hälfte der Daten ohne Erlaubnis der auf die Strahlendosis untersuchten Leute benutzt wurde und dass die Gefährlichkeit der Strahlendosen unterschätzt worden ist.[29]

Die Studien sind Beweise dafür, dass die Wissenschaften aus Fortschritts- und Entwicklungswahn ihr eigentliches Ziel (Sicherheit des Menschen) verliert und dass Zahlen und Daten stattdessen ›Selbstzwecke‹ geworden sind. Kants Definition vom ›Wahnsinn‹ als Verwechslung von Realität mit deren Vorstellung gilt hier als Verwechslung von Realität mit Zahlen und Daten.

Ende Februar 2019 behauptete die japanische Regierung, dass 99 % der kontaminierten Erde für die öffentlichen Bauarbeiten in der Präfektur Fukushima problemlos verwendbar seien[30], obwohl sie aus Sicherheitsgründen in Plastiktüten eingepackt und in der Tiefe eingegraben worden sind. Das widerspricht dem bereits 1955 erzielten Einverständnis, dass kein Grund zu der Annahme besteht, dass es einen »Schwellenwert der Strahlungsdosis« gibt, unterhalb dessen die Strahlung ungefährlich ist.[31] Demzufolge ist die Absicht der japanischen Regierung, die Entschädigungen allmählich aufzuheben und die evakuierten Leute zur Rückkehr in die Zone zu zwingen, gleichfalls wenig überzeugend.[32]

V. »Die magischen W[issenschaften]«

Mai 2018 starteten USA, Kanada und Japan die Partnerschaftsinitiative »Nuclear Innovation: Clean Energy Future« (NICE Future). Ziel ist es, eine Diskussion über Innovation und fortgeschrittene Kernenergiesysteme auf internationaler Ebene zustande zu bringen.[33] Zu beachten ist dabei, dass das Adjektiv ›nice‹ vom Lateinischen ›nescius‹ stammt und ursprünglich ›unwissend‹ und später ›dumm‹ oder ›sinnlos‹ bedeutet hat.[34] Diese verkehrte Benennung zeigt, wenn auch unfreiwillig, dass die Wissenschaft (scientia) durch ›Machbarkeitswahn‹ und ›Sichblindstellen‹ ihren eigentlichen Sinn verloren hat.

Das lateinische Wort ›scientia‹ ist von demselben Ursprung wie ›scindere‹ (trennen) und die ursprüngliche Bedeutung ist

»ein Ding von einem anderen zu unterscheiden«.³⁵ Dass die moderne ›science‹ auf Zergliederung und Objektivierung besteht, kritisiert Novalis in den *Lehrlingen zu Sais* mit der Bezeichnung »Scheidekünstler« als einer abwertenden Form von Chemiker: »Wie seltsam, daß gerade die heiligsten und reitzendsten Erscheinungen der Natur in den Händen so todter Menschen sind, als die Scheidekünstler zu seyn pflegen!« (HKA I, 105)

Die moderne Ausdifferenzierung der Wissenschaften gilt für Novalis als Ursache für Trennungen zwischen Natur und Mensch, Wissenschaft und Moral, sowie Wissenschaft und Mensch. Sein Projekt, »eine scientifische Bibel« (HKA III, 363:557) als eine »W[issenschaft] d[er] W[issenschaften]« (HKA III, 249:56) zu schreiben, bezweckt, die zertrennten Wissenschaften wieder zu vereinigen und die Ausschließung des menschlichen Gefühls aus der Wissenschaft zu beenden. »Die magischen W[issenschaften] entspringen [...] durch die Anwendung des moralischen Sinns auf die übrigen Sinne – i. e. durch die Moralisirung des Weltalls, und der übrigen Wissenschaften« (HKA III, 275:197), sagt Novalis und fordert eine Rehabilitierung der »Sinne« im Sinne von Sinneswahrnehmungen in der Wissenschaft, was zugleich eine Rehabilitierung des »Sinns« im Sinne von »Bewusstsein« bedeuten soll.

Dass für die modernen Wissenschaften eine Rehabilitierung des moralischen Bewusstseins gefordert wird, schreibt Ulrich Beck 1986, im selben Jahr wie die Tschernobyl-Katastrophe, in seinem Buch *Risikogesellschaft. Auf dem Weg in eine andere Moderne*:

> An ihre [der Entwicklungslogik] Stelle sind fast überall die Konflikte und Beziehungen *reflexiver* Verwissenschaftlichung getreten: Die wissenschaftliche Zivilisation ist in eine Entwicklung eingetreten, in der sie nicht mehr nur Natur, Mensch und Gesellschaft, sondern zunehmend sich selbst, ihre eigenen Produkte, Wirkungen, Fehler verwissenschaftlicht.³⁶

Wenn der »revolutionäre Wunsch, das Reich Gottes zu realisieren« der Anfang der modernen Geschichte wäre, so müsste die »andere Moderne« mit einer Selbstreflexion auf den »revolutionären Wunsch« anfangen. Es ist offensichtlich, dass in der romantischen Fortschrittsidee schon eine Selbstreflexion enthalten ist. Beck bemerkt auch, dass die Ausdifferenzierung der Wissenschaften ein Grund für ihren Funktionsverlust ist und fordert eine interdisziplinäre Problematisierung der Wissenschaften.³⁷ Novalis' Satz: »*Alle W[issenschaft] ist Eine*«

(HKA III, 356:526) müsste nun als ein Anspruch auf die Interdisziplinarität der wissenschaftlichen Selbstreflexion verstanden werden. Beck weist ferner darauf hin, dass die menschlichen Sinne von der modernen Wissenschaft entfremdet worden sind:

> Viele der neuartigen Risiken (nukleare oder chemische Verseuchungen, Schadstoffe in Nahrungsmitteln, Zivilisationskrankheiten) entziehen sich vollständig dem unmittelbaren menschlichen Wahrnehmungsvermögen. Ins Zentrum rücken mehr und mehr Gefährdungen, [...] die der ›Wahrnehmungsorgane‹ der Wissenschaft bedürfen[...], *um überhaupt als Gefährdungen ›sichtbar‹ interpretierbar zu werden.*[38]

Noch radikaler erklärt Yasuo Imai nach der Fukushima-Katastrophe, dass auch die »Wahrnehmungsorgane« der Wissenschaft unzureichend sind:

> Die Aussage, die Sachkundigen hätten zwar die Risiken richtig wahrgenommen, aber die wahrgenommenen Risiken seien zugunsten des gemeinsamen Interesses des ›Kernenergiedorfs‹ verschwiegen worden, genügt nicht. [...][E]s bedeutet keineswegs, dass die Wissenschaft als ›Wahrnehmungsorgan‹ intakt gewesen wäre.[39]

VI. Fazit

»Die Wissenschaften sind nur aus Mangel an Genie und Scharfsinn getrennt« (HKA II, 368), und »Universaltendenz ist dem eigentlichen Gelehrten unentbehrlich« (HKA III, 601:291), sagt Novalis. Dass die Wissenschaften vereinzelt worden und zum ›Selbstzweck‹ geworden sind, kann als Ergebnis dessen verstanden werden, dass der Mensch aus ›Machbarkeitswahn‹ sowohl seine Sinneswahrnehmung als auch sein menschliches Bewusstsein, mit einem Wort, die ›Menschlichkeit‹ verloren hat. »Zur Wissenschaft ist der Mensch nicht allein bestimmt – der Mensch muß *Mensch* seyn – zur Menschlichkeit ist er bestimmt« (ebd.), bemerkt Novalis. Fukushima sollte zum Anlass werden, die Wissenschaften selbstreflexiv und interdisziplinär zu gestalten, damit der Mensch dem Wahnsinnszustand entkommt und seine Menschlichkeit wiedergewinnt.

»Gemeinschaftlicher Wahnsinn hört auf Wahnsinn zu seyn und wird Magie.«

1 http://www.pref.fukushima.lg.jp/site/portal/list271.html (Zugriff: 7.8.2019).
2 https://www.t-online.de/nachrichten/wissen/id_75516506/fukushima-katastrophe-war-wohl-vermeidbar.html (Zugriff: 7.8.2019).
3 Koide Hiroaki: »Shinsai wa manshin no hate ni yatte kuru«. In: IMIDAS 2000, Shueisha 2000, S. 938, zitiert von: Reinhard Zöllner: Japan. Fukushima. Und wir. Zelebranten einer nuklearen Erdbebenkatastrophe. München 2011, S. 94.
4 Dieter Rucht: Anti-Atomkraftbewegung. In: Roland Roth, Dieter Rucht (Hrsg.): Die sozialen Bewegungen in Deutschland seit 1945. Frankfurt a. M./New York 2008, S. 245–266, hier S. 258.
5 Athenäums-Fragmente, Nr. 222. In: Kritische Friedrich-Schlegel-Ausgabe. Hrsg. von Ernst Behler u. a. München/Paderborn/Wien 1958 ff., Bd. II, S. 201.
6 Lyceums-Fragmente, Nr. 47. In: Ebd., S. 153.
7 Michel Foucault: Wahnsinn und Gesellschaft. Eine Geschichte des Wahns im Zeitalter der Vernunft. Aus dem Französischen von Ulrich Köppen. Frankfurt a. M. 1969, S. 523.
8 Immanuel Kant: Die Religion innerhalb der Grenzen der Vernunft. In: Immanuel Kants Werke. Hrsg. von Ernst Cassirer. Berlin 1921 ff., Bd. VI, S. 317.
9 Vgl. Panajotis Kondylis: Die Aufklärung im Rahmen des neuzeitlichen Rationalismus. Stuttgart 1981, S. 537–545.
10 Foucault: Wahnsinn (s. Anm. 7), S. 8.
11 Dazu vgl. Verf.: »Der Sinn der Welt ist verlohren gegangen.« Sinn und Wahnsinn der Energiepolitik Japans. In: Bulletin of the Faculty of Human Development and Culture. Fukushima University, Bd. 26, 2017, S. 107–114.
12 Mythologie der Vernunft. Hegels ›ältestes Systemprogramm‹ des deutschen Idealismus. Hrsg. von Christoph Jamme und Helmut Schneider. Frankfurt a. M. 1984, S. 11–14.
13 Helmut Schanze: Erfindung der Romantik. Stuttgart 2018, S. 18.
14 Karl Marx: *Ökonomisch-philosophische Manuskripte*. In: Karl Marx Friedrich Engels Gesamtausgabe (MEGA), Erste Abteilung, Bd. II. Hrsg. vom Institut für Marxismus-Lenismus. Berlin 1982, S. 392 f.
15 Ebd., S. 270 ff.
16 Ebd., S. 290.
17 Dazu vgl. Yoshiyuki Sato, Takumi Taguchi: Datsu Genpatsu no Tetsugaku. Jinbunshoin 2016, S. 67–88.
18 Joachim Radkau, Lothar Hahn: Aufstieg und Fall der deutschen Atomwirtschaft. München 2013, S. 202 f.
19 https://asienspiegel.ch/2013/09/alles-unter-kontrolle (Zugriff: 7.8.2019).
20 Christian Kreckel, Stephan Böllmann, Myriam Horstmann, Sophia Theresa Weiß, Tamara Schillinger: Erneuerbare Energien in Japan: Chancen für eine echte Energiewende? In: Hochschule Ludwigshafen Ostasieninstitut: OAI Working Paper 03/2015: https://ostasieninstitut.com/wp-content/uploads/2019/02/OAI_WP_2015_03.pdf (Zugriff: 7.8.2019).
21 https://www.wsws.org/de/articles/2011/06/fuku-j18.html (Zugriff: 7.8.2019).
22 Ebd.
23 Michael Ende: Zettelkasten. Skizzen & Notizen. Hrsg. von Roman Hocke. München 2011, S. 275.
24 Duden. Deutsches Universalwörterbuch. Mannheim 6. Aufl. 2017.
25 Oliver Kohns: Die Verrücktheit des Sinns. Wahnsinn und Zeichen bei Kant, E. T. A. Hoffmann und Thomas Carlyle. Bielefeld 2007, S. 54.
26 Ebd.
27 Günther Anders: Die Antiquiertheit des Menschen 1. Über die Seele im Zeitalter der zweiten industriellen Revolution. München 3. Aufl. 2010, S. 276.
28 http://www.ippnw.de/atomenergie/gesundheit/artikel/de/strahlenmessung-als-beruhigungsmitte.html (Zugriff: 7.8.2019).
29 https://level7online.jp/2019/今一度「宮崎・早野論文」の誤りを正す/ (Zugriff: 7.8.2019).
30 https://www.asahi.com/articles/ASM2T4T7TM2TUGTB00B.html (Zugriff: 8.3.2019).
31 Radkau, Hahn: Atomwirtschaft (s. Anm. 18) S. 238.

32 https://www.deutschlandfunk.de/sieben-jahre-nach-fukushima-japans-regierung-kaempft-um.1773.de.html?dram:article_id=412675 (Zugriff: 7.8.2019).
33 http://www.ageu-die-realisten.com/archives/2881 (Zugriff: 7.8.2019).
34 https://www.etymonline.com/word/nice#etymonline_v_6918 (Zugriff: 7.8.2019).
35 https://www.etymonline.com/word/science#etymonline_v_22918 (Zugriff: 7.8.2019).
36 Ulrich Beck: Risikogesellschaft. Auf dem Weg in eine andere Moderne. Frankfurt a. M. 23. Aufl. 2016, S. 259.
37 Ebd., S. 256/261.
38 Ebd., S. 35.
39 Yasuo Imai: (Un-)Zeigbarkeit der Realität als Aufgabe der Pädagogik. Aus den Erfahrungen vor und nach ›Fukushima‹. In: Nach Fukushima? Zur erziehungs- und bildungstheoretischen Reflexion atomarer Katastrophen. Internationale Perspektiven. Hrsg. von Lothar Wigger u. a. Bad Heilbrunn 2017, S. 54–76, hier S. 74.

V.
Frühromantik
und moderne Literatur(theorie)

Markt, Moderne und romantische Ironie
Zu Ludwig Tiecks Dramen *Ein Prolog* und *Der Autor*

Christa Karpenstein-Eßbach

›O schaun Sie, schaun Sie doch die vielen Leute!
Was für ein Stück giebt man denn heute?‹ – so fragt jemand aus dem Publikum, der mit anderen Theaterbesuchern auf der Bühne sitzt.
Die Antwort:
›Der Himmel weiß, ich darf es nicht entdecken,
Vielleicht: Irrthum an allen Ecken‹.[1]

Der Dialog ist in Ludwig Tiecks Komödie *Ein Prolog* zu hören. Dieses Stück sowie ein weiteres mit dem Titel *Der Autor* soll zunächst skizziert werden im Blick auf zwei Aspekte: die Marktverwiesenheit sich autonomisierender Literatur und die literarische Gestalt der Ironie. In der Auseinandersetzung mit Schlegels eher philosophischem Entwurf wird dann versucht, eine Interpretation der romantischen Ironie zu geben, um schließlich die Hauptthese zu entwickeln, wonach es sich bei der romantischen Ironie um einen Reflexionsmodus handelt, der im Problemzusammenhang der Marktwirtschaft, wie er bei Adam Smith, Johann Gottlieb Fichte und Adam Müller ausgearbeitet wird, zu situieren ist.[2]

I.

Tiecks Theaterstück trägt den Titel *Ein Prolog*. Die Bedeutung eines Prologs liegt im Allgemeinen darin, ein auf ihn folgendes dramatisches Geschehen anzukündigen und in dieses einzuführen. Er hat den Charakter des Vorläufigen. In Tiecks Stück aber stellt sich der Prolog selbst als das Theaterstück heraus. Es bleibt bei der Vorläufigkeit – und die ist endgültig. Der Bühnenschauplatz ist ein dunkles Parterre, die dramatis personae sind die auf welches Stück auch immer wartenden Zuschauer. Was nun folgt, das ist kein Theater im Sinne eines realisierten anderen Stückes, sondern das Gespräch über die Frage, ob es denn überhaupt gerechtfertigt sei, ein solches Stück zu erwarten. Umstritten ist etwa, ob der Auftritt des Lampenputzers als Signal für den baldigen Spielbeginn zu deuten sei oder ob ein Direktor, ja überhaupt ein Autor existiere. Der Skeptiker Anthenor hält zwar die Idee, wonach es einen Direktor geben müsse, für »recht schön; Allein wer soll sie executieren?« Das Publikum hingegen ist es, das das Stück exekutiert:

> Wir zahlen, so mein ich, unsre Gebühren
> Und sitzen dann hier und dichten und trachten;
> Und das ist schon für ein Stück zu achten.³

Die Illusion, die das Publikum von der Bühne erwartet, wird hier nicht einfach zerstört⁴, sondern das Publikum wird seinerseits als ein Illusionen erwartendes illusioniert, denn *ihm* wird ja nun sein Auftritt gegeben. Es erhält seine Erwartungen, für die es bezahlt hat, vom Dichter zurück, es hat das theatralische Spiel tatsächlich für sich erworben und kann auftreten. Die Ironie, die das Stück exekutiert, liegt darin, dass die Illusion, die vom Dichter verlangt wurde, wider Willen zum Eigentum des Zuschauers wurde.

Soweit lässt sich das Stück *Ein Prolog* verstehen, und man könnte darin, dass die Zuschauer nun das Theater am eigenen Leibe vollziehen, durchaus eine endgültige Botschaft sehen. Aber die Lage wird dadurch komplizierter, dass das Stück mit dem Titel *Ein Prolog* seinerseits noch einen Prolog aufweist.⁵ Der Vorläufigkeit des Prologs als Stück wird eine weitere Vorläufigkeit vorangestellt; der Vorredner erklärt: dass »Jedweder Vorred' nur zu einer Vorred' macht«. Und im Prolog zu *Ein Prolog* heißt es dann weiter:

> Hofft Ihr nun doch, statt kalter Küche Braten,
> Statt den Prologs ein durchgeführtes Stück,
> So ist Euch wahrlich nicht zu rathen [...]
> Ihr müßt Euch nach der Poesie bequemen,
> Metaphern nicht gleich wörtlich nehmen,
> Sonst seht Ihr Schätze und es sind nur Scherben,
> Ihr taugt gleich schlecht zum Lesen, Leben und Sterben.⁶

Der Autor präsentiert nicht nur sein literarisches Werk, er präsentiert vor allem in einer virtuell unendlichen Bewegung seine Rede über dieses. Ingrid Strohschneider-Kohrs hat in dieser ironischen Geste ein Mittel zur Selbstrepräsentation der Kunst gesehen.⁷ Das ist zweifellos zutreffend, zumal damit auch die rationale Dimension des Ironischen als Reflexionshaltung mit getroffen ist. Aber man dürfte in dieser Potenzierung vielleicht auch noch einen anderen Aspekt hervorheben. Wie jemand, der sein Produkt auf dem Markt anbietet, darüber nicht schweigen darf, sondern darüber sprechen muss, um die Aufmerksamkeit darauf zu lenken, so sorgt der Poet mit Hilfe der ironischen Reflexion dafür, dass er sein Werk besprechen kann. In der Verdopplung des Prologs werden auch die Kunst und ihr Konsum literarisch thematisiert. So entsteht eine in sich gebrochene Selbstdarstellung.

Die romantische Ironie[8] ist möglich, weil Rolle, Bedeutung und Wert der Kunst keine fraglose Gewissheit, die zur Bewunderung veranlasst, haben, oder, um es mit Hegel zu sagen: Es ist mehr als fraglich geworden, dass wir unser Knie noch vor ihr beugen. Diesem philosophischen Zweifel kommt die Ironie zuvor, indem sie ihn für sich ästhetisch reklamiert. Ganz unmissverständlich wird im Prolog zu *Ein Prolog* ausgesprochen, dass man in der Kunst keine Schätze mehr sehen könne. Schätze sprechen für sich selber, sie müssen nicht angepriesen werden, sondern machen verstummen. Der romantische Poet muss sein Werk zum Objekt der ironischen Reflexion machen, weil die Evidenz des fraglos faszinierenden Schatzes nicht mehr gegeben ist; denn: »es sind nur Scherben«. Der romantische Ironiker wendet die historisch neue Möglichkeit einer Verkennung des Wertes der Kunst um, indem er ihn in die ironische Potenzierung investiert. Nicht wörtlich zu nehmen, das kann nun heißen, in dem, was präsentiert wird, auch noch etwas anderes zu sehen und seine Bedeutung zu verschieben. Ironie produziert Offenheit nach vorn: die Vorläufigkeit und den Hinweis auf kommende Vollständigkeit.

Am Ende von *Ein Prolog* wird schließlich Hanswurst um eine Äußerung zur Debatte des Publikums gebeten, und er scheint eine finale Deutung der theatralischen Dispute zu geben:

> Das ist noch nichts und zeigt von keinen Gaben,
> Irgend eine lumpige Meinung zu haben,
> Doch das, dünkt mich, verräth Geschick [...]
> In jedem Unsinn Wahrheit auch zu finden,
> Und alles zu einem Ganzen zu verbinden. [...]
> Es muß uns allenthalben glücken,
> Von einem zum andern zu legen Brücken [...]
> Ich dächte, das wäre der beste Schwank,
> Und die Zeit würde uns so am wenigsten lang.[9]

Hanswurst formuliert den Impuls der romantischen Ironie, gerade nach dem Verlust fragloser Kunstschätze, die Stücke oder Fragmente nicht als voneinander getrennte zu behandeln, sondern auf ein Ganzes hin zu perspektivieren[10] und auch das Heterogenste nebeneinander bestehen zu lassen. Hanswurst wird, so sagt er, von allen vorgetragenen Positionen und Meinungen »ein bischen« hineinnehmen: »So vermeid' ich dadurch der

Einseitigkeit Schein.«[11] Er bietet, ganz der Volkstümlichkeit dieser Figur entsprechend, ein Theater für alle an, gleichsam seine Massentauglichkeit als ein *theatre on demand*. Aber die programmatische Äußerung Hanswursts wird sogleich wieder ironisch gebrochen. Denn Tieck lässt das Publikum auf das romantische Programm der Versöhnung des Stückwerks im Ganzen antworten:

> Ja, ja, das ist die beste Methode,
> Wir sind schon alle in der Mode.[12]

Im Fall des »Fastnachts-Schwanks« mit dem Titel *Der Autor* haben wir es nicht mit einem Theater der Rezeption, sondern mit einem der Produktion zu tun. Sein Protagonist, der Autor, beklagt eine missliche Lage: »Statt aller frohen freien Natur, / Druckfehler um mich in Korrektur, / Gewöhne mich alles zu korrigieren«; er ist »unter der Presse«, leidet »schlimmen Druck«, wird »verhandelt auf der Messe«.[13] Als Besucher des Autors treten nacheinander auf: ein Fremder, die Muse (die über etwa ein Drittel des Stückes im Verborgenen, Trost spendend, anwesend bleibt), ein Schauspieler, der Rezensent, ein Alter Mann, Lessing, ein Bewunderer, ein Weltmann, der Altfrank, der Falsche und der Wahre Ruhm. Sie verwickeln den Autor in Gespräche über die Literatur im Allgemeinen und auf dem Markt, die Bedeutung und gegenwärtige Verfasstheit der Dichtung, ihre programmatischen Aufgaben, möglichen Funktionen und die Chancen und Risiken der Popularität. Zum weiteren Themenkatalog der Gespräche gehört, um nur einige zu nennen: die Bedeutung des für jedermann Interessanten, die Anpassung an die Leser und ihre Verachtung, die poetische Produktion nur für andere Dichter, gesinnungs- oder gefühlsgeleitete Dichtung, die Literaturkritik, der Antagonismus von Sittlichkeit und Witz, Verständlichkeit, Welthaltigkeit oder Innerlichkeit der Phantasieproduktion, der Zustand von Handel und Wandel auf dem Gebiet der Literatur und ihrer Messen, das Schweben der Poesie in einer Mitte zwischen Nichtigkeit und Größe, ihre geschmeidige Vielseitigkeit oder altdeutsche Derbheit.

Der Autor sieht sich angesichts des Ansturms von Erwartungen und Nachfragen in Bedrängnis:

> Mir fällt mein ganzes Bewußtsein um,
> Steht auf dem Kopf und macht mich dumm,
> Da treten die Leute nur flugs herein,
> Und schrein mir zu: So sollst du sein![14]

Einen Ausweg aus dem Dilemma schlägt zunächst die Figur Falscher Ruhm vor mit dem Rat, der »Gottheit Stimme«, nämlich der »Menge« zu folgen und zum »Hans Dampf« zu werden. Die Figur Wahrer Ruhm hingegen erklärt: »Nicht Lohn und Gold hat sich als Ruhm erwiesen«, und der Autor bemerkt: »Was thuts, wenn Pöbel hinter mir auch schreitet, / Sein Wüthen mir den Weg verkümmern will, / Von einem süßen Licht bin ich geleitet.«[15]

Tieck hat seinen Protagonisten-Autor zu einer Figur gemacht, die alle ihr von den Agenten des Literaturmarktes angetragenen Autorfunktionen zum Anlass und Objekt ihrer poetischen Reflexionen nimmt und die schließlich als ein souveräner Verwerter fungiert, der mit all den Ansinnen an die Kunst auf der Ebene des Stückes spielerisch schalten und walten kann. Kurz darauf wird diese souveräne Position aber wieder fraglich, weil über der Selbsterhebung über den Markt in einer weiteren Drehung die Selbsterhebung über der Selbsterhebung installiert wird, wenn es heißt: »Dann bitt ich noch: nicht Spaß für ernst zu halten«.[16] Dem Vergnügen des Lachens räumen die beiden Stücke Tiecks denn auch genügend Raum ein; von vielen anderen Komödien aber unterscheiden sie sich darin, dass die Reflexionsfigur der Ironie in sie eingeführt wird. Was sie hingegen durchaus mit anderen Komödien, mit der Komödie als spezifischer Gattung verbindet, ist eine »Strukturhomologie von Komödie und Geldwesen«, wie Daniel Fulda für den Zeitraum der Entstehung der Marktwirtschaft vom frühen 17. bis zum späten 18. Jahrhundert gezeigt hat.[17]

Beide Stücke Tiecks sind im strengen Sinne inhaltsleere Dramen. Ihr Interesse richtet sich auf Vermittlungsweisen von Dichtung, und sie umkreisen die Problematik einer Literatur, die sich autonomisiert hat und nun auf dem Markt behaupten muss, und sie tun dies im Modus einer ironischen Reflexionshaltung. Einige ihrer wesentlichen Merkmale sind: die Literatur des Prologs; eine sich potenzierende Reflexion, die sich gleichsam stets erneut von außen betrachtet; der Aufschub von Bedeutungen in aufeinander gehäuften Vorläufigkeiten; die Koexistenz von Argument und Gegenargument im Gespräch; das distanzierte Spiel mit dem poetischen Vermögen; der Verzicht auf den unwiderruflichen Ernst einer Sache. Die These, die ich erläutern möchte, lautet: Die romantische Ironie steht im Problemzusammenhang der deutschen Rezeption des westlichen Liberalismus und Individualismus, und sie ist eine ins ästhetische und reflexive Vermögen des Dichters verlagerte Verinnerung des Phänomens des Marktes.

Beziehungen zwischen romantischer Literatur und Ökonomie sind – sieht man von der durchaus lange gepflegten Überzeugung, wonach die Romantik sich gerade durch ihre antiökonomische Haltung auszeichne, einmal ab – in vielfältiger Hinsicht untersucht worden, sei es als eine Ausprägung spezifisch deutscher, an einem organischen Ganzheitsmodell orientierter Volkswirtschaftslehre, im Blick auf die Ordnungen des Wissens von Ökonomie, wie sie dann auch in literarischen Werken aufzufinden sind, oder im Sinne einer allgemeinen Strukturhomologie von Sprache und Geld, und schließlich insbesondere als Verknüpfung von Ökonomie und Staatstheorie, womit die Frage danach einhergeht, ob es sich bei der romantischen Ökonomie um eine rückwärtsgewandte Modernisierungsgegnerschaft oder um eine Vorwegnahme späterer Kapitalismus- und Liberalismuskritik handele.[18] Uns interessiert hier nicht das kompakte Gebiet der Ökonomie, in das sehr verschiedene Sachverhalte und Probleme fallen, sondern wir konzentrieren uns hier vornehmlich auf Markt und Tausch, dem Sachverhalt durchaus entsprechend, dass sich »der Prozess einer Aufwertung der Tauschsphäre im 18. Jahrhundert dynamisiert und zum Ende des Jahrhunderts hin als abgeschlossen zu gelten hat«.[19] Diese Seite der Ökonomie wird dabei nicht nur als ein in der romantischen Literatur thematisierter Objektbereich aufgesucht, vielmehr geht es um romantische Denkfiguren, die über die Gegenstandsthematisierung oder -reflexion im Sinne von Repräsentationsweisen hinausragen, aber als intellektuell-poetische Aktion mit dem Denken dieser ökonomischen Sphäre von Markt und Tausch verschwistert sind.[20] Deren Ort ist die romantische Ironie. Dazu ist zunächst an Schlegels Überlegungen zur Ironie zu erinnern.

II.

In einer kleinen Notiz hat Friedrich Schlegel das Kunstwerk skizziert, wie es sein soll: »Ein vollkommener Roman müßte auch weit mehr romantisches Kunstwerk sein als der Wilhelm Meister; moderner und antiker, philosophischer und ethischer und poetischer und politischer, liberaler, universeller, gesellschaftlicher.«[21] Abgesehen davon, dass der Erwerb eines solchen Buches zweifellos lohnend ist, weil man gleich mehrere verschiedene in einem erhält, ist an dieser Charakteristik die Fülle der Komparative auffällig: nicht liberal, liberaler; nicht poetisch, sondern poetischer usw. Jede Qualität, die gegeben ist, wird noch einmal überboten. Darin folgen die Künstler einem Gebot: sie müssen »frei genug (sein), sich selbst über ihr Höchstes zu erheben«. (KA 2, S. 157, L 87) Es handelt sich um eine Bewegung des permanenten Überbietens, in der das »Leben des universellen Geistes [...] eine ununterbrochene Kette innerer Revolutionen [ist]«. (KA 2, S. 255, A 451) Wie die Poesie von der »Poesie der Poesie« übertroffen wird (KA 2, S. 204, A 238), so der Dichter von sich, indem er »sich über sich selbst hinweg [setzt]«. (KA 2, S. 160, L 108)

Das Pendant der Überbietung ist die Entwertung. Wir müssen, schreibt Schlegel in seiner Kritik des *Wilhelm Meister*, »was wir anbeten, in Gedanken vernichten können«. (KA 2, S. 131) Wie die Geste des Überbietens, so löst auch die der Entwertung jede Fixierung in der je augenblicklichen Bewegung auf. Schlegel sieht hierin das Moment der Freiheit: »Alles, was sich nicht selbst annihiliert, ist nicht frei und nichts werth.« (KA 18, S. 82, Phil. Frag. 628) Die Festsetzung des Werts ist für Schlegel undenkbar, kollidierte sie doch mit einer Freiheit, die sich gerade darin zeigt, ihm eine feste Gestalt zu entziehen. Da immer überboten oder entwertet werden kann, wäre jede eindeutige Wertbestimmung nichts als eine Täuschung, die die Bewegung der Freiheit verkennt. Genau genommen ist es sogar unmöglich, den Wert von etwas auch nur einen Moment lang wirklich zu bestimmen, denn, so Schlegel in einer paradoxen Formulierung: »Alles was etwas werth ist, muß zugleich dieß sein und das Entgegengesetzte.« (KA 18, S. 82, Phil. Frag. 633) Diese Paradoxie und Antithetik setzen zweifellos jene »Gymnastik des Geistes« voraus, die Schlegel gefordert hat (KA 18, S. 308, Phil. Frag. 1369), und in der Ironie findet sie ihre Gestalt.

Man hat bisher romantische Überbietung und Entwertung politisch kritisiert oder ästhetisch gefeiert – was man jedoch weithin übersehen hat, ist aber, dass sie zugleich ökonomisch als eine Beschreibung des Austauschprozesses gelesen werden kann, in dem sich allererst Werte realisieren.[22] Es steht, so Marx, »dem Werte nicht auf der Stirn geschrieben, was er ist«.[23] Erst daran, dass etwas ein fremdes Bedürfnis befriedigt, *erweist* sich sein Wert; aber eben auch dies ist ungewiss.

> Jeder Warenbesitzer will seine Ware nur veräußern gegen andre Ware, deren Gebrauchswert sein Bedürfnis befriedigt. [...] Andrerseits will er seine Ware als Wert realisieren, also in jeder ihm beliebigen andren Ware von demselben Wert, ob seine eigne Ware nun für den Besitzer der andren Ware Gebrauchswert habe oder nicht.[24]

Meine Ware kann sich also, so sehr ich auch an ihren Wert, der sich realisieren lassen soll, glaube, als wertlos erweisen. Sie kann alles sein, sich in alles beliebige Andere verwandeln, und sie kann nichts sein, aus der Welt der Werte herausfallen. Das ist verhext. Die Parallelen zur romantischen Ironie sind offensichtlich. Schlegel hat diese eigentümliche Bewegung des Werts, die Unmöglichkeit seiner Stillstellung in *einer* Bestimmung, zum Reflexionsmodus des Subjekts gemacht, das sich seiner Freiheit in vorauseilenden Umwertungen vergewissert.

Die romantische Ironie ist eine philosophische Praxis, Abstand vom höchsten Wert zu halten.[25] Zwar ist die romantische Poesie bezogen auf ein Höchstes, Unbedingtes, Absolutes, Unbegrenztes, in dem sich alle isolierten Phänomene in einer Synthese vereinigen sollen, aber dieses Höchste ist, wie Schlegel im *Gespräch über die Poesie* bemerkt, unaussprechlich (KA 2, S. 324). Die »progressive Universalpoesie«, von der das berühmte *116. Athenäums-Fragment* spricht, stellt diesen Abstand gerade auf Dauer im ironischen Reflexionsmodus, der sich dadurch auszeichnet, dass jede Position, die der menschliche Geist einnehmen kann, von ihrem Widerspruch aufgestört wird, um ihre Relativität herauszustellen. Das »Erstaunen des menschlichen Geistes über sich selbst, was sich so oft in ein leises Lächeln auflöst«, bezeichnet Schlegel als Ironie. Eine »innre Zwiefachheit und Duplicität [ist] in unserm Bewußtsein eingewurzelt, daß wir selbst dann, wenn wir allein sind, oder allein zu seyn glauben, immer eigentlich noch zu Zweyen denken«.[26]

Ganz in der Tradition der sokratischen Ironie der platonischen Dialoge und Nietzsches Perspektiven umstellendem Denken durchaus verwandt, wird die Gültigkeit einer jeden Setzung aufgeschoben, weil sie von ihrem Gegensatz affiziert wird, ja, ohne ihren Gegensatz gar nicht möglich wäre. Ernst Behler hat diesen Reflexionsmodus als »antithetische Geistesbildung« bezeichnet, als ein Denken, das »zwischen absoluten Gegensätzen zu operieren« versucht.[27] Zum Ausdruck kommt darin ein Skeptizismus gegenüber jeder Stabilität von Wahrheit. Es handelt sich dabei aber nicht, wie noch immer, dem Diktum Lukács von der Zerstörung der Vernunft folgend, interpretiert wird, um die »genuin romantische Form einer Depotenzierung der Vernunft«, um eine »Attitüde, hinter der sich in Wahrheit eine ruinöse Selbstgefährdung und existentielle Haltlosigkeit menschlicher Subjektivität verbirgt.«[28] Diese Interpretation verkennt die rationalistische Komponente des ironischen Abstandhaltens als einer Bewegung des Verstandes, der sich nicht von einem Inhalt faszinieren lässt, sondern ihn in einer weiteren Reflexion zum Objekt macht, das aus der Distanz heraus gesehen wird.²⁹ Die lenkende, gesetzgebende Macht sei der Verstand als gleichsam oberstes lenkendes Prinzip, erklärt Schlegel im Aufsatz über das Studium der griechischen Poesie.

Die Ironie zeitigt all die beschriebenen Effekte – aber sie ist dennoch nicht ohne weiteres zu bestimmen.³⁰ So sehr sie als eine bestimmte Redeweise zu verstehen ist – die Ironie kann nicht einfach eine Reihe ironischer Sätze sein. Textlinguistische Untersuchungen können zwar die ironische Redeweise nach verschiedenen rhetorischen Figuren typisieren und klassifizieren und Komponenten der Ironie erkennbar machen³¹, aber die Kompilation ironischer Sätze kann völlig unironisch sein.

III.

Beda Allemann spricht von einem »Spannungsfeld«, von einem »Spielraum«, die von der Ironie eröffnet werden.³² Jede geistige Tatsache wird in dieses Spannungsfeld inseriert. »Eine Idee«, so bestimmt das *121. Athenäums-Fragment,* »ist ein bis zur Ironie vollendeter Begriff, eine absolute Synthesis absoluter Antithesen, der stete sich selbst erzeugende Wechsel zwei streitender Gedanken.« (KA 2, S. 184, A 121) Dennoch zielt die romantische Ironie darauf, Zusammenhang zu stiften: »Verbindet die Extreme, so habt ihr die wahre Mitte.« (KA 2, S. 263, I 74) Jene Mitte ist der ironische Zustand des Schwebens, in dem man »auf den Flügeln der poetischen Reflexion in der Mitte schweben, diese Reflexion immer wieder potenzieren und wie in einer endlosen Reihe von Spiegeln vervielfachen« kann. (KA 2, S. 182 f., A 116) Ironie führt zur Synthesestiftung des Moments, in dem zwei divergierende Entitäten miteinander einig werden; der liberale Zustand beruht darauf, dass sie sich als heterogene in einem gemeinsamen Medium realisieren.

Diese Denkfiguren der romantischen Ironie korrespondieren den Auffassungen von Markt und Tausch, wie wir sie in der Politischen Ökonomie von Adam Smith finden, den sowohl Friedrich Schlegel zur Kenntnis genommen hat³³ wie auch Johann Gottlieb Fichte und Adam Müller in ihren Auseinandersetzungen mit dessen Schriften.³⁴ Man kann hier geradezu von einer intellektuellen Parallelaktion von poetischer Philosophie und politischer Ökonomie sprechen. Um dies zu zeigen, beziehen wir uns nicht auf biographisch verbürgte Beziehungen oder Affinitäten der jeweiligen Autoren oder eine »Geschichte« der literarischen und politischen Romantik bzw. ihrer Vertreter mit den Kontinuitäten und Umbrüchen ihrer Weltanschauungen, wie sie z. B. im Blick auf die frühe und späte Romantik konzipiert wird, sondern interessieren uns für strukturelle Analogien des Denkens der Ökonomie und der Dichtung, und dies speziell im Blick auf die Phänomene von Markt und Tausch. Wie bei Adam Smith der Mechanismus des Marktes nicht dadurch erhellt werden kann, dass man all die verschiedenen Werte, die sich auf ihm zeigen und austauschen, zusammenstellt, da es eine »invisible hand« ist, die ihn regiert, so ist die romantische Ironie durchaus als ein vergleichbares regulatives Prinzip zu verstehen, das Austauschprozesse zwischen geistigen Tatsachen ermöglicht – sie also nicht bloß sammelt und zusammenstellt.

»Kraft und Hang zum Tauschen und Wechseln« suspendieren uns den vielzitierten Formulierungen von Adam Smith zufolge von der knechtischen Unterwerfung unter das Wohlwollen anderer. Im Unterschied zu den Tieren sind den Menschen

> die unähnlichen Anlagen einander von Nutzen, indem die verschiedensten Produkte ihrer respektiven Talente durch den allgemeinen Hang zu tauschen, zu verhandeln und auszuwechseln so zu sagen zu einem Gesammtvermögen werden, woraus ein Jeder den Theil des Produktes von anderer Menschen Talenten kaufen kann, dessen er benöthigt ist.[35]

Für die Bildung eines Zusammenhanges im Austausch bedarf es des Zusammentreffens gerade des Unähnlichsten, und dies wiederum ist nur dann möglich, wenn dem Handel keine Grenzen gezogen werden und sich alles mit allem austauschen kann. Alle Beschränkungen des Güterverkehrs kritisiert Smith als vollends unvernünftig. »Einem ganzen Volke aber verbieten, aus seinen eigenen Produkten Alles zu machen, was es daraus machen kann, oder sein Kapital oder seine Industrie so anzuwenden, wie es ihm am Vortheilhaftesten zu sein scheint: das ist eine offenbare Verletzung der heiligsten Rechte der Menschheit.«[36] Hier duldet der Handel ebenso wenig ein Gesetz über sich wie der ironische Poet.

Adam Smith sucht den Reichtum der Nationen zu bestimmen – und hier ist der Unterschied von Geld und Markt besonders wichtig. Der Reichtum liegt nicht »in den unverzehrbaren Schätzen des Geldes«, sondern in den verzehrbaren Gütern.[37] Allein um deren Austausch geht es. Smith verwirft die zu seiner Zeit unter den Ökonomen verbreitete Auffassung, wonach »aller Reichtum in Gold und Silber bestehe, und daß es die große Aufgabe der Gewerbsamkeit und des Handels einer Nation sei, jene Metalle zu vermehren«.[38] Smiths Bestimmung des Reichtums setzt auf die Beweglichkeit von Gütern, nicht auf das Horten von Schätzen oder Geld. Deshalb hat der Markt gegenüber jeder Geldpolitik vorrangige Bedeutung. Was sich in den Mechanismen des Marktes niederschlägt, das sind die Wirkungen der Urteile und Meinungen der Menschen, denen zufolge sie ihre Positionen in den Bewegungen des Austausches einnehmen.

Schlegels Ironie kommuniziert – sofern man bereit ist, in strukturellen Analogien zu denken – an eben der Stelle mit dem Wirtschaftsliberalismus von Adam Smith, wo sie das Spiel des Verschiedensten in die subjektiven Wechselfälle des Meinens und Urteilens überführt und dies zum regierenden Vermögen der Synthetisierungen macht. Aber es wäre nicht ganz zutreffend, die Ironie allein in den Horizont eines angelsächsischen Liberalismus einzurücken. Die Politische Ökonomie der Romantik hat in der Auseinandersetzung mit Adam Smith bei Johann Gottlieb Fichte und Adam Müller noch einmal eine besondere Gestalt gewonnen.[39]

Fichte geht es in *Der geschloßne Handelsstaat* von 1800 darum, dem »Widerstreite der freien Kräfte« und der »Handelsanarchie«, ihrer blinden Naturgewalt, abzuhelfen.[40] Marktmechanismen sind für Fichte nicht die Wirkungen von Urteilen und Meinungen von Menschen, sondern Resultat von Planungsentscheidungen. Sein Entwurf staatlicher Steuerungsmechanismen zur Regelung von Produktion und Handel (etwa die Begrenzung von Handelslizenzen, das Plädoyer für den Fünfjahresplan u. a.) hat ihn zum Vorläufer sozialistischer Planwirtschaft werden lassen. Der Imperativ der Planung lautet: »das Gleichgewicht muß fortdauernd gehalten werden«.[41] Angebot und Nachfrage, Kosten und Nutzen sollen einander gleich sein, Ware und Preis gleichwertig, das Verhältnis von Warenwert und Geldwert dauerhaft festgesetzt sein. Damit dies gelingt, muss der Handelsstaat nach außen geschlossen sein: »Aller Verkehr mit dem Ausländer muß den Untertanen verboten sein, und unmöglich gemacht werden.«[42] In Hinsicht auf die romantische Ironie könnte man, wenn diese Formulierung gestattet ist, sagen, dass der romantische Poet in seiner deutschen Variante den Verkehr mit sich selbst pflegt. Die romantische »Symphilosophie«, in der alles Wechselwirkung sein soll und die Unendlichkeit denkbarer Kombinationen im geselligen Austausch der Gruppenmitglieder ihren Ort findet, dürfte durchaus hierhergehören.

Aber auch innerhalb der nationalen Grenzen sind regulative Eingriffe zur Bändigung des Chaos des Marktes vonnöten. Denn nicht der Markt gestattet Freiheit, sondern allein ein zum Ausgleich gebrachter Markt, der weder von Konkurrenzen noch durch Initiativen irritiert wird. Die Freiheit sieht Fichte darin verbürgt, dass das Recht gesichert wird, »andere von einer gewissen uns allein vorbehaltenen freien Tätigkeit auszuschließen«.[43] Der Tausch findet unter den Bedingungen der Geschlossenheit statt. Eben dies erfordert eine Unterscheidung, deren polit-ökonomische Qualität uns in der Literatur der Romantik wieder begegnen wird. Fichte unterscheidet zwischen »Landesgeld« und »Weltgeld«.[44] Das Weltgeld besteht aus Gold oder Silber. Das Landesgeld hingegen »muß so wenig als möglich wahren inneren Wert haben«, es fungiert als »bloße[s] Zeichen«, in dem sich der Wert aller zirkulierenden Waren ausdrückt.[45] Im Unterschied zur Substanzhaltigkeit des Weltgeldes, das auch der Schatzbildung dienen kann, fungiert das Landesgeld ausschließlich als Tauschmittel, dessen Substanzlosigkeit in eine Wertgarantie umschlägt. Im staatlich regulierten Landesgeld drückt sich der Wert aller Dinge gegeneinander und seine Berechenbarkeit im Tausch auf dem Markt aus. Die Spaltung in Welt- und Landesgeld sorgt für eine Beruhigung der Wertproblematik.

Adam Müller hat Fichtes *Geschloßnen Handelsstaat* außerordentlich kritisch rezensiert[46] und auf der Notwendigkeit einer »Welthaushaltung, eine[r] große[n] ökonomische[n] Gemeinschaft der Staaten dieser Erde« insistiert.[47] In seiner *Neuen Theorie des Geldes*, geschrieben 1811 in Wien, wo sich auch Friedrich Schlegel aufhielt, geht es um Handel, Tausch und Wertbestimmung. Das Band, das alles miteinander vermittelt, ist das Geld, das »recht eigentlich nichts anders sey, als die Eigenschaft der Geselligkeit, welche in größerem oder geringerem Grade allen Dingen innewohne«.[48] Dieses »Centrum« kann »nur ein unsichtbares, bloß empfundenes Wesen seyn«, es kann nicht

> von einer vergänglichen handgreiflichen Sache, von einem Universalmonarchen oder von einem Völkerrathe dargestellt werden. Hier gibt es weiter keine Repräsentation, hier muß der Glaube an den Mittelpunct, an die unendliche Vermittlung (mediation) oder an den Mittler selbst zum Mittelpuncte werden.[49]

Müller trifft in Hinsicht auf das Geld eine Unterscheidung, die auch bei Fichte begegnet, aber aus anderen Gründen: die zwischen Metallgeld und Papiergeld. Während sie bei Fichte mit dem Gegensatz von Welt- und Landesgeld gleichgesetzt wird, dient dieser Unterschied bei Müller dazu, den Tausch zur wirklich universalen Vermittlung zu machen, und dafür ist die Rolle des Papiergeldes sowohl im Binnen- wie Außenhandel höher einzuschätzen als die des Metallgeldes, denn »dem Metall fehlt die für so große Geschäfte nothwendige Elasticität«.[50] Zudem können die Edelmetalle kein absoluter Maßstab sein, weil der Wert der Substanz der geprägten Münze nicht stabil bleibt, sondern vom Marktpreis der Metalle abhängig ist und es so zu Münzverschlechterungen kommen kann.[51] »Die Dauerhaftigkeit und Festigkeit der edlen Metalle ist bloßer Trug und Schein«, der »große Irrthum des gemeinen Mannes«, womit »die Sachen zu Götzen, zu Tyrannen des Menschen erhoben [werden]«.[52]

Demgegenüber besteht das »Wesen des Papiergeldes« darin, »ein idealisches Geld« zu sein.[53] Wenn Müller hinsichtlich des Papiergeldes auch von »Wortgeld« spricht, so wird damit die Prädominanz des Idealischen über das bloß Dingliche noch einmal besonders hervorgehoben.[54] Für die romantische Theorie ist das Geld »vor allem Tauschmittel, wobei diese Funktion im weitesten Sinne zu verstehen ist«.[55] Im Tausch überhaupt verkörpert und verwirklicht sich Gesellschaftlichkeit, nicht auf der Ebene der Dinglichkeit, sondern als ein allgemeines und ideales Prinzip gesellschaftlicher Beziehungen und Verhältnisse, das als solches seinen Wert hat, ohne dass es irgendeine Referenz auf einen anderweitigen fixen Wertmaßstab gäbe, weil jeder Maßstab »selbst sich bewegt« und seine Festigkeit »nur eine relative Festigkeit seyn [kann].«[56]

Die um den Tausch zentrierte Politische Ökonomie von Fichte und Müller weist bemerkenswerte Parallelen zu den Denkfiguren der romantischen Ironie auf. Dabei stiftet die Auseinandersetzung mit Adam Smith und seiner Orientierung an einem strikten Marktliberalismus, der im Prinzip ohne weitere Institutionen auskommt, sowie im Übrigen auch der Abweis seiner auf die materielle Produktion ausgerichteten Arbeitswertlehre, noch einmal eine besondere Nähe zwischen Politischer Ökonomie und Ironie. Denn wenn im Falle von Fichte und Müller der Staat, wenn auch auf verschiedene Weise, zum Garanten der Idee einer universellen Vermittlung im Tausch gemacht wird, so ist es im Falle der Ironie der literarische Souverän. Dessen ironische Tätigkeit erstreckt sich nicht nur auf die Thematisierung der Marktverwiesenheit sich autonomisierender Literatur, wie wir sie explizit in den beiden Stücken Tiecks finden, sie ist darüber hinaus das Medium, in dem alle Gegensätzlichkeit in Austausch unter der Bedingung der Relativität und Beweglichkeit des Wertes des Ausgetauschten verwandelt wird. Man könne, so Schlegel, »nicht wieder aus der Ironie herauskommen«. (KA 2, S. 369 f.) Sie ist jenes unsichtbare Regulativ, das den Widerstreit von Interessen, Handlungen, Ideen und Werten so regelt, dass wir sie alle fraglos und frei austauschen können.

Nun sind Konnotationen mit dem Gebiet der Ökonomie in der Romantikforschung bisweilen, wenn auch auf andere Weise, entfaltet worden. So ist bemerkt worden, dass Tiecks *Runenberg* von den verborgenen Schätzen der Erde und vom faszinierenden Glanz des Goldes handelt; in Novalis' *Lehrlingen zu Sais* tönen die Steine von in ihnen verkörperten unendlichen Kostbarkeiten, für deren Erfahrung der Mensch sich öffnen soll.[57] Man hat diese romantischen Motive als Thematisierung des Geldkomplexes interpretiert. So sieht Jochen Hörisch im Fetisch des Allgemeinäquivalentes Geld den Nukleus, von dem aus die romantische Literatur und Denkform aufzuschließen ist.[58] Manfred Frank hat in seiner Interpretation die Motive des Schatzes und des Goldes in Anschlag gebracht.[59]

Eine wesentliche Frage ist es aber, ob der Unterschied zwischen Gold und Geld stark gemacht wird oder nicht. Hält man sich an Fichte und Müller mit ihren Geldtheorien, so kommt man an diesem Unterschied nicht vorbei, zumal er sich in der romantischen Literatur selbst ausprägt.[60] Denn Gold oder Schatz stehen nicht unbedingt in den Bewegungen des Austauschs, an ihnen haften Fragen des Glücks oder Unglücks, die Kostbarkeiten können von höchst fraglicher, blendender Faszinationskraft sein, sie sind verborgen in den Tiefen der Erde, versteckt von einer Natur, die das Glück des Findens gewähren kann oder nicht. Nicht zufällig kommt dem Bergbau in der Romantik eine Schlüsselstellung zu[61]; doch endet die Hortung des Schatzes oder Goldes nicht selten fatal. Der mineralischen Versteinerung und dem Seltenheitswert der edlen Metalle steht mit dem ironischen Vermögen die Verflüssigung von Substanzen im Tausch und eine allseits praktizierbare Vermittlung auf dem Markt gegenüber. Der Markt ist kein Schatz. Gold oder Geld: In diesem Unterschied artikuliert sich das romantische Verhältnis zur anbrechenden Moderne.

1   Ludwig Tieck: Ein Prolog. In: Tieck: Schriften. Bd. 13. Berlin 1826. Nachdruck Berlin 1966, S. 244.
2   Erste Überlegungen hierzu s. Verf.: Romantische Ironie und das Denken der Marktwirtschaft: In: Vera Alexander, Monika Fludernik (Hrsg.): Romantik. Trier 2000, S. 167–180.
3   Tieck: Ein Prolog (s. Anm. 1), S. 247.
4   Romantische Ironie als Stilmittel zu interpretieren, das darauf ziele, Illusionen zu zerstören, gehört zum Bestand der Romantikforschung. Zur kritischen Auseinandersetzung mit dieser Konvention s. Raymond Immerwahr: Die Subjektivität oder Objektivität von Friedrich Schlegels poetischer Ironie. In: Helmut Schanze (Hrsg.): Friedrich Schlegel und die Kunsttheorie seiner Zeit. Darmstadt 1985, S. 112–142.
5   Dies ist in der sonst luziden Interpretation von Peter Szondi: Friedrich Schlegel und die romantische Ironie. Mit einer Beilage über Tiecks Komödien. In: Schanze (Hrsg.): Friedrich Schlegel (s. Anm. 4), S. 143–161 unbemerkt geblieben. Zu Tiecks Dramen unter den Aspekten von Ironie, Mannigfaltigkeit und Unendlichkeit s. Jolanta Szafarz: Ludwig Tiecks Dramenkonzeption. Warschau 1997.
6   Tieck: Ein Prolog (s. Anm. 1), S. 242.
7   Ingrid Strohschneider-Kohrs: Die romantische Ironie in Theorie und Gestaltung. Tübingen 1960.
8   In seiner materialreichen Begriffsgeschichte weist Jan Papiór darauf hin, dass – trotz des häufigen Gebrauchs bei den Romantikern – der Begriff Ironie noch im 19. Jahrhundert »nur Sprachgut der hochgebildeten Schichten [war], und das auch nur in einem sehr geringen Umfange.« Ironie lexikalisiert sich sehr langsam und wird erst um die Wende zum 20. Jahrhundert in die Wörterbücher aufgenommen. Jan Papiór: Ironie. Diachronische Begriffsentwicklung. Poznan 1989, S. 17 f.
9   Tieck: Ein Prolog (s. Anm. 1) S. 265 f.
10 Vgl. Uwe Japp: Theorie der Ironie. Frankfurt a. M. 1983, wonach die romantische Ironie als »Anverwandlung« »im Dienst einer Idee des Ganzen (steht), die Schlegel gegen das Trennende seiner Zeit geltend machte«. (S. 190).
11 Tieck: Ein Prolog (s. Anm. 1), S. 266.
12 Ebd.
13 Ludwig Tieck: Der Autor. In: Schriften. Bd. 13. Märchen. Dramatische Gedichte. Fragmente. Berlin 1829. (Nachdruck Berlin 1966), S. 269 f.
14 Ebd., S. 318.
15 Ebd., S. 331 ff.
16 Ebd., S. 334.
17 Daniel Fulda: Schau-Spiele des Geldes. Die Komödie um die Entstehung der Marktgesellschaft von Shakespeare bis Lessing. Tübingen 2005, S. V und S. 23 ff.
18 S. hierzu den ausführlichen Forschungsüberblick von Reinhard Saller: Schöne Ökonomie. Die poetische Reflexion der Ökonomie in frühromantischer Literatur. Würzburg 2007, S. 54–84.
19 Ebd., S. 32.
20 Es liegt darin ein Unterschied zu der von R. Saller im Rückgriff auf Walter Benjamin (*Der Begriff der Kunstkritik in der deutschen Romantik*) getroffenen Unterscheidung zwischen einem Denken der Ökonomie als außerliterarischem Gegenstand romantischer Literatur (»Wissen«) auf der einen Seite und dem Denken des ökonomischen Denkens als »Poetisierung der Ökonomie« im Sinne erkenntnistheoretisch imprägnierter Reflexion und Selbstreflexion (»Denken«) auf der anderen Seite. S. Saller: Schöne Ökonomie (s. Anm. 18), S. 85 ff.
21 Friedrich Schlegel: Fragmente zur Litteratur und Poesie. In: Kritische Ausgabe. Bd. 16. Hrsg. von Ernst Behler. Paderborn 1962, S. 108, Nr. 289. Im Folgenden als KA mit Bandangabe im Text zitiert.
22 Thomas Wegmann: Tauschverhältnisse. Zur Ökonomie des Literarischen und zum Ökonomischen in der Literatur von Gellert bis Goethe. Würzburg 2002, S. 217, schreibt im Hinblick auf die Figur der Vermittlung als zentralem Bestandteil romantischer Ästhetik, »das Vermittlungskonzept selbst aber [ist] nicht frei von Analogien zum Kaufmännischen und damit zur Sphäre des Ökonomischen«, was »in der Forschung – zumindest bis dato – eher eine exzeptionelle Position« darstelle. Untersucht werden sowohl ökonomische wie nicht-ökono-

mische Tauschbeziehungen als Vermittlungsagenten von Individualisierungsprozessen.

23 Karl Marx: Das Kapital. Kritik der politischen Ökonomie. Karl Marx, Friedrich Engels. Werke. Bd. 23. Berlin 1970, S. 88.
24 Ebd., S. 101.
25 Vgl. auch Strohschneider-Kohrs: Die romantische Ironie (s. Anm. 7) sowie Fulda: Schau-Spiele des Geldes (s. Anm. 17), mit der speziell auf Friedrich Schlegel bezogenen Feststellung, wonach die »Freisetzung von Normen [...] hier der Poesie eine ähnliche Dynamik [verleiht], wie sie Adam Smith dem wirtschaftlichen Leben zuspricht«. (S. 470)
26 Friedrich Schlegel: Philosophische Vorlesungen insbesondere über Philosophie der Sprache und des Wortes. In: KA 10, S. 352 f.
27 Ernst Behler: Studien zur Romantik und zur idealistischen Philosophie. Paderborn und München 1988, S. 62.
28 Lore Hühn: Das Schweben der Einbildungskraft. Zur frühromantischen Überbietung Fichtes. In: DVjS, 70. Jg. 1996, S. 395 und S. 599.
29 F. Schlegel gibt folgenden Rat: »Um über einen Gegenstand gut schreiben zu können, muß man sich nicht mehr für ihn interessieren, der Gedanke, den man mit Besonnenheit ausdrücken soll, muß schon gänzlich vorbei sein, einen nicht mehr eigentlich beschäftigen. So lange der Künstler erfindet und begeistert ist, befindet er sich für die Mitteilung wenigstens in einem illiberalen Zustande.« (KA 2, S. 151, L 37).
30 S. Beda Allemann: Ironie als literarisches Prinzip. In: Albert Schaefer (Hrsg.): Ironie und Dichtung. München 1970, S. 16 f.
31 So Marika Müller: Die Ironie. Kulturgeschichte und Textgestalt. Diss. Univ. Saarbrücken 1994.
32 Allemann: Ironie als literarisches Prinzip (s. Anm. 30), S. 30.
33 Schlegel: Gespräch über die Poesie. KA 2, S. 289.
34 Zur Rezeption von Adam Smith in Deutschland s. Saller: Schöne Ökonomie (s. Anm. 18), S. 21–28.
35 Adam Smith: Untersuchungen über das Wesen und die Ursachen des Nationalreichthums. Dt. mit Anmerkungen von Max Stirner. 1. Bd. Leipzig 1846, S. 28.
36 Ebd., 3. Bd., S. 226.
37 Ebd., S. 354.
38 Ebd., S. 30.
39 S. hierzu die instruktive Arbeit von Tetsushi Harada: Politische Ökonomie des Idealismus und der Romantik. Korporatismus von Fichte, Müller und Hegel. Berlin 1989.
40 Johann Gottlieb Fichte: Der geschloßne Handelsstaat. Auf der Grundlage der Ausgabe von Fritz Medicus hrsg. und mit einer Einleitung versehen von Hans Hirsch. Hamburg 1979, S. 14 und S. 90.
41 Ebd., S. 24.
42 Ebd., S. 33.
43 Ebd., S. 58.
44 Ebd., S. 47.
45 Ebd., S. 101, 46, 48 f.
46 Adam H. Müller: Über einen philosophischen Entwurf von Herrn Fichte, betitelt: der geschlossene Handelsstaat (1801). In: Adam Müllers vermischte Schriften über Staat, Philosophie und Kunst. 1. Theil, Wien 1812, S. 324–346.
47 Adam H. Müller: Versuch einer neuen Theorie des Geldes. Mit erklärenden Anmerkungen versehen von Dr. Helene Lieser. Jena 1922, S. 80.
48 Ebd., S. 139.
49 Ebd., S. 84.
50 Ebd., S. 225 f.
51 S. ebd., S. 187 ff.
52 Ebd., S. 261, 164, 151.
53 Ebd., S. 196.
54 Dass Müllers Kritik der politischen Ökonomie »viel radikaler als die Marxsche« ist, verdankt sich diesem idealischen Moment, das Johannes Weiß mit der Ent-

fremdungskritik des jungen Marx in Verbindung setzt. Johannes Weiß: Wider den Universaldespotismus des Geldes. Adam Müllers Kritik der Politischen Ökonomie. In: Wolfdietrich Schmied-Kowarzik (Hrsg.): Einsprüche kritischer Philosophie. Kleine Festschrift für Ulrich Sonnemann. Kassel (Gesamthochschule Kassel) 1992, S. 97–110, hier S. 107. Abgesehen von Müller bescheinigt Weiß der »romantischen Bewegung« generell ein »überwiegend aversive(s) Verhältnis zur Ökonomie« (S. 97). Zur Bedeutung der mittelalterlichen Ständeordnung bei Müller einerseits und des Staatsinterventionismus über die Vergabe von Krediten andererseits s. Harada: Politische Ökonomie (s. Anm. 39).

55 Lieser: Anmerkungen zu Adam Müllers Theorie des Geldes. In: Adam Müller: Theorie des Geldes (s. Anm. 47), S. 309.
56 Ebd., S. 175. In diesem Zusammenhang wäre des Weiteren Adam Müllers Schrift *Die Lehre vom Gegensatz* heranzuziehen, zu der kritische Rezensenten bemerkt haben, in ihr werde alles »Beziehliches«, laufe auf »Unbestimmtheit« hinaus und Identität sei dem Verfasser »etwas bloß Hypothetisches«. Adam Müller: Die Lehre vom Gegensatz. In: Ders.: Kritische/ästhetische und philosophische Schriften. 2 Bde. Kritische Ausgabe. Hrsg. von Walter Schroeder und Werner Siebert. Neuwied/Berlin 1967. Zitate aus den Rezensionen Bd. 2, S. 538 f., 542.
57 S. hierzu auch: Wolfgang Kloppmann: Eine materialistische Lektüre des Bergmann-Kapitels im ›Ofterdingen‹. In: Romantische Utopie – Utopische Romantik. Hrsg. von Gisela Dischner und Richard Faber. Frankfurt a. M. 2003, S. 224–242.
58 Jochen Hörisch: Gott, Geld und Glück. Zur Logik der Liebe. Frankfurt a. M. 1983, S. 109.
59 S. den ausführlichen Essay von Manfred Frank in: Das kalte Herz und andere Texte der Romantik. Mit einem Essay von Manfred Frank. Frankfurt a. M. 1978.
60 S. Joseph Vogl: Romantische Ökonomie, Regierung und Regulation um 1800. In: Étienne François u. a. (Hrsg.): Marianne – Germania. Deutsch-französischer Kulturtransfer im europäischen Kontext. Les transferts culurels France-Allemagne et leur contexte européen 1789–1914. 2 Bde. Leipzig 1998, Bd. 1, S. 471–489, speziell auch mit Blick auf Regierungswissen und Staatskonzepte.
61 S. hierzu: Wolfgang Eßbach: Der Bergbau und die Kultur des Findens. In: Österreichische Zeitschrift für Soziologie, 7. Jg., Heft 1/2, Wien 1982, S. 6–18.

»Die Poësie ist die Prosa unter den Künsten.«
Zur Dialektik von Poetisierung und Entpoetisierung
in der Frühromantik
im Anschluss an Walter Benjamin

Georgios Sagriotis

Als Eugen Diederichs 1898 vier Titel – darunter auch *Novalis sämmtliche Werke* (herausgegeben von Carl Meissner und eingeleitet von Bruno Wille) – unter seinem Motto »Zu einer Neuromantik« vereinigte, schien ihm und seinem Autorenkreis der Traum der »blauen Blume« weiter auf der Tagesordnung zu stehen.[1] Noch zwei Jahre später besorgten Friedrich von Oppeln-Bronikowski und Ludwig Jacobowski beim selben Verlag eine Anthologie unter dem gleichnamigen Titel.[2] In der Dämmerung des neuen Jahrhunderts erneuerte sich Novalis' Vision vom goldenen Zeitalter. In den ersten Jahrzehnten des 20. Jahrhunderts wurde sie allerdings nicht erfüllt.

Die Frage nach der Aktualität der Frühromantik erhält 1927 in einer Glosse von Walter Benjamin mit dem Titel »Traumkitsch« eine deutlich negative Antwort. Nicht nur die Wirklichkeit, sondern auch die geschichtliche Möglichkeit eines Bezugs zur Frühromantik wird jetzt verneint: »Es träumt sich nicht mehr von der blauen Blume. Wer heut als Heinrich von Ofterdingen erwacht, muß verschlafen haben […] Der Traum eröffnet nicht mehr eine blaue Ferne. Er ist grau geworden.«[3] Alle Versuche, diesem Grau der geschichtlichen Stunde durch die künstliche Wiederbelebung der romantischen Tradition entgegenzuwirken, müssen nach Benjamin ohnmächtig bleiben. Es gehe höchstens um eine Art »Galvanisierung«[4] der Realität, die jedoch in ihrem Wesen unbetroffen bleibe. Unbeschadet dessen ist Benjamin der Autor, der die vielleicht einflussreichste Arbeit des 20. Jahrhunderts über die Kunstphilosophie der Frühromantik verfasste und damit zu ihrer Abgrenzung gegen den anti-aufklärerischen Irrationalismus beitrug. Im Laufe des 20. Jahrhunderts erhielt das Romantik-Buch Benjamins, soweit sich die Forschung auf die Frage nach der Modernität der Frühromantik einließ, einen fast kanonischen Stellenwert.[5]

In seinem Buch über die *Kritik der Romantik* folgert z. B. Karl Heinz Bohrer im Anschluss an Benjamin eine direkte Verwandtschaft zwischen der Frühromantik mit ihrer »Kunst des emphatischen Formbegriffs« und der literarischen Moderne, sofern sie sich dem Autonomieprogramm verschreibt, das

Bohrer mit dem romantischen Begriff der Form verbindet.[6] Der These Bohrers lassen sich jedoch leicht Argumente entgegenbringen. Aus einer anderen Perspektive betrachtet scheint nämlich nichts dem frühromantischen Programm so sehr zu widersprechen wie die Autonomietheorie der Kunst. Unmissverständlich fordert Novalis eine »Poetisierung des Lebens«, sogar des »gewöhnlichen«[7], und im *Athenäum*-Fragment 116 spricht Friedrich Schlegel bekanntlich der romantischen Poesie u. a. die Aufgabe zu, »das Leben und die Gesellschaft poetisch [zu] machen«.[8] Die Dichtung ist nicht als Zufluchtsort inmitten einer prosaischen Wirklichkeit zu betrachten – eher als das Medium deren Erhöhung, welche Novalis unter dem Begriff des »Romantisierens« fasst.

Je umfassender allerdings der Kreis der Poesie wird – in Novalis Enzyklopädistik werden aus ihm nicht einmal die Mathematik, die Natur- und die »Finanzwissenschaften« ausgeschlossen –[9], desto freier vom Widerstand der unpoetischen Welt kann sich die Poesie wähnen. Erstreckt sich ihr Recht nach dem Selbstverständnis der Romantiker auf alles, somit auch auf ihr Gegenteil, so hypostasiert sich wiederum ihre Medialität als eine eigene Sphäre, worin sie sich selbstherrlich genießt. Solche Reinheit ist aber nicht mehr mit dem prozessual-experimentellen Charakter der Poetisierung der Welt, wo sie doch ihre Wurzel hat, kompatibel; vielmehr bedarf es – um der Konstitution des Kunstreichs willen – eines Ausbruchs aus den profanen Verhältnissen. An die Stelle der Erhöhung der Wirklichkeit muss dann aber – zumindest tendenziell – die stilisierte Selbsterhöhung über die Wirklichkeit treten. Nach Rolf Peter Janz hat die »vermeintlich auf sich selbst bezogene Sprache explizit theologische Prämissen«.[10]

Die Dialektik von Poetisierung der Realität und poetischer Flucht aus der realen Prosa veranschaulichen die Ausführungen Friedrich Schlegels 1812 über den spanischen Roman in seiner zwölften Wiener Vorlesung über die *Geschichte der alten und neuen Literatur*. Noch im Sinne des frühromantischen Romantisierungskonzepts behauptet Schlegel, das »Gemeine und Unpoetische« der Gegenwart könne der wahre Dichter durch seine Kunst überwinden, die darin bestehe, »das, was als das Gewöhnlichste und Alltäglichste gilt, indem er eine höhere Bedeutung und einen tiefern Sinn heraus fühlt oder ahnend hineinlegt, durchaus neu, und in einem dichterischen Sinne verklärt erscheinen zu lassen«.[11] Die »prosaische Wirklichkeit« lasse sich sogar »zu einer Gattung der Dichtkunst« erheben.[12] Trotzdem sei die »Deutlichkeit« der zu verklärenden

Gegenwart jederzeit »beengend, bindend und beschränkend für die Phantasie«, sodass die poetische Darstellung, die diesen Namen noch verdiente, »auf irgend eine Weise aus der beengenden Wirklichkeit sich herauszuarbeiten« streben muss.[13] Man kann hier zwar mit Helmut Schanze behaupten, der Roman, von dem auch in Schlegels Vorlesung die Rede ist, werde »auf Prosa-Wirklichkeit als sein Substrat [...] nie verzichten können«.[14] Das »Gebiet, wo die Fantasie sich freier bewegen kann«[15] befindet sich jedoch laut Schlegel jenseits der Grenzen dieser Wirklichkeit, die vom Dichter im Dienst ihrer Erhöhung immer schon verlassen wird. Spätestens dadurch wird die Tragfähigkeit des romantischen Projekts zweifelhaft. Die Kluft zwischen Prosa und Poesie, Natur und Kunst, Wahrheit und Schein wird nur künstlich, scheinbar überbrückt, und die im *Brief über den Roman* als eigentümliche Tendenz der romantischen Poesie proklamierte Versöhnung von Ernst und Spiel[16] weist ihrerseits spielerische Züge auf.

Seit Hegels Angriff auf die Romantik in der *Phänomenologie des Geistes* und in den *Grundlinien der Philosophie des Rechts* ist der Vorwurf der Ernstlosigkeit zu einem Topos der Romantik-Kritik geworden.[17] Die Verflüssigung aller Setzungen durch die Willkür des Dichters münde in die »absolute Selbstgefälligkeit«: »Nicht die Sache ist das Vortreffliche, sondern *Ich* bin der Vortreffliche, und bin der Meister über das Gesetz und die Sache, der damit, als mit seinem Belieben *nur spielt,* und in diesem ironischen Bewußtseyn, in welchem Ich das Höchste Untergehen lasse, *nur mich genieße.*«[18] Die Wirkung von Hegels Kritik an der Romantik reicht weit über die Grenzen der Hegel-Schule hinaus. Es fällt sogar auf, dass die wirkliche – manchmal auch offen zugestandene – Nähe späterer Kritiker zur romantischen oder besonders frühromantischen Tradition, sie kaum davon abhält, die Bezichtigung in aller Strenge zu wiederholen bzw. zum Unterscheidungskriterium zwischen dem romantischen Programm und den eigenen Bemühungen zu erheben. Bleibt z. B. Dilthey 1865 noch ambivalent gegenüber dem vor allem an Novalis gerichteten Vorwurf der Realitätsflucht[19], so suchen spätere Literaturkritiker lebensphilosophischer Provenienz, die eigene Position durch die Herabsetzung des frühromantischen Projekts stark zu machen. Friedrich Gundolf behauptet beispielsweise 1907 über die romantische Ironie, sie sei »die Lust, alles als Schauspiel zu genießen«, sofern die Romantiker »die bedingende Welt der Natur und des Schicksals« als Produkt der Subjektivität missverstünden.[20] Des vermessenen Anspruchs der Schicksalslosigkeit bezichtigt auch Karl Wolfskehl der Romantik: Durch das Ironisieren triumphiere nur die von jeglichem Halt befreite und alle Tragik verleugnende »menschlich[e] *Geistig*keit«.[21]

Was die Rezeption der Frühromantik anbelangt, zeigen sich sogar zwischen dem ablehnenden Verdikt des George-Kreises und der Novalis-Kritik von Lukács in seinem frühen essayistischen Werk bemerkenswerte Übereinstimmungen. In der deutschen Ausgabe der Essaysammlung *Die Seele und die Formen* besteht Lukács darauf, dass gerade das Verkennen der Grenze zwischen Poesie und Leben die Romantiker zur Tragödie unfähig gemacht hat. Trotz der öfters kommentierten Affinität seines Denkens mit zentralen Motiven der Frühromantik[22], sieht Lukács im Poetisierungsgedanken nur eine Projektion der »Formen in die Welt«[23], dadurch aber die Erschaffung einer idealen Sphäre der Versöhnung, die sich als die reale Welt verkenne:

> Die tatsächliche Realität des Lebens entschwand vor ihren Blicken und wurde von einer anderen, von der poetischen, der rein seelischen ersetzt. Sie schufen eine homogene, in sich einheitliche und organische Welt und identifizierten diese mit der tatsächlichen. Dadurch erhielt die ihre etwas engelgleich zwischen Himmel und Erde Schwebendes, etwas ganz körperlos Leuchtendes; die ungeheure Spannung aber, die zwischen Poesie und Leben besteht, die beiden die wirklichen und werteschaffenden Kräfte verleiht, ging ihnen dadurch verloren. Und sie hoben sie nicht einmal auf, sie haben sie auf ihrem heroisch-frivolen Flug gen Himmel ganz einfach auf der Erde vergessen; sie wussten schon kaum mehr von seinem Dasein. Nur so konnten sie ihr Allesumfassen realisieren.[24]

In seiner wenige Jahre später erschienenen Dissertation über den *Begriff der Kunstkritik in der deutschen Romantik* scheint Walter Benjamin im Gegenteil eine Verteidigung des frühromantischen Programms zu unternehmen. Gegen die subjektivistische Deutung der romantischen Willkürfreiheit des Dichters akzentuiert er die vom Hauptstrom der Rezeption vernachlässigten objektiven Momente des romantischen Kunstverständnisses. Was man durch »die Rede vom Subjektivismus und Spiel«[25] als die Fantasie eines uneingeschränkten Verfügungsrechts über alle Wirklichkeit missverstanden habe, sei nur der von Schlegel dem Dichter zuerkannte Spielraum der Stofflichkeit des Werkes gegenüber. Es gebe aber eine andere und überlegene Ironie, welche sich auf die Form des Werks beziehe und zu seiner Objektivität gehöre. »Diese Form der Ironie« – so Walter Benjamin – »stammt aus dem Geiste der Kunst, nicht aus dem

Willen des Künstlers«, sie sei eine Selbststeigerung des Werks, das sich über seine individuelle Beschränktheit erhebe, sich dementsprechend selbst erniedrige, seine Unvollkommenheit demonstriere und dadurch sich zum Absoluten überführe.[26] Verabsolutiert werde demnach nicht eine subjektive Intention, die den Boden der Realität verließe, sondern das Werk durch die Aufhebung seiner Illusionshaftigkeit. Nach Benjamins Interpretation verhalten sich subjektive und objektive Ironie zueinander wie Poetisierung zur Zerstörung des Scheins.

Es ist oft betont worden, wie sehr Benjamins philosophische Begründung der Frühromantik in der Dissertation für seine weitere Denkentwicklung maßgebend blieb. Besonders bei der Ausarbeitung des Begriffs der Aktualität steht das frühromantische Vorbild sowie die eigene Auslegung der frühromantischen Kunsttheorie durch den Begriff des Reflexionsmediums im Hintergrund.[27] Noch in den späten Thesen über den »Begriff der Geschichte« ist der Einfluss der Schlegelschen Auffassung von der Aufgabe des Historikers unverkennbar: Benjamins messianischer »Engel der Geschichte«[28] bleibt wie Schlegels Prophet im *Athenäums*-Fragment 80 »rückwärts gekehrt«.[29] Gleich unverkennbar ist, dass im Laufe der Jahre eine allmähliche Verschiebung von Benjamins Einstellung zur Romantik stattfindet, so dass sie sich 1937 nicht mehr von derjenigen der Romantikkritiker unterscheiden lässt, von denen er sich durch seine Deutung entfernte. Die romantische Esoterik bezeichnet er jetzt – um eins der zahlreichen Zeugnisse seines Positionswechsels zu zitieren – als »eine Restaurationsbewegung mit allen Gewalttätigkeiten einer solchen«. Von der Kritik werden nicht mal die Protagonisten der bahnbrechenden Frühromantik ausgenommen: »In Novalis hatte die Mystik sich endlich schwebend über das Festland der religiösen Erfahrung behaupten können […] Der Ausgang nicht erst der Spätromantik, sondern schon Friedrich Schlegels zeigt aber die Geheimwissenschaft wieder im Begriff, in den Schoß der Kirche zurückzukehren.«[30]

Es ist strittig, inwiefern diese und ähnliche Aussagen Benjamins sich einfach durch die Politisierung seines Denkens ab den zwanziger Jahren erklären. Betrachtet Bohrer noch 1989 Benjamin als »Anwalt von Schlegels ›mystischer‹ Absicht«[31], so liefern spätere Aufsätze von Rodolphe Gasché und Uwe Steiner ein fast entgegengesetztes Bild, sofern sie Benjamins Dissertation als einen – wie immer auch indirekten – Angriff auf die Frühromantik lesen.[32] Gasché und Steiner argumentieren dabei unterschiedlich; gemeinsam ist ihnen aber die These, Benjamin kritisiere die romantische Vorstellung von der individuellen Verkörperung der Kunst als das Absolute im Werk, damit aber auch die romantische Auffassung von der Idee der Kunst, die eine Verschmelzung der profanen mit der ideellen Ordnung postuliere. Nach Benjamins Auslegung der frühromantischen Kunsttheorie bleibe jedes empirische Werk dem, wonach es sich kraft seiner inneren Reflexion strebt, fern, muss sich deswegen in der allumfassenden Einheit der Kunstidee auflösen. Dadurch verliere es jedoch seinen Werkcharakter nicht, sondern seine empirische, profane Form erhöhe sich zu einer symbolischen. Obwohl der Gedanke im Text der Dissertation Benjamins unausgeführt bleibt, ließe sich daraus folgern, dass unter der Überspannung der Reflexion zum Symbol gerade die Operation gemeint ist, die von den Frühromantikern selbst als Romantisierung bzw. Poetisierung der Wirklichkeit bezeichnet wurde: die Erhebung des Empirischen zum Träger einer poetischen Absolutheit oder die Erfüllung der im Endlichen angelegten Sehnsucht nach dem Unendlichen. Schon dem frühromantischen Poetisierungsprogramm wäre dann die Wendung zum kunstreligiösen Kultus eingeschrieben, die Benjamin selbst im Fall der Neuromantik seiner Zeit als Regression der Moderne in »de[n] gefährlich[en] Anachronismus der Sektensprache« tadelt.[33]

Bevor man die genaue Spanne zwischen Lob und Verurteilung der Frühromantik bei Benjamin zu vermessen versucht, sei auf zwei mögliche Zeugnisse der Kontinuität hingewiesen, die sich trotzdem zwischen der frühen und der späten, meist offen negativen Haltung Benjamins zur Romantik zeigt, wenn man das Poetisierungsprogramm als das heimliche Angriffsziel einer nur scheinbaren Verteidigung der Frühromantik versteht. Das erste ist eine Stelle aus seinen Brecht-Studien. Nachdem Benjamin das »gestische Prinzip« (Verfremdungseffekt) des epischen Theaters vorgestellt hat, stellt er fest, dass es sich in gefährlicher Nähe zum romantischen Konzept der Reflexion befindet und sorgt für eine deutliche Abgrenzung:

> Mit Unrecht würde man sich in solchem Moment an die romantische Ironie erinnert fühlen, wie zum Beispiel Tieck sie im ›Gestiefelten Kater‹ handhabt. Diese hat kein Lehrziel; sie weist im Grunde nur die philosophische Informiertheit des Autors aus, dem beim Stückeschreiben immer gegenwärtig bleibt: Die Welt mag am Ende wohl auch ein Theater sein.[34]

In der Entgegenstellung der ernsten didaktischen Kunst Brechts zur romantischen Ironie klingt unzweideutig der bekannte Vorwurf der Frivolität auf, die eine Geisteshaltung kennzeichnet, welche sich in ihrem Streben nach dem Absoluten mit Leichtigkeit über die Wirklichkeit des Wirklichen hinwegsetzt. Bemerkenswert ist jedoch, dass Benjamin in der Dissertation, gerade im Gegenteil zu seiner späteren Behauptung, das Zusammengehören von didaktischer Intention und Unendlichkeitsstreben hervorhebt, und zahlreiche Stellen zitiert, wo Schlegel die didaktische Poesie mit der Würde des Esoterischen und Unendlichen auszeichnet. Die Stelle über Brecht und Tieck verschweigt diesen Zusammenhang[35]

Derselbe Kontrast zeigt sich anhand eines zweiten Zeugnisses. Es betrifft Benjamins Einbeziehung des Surrealismus in ein politisch-kulturelles Revolutionsprojekt. Vor der romantisch anmutenden Idee einer »dichterischen Politik« warnt er:

> Jede ernsthafte Ergründung der okkulten, surrealistischen, phantasmagorischen Gaben und Phänomene hat eine dialektische Verschränkung zur Voraussetzung, die ein romantischer Kopf sich niemals aneignen wird. Es bringt uns nämlich nicht weiter, die rätselhafte Seite am Rätselhaften pathetisch oder fanatisch zu unterstreichen; vielmehr durchdringen wir das Geheimnis nur in dem Grade, als wir es im Alltäglichen wiederfinden, kraft einer dialektischen Optik, die das Alltägliche als undurchdringlich, das Undurchdringliche als alltäglich erkennt.[36]

Nach Uwe Steiner weist hier Benjamin auf die Gefahr hin, auf die der Surrealismus zuläuft, »sich selbst romantisch zu missverstehen«.[37] Der angebliche Gegenvorschlag zum romantischen Enthusiasmus, die gegenseitige Durchdringung des Rätselhaften und des Alltäglichen, ist jedoch alles andere als antiromantisch. Dass die Poetisierung des Lebens nur die eine Seite eines Wechselverhältnisses ist, das auch die umgekehrte Bewegung mit einschließt, wird schon im programmatischen Novalis-Fragment, das den Begriff des Romantisierens deutlich definiert:

> Die Welt muß romantisirt werden [...] Romantisiren ist nichts als eine qualit[ative] Potenzirung [...]. Diese Operation ist noch ganz unbekannt. Indem ich dem Gemeinen einen hohen Sinn, dem Gewöhnlichen ein geheimnißvolles Ansehn, dem Bekannten die Würde des Unbekannten, dem Endlichen einen unendlichen Schein gebe so romantisire ich es. – Umgekehrt ist die Operation für das Höhere, Unbekannte, Mystische, Unendliche – dies wird durch diese Verknüpfung logarythmisirt – Es bekommt einen geläufigen Ausdruck.[38]

Mag man auch in dieser Aufforderung zur Veralltäglichung nur eine Scheinentmythologisierung eines dogmatisch vorgefassten poetischen Absoluten, das bloß nach seinem Ausdruck sucht, sehen wollen, so ist wiederum naheliegend, dass dieses Absolute so gefasst sein muss, dass es einen geläufigen Ausdruck überhaupt finden kann. Die Poetisierung der Wirklichkeit hat – in den Worten Schlegels – lebendige und gesellige Poesie zur Voraussetzung, also eine Poesie, die sich nicht als ein selbstständiges Reich gegen die Wirklichkeit absperrt und sie substituiert.[39]

Die Sprache der Geselligkeit ist jedoch nach Schlegel die der Prosa, und in seiner Dissertation betrachtet Benjamin den Versuch der Romantiker, Poesie und Prosa zu vereinigen, als den Höhepunkt ihrer Kunstauffassung. Solche Verschmelzung sei die Bedingung der Möglichkeit der Kritik, welche nach Benjamin »das Reflexionsmedium der poetischen Formen in der Prosa« erscheinen lässt.[40] Sie liegt zugleich der frühromantischen Theorie und Praxis des Romans zugrunde, der jedoch nicht bloß – dem Stoff sowie der Form nach – die Kontinuität des Poetischen und des Prosaischen verkörpert, sondern darüber hinaus die beschränkten poetischen Formen in seiner prosaischen Einheit neutralisiert – ein Prozess den Peter Szondi als die Adjektivierung der Gattungen beschreibt, die sich von dogmatischen Regeln in Modalitäten verwandeln.[41] Nach Schlegel ist das Romantische »nicht sowohl eine Gattung als ein Element der Poesie«.[42]

Die Verflüssigung der ehemals substanziellen Dichtarten in der romantischen Kunsttheorie wäre aber nicht möglich, ohne dass die Gattung der Poesie selbst einem Auflösungsprozess unterzogen würde. Einerseits stellt die Prosa eine Art Meta-Gattung dar. Sie erscheint als »die Summe alles Poetischen«[43], in deren entgrenzten Allgemeinheit alle Besonderheiten untergehen, und sich als das Poetische als solches – also selbst adjektivisch gemeint – durchsetzt. Andererseits repräsentiert die Prosa eine Selbstbegrenzung – nicht so sehr des Werks in seiner Form als der poetischen Form selbst; sie ist der schöpferische Grund aller Formen, nur weil sie die poetische Ekstase in ihre Nüchternheit zurücknimmt und erlöschen lässt. Kraft ihrer Besonnenheit – so Benjamin – avanciert die Prosa zur Idee der Kunst, welche in einem gewissen Sinn der profanen Kunst und ihrem orgiastischen Kultus gegenüber, wie er sich im herkömmlichen Begriff des Schönen tradiert wird, diskontinuierlich sein muss.[44] Das Problem lässt sich daher darin zusammenfassen, dass die romantische Idee der Kunst nach der Interpretation Benjamins sowohl den Panpoetismus, die Belegung aller Wirklichkeit mit ästhetischen Intentionen, als auch das Konzept einer »Entkunstung der Kunst«[45], einer Auflösung des ästhetischen Tumults im Reflexionsmedium mit einschließt. Der von Benjamin zitierte Aphorismus von Novalis, die Poesie sei die Prosa unter den Künsten[46], ist sehr wahrscheinlich im selben Sinn zu verstehen wie Novalis das Chaos zur Gebärmutter aller Ordnung sowie zum »sonderbar[en] Bild« des approximativ zu erreichenden »ewigen Reichs« erklärt.[47] Die Prosa ist der Naturzustand der Kunstsprache und zugleich der absolute Maßstab, an dem sie sich misst.

Bevor ich auf die Frage eingehe, wie Benjamin sich genau angesichts dieser Paradoxie positioniert, was ich über den Umweg seiner Kritik an bestimmten Erscheinungen der literarischen Moderne versuchen werde, möchte ich die Dialektik von Poetisierung und Entpoetisierung mit Hilfe einer alternativen Begrifflichkeit zu beschreiben versuchen. Aus Jean Pauls *Vorschule der Ästhetik* entlehne ich die Formulierung »poetischer Nihilismus«[48], welche zwar nicht ausschließlich, aber auch vor allem auf das Literatur- und Kunstverständnis der Frühromantik gemünzt wurde. »Es folgt« – so Jean Paul –

> aus der gesetzlosen Willkür des jetzigen Zeitgeistes – der lieber egoistisch die Welt und das All vernichtet, um sich nur freyen *Spiel*-Raum im Nichts auszuleeren und welcher den *Verband* seiner Wunden als eine Fessel abreißet – daß er von der Nachahmung und dem Studium der Natur verächtlich sprechen muß.[49]

Nihilistisch ist für Jean Paul die Weigerung, die Natur als Gegenstand des Studiums und der Nachahmung anzusehen, sofern das poetische Subjekt nicht mehr zwischen seinem Verhältnis zum Objekt und seinem Selbstverhältnis unterscheidet: »Der Verächter des Alls achtet nichts weiter als sich, und fürchtet sich in der Nacht vor nichts weiter als vor seinen Geschöpfen.«[50] Die romantische Verschmelzung von Kunst und Natur, poetischer Willkür und prosaischer Wirklichkeit müsse daran scheitern, dass die gemeinte Wirklichkeit oder Natur letztendlich nur die vom Subjekt selbst geschaffene ist, so dass das »im Subjekt befangene Individuum« im Moment der Verwirklichung seiner Intention »hilflos in seinem Nichts« bleibe.[51] Auch für Benjamin ist die Verzweiflung des solipsistischen Individuums nur die Kehrseite des hoffnungslosen Versuchs der Romantiker, das poetisch Schöne mittels der symbolischen Form »bruchlos ins Göttliche«[52] übergehen zu lassen und im Medium der Kunst das Reich Gottes auf Erden zu realisieren.

Gerade diesem zum Scheitern verurteilten und deswegen auch zur religiösen Flucht führenden Programm stellt schon der junge Benjamin sein eigenes entgegen, das auf der literaturtheoretischen Ebene den Symbol- durch den Allegorie-Begriff ersetzt und auf der religionspolitischen den romantischen Messianismus entschieden verleugnet. Die Methode der Praxis, die sich im Gegensatz zur romantischen Idee des Kontinuums, in der alle Unterschiede sich im Nichts auflösen, auf die Diskontinuität der Ordnungen besteht, nennt er interessanterweise selbst »Nihilismus«.[53] Auch dieser Nihilismus hat seinen Ursprung im frühromantischen Denken, denn, wie oben dargestellt, der frühromantischen Idee der Kunst wohnt die Zweideutigkeit inne, die Erhebung aller Wirklichkeit auf das Niveau der Poesie, zugleich aber die Befreiung dieser Poesie von der Aura des Poetischen, ihre Transformation in nüchterne Prosa. Es gibt also, auch in Benjamins Verständnis, einen zweiten poetischen Nihilismus der Romantik. Besteht der erste darin, dass der Boden der Realität gerade durch ihre Poetisierung und um der Poesie willen verlassen wird, so entspricht der zweite einem »Prosaisierungs«-Prozess, den die Romantiker als einen zu dem der Poetisierung symmetrischen und parallel verlaufenden verstehen oder eher – nach Benjamin – missverstehen. Denn wo die Frühromantiker eine Inversionsfigur sehen und dadurch »eine absolute Synthesis von absoluten Antithesen«[54] erzielen, erblickt Benjamin eher eine unüberwindliche Antinomie, deren Potenzial er freilich erneut für verwertbar hält.

Eingesetzt wird dieses Potential vor allem in Benjamins späteren Kritik der neuromantischen Strömungen der literarischen Moderne. Schon in der Dissertation weist er auf das genetische Verhältnis zwischen den frühromantischen Grundsätzen und der Kunsttheorie »eines so eminent bewußten Meisters wie Flaubert, die der Parnassiens oder diejenige des Georgeschen Kreises«.[55] Er stellt diese Behauptung ohne weitere Erläuterungen im Kapitel über »Die Idee der Kunst« auf, so dass leicht der Eindruck erweckt wird, man müsse Frühromantik und Neuromantik als ein einheitliches Phänomen in der Literaturgeschichte betrachten. In einer Reihe von Schriften scheint Benjamin die poetische Theorie und Praxis des George-Kreises einer ganz ähnlichen Kritik wie der an der Romantik zu unterziehen, die die Wende ins Apokryphe und Mythologische sowie die Vereinheitlichung von Leben und Werk thematisiert. In *Rückblick auf Stefan George*, einer Rezension von Willy Kochs George-Monographie, wirft Benjamin George vor, er habe durch die Heroisierung der ästhetischen Haltung das

Leben selbst aus der Welt geschafft, so dass ihm nicht mehr übriggeblieben sei als das Sterben in verzweifelter Schönheit.[56] Solcher ästhetizistischer Dekadenz stehe die Romantik Pate, genauso wie sie nach Benjamin im »Ursprung der Erneuerung deutscher Lyrik« stehe, die George vollzogen habe.[57] Die These von der Verwandtschaft der zwei Schulen kann natürlich als eine nachträgliche Kritik an der Frühromantik gelesen werden. Die Kritik gilt aber der Neuromantik auf eine ganz besondere Art und Weise. Verdächtig an ihr findet Benjamin gerade, dass ihre Exponenten und Anhänger die romantische Herkunft ihrer Kunsttheorie ablehnen. Mit der Verleugnung der Ursprünge der eigenen Haltung – so Benjamin – werden auch die Kräfte denunziert, »die aus ihrer Mitte sie überwachsen«.[58]

Was für Kräfte können hier gemeint sein? Und in welchem Sinn verleugnet der George-Kreis seinen Ursprung und sucht seine Vorgeschichte in der Klassik? Der Text Benjamins lässt diese Fragen nicht unbeantwortet. Was der Produktion des Kreises fehle, sei die »tödliche Stoßkraft des Gedankens«[59], die nur durch das Bekenntnis zur ungeschmückten Sprache der Theorie und den Übergang zur Kritik – und zwar ausdrücklich nach dem Vorbild der Brüder Schlegel – zu gewinnen sei. Stattdessen bleibe Kommerell, den speziell Benjamin kritisiert, dem Ideal eines unschuldigen Schöpfertums verhaftet, das zwar im weiten Sinne romantischer Herkunft aber zugleich einer Kritik im Anschluss an die frühromantische Idee der Prosa ausgesetzt sei.

Man kann in Benjamins Rezeption der Frühromantik – zum Teil mit guten Gründen – den Versuch ihrer Verteidigung gegen die historisch dominanten Vorurteile des Subjektivitäts- und Vergangenheitskultus betrachten. Nicht das Gefühl werde gegen den Verstand ausgespielt und nicht einfach das Mittelalter gegen die Moderne. Genauso berechtigt könnte man jedoch in Benjamins Haltung eine Kritik erkennen, die sowohl die Früh- als auch die Neuromantik umfasst und die gerade im Namen der Moderne auch gegen die romantische Tendenz der Regression – sei es in die Vergangenheit, die Zeitlosigkeit oder die Innerlichkeit – geübt wird. Auch wenn die späten Äußerungen Benjamins zum Thema diese zweite Deutung seiner Einstellung zu bekräftigen scheinen, spricht gegen sie die Tatsache, dass Benjamin die Frühromantik sowohl als den Ursprung der Krankheit als auch als das Heilmittel gegen sie fasst. Der inflationäre Anspruch der romantischen Poesie, dem Leben koextensiv zu werden, wird aus Benjamins Sicht durch die Deflation der Poetizität zurückgenommen. Das größte Verdienst von Benjamins Romantik-Arbeit liegt vielleicht sogar darin, auf dasjenige Moment der Frühromantik hingewiesen zu haben, das nicht in das Konzept der ästhetisch-organischen Einheit passt, sei sie die des menschlichen, des staatlichen oder des Kunstwerkindividuums. Verkörpert die Prosa für die Frühromantiker auch das über alle Grenzsetzungen waltende Kontinuum[60], so erscheint sie doch zugleich über alle Poesie unendlich erhaben und nicht mehr in sie rückübersetzbar. Durch diesen Gedanken wird allerdings auch die erste Interpretationslinie fraglich. Benjamins bewusste Solidarität mit der Frühromantik – von deren Aktualität sein eigenes Werk in gewisser Hinsicht zeugt – reicht nicht bis zu dem Punkt, wo die Dialektik von Organizität und Nicht-Organizität – sowie die homologe von Poesie und Prosa – sich in einer glücklichen Synthese aufheben würde, welche wiederum als Totalität auf der Seite des Organischen stünde. Soweit die Frühromantik diesen Schritt zur ultimativen Synthese machte, erweist sich Benjamin als ihr vehementer Kritiker. Was ihm diese Kritik ermöglicht, hat er aber in der Frühromantik selbst entdeckt. Frühromantisch fordert er ihre Selbstbeschränkung: die Anwendung der Skepsis auf den ihr eignenden Enthusiasmus.

1 Peer Kösling: »Universalität der Welterfassung«. Der Eugen Diederichs-Verlag – Ein Verlag der Neuromantik? In: Justus H. Ulbricht, Meike G. Werner: Romantik, Revolution und Reform. Der Eugen Diederichs Verlag im Epochenkontext 1900–1949. Göttingen 1999, S. 79; Justus H. Ulbricht: »Neuromantik – Ein Rettungsversuch der Moderne mit Nietzsche«. In: Nietzscheforschung. Jahrbuch der Nietzsche Gesellschaft. Hrsg. von Volker Gerhard und Renate Reschke. Bd. 11: Antike und Romantik bei Nietzsche. Berlin 2004, S. 69.
2 Die blaue Blume. Eine Anthologie romantischer Lyrik. Mit Einleitungen der Herausgeber. Leipzig 1900.
3 Walter Benjamin: »Traumkitsch«. In: Ders.: Gesammelte Schriften. Hrsg. von Rolf Tiedemann und Hermann Schweppenhäuser [Im Folgenden GS gefolgt von Band- und Seitennummer], Bd. II.1. Frankfurt a. M. 1977, S. 620.
4 Vgl. »Erfahrung und Armut«, in: GS, II.1, 215. Der von Johann Wilhelm Ritter übernommene Begriff der Galvanisierung gehört zu den Grundkonzepten der naturwissenschaftlichen Studien von Novalis. Vgl. den Kommentar von Hans Jürgen Barmes in: Novalis, Werke-Tagebücher und Briefe Friedrich von Hardenbergs. Hrsg. von Hans-Joachim Mähl und Richard Samuel. Bd. 3. München 1987, S. 615, Anm. 756. Vgl. auch Peter Kapitza: Die frühromantische Theorie der Mischung. Über den Zusammenhang von romantischer Dichtungstheorie und zeitgenössischer Physik. München 1968, S. 84–93; Dennis F. Mahoney: Die Poetisierung der Natur bei Novalis. Beweggründe, Gestaltung, Folgen. Bonn 1980, S. 59.
5 Vgl. Winfried Menninghaus: Unendliche Verdopplung. Die frühromantische Kunsttheorie im Begriff absoluter Selbstreflexion. Frankfurt a. M. 1987.
6 Karl Heinz Bohrer: Die Kritik der Romantik. Frankfurt a. M. 1989, S. 35.

7   Novalis: Schriften. Die Werke Friedrich von Hardenbergs. Hrsg. von Richard Samuel [Im Folgenden HKA gefolgt von Band- und Seitennummer]. Bd. II. Stuttgart 1981, S. 568.
8   Kritische Friedrich-Schlegel-Ausgabe. Hrsg. von Ernst Behler [Im Folgenden KFSA gefolgt von Band- und Seitenzahl]. Bd. II. Paderborn 1967, S. 182.
9   HKA II, 647.
10 Rolf-Peter Janz: Autonomie und soziale Funktion der Kunst. Studien zur Ästhetik von Schiller und Novalis. Stuttgart 1973, S. 46.
11 KFSA, VI, 275 ff.
12 KFSA, VI, 274.
13 KFSA, VI, 276.
14 Helmut Schanze: Erfindung der Romantik. Stuttgart 2018, S. 125.
15 KFSA, VI, 275.
16 KFSA, II, 334.
17 Zur Hegelschen Kritik der Romantik vgl. Otto Pöggeler: Hegels Kritik der Romantik [1956]. München 1999; Ernst Behler: »Friedrich Schlegel und Hegel«. In: Hegel-Studien, Bd. 2, 1963, S. 203–250; Walter Jaeschke: »Hegels Kritik der Romantik«. In: Europäische Romantik. Interdisziplinäre Perspektiven der Forschung. Hrsg. von Helmut Hühn und Joachim Schiedermeir. Berlin und Boston 2015, S. 157–169.
18 Georg Wilhelm Friedrich Hegel: Gesammelte Werke: Bd. 14.1: Grundlinien der Philosophie des Rechts. Hrsg. von Klaus Grotsch und Elisabeth Weisser-Lohmann: Hamburg 2009, S. 134 (§ 140).
19 Am Ende seines Novalis-Aufsatzes scheint Dilthey das geläufige Urteil über die »schrankenlose Herrschaft der Subjektivität der Phantasie« bei den Frühromantikern zu teilen. Freilich fügt er hinzu, einer ernsthaften Untersuchung seien »allgemeinen Schlagwörter, welche seit länger als einem halben Jahrhundert auf die sogenannten Romantiker herniederregnen, nur hinderlich«. In: Wilhelm Dilthey: Das Erlebnis und die Dichtung [1905]. Leipzig und Berlin 1922, S. 347–348 (Erstveröffentlichung des Aufsatzes 1865).
20 Vgl. Maximilian Nutz: Werte und Wertungen im George-Kreis. Zur Soziologie literarischer Kritik. Bonn 1976, S. 189–190.
21 Karl Wolfskehl: »Über den Geist der Musik« [1912]. In: Ders.: Gesammelte Werke. Bd. 2. Hamburg 1960, S. 247.
22 Vgl. z. B. Willy Michel: Ästhetischer Marxismus – marxistische Ästhetik. München 1972; Ute Kruse-Fischer: Verzehrte Romantik. Georg Lukács' Kunstphilosophie der essayistischen Periode (1908–1911). Stuttgart 1991.
23 Vgl. Zsuzsa Bognár: »Die frühen Essays von Georg Lukács als Auseinandersetzung mit dem frühromantischen Begriff der Kritik«. In: Athenäum 2014, S. 54–71.
24 Georg Lukács: Die Seele und die Formen. Essays. Bielefeld 2011, S. 83.
25 Der Begriff der Kunstkritik in der deutschen Romantik. In: GS, I.1, 85.
26 Ebd.
27 Vgl. Chryssoula Kambas: »Walter Benjamins Verarbeitung der deutschen Frühromantik«. In: Romantische Utopie. Utopische Romantik. Hrsg. von Gisela Dischner und Richard Faber. Hildesheim 1979, S. 187–221.
28 »Über den Begriff der Geschichte«. In: GS, I.2, S. 697.
29 KFSA, II, 176.
30 »Albert Beguin: L'âme romantique et le rêve. Essai sur le romantisme allemand et la poesie française. Marseille: Editions des Cahiers du Sud 1937. 2 Bde. XXXI, 304 S., 482 S. [Rezension]«. In: GS III, 557.
31 Bohrer: Kritik der Romantik (s. Anm. 6), S. 30.
32 Uwe Steiner: »Kritik«. In: Benjamins Begriffe. Bd. 2. Hrsg. von Michael Opitz und Erdmut Wizisla. Frankfurt a. M. 2000, S. 479–523; Rodolphe Gasché: »The Sober Absolute: On Benjamin and the Early Romantics«. In: Walter Benjamin and Romanticism. Hrsg. von Beatrice Hanssen and Andrew Benjamin. London 2002, S. 51–68.
33 GS, III, 255.
34 »Was ist das epische Theater <2>«. In: GS, II.1, 538.

35 GS, I.1, 107 f. Vgl. Verf.: »Der ›kritische Mimus‹ auf der Bühne. Benjamin, Brecht und der romantische Hintergrund«. In: Material und Begriff. Arbeitsverfahren und theoretische Beziehungen Walter Benjamins. Hrsg. von Frank Voigt, Nicos Tzanakis-Papadakis u. a. Hamburg 2019, S. 135–144.
36 »Der Sürrealismus. Die letzte Momentaufnahme der europäischen Intelligenz«. In: GS, II.1,307.
37 Uwe Steiner: »›Der revolutionäre Wunsch das Reich Gottes zu realisieren ...‹. Kunst Religion und Politik in Walter Benjamins Kritik der Romantik«. In: Walter Benjamin und die romantische Moderne. Hrsg. von Heinz Brüggemann und Günter Oesterle. Würzburg 2009, S. 101.
38 HKA II, 545:105. Vgl. HKA II, 649:479: »Trivialisierung des Göttlichen und Apotheosiren des Gemeinen«. Eine poetische Darstellung der Dialektik von Poetisierung und Entpoetisierung bietet das zweite Lied des Bergmanns in *Heinrich von Ofterdingen* (HKA I, 248 ff.). Der im unterirdischen Schloss versteckte König – möglicherweise eine Allegorie des Goldes – kommt am Ende zum Vorschein und treibt sich »wild umher auf Erden«. Damit wird »seine Macht« gedämmt, wodurch aber der Weg zum goldenen Reich geöffnet zu werden scheint.
39 KFSA, II, 182 [Fr. 116]
40 GS, I.1, 102.
41 Vgl. Peter Szondi: Poetik und Geschichtsphilosophie. Bd. 2: Von der normativen zur spekulativen Gattungspoetik. Schellings Gattungspoetik. Frankfurt a. M. 1974, S. 146 ff.
42 KFSA, II, 335.
43 GS, I.1, 99.
44 GS, I.1., 103 ff. Vgl. Günter Oesterle: »›Die Idee der Poesie ist die Prosa‹. Walter Benjamin entdeckt ›einen völlig neuen Grund‹ romantischer ›Kunstphilosophie‹«. In: Walter Benjamin und die romantische Moderne (s. Anm. 37), S.161–174.
45 Vgl. Th. W. Adorno: Ästhetische Theorie. Frankfurt a. M. 1970, S. 94.
46 GS, I.1, 102. Vgl. HKA III, 309 [382].
47 Vgl. HKA III, 281 [234]
48 Jean Paul: Werke. Historisch-kritische Ausgabe. Hrsg. von Helmut Pfotenhauer und Barbara Hunfeld. Berlin u. a. 2015, Bd. V,1, S. 24 ff.
49 Ebd., S. 25 f.
50 Ebd., S. 27.
51 Dieter Arendt: Der ›poetische Nihilismus‹ in der Romantik. Bd. 1. Berlin 1972, S. 73.
52 Der Ursprung des deutschen Trauerspiels. In: GS, I.1, 337.
53 Vgl. »‹Theologisch-politisches Fragment›«. In: GS, II.1, 204.
54 KFSA II, 184 (121)
55 GS, I.1., 107.
56 Vgl. »Rückblick auf Stefan George. Zu einer neuen Studie über den Dichter«. In: GS, III, 398.
57 »Wider ein Meisterwerk. Zu Max Kommerell: ›Der Dichter als Führer in der deutschen Klassik‹«. In: GS, III, 253.
58 GS, III, 254.
59 GS, III, 259.
60 Vgl. GS, I.1, 87.

Spurensuche
Vom romantischen Fragment zur modernen Aphoristik
(Bloch; Schalansky)

Jochen Strobel

I. Judith Schalansky: *Verzeichnis einiger Verluste*

»Das Fragment, wissen wir, ist das unendliche Versprechen der Romantik, das noch immer wirkmächtige Ideal der Moderne«.[1] In ihrem 2018 erschienenen Buch befasst sich die Autorin und Buchgestalterin Judith Schalansky zunächst einmal selbst mit Fragmenten, etwa »verstümmelten«, lückenhaft überlieferten Gedichten Sapphos, die »nach Ergänzung – durch Interpretation und Phantasie – oder durch weitere Entzifferung der losen Papyrusreste aus den Abfallgebirgen von Oxyrhynchos« verlangten.[2] Das Überlieferte ist in der Sicht dieses Buches stets fragmenthaft, alles Gegenwärtige ist todgeweiht. Was bleibt, ist kaum mehr als Nichts, eine »vielsagende [] Leere«, ein »die Projektionen nährende[r] Weißraum«.[3] Dem Wissen über den längst ausgestorbenen Kaspischen Tiger nachzugehen, die Fundamente des längst verschwundenen Palasts der Republik zu umrunden[4], über den längst versandeten Hafen von Greifswald nachzudenken heißt aber, noch weniger als Fragmente zur Verfügung zu haben, allenfalls: Spuren. Die vielsagende Leere wird gefüllt mit Rede und mit monochromen oder besser monotonen Bildern (schwarz auf schwarz erkennt man kaum, was die Bilder wohl zeigen sollen); Texten und Bildern, die mehr, aber nur wenig mehr sind als nichts. Sie dokumentieren die Versuche, Spuren nachzugehen, absichtsvoll das absichtslos Entstandene anzudeuten. Denn Spuren entstehen absichtslos.

Zu den Spuren erfand Schalansky Erzähltexte, die pasticheartig unterschiedliche Genres ausprobieren. Eingeleitet werden sie durch einen Text, der das Buchprojekt begründet mit einer Klage über die Allgegenwart von Zersetzung und Zerstörung, welcher wenig entgegenzusetzen sei: »Im Grunde ist jedes Ding immer schon Müll, jedes Gebäude immer schon Ruine und alles Schaffen nichts als Zerstörung, so auch das Werk all jener Disziplinen und Institutionen, die sich rühmen, das Erbe der Menschheit zu bewahren.«[5]

In diesem »Vorwort« betitelten Text häuft sich verknappt Aphoristisches, schlägt dabei die Klage über das Verlorene unversehens um in Hoffnung: »Die Ruine ist ein utopischer

Ort, in dem Vergangenheit und Zukunft in eins fallen.«[6] Bei aller Prädominanz der Vergänglichkeit und Vernichtung ist im Archiv der Welt doch auf eins Verlass: »In diesem Archiv kann im Grunde nichts verlorengehen, weil seine Energiemenge konstant ist und alles irgendwo seine Spur zu hinterlassen scheint.«[7] Die Sprechinstanz dieses Vorwortes bekennt sich zu der Möglichkeit, »auch das Wirken unzähliger untergegangener Geschlechter womöglich wieder dem Orkus zu entreißen, wenn man nur nach ihren Spuren zu suchen begänne«.[8] Damit ist offenbar ein Programm formuliert, dem diese Instanz sich sodann widmet. Von der Archivalie ist rückzuschließen auf die Umstände, unter denen sie entstanden ist, auf die sie von Ferne zurückverweist. Im Buch Schalanskys treten einmal mehr Motive romantischer Praxis zusammen: Dichten, die Künste miteinander verschränken (in Text und Bild), aphoristisch schreiben und – sich auf Spurensuche begeben.

Aphoristisch und von Anekdoten begleitet sind die beiden von ihr zitierten einzig überlieferten »Bonmots« des Tragödiendichters Agathon, darunter die Bemerkung »Nicht einmal die Götter können die Vergangenheit ändern.«[9] Spurensuche, wie Schalansky sie versteht, macht aber immerhin »die Vergangenheit [zum] wahren Möglichkeitsraum«.[10] Spurensuche (und, mit Adorno und späteren Bloch-Exegeten, »Spurendenken«[11]), das Entdecken und das ›Lesen‹ von kaum sichtbaren und fast schon verschwundenen Fährten, wäre als Praxis zu verstehen, die letztendlich auf eine Zukunft abzielt.

Zunächst einmal ist zu klären, was hier unter Fragment zu verstehen sei und wie sich eine im 20. Jahrhundert nicht abgerissene aphoristische Tradition verortet, wenn sie sich bei Novalis und den Brüdern Schlegeln in den Begriff des Fragments kleidet (II.). Sodann geht es um das Problem, wie sich der Begriff der Spur hier situiert – es liegt nahe, von einem Solitär der Gegenwartsliteratur zu dem für die Verknüpfung von ›Spur‹ und Aphorismus in der Moderne entscheidenden Buch zu springen, ohne damit doch Abhängigkeitsbeziehungen nachweisen zu wollen, zu Ernst Blochs *Spuren* (III.). Im Raum steht damit auch die oft gestellte Frage nach dem Nachleben, der Fortsetzung, der Aktualität[12] der Romantik, durchaus auch unabhängig von intertextuellen Verweisen oder auch von Zuschreibungen wie ›Neuromantik‹[13] oder einer möglichen Modellhaftigkeit der Romantik.[14] Den Texten Blochs wie Schalanskys sind klare Referenzen auf die Romantik zu entnehmen. Blochs *Spuren*-Buch etwa bezieht sich mehrmals auf den *Heinrich von Ofterdingen*[15], wie es allerdings zahllosen Prätexten verpflichtet ist. Doch weniger um solche intertextuellen Verweise ist es hier zu tun, sondern um die Überlegung, inwiefern ein ›Spurendenken‹ mit einer genuin romantischen Praxis in Verbindung zu bringen sei, der Praxis des Fragments. Zu diesem Zweck wird im Folgenden der Begriff der Spur noch etwas geschärft und mit dem des Fragments abgeglichen. Der Bezirk der Vorläufigkeit wird hier allerdings nicht verlassen.

Mit der gebrauchten Begrifflichkeit ist allerdings vorausgesetzt, dass Romantik als Praxis und Diskurs im langen 19. wie im 20. Jahrhundert grundsätzlich Bestand hatte, intensiver und mitunter wohl auch alltäglicher, als es ein ideengeschichtlich ausgerichteter Rezeptionsbegriff behaupten kann.[16] Romantik war und ist in den Kulturen von Fest, Denkmal, Liebe, im Erhabenen präsent geblieben – eine der praxeologischen Dimensionen könnte die der Spurensuche und des Fragmentierens sein. Das Schreiben von Fragmenten kann eine den Alltag bis ins Soziale durchdringende Verfahrensweise sein. Dabei mag wie bei Judith Schalansky aphoristisches Schreiben Bestand haben, aber ergänzt werden um buchgestalterische (und somit auch leibliche, kunsthandwerkliche) Elemente, gleichsam Schattenrisse von Spuren des Verschwundenen, und um ein fabulierendes Moment: Geschichten, die erfunden werden um eine entdeckte Spur herum und die somit ein narratives Ausdeuten nur noch ganz nebulöser Abdrücke des Einstigen übernehmen, den Spuren damit aber eine Zukunft geben.

II. Von Chamfort und Lessing zur Frühromantik – Aphorismus und ›Fragment‹

Die Frühromantiker – so wird hier vorausgesetzt – stellten sich in eine aphoristische Tradition, die sie zugleich überschritten, u. a. indem sie ihre publizierten Aphorismensammlungen (im Unterschied zu den zu Lebzeiten ungedruckt gebliebenen Notaten) mit ›Fragment‹ bezeichneten. Auch wenn diesem so genannten Fragment etwa mit dem Igel-Vergleich[17] eine neue Denotation verliehen werden sollte, die ein dialektisches Verhältnis von Unvollendetem und Vollendetem, von Bruchstück und Ganzem behauptete, sind es doch zunächst einmal abgeschlossene, ja: komponierte und autorisierte Sammlungen, die die Leser*innen dazu zwingen möchten, nach Kohärenz oder nach einer in sich schlüssigen Abfolge der einzelnen Fragmente zu suchen und dabei mehr oder weniger zu scheitern.[18]

Der Begriff Fragment impliziert aber grundsätzlich einen doppelten Zeitvektor, Fragmente können als Vorläufiges nach vorwärts und nach rückwärts weisen; als Bruch-Stücke und Über-Reste eines einmal ganz Gewesenen und als Vorläufiges, als noch Unvollendetes, das als Ganzes schon denkbar ist. In diesem Sinne sei die Ruine, wie Schalansky meint, ein utopischer Ort – nach dem Ganzen, vor dem Ganzen.

Gewährsmann für die Aufsplitterung des Werkes in »Bruchstücke von Bruchstücken«, die zugleich »[d]as Interessanteste und das Gründlichste« in Gestalt von »Winke[n] und Andeutungen« seien, ist für Friedrich Schlegel bekanntlich Lessing.[19] Als Lessing-Herausgeber bricht Schlegel aus Lessings Werken jene Stücke heraus, die nur er selbst – so könnte man sagen – als Spuren erkennt, eben als Winke und Andeutungen, als Same des Künftigen, mit Novalis finalem *Blüthenstaub*-Fragment als »litterarische Sämereyen«.[20]

Dieser Aufsatz konzentriert sich also auf das Fragmentieren als Spurensuche und ignoriert tunlichst die vielen Folgeprobleme, die er sich mit dem Fragmentbegriff einhandelt, über den man sich vielleicht nur mit dem *Athenaeum*-Fragment 259 einig darin ist, dass er die »eigentliche Form der Universalphilosophie« sei.[21] Darüber hinaus schwankt die Forschung in ihrer Einschätzung von Friedrich Schlegels Fragmenten, wenn ihre Zuschreibungen von Dystopie bis Messianismus reichen.[22] Schon der Fragmentbegriff Schlegels ist »auf zahlreichen Ebenen von Widersprüchen [...] gekennzeichnet«, umso mehr kann man – May Mergenthaler hat das getan – mindestens sieben Verständniswege des Fragmentbegriffs in der Forschung unterscheiden, wovon der Verweischarakter auf eine unverfügbare Totalität vielleicht der schlagendste ist.[23]

Den Praxis- und Prozesscharakter seiner Fragmente hebt Novalis in einem Brief an Friedrich Schlegel in der Metapher »Bruchstück des fortlaufenden Selbstgesprächs in mir«[24] auf. Das damit einhergehende Postulat der Unabgeschlossenheit des Fragments als Praxis setzt sich im Leser fort, der hier wahrhaftig zum ›erweiterten Autor‹ (Novalis) werden konnte.[25] Es ließen sich vermutlich noch beliebig viele Belege zum transzendentalen Charakter des frühromantischen Fragments finden, und die Reflexion auf Entstehungsumstände, das alltägliche Notieren von Einfällen wie von Anekdoten etwa, findet sich schon bei einem Gewährsmann der Brüder Schlegel, bei Chamfort, dem August Wilhelm eine lange Rezension gewidmet hatte.[26] Die Fragmente der Romantiker hatten Formen des Erzählens neben und im Einklang mit mathematischen Berechnungen ins Auge gefasst[27], sie hatten sich freilich dann doch auf das Aphoristische beschränkt.[28]

III. Blochs »Spuren«

Nicht zuletzt Gert Ueding hat Ernst Bloch, den »Philosophen des Noch-Nicht«[29], als Neu-Denker der »romantisch-ästhetische[n] Idee des Fragments«[30] gefeiert. Das Fragment als Ausgangspunkt eines Zukünftigen spielt in seiner Philosophie eine tragende Rolle[31] – dieser Beitrag bezieht sich allein auf den Band *Spuren*, in dem Aphoristisches und Narratives eine enge Verbindung eingehen und dessen Titel wohl bewusst das Fragment ersetzt durch etwas Schwächeres, nur höchst vermittelt auf »ein Vorbeigegangensein«[32] Verweisendes, eben die Spur. Als gemeinsamer Nenner zwischen den *Spuren* und der Frühromantik gilt gemeinhin das Messianische[33], weniger fand bisher die Form der Spur als Praxis Beachtung. Für Laura Boella ist der Bloch'sche Spurenleser jemand, dem es, wie Benjamins Flaneur, darum geht, »[m]it dem Körper und dem Geist zu spüren«.[34]

Die als Band 1 der Werkausgabe erschienenen *Spuren*[35] geben sich als auf Erweiterbarkeit angelegte Sammlung von 87 Einzeltexten, die in der Summe doch auch den Eindruck von Geschlossenheit eines genau durchkomponierten Buches vermitteln, über die Modi der Buchgestaltung (Leerräume, Symmetrien) wird dem Lesenden ebenso eine entsprechende Erwartung vermittelt wie über den Aufbau in Großkapitel oder durch die Setzung von Überschriften zu jedem einzelnen Text. Dies dient zugleich der Verrätselung, denn die Kapitelüberschriften »Lage« – »Geschick« – »Dasein« – »Dinge« regen zur Spekulation über Kompositionsprinzipien, Systematik oder Aussagenlogik erst an. Die Stücke verbinden nun recht oft aphoristische und narrative Passagen, letztere teils anekdotisch, teils novellesk, im Grunde Zitate oder Pastiches diverser ›Kleiner Formen‹ quasimündlichen Erzählens.[36] Kurze Stücke verzichten auch auf Narrativität, wie etwa das erste: »Man ist mit sich allein. Mit den anderen zusammen sind es die meisten auch ohne sich. Aus beidem muß man heraus.«[37] Man hat nicht ganz korrekterweise von einer Nähe zum Emblem[38] gesprochen, das sich bei Bloch in der Verschränkung von Überschrift (inscriptio), Aphorismus (subscriptio) und Erzähltext (pictura) zeige – doch das gefestigte Weltbild des Emblems mit seiner strengen Funktionalisierung der Teile wird man in Blochs dem Essayistischen zuneigendem Schreiben nicht erkennen wollen. In der Werkausgabe von 1969 hat Bloch 21 nicht in der Erstausgabe von 1930 enthaltene Stücke veröffentlicht; in einer Fußnote legt er Wert darauf, das Anlagerungsprinzip kenntlich zu machen, aber zugleich den langen und diskontinuierlichen Entstehungszeitraum offenzulegen, der vor Erscheinen der Erstausgabe bereits zwanzig Jahre betragen hatte.[39] Kohärenz und Kontinuität der Rede werden behauptet und zugleich dementiert.[40]

IV. Zum Begriff der Spur

In Sybille Krämers Metaphysik der Medialität ist die Spur eine Inversion des Boten. Der Verursacher ist ungreifbar, die Ursache war nicht intentional – man hinterlässt Spuren einfach so (oder versucht sie zu verwischen). Hervorbringer der Spur ist laut Krämer der Spurensucher, also der Leser, der überhaupt erkennt, dass da nicht nichts ist, sondern eben – eine Spur. Die Spur ist ohnehin nur ein Abdruck, ein umgekehrtes Negativ, dessen Gussform beispielsweise der Schuh oder der Huf des Verursachers war. Die Praxis des Spurenlesens also ist eigentlich die Überschreitung bloßer Materialität. Ist der Rauch indexikalisches Zeichen, das auf das Feuer verweist, so ist die Asche weniger als dies, nämlich nur dessen Spur.[41] In der Wahl des Begriffes der Spur liegen Kognition und Wissenserzeugung, die auf Verlorenes, auf Abwesenheit[42], aufmerksam machen und erinnern – und ein mögliches Kommendes in Aussicht stellen[43] – bei Bloch in der Zweipoligkeit von ›Spur erkennen‹ (im ›Merke‹, im Aphorismus) und ›Spur beschreiben/ausdeuten‹ (in der Erzählung). Der Gestus ist: etwas kaum Sichtbares muss einem erst einmal auffallen und als Spur begreifbar werden. Schalansky schreibt ganz in diesem Sinne über die Ruine: »Das Auge sieht, das Hirn ergänzt. Bruchstücke werden zu Bauwerken, die Taten der Toten lebendig herrlicher und vollkommener, als sie es jemals waren.«[44]

Die Praxis der Spur (des Spurensuchens, -lesens, -beschreibens oder -vertiefens) meint die Achtsamkeit auf das Marginale, angesichts ›kleiner Dinge‹ zu »kleinen Perzeptionen«[45] zu gelangen und schreibenderweise die ›kleine Form‹ zu suchen. In dem prominent platzierten Stück »Das Merke« gibt die Sprechinstanz in Blochs Buch Empfehlungen für die Praxis, dafür, »auch fabelnd zu denken«. »Aus Begebenheiten kommt da ein Merke, das sonst nicht so wäre; oder ein Merke, das schon ist, nimmt kleine Vorfälle als Spuren und Beispiele.«[46] Das Aphoristische, das Wahrheiten zu verkünden sich anschickt, wäre das »Merke« (eine nicht im engeren Sinn didaktisch gemeinte Passage); daneben stehen die eigentlichen »Spuren«, also die Geschichten, Fabeln, Anekdoten, die das, was der Sprechende als Spuren wahrgenommen hat, in erzählende Miniaturen umsetzt. Mal kann die Spur der Auslöser gewesen sein, mal mag es das ›Merke‹ sein, die Deutung, die sich die passende Spur sucht. Der Schluss der *Spuren* verpflichtet ihre Leser*innen auf tätige Fort-Setzung im Alltag: »Sehe man darum jetzt und hier sich um, mit tätig gesetzter Zeit im tätig umgebauten Raum; die Spuren des sogenannten Letzten, ja auch nur wirtlich Gewordenen sind selber erst Abdrücke eines Gehens, das noch ins Neue gegangen werden muss.«[47]

Für Sybille Krämer ist das Erkennen einer Spur ein Inzitament einer künftigen narrativen Ordnung; das Spurenlesen ist eigentlich ein Erzählen: »Spuren zu lesen heißt, ›Dinge zum Sprechen zu bringen‹; doch die Dinge sind stumm. Beredt – und damit zu Spuren werden sie erst in der Erzählung des Spurenlesers«[48], der für Krämer zugleich schon ein Handelnder ist: »Spuren bringen uns zum Handeln.«[49]

Solchermaßen ereignet sich spätestens in der Moderne eine Anreicherung aphoristisch-fragmentarischen Schreibens durch kleine Narrative, die sich zu den Spuren ähnlich verhalten wie Bildbeschreibungen zu Bildern, indem sie das sichtbare Stumme in die Ordnung der Sprache überführen, die zugleich schon eine des Deutens und des Forterzählens ist. Dabei ist der Spurbegriff ein fragilerer als der des Zeichens, da sein Verweischarakter dubios ist und die Beziehung zwischen dem vagen Abdruck der Spur und der zugehörigen Rede nicht minder dubios sein dürfte.[50] Zugleich gilt Krämer das Spurkonzept als beachtenswert, gerade weil es dem Spiel der Zeichen »eine[] Art ›Dingsemantik‹« entgegenhält.[51]

Sucht man bei den Frühromantikern nach dem Begriff der Spur, dann wird man bei Novalis fündig. Seine Fragmente lassen ein Interesse an der Figur der Spurensuche immer wieder erkennen. Nur wenige Andeutungen folgen. Es gebe eine »innre *chiffrierende* Kraft«, von der sich Spuren in der Natur fänden.[52] Oder: »Wir lieben den [leblosen] Stoff, in so fern er zu einem geliebten Wesen gehört, seine Spur trägt, oder Ähnlichkeit mit ihm hat.«[53] Dem Geschichtsschreiber etwa bietet sich eine Masse an Daten dar, die er belebt. Die toten Daten zu etwas Organischem, Lebendigem, zu »historischen Kunstgebilde[n]«, zu machen, erfordert aber Grundsätze. Solange es diese nicht gibt, sind nur »Spuren zufälliger Belebungen« denkbar, »wo unwillkührliches Genie gewaltet hat.« Solche Zufallstreffer verweisen voraus auf eine vollkommene Synthese von Wissenschaft und Kunst der Geschichtsschreibung.[54] Ein anderes, ebenso prospektives Beispiel: Vom Ideal der mythischen Übersetzung sei bislang kein ganzes Muster existent, jedoch: »Im Geist mancher

Kritiken und Beschreibungen von Kunstwerken trifft man aber helle Spuren davon.«[55] Schließlich: »Die meisten Schriftsteller sind zugleich ihre *Leser* – indem sie schreiben – und daher entstehn in den Werken so viele Spuren des Lesers.«[56] Die Spur als materialisierter Hinweis auf etwas Einstiges, anhand einer Spurenlese zu Erahnendes – sodann aber die Spur als Vorschein des Künftigen. Zumindest wird man auch von Novalis herkommend behaupten dürfen, dass das Lesen und Deuten von Spuren eine ›Aufgabe‹ darstellt, eine Praxis der Kognition und der Deutung. Spuren sind nicht absichtsvoll produziert worden (diese Bedeutungsnuance steckt ja eigentlich auch im Fragmentbegriff): Sie sind *vielleicht* da und müssen als solche erst einmal erkannt und sodann gedeutet werden, auf ein Vergangenes und möglicherweise auch auf ein Zukünftiges hin. Abkürzend kann hier ergänzt werden: Für diese Praxis der Kognition, der Deutung wie der Perspektivierung muss eine Sprache geschaffen werden, die bei den Frühromantikern bruchstückhaft-aphoristisch ist, vorläufig und doch apodiktisch.

V. Blochs Transzendentalpoesie der Spur

Bloch wollte gewiss nicht zu sehr nach Schlegel und Konsorten klingen, warf er doch als Rezensent der *Einbahnstraße* seinem Freund Benjamin vor: »Anderes ist teils allzu eigen aufgetragen, teils klingt es unnötig an Altes an. […] Schlegels gepflegter Witz […].«[57]

Selbst hat Walter Benjamin fast zeitgleich mit Bloch (1932) in *Das Taschentuch* ein Ende des (mündlichen) Erzählens im Zeichen von Anekdote, Essayistik, Aphoristik beschworen.[58] Noch Schalanskys Buch einer Erprobung kleiner Erzählformen, die aus dinglichen Spuren herausgereizt werden, lässt sich in diesen Traditionszusammenhang einordnen.

Bloch betont in den *Spuren* den Primat des Denkens, also der philosophischen Praxis, die derjenigen einer Verwandlung der Welt vorausliegen müsse: »Das Denken schafft selbst erst die Welt, in der *verwandelt* werden kann und nicht bloß gestümpert.«[59] Die Sprechinstanz des Buches beobachtet sich beim Denken wie beim Erzählen; der selbstreflexiv-transzendentalpoetische Charakter war Friedrich Schlegels »Zutat zur Geschichte des Aphorismus«.[60] Die erzählten Geschichten werden rahmend auch stets als aus einer Praxis hervorgehend behandelt, extra- und intradiegetische Ebenen werden unterschieden. Hierzu zählt etwa in dem Stück »Die unmittelbare Langeweile« eine Allegorie vom Scheitern des Erzählens.[61] Im

Zeichen der Gefahr eines Scheiterns steht Blochs Projekt. Erzählen ist ihm ein dialogisches Verfahren, den Text bringt erst die soziale Interaktion hervor. Denkt man an Novalis Metapher vom Fragment als Selbstgespräch, so besteht die Analogie in dieser praxeologischen Ausdeutung des gesprächsweisen Erfindens einer Erzählung.[62]

Bloch nimmt beim Personal seiner erzählten Welten bei aller Neigung zu Anekdote und Legende doch auch eine modernistische Revision vor. Beispielhaft sei auf die in den 1920er Jahren einmal mehr präsente Figur des Hochstaplers verwiesen, sein Ort ist die moderne Großstadt. Er ist ein Künstler, dessen Kreativität aus Lügen besteht; doch auch ihm bescheinigt Bloch, der seinen Karl May ja gelesen hatte: »Kein Vorstoß ins ›Höhere‹, auch der wirklich produktive nicht, geht ohne *Selbstbehauptungen* ab, die nicht oder noch nicht wahr sind.«[63] In einer »unfertige[n], prozeßhafte[n] Welt«[64] sind die Subjekte Suchende, auch die Hochstapler, deren Ahnenreihe sich bis zur Romantik und weiter zurückverfolgen lässt.

VI. Schluss

Bloch und Schalansky geben dem romantischen Fragment in der Spur und im Spurenlesen eine neue Ausprägung – dies meint ein Setzen des Eigenen aus der Kleinigkeit, dem bloßen Wirklichkeitsabdruck, der vorgefunden wurde und dem nachgegangen wird. Das zeigt sich in beiden Büchern in gestalterischer Hinsicht: Schalanskys als schwache Abdrücke erkennbare Bilder auf monochronem Papier umschließen die Geschichten, die jeweils genau einen Bogen umfassen. Im *Spuren*-Band von Blochs Werkausgabe sind es Abschnitts- und Seitenwechsel, die materialiter Leerräume schaffen und den Nachdruck des davor Gesagten zu erhöhen scheinen. Vor einem solchen Leerraum liest man den transzendentalpoetischen, auf die eigene Entstehung gemünzten Satz: »Es ist ein Spurenlesen kreuz und quer, in Abschnitten, die nur den Rahmen aufteilen. Denn schließlich ist alles, was einem begegnet und auffällt, dasselbe.«[65]

Leser*innen von Fragmenten (und Spurenbüchern) sollen »in den Prozeß der Sinnproduktion hineinzogen werden«.[66] Dies wird den Leser*innen Blochs und Schalanskys nicht leichter durch eingelagerte Erzähltexte, die vordergründig Identifikation auslösen könnten, tatsächlich aber erst die Frage nach der Konstellierung von Aphorismus und Ankedote (bei Bloch), von Bild, Narrativ und historischem Abriss (bei Schalansky) auslösen. Wie das eine mit dem anderen zusammengehört, ist keineswegs ausgemacht. Spuren (des Vorübergegangenen) müssen mehrfach gelesen werden, vom Buch-Leser einmal öfter.

1   Judith Schalansky: Verzeichnis einiger Verluste. Berlin 2018, S. 127.
2   Ebd., S. 126.
3   Ebd., S. 127.
4   Dass Schalanskys Unternehmung der Spurensuche genau den Nerv der Berliner Erinnerungskultur trifft, belegt die Zeitungsnachricht, der Palast der Republik solle »im künftigen Humboldtforum in Form von zwölf ›Spuren‹ gewürdigt werden. [...] Zu den ›Spuren‹ zählen Großobjekte wie Wolfgang Mattheuers Gemälde ›‚Guten Tag‹ und eine Porzellanwand aus dem ehemaligen Palastrestaurant.« ([Andreas] Kil[b]: Palast der Republik. Spurenweise im Humboldtforum. In: FAZ vom 16.5.2019, S. 9.) Vgl. https://www.humboldtforum.org/de/inhalte/guten-tag (9.10.2019)
5   Schalansky (s. Anm. 1), S. 16.
6   Ebd., S. 20.
7   Ebd., S. 21 f.
8   Ebd., S. 22.
9   Ebd., S. 18. – Das Zitat ist indirekt in der Nikomachischen Ethik überliefert: »Denn dies allein sogar der Gottheit bleibts versagt./ Ungeschehen zu machen, was einmal geschehen ist.« (Aristoteles: Nikomachische Ethik. Nach der Übers. von Eugen Rolfes bearb. von Günther Bien. In: Philosophische Schriften in sechs Bänden. Band 3. Hamburg 1995, S. 133.)
10 Schalansky (s. Anm. 1), S. 19.
11 Zunächst sprach Theodor W. Adorno in seinem Essay zu Blochs Buch davon, dass ein »Denken, das Spuren verfolgt, [...] erzählend« sei (Theodor W. Adorno: Blochs Spuren. In: Ders.: Gesammelte Schriften. Bd. II: Noten zur Literatur. Frankfurt a. M. 1974, S. 233–250, hier S. 235.); vgl. sodann: »Das Spurendenken impliziert einen ungewöhnlichen Gebrauch der emotionalen, kognitiven und der Wahrnehmungsfähigkeiten, der bereits eine Weise darstellt, sich auf das utopische Ferment – das Aufblitzen der Funken, die das Leere bevölkern – einzustimmen.« (Laura Boella: [Art.:] Spuren. In: Bloch-Wörterbuch. Leitbegriffe der Philosophie Ernst Blochs. Hrsg. von Beat Dietschy, Doris Zeilinger und Rainer F. Zimmermann. Berlin/Boston 2012, S. 508–513, hier S. 508.) Zum ›Denken‹ in Spuren vgl. auch Martin Zerlang: Ernst Bloch als Erzähler. Über Allegorie, Melancholie und Utopie in den ›Spuren‹. In: Text + Kritik: Ernst Bloch. Hrsg. von Heinz Ludwig Arnold. München 1985, S. 61–75.
12 Vgl. Ernst Behler/Jochen Hörisch (Hrsg.): Die Aktualität der Frühromantik. Paderborn/München 1987; Bärbel Frischmann/Elizabeth Millán-Zaibert (Hrsg.): Das neue Licht der Frühromantik. Innovation und Aktualität frühromantischer Philosophie. Paderborn/München 2009.
13 Vgl. den »Themenschwerpunkt: Neuromantik«. In: Athenäum 27 (2017).
14 Vgl. http://modellromantik.uni-jena.de/ (9.10.2019); Stefan Matuschek/Sandra Kerschbaumer: Romantik als Modell. In: Aufklärung und Romantik. Epochenschnittstellen. Hrsg. von Daniel Fulda/Sandra Kerschbaumer/Stefan Matuschek. Paderborn 2015, S. 141–156.
15 Im Stück *Fremdes Zuhause, urvertraute Fremde* fällt der Romantitel, ist von der ›Blauen Blume‹ die Rede (vgl. Ernst Bloch: Spuren. Frankfurt a. M. 1969 [Werke. Gesamtausgabe; 1], S. 81; in *Der Berg* wird die Geschichte des unterirdisch, im Berg, lebenden Kaisers Friedrich erzählt, die an Ofterdingens Begegnung mit dem Grafen von Hohenzollern erinnert (vgl. ebd., S. 218).
16 Zu einer solchen Praxeologie der Romantik, die prinzipiell auch die Schwelle des 20. Jahrhunderts überschritten haben dürfte vgl. Norman Kasper/Verf. (Hrsg.): Praxis und Diskurs der Romantik 1800–1900. Paderborn 2016.

17 »Ein Fragment muß gleich einem kleinen Kunstwerke von der umgebenden Welt ganz abgesondert und in sich selbst vollendet seyn wie ein Igel.« (Friedrich Schlegel: *Fragment* [Nr. 206]. In: Ders./August Wilhelm Schlegel: Athenaeum I/2 [1798], S. 232.)
18 Zum Fragment-Begriff vor, in und nach der Romantik vgl. Lucien Dällenbach/Christiaan Hart Nibbrig (Hrsg.): Fragment und Totalität. Frankfurt a. M. 1984; Johannes Weiß: Das frühromantische Fragment. Eine Entstehungs- und Wirkungsgeschichte. Paderborn 2015; Justus Fetscher: Fragment. In: Ästhetische Grundbegriffe. Hrsg. von Karlheinz Barck u. a. Band 2. Stuttgart/Weimar 2001, S. 551–588; schließlich: Verf.: ›Fragment‹ und Fragment als romantische Praxis um 1800 und in der Moderne (Novalis, Nietzsche, von der Wense). In: Formen ins Offene. Zur Produktivität des Unvollendeten. Hrsg. von Hanna Delf von Wolzogen/Christiane Hehle. Berlin/Boston 2018, S. 173–194.
19 Friedrich Schlegel: Über Lessing. In: Kritische Friedrich-Schlegel-Ausgabe. Hrsg. von Ernst Behler. Band II: Charakteristiken und Kritiken I. Hrsg. von Hans Eichner. München u. a. 1967, S. 100–125, hier S. 112. Vgl. Martina Eicheldinger: »Kritische Fragmente« (»Lyceum-Fragmente«). In: Johannes Endres (Hrsg.): Friedrich Schlegel-Handbuch. Leben – Werk – Wirkung. Stuttgart 2017, S. 141–146, hier S. 141.
20 »Die Kunst Bücher zu schreiben ist noch nicht erfunden. Sie ist aber auf dem Punkt erfunden zu werden. Fragmente dieser Art sind litterarische Sämereyen.« (Novalis: HKA II, 463:114.) Künftig HKA II, Seitenzahl.
21 Friedrich Schlegel: *Fragment* [Nr. 259]. In: Ders./August Wilhelm Schlegel: Athenaeum I/2 (s. Anm. 17, S. 72.), sowie vgl. May Mergenthaler: Fragment. In: Endres (s. Anm. 19), S. 306–309.
22 Vgl. ebd., S. 308.
23 Vgl. ebd., S. 306.
24 Novalis: Brief vom 26.12.1797 an Friedrich Schlegel. In: HKA IV, S. 241–244, hier S. 242.
25 Vgl. Ulrich Stadler: Kleines Kunstwerk, kleines Buch und kleine Form. Kürze bei Lichtenberg, Novalis und Friedrich Schlegel. In: Die kleinen Formen in der Moderne. Hrsg. von Elmar Locher. Innsbruck/Wien/München 2011, S. 15–36, hier vor allem S. 26.
26 Eicheldinger (s. Anm. 19), S. 141. – »Ch. hatte die Gewohnheit, täglich Aphorismen, worinn er die Resultate seines Nachdenkens zusammenfasste, Anekdoten und Charakterzüge, die man ihm erzählte oder die er selbst erlebte, witzige Reden von ihm selbst oder von andern, auf Zettel zu schreiben, und sie durcheinandergeworfen in Mappen aufzubewahren.« [August Wilhelm Schlegel, Rez.:] Œuvres de Chamfort. In: Allgemeine Literaturzeitung vom 29.10.1796, Nr. 340, Sp. 258; https://zs.thulb.uni-jena.de/rsc/viewer/jportal_derivate_00042744/ALZ_1796_Bd. 3+4_276_A2.tif (9.10.2019).
27 Vgl. HKA II, 569.
28 Vgl. aber Weiß (s. Anm. 18), S. 145, der eine Verwandtschaft zwischen Fragment und Roman der Romantik in der Auflösung der Gattungsgrenzen erkennt.
29 Fetscher (s. Anm. 18), S. 580; vgl. auch Boella (s. Anm. 11), S. 510.
30 Gert Ueding: Das Fragment als literarische Form der Utopie. In: Études germaniques 41 (1986), S. 351–362, hier S. 351.
31 Vgl. ebd.
32 Sybille Krämer: Medium, Bote, Übertragung. Kleine Metaphysik der Medialität. Frankfurt a. M. 2008, S. 276.
33 Vgl. Richard Faber: Revolutionärer Messianismus, moderner Marcionismus und militanter Optimismus. Zu Ernst Blochs allegorischer Merkprosa. In: Spuren. Lektüren. Hrsg. von Elmar Locher. Innsbruck/Wien/München/Bozen 2008, S. 25–45, aber auch: Arno Münster: Ernst Bloch. Eine politische Biographie. Darmstadt 2004, S. 149 f.
34 Boella (s. Anm. 11), S. 509.
35 Vgl. Bloch (s. Anm. 15).
36 Zerlang (s. Anm. 11), S. 69 f. – trotz scheinbarer Unmöglichkeit des Erzählens in der Moderne; Blochs Ausweg ist der Rückgang auf kleine, auf traditionale For-

men, die unter der Hand überlebt haben. – Zur konzeptuellen Mündlichkeit vgl. Milena Massalongo: Die Entdeckung schmaler Kontinente. Spuren eines topographischen Denkens. In: Locher (s. Anm. 33), S. 95–118, hier S. 109.
37 Bloch (s. Anm. 15), S. 11.
38 Belege bei Klaus L. Berghahn: Zur Modernität von Ernst Blochs Denkbildern. In: Ders.: Zukunft in der Vergangenheit. Auf Ernst Blochs Spuren. Bielefeld 2008, S. 38–53, hier S. 44–47, und bei Zerlang (s. Anm. 11), S. 64.
39 Bloch (s. Anm. 15), S. 10.
40 Vgl. Novalis' Diktum von der »Systemlosigkeit als System« über Fichte: HKA II, 288 f.
41 Krämer (s. Anm. 32), S. 279.
42 Sybille Krämer: Was also ist eine Spur? Und worin besteht ihre epistemologische Rolle? Eine Bestandsaufnahme. In: Spur. Spurenlesen als Orientierungstechnik und Wissenskunst. Hrsg. von ders., Werner Kogge und Gernot Grube. Frankfurt a. M. 2007, S. 11–33, hier S. 14.
43 Dieses Kommende stellt Krämer zugunsten einer Diagnose des Zeitenbruches zurück: »Die Spur zeigt etwas an, was zum Zeitpunkt des Spurenlesens irreversibel vergangen ist.« (Ebd., S. 17.)
44 Schalansky (s. Anm. 1), S. 83 f.
45 Münster (s. Anm. 33), S. 151.
46 Bloch (s. Anm. 15), S. 16.
47 Ebd., S. 220. Vgl. aber den hierauf folgenden, allerletzten Satz, der erneut auf das Selbe im Diversen hinweist: »Erst sehr weit hinaus ist alles, was einem begegnet, das Selbe.«
48 Krämer (s. Anm. 32), S. 281.
49 Ebd., S. 292.
50 Vgl. ebd., S. 285 f.; zu Lévinas vgl. weiterhin: Ze'ev Levy: Die Rolle der Spur in der Philosophie von Emmanuel Levinas und Jacques Derrida. In: Krämer/Kogge/Grube (s. Anm. 42), S. 145–154.
51 Krämer (s. Anm. 42), S. 13. – Sie greift kritisch Positionen Carlo Ginzburgs auf, der mit dem Begriff der Spur (dem marginalen Sichtbaren), die er mit einer Krisendiagnostik verbindet, eine moderne Semiotik des Kleinen, Peripheren, fast schon Verschwundenen auf den Weg bringt. Er unterscheidet eine detektivische (auch literarisch-analytische), eine medizinische und eine psychoanalytische Spurensuche, wobei das Material jeweils im Ding, im Körper (den Symptomen) und dem Narrativ zu suchen sei. (Vgl. Carlo Ginzburg: Spurensicherung. Der Jäger entziffert die Fährte, Sherlock Holmes nimmt die Lupe, Freud liest Morelli – die Wissenschaft auf der Suche nach sich selbst. In: Ders.: Spurensicherungen. Über verborgene Geschichte, Kunst und soziales Gedächtnis. Berlin 1983, S. 61–96.) Einen semiotischen Spurenbegriff vertritt in der Bloch-Exegese auch Gerhart Pickerodt (vgl. Blochs ›Spuren‹ und Adornos ›Minima Moralia‹. Ein Vergleich. In: Locher [s. Anm. 33], S.119–129, hier S. 119).
52 HKA II, 627.
53 Ebd., 429.
54 Ebd., 455.
55 Ebd., 439.
56 Ebd., 609.
57 Ernst Bloch: Revueform in der Philosophie. In: [Kommentar zu:] Walter Benjamin: Werke und Nachlaß. Kritische Gesamtausgabe. Hrsg. von Christoph Gödde und Henri Lonitz. Band 8: Einbahnstraße. Hrsg. von Detlev Schöttker. Frankfurt a. M. 2009, S. 525–530, hier S. 526.
58 Vgl. Walter Benjamin: Das Taschentuch. In: Gesammelte Schriften. Hrsg. von Rolf Tiedemann und Hermann Schweppenhäuser. Band IV/2. Hrsg. von Tillman Rexroth. Frankfurt a. M. 1980, S. 741–745.
59 Bloch (s. Anm. 15), S. 202.
60 Eicheldinger (s. Anm. 19), S. 144.
61 Vgl. Bloch (s. Anm. 15), S. 112–117. Die beiden Erzähler werden miteinander verglichen: »Wirkte nicht der Herr der Wunderfabel, genau wie sein farblos tiefer Erzähler, als Präparat absoluter Langeweile«. (Ebd., S. 116.)

62 Vgl. Endres (s. Anm. 19), S. 150, zu den »Athenaeum«-Fragmenten.
63 Bloch (s. Anm. 15), S. 43.
64 Massimo Salgaro: Titel als Spuren. In: Locher (s. Anm. 33), S. 79–94, hier S. 81.
65 Bloch (s. Anm. 15), S. 17.
66 Stadler (s. Anm. 25), S. 26.

Fragmente zu einer Grammatik der Sinnlichkeit
Friedrich Schlegels *Lucinde* mit/gegen
Roland Barthes gelesen

Rüdiger Görner

Im selbstreferentiellen Handlungsimperativ der Frühromantik, die Lebensbereiche und ihren Vollzug zu poetisieren – also: zu romantisieren – erkannte Roland Barthes in Form des Fragmentierens die Aufforderung zu einem noch als intellektuellen Gestus in der Nachmoderne gültigen denkpoetischen Verfahren. In seinen *Fragmenten der Sprache der Liebe* setzte er dieses Verfahren konsequent um. Sie treffen sich im prinzipiellen Experimentalcharakter ihres Liebesdiskurses mit Friedrich Schlegels Briefromanfragment *Lucinde*, in dem das sensorische und sensualisierte Ich sich in sinnlicher Selbstbestimmung übt und seine Gefühle wie Enzyme für den Reflexionsprozess einsetzt. Das Versatzstückhafte dieses Reflektierens bei Schlegel und Barthes wirkt dabei wie ein Ordnungsprinzip, das sich selbst immer wieder zu unterlaufen vermag.

Im Umfeld der frühromantischen Ästhetik nun steht ein bestimmter Fragenkomplex wiederholt im Vordergrund: Wie verhalten sich sinnliche Erfahrung und Reflexion im künstlerischen Gestaltungsprozess zueinander? Kann Reflexion selbst zu einer sinnlichen Erfahrung werden? Ist eine sinnliche Disposition des Reflektierenden Voraussetzung für das Sinnlich-Werden des Reflektierens? Und was bedeutet es überhaupt, mit kritischem Bewusstsein, also aktiviertem Reflexionsvermögen, sinnlicher Welt-, Fremd- und Selbsterfahrung beizukommen? Überdies gefragt: Weshalb ist eine solche Reflexion des Sinnlichen, ob sie nun ihrerseits sinnlich ist oder rein analytisch, wünschenswert oder gar nötig?

Im Übergang von Poesie zur Philosophie und umgekehrt sieht Lothario in Friedrich Schlegels *Gespräch über die Poesie* den Wesenskern einer reflektierenden Kunst, die sich auch in den Verschleifungen der Genres spiegeln kann. *Hamlet* etwa schwebt für ihn »unauflöslich im Übergang von der Novelle« zur Tragödie, also von Erzählung zum Drama, vermittelt durch Reflexion. Die Frage nach der sinnlichen Komponente im Kunstakt beantwortet Schlegel mit Hinweis auf Petrarca. In seinen »Gesängen«, den Kanzonen und Sonetten, habe »sein Gefühl die Sprache der Liebe gleichsam erfunden«. Genau mit dieser

Bemerkung bezeichnet Schlegel den Moment des Versinnlichens von Sprache, der Sprache der Liebe und jener der Reflexion. Im Roman kann dieser Vorgang zum Ereignis werden, im Fall von Schlegels *Lucinde* (1799) in mehrfach gebrochener Form, die aber der Struktur keineswegs entbehrt. Schlegels fragmentarischer Roman – nur den ersten von vier geplanten Teilen hat er ausgeführt[1] – bietet narrative Erkundungen in Bereiche liebenden Empfindens, wobei seine dreizehn thematisch ausgewiesenen Abschnitte ihrerseits sinnlich-reflektierte Erfahrungen bezeichnen, beziehungsweise im Leser ermöglichen sollen. Abfolge oder Arrangement dieser jeweils betitelten »Bekenntnisse eines Ungeschickten« werden insgesamt als die Skizze zu einer Grammatik der Sinnlichkeit lesbar, die Doppel- oder Mehrdeutigkeiten einzelner Erfahrungen dekliniert und entsprechende Verhaltensweisen in diversen Zeitstufen konjugiert. Das beginnt mit der Selbstbezeichnung des Protagonisten Julius als »ungeschickt«; das kann ›linkisch‹ oder ›unbeholfen‹, aber auch einen Zustand des Nicht-Geschickt-Worden-Seins bedeuten. Er schreibt in keinem Auftrag; seine bloße Existenz ist Mission.

Etwas fehlt jedoch diesen Reflexionen des mal Ich-, mal Er-Erzählers: Distanz, Abstand zu sich selbst. Eher ließe sich von einer Unmittelbarkeit der Reflexion sprechen, ihrer unbedingten Gegenwärtigkeit. Für Erinnerungen oder erinnerndes Reflektieren ist entgegen der Beteuerungen des Erzählers kein wirklicher Platz. Um etwas kritischen Raum zu gewinnen, vertraut Schlegel dem Spiel mit sprachlichen Formen oder jähen Rupturen im Sprachgefüge, dem Spalten von Zusammenhängen oder thematisch nicht unbedingt begründeten Absätzen mit oder ohne Spiegelstrich. Zentral für sein poetisches Verfahren ist dabei das »unbezweifelte Verwirrungsrecht«, das der Ich-Erzähler Julius für sich in Anspruch nimmt. Dabei handelt es sich um einen Vorgriff auf die Struktur des im Roman Folgenden, nämlich um »zerstreute Blätter«, die an die »unrechte Stelle« gestellt werden sollen, geschrieben, als Julius auf seine Lucinde wartet, mit der Feder der Geliebten im Raum ihrer intimsten Nähe.[2]

In den *Fragmenten einer Sprache der Liebe*, einem Alphabet und einer Grammatik der Gefühle, nennt Roland Barthes die »Erwartung« den eigentlichen Liebeszustand der »Verzauberung«.[3] Bei Barthes ist dieser Zustand jedoch mit einer »Angstaufwallung« verbunden, begründet durch die Furcht vor unerfüllter Erwartung. Es handelt sich um einen analogen Zustand zu dem, den Schlegels Julius durchlebt, mit dem entscheidenden Unterschied jedoch, dass sein Warten neue Formen gebiert, und zwar eine »dithyrambische Fantasie über die schönste Situation« (10 ff.). Barthes' Alphabetisierung der Gefühle lebt von Zitaten an Reflexionsstatt. Er setzt dabei auf die erotische Anziehungskraft des zitierten Wortes.

Dagegen ruft Julius in dieser »dithyrambischen Fantasie« toposhaft das Ungenügen am wortsprachlichen Ausdruck auf (»Die Worte sind matt und trübe [...]«, 10), aber nur um dann das eigene Empfinden durch die Sprache zu zelebrieren, weil er darin, in der Liebe – »in mir und in dir« – »die volle ganze Menschheit« versinnbildlicht sieht. Ja, Julius versucht sich in einer Selbstübersteigerung des sprachlichen Ausdrucks, der Geistiges und Physisches in eins setzt: »Eine große Zukunft winkt mich eilends weiter ins Unermeßliche hinaus, jede Idee öffnet ihren Schoß und entfaltet sich in unzählige neue Geburten.« (10) Die in diesem Prosadithyrambos evozierte Erotisierung des Intellektuellen führt zu temporalen Parallelismen des gemeinhin Unvereinbaren: »Die äußersten Enden der zügellosen Lust und der stillen Ahndung leben zugleich in mir.« (10) Gesteigert sieht sich diese kaum noch überbietbare Gefühlskonstellation durch eine Pantemporalität, in der alle Zeitebenen konvergieren, das aber zu einer widerständigen Gegenwart: »Ich erinnere mich an alles, auch an die Schmerzen, und alle meine ehemaligen und künftigen Gedanken regen sich und stehen wider mich auf.« (10) Um diesen Aufstand zu meistern, bedurfte es dieses dithyrambischen Erzählens, wobei sich die beim Schreiben oft genug unvermeidliche Paradoxie ergibt, dass ein sprachlich artikulierter Zustand – in diesem Fall seelischer Notstand – allein durch Sprache neutralisiert oder gar überwunden werden kann. Dieser Prosadithyrambus nun ruft eine Geliebte ins Leben, die nicht zwischen »Lieben und Leben« unterscheidet und deren »Wesen Eins und unteilbar« ist. (11)

Die »schönste Situation«, von der diese »dithyrambische Fantasie« zeugt, besteht eben gerade darin, die Geschlechterrollen im Vollenden des Menschheitlichen aufgehoben zu sehen, aufgezeichnet auf einem »heiligen Blatt«, das den geliebten Menschen zumindest vorläufig ersetzt.

Es sagt sich leicht, zu leichthin womöglich, dass die diversen Stücke der *Lucinde* nicht wirklich aufeinander bezogen sind; Bruchstücke seien sie bestenfalls, Stückwerk problematischstenfalls. Und doch ist diesem in sich fragmentarischen Roman eine innere Struktur nicht abzusprechen, eine Struktur von der Art, wie sie Alain Robbe-Grillet in seiner Prosa *Der wiederkehrende Spiegel* vorführen sollte oder wie Roland Barthes Lektüre sie versteht: als eine Wahrnehmung von Silhouetten, Schlangenlinien und Gesten durchdrungen vom »Geist des Buchstabens«. Wenn demnach in Friedrichs Schlegels Romanfragment auf die »dithyrambische Fantasie« in Prosa, in der sich die Ausbildung des rein Menschlichen feierte, die »Charakteristik« einer Zweijährigen folgt, die »heitere Selbstzufriedenheit« (14) ausstrahlt, dann zeigt dieser Text ein Kind wie später in Otto Philipp Runges Bild-Allegorie *Der Morgen*. Ihr Name, Wilhelmine, löst in seiner weiblichen Form von ›Wilhelm‹ die potentielle Doppelgeschlechtlichkeit des vollendet Menschlichen ein. Dadurch verjüngt sich in ihr die Mignon-Gestalt aus *Wilhelm Meister* als Inbegriff reiner Poesie. Schlegels Julius sieht in besagter Wilhelmine in der Art ihrer Entäußerung sogar die Verkörperung eines poetischen Prinzips:

> Die Blüten aller Dinge jeglicher Art flicht Poesie in einen leichten Kranz und so nennt und reimt auch Wilhelmine Gegenden, Zeiten, Begebenheiten, Personen, Spielwerke und Speisen, alles durch einander in romantischer Verwirrung, so viel Worte so viel Bilder; und das ohne alle Nebenbestimmungen und künstlichen Übergänge, die am Ende doch nur dem Verstande frommen und jeden kühneren Schwung der Fantasie hemmen. Für die ihrige ist alles in der Natur belebt und beseelt […]. (14)

Dieses Analogiebild sinnlicher Unmittelbarkeit ist der Ausgangspunkt für eine Art ästhetischer Verhaltenslehre, die Julius daraufhin entwirft, wie er sie am Beispiel der kleinen Wilhelmine erlebt hat, als sie »zum erstenmal eine Puppe sah, fühlte und sogleich zu ihrem Mund führte«, als handelte es sich um – schöne – Nahrung:

> Die gesunde Wißbegierde wünscht ihren Gegenstand ganz zu fassen, bis in sein Innerstes zu durchdringen und zu zerbeißen. Das Betasten dagegen bleibt bei der äußerlichen Oberfläche allein stehn, und alles Begreifen gewährt eine unvollkommene nur mittelbare Erkenntnis. (14 f.)

Das Begreifen der Puppe mit den Händen, Julius nennt sie »die ersten und letzten Fühlhörner der Vernunft«, deutet seine Charakteristik als einen Vorgang, bei dem das Kind in diesem Objekt sein »Ebenbild« erblickt. Später verlagert sich dieses Erblicken von sich selbst auf den Spiegel. Für Julius hat dieses Charakterisieren des kleinen Mädchens deswegen eine solche Bedeutung, weil er noch in diesem Fragmentstück seinen Roman selbst sowie dessen »unschuldigen Mutwillen« mit einem solchen Kind vergleicht, das man nur lieben könne. Liebende Erkenntnis, erkennende Liebe – das sind die Essenzen einer

›Wissenschaft‹, die mit Fug nicht nur »fröhlich« genannt werden kann, wie dies im Roman nachfolgend auch geschieht, sondern ›liebend‹. In der ›liebenden Wissenschaft‹ verwirklicht sich ein forschend oder genauer: ergründend motiviertes Denken, das dem Erspüren eine analytische Wirkung zuspricht. Sie vermittelt ihre Befunde durch Sprachbilder, metaphorisch also, oder in Form von Allegorien. Entsprechend setzt im Roman jetzt auch ein umfängliches allegorisches Erzählen ein, das von der »Charakteristik« einer Person, des Mädchens Wilhelmine, überlenkt zur Betrachtung eines bestimmten Charakterzuges, jenem der »Frechheit« nämlich. Dieses allegorische Erzählen beginnt mit der Exposition eines scheinbaren Widerspruchs, jenem nämlich zwischen einem »kunstreichen Garten« und einem Rondell, das aus einem »Chaos der herrlichsten Blumen, ausländischen und einländischen« besteht. (16) Aber das Kunstreiche und Chaotische gehen eben in der »romantischen Verwirrung« Hand in Hand und gebären ein vermeintlich hässliches, aber farbenfrohes Untier mit »durchsichtiger Haut« und Eingeweiden, die sich »winden wie Gewürme«, vielfüßig und zudem ausgestattet mit »Krebsscheren nach allen Seiten«. (16) Ein unvermutet und unvermittelt in Erscheinung tretender Kommentator erklärt dem Ich-Erzähler dessen soeben erzählte Begebenheit: »Das ist die öffentliche Meinung, und ich bin der Witz [...].« (16) Doch diese Kreatur, deren Wirkung alsbald verblasst, ist nur in der Deutung des gewitzten Fremden eine Allegorie auf ›Öffentlichkeit‹. Dieser wiederum tritt nun an die Stelle des fruchtbaren »kunstreichen Gartens« mit seinem floralen Chaos, wenn er behauptet, jene Gestalten mit der »göttlichen Fantasie« in Stunden der Muße gezeugt zu haben. Er, eine Erscheinung von klassisch-römischer Statur, bezeichnet diese Gestalten als »Jünglinge am Scheidewege« und führt damit dem Ich-Erzähler dessen eigene Situation vor.

Aus der »dithyrambischen Fantasie über die schönste Situation« ist nun die mehrfache Zeugung »mit der göttlichen Fantasie« geworden, dessen schillerndstes Ergebnis ein »sinnlicher Jüngling« darstellt – buchstäblich ein Selbstdarsteller von androgyner Disposition, ein Maskenträger und Schönling, der das Freche verkörpert. Vor den Augen des Ich-Erzählers entsteht eine Phantasmagorie, durch die ihn der verkörperte »Witz« führt, wobei er darauf hinweist, dass es sich hierbei nur um »äußere Erscheinungen« handelt. Die Schau nach innen stehe dem Ich-Erzähler noch bevor. Und tatsächlich ereignet sie sich dann, als sein »Beschützer« oder besser: *Aistheseipompos*, der Geleiter durch die Sinne, verschwindet. Dies ist ein Schwellen-

augenblick, der Moment nämlich, als das Ich gewahrt, auf sich
selbst gewiesen zu sein, um wirklich erkennen zu können – und
zwar im Wechselspiel von Innen- und Außenwelt. »Ich« und
»Er« werden dabei austauschbar; denn wir lesen:

> Ein neuer Sinn schien mir aufgetan; ich entdeckte in mir eine reine Masse von mildem Licht. Ich kehrte in mich selbst zurück und in den neuen Sinn, dessen Wunder ich schaute. *Er sah so klar und bestimmt, wie ein geistig nach Innen gerichtetes Auge: dabei waren aber seine Wahrnehmungen innig und leise wie die des Gehörs, und so unmittelbar wie die des Gefühls* [Hervorh., R.G.]. Ich erkannte bald die Szene der äußern Welt wieder, aber reine und verklärt, oben den blauen Mantel des Himmels, unten den grünen Teppich der reichen Erde, die bald von fröhlichen Gestalten wimmelte. Denn was ich nur im Innersten wünschte, lebte und drängte sich gleich hier [...]. (19)

Wenn das Ich den Modus seiner sinnlichen Wahrnehmung beschreibt, geht es fließend in ein leicht distanzierendes Er über. War zuvor das Wort »Teppich« als Bezeichnung für Vorreden oder Prologe reserviert, die ihrerseits »schöne romantische Gemälde« sein können, wie der Erzähler der *Lucinde* eingangs bemerkt hatte, so hat sich diese Teppich-Metapher nun ins Innere des Wahrnehmenden verlagert. Dort können sich dann »innere Saturnalien« zutragen – bis zu einem regelrechten »elektrischen Schlag«, der diese innere Welt zerreißt. Es ist der Einbruch des Plötzlichen in Gestalt eines regelrechten Geistesblitzes und geflügelten, gleichsam geladenen Wortes: »Vernichten und Schaffen, Eins und Alles; und so schwebe der ewige Geist ewig auf dem ewigen Weltstrome der Zeit und des Lebens und nehme jede kühnere Welle wahr, ehe sie zerfließt«. Wiederum sieht sich der Erzähler veranlasst, den Modus dieser schlagartigen Äußerung zu charakterisieren: »Furchtbar schön und sehr fremd tönte diese Stimme der Fantasie [...].« (20) Was folgt, steigert diese Intensität noch. Denn die Stimme fordert das Ich auf, sich selbst in das innere Wesen von Gottheit, Natur und Mysterium einzuweihen, ist doch nun »die Zeit da«. Die liebende Wissenschaft ist zur ekstatischen Einsicht geworden, fiel doch bei diesen »geheimnisvollen Worten« eine »Flocke von himmlischem Feuer in meine Seele. Es brannte und zehrte in meinem Mark; es drängte und stürmte sich zu äußern«. (20) Doch auch damit nicht genug. Diesem Augenblick unerhörter Plötzlichkeit – singulär im Werk des frühen Friedrich Schlegel – folgt ein ebenso überraschender Umschlag: von der Ekstase in das Verarbeiten im Sinne einer Grammatik des Kunstschaffens. Wiederum geht die Aufforderung dazu von der Stimme des Anderen aus, des Sinnengeleiters oder *Aistheseipompos*: »Bilde, erfinde, verwandle und erhalte die Welt und ihre ewigen Gestalten im steten Wechsel neuer Trennungen und Vermählungen. Verhülle und binde den Geist im Buchstaben.« (20) Erst dann könne der Buchstabe zum »Zauberstab« werden.

Es ist viel Schiller in diesen Passagen, viel Schillersche Poesie. Aus seinem Zauber der Freude, der wieder bindet, »was die Mode streng geteilt«, ist der buchstäbliche Zauber des Geistigen geworden, der sich wiederum versinnlicht im »Frauenlob«, das in Schlegels *Lucinde* Julius vorträgt, an die »Allegorie der Frechheit« anschließend, wobei er wiederum bei Schillers Gedicht *Würde der Frauen* Anleihen macht. Zur Grammatik der Sinnlichkeit, die Schlegels Julius in seinen Fragmenten entwirft, gesellt sich nun eine »Rhetorik der Liebe« (20), in dessen weiblicher Ausprägung »alle Vorurteile der Kultur und bürgerlichen Konventionen« überwindbar scheinen. Julius sieht im Weiblichen die Liebe *per se* enthalten, was zwar seinerseits ein ›Vorurteil‹ sein mag, im Text aber als Erfahrungssatz ausgegeben wird. Diese Erfahrung wiederum beschreibt Julius als Befindlichkeitsphänomen, das wiederum das Elektrisierende als emotionalen Wert apostrophiert und ihn zu einer bestimmten Form subtiler sinnlicher Wahrnehmung in Beziehung setzt:

> Es ist die Elektrizität des Gefühls, dabei aber im Innern ein stilles leises Lauschen, im Äußern eine gewisse klare Durchsichtigkeit, wie in den hellen Stellen der Malerei, die ein reizbares Auge so deutlich fühlt. Es ist eine wunderbare Mischung und Harmonie aller Sinne: so gibt es auch in der Musik ganz kunstlose, reine, tiefe Akzente, die das Ohr nicht zu hören, sondern wirklich zu trinken scheint, wenn das Gemüt nach Liebe durstet. (21)

Auch hier fällt der Hinweis auf Transparenz auf: die »gewisse klare Durchsichtigkeit«, die ja auch schon die Haut des Untiers auszeichnete. Von ihr geht jener spezifische Reiz aus, der auch jenen »Witz« nährt, von dem das Gelingen des »fantastischen Romans« genannt »Weiblichkeit an sich« abhängt. In ihm spricht sich aus, was Julius »Musik des Herzens« nennt, wobei er ein grundsätzlich es Ungenügen mit sich selbst artikuliert: Ihm ist es verwehrt, seine Liebesflamme »in Gesänge auszuhauchen«. Daher vertraut er sich der »Magie der Schrift« an und den »stillen [Schrift-]Zügen das schöne Geheimnis« (24 f.). Dabei ist sich Julius durchaus der zweideutigen Wirkung der Musik bewusst. Da er sie nicht zu komponieren versteht, bleibt er fremden Kompositionen ausgeliefert. Der Erzähler weiß über ihn zu berichten: »Die wenigen Anwandlungen von Nüchternheit, die ihm noch übrig blieben, erstickte er in Musik, die für ihn ein gefährlicher, bodenloser Abgrund von Sehnsucht und Wehmut war, in den er sich gern und willig versinken sah.« (46)

Im Stichwortarsenal der *Fragmente der Sprache der Liebe* von Barthes fehlt ein Eintrag zur Musik. Ihn ersetzt ein Fragment zum »Nachklang«. Es beginnt mit den Worten: »Was in mir nachklingt, ist etwas, das ich ganz körperlich erlebe [...].«[4] Und es endet mit der Maxime, der Nachklang mache den Liebenden zu einem »auf ein ungeheures Hörorgan« reduzierten Zuhörer – »so als ob das Gehör selbst sich verlautbarte: in mir spricht das Ohr«.[5] Gemeint ist damit: Was der oder die Geliebte äußert, wird im Liebenden zum übermächtigen Nachklang; und dessen Resonanzraum ist der Körper.

Schlegels *Lucinde* bezeugt den Doppelcharakter der Musikwirkung auf Julius. Ihre zuvor zitierte Abgründigkeit sieht sich zu dem Zeitpunkt aufgewogen, als er sich mit seiner Geliebten unmittelbar über Musik verständigt, genauer gesagt: über die von ihr hervorgebrachte Musik:

Da er ihren Gesang vernahm, der sich rein und stark gebildet aus tiefer weicher Seele hob, da er ihn mit dem seinigen begleitete, und ihre Stimmen bald in Eins flossen, bald Fragen und Antworten der zartesten Empfindung wechselten, für die es keine Sprache gibt! Er konnte nicht widerstehn, er drückte einen schüchternen Kuß auf die frischen Lippen und die feurigen Augen. (54)

Die ätherische Entäußerung des Körpers im Gesang verwandelt sich im Nachklang in eine körperliche Reaktion. Dass es zu diesem »Nachklang« kommen konnte, verdankt sich einem harmonisch gestimmten Vorklang. Julius hatte nämlich aus Lucindes Mund »seine innersten und eigensten Gedanken über den heiligen Zauber dieser romantischen Kunst« gehört. Entsprechend eingestimmt, konnten dann auch ihre Stimmen »in Eins« fließen.

Das Ambivalente an der Musik ergibt sich ja gerade daraus, dass sie als Medium des Eigensten, Innersten wirkt und gleichzeitig das ganz Andere darstellt. Diskurse über ihr Wesen, ihre Natur sind zwischen Liebenden möglich und gleichzeitig hebt die Musik alle Diskursivität auf; sie zerklingt in ihr, wenn man so will.

Entsprechend wirkt diese liebende Gestimmtheit auf das eigentliche Metier des Protagonisten, die bildende Kunst. Was hierbei in den Vordergrund der Reflexion tritt, ist das Problem des Scheinens, für das die Welt der Musik kein Äquivalent kennt. Die Absolutheit der Musik begründet sich demnach auch durch die Abwesenheit des Scheinverdachtes, der allenfalls in ihrem Verklingen aufkommen kann; denn erst in ihm, im Verklingen, kann Zweifel an der Substanz des Musikalischen aufkommen, der sich aber im Falle der *Lucinde* im harmonischen Nachklang verflüchtigt.

Das Scheinen der Kunst – das wird später Hegels Ästhetik lehren – bedeutet vorrangig »die Unvollkommenheit eines noch nicht vollzogenen Denkens«.[6] In Schlegels *Lucinde* jedoch ist gerade das Scheinen das Bild des Vollkommenen und entsprechend die optisch verstandene »Reflexion« das positiv gewertete Scheinen des Denkens, also seine sinnliche, sprich: lebensweltliche Seite. Julius malt gewissermaßen in sein Reflektieren hinein. Regelhaftigkeit kümmert ihn im Sinne der »schönen Verwirrung« nicht: »Die Formen [seines bildkünstlerischen Schaffens, R. G.] entsprechen vielleicht nicht immer den angenommenen Gesetzen einer künstlichen Schönheit.« (56) Diese seine Kunst ist sinnenwahr, ebenso wie sein Denken über Kunst und Liebe das Scheinen wahrt. Auch sein Leben wird ihm zum Kunstwerk. Der »große ernste Stil« und die »nur reizende Manier und flüchtige Laune« bringt es in seiner Kunst zu einem sinnlichen Zusammenspiel, von Liebe inspiriert. Kunst- und Liebesakt sind dabei – zumindest als Postulat – identisch.

Diese Grammatik der Sinnlichkeit, soviel kann inzwischen behauptet werden, gibt sich ihre eigene Struktur. Sie arbeitet mit Hieroglyphen, Allegorien und parataktischen Ansätzen, womit gemeint ist: Aussage um Aussage ist als gleichbedeutend, gleichrangig zu werten. Überdies arbeitet der Erzähler, der sich als ein Reflektor seines Selbst versteht, betont mit Vorverweisen. So führt er den Abschnitt »Metamorphosen« mit einer Reflexion ein, die dann im eigentlichen Themenfragment zur Verwandlung (nur noch) erzählerisch illustriert wird. Dieser Vorverweis, man könnte ihn auch eine gedankliche Prolepse nennen, lautet:

> Der Geist des Menschen ist sein eigner Proteus, verwandelt sich und will nicht Rede stehn vor sich selbst, wenn er sich greifen möchte. In jener tiefsten Mitte des Lebens treibt die schaffende Willkür ihr Zauberspiel. Da sind die Anfänge und Enden, wohin alle Fäden im Gewebe der geistigen Bildung sich verlieren. Nur was allmählig fortrückt in der Zeit und sich ausbreitet im Raume, nur was geschieht ist Gegenstand der Geschichte. Das Geheimnis einer augenblicklichen Entstehung oder Verwandlung kann man nur erraten und durch Allegorie erraten lassen. (59)

Verwandlung versteht Julius somit als Wesensmerkmal des Menschlichen, aber implizit in erster Linie als Selbstlegitimation und Begründung seiner sich von Bekenntnis zu Bekenntnis wandelnden Ansichten, deren einzige Konstante der Sinn des Sinnlichen ist. Er spricht von den »Metamorphosen des liebenden Gemüts« und damit von Verwandlungen, die durch Liebe motiviert, ja katalysiert werden.

Was aber besagt dieses soeben zitierte bekenntnishafte Wort über die Proteushaftigkeit des Menschen? Verbirgt sich hier das Strukturprinzip dieser novellenhaften »Bekenntnisse«, deren eigentlicher Gegenstand, Lucinde nämlich, ihnen den Titel verleiht?

Will der Geist des Menschen sich »greifen«, Macht über sich selbst gewinnen, dann kann dies nur gelingen, wenn er seine eigene Proteushaftigkeit begreift. Ihr liegt ein (ver-)webendes Schaffen zugrunde, das zu zaubern versteht, also durchaus mit Kunstgriffen arbeitet – um nicht zu sagen: mit Tricks. Das aber bedeutet: die Wahrheit über das eigene Ich steht zur Disposition. Im »Gewebe der geistigen Bildung« gehört sie zu deren Muster. »Anfänge und Enden« lassen sich darin nicht mehr erkennen. Wirklich analysierbar ist dagegen nur das – laut Julius – was sich im Zeit-Raum als Geschichte entwickelt, nicht aber das Geheimnisvolle in einer »augenblicklichen« Veränderung; sie ist hier nicht als ein zeitlich länger angelegter ›Wandel‹, sondern eher als schlagartige ›Verwandlung‹ zu verstehen.

Die nun folgende scheinbar deutende Allegorie dekliniert einmal mehr Formen der Sinnlichkeit durch: von der auditiven Wahrnehmung von Stimmen in der Natur bis zur Verzauberung durch Anschauung, die sogar dazu führen kann, dass man seinen eigenen Schatten liebt, den Liebeskuss von Amor und Psyche als »Rose des Lebens«, das Gewahren der Sternbilder als unendlich vergrößernder Spiegel der eigenen seelischen Konstellationen.

Dem folgen sich verwandelnde Formen der Kommunikation: »Zwei Briefe«, ein Mahnwort an den Freund (»Julius an Antonio«), schließlich das nächtliche Gespräch zwischen Lucinde und Julius, wobei Lucinde einbekennt, dass sie sich immer nach dem Sehnen ihres Geliebten – sehnt. Doch dieses Gespräch handelt eigentlich vom Status der Fantasie, wobei Lucinde ihrem Julius eingangs noch zu bedenken gibt, dass er seine Fantasie in ihr sehe und nicht sie selbst. Damit ist die Frage nach der Authentizität des Fühlens angesprochen, die jedoch im Laufe des Gesprächs nicht länger in Frage steht. Die Gefühlssprache wird von beiden als genuin empfunden, gerade weil sie sich nicht über einen längeren Zeitraum entwickelt hat, sondern im Sinne des zuvor Gesagten »augenblicklich«. Sie, diese Gefühlssprache, ist *die Energie* in der Metamorphose.

In dieser fragmentarischen Grammatik eines frühromantischen Sinnlichkeitsethos, wie ihn Schlegels *Lucinde*-Prosa entfaltet, fehlt noch ein letzter Schlüsselbegriff, der abschließend bedacht werden soll. Es ist das, was Julius »das Unbestimmte« nennt. Es ist Kern seines Fragments zur »Reflexion« und versteht sich als logischer Widerpart zum »Bestimmten«. Seine ›Grammatik‹ besteht aus ironisch-ernsten Wortspielen in (schein-)definitorischer Absicht, aber in nahezu tautologischer Ausprägung. Wiederum setzt dieser Teil der »Reflexion« *augenblicklich* ein: »Das Denken hat die Eigenheit, daß es nächst sich selbst am liebsten über das denkt, worüber es ohne Ende denken kann.« (72) Diese Selbstreferentialität des Denkens wirkt auf den »gebildeten und sinnigen Menschen« zurück, dessen Leben folglich »ein stetes Bilden und Sinnen über das schöne Rätsel seiner Bestimmung« ist. Daraus ergibt sich eine geradezu (selbst-)parodistische Situation: Der Mensch bestimmt daher seine Bestimmung immer neu, »denn eben das ist seine ganze Bestimmung, bestimmt zu werden und zu bestimmen«. Was sich hier abzeichnet, ließe sich als Selbstüberlistung durch die Vernunft bezeichnen.

Julius verbindet nun dieses Bestimmende mit dem Männlichen, das »Unbestimmte« dagegen mit dem Weiblichen und glaubt zu wissen:

> Das Unbestimmte ist geheimnisreicher, aber das Bestimmte hat mehr Zauberkraft. Die reizende Verwirrung des Unbestimmten ist romantischer, aber die erhabene Bildung des Bestimmten ist genialischer [...] Das Bestimmte und das Unbestimmte und die ganze Fülle ihrer bestimmten und unbestimmten Beziehungen; das ist das Eine und Ganze [...]. Das Universum selbst ist nur ein Spielwerk des Bestimmten und des Unbestimmten und das wirkliche Bestimmen des Bestimmbaren ist eine allegorische Miniatur auf das Leben und Weben der ewig strömenden Schöpfung. (72 f.)

Wiederum drängt sich hier die »schöne Verwirrung« als analoges Phänomen auf, scheint sie doch dem unsteten Wechselverhältnis von Bestimmtem und Unbestimmtem zu entsprechen. Doch erkennt Julius – wiederum eher überraschend und »augenblicklich« denn als Ergebnis ausgiebiger Reflexion – in der »Symmetrie« ein entscheidendes Strukturelement in diesem Verhältnis. Wir erfahren, dass das Bestimmte und das Unbestimmte »auf entgegengesetzten Wegen sich dem Unendlichen zu näheren und ihm zu entfliehen« bestrebt seien. Aus diesem antithetischen Verhältnis ergibt sich aber weniger ein Streben nach »Unendlichem«, sondern eher nach »Unbedingtem«, wie der parodistische Denker-Erzähler mitteilt. Über allem blühe aber das »bunte Ideal witziger Sinnlichkeit«, ja, von einem »unglaublichen Humor« der Natur ist hierbei sogar die Rede. Zudem attestiert Julius der Natur »Ernst ihrer Spiele« zugunsten der Findung oder Erfindung von Bedeutung, einen Ernst, den er wiederum mit dem Hinweis auf die »schalkhafte Bedeutsamkeit« relativiert, die allen aus der Natur abgeleiteten Strukturen – er spricht von der »zierlichsten und künstlichsten Organisation« – eigne. Die Relativierung dieses Reflexionsvorgangs ist komplett, wenn ihm der Einwurf folgt: »Was sollen mir diese Anspielungen die mit unverständlichem Verstand nicht an der Grenze sondern bis in die Mitte der Sinnlichkeit nicht spielen sondern widersinnig streiten.«

In der Grammatik der Sinnlichkeit – und sei sie auch noch so fragmentarisch – kann kein Vorwurf gravierender sein als der des »Widersinnigen«; aber er gehört konstitutiv zum erklärten Ideal der »schönen Verwirrung« und zum »bunten Ideal witziger Sinnlichkeit«, ja, der Widersinn bedingt beides sogar. Wie sollen wir damit umgehen?

Kehren wir abschließend nochmals zum Anfang zurück, zum ersten Brief, den Julius seiner Lucinde schreibt. Seine Einsamkeit – und damit Enthaltsamkeit – ist Voraussetzung dafür, dass er alles um sich in »Licht und Farbe« wahrnehmen kann. Sie lehrt ihn, die Welt in ihrer Schönheit neu zu erfassen und ihr reizvolle Konturen – mithin sinnlich erfahrbare Strukturen – abzugewinnen. Er verweigert sich aber analytischer Reflexion, oder zumindest redet er sich das ein. Für ihn zählt allein eine Art Panvitalismus, zu dem er auch den Tod rechnet. Er schließt nicht einmal aus, dass dieser auch nur eine Täuschung sein könne. Der wesentliche Punkt aber ist eine für alles Folgende bezeichnende Einschränkung: Daran dachte

> ich eigentlich nicht sehr, wenigstens zum Gliedern und Zergliedern der Begriffe war ich nicht sonderlich gestimmt. Aber gern und tief verlor ich mich in alle die Vermischungen und Verschlingungen von Freude und Schmerz, aus denen die Würze des Lebens und die Blüte der Empfindung hervorgeht, die geistige Wollust wie die sinnliche Seligkeit. (7)

Das Besondere an Julius' Argumentation ist, dass er »geistige Wollust«, also auch die Lust am Denken, und der Sinnlichkeit aus emotionalen und physischen Zuständen (»Freude und Schmerz«) hervorgehen sieht. Aus den »Vermischungen und Verschlingungen« als den ihm gemäßen Formen der Interaktion und Assoziation werden in seinem Empfindungsdenken alsbald die »Verwirrung« von Dingen, die Julius für »romantisch« hält. Sie erbringt dann jenes »wundersame Gemisch von den verschiedensten Erinnerungen und Sehnsüchten«. Diese Vorstellung, alles mit allem in Beziehung setzen zu können, ohne dabei einem dialektischen Schematismus zu verfallen, habe ich andernorts »Pluralektik« genannt und als Wesensmerkmal romantischer Denk- und Empfindungsgrammatik beschrieben. Schlegels Julius lebt und zeigt dieses pluralektische Versinnlichen geistiger Phänomene und das Vergeistigen sinnlicher Erfahrung, wobei die Eigenwertigkeit der jeweiligen Erfahrungen gewahrt bleibt. Im Prosaformenspiel von Schlegels *Lucinde*-Romanfragment führt sich dieses pluralektische Verfahren selbst vor. Es inszeniert sich nach eigenen Regeln und nach einer eigenen Darstellungsgrammatik als sinnliches Gedankenspiel mit einer Suggestivkraft, die den Leser zu einem Mitspieler werden lässt, ohne dass er dies in seiner lustvollen Leseverwirrung bemerkte oder bemerken möchte. Damit war Friedrich Schlegel in Ansätzen ein Simulacrum *avant la lettre* – im Sinne Barthes' – gelungen, ein Rekonstituieren des Liebesempfindens als einem wörtlichen Akt, der dieses Empfinden zur Einsichtnahme in sein Wesen aufspaltete: bei Barthes in kritischer, bei Schlegel in sympoetischer Absicht.

1 Vgl. zur Forschung u. a. Manfred Engel: Friedrich Schlegel, ›Lucinde‹: »Wie in einer endlosen Reihe von Spiegeln« (Frühromantische Potenzierung). In: Ders.: Der Roman der Goethezeit. Band 1: Anfänge in Klassik und Frühromantik. Stuttgart 1993, S. 381–443 sowie Mark-Georg Dehrmann: Lucinde. In: Johannes Endres (Hrsg.): Friedrich Schlegel-Handbuch. Leben – Werk – Wirkung. Stuttgart 2017, S. 171–179.
2 Friedrich Schlegel: Lucinde. Bekenntnisse eines Ungeschickten. In: Ders.: Dichtungen. Kritische Friedrich-Schlegel-Ausgabe Bd. V. Erste Abtlg. Hrsg. von Ernst Behler unter Mitwirkung von Jean-Jacques Anstett und Hans Eichner. München u. a. 1962, S. 9 (alle Seitenangaben im Text beziehen sich auf diese Ausgabe).
3 Roland Barthes: Fragmente einer Sprache der Liebe. Übersetzt von Hans-Horst Henschen. Frankfurt a. M. 1984, S. 97–101, hier: S. 98.
4 Ebd., S. 172.
5 Ebd., S. 174.
6 Rüdiger Bubner: Einführung. In: Georg Wilhelm Friedrich Hegel. Vorlesungen über die Ästhetik. Erster und zweiter Teil. Mit einer Einführung hrsg. von Rüdiger Bubner. Stuttgart 1977, S. 3–30, hier: S. 24.

Moderne Lebenskunst
Michel Foucault als Novalis-Leser

Marion Schmaus

I. Foucault und die Frühromantik

Im Gespräch mit Hubert Dreyfus und Paul Rabinow bemerkt der französische Philosoph Michel Foucault 1984: »Vor allem fällt mir auf, daß Kunst in unserer Gesellschaft etwas geworden ist, was nur die Gegenstände, nicht aber die Individuen und das Leben betrifft. [...] Doch warum sollte nicht jeder einzelne aus seinem Leben ein Kunstwerk machen können?«[1] Foucaults späte Äußerungen zur Ästhetik der Existenz und zur Lebenskunst nehmen im Kontext der Frühromantik fast Zitatcharakter an und dies nicht von ungefähr. Anhand zweier früher Texte lässt sich die Relevanz dieser Epoche für sein Denken veranschaulichen. In einer seiner ersten Veröffentlichungen aus dem Jahre 1954, der Einleitung zur französischen Ausgabe von Ludwig Binswangers Essay *Traum und Existenz* legt Foucault eine Kritik der Freudschen *Traumdeutung* vor, die von der Position der Frühromantik und der darauf aufbauenden Daseinsanalyse des Schweizer Psychoanalytikers Binswanger aus den Traum als Erkenntnisform der radikalen Freiheit des menschlichen Subjekts rehabilitiert. »Mehr als jeder andere war Novalis diesem Gedanken nahe«, im Traum »die ursprüngliche Bewegung der Freiheit und die Geburt der Welt in der Bewegung der Existenz«[2] zu sehen, so Foucault. 1962 veröffentlicht er den Hölderlin-Artikel *Das ›Nein‹ des Vaters*, in dem – der Titel zeigt es schon an – Lacan und Hölderlin zusammen- und gegeneinander geführt werden. In beiden Texten weist sich Foucault zitierend und kommentierend als Kenner der philosophisch-literarischen Frühromantik aus.[3]

In der Binswanger-Einleitung zitiert Foucault den *Heinrich von Ofterdingen*, *Blüthenstaub*, *Das Allgemeine Brouillon* und die *Freiberger-Studien* nach der Minor-Ausgabe[4], der Hölderlin-Artikel hebt mit einer Würdigung der wissenschaftlichen Leistungen des Hölderlin-Jahrbuchs seit 1946 an und lässt erkennen, dass Foucault gute Kenntnis der Lyrik, der verschiedenen Fassungen des *Hyperion*, der verschiedenen Fassungen des *Tod des Empedokles* und des *Grund zum Empedokles* besaß.[5] Es werden auch Schelling, Baader und Carus genannt.[6] Einige falsche Zuschreibungen von Zitaten zwischen Schelling und Baader zeigen allerdings auch, dass sich nicht jedes Romantik-Zitat bei Foucault den Primärquellen verdankt, sondern zum Teil aus der Sekundärliteratur stammt. Bei Foucaults Hölderlin-Beitrag handelt es sich um eine Rezension von Jean Laplanches »Psychobiographie« (NV 267) *Hölderlin et la question du père* (1961), in der auch die deutsche Hölderlin-Forschung, etwa Gundolf und Beissner, präsent ist. Im Weiteren ist Ludwig Binswangers Abhandlung *Wandlungen in der Auffassung und Deutung des Traumes* (1928) zu nennen, die in ihrem Überblick über die Ideengeschichte des Traumes von der Antike bis zur Gegenwart der Romantik breiteren Raum einräumt und innerhalb dieser Darstellung dann Novalis »am ausführlichsten« behandelt, da bei diesem »der Traum von einem zu analysierenden Phänomen zu einer leitenden Kategorie [...], d. h. zu einer apriorischen, religiös-metaphysischen Erlebnis-, Denk- und Kunstform« (TE 38) werde. Binswangers Romantik- und Novalis-Passagen berufen sich wiederum auf Wilhelm Diltheys Novalis-Essay sowie auf die Materialzusammenstellung von Philipp Lerschs Studie *Der Traum in der deutschen Romantik*.[7] Foucaults Ausführungen zur Traumauffassung der deutschen Frühromantik orientieren sich ausgewiesenermaßen an Binswangers Traumbuch, mit zwei interessanten Abweichungen: zum einen streicht Foucault das Vokabular des Religiös-Metaphysischen und spricht in Bezug auf Novalis zwar von Transzendenz, aber nur von innerweltlicher; zum anderen legt er eine ethische Lektüre vor, während Binswanger in Bezug auf Novalis formulierte: »Das Moralische tritt in dieser Weltanschauung [...] vollkommen zurück«.[8]

Beiden ›Frühromantik‹-Aufsätzen Foucaults (wie sie etwas überspitzt genannt werden können) ist gemeinsam, dass sie auf die psychoanalytische Frühromantik-Rezeption im 20. Jh. reagieren. Foucaults Aktualisierung der Frühromantik steht somit im Kontext seiner Fragmente einer »Archäologie der Psychoanalyse«[9], der zwar keine der großen Studien gewidmet ist, die aber als Subtext sein Denken von Anfang an begleitet und im ersten Band von *Sexualität und Wahrheit* offen zutage tritt. Dort wird die Psychoanalyse zum tragenden Pfeiler des im 19. Jahrhundert entstehenden Sexualitätsdispositivs und reiht sich neben Medizin, Pädagogik, Kriminologie und Psychiatrie in das Feld der ›Geständnis-Wissenschaften‹ ein, die die Beichtpraktiken der christlichen Pastoralmacht wissenschaftlich ritualisieren.[10]

Im Weiteren verbindet die Frühromantik-Beiträge Foucaults ein denkerisch-stilistisches Charakteristikum, das ich an anderer Stelle als Vorwortpolitik[11] beschrieben habe. Michel Foucault entwickelt programmatisch in Rand- und Rahmentexten wie Vorwort, Essay, Gespräch und Interview einen ästhetischen Perspektivismus, der als Ausdruck seiner »Standpunkt-Epistemologie«[12] verstanden werden kann. Als Merkmale dieser ›Vorwortpolitik‹ wären zu nennen: Kontextuelle Eingrenzung des Geltungsbereichs von Aussagen, Situierung der Aussagen in einem Raum des ›Schon-Gesprochenen‹, Anerkennung der Rolle des Anderen und die Herausstellung der Konstruktivität bzw. Fiktionalität von Sprechhandlungen. Es handelt sich um eine Form der Indizierung des Schreibens, die die Schriftsprache der mündlichen Rede annähert, indem die Geltungsbereiche und Wahrheitsbedingungen von Aussagen markiert werden: Wer redet zu wem, über was, zu welcher Zeit? Foucaults Interviews etwa kommt eine wichtige Bedeutung zu, da in ihnen der Gegenwartsbezug seines Denkens, auch seiner großen historischen Studien, thematisch wird. In ihnen zeigt sich sein Denken als »kritische Ontologie unserer selbst«[13], und ihnen eignen besondere dialogische Qualitäten. Auf die wichtige Funktion des Anderen im Prozess kritischer Selbstverständigung weist auch Foucaults Praxis hin, eigene programmatische Texte Büchern wahlverwandter Autoren voran- oder nachzustellen, mit denen sie ins Gespräch treten. ›Vorwort‹ meint dann in einem erweiterten Sinne ein Sprechen im Denkraum eines anderen. Ein erstes Beispiel stellt die im Folgenden näher zu betrachtende Einleitung zu Binswangers *Traum und Existenz* dar, der Hölderlin-Beitrag lässt sich hier einordnen, vor allem aber wäre Foucaults Einleitung in die amerikanische Ausgabe von Deleuzes/Guattaris *Anti-Ödipus* (1972) von 1977 zu nennen, in der er wie nirgends sonst das geheime Zentrum seiner Lebenskunstlehre an die Oberfläche treten lässt, mit der Formulierung, es werde eine »Lebenskunst« als *»Einführung in das nicht-faschistische Leben«*[14] vorgestellt. Durch eine solche Vorwortpolitik produziert Foucault in seinem Werk eine diskursive Vielfalt, durch die in den verschiedenen Textgenres zugleich variierende Sprecherrollen bzw. Autorfunktionen und unterschiedliche Stile der Schrift zur Darstellung kommen. Von Foucaults Binswanger-Einleitung fortschreitend zeichnet sich in den Texten ein »Ästhetisch-Werden der Philosophie«[15] ab, das im Spätwerk in der Aufforderung zur Stilisierung des Lebens als Kunstwerk und im Theorem einer Ethopoetik mündet – »Ethopoiein heißt Ethos zu machen«.[16] Damit liegt allein schon aufgrund von Foucaults Denk- und Schreibstil eine ganz eigenständige Aktualisierung der philosophisch-literarischen Frühromantik vor.

Als Gemeinsamkeiten zwischen der Einleitung in *Traum und Existenz* und der Rezension *Das ›Nein‹ des Vaters* wären festzuhalten: Beide erweisen der Frühromantik ihre Referenz, beide gehören zu Foucaults *Schriften zur Literatur*[17], ebenso wie zu seiner Kritik der Psychoanalyse; und sie lassen sich stilistisch einer Vorwortpolitik und einer philosophisch-ästhetischen Zitatpraxis zuweisen. Voneinander abzugrenzen sind sie darin, dass sie der Literatur einen gänzlich anderen Stellenwert beimessen. Während im frühen Text eine Anthropologie des Träumens und der Imaginationskraft entworfen wird und sich in diesen Tätigkeiten die radikale Freiheit des Individuums zeigt, wird in dem als Seitenstück zu *Wahnsinn und Gesellschaft* zu betrachtenden Hölderlin-Text die Literatur bereits der in den 60/70er Jahren ausgearbeiteten Diskursanalyse unterzogen, die die Verschränkung von Wissens- und Machttechnologien untersucht. Die Literatur verliert ihre erkenntnistheoretischen und prognostisch-pragmatischen Qualitäten, in ihr zeigt sich zwar noch die »Möglichkeit einer Poesie der Welt«[18], als ›Gegendiskurs‹ bleibt sie jedoch machtlos gegenüber einem nach 1800 sich zunehmend verfestigenden und ausdifferenzierenden humanwissenschaftlich-psychiatrischen Diskurs. Am Werk Hölderlins entwickelt Foucault erstmals die für seine *Schriften zur Literatur* dann charakteristisch werdende Kennzeichnung moderner Literatur als einer Erfahrung des ›Draußen‹ und der Dezentrierung des sprechenden Subjekts. In den Foucault-Äußerungen zur Frühromantik werden so gänzlich konträre Literaturauffassungen formuliert: 1954 wird diese als Existenzanalyse und Freiheitserfahrung, 1962 wird sie als historischer Erfahrungs- und Darstellungsmodus einer Krise wahrgenommen. Das zeigt zum einen die Bandbreite der Entwicklungen von Foucaults Literaturauffassungen, die sich zeitgenössisch etwa in Bezug auf den frühen Text in Analogie mit Sartres Konzept einer ›literature engagé‹, in Bezug auf den Hölderlin-Text in Analogie mit Adornos negativer Ästhetik – im Konkreten z. B. mit Adornos Hölderlin-Essay *Parataxis* (1963)[19] – bringen ließen. Darin dokumentiert sich aber auch die Heterogenität der Frühromantik, die tatsächlich in beide Richtungen ausgelegt werden kann.

Zu erwähnen ist in diesem Kontext schließlich auch Foucaults Übersetzung von Kants *Anthropologie in pragmatischer Hinsicht* (1798), die er 1961 als zweiten Teil seiner Dissertation, neben *Wahnsinn und Gesellschaft*, einreicht.[20] Denn diese Übersetzung zeigt ebenfalls an, in welcher Perspektive Foucault die philosophisch-literarische Frühromantik wahrnimmt: Novalis träumendes und Hölderlins wahnsinniges Subjekt gelten ihm als historisch-anthropologische Überschreitungen der Transzendentalphilosophie. Und so wird auch der späte Foucault in seinem Essay *Was ist Aufklärung?* (1984) noch einmal konstruktiv an den Historiker und Anthropologen Kant anschließen. Auch aus diesem Grund wurde der Beitragstitel *Moderne Lebenskunst* gewählt, denn im Blick auf den Novalis-Leser Foucault kann ein erweitertes, an die Frühromantik anschließendes Moderne-Verständnis[21] akzentuiert werden und zudem lässt sich Foucault auf diesem Weg aus einer teils polemisch geführten Postmoderne- bzw. Poststrukturalismus-Rezeption der 80/90er Jahre des letzten Jahrhunderts in Deutschland herauslösen.

II. Foucault als Novalis-Leser

Mit seiner Einleitung in die französische Übersetzung von Ludwig Binswangers Essay *Traum und Existenz* aus dem Jahre 1954 wendet sich Foucault einem Werk zu, das schon im Titel erkennbar Psychoanalyse und Existenzphilosophie miteinander verbindet. Der Schweizer Psychiater und Psychoanalytiker Ludwig Binswanger (1888–1966) hatte sich bei C. G. Jung habilitiert, war Sigmund Freud in enger Freundschaft verbunden und beschäftigte sich seit den 1920er Jahren mit der Philosophie Husserls und Heideggers. Vorauszuschicken bleibt, dass sich die Bezeichnung ›Einleitung‹ für diesen neunzigseitigen Essay Foucaults merkwürdig ausnimmt, immerhin überragt er den Binswanger-Text um gut die Hälfte. Und er intendiert nichts weniger als eine an der Frühromantik orientierte »Kulturgeschichte des ethischen Wertes des Traumes« (TE 49) sowie eine »konstruktivistische Anthropologie der Imagination«.[22] Foucault fasst den Traum als eine »spezifische Form der Erfahrung« (TE 31), die eine »anthropologische Erkenntnis des konkreten Menschen« (TE 92) ermöglicht, und schließt sich darin an Binswangers an der Daseinsanalyse Heideggers geschulte Existentialanalyse an. Als Negativfolie dient ihm Freuds *Traumdeutung*, die den spezifischen ›Ausdrucksakt‹ des Traumes gleich in zweifacher Hinsicht verkenne: Zum einen reduziere sie die Bildwelt des Traumes auf die rein semantische Funktion einer Hermeneutik des Begehrens[23], deren Symbolisierungen sich in ein »interindividuelles Lexikon« (TE 17) eintragen ließen; zum anderen verkenne sie die eigentümliche Zeitstruktur des Traums, indem er eine »bestimmende Vergangenheit in eine symbolisierende Gegenwart« (TE 56) übertrage.

Im Gegenzug unterstreicht Foucault gerade den prophetischen Charakter des Traums, der »die Erfahrung einer Zeitlichkeit ist, welche sich auf die Zukunft öffnet und sich als Freiheit konstituiert«. Die dem Traum entgegengebrachte Emphase, der als erster »Augenblick der sich befreienden Freiheit« (TE 61) erscheint, erinnert an die Vorstellung des Traums im *Heinrich von Ofterdingen*, der in die »Seele wie ein weites Rad hineingreift, und sie in mächtigem Schwunge forttreibt« (HKA I, 199). Mit der ›Gedankenliteratur‹[24] der Frühromantik bemisst er den »ethischen Wertes des Traumes« (TE 49) an dessen Zukunftsprognosen – »die Traum-Erfahrung ein *Fernsehen*« (TE 42) –, in denen sich die individuelle Freiheit des Träumenden Gestalt verschafft. Neben Schelling, Schleiermacher, Baader und Carus ist es vor allem Novalis, dem Foucault hier seine Referenz erweist.

»[I]ndem er dem menschlichen Subjekt seine radikale Freiheit restituiert, enthüllt der Traum paradoxerweise die Bewegung der Freiheit auf die Welt hin: den Punkt, von dem aus die Freiheit sich Welt macht. [...] Mehr als jeder andere war Novalis diesem Gedanken nahe« (TE 47), heißt es. Es ist das Diktum der poetischen Konstruktion der Wirklichkeit, das Foucault mit Novalis ins Spiel bringt, und auch das obligatorische Zitat aus dem *Ofterdingen* fehlt nicht: »Die Welt wird Traum, der Traum wird Welt und was man glaubt, es sei geschehen, kann man von weitem erst kommen sehen!« (TE 38 f.)[25] In einer dialektischen Konzeption wird das träumende Subjekt als Transformationsprinzip am Schnittpunkt zwischen Innerem und Äußerem angesiedelt.[26] Ein solchermaßen elastisch und wandlungsfähig gedachtes Subjekt hatte Novalis mit dem Begriff ›Seele‹ bedacht, den auch Foucault mit einem Novalis-Zitat in seine Argumentation einführt.[27] Der Traum ist sowohl »Offenbarung der Welt in ihrer Transzendenz« und »Modulierung der Welt in ihrer Substanz, in ihrer Materialität« (TE 43) als auch »Offenbarung der Seele in ihrer Innerlichkeit« (TE 45). Im Traum schafft sich das Individuum eine eigene Welt, deren Eigenheit gerade darin besteht, dass sie die Welt seiner Freiheit ist, der Punkt, von dem aus Freiheit sich Welt macht. Bemerkenswert an Foucaults Wahrnehmung der frühromantischen Tradition ist, dass er diese deutlich von einer reinen Innerlichkeitssemantik abhebt, obwohl er sich auch auf jenes *Blüthenstaub*-Fragment Nr. 16 *Nach Innen geht der geheimnißvolle Weg* (TE 45, 48) bezieht, das oft genug als Indiz des Eskapismus gelesen wurde. Foucault kommentiert es aber nicht als »ironische Reduktion« des Traumes »auf die Subjektivität« (TE 48), sondern hebt die poetische, weltentwerfende Funktion hervor, die hier dem Traum zugedacht wird.[28] Die poetische Konstruktion der Wirklichkeit stellt den Menschen in eine »radikale Verantwortlichkeit« (TE 48) gegenüber der Welt, in deren unendliche Perfektibilität die organische und anorganische Natur miteinbezogen ist. Auch diesen Extremfall von Hardenbergs Konstruktivismus, seine ›moralische Bildungslehre‹ der Natur[29], lässt Foucault nicht unerwähnt.[30] Seine Novalis-Lektüre steht gänzlich unter dem Vorzeichen des ›Ethopoiein, Ethos machen‹, was in seinen abschließenden Worten zu diesem noch einmal klar akzentuiert wird.

> Die Traumerfahrung ist von ihrem ethischen Gehalt nicht zu isolieren, […] weil sie die Bewegung der Freiheit in ihrem ursprünglichen Sinn restituiert: weil sie offenlegt, wie sie sich gründet oder sich entfremdet, wie sie sich als radikale Verantwortlichkeit in der Welt konstituiert […]. Der Traum ist die absolute Enthüllung des ethischen Gehaltes, die Entblössung des Herzens (TE 48 f.).

Träumend, imaginierend konstruiert das Selbst sowohl sich selbst als auch die Welt, und zwar in einer prekären Wechselwirkung von individueller Freiheit und ›Materialität‹ der Welt. Wobei diese poetische Konstruktion eine ›Modulierung der Welt in ihrer Materialität‹ ebenso bedeutet, wie eine Modulierung der ›Materialität‹, der Seinsweise des Subjekts. Diese ethische Forcierung in der Kommentierung von Hardenbergs Denken auf Seiten Foucaults ist in zweifacher Hinsicht äußerst bemerkenswert. Zum einen beweist sie eine große Affinität zu den frühromantischen Synthesen von Moral und Poesie einerseits – »Die Elective Freyheit ist poëtisch – daher d[ie] Moral von Grund aus Poësie ist« (HKA III, 417) – und von Poesie und Praxis andererseits – »Sollte *practisch* und poetisch eins seyn […]?« (HKA II, 390), die dem griechischen ›poiein‹ in einem durchaus handwerklichen Sinne: schaffen, machen, konstruieren, zur Geltung verhilft. Bemerkenswert ist diese Affinität vor allem, da auch in der zeitgenössischen Novalis-Forschung diese Synthesen noch als moralisch anstößig gelten, weil sie vorgeblich einen Mangel an ›wahrhaft sittlichem Bewußtsein‹, an Sittenstrenge erkennen lassen.[31] Zum anderen wird sich eine vergleichbare Häufung der Begriffe ›Freiheit‹ und ›Ethik‹ erst wieder im Spätwerk Foucaults finden, wenn Moral und Poesie in der Ästhetik der Existenz wieder zueinanderkommen, wobei das ›Poiein‹ dann in einem sehr konkreten Sinn die Alltagspraktiken der Erotik, der Diätetik, der Ökonomie, des Sprechens und Schreibens meint, durch die sich das Selbst als Kunstwerk konstruieren kann. Und Freiheit wird dann bei Foucault im Sinne von Novalis als ›elective Freyheit‹ verstanden, als Freiheit zur Wahl des für die eigene Lebensführung relevanten Wissens und der Verhaltensmaßregeln, die es erlauben, dem Leben eine schöne Form zu geben.

Gegenüber der psychoanalytischen Traumdeutung, die das Traumgeschehen auf eine Affektenlehre bzw. auf das Moment der Wunscherfüllung reduziert, sieht sich Foucault im Weiteren mit der Frühromantik darin einig, dem Traum eine besondere Form nicht-diskursiver Erkenntnis der Welt und des Selbst zuzuschreiben. Die Begriffe Intuition, Offenbarung und Transzendenz fallen. »Das Imaginäre als Zeichen der Transzendierung; der Traum als Erfahrung dieser Transzendierung im Zeihen des Imaginären.« (TE 36). In der Binswanger-Einleitung zeichnet sich eine erstaunlich geringe Berührungsangst gegenüber dem Begriffsfeld der Transzendenz ab, das in Foucaults *Schriften zur Literatur* in den Termini ›Überschreitung‹, ›Übertretung‹ fortlebt, im Kontext der Antike durch den Ausdruck ›Spiritualität‹ zu neuen Ehren gelangt und in einer gedanklichen Linie zu dem führt, was Foucault in einem seiner letzten Texte *Was ist Aufklärung?* als positive Wendung der transzendentalen Fragestellung bezeichnet hat: »die in Form der notwendigen Begrenzung ausgeübte Kritik in eine praktische Kritik in Form einer möglichen Überschreitung zu transformieren«.[32] Sein frühes Interesse für die Transzendenzerfahrungen des Traumes, des Wahnsinns und der Sexualität mündet in der Aufforderung zur Überschreitung der historisch kontingent gesetzten Grenzen des diskursiven Wissens und der Machtbeziehungen. Dass es sich hierbei um sehr diesseitige Transzendenzerfahrungen handelt, die auf die Veränderung der Seinsweise des Subjekts und der Welt abzielen, wird schon in diesem frühen Text deutlich, und ebenfalls, dass diese Formen der Erkenntnis nicht irrational sind, wie Foucault an der besonderen Bedeutung herausstellt, die den Morgenträumen in der Frühromantik als einer Form des geistigen Erwachens zukam.[33] »Wenn im Schlaf das Bewusstsein einschlummert, so erwacht im Traum die Existenz« (TE 52).

In einem letzten Schritt legt Foucault in der Binswanger-Einleitung nach seinen Bemerkungen zur Anthropologie des Traumes und der Einbildungskraft die Skizze einer »Anthropologie des Ausdrucks« (TE 93) vor, die vornehmlich eine Kritik am Repräsentationsmodell darstellt. Bild und Ausdruck sind nicht imaginäre, täuschende Verdoppelungen der Wirklichkeit, die für ein Abwesendes einen Wirklichkeitsersatz vorspiegeln. Das hieße wiederum, das Imaginieren auf bloße Wunscherfüllung zu reduzieren. Sondern gerade umgekehrt wird im Prozess des Imaginierens nicht die Wirklichkeit irrealisiert, sondern das imaginierende Subjekt: »vielmehr irrealisiere ich mich selber« (TE 80). Foucault führt uns dies als Liebes- oder besser Freundschaftsszene vor[34]:

> Imaginieren heisst: die Welt werden, wo er ist: ich bin der Brief, den er liest, und ich sammle seinen aufmerksamen Leserblick auf mich; ich bin die Wände seines Zimmers, die ihn umstellen und beobachten und gerade nicht ›sehen‹; aber ich bin auch sein Blick und seine Aufmerksamkeit; ich bin seine Unzufriedenheit oder seine Überraschung; […] ich bin, was er tut, was er ist (TE 80).

Im Akt der imaginären Selbstüberschreitung ist das Subjekt weder sein »eigener Herr« noch der Herr über den imaginierten Anderen, sondern es kann sein »Schicksal ›erkennen‹« (TE 81) als eines, das auf diese Begegnung mit dem Anderen gerichtet ist. Die Einbildungskraft redet nicht ›über‹ den Anderen, sondern ist als Rede »an jemanden« (TE 92) gerichtet. Ihr eignet ein Moment des Dialogischen. Eine besondere Form der Welterkenntnis wird hier zuteil, und zwar die »›diagonale‹ Erfassung der ursprünglichen Dimensionen des Daseins« (TE 85): Freiheit des Selbst und der Bezug zum Anderen.

Im Nachdruck auf den Prozesscharakter seiner Anthropologie des Ausdrucks wird Foucault nun auch noch dem Begriff des Bildes selbst zu Leibe rücken. Das Bild ist nicht Abbild der Wirklichkeit, sondern im Traum und in der Imagination wird die Wirklichkeit als eine der menschlichen Freiheit zugängliche gebildet. Foucault beruft sich hier u. a. auch auf Gaston Bachelard und seine »philosophie de l'imagination«[35], die dieser in *L'air et les songes* (1943) und in *La psychanalyse du feu* (1949) im ausführlichen Blick auf Novalis' naturwissenschaftliches, philosophisches und poetisches Werk entwickelt.[36] Bachelard dient Foucault hier als Gewährsmann für die »dynamische Arbeit der Imagination« (TE 85), er wäre aber auch als Vorgänger für eine Engführung von Psychologie bzw. Psychoanalyse sowie einer Philosophie der Imagination mit der Frühromantik in Anschlag zu bringen.

Der Ausblick, mit dem Foucault die Einleitung in *Traum und Existenz* enden lässt, skizziert eine Denkbewegung, die von der Anthropologie zur Ontologie übergeht[37], von den Träumen zur Geschichte:

> Das Bild ist nicht mehr Bild *von* etwas, was abwesend ist und daher ersetzt werden muss; es verdichtet sich in sich selber als die Fülle einer Gegenwart; es bezeichnet nicht mehr etwas, sondern wendet sich an jemanden. Das Bild ist dann eine Modalität des Ausdrucks und es erlangt seinen Sinn in einem Stil – Stil als Bewegung der Imagination, die das Antlitz des Austauschs annimmt. Aber damit sind wir bereits auf der Ebene der Geschichte. Der Ausdruck ist Sprechen, Kunstwerk, Ethik: Stilprobleme, Geschichtsmomente, deren objektives Werden diese Welt konstituiert und deren ursprüngliche Existenzbedeutungen uns das Träumen zeigt (TE 92).

Dieser frühe Text Foucaults aus dem Jahre 1954 steht dem um den Begriff der Selbstsorge zentrierten Spätwerk der 80er Jahre näher als irgendeinem der Texte aus den Folgezeit.[38] Ein Kurzschluss von der im obigen Zitat verwandten Begrifflichkeit zu derjenigen von *Die Sorge um sich. Sexualität und Wahrheit 3* macht dies kenntlich: ›Stil-Probleme‹ gehören zu den tragenden Säulen der im Kontext der Antike herausgearbeiteten Ästhetik / Ethik der Existenz, wobei sich der Stil-Begriff auf den Prozess der Stilisierung des Lebens als Kunstwerk bezieht[39], während ›Problematisierung‹ zum zentralen methodologischen Begriff avanciert. Dass mit diesem Akt der Stilisierung eine ethische Verpflichtung sowohl gegenüber dem Selbst als auch dem Anderen verbunden ist, hat Foucault in den Jahren 1983 und 1984 unter die Thematik des Wahrsprechens (parrhesia) in Vorlesungen in Berkeley und am Collège de France gefasst.[40]

Der Name Novalis taucht meines Wissens im Werk Foucaults nur noch ein weiteres Mal auf, und zwar im bereits erwähnten Hölderlin-Artikel *Le ›non‹ du père*. Einmal wird dort auf die wahlverwandte antithetische Metaphorik aufmerksam gemacht, wenn im *Hyperion* Griechenland als »leuchtende Ferne« akzentuiert wird und dies als »Wort für Wort der nächtlichen Nähe eines Novalis entgegengesetzt« (NV 274) gedeutet wird, einmal wird der Kontext von Hölderlins Biographie ›Jena 1795‹ zu einem Datum, mit dem Foucault den Epistemebruch der abendländischen Kultur zur Moderne festlegt, als radikale Erfahrung der Endlichkeit und Zeitlichkeit des Menschen:

Mit der nachkantischen Krise, dem Atheismusstreit, den Spekulationen von Schlegel und Novalis, mit dem Lärm der Revolution, die als ein nahes Jenseits verstanden wurde, war Jena der Ort, an dem sich der Raum des Abendlandes plötzlich aushöhlte; die Anwesenheit und Abwesenheit der Götter, ihr Fortgang und ihr unmittelbares Bevorstehen haben der europäischen Kultur einen leeren und zentralen Raum bestimmt, in dem, in einer einzigen Frage verbunden, die Endlichkeit des Menschen und die Wiederkehr der Zeit erscheinen werden (NV 280).

Jena wird als ein Krisenphänomen, als eine signifikante Raum-Zeitstelle im Geschichtsprozess wahrgenommen, die vielleicht am adäquatesten mit dem von Foucault aus der Medizin übertragenen Begriff der Heterotopie zu fassen wäre. Im Unterschied zu Utopien bezeichnen Heterotopien real existierende Räume des Heterogenen, die sich allen anderen gesellschaftlichen Räumen einer bestehenden Ordnung entgegenstellen.[41] Dass Foucault *Jena 1795* ein solches Widerstandspotential zuspricht, wird in den dt. Übersetzungen der Passage stärker verdeckt als notwendig, indem das zentrale Verb rêver mit ›weiterspinnen‹ bzw. ›nachdenklich stimmen‹ wiedergegeben wird. Mit »On pourrait rêver sur cet événement«[42] bezieht sich das französische Original, leider nicht die deutsche Übersetzung, auf die Traumauffassung der Binswanger-Einleitung zurück. Es kann eine Konvergenz zwischen frühromantischer Zeitdiagnose und Foucaults Wahrnehmung von ›Jena 1795‹ als Krisenheterotopie herausgestellt werden, insofern beidseitig die historische Krise als Chance für das Hervortreten und die Realisierung im Existierenden bereits angelegter Möglichkeiten menschlicher Existenz-, Lebens- und Gemeinschaftsformen begriffen wird. Novalis formuliert: »Aus Schmerzen wird die neue Welt geboren« (HKA I, 312), und nach Hölderlin stellt sich in *Das untergehende Vaterland* im geschichtlichen Moment des Untergangs einer alten Ordnung das Sein in seiner Möglichkeitsform dar. In der »tragischen Vereinigung des Unendlichneuen und endlichalten« könne sich ein »neues Individuelles« entwickeln, »indem das Unendlichneue, vermittelst dessen, daß es die Gestalt des endlichalten annahm, sich nun in eigener Gestalt individualisiert«.[43] Mit seiner an Brüchen und Diskontinuitäten interessierten Geschichtsauffassung steht Foucault diesen Gedankengängen nahe.[44] Dies zeigt sich an seiner Datierung des Epistemebruchs mit dem Ereignis Jena ebenso wie in seiner Deutung des Untergangs der Klassik in *Wahnsinn und Gesellschaft*. Dort stellt sich für einen Moment das Sein in der lyrischen Erfahrung des Wahnsinns in seiner Möglichkeitsform dar, als möglicher, historisch nicht wirksam gewordener Übergang zu einer Moderne, die tatsächlich ein neues Individuelles wäre, in dem das Andere der Vernunft zur Sprache käme. Was Foucaults Diagnose nach jedoch im Übergang zur Moderne historisch wirksam geworden ist, könnte in Hölderlins Terminologie die Dominanz des

Endlichalten genannt werden, nicht Humanisierung und Befreiung der Unvernunft von den Ketten der Klassik, sondern die Fortsetzung des gewaltsamen Ausschlusses durch sublimere Mittel, die Einschließung des Irren in Asyle, in denen er an den Wahnsinn als die Wahrheit seiner Existenz gekettet wird.

III. Moderne Lebenskunst

Foucault hat in Novalis' träumendem und Hölderlins wahnsinnigem Subjekt einerseits einen Gegenentwurf zur psychoanalytischen Entmündigung des Subjekts, dem »homo psychologicus«[45] gesehen. »Die ›Psychologie‹ ist nur eine dünne Haut über der ethischen Welt, in der der moderne Mensch seine Wahrheit sucht – und verliert« (PG 114). Anderseits wird das frühromantische Selbst für Foucault zu einer konstruktiven Möglichkeit, das Subjekt/Objekt-Doppel idealistischer Subjektphilosophie zu überschreiten, das in *Die Ordnung der Dinge* in Anlehnung an Kant als »empirisch-transzendentale Dublette« (OD 384) bezeichnet wird, mit Blick auf Hegel als »Subjekt Herr und Diener Objekt«, als »Homo dialecticus« (SzL 121) erscheint.

Demgegenüber entwirft Foucault in seinem Spätwerk die Konzeption eines etho-poetischen Subjekts, dessen erster Auftritt auf der Gedankenbühne seiner Texte in der Binswanger-Einleitung beobachtet werden konnte. Und es ist die deutsche Frühromantik, die ihm hier die wichtigsten Stichworte liefert, indem sowohl Traum und Poesie als rationalitätskritische Erkenntnisformen gewürdigt werden, als auch die Einbildungskraft in ihrer Ethos und Welt bildenden Funktion zur Darstellung kommt. Die in diesem Text eingeführte Begrifflichkeit von radikaler Subjektivität, Existenz, Freiheit, Erfahrung, Stil, Kunstwerk und Ethik wird in den 60er und 70er Jahren weitestgehend von der Oberfläche der Schriften Foucaults verschwinden, um in dieser Konstellation erst wieder im Spätwerk im Kontext der Ästhetik der Existenz aufzutauchen. Foucault hat in späten Äußerungen immer wieder betont, dass sein ganzes Werk eine »Geschichte der ›Subjektivität‹« sei, der Versuch, »eine Genealogie des modernen Subjekts als einer historischen und kulturellen Realität« zu schreiben, »d. h. als etwas, was sich eventuell ändern kann (was natürlich politisch wichtig sein kann)«.[46] Die Einleitung zu *Traum und Existenz* lässt diese Aussagen in einem neuen Licht erscheinen, indem nun Foucaults späte Thematisierung des Subjekts als möglicher politischer Widerstandspunkt weniger als ein von vielen konstatierter Bruch in seinem Denken⁴⁷ denn als eine konstante Verschiebung in seinem Werk beschrieben werden kann, das, erst nachdem es den Hauptgefahren der Subjektphilosophie ins Auge geblickt hat, wieder die subjektive Erfahrungsdimension hervortreten lässt. In der französischen (wie auch der englischen) Sprache tritt diese Gefahr direkt in der Doppeldeutigkeit der Begriffe sujet und assujetissement zutage, die sowohl Subjekt und Subjektivierung als auch Untertan und Unterwerfung bedeuten.⁴⁸ In diesem Sinne sind die Subjektivierungsprozesse der Moderne, in denen das Subjekt als Subjekt/Objekt des Wissens (*Die Ordnung der Dinge*) wie auch als Objekt der Macht (*Überwachen und Strafen*) konstituiert wird, Gegenstand der mittleren, archäologisch-genealogischen Phase im Werk Foucaults. Zu dieser zweigliedrigen Ontologie der Macht/Wissens-Komplexe tritt in den 80er Jahren im Kontext von *Sexualität und Wahrheit* eine Ontologie des Selbst hinzu, die es allererst ermöglicht, das Subjekt als politisch widerständiges zu denken.⁴⁹ Der von Foucault in der *Ordnung der Dinge* prognostizierte Tod des Menschen, der bekanntermaßen »verschwindet wie am Meeresufer ein Gesicht im Sand«⁵⁰, bezieht sich also nur auf die in den Humanwissenschaften konstituierte Form des Menschen als empirisch-transzendentale Dublette bzw. weiterhin auf das Gehorsamssubjekt der Disziplinarmacht. Erst die Durchquerung und Kritik dieser historisch-spezifischen Subjektivitätsformen ermöglicht die Wiederinblicknahme eines ›etho-poetischen‹ Subjekts, dessen Selbstverhältnis nicht auf die Macht/Wissens-Komplexe zurückgeführt werden kann. Damit gelangt Foucault in den 80er Jahren zu einer dreigliedrigen Ontologie, in der Macht, Wissen und Selbst zwar korrelative Begriffe sind, die sich aber nicht aufeinander reduzieren lassen.

Vor diesem Hintergrund verortet sich Foucault in dem Essay *Was ist Aufklärung?* 1984 noch einmal programmatisch in dem mit Kants Preisschrift 200 Jahre zuvor eröffneten Moderneprojekt, wobei er sich in Anspielung auf die zeitgenössische Philosophie, z. B. auf Habermas, von einer reflexionszentrierten, rationalistischen »»Analyse der Wahrheit««⁵¹ absetzt und dagegen ein der Frühromantik verwandtes Ethos der Moderne entwirft, das im Begriff der Lebenskunst kulminiert.⁵² Gerade durch *Was ist Aufklärung?* zeigt sich, dass Foucaults Selbstdistanzierung von den Etiketten Postmoderne oder Poststrukturalismus weit mehr als eine ironische Geste ist. In einem Interview fragt er: »What are we calling post-modernity? I'm not up to date. [...] I do not understand what kind of problem is common to the people we call post-modern or poststructuralist.«⁵³

In grober Vereinfachung ließe sich die postmoderne Position durch die drei Thesen vom Tod des Subjekts, vom Tod der Geschichte und vom Tod der Metaphysik umschreiben[54], und Foucaults Denken hat in seinen verschiedenen Phasen alle drei Thesen durchquert, ohne aber bei ihnen stehen zu bleiben: Tod des humanistischen Subjekts in der *Ordnung der Dinge*, eine an Diskontinuitäten und Brüchen interessierte Geschichtsauffassung seit den 60er Jahren und die Verabschiedung einer ›Metaphysik der Präsenz‹ zugunsten der Erfahrungsstruktur des historischen Seins entlang der Achsen des Wissens, der Macht und des Selbst. Jedoch lässt sich die zentrale Problemstellung seines Denkens – das Subjekt und die Wahrheit – nicht auf diese Positionen verkürzen. In Bezug auf die Ästhetik der Existenz ließe sich in einer paradoxen Formulierung von Foucaults konstruktiver Überschreitung der Postmoderne auf ein modernes Ethos hin sprechen, die in der eigentümlichen Emphase des Textes *Was ist Aufklärung?* augenscheinlich wird. Das Selbst, das Foucault hier anvisiert, ist keine grammatikalische Fiktion, sondern es ist durch eine spezifisch moderne Haltung, nämlich die »kritische Befragung der Gegenwart«[55] gekennzeichnet. Mit der Charakterisierung der Moderne nicht als einer Epoche oder eines wesentlichen, unumstößlichen Rationalitätstyps, sondern als einer kritischen Haltung sich selbst und dem Heute gegenüber wird das Kantische ›Aude sapere‹ als Aufforderung zum Ausgang aus der selbstverschuldeten Unmündigkeit vom transzendentalen Begründungsmodell abgelöst und in den Kontext der Selbstpraktiken, der Sorge und der Lebenskunst gerückt. Dies kann auch als Wiederanknüpfung an Kants Spätwerk verstanden werden, an die *Anthropologie in pragmatischer Hinsicht* (1798), die sich der historischen Erkenntnis des Menschen zuwendet, unter der Fragestellung: »was er, als freihandelndes Wesen, aus sich selber macht, oder machen kann und soll«.[56] Damit verortet sich Foucault in einem Moderne-Verständnis, dass diese als ein unabgeschlossenes Projekt kritischer Zeitgenossenschaft versteht, das sich von Kant *und* der Frühromantik her schreibt.

1 Michel Foucault: Von der Freundschaft als Lebensweise. Michel Foucault im Gespräch (1975–1984). Berlin o. J., S. 80 und in anderer Übersetzung in: Ders.: Schriften in vier Bänden. Dits et Ecrits. Bd. 4. Frankfurt a. M. 2005, S. 757 f. Bei diesem Beitrag handelt es sich um aktualisierte und neu perspektivierte Überlegungen zur Novalis-Rezeption Foucaults, die bereits andernorts publiziert sind: Verf.: Die poetische Konstruktion des Selbst. Grenzgänge zwischen Frühromantik und Moderne: Novalis, Bachmann, Christa Wolf, Foucault. Tübingen 2000, S. 262–275; Verf.: Ethik der Literatur und ethopoetische Subjektivität. Notizen zu Michel Foucaults Frühromantik-Lektüren. In: Literatur ohne Moral. Literaturwissenschaft und Ethik. Hrsg. von Christof Mandry. Münster 2003, S. 89–107.
2 Michel Foucault: Einleitung (1954). In: Ders. und Ludwig Binswanger: Traum und Existenz. Übersetzung und Nachwort von Walter Seitter. Bern, Berlin 1992, S. 5–93, hier S. 47. Im Folgenden wird nach dieser Ausgabe unter der Sigle TE zitiert; vgl. auch den französischen und deutschen Text in den *Schriften*: Introduction. In: Ders.: Dits et Écrits. Hrsg. von Daniel Defert und François Ewald. Bd. 1 (1954–1969). Paris 1994, S. 65–119; Ders: Einführung. In: Ders.: Schriften in vier Bänden. Dits et Ecrits. Bd. 1. Frankfurt a. M. 2001, S. 107–174.
3 Elke Siegel: Bildersturm. Imagination und Traum bei Binswanger und Foucault. In: Intellektuelle Anschauung. Figurationen von Evidenz zwischen Kunst und Wissen. Hrsg. von Sibylle Peters, Martin Jörg Schäfer. Bielefeld 2006, S. 258–275.
4 Vgl. TE 39, 40, 45, 48 und in der französischen Ausgabe Foucault 1994 (s. Anm. 2), S. 85, 86, 89, 91.
5 Vgl. Michel Foucault: Das ›Nein‹ des Vaters (1962). In: Ders.: Schriften in vier Bänden. Dits et Ecrits. Bd. 1. Frankfurt a. M. 2001, S. 263–281. Im Folgenden wird nach dieser Ausgabe unter der Sigle NV zitiert; vgl. auch den französischen Text: Le ›non‹ du père (1962). In: Ders.: Dits et Écrits (s. Anm. 2), S. 189–203.
6 Vgl. TE 32, 34 und Foucault 2001 (s. Anm. 2), S. 128 (Schelling), Baader und Carus (TE 34, 41).
7 Philipp Lersch: Der Traum in der deutschen Romantik. München 1923.
8 Ludwig Binswanger: Wandlungen in der Auffassung und Deutung des Traumes von den Griechen bis zur Gegenwart. Berlin 1928, S. 43.
9 Michel Foucault: Der Wille zum Wissen. Sexualität und Wahrheit 1 (1976). Frankfurt a. M. 2. Aufl. 1988, S. 156.
10 Vgl. Foucault (s. Anm. 9), S. 83. Freud selbst bedient sich der christlichen Metaphorik zur Skizzierung der psychotherapeutischen Tätigkeit: »Man wirkt, so gut man kann […] als Beichthörer, der durch die Fortdauer seiner Teilnahme und seiner Achtung nach abgelegtem Geständnisse gleichsam Absolution erteilt«. In: Josef Breuer und Sigmund Freud: Studien über Hysterie. Frankfurt a. M. 1991, S. 299.
11 Vgl. Verf.: Vorwortpolitik – Die Stile Foucaults. In: Dies.: Die poetische Konstruktion des Selbst (s. Anm. 1), S. 275–295.
12 Vgl. Hans Herbert Kögler: Michel Foucault. Stuttgart, Weimar 1994, S. 126–138.
13 Michel Foucault: Was ist Aufklärung? (1984). In: Ethos der Moderne. Foucaults Kritik der Aufklärung. Hrsg. von Eva Erdmann, Rainer Forst, Axel Honneth. Frankfurt a. M., New York 1990, S. 33–54, hier S. 53.
14 Michel Foucault: Vorwort. In: Ders.: Schriften in vier Bänden. Dits et Ecrits. Bd. 3. Frankfurt a. M. 2003, S. 176–180, hier S. 179.
15 Manfred Frank: Stil in der Philosophie. Stuttgart 1992, S. 65.
16 Michel Foucault: Freiheit und Selbstsorge (1982/1984). Hrsg. von Helmut Becker u. a. Frankfurt a. M. 1985, S. 50.
17 Michel Foucault: Schriften zur Literatur (1962–1969). Frankfurt a. M. 1988.
18 Michel Foucault: Wahnsinn und Gesellschaft. Eine Geschichte des Wahns im Zeitalter der Vernunft (1961). Frankfurt a. M. 1973, S. 544.
19 Vgl. Theodor W. Adorno: Parataxis (1963). In: Ders.: Noten zur Literatur. Frankfurt a. M. 1981, S. 447–491.
20 Michel Foucault: Introduction à l'›Anthropologie‹ de Kant. Thèse complémentaire zur Erlangung des doctorat dès lettres (maschinenschriftliche Fassung, Bibliothek der Sorbonne); vgl. Didier Eribon: Michel Foucault. Eine Biographie. Frankfurt a. M. 1993, S. 488.

21 Vgl. Verf.: Die poetische Konstruktion des Selbst (s. Anm. 1).
22 So formuliert Walter Seitter in seinem Nachwort zu diesem Text, vgl. TE 139.
23 Vgl.: »Freud hat das Begehren zum Hausherrn der Welt des Bildhaften gemacht – ebenso wie die klassische Metaphysik die Welt der Physik vom göttlichen Willen und Verstand hat bewohnen lassen: Theologie der Bedeutungen, in der die Wahrheit ihre Darstellung vollständig im Griff hat. Die Bedeutungen erschöpfen die Wirklichkeit der Welt zur Gänze.« (TE 15).
24 In einem Interview aus dem Jahre 1966 hebt Foucault mit Bezug auf die Frühromantik dieses Moment als Unterscheidungskriterium zwischen französischer und deutscher Literatur hervor: »French literature […] was never […] a literature of knowledge. That's the great difference, I believe, between German and French culture. […] the German Romantics' dream is the night clarified by the light of awakening«. In: Foucault Live. Collected Interviews, 1961–1984. Ed. by Sylvère Lotringer. New York 1996, S. 11.
25 Die Einleitung zu diesem Zitat lässt wiederum Foucaults große Affinität zu dieser Tradition erkennen: »Und die letzte Etappe dieser grossen Mythologie des Träumens, dieser phantastischen Kosmogonie des Traumgesichts, wo sich das gesamte Universum zum Bild eines zitternden Augenblicks zu verschwören scheint, liegt bei Schelling und Novalis, der sagte: […]« (TE 38).
26 Foucault spricht von einer »Dialektik des Träumens« (TE 55), vgl. auch TE 53, 62.
27 Vgl.: »Novalis schreibt: ›Der Traum belehrt uns auf eine merkwürdige Weise von der Leichtigkeit unserer Seele, in jedes Objekt einzudringen, sich in jedes sogleich zu verwandeln‹« (TE 40). Dies ist ein Zitat aus dem *Allgemeinen Brouillon*, vgl. HKA III, 309.
28 Vgl.: »Von Herder übernimmt Novalis die Idee, dass der Traum der Ursprung der Schöpfung ist: Der Traum ist das erste Bild der Poesie und die Poesie die erste Form des Sprechens, ›die Muttersprache des menschlichen Geschlechts‹. So steht der Traum am Anfang des Werdens und der Objektivität« (TE 48).
29 Vgl. HKA III, 252 f.
30 Er zitiert aus den *Freiberger-Studien*: »›Die Natur ist zugleich ein unendliches Tier, eine unendliche Pflanze und ein unendlicher Stein. Ihre Funktionen in dieser dreifachen Gestalt. Durch ihr Essen, das dreifach ist, entstehen die Naturreiche. Es sind ihre Traumbilder‹« (TE 48), vgl. HKA III, 89.
31 So kommentiert z. B. Friedrich Strack Novalis' Moralspekulationen: »Wahrhaft sittliches Bewußtsein – als freie Selbstbegrenzung – bleibt unter solchen Voraussetzungen auf der Strecke.« Friedrich Strack: Sittliche Verantwortung und Erfindungsgeist. Friedrich von Hardenbergs Moralspekulationen und ihre Voraussetzung. In: Verantwortung und Utopie. Zur Literatur der Goethezeit. Ein Symposium. Hrsg. von Wolfgang Wittkowski. Tübingen 1988, S. 387–403, hier S. 400.
32 Foucault (s. Anm. 13), S. 48.
33 Vgl. TE 32 f. So handelt es sich z. B. auch bei Heinrichs Traum von der blauen Blume um einen Morgentraum: »Endlich gegen Morgen, wie draußen die Dämmerung anbrach, wurde es stiller in seiner Seele, klarer und bleibender wurden die Bilder« (HKA I, 196).
34 Die Thematik der Freundschaft wird schon hier eingeführt (vgl. TE 84 f.) und taucht dann später programmatisch wieder auf, vgl.: Foucault o. J. (s. Anm. 1) und ders.: Freundschaft als Lebensform. In: Ders.: Schriften in vier Bänden. Dits et Ecrits. Bd. 4. Frankfurt a. M. 2005, S. 200–206.
35 Gaston Bachelard: L'air et les songes. Essai sur l'imagination du movement. Paris 1950 (1943), S. 127.
36 Zu Novalis vgl. Bachelard (s. Anm. 35), 10 ff., 126 ff., 181, 198–199, 211, 216–217 sowie Gaston Bachelard: La psychanalyse du feu (1938). Paris 1958, v. a. Kapitel III, wo Bachelard u. a. in ausführlicher Lektüre des *Eros und Fabel*-Märchens vom sogenannten ›complexe de Novalis‹ handelt und das Feuer des Novalis weniger als Licht, denn als Wärme und Hitze auslegt – als eine thermische Sympathie (»sympathie thermique«, S. 84), die die blaue Blume rot färbe: »elle est rouge la petite fleur bleue!« S. 86, vgl. 81–94, 109–111, 175–176, 198–200, 208 ff.

Zur Perspektivierung von Bachelards Philosophie der Imagination im Lichte der Frühromantik mit Verweisen auf Novalis, vgl. Jean Hyppolite: Gaston Bachelard ou le romantisme de l'intelligence. In: Revue Philosophique de la France et de l'Étranger 144 (1954), S. 85–96, hier S. 86, 91; Margaret R. Higonnet: Bachelard and the Romantic Imagination. In: Comparative Literature 33, 1 (1981), S. 18–37. Zur An- und Abgrenzung Foucaults von Bachelards Wissenschaftsgeschichte und Geschichtsverständnis vgl. Alison Ross: The Errors of History. Knowledge and Epistemology in Bachelard, Canguilhem and Foucault. In: Angelaki: Journal of the Theoretical Humanities 23, 2 (2018), S. 139–154.

37 Diesen Übergang hat Foucault zufolge Ludwig Binswangers Essay *Traum und Existenz* vollzogen, vgl. TE 91. Die Formulierung lässt sich jedoch ebenso auf Foucault selbst beziehen.

38 Vgl. Francisco Ortega: Michel Foucault. Rekonstruktion der Freundschaft. München 1997, S. 15; Wilhelm Schmid: Auf der Suche nach einer neuen Lebenskunst. Die Frage nach dem Grund und die Neubegründung der Ethik bei Foucault. Frankfurt a. M. 1991, S. 235 f.

39 Vgl.: »Ich glaube tatsächlich, daß die Frage des Stils in der antiken Erfahrung zentral ist: Stilisierung des Verhältnisses zu sich selbst, Verhaltensstil, Stilisierung des Verhältnisses zu anderen.« (RM 134).

40 Vgl. Michel Foucault: Das Wahrsprechen des Anderen (1983/1984). Hrsg. von Ulrike Reuter u. a. Frankfurt a. M. 1988.

41 Vgl. Tobias Klass: Heterotopie. In: Foucault Handbuch. Leben – Werk – Wirkung. Hrsg. von Clemens Kammler, Rolf Parr, Ulrich Johannes Schneider und Elke Reinhardt-Becker. Stuttgart 2008, S. 263–266.

42 Foucault 1994 (s. Anm. 5), S. 202, vgl. NV 280.

43 Friedrich Hölderlin: Das untergehende Vaterland. In: Ders.: Sämtliche Werke und Briefe in drei Bänden. Hrsg. von Jochen Schmidt. Bd. 2. Frankfurt a. M. 1994, S. 446–451, hier S. 451.

44 Jürgen Habermas hat in seinem Foucault-Nachruf diesen in die mit Hölderlin beginnende Tradition des »modernen Zeitbewußtseins« in der Philosophie gestellt: Die Neue Unübersichtlichkeit. Kleine Politische Schriften V. Frankfurt a. M. 1985, S. 129.

45 Michel Foucault: Psychologie und Geisteskrankheit (1954/1962). Frankfurt a. M. 1968, S. 131.

46 Foucault o. J. (s. Anm. 1), S. 34 f. Unter der ›Genealogie des Subjekts‹ versteht Foucault eine »Analyse […], die der Konstitution des Subjekts in der historischen Verlaufsform Rechnung tragen könnte«; Foucault 2005 (s. Anm. 1), S. 195.

47 Von einem »radikale[n] Bruch« spricht Hinrich Fink-Eitel: Foucault zur Einführung. Hamburg 1989, S. 98. Dieser Gestus macht sich auch in zahlreichen Interviews durch die deutliche Irritation der Interviewer angesichts der letzten beiden Bände von *Sexualität und Wahrheit* bemerkbar, die dann auch Foucault einige Bemerkungen über seinen Wechsel von den Wissens- und Machtpraktiken zu den Technologien des Selbst entlocken: Er spricht von einem Frontwechsel von einer »Praxis der Herrschaft der Anderen« zu einer »Herrschaft über sich selbst«; Michel Foucault: Geschichte der Sexualität. Interview mit Michel Foucault (1984). In: Ästhetik und Kommunikation 57,58 (1985), S. 157–164, hier S. 158, vgl. S. 162; vgl. auch: »Vielleicht habe ich die Bedeutung der Technologien von Macht und Herrschaft allzu stark betont. Mehr und mehr interessiere ich mich für die Interaktion zwischen einem selbst und anderen und für die Technologien individueller Beherrschung, für die Geschichte der Formen, in denen das Individuum auf sich selbst einwirkt, für die Technologien des Selbst«. In: Michel Foucault: Technologien des Selbst (1982). Hrsg. von Luther H. Martin, Huck Gutman, Patrick H. Hutton. Frankfurt a. M. 1993, S. 27; »An den vorangegangenen Büchern stört mich, daß ich die beiden ersten Erfahrungen [Wahrheit, Macht] berücksichtigt habe, ohne die dritte [individuelles Verhalten] zu beachten«. In: Michel Foucault: Die Rückkehr der Moral (1984). In: Ethos der Moderne (s. Anm. 13, S. 133–145, hier S. 134; vgl. S. 137.

48 Vgl. Michel Foucault: Das Subjekt und die Macht (1982). In: Hubert L. Dreyfus, Paul Rabinow: Michel Foucault. Jenseits von Strukturalismus und Hermeneu-

tik. Weinheim 2. Aufl. 1994, S. 241–261, hier S. 246 f., und Judith Butler: »›Subjection‹ signifies the process of becoming subordinated by power as well as the process of becoming a subject.« Dies.: The Psychic Life of Power. Theories in Subjection. Stanford 1997, S. 2.

49 Diese dreifache Ontologie im Werk Foucaults betonen: Gilles Deleuze: Foucault. Frankfurt a. M. 1987, S. 160; Kögler (s. Anm. 12); Hans Herbert Kögler: Fröhliche Subjektivität. Historische Ethik und dreifache Ontologie beim späten Foucault. In: Ethos der Moderne (s. Anm. 13), S. 202–226; Ortega (s. Anm. 38).

50 Michel Foucault: Die Ordnung der Dinge. Eine Archäologie der Humanwissenschaften (1966). Frankfurt a. M. 1974, S. 462.

51 Michel Foucault: Diskurs und Wahrheit. Die Problematisierung der Parrhesia. Berkeley-Vorlesungen 1983. Hrsg. von Joseph Pearson. Berlin 1996, S. 178.

52 Angesprochen von dieser Kritik fühlte sich z. B. Habermas, der in seinem Foucault-Nachruf auf den Text *Was ist Aufkärung?* reagiert und im Gegenzug dessen Polemik gegen die ›Analytik des Wahren‹ mit dem Vorwurf mangelnder »normative[r] Maßstäbe« auf Seiten Foucaults von »Aktualität versehrte[r] Kritik der Macht« beantwortet (s. Anm. 44), S. 131.

53 Michel Foucault: Critical Theory / Intellectual History (1983). In: Foucault, Politics, Philosophy, Culture. Interviews and other Writings 1977–1984. Hrsg. von Lawrence Kritzman. New York, London 1988, S. 17–46, hier S. 33 f.

54 Siehe hierzu Seyla Benhabib: Feminismus und Postmoderne. Ein prekäres Bündnis. In: Der Streit um Differenz. Feminismus und Postmoderne in der Gegenwart. Hrsg. von Seyla Benhabib u. a. Frankfurt a. M. 1993, S. 9–30, hier S. 10, und ausführlicher Manfred Frank: Was ist Neostrukturalismus? Frankfurt a. M. 1983, S. 7–115.

55 Foucault (s. Anm. 13), S. 53.

56 Immanuel Kant: Anthropologie in pragmatischer Hinsicht. In: Ders.: Werke in sechs Bänden. Hrsg. von Wilhelm Weischedel. Bd. 6: Schriften zur Anthropologie, Geschichtsphilosophie, Politik und Pädagogik. Darmstadt 1983, S. 395–690, hier S. 399. Foucault hatte 1961, wie oben vermerkt, die Übersetzung dieses Textes neben *Wahnsinn und Gesellschaft* als zweiten Teil seiner Dissertation eingereicht (s. Anm. 20).

Moderne im Druck
Wie die Frühromantiker und Heinrich Heine publizieren

Madleen Podewski

> Die Zeitschrift war mit einem Wort die romantische Form der Enzyklopädie, sie war der Ausdruck des gesprengten, des »offenen Systems«.[1]

> Oder [es gilt, M. P.] die Unterstellung, daß selbst die publizistische Intention zum Medium eines eigenwertigen, mit rein ästhetischen Kategorien zu erfassenden Ausdrucks- und Darstellungswillens werden könnte.[2]

Vorbemerkung

Die beiden kleinen Zitate mögen einleitend andeuten, worum es im Folgenden gehen soll: darum, zu überlegen, wie Printmedienformate mit der Evolution von Denk- und Schreibformen zusammenhängen, wie vor allem Periodika, d. h. also auch Zeitungen und Zeitschriften, an der Genese einer spezifisch modernen Ästhetik und an deren Binnendifferenzierungen beteiligt sein könnten. Das erste der beiden Zitate jedenfalls stellt, indem es ›die Zeitschrift‹ im Singular als eine Art Medientypus betrachtet, fest, dass sie perfektes Ausdrucksmedium ist für die antisystematische Grundlegung der frühromantischen Wissensorganisation. Sie kann das sein, weil sie kein ›Werk‹ ist und weil eben das mit »dem aus der Geschichtsphilosophie der unendlichen Perfektibilität herrührenden asystematischen, beweglichen und stets in der Entwicklung befindlichen Denkcharakter der Romantiker«[3] korrespondiert. Das zweite Zitat, herausgegriffen aus Wolfgang Preisendanz' kanonischem Beitrag zur Debatte um Heinrich Heines Haltung zur Autonomie der Kunst nach der Kunstperiode, geht von einem Strukturwandel ästhetischer Schreibformen unter den Bedingungen eines sich verändernden Printmedienmarktes aus. Preisendanz bezieht sich also nicht auf einen bestimmten Printmedientyp, sondern auf grundlegende Umstrukturierungen. Die fordern eine Durchdringung von Kunst mit Publizität und zeigen sich, so Preisendanz, exemplarisch am »Funktionsübergang von Dichtung und Publizistik« in Heines Schreibweise. Auch das komplementär dazu aufgebrachte Konzept von ›Journalliteratur‹ geht, vor allem für die Autoren des Jungen Deutschland, davon aus, dass Periodika Schreibformen ausprägen.[4]

In allen diesen Fällen stützt man sich bei der Erfassung solcher Einflussnahmen und Wechselwirkungen auf Analogien zwischen Text- und Medienstrukturen. Was das Medium ausmacht, kennzeichnet auch die dort abgedruckten Texte und umgekehrt: Der periodische Erscheinungsrhythmus kommt der Fragmentarizität bzw. der Gegenwartsbezogenheit der Texte entgegen, der Mischcharakter befördert Anti-Systematik, der engeren Marktbindung entsprechen Unterhaltungsförmigkeit und Strategien der Aufmerksamkeitserregung und die von den Periodika vorangetriebene Etablierung einer Meinungsöffentlichkeit und ihre gleichzeitige Betroffenheit von Zensurmaßnahmen bedingen engagierte und subversive Schreibweisen. Die Kriterien für diese Strukturanalogien sind dabei freilich recht abstrakt gefasst. Das fällt besonders dann auf, wenn man sich das zeitgenössische Printmedienfeld genauer anschaut. Gerade am Ausgang des 18. Jahrhunderts und über die Jahrhundertwende hinweg bis in den Vormärz hinein festigen Zeitschriften ihr Profil als ein eigenständiges Printformat, und zwar mit »eine[r] Expansion und Diversifikation sondergleichen«.[5] Der Zeitschriftensektor ist wie kein anderer Sektor des Printmedienfeldes von einer hohen Dynamik geprägt – quantitativ wie qualitativ. So sind für den Zeitraum zwischen 1700 und 1830 7200 Zeitschriftentitel nachgewiesen worden, die sich in der Vielfalt der Formate kaum rubrizieren lassen – vor allem deshalb nicht, weil es so viele Misch- und Übergangsformen, auch zu den Zeitungen und Intelligenzblättern, gibt.[6]

Diese Vielfalt ergibt sich einerseits aus dem jeweils präsentierten Themenspektrum; es gibt – von den Fachzeitschriften einmal abgesehen – Gelehrtenjournale, pädagogische, literarische, belletristische, Unterhaltungs-, Theater-, Frauen- und Kinderzeitschriften etc. Die Vielfalt basiert aber andererseits, und das ist für die hier verfolgte Fragestellung zentral, ganz wesentlich auf den Druckordnungen, d. h. darauf, wie viele von welchen Text-, Bild- oder graphischen Elementen in welcher Formatgröße auf wie vielen Seiten auf welche Weise gedruckt sind und in welchem Rhythmus sie erscheinen. Wieviel Platz also mit einem Zeitschriftenheft zur Verfügung gestellt ist, wie dieser Platz bedruckt ist und wie häufig die Hefte erscheinen, dafür hat sich im ersten Drittel des 19. Jahrhunderts bereits eine Fülle an Optionen herausgebildet: mit Seitenflächen vom Quart- zum Oktav- bis hin zum Folioformat, mit Heftumfängen von wenigen bis zu mehreren hundert Seiten, besetzt mit wenigen umfangreichen oder vielen kleinen, fortgesetzten oder abgeschlossenen Beiträgen, mit unterschiedlich platziertem

Bildmaterial von der ganzseitigen Abbildung bis hin zur kleinen Vignette; und darüber hinaus täglich, mehrmals pro Woche, wöchentlich, monatlich, viertel- oder halbjährlich erscheinend. Für das Zeitschriftenfeld ist es offenbar wichtig gewesen, große bis feine Unterschiede nicht nur darin zu machen, was, sondern vor allem wann und wie etwas gedruckt wird.

Dem ist eine zweite Beobachtung hinzuzufügen: Die Forschung hat mit der Analyse der Textverfahren hinreichend herausgestellt, dass Heinrich Heine frühromantische Poetik und Darstellungsformen in eine andere Modernität hineintreibt, dass er deren idealistisch-geschichtsphilosophische Basis verlässt und seine Texte, wenn auch zuweilen melancholisch, auf die konkreten und kleinstufigen Erfahrungen mit gesellschaftlicher und industrieller Modernisierung stützt und dass er damit von einem unhintergehbaren Zusammenhang zwischen ästhetischer Form und den gesellschaftlichen Erfahrungen ausgeht, die erst in einer industrialisierten Moderne möglich sind.[7] Mustert man die einschlägigen Beiträge noch einmal durch, scheinen zentrale Aspekte dieser Modernität – Fragmentarizität, Selbstreflexivität, Subjektivität, Montageformen, Flaneur- und Daguerrotypieästhetik – nur locker mit der gleichermaßen festgestellten Journalförmigkeit von Heines Texten bzw. mit seinem Habitus als moderner, medienversierter Schriftsteller verknüpft. Die Aspekte, die ihn zu einem Vertreter der ästhetischen Moderne machen, scheinen so halb neben denen herzulaufen, die mit der Modernisierung des Printmedienfeldes verknüpft werden.

Dieses Nebeneinander ergibt sich ein gutes Stück weit daraus, dass die Beziehung zwischen Literatur und Periodika für die Literaturwissenschaft generell eine heikle und methodisch noch lange nicht bewältigte ist. Das wiederum hat viel damit zu tun, wie Periodika als Medien konzipiert werden – genauer welche Eigenschaften man ihnen zuschreibt und welche Prägekräfte. Der vorliegende Beitrag schlägt vor dem Hintergrund einer inzwischen intensiv(er) geführten Debatte vor[8], die bislang wenig hilfreichen abstrakten, quasi überzeitlich geltenden medialen Aprioris wie Periodizität, Aktualität, Miscellaneität, Unterhaltungs- und Informationsfunktion etc. einmal beiseite zu legen. Dadurch entsteht Raum, zuvörderst die konkreten Druck- und Mischungsordnungen von Zeitschriften genauer anzuschauen, also danach zu fragen, wie die als modern qualifizierten Texte hier hineingebaut sind: wie viel Platz sie bekommen und mit welchen anderen Elementen sie dabei in welcher Weise in Berührung gebracht werden.

Die Frage nach den Differenzen in der Modernität frühromantischer und Heinescher Printprodukte ist damit keine, die sich im alleinigen Blick auf Themen, Textverfahren und Formen – innerhalb eines quasi virtuellen Raums der Bedeutungsorganisation – beantworten lässt. Zu klären ist vielmehr, wie welche Textverfahren in welchen Druckordnungen funktionieren, d. h. welche Textverfahren durch bestimmte Druckordnungen begünstigt oder erzwungen, blockiert oder ausgeschlossen werden. Exemplarisch knapp versucht sei das am ersten »Stück« des ersten Bandes des *Athenaeum*, in dem Novalis' »Blüthenstaub«-Fragmente abgedruckt sind und an den Nummern 288 bis 298 des 1828er Jahrgangs des *Morgenblatts für gebildete Stände*, in die (mit Ausnahme der Nummern 294 und 296) Heinrich Heines »Reise nach Italien« eingebaut ist.[9]

I. Fragmente im *Athenaeum* vs. Fortsetzungsfolgen im *Morgenblatt*

Die insgesamt sechs Hefte des *Athenaeum*, jeweils zu zwei »Stücken« zu einem Band pro Jahr (1798, 1799, 1800) zusammengebunden, erscheinen in unregelmäßigen Abständen zwischen zwei und sieben Monaten. Sie haben das zu dieser Zeit für Zeitschriften übliche, buchnahe Oktavformat; der redaktionelle Teil umfasst pro Heft zwischen 159 bis 187, gleichmäßig im Blocksatz bedruckte Seiten. Das erste Heft bringt neben Novalis' »Blüthenstaub« und nach einer vorgeschalteten »Vorerinnerung«, in der die Herausgeber »W. und F.« ihre Absichten mit der Zeitschrift erläutern (S. III–IV), noch drei weitere Beiträge: »Die Sprachen. Ein Gespräch über Klopstocks grammatische Gespräche« (S. 70–139), »Elegien aus dem Griechischen« (S. 107–140) und »Beyträge zur Kritik der neuesten Litteratur« (S. 141–177). Sie sind allesamt literaturkritisch bzw. literaturgeschichtlich ausgerichtet und probieren dabei an verschiedenen Objekten verschiedene Darstellungsformen. »Die Sprachen« ist ein lebhaftes Gespräch zwischen personifizierten Abstrakta (Poesie, Grammatik, diverse Nationalsprachen) über den gegenwärtigen und künftigen Status der deutschen Sprache und Dichtung; die »Elegien« liefern Übersetzungen und recht gelehrte Interpretationen antiker Elegiendichtung; die »Beyträge« setzen sich zunächst ausführlich mit dem gegenwärtigen Rezensionswesen auseinander, um dann für eine individuell getönte, einem zwanglosen Gespräch entsprechende Form der Literaturkritik zu plädieren, die sogleich in der Auseinandersetzung mit Werken Lafontaines und Tiecks vorgeführt wird.

Damit besteht das erste Heft aus vier recht umfangreichen Beiträgen (zwischen 33 und 66 Seiten), in denen komplexe Argumentationsfiguren, vielfältige Aspekte eines Objekts und/oder auch viel Stoff präsentiert werden können. Dabei geben sich einzig die »Beyträge« explizit fortsetzungswillig: Die hier vorgeschlagene Form der Literaturkritik soll reihenweise erprobt werden, und am Ende des Textes findet sich der – allerdings nicht befolgte – Hinweis »Die Fortsetzung folgt«. Diese Ausrichtung an großen, geschlossenen Beiträgen gilt auch für die folgenden Hefte. Das zweite bringt sogar nur zwei davon, Friedrich Schlegels »Fragmente« (auf 143 Seiten) und »Über Goethe's Meister« (auf 31 Seiten), ab dem vierten Heft wird mit der Rubrik »Notizen« dann auch Kleinteiligeres aufgenommen; der lässige Umgang mit den seltenen Fortsetzungsbeiträgen, d. h. die Nichteinhaltung entsprechender Ankündigungen und eine diffuse diesbezügliche Rubrizierung, gilt gleichwohl durchweg.

Zurück zum ersten Heft: Es präsentiert ein sehr eingeschränktes Themenspektrum, in dem es fast ausschließlich um Literatur, um ihre Formen und ihre Geschichte und um nah Verwandtes wie Sprachgebrauch und Rezensionswesen geht. Die »Blüthenstaub«-Fragmente beschäftigen sich außer mit Poesie, Literatur und Genie auch noch knapp mit Fragen der Wahrheitsfindung, mit Bildungskonzepten, Gesellschaftsentwürfen, mit Religion und Geschichtsphilosophie.[10] Bei den Darstellungsformen besteht dagegen ein gewisses Spektrum: In den beiden literaturkritischen bzw. literaturgeschichtlichen Abhandlungen, der szenisch gehaltenen Wechselrede und der Fragmentsammlung baut sich semantische Kohärenz in unterschiedlicher Weise auf, und zwar in der Gruppierung von Belegen und Argumenten zu dem Ziel, einen angemessenen Umgang mit Literatur zu bestimmen und vorzuführen (wozu in den »Beyträgen« auch die Kritik verfehlter Praktiken und Einstellungen gehört) und in der allmählichen, gesprächsweisen Entfaltung unterschiedlicher Positionen zum Status von Sprache und Poesie, die auf ihre prozessuale Integration zulaufen. Mit den »Blüthenstaub«-Fragmenten ist auf solche Formen großflächiger Kohärenzstiftung verzichtet; hier gilt das Prinzip der Sammlung, bei dem semantische Beziehungen zwischen den akkumulierten Kleintexten nicht vorstrukturiert, sondern als eine Art Potenz im Denkzusammenhang einer universalen Ganzheit impliziert sind.

So entsteht mit der Auswahl der Texte und mit der Art und Weise, wie sie gedruckt, wie sie zusammengestellt sind, eine kleine Ordnung der Varianz: Ein Kernobjekt, die ›Literatur‹, wird vier Mal auf eine jeweils modifizierte Weise verhandelt, vier Mal wird neu angesetzt, um es in einem anderen Aspekt, in der Verknüpfung mit anderen Kontexten und in einer anderen Darstellungsform darzustellen. Dabei ist den Beiträgen exakt der Platz gewährt, den sie für die vollständige Entfaltung dieser Zusammenhänge brauchen. Bedeutungsumfang und Seitenfläche sind aufeinander abgestimmt: Wo die Beiträge aufhören, wo ein Schlussstück unter sie gesetzt ist, sind sie auch semantisch zu Ende. Auch dort, wo ihre Weiterführung wie im Eintrag »Die Fortsetzung folgt« am Ende der »Beyträge« explizit angezeigt ist oder wo sie, wie beim »Blüthenstaub«, möglich scheint, ist sie semantischer Effekt bzw. semantisches Erfordernis: Die »Beyträge« kündigen bereits im einleitenden Abschnitt an, dass die vorgeschlagene Kritikform nicht auf einmal, sondern nur in aufeinander folgenden Beispielen vorgeführt werden kann, und über die prinzipielle Fortsetzbarkeit von Fragmentsammlungen hat die Forschung alles gesagt.[11]

Die »Blüthenstaub«-Fragmente sind im *Athenaeum* also, ganz wie die sie flankierenden anderen Beiträge, als ein kompaktes Druckelement präsentiert – als in sich zusammenhängende, selbstständige Einheit, mit einem Schlussstück abgeschlossen und mit einem Seitenumbruch vom nächsten Beitrag getrennt. So wollten es ja die Herausgeber auch haben: Friedrich Schlegel hatte in einem Brief an den Bruder dafür plädiert, den »köstliche[n] Blüthenstaub« (KFSA XXIV, 102) nicht zu trennen und ihn geschlossen im ersten Heft des *Athenaeum* erscheinen zu lassen, auch wenn dafür seine eigene Fragmentsammlung ins nächste Heft verschoben werden musste. Unter diesen Bedingungen können die 114 Fragmente auf 37 Seiten in geschlossener Formation interagieren, kann sich die Novalissche Variante der komplexen semantischen Dynamiken frühromantischer Fragmentgruppierungen entfalten. Wegen ihrer prinzipiellen Unabschließbarkeit erscheint der Schlussstrich auf Seite 106 wie gesagt nicht als rüder Fremdeingriff, der notgedrungen Zwängen folgt, denen man sich bei der Herausgabe einer Zeitschrift unterwerfen muss. Er legt nur – aber eben doch auch – fest, zwischen wie vielen Fragmenten sich eine solche Dynamik ganz konkret, d. h. der Zahl und dem beanspruchten Platz nach, entfalten kann.

Ganz anders präsentieren sich die Hefte des *Morgenblatts*: Sie umfassen jeweils nur vier Seiten im Quartformat, sind zweispaltig bedruckt und erscheinen, mit Ausnahme des Sonntags, täglich. Die elf Hefte, über die Heinrich Heines »Italienische

Reise« verteilt ist, bringen zumeist drei bis vier Beiträge, ab und an auch einmal fünf, mit einem Umfang zwischen einer halben und drei, maximal gut vier Spalten. Davon fallen durchschnittlich zwei in die Rubrik »Korrespondenz-Nachrichten«, die auf der letzten bzw. schon auf der vorletzten Seite platziert ist. Bis auf den Titelkopf und das Tagesmotto – ein Zwei- bis Vierzeiler von verschiedenen Autoren – und zwei Beiträge in Nr. 289 und Nr. 294[12] – handelt es sich außerdem durchweg um Fortsetzungsfolgen. Diese kleinteiligen Heftensembles bieten ein deutlich breiteres Themenspektrum, zuweilen fällt die Diversität schon beim Blick auf eine einzelne Seite ins Auge: »Briefe über Alterthum, Kunst und Wissenschaft« stehen zusammen mit Ausführungen über das Klima im korsischen Bastia und über die aktuelle Taschenbuchproduktion in England, die »Abenteuer Haji Baba's«, eines Algeriers in Europa, finden sich neben einem Napoleon-Drama und Berichten über Berliner Opernaufführungen, eine Ghettoerzählung neben einer Kritik des Pariser Unterhaltungsbetriebs und neben Schilderungen einer gefährlichen Bergbesteigung und Informationen über eine wissenschaftliche Expedition nach Kairo – und zwischen all dies sind die Fortsetzungsfolgen von Heines Text gesetzt.

Mit den Themen variieren auch die Darstellungsformen, variiert die Art und Weise, in der der jeweilige Stoff organisiert ist: In den mottoartigen Gedichtzeilen, im Lyrik-Beitrag von Immermann (»Skizzen und Grillen« in Nr. 289) und im Dramenauszug (»Die Schlacht bey den Pyramiden« in Nr. 294) geschieht das in ausgeprägt gattungsspezifischer Manier, in den deutlich dominanten Prosabeiträgen mit Sprecherhaltungen, die sich zwischen relativ frei assoziierender Subjektivität und nüchternem Objektbezug bewegen. Für den einen Pol kann die »Reise nach Italien« stehen, verfasst in der typisch Heineschen Schreibweise, die von den immer mitgelieferten konkreten Daten der Reise assoziativ, kontrastästhetisch, witzig abschweift, für den anderen zum Beispiel die Korrespondenz-Nachrichten aus Bastia, in denen Gepflogenheiten der Bevölkerung und lokale Ereignisse in nüchtern-deskriptiver Manier verzeichnet werden.[13] Vor allem an diesen Prosatexten zeigt sich, dass die idealistischen Prägungen, die die Beiträge des *Athenaeum* kennzeichnen, hier keine Rolle mehr spielen – das aber eben nicht nur ihrer Semantiken, ihrer Themen und Schreibverfahren wegen, sondern vor allem auch wegen der Art und Weise, wie sie im *Morgenblatt* gedruckt werden.

Mit einem absoluten Maximalumfang von ca. 30 Spalten sind diese Beiträge deutlich kürzer, sie brauchen also viel weniger Worte, um ihr jeweiliges Anliegen zur Darstellung zu bringen. Das tun sie in lockerer Bindung sowohl ans Innere der Sprechinstanzen als auch an ihr Äußerliches, d. h. die Texte geben sich veranlasst durch Impulse aus beiden Bereichen. Hier liegt die Motivation für ihren Beginn – in Berlin gibt es eine neue Inszenierung von *Don Juan*, über die zu berichten sich lohnt, ein Ich will endlich nach Italien reisen etc.; und hier liegen die Motive für ihr Ende: Es ist genug gesagt, wenn etwa die neuesten Taschenbücher oder die Pariser Opernaufführungen für diese Saison vorgestellt sind, wenn die Reise in den Orient beendet ist oder wenn man sich mit den Auszügen aus den Abenteuergeschichten des »Haji Baba« eine gute Vorstellung vom Gesamtwerk hat machen können. Eine gewisse Ausführlichkeit braucht das aber auch, eben mindestens einen Umfang von ca. acht Spalten. Weniger scheint nicht angebracht, ebenso wenig aber auch Verdichtungen und Synthesen, wie sie in den »Blüthenstaub«-Fragmenten im Rekurs auf Abstrakta (›*die* Poesie‹, ›*das* Genie‹, ›*die* Erkenntnis‹) und Kollektivsingulare (›*die* Geschichte‹, ›*die* Menschheit‹, ›*der* Fortschritt‹) geleistet sind.

Im Vergleich mit der frühromantischen Fragmentästhetik (und auch mit der klassischen Werkästhetik) ist das Ende solcher Beiträge – und damit ihr gesamtes Organisationsprinzip – ein durchaus undramatisches, beiläufiges, ein aus den dualen Verspannungen idealistischer Philosophie und Ästhetik ab- bzw. herausgelöstes. Es bezeichnet nicht den Abschluss eines vollendeten Ganzen, es ist aber auch kein Fragment-Ende, das aus sich selbst heraus auf eine notwendige Komplettierung und damit Fortführung verwiese. Beliebig sind diese Beiträge gleichwohl nicht, ihre Motivation, ihr Schreibanlass ist greifbar, aber sie schließen sich weder in sich ab noch verstehen sie sich aus Transzendenzgründen als unvollendet, als »Blüthenstaub«. Stattdessen signalisieren sie: Man könnte hier eventuell noch mehr sagen, aber jetzt und hier ist es genug damit.

Darüber hinaus erscheinen diese Texte in der Mischungsordnung des *Morgenblatts* immer nur als Teile, als Fortsetzungsfolgen. In dieser Form prägen sie einen für das *Morgenblatt* charakteristischen Gestus mit aus, der permanent, in jedem Heft vorführt: »Bevor das hier fortgesetzt bzw. zu Ende gebracht wird, wird erst einmal hier weitergemacht, wird dies zu Ende gebracht bzw. das angefangen!« Diese hohe, Tag für Tag kleinteilig in Gang gehaltene Dynamik, diese beständige, kurz getaktete Bewegung zwischen Anfangen, Fortsetzen und Beenden ist konstitutiv für die Mischungspolitik des *Morgenblatts*. Mit ihr wird vermieden, die in den Heften gebotene Aspektevielfalt nur wenigen, gar nur einer Sprechinstanz zu überantworten und sie damit als einen (alle vier Heftseiten) umfassenden, homogenen semantischen Zusammenhang zu präsentieren. Gewährleistet ist mit ihr stattdessen, dass diese Vielfalt eine aufgeteilte bleibt, dass sie zustande kommt nach einem Prinzip der Kontiguität, d. h. dass sie gebunden ist an die Berührung sowohl semantisch als auch drucktechnisch voneinander getrennt gehaltener Beiträge auf den Seiten eines Zeitschriftenheftes.

II. Fazit

Heinrich Heine hat seine *Reisebilder* bekanntermaßen explizit als Fragmente bezeichnet – am Schluss der *Harzreise* und in den *Englischen Fragmenten*. Dieser Fragmentstatus unterscheidet sich, so lässt sich nun zusammenfassen, vom frühromantischen Fragmentkonzept nicht nur, weil in der Semantik der Texte der romantisch-idealistische Horizont nicht mehr ernstgenommen, zuweilen auch aufgegeben ist[14], sondern vor allem auch, weil diese Texte anders gedruckt werden: weil sie in Fortsetzungen zerlegt und mit anderen Fortsetzungsfolgen gemischt in einer zeitungsähnlichen Zeitschrift erscheinen und weil auf diese Weise der Fragmentcharakter der Heineschen Texte deutlich sichtbar von einer mediengenerierten periodisch getakteten Mischungsordnung geprägt ist. Diese Prägung ist, das sei noch einmal betont, nicht als eine zu verstehen, die auf eine strukturelle Entsprechung beider Seiten hinausläuft. Dass Heines Texte im *Morgenblatt* einen Platz finden, bedeutet viel mehr und anderes als dass sie in ihrer Episodik, dass sie in ihrer Assoziativität der Periodizität und der Universalität der Zeitung formal entsprechen. Es bedeutet, dass – im Vergleich mit Novalis' Fragmenten im *Athenaeum* – andere Textsemantiken printmedial anders organisiert sind. Novalis' »Blüthenstaub«-Fragmente haben eine ganz andere Druck-Zeit als Heines »Reise nach Italien«: Sie erscheinen auf einen Schlag in einem Heft, und in dieser Kopräsenz kann sich die von der Forschung gründlich herausgearbeitete Prozessdynamik in und zwischen ihnen entfalten – als eine von der Form des Drucks unterstützte, semantisch generierte Zeitdimension. Und sie haben einen ganz anderen Platz im Heft – nämlich so viel, dass man beim blätternden Lesen für eine Weile vergessen kann, dass es da auch noch anderes gibt. Die Druckordnung, die Mischungspolitik des *Athenaeum* stört die »Blüthenstaub«-Fragmente also nicht in ihrer Entfaltung, sondern erweist ihnen, wenn man so will, gehörigen Respekt.

Das *Morgenblatt* ist da deutlich rücksichtsloser: Seine an der Zeitung orientierte Mischungspolitik – wenige Seiten, mehrere kleine, gut gemischte Elemente, schneller Erscheinungsrhythmus – greift nachhaltig in die Bedeutungsorganisation der »Reise nach Italien« ein: Geformt werden neun Fortsetzungsteile, die dem Text acht offene Flanken verpassen, an denen er, mitten im Bedeutungsfluss, mit anderen Beiträgen in Kontakt gebracht wird. Das Medium sorgt also dafür, dass sich seine assoziative, episodische Struktur nicht nach Maßgabe der Gesamtsemantik des Textes entfaltet, sondern nach Maßgabe seiner eigenen periodischen Druck-Zeit, im täglichen Mischungsrhythmus, in dem das Assoziative und Episodische immer wieder mit diversen ähnlichen Teilstücken in Berührung gebracht ist.

Indem das *Morgenblatt* Texte wie die von Heine aufnimmt, gestaltet es aber auch literaturgeschichtliche Dynamiken mit. Die sind in Vormärz und Biedermeier bekanntlich von Experimenten geprägt[15], davon, nach dem Ende der ›Kunstperiode‹ für neue Erfahrungspartikel angemessene Darstellungsformen zu finden. Das Assoziative, Episodische, Kleinteilige, der Verzicht auf idealistisch grundierte Großzusammenhänge, das die Beiträge des *Morgenblatts* hauptsächlich kennzeichnet, ist deshalb nicht nur medial, sondern auch epochal relevant – auch die Bücher sind schließlich voll davon, Heines »Reise nach Italien« erscheint 1830 im Buchdruck unter dem Titel »Reise von München nach Genua« bei Hoffmann und Campe im dritten Teil der *Reisebilder*. Zeitschriften tragen in dieser Umbruchszeit mit ihren inzwischen äußerst vielfältigen periodisch aufgelegten Mischungsordnungen dazu bei, dass solche Formen der Bedeutungsorganisation – die nicht zum Ganzen, nicht zum Wahren, Guten und Schönen der Goethezeit streben –, dass lockerere Gefüge praktikabel und angemessen erscheinen. Das aber nicht als abstrakte Modellgeber, sondern indem sie vorführen, auf welche Weise solche Texte gedruckt werden sollten. Der Umbau des Literatursystems nach der Goethezeit lastet damit nicht allein auf den Schultern der Textsemantiken, er wird wesentlich mitgetragen von den sich gleichermaßen transformierenden Zeitschriftenordnungen. Das macht den Unterschied aus zwischen Novalis' kompakt gedruckter Fragment-Moderne und Heines von den Periodika durchdrungener Fortsetzungs-Moderne.

1 Ernst Behler: Das »Athenäum« (1798–1800). In: Ders.: Die Zeitschriften der Brüder Schlegel. Ein Beitrag zur Geschichte der deutschen Romantik. Darmstadt 1983, S. 13–58, S. 18.
2 Wolfgang Preisendanz: Der Funktionsübergang von Dichtung und Publizistik. In: Ders.: Heinrich Heine. Werkstrukturen und Epochenbezüge. München 1973, S. 21–68, S. 29.
3 Behler: Einleitung: Die Brüder Schlegel und die literarische Zeitschrift ihrer Epoche. In: Ders.: Die Zeitschriften (s. Anm. 1), S. 3–11, S. 3
4 Zu diesem älteren Stand Helga Brandes: Die Zeitschriften des Jungen Deutschland. Eine Untersuchung zur literarisch-publizistischen Öffentlichkeit im 19. Jahrhundert. Opladen 1991.
5 Jürgen Wilke: Grundzüge der Medien- und Kommunikationsgeschichte. Von den Anfängen bis ins 20. Jahrhundert. Köln/Weimar/Wien 2000, S. 94.
6 Ebd., Kapitel 6 (Expansion und Diversifikation der Massenkommunikation im 18. Jahrhundert) und 7 (Retardierung und Entfesselung der Massenkommunikation im 19. Jahrhundert), S. 78–215.
7 Die Forschung zu Heines Modernität ist umfangreich, eine Erläuterung der gängigsten Aspekte liefert Sabina Becker: »... fortgerissen in Bewegung«. Heinrich Heine und die Moderne. In: Heinrich Heine. Neue Lektüren. Hrsg. von Achim Aurnhammer und Werner Frick. Freiburg i. Br. 2011, S. 297–312. – Das diesbezügliche Verhältnis zur Romantik ist aufgearbeitet bei Sandra Kerschbaumer: Heines moderne Romantik. Paderborn/München/Wien/Zürich 2000.
8 Vgl. dazu Verf.: Komplexe Medienordnungen. Zur Rolle der Literatur in der deutsch-jüdischen Zeitschrift »Ost und West« (1901–1923). Bielefeld 2014. – Vgl. dazu außerdem die DFG-Forschergruppe 2288 »Journalliteratur. Formatbedingungen, visuelles Design, Rezeptionskulturen« (https://journalliteratur.blogs.ruhr-uni-bochum.de; zuletzt eingesehen am 11.8.2019).
9 Zu den beiden Zeitschriften und zur Entstehungs- und Publikationsgeschichte der beiden Texte vgl. Behler: Das »Athenäum« (1798–1800). In: Ders.: Die Zeitschriften (s. Anm. 1), S. 13–58; Heinrich Heine: Reise von München nach Genua. Entstehung und Aufnahme. In: Heinrich Heine. Historisch-kritische Gesamtausgabe der Werke (DHA). Bd. 7.1: Reisebilder III/IV. Bearbeitet von Alfred Opitz. Hamburg 1986, S. 580–616.
10 Vgl. dazu in knapper Übersicht: Martina Eicheldinger, Friedrich Strack: Friedrich von Hardenberg (Novalis). Blüthenstaub. In: Fragmente der Frühromantik. Edition und Kommentar. Hrsg. von dens. Berlin 2011. Bd. 2: Kommentar, S. 263–265.
11 Vgl. dazu prägnant das erste, »Romantik« betitelte Kapitel bei Stefan Scherer: Witzige Spielgemälde. Tieck und das Drama der Romantik. Berlin/New York 2003, S. 5–35.
12 »Skizzen und Grillen von Karl Immermann« (MB 1828, Nr. 289, S. 1153), »Die Schlacht bey den Pyramiden«. Bruchstück aus dem französischen Heldengedichte: Napoleon in Egypten, von Barthélmy und Méry, übersezt von G. Schwab (MB 1828, Nr. 294, S. 1175 f.).
13 [anonym]: Bastia, Oktober (MB 1828, Nr. 288, S. 1152; Nr. 289, S. 1155 f.).
14 Vgl. zu diesen Verschiebungen Albrecht Koschorke: Die Geschichte des Horizonts. Grenze und Grenzüberschreitung in literarischen Landschaftsbildern. Frankfurt a. M. 1990.
15 Zu diesem ›Experimentierfeld Vormärz‹ vgl. Gustav Frank: Romane als Journal: System- und Umweltreferenzen als Voraussetzung der Entdifferenzierung und Ausdifferenzierung von ›Literatur‹ im Vormärz. In: Journalliteratur im Vormärz. Red. von Rainer Rosenberg und Detlev Kopp. Bielefeld 1996, S. 15–47.

VI.
Frühromantik und moderne Bildende Kunst

Abb. 1: *Max Klinger*: Am Meer,
Radierung, 1881, Privatbesitz.

Abb. 2: *Caspar David Friedrich*:
Der Mönch am Meer,
Öl auf Leinwand, 1808 – 1810,
Staatliche Museen zu Berlin, Nationalgalerie.

Max Klinger – der *romantische* Künstler schlechthin
Betrachtungen zu den *DRAMEN*, Opus IX

Reinhard Wegner

> *Klinger war der moderne Künstler schlechthin. Modern nicht in dem Sinne, den man heute dem Begriff gibt, sondern im Sinne eines gewissenhaften Mannes, der das Erbe an Kunst und Denken aus Jahrhunderten achtet, der wachen Auges in die Vergangenheit, in die Gegenwart und in sich selbst blickt.*[1]

Die oft zitierte Bemerkung Giorgio de Chiricos zu Max Klinger als dem *modernen* Künstler kann man getrost ersetzen durch den *romantischen* Künstler schlechthin. Denn in seinen Werken und in seinen Bildkonzepten hat er vielfach auf die Romantik Bezug genommen: die Bildidee von Caspar David Friedrichs *Mönch am Meer* lebt in Klingers *Am Meer* aus der graphischen Folge *Intermezzi* von 1881 fort, allerdings ironisch gewendet, indem der Mönch zur jungen Frau mutiert, die mit einem kecken Blick Kontakt zum Betrachter aufnimmt und in ihrer Körperhaltung spiegelbildlich den angedeuteten Schwung der romantischen Figur überzeichnet, sodass Klingers Werk als eine Paraphrase und Ergänzung auf Friedrichs Schlüsselbild der Romantik erscheint.

Auch auf Philipp Otto Runge nimmt Klinger vielfach Bezug. Dessen Konzept der gestaffelten Bildebenen, die den Wahrnehmungs- und Erkenntnisprozess über die symbolische Form in den Rahmenleisten zum allegorischen Binnenbild leiten, adaptiert der *moderne* Künstler um 1900 in zahlreichen graphischen Blättern.

Max Klinger zählt zu den bedeutendsten Künstlern im Deutschland des späten 19. und frühen 20. Jahrhunderts. Sein umfangreiches graphisches, malerisches und plastisches Œuvre markiert den Wandel zwischen Tradition und Moderne. Einerseits verweigerte sich Klinger einem zentralen Paradigma der Moderne, der Abstraktion, andererseits weichen seine Werke durch die geschickte Synthese von Divergenzen stark von tradierten Motiven und Darstellungsmustern ab. Dieser Zwittercharakter macht nicht nur die Interpretation, sondern auch die Analyse seiner Werke in ihrer Bedeutung für die Kunst des 20. Jahrhunderts äußerst schwierig. Sein Verhältnis zum Erbe, auf das De Chirico verweist, birgt gerade um 1900 reichlich Stoff für Konflikte.

Abb. 3: *Max Klinger*: Psyche auf dem Felsen,
Radierung, 1880, Privatbesitz.

Abb. 4: *Philipp Otto Runge:* Der kleine Morgen, Öl auf Leinwand, 1808, Hamburger Kunsthalle.

Zu den Standards von Epochenbestimmungen gehört die Abfolge von Zeitsegmenten, deren Anfang und deren Ende durch bestimmte Faktoren gesetzt werden. Jede Wissenschaft verfügt über eigene Kriterien und über eine eigene Terminologie für solche Faktoren. Bildende Kunst, Literatur und Musik zeichnen sich darüber hinaus durch eine eigene und eine dezidiert auf die Gegenwart bezogene Standortbestimmung aus. Das Verhältnis, genauer: die Abgrenzung zur Tradition wird allgemein als ein konstitutives Element der Moderne verstanden. Wichtig ist den Künstlern der Neuzeit aber möglicherweise ganz besonders seit dem 19. Jahrhundert die eigene Positionierung als Exponenten der Gegenwart. Die Grenzziehung zwischen Gestern und Heute dient sowohl der Bestimmung der Vergangenheit als auch der Gegenwart. Dabei spielt die Bewertung der Epochen nur eine untergeordnete Rolle. Freilich versteht sich der moderne Künstler sofern er sich der Avantgarde zurechnet – und dies trifft um 1900 auf sehr viele zu – als ein Grenzüberschreiter tradierter Formen und Ideen. Die rasante Beschleunigung, mit der sich die Künste um 1900 von immer neuen ästhetischen Erfahrungen abzusetzen suchten, erzeugte eine Flut von Stilformen oder -Ismen, die die Überwindung des Bestehenden an sich zum Dogma erklärt. Deshalb wäre gegen dieses Deutungsmuster von Zeitordnungen mit immer kürzeren Verfallsdaten einzuwenden, dass sich das Epochenbewusstsein im frühen 20. Jahrhundert, das sich aus der Differenz zwischen Tradition und Gegenwart speist, selbst Ausdruck dieser Konzeption von Moderne ist. Die Avantgarde übertrumpft sich im Bemühen, den gerade noch aktuellen Zeitgeist als bereits überholt zu desavouieren.

Die Erfahrung des Neuen kann allerdings ebenso in das Gegenteil umschlagen, in einen Skeptizismus gegenüber der sich immer weiter differenzierenden zeitgenössischen Kunst. Arnold Böcklin, Gustav Klimt, Ferdinand Hodler oder eben auch Max Klinger können als jene Exponenten der Moderne verstanden werden, die an inzwischen überwunden geglaubten Traditionen wie Raumperspektive, Umrisslinie, mimetischer Wiedergabe, antikem Mythos, etc. festhalten.

Wie auch immer: Die Konfrontation der etablierten Form mit einer neuen Ästhetik der Gegenwart gilt als eine zentrale Bestimmung der Moderne um 1900.
Dies ist unverzeihbar verkürzt zusammengefasst eine Grundannahme aller Modelle zum Epochenbewusstsein der inzwischen klassisch gewordenen Moderne. Das Oszillieren zwischen Vergangenheit und Gegenwart, zwischen Mythos und Empirie,

die Spannung von tradierter Darstellungsform und einer ungewohnten Kombinatorik der Bildmotive, aber auch der mediale Wechsel zwischen literarischer Überlieferung, klassischem Bild, Fotografie und Film erzeugen eine Wirkmacht, wie sie für die Kunst an der Schwelle zum 20. Jahrhundert konstitutiv ist.

Für Klinger gilt im Besonderen, dass seine Bildwerke nicht nur aus Malerei, Skulptur, Zeichnung und Druckgraphik bestehen, die als streng voneinander getrennte Kunstformen ganz eigenen Bedingungen unterliegen, sondern dass er sich darüber hinaus auch unterschiedlicher Medien bedient: historischer und gegenwärtiger Texte aus Literatur, Philosophie und alltäglicher Reportagen – und natürlich bedient er sich auch und vor allem des Mediums Musik.

Ihnen allen sind eigene spezifische Zeitordnungen und Wahrnehmungsprozesse konstitutiv. Sie dienen im Prozess der Bildfindung einerseits der Steigerung von Kreativität und Phantasie, andererseits erfüllen sie mit ihrer Doppelcodierung als historische Form und gegenwärtige Präsenz eine auf Polyvalenzen ausgerichtete Bedingung der Moderne. Die Mehrdeutigkeit entsteht im Bewusstsein der Widersprüchlichkeit und Entzweiung menschlicher Existenz. Ein Merkmal der Lebensentwürfe im späten 19. Jahrhundert ist jene divergente Synthetik, die auch in den Bildmotiven Klingers in Erscheinung tritt und die seine Werke in gewisser Weise bedeutungsoffen, weil ambigue hält. Auch hier zeigt sich wieder die dynamische Form des ständigen Oszillierens zwischen den Figuren in ihrer historischen Bedeutung sowie in ihrer gegenwärtigen Existenz als eine Bedingung der Moderne, die vom Betrachter die Fähigkeit abverlangt, Wahrnehmung und Deutung des Bildes zugleich als einen komplexen und fortwährenden Prozess zu beherrschen.

In kaum einer anderen Werkgruppe Klingers tritt diese extreme Verdichtung von Zeitordnungen und Darstellungsformen so offen zutage wie in seinen insgesamt 14 druckgraphischen Folgen.

Exemplarisch für seine Argumentation in diesen Radierungen widme ich mich hier dem 1883 erschienenen Opus IX mit dem Titel *DRAMEN*.

Abb. 5: Titelblatt. Die Form eines Epitaphs im Zentrum des Titelblattes wird umrahmt von Fragmenten der Antike und der Figur des Chronos, der auf dem Schaft einer kannelierten Säule das Himmelsgewölbe mit einer großen Geste zur Seite

Abb. 5: *Max Klinger*: Dramen, Titelblatt, Radierung, 1883.

zieht. Die Menschen stürzen gemeinsam mit dem gekreuzigten Christus nach rechts in den Abgrund. Als einige zentrale, das gesamte Opus durchziehende Motive werden hier Vergangenheit und Gegenwart, Licht und Dunkelheit, Zeitlichkeit und Tod antithetisch gegenübergestellt. Auch die Schrifttafel weist programmatisch auf das Folgende hin. Die Begriffe *DRAMEN, RADIERT UND COMPONIERT* binden Text, Bild und Musik aneinander. Eine Textzeile aus Friedrich Hölderlins *Schicksalslied* überwölbt die Ankündigung der Bildfolge.

Zunächst soll die Folge kurz vorgestellt werden:

Abb. 6: In Flagranti. Es beginnt mit einem Knall. Der Ehemann hat soeben aus dem Fenster der Villa den Geliebten seiner Ehefrau erschossen. Diese hält sich erschrocken und verzweifelt die Ohren zu. Hören und Sehen leiten den Reigen medialer Vernetzungen ein. Terrasse und Garten des Hauses liegen im hellen Licht, der Hintergrund ist schwarz wie die Nacht. Hier kündigt sich bereits eine Rhythmisierung der gesamten Folge im Kontrast von Hell und Dunkel, von Sehen und Nicht-Sehen an.

Abb. 7: Ein Schritt. Klinger schildert die Situation mittelloser Frauen in der Großstadt. Eine Kupplerin versucht, das noch zweifelnde junge Mädchen auf *die dunkle Seite des Lebens* zu locken.[2] Es bedarf nur noch eines Schrittes.

Abb. 8: Eine Mutter I. Auf die beiden Einzelblätter folgen drei miteinander verknüpfte Darstellungen, die Klinger auf einem Vorblatt im gebundenen Exemplar zur zweiten Ausgabe erläutert: *Motiv: Eine Familie durch den Krach* [Börsenkrach] *verarmt. Der Mann, Säufer geworden, misshandelt Frau und Kind. Sie, vollständig verzweifelt, springt mit dem Kind in's Wasser. Das Kind ertrinkt: sie wird gerettet wieder zum Leben gebracht, wegen Todschlags und Selbstmordversuchs vor Gericht gestellt – freigesprochen. Berliner Amtsgerichtsverhandlungen, Sommer 1881.*[3]

Abb. 9: Eine Mutter II; Abb. 10: Eine Mutter III. Die prekären Verhältnisse der ärmeren Großstadtbewohner, hier speziell der Frauen, wecken Mitgefühl und Anteilnahme. Dennoch entfaltet die Folge der *DRAMEN* ihre Wirkung nicht nur auf einer emotionalen Ebene, sondern sie erfährt als eine höchst kalkulierte bildtheoretisch intellektuelle Auseinandersetzung ihre eigentliche Bestimmung. Zunächst bleibt die Betrachtung der Blätter aber dem Genre des Tragischen verbunden.

Abb. 6: *Max Klinger*: Dramen, Blatt 1,
In Flagranti, Radierung, 1883.

Max Klinger – der *romantische* Künstler schlechthin

Abb. 7: *Max Klinger*: Dramen, Blatt 2, Ein Schritt, Radierung, 1883.

Abb. 8: *Max Klinger:* Dramen, Blatt 3,
Eine Mutter I, Radierung und Aquatinta, 1883.

Max Klinger – der *romantische* Künstler schlechthin

Abb. 9: *Max Klinger*: Dramen, Blatt 4,
Eine Mutter II, Radierung und Aquatinta, 1883.

Abb. 10: *Max Klinger*: Dramen, Blatt 5,
Eine Mutter III, Radierung, 1883.

Abb. 11: Im Walde; Abb. 12: Waldweg. Die folgende Szene spielt im Wald. Auf einem Weg zwischen Bäumen kann man ein Bündel Kleider, einen Damen- oder Mädchenhut sowie einen Brief erkennen. Dies hat die Deutung nahegelegt, eine Frau habe sich aus Verzweiflung getötet und einen Abschiedsbrief hinterlassen. Im Unterschied zu den anderen Darstellungen der Bilderfolge haben sich für dieses Motiv eine erste Skizze und ein ausgeführtes Gemälde erhalten.

Diese Arbeiten lassen verschiedene Varianten der letztendlich ausgeführten Bildidee nachvollziehen. In der Zeichnung hat sich wohl eine männliche Person selbst getötet. Dafür sprechen Mantel, Zylinder und Gehstock. Das Waldinnere mit seinen meist jungen Bäumen unterscheidet sich noch deutlich von der späteren Radierung. Dagegen finden sich deren Details wie beispielsweise Kontur und Verlauf des Weges oder der dichtere Baumbestand im Gemälde wieder, mit Ausnahme des zentralen Motivs der abgelegten Kleider. Dafür erkennt man ganz schemenhaft im Fluchtpunkt des Weges die Umrisse von zwei menschlichen Gestalten. Offenbar verfolgte Klinger hier die Idee von einer angstvollen Ahnung eines bevorstehenden Überfalls, wie er sie mehrfach, u. a. für die Radierung *Verfolgung* als Blatt 6 aus *Radierte Skizzen*, Opus I formuliert hat.[4]

Abb. 13: Ein Mord. Die folgende Illustration führt wieder nach Berlin zurück. Sie zeigt in Klingers Worten einen *Stadtbahnübergang zwischen Friedrich und Louisenstraße. Der Hintergrund ist aber der Hintergrund bei der Jannowitzbrücke. Die Scenerie, wie sie zwischen Friedrich und Louisenstraße war, war mir zu spießig. Da brauchte ich mehr Bewegung.*[5]

Alltägliche Gewalt und das Leiden an einer radikalisierten Gesellschaft prägte das Leben der Großstadtbewohner. Als motivische Bindeglieder zwischen der schrecklichen Idylle im Wald und der Berliner Straßenszene können Mädchenhut und Polizeihelm gelten.

Analog zu den drei Blättern *EINE MUTTER* folgen zum Abschluss der *DRAMEN* drei Radierungen mit dem Titel *MÄRZTAGE*.

Klinger schildert Aufruhr, Proteste und schließlich das Scheitern der Aufstände.

Abb. 14: Märztage I; Abb. 15: Märztage II; Abb. 16: Märztage III. Die Folge endet mit einer lakonisch-pessimistischen Darstellung der Gefangenen, die in der Dunkelheit von Polizei und Militär eskortiert abgeführt werden.

Abb. 11: *Max Klinger*: Dramen, Blatt 6,
Im Walde, Radierung, 1883.

Abb. 12: *Max Klinger*: Waldweg,
Öl auf Leinwand auf Karton, um 1882, Privatbesitz.

Abb. 13: *Max Klinger*: Dramen, Blatt 7,
Ein Mord, Radierung und Aquatinta, 1883.

Max Klinger – der *romantische* Künstler schlechthin

Abb. 14: *Max Klinger:* Dramen, Blatt 8,
Märztage I, Radierung und Aquatinta, 1883.

Abb. 15: *Max Klinger*: Dramen, Blatt 9,
Märztage II, Radierung und Aquatinta, 1883.

Max Klinger – der *romantische* Künstler schlechthin

Abb. 16: *Max Klinger:* Dramen, Blatt 10, Märztage III, Radierung und Aquatinta, 1883.

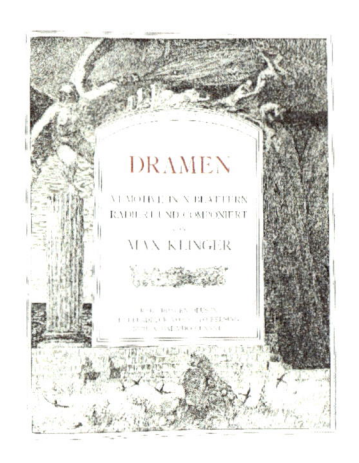

Abb. 17: *Max Klinger*: Dramen, gesamte Folge.

Max Klinger – der *romantische* Künstler schlechthin

6

7

8

9

10

Diese Radierungsfolge ist mit Blick auf die Erzählung des großstädtischen Milieus und auf die Darstellung sozialkritischer Inhalte bereits mehrfach beschrieben worden.[6] Wenn man die spezifischen künstlerischen Mittel Klingers in Betracht zieht und die synkretistische, Medien sprengende, sich palimpsestartig überlagernde Kombination von Schrift, Bild und Ton als **das** Charakteristikum des modernen Künstlers in Betracht zieht, lassen sich vielleicht neue Erkenntnisse über das bildnerische Denken Klingers gewinnen. Werfen wir also ein Auge auf die *Komposition* der Bildfolge, und zwar unter dem Aspekt des Rhythmus, der gleichermaßen Text, Bild und Musik erfasst.

Abb. 17: Gesamt. Die Folge unterliegt mehreren Ordnungsprinzipien. Zunächst lässt sich eine einfache Reihung feststellen: zwei voneinander unabhängigen Einzelblättern (*IN FLAGRANTI, EIN SCHRITT*) folgen drei zusammenhängende Bilder (*EINE MUTTER I–III*), danach wiederholt sich das Prinzip mit erneut zwei Einzelblättern (*IM WALDE, EIN MORD*) und drei zusammenhängenden Bildern (*MÄRZTAGE I–III*). Zugleich bleibt aber der für eine Bildfolge konstitutive Handlungsverlauf durch die Einzelbilder gestört. Zeitangaben beschränken sich in Wort und Bild auf Jahreszeiten, die aber auch keine zusammenhängende Zeitform erkennen lassen. Dennoch stellt Klinger themen- und motiv-übergreifend auf der Darstellungsebene Verbindungen zwischen den einzelnen autonomen Radierungen her. Sei es, dass die hellen und die dunklen Partien der Einzelblätter mit den folgenden Darstellungen korrespondieren oder dass Perspektiven benachbarter Bilder miteinander einen gemeinsamen Fluchtpunkt bilden, sodass neue imaginäre Doppelräume entstehen. Beides trifft für Blatt 1 *IN FLAGRANTI* und Blatt 2 *EIN SCHRITT* zu. Die Blätter 3 und 4 *EINE MUTTER I* und *II* führen die Räume im Auge des Betrachters zusammen, während Blatt 5 *EINE MUTTER III* wieder mit der klassischen Zentralperspektive als Einzelblatt auskommt. Das in der Tradition von Bildfolgen stehende konsekutive Erkennen von Handlungsabläufen ersetzt Klinger durch eine neue Rhythmisierung von Raumdispositionen, Zeitordnungen und Hell-Dunkel-Kontrasten, die eine Funktion des jeweiligen Bildes unabhängig von seiner inhaltlichen Bestimmung zulassen.

Abb. 18: Friedrich Hölderlin: Hyperion. Es wurde bereits darauf hingewiesen, dass Klinger auf dem Titelblatt, Hölderlins Schicksalslied zitierend, die Bildfolge ankündigt: DOCH UNS IST GEGEBEN AUF KEINER STÄTTE ZU RUH'N. Mit diesem Vers setzt die dritte Strophe ein. Das Lied ist in fallender Treppenform gesetzt und in das als Briefroman konzipierte, 1799 erschienene Werk *Hyperion oder der Eremit in Griechenland* integriert. Der lyrische Teil erscheint also auch graphisch abgesetzt. Während Hölderlin in den ersten beiden Strophen eine ideale Antike beschreibt, schildert die dritte Strophe den Fluch der modernen Menschheit. Das Prosagedicht ist höchst kunstvoll komponiert, Form und Aussage sind eng miteinander verflochten. Es folgt zwar keinem Reimschema, ist aber in der dritten Strophe in einem besonderen Versmaß gesetzt. Mit Ausnahme von Vers 2 endet die gesamte Strophe mit fallenden Schlüssen und verbindet so Form und Inhalt.

```
1    u - u u - u
2     u - u - u u -
3      u - u u - u
4       u - u u - u
5           - u u - u
6            - u u - u
7         u - u u - u
8          u - u u - u
9            - u u - u - u - u
```

Die Metrik zeichnet sich durch Gleichmaß und Brüche aus. Aus dem Schema fallen die Verse 2 und 9, während Vers 5 und 6 sowie die Zeilen 1, 3, 7 und 8 einander gleichen. Kennzeichen der letzteren ist der Amphibrachys, ein in der Antike und in der Neuzeit sehr seltener, einfacher, dreigliedriger Versfuß. Goethes *Lied der Parzen* in der *Iphigenie auf Tauris* weist ebenfalls dieses Versmaß auf: *Es fürchten die Götter das Menschengeschlecht.*

Hölderlin mag hier auf den Weimarer Dichter Bezug nehmen, auffallend ist jedoch der Wechsel von einer freien Form in den ersten beiden Strophen des Schicksalsliedes zu einer metrischen Sonderform in der dritten Strophe, deren Rhythmus aber wiederum gebrochen wird.[7]

Im Jahre 1871 erscheint die Vertonung des Hölderlinschen Schicksalsliedes von Johannes Brahms. Auch dieses Werk ist bei der Betrachtung der graphischen Folge Klingers mit zu denken.

Zum einen fügt Brahms mehrere kontrapunktische Passagen ein, zum anderen wechselt er mit der dritten Strophe von der freien Liedform zu einer strengen Sonatensatzform mit Exposition (Takte 104–192), Durchführung (Takte 193–220), Reprise

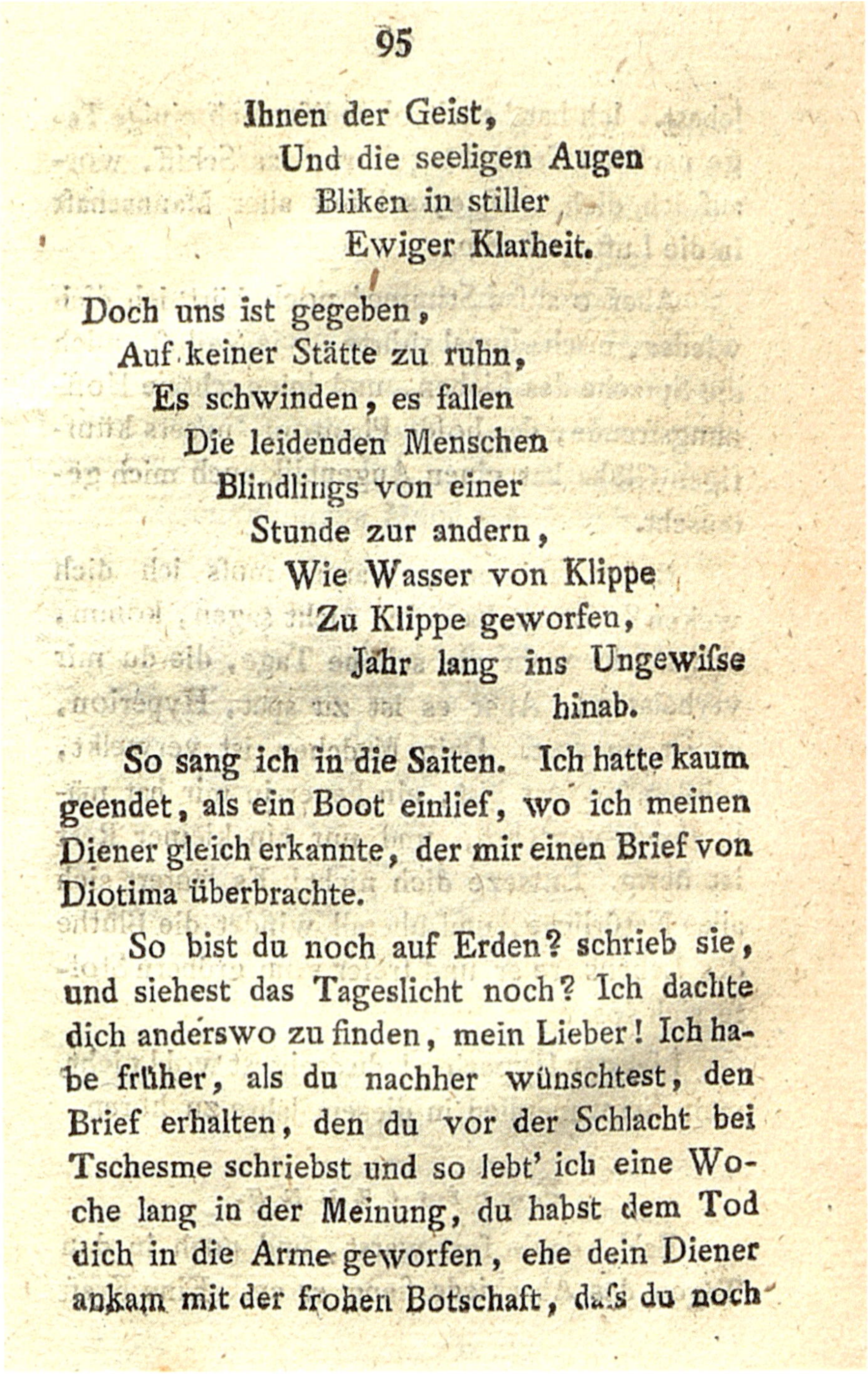

> Ihnen der Geist,
>   Und die seeligen Augen
>   Bliken in stiller,
>   Ewiger Klarheit.
>
> Doch uns ist gegeben,
>   Auf keiner Stätte zu ruhn,
>   Es schwinden, es fallen
>   Die leidenden Menschen
>   Blindlings von einer
>   Stunde zur andern,
>   Wie Wasser von Klippe
>   Zu Klippe geworfen,
>   Jahr lang ins Ungewisse
>   hinab.

So sang ich in die Saiten. Ich hatte kaum geendet, als ein Boot einlief, wo ich meinen Diener gleich erkannte, der mir einen Brief von Diotima überbrachte.

So bist du noch auf Erden? schrieb sie, und siehest das Tageslicht noch? Ich dachte dich anderswo zu finden, mein Lieber! Ich habe früher, als du nachher wünschtest, den Brief erhalten, den du vor der Schlacht bei Tschesme schriebst und so lebt' ich eine Woche lang in der Meinung, du habst dem Tod dich in die Arme geworfen, ehe dein Diener ankam mit der frohen Botschaft, daſs du noch

Abb. 18: *Friedrich Hölderlin*, Hyperion oder der Eremit aus Griechenland, Schicksalslied, Tübingen 1799, S. 95.

(Takte 221–379), also einer Satztechnik, deren Wurzeln in der Klassik liegen.⁸

Die Differenz von Rhythmik und Dynamik wird an zwei Stellen hörbar: in der vierten Zeile (*leidenden Menschen*) mit dem Stilmittel der rhythmischen Verschiebungen und der Generalpause in der achten Zeile, bevor die Tritoni zwischen Bass und Alt, sowie Tenor und Sopran auf dem Wort *jahrlang* im fortissimo gesungen werden. Die Generalpause (Takt 153) lässt sich im visuellen Denken des bildenden Künstlers als Unterbrechung oder Leerstelle übertragen.

Die Wirkmacht des Rhythmischen ist für Hölderlin und für Brahms gleichermaßen bedeutsam. Der Musiker ändert wie der Dichter nach den beiden ersten Strophen der offenen Form das Versmaß in eine strengere Ordnung, in der nun gerade die spezifische Rhythmik und die Generalpause besonders zur Geltung kommen. Der harmonische Verlauf einer Erzählung im Text oder in der Musik kann schroff gestört werden, wenn geordnete Rhythmisierungen von Zeitabläufen oder Raumfolgen durch Verschiebungen, Brüche oder Inversionen neue Konstellationen erzwingen und vertraute Zusammenhänge zerstört werden. Klinger operierte fast ausschließlich mit diesen Techniken.

Um 1900 entstand im Kontext der Lebensreform-Bewegung eine eigene Kultur des Rhythmus, deren Grundlage auf Alltagserfahrungen, der Ästhetisierung des Lebens und der Vorstellung vom Körper als einem Ausdrucksmedium der Seele beruhte. Musik, Tanz, Poesie, Architektur, aber auch Arbeitsabläufen, allgemeinen Tätigkeiten und gesellschaftlichen Prozessen wurden rhythmische Bewegungsmuster zugeordnet, die übergreifend alle Lebensbereiche erfassen sollten.⁹ Diese Entwicklung prägt die Künste und die Theorien zur Ästhetik entscheidend. In dieser Zeit wandelte sich auch die lange vorherrschende Auffassung von einer strikten Trennung zwischen dem variablen Rhythmus und dem gesetzmäßig festen Zeitmaß des Taktes hin zu einem, die Normen durchbrechenden Verständnis von Harmonie, Rhythmus und Takt.¹⁰

Es sei hier angemerkt, dass Klinger und Brahms eine tiefe gegenseitige Bewunderung und Freundschaft verband. Noch während seiner Studienzeit in Karlsruhe gab der angehende Künstler, in dessen Atelier stets ein Flügel stand, Konzerte mit Werken von Brahms. Vielfach sind die Beziehungen zwischen Maler und Musiker; einen Kulminationspunkt erreichten sie jedoch 1894 mit dem Erscheinen der Brahmsphantasie als Opus XII in einem von Klinger inszenierten komplexen Zusammenspiel zwischen Bild, Text und Musik und der Wiederkehr des Hölderlinschen Schicksalsliedes.[11]

Gerade Klinger, der selbst musizierte und als ein an der Musik höchst interessierter Künstler, der sich neben Brahms auch mit Beethoven, Liszt und Wagner im eigenen Werk auseinandergesetzt hatte und intensive Kontakte u. a. zu Richard Strauss und zu musikalischen Enthusiasten wie dem Musikverleger Fritz Simrock pflegte, widmete sich mit großer Anteilnahme den zeitgenössischen Diskursen zu Harmonie, Rhythmus und Takt. Seine engen persönlichen Kontakte zu Max Reger und zu Hugo Riemann wurden bislang von der Forschung nicht zur Kenntnis genommen. Riemann wirkte ab 1900 bis zu seinem Tod 1919 in Leipzig. Als Professor an der Universität und Direktor bedeutender Forschungseinrichtungen zur zeitgenössischen Musik prägte er entscheidend die musikalische Auseinandersetzung mit der Ästhetik der Moderne. Unter seinen zahlreichen Schriften über Kompositionslehre und Musiktheorie gelten die *Elemente der musikalischen Ästhetik* (1900) und das *System der musikalischen Rhythmik und Metrik* (1903) zu den bedeutendsten Werken.[12] Reger hatte bereits mit seinen Beethoven-Variationen und den Vertonungen der Dichtung von Richard Dehmel, Otto Julius Bierbaum und Stefan Zweig die Vortragsparameter Dynamik, Tempo, Metrum in bislang ungehörter Weise verdichtet, als er 1907 einem Ruf an das Konservatorium in Leipzig folgte. Dort erlangte er mit seinen experimentellen Kompositionstechniken internationale Anerkennung. Leipzig galt im frühen 20. Jahrhundert als das Zentrum moderner Musiktheorie und Rhythmik-Lehre.

Man darf Klinger also unterstellen, dass ihm diese Zeitordnungen nicht nur bekannt waren, sondern dass er sie selbst erkannt hat und dass es ihm als bildendem Künstler auch um eine Entsprechung gegenüber der Dichtung und der Musik gegangen ist. Erst ein präziser Blick auf sein Werk legt die Spuren der experimentellen Dichtung und Musik im Bild frei. Die Unterbrechung als eine genuin musikalische Kategorie der Rhythmik findet sich beispielsweise sehr prominent, wenn auch erst unter äußerster Schärfe der Beobachtung in Klingers Monumentalgemälde *Christus im Olymp*.

Abb. 19: Max Klinger: Christus im Olymp. Die unbekleidete weibliche Begleitung hinter dem Holzkreuz visualisiert diesen Moment der Unterbrechung, indem ihr Oberkörper minimal gegenüber ihrem Unterkörper zurückgesetzt ist. Der aus der Metrik gefallene Rhythmus wird zum notwendigen Korrektiv eines scheinbar gleichmäßigen Fortschreitens. Damit unterminiert Klinger das Täuschungspotenzial des Bildes. Unterbrechung generiert nicht erst Bewegung, sondern sie ist Fortgang, und zwar als »infinitesimal dehnbarer Augenblick« einer schwebenden Gegenwart zwischen Vergangenheit und Zukunft.[13]

In diesem Zusammenhang lohnt ein Blick auf den Sprachrhythmus in jenen Bildern der DRAMEN, in denen Schrift eine Rolle spielt. Überall dort, wo Sprache als ein Zeichensystem erscheint, ist der Leserhythmus gestört. Provozierend und affirmativ zugleich fällt im Blatt 4 EINE MUTTER II über dem Gebäude der Deutschen Akademie das fehlende T ins Auge.

Abb. 20: Eine Mutter II. Bei der Sorgfalt und Präzision, mit der Klinger seine Radierungen geschaffen hat, scheidet ein Versehen aus. Gleichwohl hat die Klinger-Forschung diese und die folgenden Fehlstellen bislang nicht thematisiert.

Abb. 19: *Max Klinger*: Christus im Olymp, Öl auf Leinwand, 1897/ Ausschnitt, Museum der bildenden Künste Leipzig.

Abb. 20: *Max Klinger*: Dramen, Blatt 4, Eine Mutter II/Ausschnitt.

Abb. 21: Eine Mutter III. Im nächsten Blatt mit dem Sitzungssaal des Gerichts (Abb. 10) erscheint auf seiner Rückwand der Schriftzug *FÜRCHTE GOTT* – so könnte man jedenfalls meinen. Auch bei genauestem Studium eines frühen Abzugs der Radierung ist kein *F* erkennbar. Dem *ÜRCHTE GOTT* fügt also das Auge etwas zu, indem es sich aus der Gewohnheit der Wahrnehmung über die Täuschung hinwegsetzt. Ein ähnliches Phänomen beschreibt Heinrich von Kleist in seinem berühmten Brief vom 22. März 1801 an Wilhelmine von Zenge:

> Wenn alle Menschen statt der Augen grüne Gläser hätten, so würden sie urteilen müssen, die Gegenstände, welche Sie dadurch erblicken sind grün – und nie würden sie entscheiden können, ob ihr Auge ihnen die Dinge zeigt, wie sie sind, oder ob es nicht etwas zu ihnen hinzutut, was nicht ihnen, sondern dem Auge gehört.[14]

Diese Spannung zwischen konkreter Sinneswahrnehmung und Augentäuschung wird zu einem Schlüsselthema romantischer Kunstbetrachtung.

Abb. 21: *Max Klinger*: Dramen, Blatt 5, Eine Mutter III/Ausschnitt.

Bei Klinger entwickelt sich die Sentenz aus dem Dunkel wie ein sich aufbauender Klang im Raum.

Abb. 22: Im Walde. Das als Abschiedsbrief bezeichnete Papier im sechsten Bild der Folge (Abb. 11) lässt keinen – oder zumindest keinen entzifferbaren – Schriftzug erkennen.

Max Klinger – der *romantische* Künstler schlechthin

Abb. 23: Ein Mord. Auf der darauffolgenden Radierung mit der Darstellung des Mordes am Stadtbahnübergang Friedrichstraße ragt ein Kahn mit der Aufschrift BÖHMISCHE OBSTHANDLUNG in den rechten Bildrand hinein.

Die untere Zeile aber ist so verschattet, dass nur die untere Hälfte der Wörter erkenn- aber nicht lesbar bleibt.

Abb. 24: Märztage I. Scheinbar bietet das erste Blatt der *MÄRZTAGE* keinen Anlass, über Automatismen der Wahrnehmung oder gestörte Leserhythmen nachzudenken. Aber gerade auf die im Stadtbild allgegenwärtigen Wortfragmente macht Klinger hier mit Nachdruck aufmerksam. Die *BADE-A,*

Abb. 22: *Max Klinger*: Dramen, Blatt 6, Im Walde / Ausschnitt.

Abb. 23: *Max Klinger*: Dramen, Blatt 7, Ein Mord Ausschnitt.

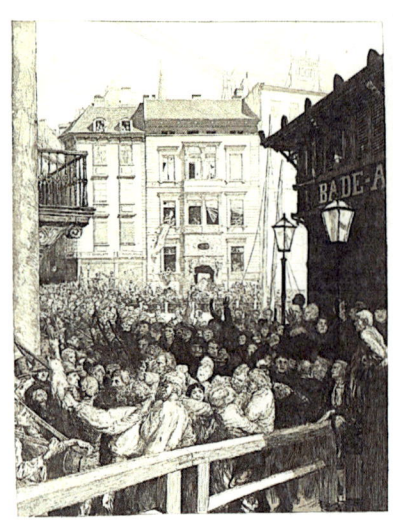

Abb. 24: *Max Klinger*: Dramen, Blatt 8, Märztage I/Ausschnitt.

ED. GRÜNLATT, A. PRAGER & KRALL, wie selbstverständlich wird dem Betrachter und Leser des Bildes die Aufgabe übertragen, die nur angedeuteten Sehimpulse als eine eigene Operation zu vollenden. Auch dies ist ein charakteristisches Merkmal romantischer Malerei.[15] Das Denken über Bilder, die nur noch scheinbar einer bekannten Ikonographie oder einem vertrauten Muster folgen, nehmen den Betrachter in die Pflicht, sich neu mit ihnen auseinanderzusetzen. Erst dann stiften sie einen Sinn, wenn sich auch der Betrachter auf eine neue Rolle einlässt. Er wirkt an der Vollendung des Bildes mit, indem er das Sehen selbst als einen Prozess schöpferischer Anteilnahme begreift. Dazu wird ihm ein hohes Maß an Einbildungskraft abverlangt. Dies gilt vor allem für Werke des frühen 19. Jahrhunderts und für eine Moderne, die Bedeutungsoffenheit und Assoziationsvermögen zu ihren Idealen erhoben hat.

Ganz besonders reizvoll erscheint die Bezeichnung *PARFÜMERIE JOOP* als moderne Form der Schrift, die aus dünnen Eisenstäben besteht, in den Wolken. Sie macht neben den Telegrafenleitungen deutlich, dass es sich im Bild nicht um die, durch den Titel suggerierte, Revolutionszeit 1848 handelt, sondern um eine Gegenwart des späteren 19. Jahrhunderts. Insofern entsteht auch ein Bruch zwischen Bezeichnung und visueller Erfahrung. Klinger verweist ausdrücklich auf diese Differenz, wenn er erklärt:

Ich habe nie an die Revolution von 1848 gedacht! 1883 habe ich die Sachen componirt. Damals war die Zeit der schärfsten Sozialdemocratie mit revolutionärem Hintergrund in ganz Deutschland. Und die Möglichkeiten wurden am Biertisch und in den Blättern discutiert. Das war der Mutterboden meiner Fantasie. Nämlich die Jetztzeit. Ich frug mich [...] wie mag sowas jetzt verlaufen? Das war mein Motiv, ganz auf 1883 eingestellt. Also eher Zukunftsmusik. Um diese Zeit lief ein Schlagwort durch die Presse: der Frühling, insbesondere der März, sei der Zeitpunkt der Gährung in der Natur und in der Politik und das Wort ›Märztage‹ las ich damals öfters in politischen Artikeln.[16]

Die Verknüpfung von Historischem mit Gegenwart und Zukunft ist ein Schlüsselmotiv im Denken Klingers. Die Frage nach dem *wie mag sowas jetzt verlaufen* machte Klinger für De Chirico in dessen eingangs zitierten Satz zum modernen Künstler schlechthin. In den DRAMEN treten die Referenzen auf die Romantik nicht nur durch das Leitmotiv aus Hölderlins Schicksalslied in den Vordergrund, sondern auch durch die Bildkonzepte und die Intermedialitäten zwischen Sprache, Musik und Bild. Den herausragenden Rang des Wortes bringt Klinger höchst anschaulich zur Geltung, indem er alle Begriffe und Bezeichnungen inner- und außerhalb der Darstellungen ausschließlich in Majuskeln verfasst.

Die Konflikte zwischen historischen Reminiszenzen und Gegenwart, Bild und Schrift, Rhythmus und Fragment, Statik und Dynamik kulminieren im vorletzten Blatt der Folge

Abb. 25: Märztage II. Dargestellt ist ein Straßenkampf mit erkennbaren Bezügen auf die Bildersprache Goyas in dessen Gemälden *Der Kampf gegen die Franzosen am 2. Mai 1808* und *Die Erschießung der Aufständischen* am *3. Mai 1808* von 1814. Wie zur Exekution verdammt sinken oder lehnen die Opfer des Aufstandes an der Litfaßsäule, die Schüsse aus den von links auf sie gerichteten Waffen erwartend. Klingers Radierung wirkt auf doppelte Weise. Den Schrecken und Grausamkeiten des Krieges kann sich niemand entziehen. Ihre emotionale Kraft ist ebenso kalkuliert wie der rationale und intellektuelle Anspruch der Darstellung, der auf einer ganz anderen Ebene die Frage nach der Wirkmacht des Bildes stellt.

Erneut spielt die Sprache eine herausragende Rolle. Auf der rechten Bildseite sind einzelne Wortfetzen und Buchstaben erkennbar. Ganz oben auf der Litfaßsäule kann man den Schriftzug *Orpheus* erkennen, also das klassische Thema zum tragischen Verhältnis von Sehen und Hören. Darunter kleben

Abb. 25: *Max Klinger*: Dramen, Blatt 9, Märztage II/Ausschnitt.

einzelne Plakate übereinander, sodass in verschiedenen Zeitschichten Fragmente von Hinweisen sichtbar werden, die auf Ereignisse in der Zukunft hinweisen, zum Zeitpunkt der Betrachtung jedoch selbst schon vergangen sein können. Es entwickelt sich ein komplexes Spiel von Zeitordnungen, die für Klinger gerade in den unterschiedlichen temporalen Bedingungen der Rezeption von Text, Bild und Musik von großer Bedeutung gewesen sind. Das Vergangene bildet sich in der Gegenwart stets neu, einzelne Stadien der Transformation lassen sich aber mit archäologischer Präzision freilegen. Nicht zuletzt durch die Szene der restaurierten Kapelle mit den Engelsbildern in Goethes *Wahlverwandtschaften* erfährt das Palimpsest als eine romantische Denkfigur um 1800 neue Aktualität. Auf der Erzählebene des Bildes von Klinger überlagern sich so die Schreckensvisionen Goyas von 1814 mit den politischen Ereignissen von 1848 zu einer Allegorie auf die Gegenwart von 1883. Das Modell dazu liefern die Schichten der sprachlich vermittelten, aber nur noch in Bruchstücken lesbaren Ankündigungen.

Die seit den 1850er Jahren in Berlin aufgestellten Litfaßsäulen sind Sinnbilder moderner Kommunikation. Schichtweise überlagern sich einzelne Texte, die neuesten jeweils über den bestehenden. So ergeben sich Kombinationen von Mitteilungen, die wie einzelne Fragmente ein Ganzes bilden, ohne einen inneren, logischen Bezug zueinander. Lesbar werden sie erst in der Bewegung. Dem Betrachter fügen sich beim Umschreiten der Säule die einzelnen Buchstaben sukzessiv zu einem Sinn erzeugenden Ganzen. Klinger verweist darauf mit den kreisförmigen Linien. Die Relationen von Sukzessivität und Simultanität gehören als Wahrnehmungsmuster der Moderne seit der Zeit um 1800 zu den zentralen Kategorien ästhetischer Erfahrung. Da Zeitlichkeit als ein dynamischer Prozess mit Sprache oder mit Musik, nicht aber im Bild darstellbar ist, erzeugt gerade das Lesen von Wörtern oder Wortfragmenten im Bild ein Übergangsphänomen von *pictura* und *poesis*.

Über die Erzählung hinaus ist die Bildfolge der *DRAMEN* deshalb auch ein Medium der Reflexion über Rhythmus und Metrik in Bild, Text und Musik. Die Leerstellen und Abbrüche, die zeitlichen Verschiebungen und Überlagerungen des Bildes finden ihre Entsprechungen in den musikalischen Zeitordnungen, wie sie in den kontrapunktischen Kompositionen von Brahms angelegt sind und wie sie vor allem in den musiktheoretischen Erörterungen von Hugo Riemann eine bedeutende Rolle spielen. Riemann befasste sich intensiv mit den Grundlagen von Rhythmik und Metrik, also mit der zeitlichen Ordnung von Tönen.

Er trat bereits in den 1870er Jahren mit Schriften zur Harmonielehre und zur musikalischen Syntax hervor. Von 1878 bis 1880 lehrte er als Privatdozent an der Hochschule für Musik in Leipzig. Es wäre wünschenswert, die Verbindungen zwischen Klinger und Riemann intensiver zu verfolgen, vor allem unter dem Aspekt der Relativität rhythmischer Qualitäten, speziell der Komplementär- und Konfliktrhythmen. Ein Blick auf die räumliche und die interessengeleitete Nähe des Künstlers zum Musiktheoretiker könnte den neu eingeschlagenen Wegen der Klinger-Forschung kraftvolle Impulse verleihen.

---

1   Giorgio de Chirico: Max Klinger. In: Il convegno, 1. Jg. 1920, Nr. 10, S. 32–44. Deutsche Fassung: Wieland Schmied (Hrsg.): De Chirico: Wir Metaphysiker. Gesammelte Schriften. Berlin 1973, S. 78–86. Das Zitat S. 86.
2   Max Klinger: Malerei und Zeichnung, Tagebuchaufzeichnungen und Briefe. Hrsg. von Anneliese Hübscher. Leipzig 1985, S. 33.
3   Max Klinger, auf dem Vorblatt zu Blatt 3 der gebundenen 2. Ausgabe und mit der abweichenden Bezeichnung »Schwurgerichtsverhandlung« im Inhaltsverzeichnis der 5. Ausgabe.

4   Die Skizze dazu aus dem Skizzenbuch von 1874/77. Abgebildet in Max Klinger 1857–1920. Katalog der Ausstellung Frankfurt a. M. 1992, S. 118, Abb. 50.
5   Max Klinger in einem Brief an Max Lehrs vom 1. März 1916. Zitiert nach Hans Wolfgang Singer: Briefe von Max Klinger aus den Jahren 1874 bis 1919. Leipzig 1924, S. 209.
6   Bernd Growe: »Beobachten, aber nichts mitthun«. Materialien zum Opus »Dramen«. In: Max Klinger. Katalog der Ausstellung Bielefeld 1976, Göttingen, Tübingen, Wiesbaden 1977. S. 13–28; Gisela Scheffler: DRAMEN, OPUS IX. In: Max Klinger: Zeichnungen, Zustandsdrucke, Zyklen. Katalog der Ausstellung München 1996–1997, S. 118–123; Christian Drude: Historismus als Montage. Kombinationsverfahren im graphischen Werk Max Klingers. Mainz 2005; Anja Wenn: DRAMEN, Opus IX, 1883. In: Max Klinger: Die druckgraphischen Folgen. Katalog der Ausstellung Karlsruhe 2007, S. 96–105; Gudrun Schmidt: Opus IX: Dramen 1883. In: Max Klinger: »Alle Register des Lebens«. Graphische Zyklen und Zeichnungen. Katalog der Ausstellung Köln und Aachen 2007/2008, S. 178–197.
7   Zur Bedeutung des Rhythmus im Werk Hölderlins siehe Boris Previsic: Hölderlins Rhythmus. Ein Handbuch. Frankfurt a. M. 2008; Anita-Mathilde Schrumpf: Sprechzeiten. Rhythmus und Takt in Hölderlins Elegien. Göttingen 2011.
8   Annette Kreutziger-Herr: Hölderlin, Brahms und das Schicksalslied. In: Friedhelm Krummacher und Michael Struck (Hrsg.): Johannes Brahms. Quellen, Text, Rezeption, Interpretation. München 1999, S. 359.
9   Helmut Günther: Historische Grundlinien der deutschen Rhythmusbewegung. In: Gertrud Bünner und Paul Röthig (Hrsg.): Grundlagen rhythmischer Erziehung. Stuttgart 1979, S. 33–69; Norbert Schneider: Rhythmus. Untersuchungen zu einer zentralen Kategorie in der ästhetischen und kulturphilosophischen Debatte um die Jahrhundertwende. Osnabrück 1992; Christine Lubkoll: Rhythmus. Zum Konnex von Lebensphilosophie und ästhetischer Moderne um 1900. In: Dies. (Hrsg.): Das Imaginäre des Fin de Siècle. Freiburg i. Br. 2002, S. 83–110; Christian Grüny und Matteo Nanni (Hrsg.): Rhythmus – Balance – Metrum. Formen raumzeitlicher Organisation in den Künsten. Bielefeld 2014.
10 Hans-Joachim Hinrichsen: Musikalische Rhythmustheorien um 1900. In: Barbara Naumann (Hrsg.): Rhythmus. Spuren eines Wechselspiels in Künsten und Wissenschaften. Würzburg 2005, S. 141–156.
11 Karin Mayer-Pasinski: Max Klingers Brahmsphantasie. Frankfurt a. M. 1982; Ute Jung-Kaiser: Brahms' Schicksalslied op. 54 in der Interpretation Max Klingers. Eine mögliche Antwort auf die Frage, wie die Vertonung der Hölderlinschen Dichtung durch Johannes Brahms zu verstehen sei. In: Quaestiones in musica. Festschrift für Franz Krautwurst zum 65. Geburtstag. Hrsg. von Friedrich Brusniak und Horst Leuchtmann. Tutzing 1989, S. 271–290; Ursula Kersten: Max Klinger und die Musik. Frankfurt a. M. u. a. 1993. 2 Bde.; Jan Brachmann: Ins Ungewisse hinauf … Johannes Brahms und Max Klinger im Zwiespalt von Kunst und Kommunikation. Kassel 1999; ders. (Hrsg.): Brahmsphantasie. Faksimileausgabe der Originaledition mit Begleitheft. Hamburg 2017.
12 Elmar Seidel: Die Harmonielehre Hugo Riemanns. Regensburg 1966; Tatjana Böhme-Mehner (Hrsg.): Hugo Riemann 1849–1919. Musikwissenschaftler mit Universalanspruch. Köln u. a. 2001.
13 Christiaan Lucas Hart Nibbrig. Was ist eine Nuance? In: Merkur. Deutsche Zeitschrift für Europäisches Denken. Heft 790. 03/2015, S. 83–91.
14 Ilse-Marie Barth (Hrsg.): Heinrich von Kleist. Werke und Briefe in vier Bänden. Bd. 4. Frankfurt a. M. 1997, S. 205.
15 Verf.: Die unvollendete Landschaft. In: Markus Bertsch und Verf. (Hrsg.): Landschaft am »Scheidepunkt«. Evolutionen einer Gattung in Kunsttheorie, Kunstschaffen und Literatur um 1800. Göttingen 2010, S. 437–450.
16 Max Klinger in einem Brief an Max Lehrs vom 1. März 1916. Zitiert nach Singer: Briefe (s. Anm. 5) S. 208.

Romantik der Romantik
Bemerkungen zu Paul Klees
Aktualisierung frühromantischen Gedankenguts

Gregor Wedekind

Die Bestimmung des Verhältnisses von Paul Klee zur Romantik ist eine umstrittene Angelegenheit. Jenen Autoren, die umstandslos Abhängigkeiten und Parallelen sehen, stehen andere gegenüber, die die Triftigkeit der historischen Zusammenhänge in Frage stellen und vor kausalen Ableitungen warnen. Hinzu kommt, dass Klees Bezug auf die Romantik als der auf eine historische Epoche dargestellt werden kann und damit auf deren konkrete literarische und bildkünstlerische Manifestationen oder aber als der auf eine Weltanschauung, im Sinne einer überzeitlichen Grundeinstellung, einer stilistischen bzw. ästhetischen Kategorie. Im Rahmen eines Tagungsbandes, der gegen antidemokratische und reaktionäre Vereinnahmungen der Romantik, wie sie nach 1900 auf verhängnisvolle Weise stattgefunden hat und heute partiell wieder stattfindet, beansprucht, einen nach vorne weisenden Begriff von Romantik auszufalten und den Zusammenhang von Romantik und Moderne als einen aktuellen herauszustellen, kann die Analyse des Umgangs mit Klees Umgang mit Romantik durch Kunsthistoriker und Philosophen dazu dienen, zu einer differenzierten Positionsbestimmung zu gelangen. Um dies abzusichern, soll dann noch einmal der Umgang, den Klee selbst mit Romantik hatte, rekapituliert werden. Es kann so gezeigt werden, dass Klee eine progressive Auffassung von Romantik hatte bzw. seine Rückgriffe auf Romantik einer Konzeption von Kunst dienlich waren, die sich den traditionellen Forderungen nach Sinnstiftung verweigert und als reflexive und ironische Kunst genuin moderne Verfahrensweisen ausbildete.[1]

I. Der Blick durchs Fernglas

Zunächst also hat man es mit Interpretationen zu tun, mit Verhältnisbestimmungen, die andere für Klee vornehmen, indem sie über ihn sprechen bzw. schreiben. Das beginnt mit der ihm zeitgenössischen Kunstkritik und durchzieht die Forschungsliteratur zu Klee bis heute. Posthum beginnt dieses In-Bezug-Setzen Klees zur Romantik mit einer Buchpublikation, die weniger ein Buch über ihn als vielmehr ein Buch mit ihm war, nämlich in Form einer Montage von 51 seiner Zeichnungen mit Novalis' Text *Die Lehrlinge zu Sais*. Erschienen ist es 1949 im Berner Benteli Verlag, ohne Nennung eines Herausgebers. Auch das sehr knappe »Vorwort des Verlages« kommt ohne Nennung eines Autors aus, für den man daher den Verleger Hans Meyer-Benteli annehmen muss. Das Buch ist in die Aktivitäten einzureihen, die von Lily Klee nach dem Tod ihres Mannes angestoßen wurden, um dessen Andenken und Werk zu fördern.[2] Schon 1941 kam es zu einer schriftlichen Vereinbarung zwischen der Künstlerwitwe und dem Architekten Werner Allenbach sowie dem Verleger Meyer-Benteli, die eine »Buchpublikation [...] über die Tagebücher, Briefe und sonstigen nachgelassenen Schriften Paul Klees«[3] zum Gegenstand hatte. Realisiert wurde diese Absicht nur zu Teilen und erst im Dezember 1945 mit dem Erscheinen des Büchleins *Über die moderne Kunst*, wie Meyer-Benteli den Text des von Klee 1924 anlässlich einer Bilderausstellung im Kunstverein zu Jena ebendort gehaltenen Vortrags für die posthume Publikation kurzerhand übertitelt hatte. Im Jahr darauf, wenige Tage vor Lily Klees Tod am 22. September 1946, erwarben unter Vermittlung von Rolf Bürgi, dem kaufmännischen Berater von Paul und Lily Klee, der langjährige Sammlerfreund des Ehepaares Hermann Rupf sowie Meyer-Benteli den gesamten künstlerischen Nachlass und die Bibliothek des Künstlers und gründeten noch im selben Jahr zusammen mit Allenbach und Bürgi die Klee-Gesellschaft.[4] Diese sollte das künstlerische Erbe Klees wahren, wobei dem Verleger die Rolle zufiel, publizistische Vermittlungsarbeit zu leisten. Die noch zu Lebzeiten von Lily Klee als Folgepublikationen zu *Über die moderne Kunst* geplante neue Ausgabe des *Pädagogischen Skizzenbuchs* von 1923 sowie ein Band *Formenlehre* mit Material aus dem pädagogischen Nachlass kamen nicht zustande. 1947 legte Meyer-Benteli gegenüber seinen Mitgesellschaftern seine weitere Publikationsstrategie dar, die »häufige Publikationen, vor allem von Bildern, einzeln oder in kleinerer Anzahl in Zeitschriften oder in Sammelbänden« zum Ziel hatte und »nicht präventiv sondern eher fördernd und vermittelnd« vorgehen wollte.[5] Das Novalisbuch ist die erste Manifestation dieses Unterfangens zur publizistischen Propagierung des künstlerischen Nachlasses von Paul Klee. Sein Vorwort legt dar, dass es durchaus als Wagnis empfunden werde könne, »einen Dichter der Romantik, des ausgehenden 18. Jahrhunderts, und den Maler der Moderne, des zur Abstraktion weisenden 20. Jahrhunderts, in einem Buche zusammenzuführen [...]«.[6] Zumal, wie unumwunden eingeräumt wird, Klee, für den Novalis zwar kein Fremder gewesen sei, keineswegs Illustrationen zu den *Lehrlingen zu Sais* ausgeführt hat und seine Zeichnungen daher nicht als »Übertragung der dichterischen Vision auf das bildnerische Gebiet« gesehen werden können. Als Grund für die dennoch erfolgte Zusammenführung wird der Reiz angeführt, der darin liege »daß trotz aller Verschiedenheiten, welche Autor und Künstler in Temperament und Klarheit der Entwicklung aufweisen, identische Gegenstände, von ähnlichem Standpunkt aus gesehen, in Wort und Bild in Erscheinung treten«.[7] Klees Kunst wird somit nicht als die Erfüllung des romantischen Kunstprogramms eines Novalis apostrophiert, die Verschiedenheit ihrer künstlerischen Stellung hervorgehoben und lediglich ein punktueller Vergleich vorgeschlagen. Das Auftreten von »wunderlichen Formen von Pflanzen und Tieren, von Fels und Wolken [...] das unter der Erde befindliche, das Pflanzen-, Erd- und Luftreich *in Einem*« verbinde das Novalissche »große Zugleich« in der Natur mit Klees Suche nach einem »entlegenen, schöpfungsursprünglichen Punkt«: »So mögen uns Dichter und Bildner, unbeeinflußt voneinander, und über Zeiten hinweg, doch eine kurze Wegstrecke weit als Interpreten, der eine für den anderen, dienen.«[8] Novalis ist damit eine Assoziation zu Klees Zeichnungen. Die Anzahl dieser Auswahl, 51, ergibt sich allein aus buchgestalterischen Entscheidungen: Da der Abdruck des romantischen Romanfragments in dem gewählten Buchformat und der gewählten Typographie einen Umfang von 51 Seiten verlangte, waren 51 Zeichnungen nötig, um jeweils eine davon auf der linken Seite dem auf der rechten Seite angeordneten Text gegenüberstellen zu können.

Obgleich das Vorwort die so entstandene Bild-Text-Montage als eine lose Assoziation einordnet, rutschte sie in gewisser Weise durch ihre materielle Dinglichkeit von der Ebene eines Interpretationsangebots auf die Ebene eines Faktums. Der Anschein, dass Klee Novalis illustriert habe, war damit in der Welt, in den Bibliografien und in den Köpfen, zumal eine englischsprachige Ausgabe das Buch zeitgleich auf dem amerikanischen Markt verbreitete, von der deutschsprachigen Ausgabe 1987 eine zweite Auflage gedruckt wurde und 2005 in den USA eine neue Ausgabe erschienen ist.[9] Meyer-Bentelis verlegerische Zusammenführung von Novalis und Klee erweist sich damit als nachhaltig und wirksam. Seine Intention, Zeichnungen Klees unter die Leute zu bringen bzw. in der Öffentlichkeit bekannt zu machen, hatten ihn zu Novalis greifen lassen, weil er diesen offenbar als ein dafür angemessenes Vehikel ansah. Zu bedenken ist dabei, dass Klees Kunst in der unmittelbaren

Nachkriegszeit nach wie vor heftig umstritten war und auch angefeindet wurde.[10] Mit dem Bezug auf Novalis produzierte der Verleger einen kulturellen Kontext für Klees Kunst, der das kulturelle Ansehen, das Novalis und mit ihm die Romantik zu dieser Zeit längst erlangt hatte, als kulturelles Kapital zu Klee hinleitete und auf seine Kunst übertrug.

Der modernen Kunst eine Tradition hinzuzufügen, um ihr Legitimation und Anerkennung zu verschaffen, war auch das explizite Anliegen des 1964 erschienenen Buches *Die Vorgeschichte der abstrakten Kunst* von Otto Stelzer. Der Autor zitiert in einem Kapitel, das den »Denkmodellen und Vorboten der abstrakten Malerei seit 1800« gewidmet ist, ausführlich aus den *Lehrlingen zu Sais* und bezieht Novalis' Text umstandslos auf Klees Wirken als Maler und Lehrer: »Kein Leser liest heute die Anfangszeilen der ›Lehrlinge von Sais‹, ohne daß ihm Anschauungsmaterial vor Augen tritt, das ihm Bilder der Gegenwart liefern. Nichts ist einleuchtender, als daß es heute eine Ausgabe der ›Lehrlinge‹ mit Klee-Illustrationen gibt (posthum).«[11] Stelzer reflektiert darauf, dass es »auf den ersten Blick sehr unwissenschaftlich erscheinen« müsse, Novalis' Text mit »Bildern, die anderthalb Jahrhundert später entstanden sind, sozusagen zu illustrieren«. Seine rhetorische Frage, ob hier unerlaubt etwas zusammengedrängt werde, das gar nicht zusammengehöre, beantwortet er mit einer weiteren rhetorischen Frage, ob es nicht doch sein könne, »dass das um 1800 Gedachte mit dem so viel später sichtbar Gemachten in mehr als zufälliger, am Ende in genetischer Verbindung steht«.[12] D. h. der Bezug Klees auf die Romantik wird so tendenziell vom Status einer freien Assoziation wie noch bei Meyer-Benteli hin zu dem eines genetischen Zusammenhangs verschoben. In der Romantik sieht Stelzer die »gedachte Möglichkeit einer abstrakten Malerei« gegeben, die dann von der Kunst im 20. Jahrhundert als bewusster Vollzug verwirklicht werde.[13] Jedoch argumentiert er vorsichtig, er möchte nicht den qualitativen Unterschied zwischen der (romantischen) Vorgeschichte und der Geschichte der abstrakten Malerei einebnen, postuliert keine historischen Gesetzmäßigkeiten, sondern sieht Geschichte als einen dynamischen Prozess an. Begrifflich zieht er sich auf Goethe zurück, dessen Diktum, dass »durch die ganze Kunst eine Filiation« gehe, jede originale Tat angekündigt sei und dem wahren Künstler immer ein Herkunftsbewusstsein eigen sei. Für Stelzer ist damit das Kunstwerk »als gewordene, ausgeführte Möglichkeit zur Gegenwart gebrachte Geschichte«.[14] Anders als Einflüsse, die Passivität implizieren, bedeuten Möglichkeiten aktive Zugriffe im Sinne einer Wahl. Bei Stelzer ist daher wiederum goethianisch von der »wahlverwandtschaftlichen Beziehung zwischen den Wegbereitern der modernen Malerei und der Romantik um 1800« die Rede.[15] Von Klee weiß er in diesem Zusammenhang mitzuteilen, dass dieser von Goethe »die romantischen Wahlverwandtschaften dreimal hintereinander gelesen habe, sechsmal allein die Ottilienstellen«.[16] Gleichwohl bleibt sich Stelzer der Tatsache bewusst, dass seine wahlverwandtschaftlich gedeutete Historiographie der Moderne Spieleinsatz in einer unabgeschlossenen Diskussion darstellt. So verweist er darauf, dass die »verwandtschaftlichen Beziehungen zur Romantik [...] der modernen Kunst nicht immer zum Vorteil ausgelegt worden sind« und führt als Beleg dafür Hans Sedlmayrs abwertend gemeinte Einschätzung an, dass die moderne Kunst noch in der »Elongation der Romantik« stehe.[17] Begrifflich leistet sich Stelzer an dieser Stelle im Rahmen seiner eigenen Argumentation einen Fauxpas, wenn er wahlverwandtschaftliche kurzerhand auf verwandtschaftliche Beziehungen reduziert, doch davon abgesehen möchte er im genauen Gegenteil zu Sedlmayr »die Modernen nicht als Nachzügler« sehen, vielmehr postuliert er einmal mehr, dass »die romantischen Kunsttheorien als vorlaufende ›Utopien‹ die modernen Produktionen als wahrgenommenen Versuch nach sich ziehen«.[18] Dass Stelzers Verknüpfung von Romantik und Moderne zum Ziel hat, diese vor kulturkritischen Attacken à la Sedlmayr zu schützen, geht explizit auch noch einmal aus dem letzten Satz seines Buches hervor: Derjenige, der die moderne Kunst verdammen wolle, solle wissen, dass »er sie niemals alleine treffen kann – er urteilt über eine mehr als hundert Jahre verfolgbare Verhaltensweise der abendländischen Welt zum Leben«.[19] Aufgeboten werden so zum Schutz der gegenwärtigen Kunst historische Tiefe und kulturelle Autorität.

Stelzer partizipiert ganz generell an einem Interpretationsmodell, das Klaus Lankheit 1951 mit seinem vielbeachteten Aufsatz *Die Frühromantik und die Grundlagen der gegenstandslosen Malerei* eingeführt hat.[20] Lankheits Ausgangspunkt ist nicht Klee, sondern Kandinsky, als Hauptvertreter der gegenstandslosen und abstrakten Malerei. Mit Caspar David Friedrich weist Lankheit dann auf jene Bewegung, die Romantik, »in der eine absolute Malerei zum ersten Male als denkbar verkündet, theoretisch gefordert und in ihren Grundlagen formuliert wurde«.[21] Diese Feststellung trifft recht besehen weniger auf Fricdrich denn auf Philipp Otto Runges Kunstprogramm zu, doch ist Friedrich für Lankheit ein Platzhalter, der für die gesamte Bewegung einsteht. Und so heißt es weiter: »Die Frühromantik, die so viel Verwandtschaft über das 19. Jahrhundert hinweg mit dem beginnenden 20. aufweist, offenbart sich auch hierin als die Epoche, in der wesentliche Probleme unserer Zeit erstmals in aller Schärfe vorgedacht und beantwortet worden sind.«[22] Lankheit referiert Grundgedanken Wackenroders, Tiecks und Schellings und führt von Novalis verschiedene Fragmente an, um den Beweis zu führen, dass »wir hier nicht Gedanken unserer eigenen Gegenwart unerlaubt ein Jahrhundert zurückprojizieren, sondern daß diese Ideen damals in der Tat bereits umliefen«.[23] Die Hintansetzung des Gegenstandes zugunsten von Form und Farbe, die Bejahung des künstlerischen Subjektivismus, die Verwandtschaft der Künste und der Primat der Musik sowie das Bekenntnis zur Identitätsphilosophie werden als die wesentlichen und wegweisenden Errungenschaften der Romantik für die Moderne identifiziert. Anders als Stelzer geht Lankheit bei seinem Versuch, »die innere Verwandtschaft zwischen der Frühromantik und »den Bestrebungen des 20. Jahrhunderts« unter Beweis zu stellen[24], von höchst problematischen Prämissen aus. Wenn es Lankheits Ziel ist, »die Schaffung einer ungegenständlichen Malerei im 20. Jahrhundert auf Grundlagen zurückzuführen, die bereits in der Frühen Romantik gelegt worden sind«, dann geht es ihm darum, die moderne Kunst des 20. Jahrhunderts als eine Erscheinung »von geschichtlicher Notwendigkeit« zu erweisen.[25] Solcher kunstgeschichtlicher Teleologie nicht genug, versteigt sich Lankheit in geschichtsmetaphysischen Spekulationen über ein allgemeines »Weltgefühl«, »wie es, – unbeschadet des jeweiligen Zeitstils – gerade aus der Kunst der vorwiegend germanischen Völker deduziert werden kann«. Und weiter schreibt er: »Es ist eine Grunderkenntnis der Kunstgeschichte [...], daß es nicht nur Zeitstile gibt, sondern daß dem Lebensgefühl verschiedener Stämme, Völkergruppen und Rassen auch ein unterschiedliches ›Kunstwollen‹ und damit ein verschiedenes ›Formgefühl‹ eignen.«[26] Der Bezug der modernen Kunst auf die Romantik wird unter Verwendung einer von Alois Riegl und Heinrich Wölfflin geerbten ahistorischen Begrifflichkeit auf diese Weise in ein noch viel umfassenderes Geschichtsbild eingeordnet, das von Dichotomien wie Klassik und Anti-Klassik, Süden und Norden, Romanisch und Germanisch durchzogen ist. Auf der einen Seite findet sich so die Antike und mit ihr »die Kunst der Romanen«, der Plastizität, ideale Gesetzlichkeit, Ordnung und Rationalität eignet, auf der anderen Seite die »nordische Malerei«, die »frühe nordische Ornamentik«, die Anschauung »farblicher und formaler Übergegenständlichkeit« bei den Altdeutschen, das »anti-klassische Kunstwollen« der holländischen Kunst bis hin zum »Durchbruch des Irrationalismus gegen Ende des 18. Jahrhunderts«, der »das Lebensgefühl der Romantik« bezeichnet.[27] Nur wenige Jahre nach dem Ende der Naziherrschaft und ihrer Attacke auf die als »entartet« klassifizierte moderne Kunst, und fast zeitgleich mit Sedlmayrs kulturpessimistischer Deutung der Moderne als einem nihilistischen Verlust der Mitte, versucht Lankheit die Vorzeichen umzukehren, indem er für die Moderne nun die Romantik als historische Grundlage ausweist und über diese Verwandtschaft eine geschichtsmetaphysische Verankerung ausgerechnet in einem germanisch-nordischen Kontext postuliert:

> Nicht voraussetzungslos wird die ungegenständliche Malerei heute gerade in Deutschland und den angelsächsischen Ländern (besonders Nordamerika) gepflegt, während die Romanen meist den Gegenstand, wenn auch deformiert beibehalten.[28]

Im Hintergrund der kunsthistorischen Ableitung, der es darum zu tun ist, die »Gleichheit weltanschaulicher Vorstellungen als Voraussetzung für gleiche Bestrebungen in der Malerei der Romantik und des frühen 20. Jahrhunderts«[29] zu erweisen, um letztlich die Ausgrenzung der abstrakten Kunst durch die nationalsozialistische Ideologie zu überwinden, stehen so ideologische Konzepte von Rasse und Volk.[30]

Den von Lankheit ins Feld geworfenen Ball hat schließlich Robert Rosenblum in seinem 1975 erschienenen Buch *Modern Painting and the Northern Romantic Tradition* weitergespielt.[31] Von Caspar David Friedrich zu Mark Rothko entwarf Rosenblum darin eine alternative Deutung der modernen Kunst, die der dominierenden Lesart einer französischen Entwicklungslinie von David über Delacroix und Matisse bis zu Picasso an die Seite gestellt wird und damit auch einer Betrachtung der Malerei seit 1863 als »eine konsequente Abfolge von formalen Deduktionen aus den Prämissen von Manets *Déjeuner sur l'herbe* widerspricht.[32] Rosenblums »Nordroute«[33] der Malerei gewinnt ihre hypothetische Kraft aus ihrer Frontstellung gegen eine formalistische Kunstgeschichte, wie sie mit Clement Greenberg ab den 40er Jahren die Diskussion bestimmte und auch zunehmend die Sicht auf die Kunst des *Abstract Expressionism* verstellte. Rosenblum fragt sich »ob die formalen und empfindungsmäßigen Ähnlichkeiten« zwischen Bildern von Friedrich und Rothko »bloß zufällig« seien oder dahinter doch

»eine historische Kontinuität« stehe, die die Werke miteinander verbinde. Ähnlich wie Stelzer schlägt Rosenblum vor, die künstlerischen Manifestationen des 20. Jahrhunderts als »die neuste Antwort auf ein Problem« zu verstehen, »dem Friedrich und die Romantiker des Nordens schon vor zweihundert Jahren gegenüberstanden«.[34] Die teleologischen Prämissen einer hegelianisch verstandenen Geschichte sind so deutlich zurückgedrängt. Wenn Rosenblum seinem kunsthistorischen Modell eine Aufteilung in Norden und Süden zugrundelegt, so sind dafür nun nicht mehr wie bei Lankheit Rasse und Volk begründende Kategorien, vielmehr versucht er dies in kulturhistorischen bzw. religionsgeschichtlichen Entwicklungen zu verankern, d. h. den konfessionellen Zugehörigkeiten zum Protestantismus bzw. Katholizismus.[35] Ganz anders als bei Lankheit und Stelzer ist das Anliegen Rosenblums aber auch nicht darin zu suchen, der modernen Kunst mittels ihrer Rückbindung an die Romantik Legitimation zu verleihen. Vielmehr geht es ihm darum, den orthodoxen, stark an der französischen Entwicklung orientierten Kanon der Kunstgeschichte der Moderne aufzubrechen und in chronologischer wie geographischer Hinsicht um zahlreiche Namen und Werke zu erweitern. Klee gehört für Rosenblum dabei zu jenen Künstlern »deren völlig autonomer Umgang mit den formalen Mitteln von Linie, Farbe und Form im Fahrwasser des Fauvismus und Kubismus ihre romantische Zielsetzung häufig verdeckt«.[36] D. h. Klee wird, obwohl er »auf der Ebene des Ästhetischen« »in nichts hinter den höchsten Maßstäben der Pariser Schule« zurückgeblieben sei, von dieser prononciert abgegrenzt, da das Universum seines Werkes »seiner Bildlichkeit und Intention nach« nur sehr wenig mit den französischen Künstlern des frühen 20. Jahrhunderts zu tun habe.[37] Rosenberg spricht von Klee unumwunden als einem Romantiker, in dessen Werk man immer wieder romantischen Motiven begegne, der in seinen schriftlichen Ausführungen Gedanken entwickelt habe, die auch viele Romantiker geäußert hätten. Seine visuellen Metaphern würden »Friedrichs und Runges Nahblick für das pulsierende, gottgegebene Leben der Bäume und Blumen in die direkte symbolhafte Sprache der organischen Abstraktion des 20. Jahrhunderts« transportieren.[38] Für Rosenberg steht Klees Werk mit seinen Rückgriffen auf romantische Motive und deren Neubelebung ohne Zweifel in der Tradition der Romantik, als Fortführung von deren Bestrebungen. Zugleich situiert er Klees Abstand zur Romantik in Form von dessen Zeitgenossenschaft, die einerseits in Abgrenzung etwa von dem »metaphysischen Ton« eines Franz

Marc bestimmt wird[39], andererseits in dem Vermögen »sich alle möglichen romantischen Motive, die sich im frühen 20. Jahrhundert oft zu grotesken, wagnerischen Ausmaßen aufgebläht« hätten, vorzunehmen und sie »in den kleinen Maßstab einer kindlichen Zauberwelt zu übersetzen«. »Das Megalomane und das Spirituelle« betrachte Klee nun »wie durch ein umgedrehtes Fernglas« und erschließe damit »einen winzigen Kosmos, der die grandiosen Geheimnisse, von denen die Romantiker geträumt hatten, in unverbrauchter Magie« widerspiegele.[40] Die Metapher des umgedrehten Fernglases stellt ein treffendes Bild zur Verfügung, das die Herausforderung bei der Bearbeitung des Themas nachdrücklich vor Augen führt: Ausgehend von einer Bestimmung von Klees Standpunkt betont es den Abstand zwischen diesem Standpunkt und der Romantik, womit die Reflexion verknüpft ist, wie Klee mit diesem Abstand umgegangen ist, ihn gestaltet hat.

II. Der Lehrling

Eine Analyse in dieser dreifachen Perspektive hat Jürgen Walter mit Blick auf die *Hoffmaneske Märchenszene* geleistet – als erster Text, der sich dezidiert einem der wenigen explizit auf die Romantik bzw. die romantische Literatur bezogenen Werke Klees widmet.[41] Er arbeitet zunächst die Bedeutung von Hoffmanns »Märchen aus der neuen Zeit« *Der goldene Topf* für Klees Farblithographie von 1921 heraus. Wie die Erzählung Hoffmanns eine realistische Erzählschicht in dauernder Spannung mit einer unwirklich-magischen, als Kristallwelt gekennzeichneten Erzählebene hält, so erzeugt Klee eine bildnerische Spannung zwischen Linie und Farbe, einer vergegenständlichenden Ebene und einer, die losgelöst ist von der Abbildungsfunktion. Beide, der Schriftsteller und der Autor, würden damit eine Parallelität des Realen und des Irrealen konstruieren, der Dingwelt und der Geisterwelt in verwirrender Simultanität, der letztlich auf einen jenseits aller Zeit- und Raumdimensionen gelegenen Punkt als der Einheit aller Gegensätze verweise. Und »hier liegt derselbe, gemeinsame Grund, in dem das Werk Hoffmanns und das Werk Klees gleichsam nebeneinander in verschiedenen künstlerischen Medien letztlich wurzeln«.[42] Wesentliches Element dafür ist aber wiederum die Ironie, die die Brechung der Reflexion in das künstlerische Verfahren hineinnimmt, das Werk eben als Schöpfungs*gleichnis* und damit als *Kunst*schöpfung ausweist, es so aus der Imitation des Real-Empirischen befreit und zum ironischen Doppelgängertum werden lässt.[43] Ironisches Doppelgängertum aber auch zwischen Klee und Hoffmann, denn Klees Bild sei, so Walter, »nicht eine bloße Illustration des Hoffmannschen Märchens, sondern eine von einem gleichen Punkt ausgehende ironische Parallele, nicht Abbild einer ironischen Erzählung, sondern ihre spielerisch-ironische Paraphrase mit bildnerischen Mitteln: eigentlich eine Ironie der Ironie«.[44] Was Walter in die Frage eines weiteren ironischen Doppelgängertums überführt: »Ein Bild der Moderne als ›ironischer Doppeltgänger‹ eines Märchens der Romantik – ›moderne‹ Romantik bei E. T. A. Hoffmann oder ›romantische‹ Moderne bei Paul Klee?« Und mit der weiteren Frage beantwortet, ob hier das Gemeinsame vielleicht gar nicht so sehr in einer Verwandtschaft geistesgeschichtlicher Epochen liege, »sondern mehr in einer gleichen Erfahrung dessen, was Kunst ist: – schöpfungsursprünglicher Punkt, Ironie als Realsuspension«, oder mit Friedrich Schlegel »transzendentale Buffonerie«.[45]

Wenn damit bei Walter mittels einer einzelnen Werkinterpretation eine grundsätzliche Problematisierung des Themas angelegt war, wurde dieses schließlich von Jürgen Glaesemer – ohne Rekurs auf Walters Text – in dem Aufsatz *Paul Klee und die deutsche Romantik* erstmals generell abgehandelt.[46] Glaesemer, der damalige Kurator der Paul Klee-Stiftung im Kunstmuseum Bern, nutzte den Katalog der in New York, Cleveland und Bern gezeigten Klee-Retrospektive von 1987, um *con brio* ein Plädoyer für den Romantiker Paul Klee zu halten, das seine Emphase aus der Frontstellung gegen den in den USA lehrenden Marxisten Otto Karl Werckmeister bezog, der für sich beanspruchte, die Forschung von einer apologetisch-literarischen Phase in eine der materialistischen Entmystifizierung durch historische Kritik geführt zu haben und Klees Schaffen als das Resultat ökonomischer und gesellschaftlicher Prozesse beschrieben sehen wollte.[47] Gewissermaßen als notwendigen Ausgleich zu solchen sozial- und ideologiekritischen Perspektiven auf einen vermeintlich opportunistisch an der Realität orientierten Künstler, den Romantik bestenfalls als Attitüde und verkaufsfördernde Marke interessiert habe, sah Glaesemer die Notwendigkeit, die geistigen Aspekte von Klees Denken und Handeln zu akzentuieren: sozusagen Klees Romantik. Romantik ist dabei für Glaesemer »weit mehr als nur die Begriffsbestimmung eines historischen Stils um 1800«, sondern auch »Ausdruck einer Weltanschauung, balancierend zwischen Aufschwung und Scheitern, die bis in unsere Gegenwart hinein lebendig ist«.[48] Um Klees romantische Haltung einzukreisen, nimmt Glaesemer einen Bildvergleich vor, der Caspar David Friedrichs Ölgemälde *Wanderer über dem Nebelmeer* Klees Aquarell *Wandbild aus dem Tempel der Sehnsucht dorthin* gegenüberstellt. Zwar habe Klee erstaunlicherweise »in seinen vielen schriftlichen Äußerungen Caspar David Friedrich nie erwähnt und Philipp Otto Runge auch nur ein einziges Mal im Zusammenhang seines Bauhausunterrichtes als Theoretiker und Autor der ›Farbkugel‹ zitiert«, doch selbst wenn Klee unwahrscheinlicher Weise tatsächlich keine Originale von Friedrich und Runge gesehen haben sollte, heiße dies nicht, dass Klees Bildsprache »nicht doch eine tiefe Verwandtschaft zu den großen Werken der deutschen Romantik« zeige.[49] Anders als Walter möchte Glaesemer mit seinem Vergleich aber nun keineswegs eine konkrete Auseinandersetzung Klees mit einer konkreten romantischen Vorlage, in diesem Fall dem Wanderer-Bild Friedrichs, behaupten, vielmehr setzt er ganz auf den strukturellen Vergleich gedanklicher Konzepte, die »ähnliche Wahrnehmungen« zur Darstellung bringen. Klee spreche »auf die gleiche romantische Sehnsucht nach dem Unendlichen an, die Friedrich als entrückte Weite der Nebellandschaft visualisierte und die sich in der Dichtung der deutschen Romantik bei Jean Paul, Tieck, Novalis oder Eichendorff in allen den verschiedenen Bezügen zur unendlichen Natur, zur ›Blauen Blume‹, zum Kosmos und zu den Gestirnen spiegelt.«[50] Wie Walter reflektiert auch Glaesemer ausdrücklich auf den »grundsätzlichen Unterschied« zwischen den Bildern Friedrichs und Klees, den er in der »konzeptuellen Form« begründet sieht, in welcher ein »verwandter Inhalt sich mitteilt«:

> Klee inszeniert mit einer Sprache aus Symbolen und Signalen und unter Zuhilfenahme der Bildtitel und zusätzlicher theoretischer Erklärungen einen Lehrgang in romantischer Weltanschauung und Gefühlskultur. Abgesehen von einer Vielzahl subtiler dekorativer Elemente und poetischer Einzelheiten (Sonne, Mond und so weiter) fehlt jedoch die sinnliche Visualisierung des vielschichtig angesprochenen Inhaltes im Bilde weitgehend. Klee versteckt die tragische Bedeutung hinter gedanklichen Konstruktionen.[51]

Klees Romantik ist damit für Glaesemer eine Grundeinstellung des Künstlers, die deshalb sein gesamtes Werk kennzeichnet, weswegen er ihn auch als einen »späten Romantiker«[52] apostrophiert. Insbesondere Klees täglicher Umgang mit Musik »und die daraus resultierenden, fortgesetzten Versuche, das musikalische Erleben und Wissen auch für das bildnerische Gestalten zu nutzen«, habe »gleichsam empirisch zu einer romantischen Haltung in Klees Empfinden, Denken und künstlerischem Schaffen« geführt, »ohne daß er sich dabei auch in die Malerei, Dichtung oder Philosophie der Romantik hätte vertiefen müssen«.[53] Glaesemer verlagert seine Analyse auf eine so allgemein-abstrakte Ebene, dass einerseits Einsprüche gegen sie schwer möglich sind, andererseits aber genauere Einsichten in die Art und Weise, wie Klee seine Aktualisierung einer (früh) romantischen Position in der Konzeption seines künstlerischen Verfahrens umsetzte, ausbleiben.[54]

Zugleich ist Glaesemers Plädoyer für Klee als einem Romantiker so umfassend angelegt, dass seitdem Romantik aus der Beschäftigung mit dem Künstler nicht mehr wegzudenken ist. Dabei war Glaesemer sich bewusst, dass ganz im Gegensatz zu den scheinbar so evidenten motivischen Bezügen von Klees Bildern auf die Romantik, die Quellenlage im Blick auf dessen konkrete Auseinandersetzung mit romantischen Malern und Schriftstellern dürftig ist. Anders als Glaesemer hat erst Marcel Franciscono es nicht mit einem Hinweis darauf belassen, sondern den Umstand pointiert herausgearbeitet.[55] Novalis etwa kommt in den Briefen an die Familie und auch in Klees Tagebüchern, die ein so reiches Szenario von seinem intellektuellen Werdegang, seinen Lesefrüchten und Bildungserlebnissen bieten, nicht vor.[56] Mit Blick auf die Erwähnung anderer Autoren der Romantik steht es nicht besser: Nicht nur kein Novalis, auch kein Schelling, nicht August Wilhelm Schlegel und Tieck, weder Fichte noch Schleiermacher, nicht Wackenroder, kein von Arnim, Brentano oder Eichendorff.[57] Immerhin Friedrich Schlegels *Lucinde*, die er 1903 las, bescheinigt Klee, »voll feiner und wahrer Psychologie« zu sein, da der Text aber »ausschließlich sexualen Charakters« sei, komme er »doch einer Abirrung« gleich.[58]

Seinen Warnruf als kritischer Historiker lancierte Franciscono nicht, um Klee romantische Bezüge abzusprechen. Auch er konzediert durchaus, dass Klees gesamte Weltanschauung von einer romantischen Sensibilität grundiert ist, vergleichbar der der deutschen romantischen Dichter. Mit den Ideen der Romantiker sei er zweifellos und sei es nur durch seine Schulbildung vertraut gewesen, doch sei sein literarischer Geschmack in eine andere Richtung gegangen. Klee habe Präferenzen für eine bestimmte Romantik gehabt, die sich in seiner Wertschätzung von Kleist, Heine und allen voran E. T. A. Hoffmann greifen lässt, d. h den Autoren der abgründigen, ironischen, grotesken Romantik.[59] Und ansonsten eine Vorliebe für andere Autoren wie Goethe, Aristophanes, Shakespeare, Cervantes, Voltaire kultiviert. Die Romantik in Klees Werk und Denken müsse daher als Teil eines breiten, kontinuierlichen Romantik-Stroms im späten 19. und frühen 20. Jahrhundert gesehen werden und weniger als Resultat eines direkten Interesses an den Frühromantikern wie es etwa bei Franz Marc festzustellen sei. Klee mit den Romantikern zu vergleichen sei angemessen, um bestimmte Aspekte seines Werks zu charakterisieren, auch wenn keine strenge Evidenz bestehe, dass er auf sie bezogen war. Wenn aber etwa der Name von Novalis im Zusammenhang mit Klee aufgerufen werde, könne dies durchaus gefährlich sein, bestärke es doch nur das verbreitete Missverständnis von Klee als einem Träumer und Fantasten. Klee sei aus strengerem Zeug gemacht, man könne ihn sogar als einen Rationalisten apostrophieren.[60] Francisconos Abwägungen tragen zu einem historisch differenzierten Blick auf das Thema bei, doch setzt er mit der Warnung vor einem Klee-Klischee ein Novalis-Klischee als seinen Hilfssheriff ein, dem er erlaubt, ein Verständnis der Frühromantik und von Novalis zu transportieren, welches diese mit schwärmerischer Naivität und Irrationalismus identifiziert.

Was Novalis angeht, so findet sich in Klees nachgelassener Bibliothek die von Hermann Friedemann im Bong-Verlag herausgegebene Werkausgabe in vier Teilen.[61] Sie erschien in der Erstausgabe in zwei Bänden ohne Angabe des Erscheinungsjahrs, bei dem es sich um das Jahr 1908 handelt.[62] Klees Exemplar versammelt alle vier Teile in einem Band, d. h. es dürfte sich dabei um die 2. Auflage der Werkausgabe handeln, die laut der »Internationalen Novalis Bibliographie« 1920 erschienen ist.[63] Auf dem hinteren Vorsatzblatt steht in Bleistift (nicht von der Hand Paul oder Lily Klees): »25.- W Ero [?] 3.1.20.«[64] Vermutlich handelt es sich um den Verkaufspreis und ein Datum, was bestätigen würde, dass es sich bei Klees Exemplar um die 2. Auflage der Novalis-Werkausgabe von 1920 handelt und er sie auch nicht vor diesem Zeitpunkt besessen haben kann. Was aber folgt daraus? In gewisser Weise wird damit Max Huggler bestätigt, der Will Grohmanns im Zusammenhang seiner Interpretation des Bildes *Blaue Blume* von 1939 getätigte Mitteilung, Klee habe die *Hymnen an die Nacht* mehrfach gelesen, insofern eingeschränkt sehen wollte, dass dies in den späteren Lebensjahren geschehen sein müsse.[65] Und auch Francisconos Skepsis bezüglich einer konkreten Novalisrezeption bei Klee zumindest für die am besten dokumentierten frühen Jahren kann sich so bekräftigt sehen. Mehr aber auch nicht, bietet doch das Vorhandensein einer Novalisausgabe oder das Nicht-Vorhandensein einzelner Anstreichungen darin, außer einer vereinzelten Rezeptionsspur nichts, auf das sich eine konsistente Analyse bauen ließe. Nachfolgende Autoren haben sich jedenfalls nicht davon abhalten lassen, Klees Novalisbezug heraus- und als fraglos hinzustellen. Während sich in der kunsthistorischen Kleeliteratur mit der zunehmenden forscherischen Durchdringung des historischen Feldes von Klees Schaffen im Gefolge von Haxthausen, Werckmeister, Franciscono und Kersten so eine differenzierte und damit relativierende Sicht von Klees Romantikbezug herausbildete, sind es bezeichnenderweise Philosophen die diesen mit zunehmender Gewissheit unterstreichen. So hat Wolfgang Hogrebe 1999 die Einordnung von Klees Werk ins »ästhetische Muster der Moderne« mit dem Fokus auf die von Klee in seiner *Schöpferischen Konfession* formulierte Forderung einer künstlerischen »Verwesentlichung des Zufälligen« vorgenommen. Hogrebe identifiziert dies als zentrale Herausforderung der autonomen Kunst, in dem Sinne, dass die Befreiung der Kunst aus ihrem mimetischen Naturbezug nicht den Naturbezug überhaupt verliert, sondern in dem gewonnenen Gestaltungsspielraum das Natürliche über Kontingenzverdichtungen wieder erfahrbar wird bzw. machen sollte bzw. machen kann.[66] Klee habe aus einer modernen Position heraus, d. h. in dem Bewusstsein, dass die Normativität von Natur und Tradition abgerissen ist, die kreativen Freiheiten seines Künstlertums begründet und zugleich darauf insistiert, dass dieses Künstlertum auf eine »Gelingensmöglichkeit« angewiesen ist, in der sich »subjektive Kontingenz« in »transsubjektiver Konsistenz« auffängt.[67] Die Kunst der Moderne sei eine Konsequenz der Einsicht darein, dass »wir nicht in ein festes ontologisches Milieu hineingestellt sind, sondern daß wir uns in Wirklichkeiten bewegen, die jede für sich ein realisiertes Möglichkeitssegment darstellen«.[68] Wie Hogrebe festhält, war Novalis lange vor Klee »der effektiv erste, der ein klares Bewußtsein dieses modalisierten Realitätsverständnisses besaß«. Wie Klee die »Verwesentlichung des Zufälligen« postuliert, so spekuliert Novalis über die »Erhebung des Zufälligen zum Wesentlichen«.[69] Hogrebe nimmt so grundlegende kunsttheoretische Reflexionen Klees auf, durchdenkt sie und ordnet sie in denkerische Kontexte ein. Novalis stellt sich dabei immer wieder als ein besonders resonanzreicher Kontext für Klees Denken ein:

> Novalis ist in viel höherem Maße als es bislang deutlich geworden ist, ein Gesprächspartner für die Moderne geworden, derem experimentellen und kombinatorischen Charakter er sehr viel näher steht, als sonst ein

Theoretiker des kreativen Geistes. Auch ist Novalis nicht einem Pathos einer prätendierten, sog. romantischen Bedeutsamkeit mit ihrem Sog ins Dunkle erlegen, seine Romantik ist beweglich, ironisch, kompromißlos, silberhell, ohne allerdings die Eigentümlichkeit kreativen Gelingens zu verleugnen, die über alles satzförmige Wissen, über alles Propositionale hinausweist und in ihrem Einfallsgeschehen von Daten in Muster ungewöhnlicher und unerwartbarer Bezüglichkeiten durchaus magischen, d. h. veranlassungslosen Charakter aufweist.«[70]

Auf einer solchen Grundlage wird dann auch der Künstlerphilosoph Klee den Philosophen, die sich mit Novalis unterhalten, zu einem bevorzugten Gesprächspartner.[71]

Diesem Umstand hat zuletzt der amerikanische Philosoph David Farrell Krell eine witzige Wendung gegeben, indem er Klee mit Novalis gegenliest und Novalis mit Klee und dabei chronologisch ineinander spiegelt.[72] So antizipiere Klee Novalis insbesondere in seiner berühmten Selbstabgrenzung zu Franz Marc mit seinen im Tagebuch niedergelegten Ausführungen über seine Auflösung ins Ganze und seiner Suche nach einem »entlegeneren, schöpfungsursprünglicheren Punkt, wo ich eine Art Formel ahne für Tier, Pflanze, Mensch, Erde, Feuer, Wasser, Luft und alle kreisenden Kräfte zugleich«, die jene Formel anspreche, die bei Novalis *lingua romana* und *Logarithmus* genannt wird.[73] Und auch Klees *Schöpferische Konfession* bringe zum Beispiel in dem Rekurs auf die »Vieldeutigkeit« das Denken und Poetisieren Novalis' nahe, der in den *Lehrlingen zu Sais* nicht müde wird, von den mannigfachen Wegen, der mannigfaltigen Innenwelt etc. zu sprechen. Vor allem aber verbinde Klees Betonung der Bedeutung des Formprozesses für das Kunstwerk, des Arbeitsprozesses, der Selbst-Pädagogik ihn mit seinem romantischen Gegenüber. Klees Lehrtätigkeit am Bauhaus führe zielsicher zu Novalis' *Lehrlinge zu Sais*. Schon das Bauhaus selbst gehe letztlich auf die pädagogischen Konzepte der deutschen Romantik zurück und Gropius' Ansprache an die ersten Bauhausschüler 1919 klinge wie ein ausführliches Zitat aus den *Lehrlingen*, so wie umgekehrt die beiden ersten Sätzen des Buches klängen als seien sie von Klee geschrieben und als ob – wie unberührt auch immer die Novalisausgabe in seiner Bibliothek – dieser für lange Zeit einer der Lehrlinge gewesen sei und ihre Sprache gehört und gelernt hätte.[74] Ebenso lese sich auch der darin enthaltene emphatische Verweis auf den Gang des Suchenden in die Werkstätten der Künstler wie den in die Natur so als würde Novalis Gropius oder Klee zitieren.[75]

Krells lustvoll forcierte Kreuzung von Anachronismen dient ihm dazu, die Fremd- und Selbstzuschreibungen zu erschüttern, die von Novalis und Klee jeweils existieren. Wenn Klee in Absetzung von einer herkömmlichen, d. h. überlieferten Romantik sich selbst eine kühle Romantik attestierte, dann weist Krell daraufhin, dass die gesamte philosophische Begrifflichkeit Klees Wärme reflektiere oder ausstrahle, sowohl des Künstlers als auch des Kunstwerks, besonders aber die des Künstlers als Lehrer.[76] Demgegenüber Novalis' Sätze oft eine kühle, ja fast eisige Ausstrahlung hätten und eine Landschaft malen würden, die die eines Mineninspektors würdig seien, der Novalis ja war. Dieser kenne Frost, er kenne Grau, er kenne das Dunkel. Pathologie und Nosologie seien unter den bevorzugten Studien, die er im *Allgemeinen Brouillon* zu einer Einheit des Wissens zusammenzustellen plante, einer Enzyklopädie sämtlicher Wissenschaften und Künste.[77]

Krell macht damit aus der Not der historisch nur marginal nachweisbaren Bezugnahme Klees auf Novalis eine Tugend und kehrt den Spieß kurzerhand um. Er habe keinerlei Bedenken, die von Huggler begründete Tradition, in den Fragmenten des romantischen Schriftstellers nach Material zu suchen, das Klee aufgenommen habe, weiterzuführen und sehe nicht, warum er sich hier zurückhalten solle: »Die Wahrheit ist, dass so viele Redewendungen in Klees Essays, Briefen und Tagebüchern, Reminiszenzen von Novalis' wissenschaftlichen und philosophischen Fragmenten sind, dass ihr Verhältnis geradezu unheimlich eng ist.«[78] Dabei sind es insbesondere fünf Gebiete, für die Krell engste Nachbarschaft zwischen Novalis und Klee ausweist:

(1) die Mischung aus Naturwissenschaften und Poesie, zwischen dem Mathematischen und dem Metaphorischen, dem Empirischen und dem Transzendentalen, sowohl in Klees Aussagen über Kunst und Pädagogik als auch in der Romantik Novalis' – ist es doch genau diese Mischung die Novalis lingua romana nennt; (2) die Faszination beider für Zeichen, Hieroglyphen, Chiffren und Bilder; (3) ihr Fokus auf die Abfolge von Punkt, Linie, Ebene, Pyramide und (Kreis-/Himmels-)Sphäre; (4) die Aufmerksamkeit, die beide dem schenken, was andere als bloßes Versehen oder Kontingenz verspotten, dem ›Zufälligen‹; (5) beider Vorliebe für kindliche Formen – Fabeln und Märchen, Traumleben und das was Novalis ›Theorie der Wollust‹ nennt.[79]

Die (historische) Abstandsbestimmung zwischen Klee und Novalis fällt bei Krell so mehr oder weniger als Identifikation aus.[80]

Gegenüber den Exegesen romantischer Philosophie und ihres Niederschlags bei Paul Klee, wie sie sich quer durch die Klee-Forschung ziehen, hat Dorothea Richter eine im engeren Sinne kunsthistorische Vorgehensweise eingefordert. Ihre 2004 publizierte Dissertation über die romantischen Aspekte in der Bildgestaltung Paul Klees löst in gewisser Weise das Desiderat ein, das Glaesemer mehr als ein Jahrzehnt zuvor angemahnt hatte, nämlich dass eine »grundsätzliche Untersuchung zu dem Thema […] überraschenderweise bis heute noch immer« ausstehe.[81] Allerdings beansprucht Richter nicht, das Thema in seiner ganzen Breite und Tiefe anzugehen, sondern konzentriert sich auf den Versuch, herauszuarbeiten, inwiefern von Romantik bei Paul Klee, jenseits einer Exegese von Texten und den darin niedergelegten Gedankengängen, die Rede sein kann. Sie fragt danach, inwieweit die von der Forschung vorgenommene romantische Situierung Klees ihre Voraussetzung in den Werken selbst hat und möchte »die Kriterien für solche Bezugnahmen« aus seinen Bildern gewinnen.[82] Damit schließt sie an die Untersuchung von Jürgen Walter an, der bereits die Parallele zwischen Paul Klees bildnerischen Gestaltungsprinzipien und denen der literarischen Romantik E. T. A. Hoffmanns im Sinne einer bildkünstlerischen Leistung Klees herausgearbeitet hatte. Wesentliches Kriterium des Bezugs ist daher für Richter nicht ein romantischer Bedeutungskomplex wie etwa das Gefühl der Sehnsucht, sondern das Prinzip der romantischen Ironie, d. h. der Selbstreflexivität von Kunst. Klees von Richter anhand einiger Beispiele dargestellte Konzeption von bildnerischen Gestaltungsprinzipien, die ihren Ursprung in der Romantik haben, kann dementsprechend als ein aus der Distanz gewonnenes, reflektiertes Verhältnis des Künstlers zur Kunst der Romantik bewertet werden.

III. Das ironische Bild

Eine grundlegende Untersuchung des Themas, die die verschiedenen Aspekte und Ebenen berücksichtigt, steht damit weiterhin aus.[83] Sieht man sich die hier in einigen Etappen vorgestellte Forschung dazu an, kommt man zu der nicht ganz überraschenden Beobachtung, dass die Interpretationen einerseits davon abhängen, welches Erkenntnisinteresse jeweils im Hintergrund steht und andererseits davon, welcher Autor welchen Begriff von Romantik hat. Dies liegt nicht zuletzt daran, dass die Romantik selbst vielgestaltig ist, vielgestaltig genug, diese verschiedenen Perspektiven abzudecken. Der Gegenstand der Betrachtung ist qualitativ so strukturiert, dass er sich geradezu für eine durchaus partiell widersprüchliche Bezugnahme anbietet. Jedoch wird auch deutlich, dass nicht nur die erwähnten Autoren oder ganz generell wir Nachgeborenen unseren modernen Blick an die Romantik herantragen, im Sinne einer wählerischen Projektion, sondern tatsächlich blickt die Romantik im Sinne eines offenen Möglichkeitshorizonts selbst nach vorne. Die Beschäftigung mit ihr trägt dazu bei, unseren Begriff von Moderne zu verändern. In diesem Sinne ist der Dialog mit ihr nicht willkürlich, sondern nach wie vor produktiv.

Hält man sich an die Quellen, ist auf Klees Tagebücher zurückzukommen, in denen von Romantik allerdings kaum und wenn überhaupt, dann nur *en passant* vom Romantischen in geläufigen alltagssprachlichen Wendungen, d. h. Liebesgefühle betreffend, die Rede ist. 1914 und 1915 stößt Klee jedoch an zwei Stellen zu prägnanten Formulierungen vor. So heißt es in der Tagebuchnummer 941: »Ingres soll die Ruhe geordnet haben, ich möchte über das Pathos hinaus die Bewegung ordnen. (Die neue Romantik.)«[84] Klee ruft hier eine kunsthistorische Dichotomie auf, die den David-Schüler Ingres auf Seiten des Klassizismus, Eugène Delacroix auf Seiten der Romantik verbucht. Die eigene Position schreibt Klee dabei durchaus in die eine, die romantische Richtung ein. Dabei deklariert sich neue Romantik à la Klee aber nicht einfach als das Erbe Delacroix', sondern teilt mit dem Klassizisten Ingres das Ansinnen der Ordnung zugrundeliegender Prinzipien, welches auf klassischer Seite die Ruhe und auf romantischer Seite die Bewegung ist (bzw. sein soll). Auch wenn sich Klee hier auf die Geschichte der Kunst bzw. auf die historische Romantik ausdrücklich bezieht, so wird dennoch deutlich, dass Klassik und Romantik von ihm hier gleichsam in Wölfflinscher Manier als Grundbegriffe verstanden sind, als Stilkategorien von überhistorischer Geltung. Klee sucht nicht neoromantisch der Verabsolutierung von Bewegung in Form tragischen Schmerzes Ausdruck zu verleihen, sondern positioniert sich gleichsam als ein Romantiker, der die historische Dichotomie von Klassizismus und Romantik dialektisch aufhebt. Neue Romantik ist so gesehen eine höhere Form der Romantik, die über dem »klassisch-romantischen Gegensatz«[85] steht und diesen auszugleichen in der Lage ist.

Die zweite einschlägige Stelle findet sich im Tagebuch nur wenige Nummern später, jedoch bereits als Eintrag für das Jahr 1915:

> Man verlässt die diesseitige Gegend und baut dafür hinüber in eine jenseitige, die ganz ja sein darf. Abstraction. Die kühle Romantik dieses Stils ohne Pathos ist unerhört. Je schreckensvoller diese Welt (wie gerade heute) desto abstrakter die Kunst, während eine glückliche Welt eine diesseitige Kunst hervorbringt.[86]

Zunächst wird ein Begriff von Abstraktion eingeführt, der diese ausdrücklich nicht als formalen Vorgang versteht bzw. als einen Vorstoß zu reiner Form. Vielmehr als ein Abrücken von der Erscheinungswelt hin zu Darstellungsformen, die ein höheres Bedeutungspotential haben als die bloße Wiedergabe der Oberflächenerscheinung der Dinge. Abstraktion in der Kunst wird als ein transzendentales Verhältnis von Physik und Metaphysik bestimmt. Formen, die der Darstellung dieses jenseitigen Gebiets dienen, können insofern »ganz ja sein«, weil sie im Gegensatz zu den sich auf die Weltlichkeit des Diesseitigen beziehenden Darstellungen nicht mehr deren satirische Negation zum Darstellungsziel haben, das sich gleichsam zwangsläufig aus der antiakademischen und antiklassischen Stoßrichtung von Klees Kunst ergibt. Seine spezifische Abstraktion erlaubt ihm vielmehr nun positive, sozusagen mit sich selbst im Reinen befindliche Bilder zu produzieren, deren Formen nicht mehr gegen etwas gerichtet sind, sondern als »imaginäre Projektionslinien« »höhere Dimensionen« zu treffen suchen.[87] Klee konfiguriert Formen für seinen Kunstbaukasten, wo sie zur freien spielerischen Verwendung bereitgehalten werden. Daraus entstehen farbige poetische Gebilde, die transzendental ausgreifen. Karikatur und Satire läutern sich zu (romantischer) Ironie.

Neue Romantik wird von Klee jetzt als kühle Romantik apostrophiert. Dabei geht es um eine Stilform, der das emotionale Detachement des Künstlers als grundsätzliche Haltung eingeschrieben ist. In seinen Tagebüchern und Briefen findet man viele Stellen, die zeigen, dass Klee seine Künstlerwerdung sehr gezielt als Einübung in die Beherrschung seiner Triebe und Gefühle betrieben hat, diese ihm als Voraussetzung für ein entwickeltes Künstlertum galt.[88] Zur Romantik möchte Klee sich wohl bekennen, doch nur wenn sichergestellt ist, dass man ihn nicht für einen Schwärmer hält. Also Kälte statt Sentimentalität. In gewisser Weise erlegte er sich in seiner Selbsteinübung als Künstler selbst eine »Verhaltenslehre der Kälte«[89] auf, im Sinne eines persönlichen Habitus, der Selbstbeherrschung und Zurückhaltung kultiviert und die Subjektivität des Künstlers in die Objektivität kultureller und historischer Formationen einschreibt. Eines Habitus, der sich gleichwohl selbst in seiner personalen Kühnheit stilisiert und sich darin auf das künstlerische Konzept auswirkt, das von Klee in gehörigem Eigenstolz als »unerhört«, d. h. innovativ apostrophiert wird.

Der letzte Satz des Tagebucheintrags schließlich ist eine unumwundene Paraphrase von Wilhelm Worringers Theorem des Antagonismus von Abstraktion und Einfühlung, das dieser in seiner 1908 im Piper-Verlag publizierte Dissertation entwickelt hat.[90] Worringer wollte einen kunsthistorischen Beitrag zur Psychologie des Stils leisten und lieferte die theoretische Programmschrift der expressionistischen Generation.[91] Während der ästhetische Genuss der Einfühlung von Worringer mit Theodor Lipps als »objektivierter Selbstgenuss«[92] verstanden ist, so der ästhetische Genuss der Abstraktion als Abwehr von Angst bzw. »großer innerer Beunruhigung«.[93] Dabei ist entscheidend, dass für Worringer Einfühlung in Form von Naturnachahmung als Kunstform die historisch spätere Form ist, während die historisch frühere Abstraktion als eine geometrisch abstrakte Zeichensprache gegen die Naturnachahmung gerichtet sei und anorganische, kristalline Strukturen bevorzuge. Worringer führt aus, dass die Abstraktion Resultat eines Abstoßungsprozesses von der Wahrnehmung der Außenwelterscheinungen gewesen sei, eine vom Geist erfundene, der Erscheinungswelt entgegengesetzte, abstrakte Form, die im Gegensatz zur Einfühlung auf absolute metaphysische Werte zielt. Was den primitiven Völkern im Zustand »geistiger Raumscheu der weiten, zusammenhanglosen, verwirrenden Welt der Erscheinungen gegenüber«[94] eigen war und zur Ausbildung eines Stils höchster Abstraktion geführt habe, sei durch die rationalistische Entwicklung der Menschheit zurückgedrängt worden. Während »bei gewissen auf hoher Kulturstufe stehenden Völkern« der Abstraktionsdrang seit den Anfängen der herrschende geblieben sei, wäre er bei anderen »z. B. bei den Griechen und anderen Okzidentalen« abgeflaut und habe dem Einfühlungsdrang Platz gemacht.[95] In der Kunst der Gegenwart sieht Worringer die Rückkehr zu einem Abstraktionsdrang am Werk, der Formen von elementarer Notwendigkeit zwar nicht mehr wie einst die primitiven Völker ohne Dazwischenkunft des Intellekts schafft, aber doch im Durchgang durch den Intellekt.

> Erst nachdem der menschliche Geist in jahrtausendelanger Entwicklung die ganze Bahn rationalistischer Erkenntnis durchlaufen hat, wird in ihm als letzte Resignation des Wissens das Gefühl für das ›Ding an sich‹ wieder wach. Was vorher Instinkt war, ist nun letztes Erkenntnisprodukt.[96]

Die Autonomie der kristallinen Abstraktion konnte mit Worringer als eine der antiken Klassik und der daraus hervorgegangenen Kunst des romanischen, im weitesten Sinn abendländischen Kulturraums überlegene Erkenntnisform verstanden werden, die auf einem stabilen, gesetzmäßigen und unverwundbaren System künstlerischer Ordnung basiert. D. h. Klee stützt sich zur Begründung seiner neuartigen Kunst nicht einfach auf die historische Romantik, sondern schreibt seine eigene Zeitgenossenschaft in die völkerpsychologisch argumentierenden Ideen Worringers ein. Im Angesicht einer schreckensvollen Welt, die die »stark transzendentale Färbung aller Vorstellungen« bewirke[97], ist auch beim Künstler die Kälte des Intellekts als eine höhere Bewusstseinsstufe gefragt, ist seine Kunst kühle Kunst.

Die kühle Romantik des Künstlers Klee, wie sie ursprünglich der Stilisierung seines Habitus' selbstbeherrschter Geistigkeit entstammt und gleichsam einen persönlichen Stil kennzeichnete, wird nun mit einem kulturkritischen Diskurs zusammengespannt. Worringers Theorem und Klees partieller Rekurs darauf sind wiederum als die Fortführung einer romantischen Ästhetik zu werten, jener wie sie etwa in Kleists *Marionettentheater* niedergelegt ist: Auch dort geht es um die Einsicht, »vom Baum der Erkenntnis essen [zu müssen], um in den Stand der Unschuld« zurückfallen zu können.[98] Das heißt die Abkehr von der (einfühlenden) Wiedergabe der Natur in der Kunst und die Notwendigkeit der intellektuellen Selbstbezüglichkeit in der Abstraktion lässt sich als Durchgang der Erkenntnis durch ein Unendliches verstehen. Insofern konnte Romantik von Klee als ein historischer Anknüpfungspunkt für Worringers Theorem verstanden werden. Die Ausläufer dieser Bezüglichkeit reichen bis zu Klaus Lankheit und in abgeschwächter Form zu Robert Rosenblum.[99]

Die in der zitierten Tagebucheintragung eingestreute Wendung »wie gerade heute« deutet auf den unmittelbaren historischen Kontext von Klees Äußerung: den 1. Weltkrieg. Die Tagebuchnummer 951 enthält diesbezüglich noch einen weiteren Paragraphen:

> Heute ist der gestrige-heutige Übergang. In der großen Formgrube liegen Trümmer, an denen man noch teilweise hängt. Sie liefern den Stoff zur Abstraktion. Ein Bruchfeld von unechten Elementen, zur Bildung unreiner Kristalle. So ist es heute. Aber dann: Einst blutete die Druse. Ich meinte zu sterben, Krieg und Tod. Kann ich denn sterben, ich Kristall?[100]

In der darauffolgenden Tagebuchnummer 952 heißt es dann:

> Ich habe diesen Krieg in mir längst gehabt. Daher geht er mich innerlich nichts an. Um mich aus meinen Trümmern herauszuarbeiten musste ich fliegen, und ich flog. In jener zertrümmerten Welt weile ich nur noch in der Erinnerung, wie man zuweilen zurückdenkt. Somit bin ich ›abstrakt mit Erinnerungen‹.[101]

Abstraktion wird somit als kristalline Antithese zur Wirklichkeit des Krieges bestimmt und der Künstler selbst damit identifiziert. Es geht nicht länger allein um Distanzierung als Haltung und auch nicht nur um die Partizipation an einem epochalen Kulturphänomen kühler Abstraktion, vielmehr erfährt diese jetzt ihre existentielle Herausforderung. Im Angesicht des Krieges geht es um Selbstvergewisserung in Form psychologischen Selbstschutzes. Der eigentliche Anlass zu dieser Selbstpositionierung Klees als eines kristallin-kühlen Romantikers war die Auseinandersetzung über die Sinnhaftigkeit des Krieges mit seinem Künstlerfreund Franz Marc, der als Soldat an der Front in Frankreich kämpfte und der eine Apologie des Krieges in Form mehrerer Schriften verfasste, darunter einen Artikel, den er im März 1915 in der Zeitschrift *Das Forum* publizierte und dessen Titel eine Novalis-Paraphrase darstellt: »Das geheime Europa«.[102] Darin begrüßt Marc den Krieg als notwendige Selbstreinigung und Sühne Europas, als »tiefes völkergemeinschaftliches Blutopfer«[103], als Geisteskampf, um die neue europäische Kulturgemeinschaft, die »Geistesherrschaft des neuen, guten Europäers«.[104] Zudem verfasste Marc 100 Aphorismen über Kunst und Krieg, deren einer den Satz enthält: »Viele, die die innere Glut nicht haben, werden frieren und nichts fühlen als eine Kühle und in die Ruine ihrer Erinnerung flüchten.«[105] Während Marc so einer inneren Glut und einer heißen Romantik das Wort redete, nahm Klee eine andere Position ein. Im Gegensatz zu Marc konnte er im Krieg nichts Geistiges entdecken und gegen Marcs Verinnerlichung setzte Klee Distanzierung. Klees Romantik festigte seine Selbstverständigung als kristalliner Künstler und rechtfertigte ihm das Festhalten an einer Kunst, die auch in Zeiten großer Not sich dem moralischen Druck einer kollektiven und nationalen Sinnstiftung verweigert. Im Briefwechsel der beiden Freunde hatte Klee das Ideal der Konzentration auf sich selbst durch einen Verweis auf die romantische Idee des Ichs zu rechtfertigen gesucht, worauf ihm Marc am 10. Mai zurückschrieb:

> Aber die Gewissensfrage (die Frage nach der Sache, nach dem Wesentlichen) bleibt doch die letzte und unumgängliche Frage, – nicht dein ›ich und die Romantik‹ ! […] Wie soll man nur dieses Ichtum, diese Wurzel unserer europäischen Unreinheit und Unfrömmigkeit ausreißen?[106]

Klee antwortet nach einigem Zögern am 8. Juni mit einer neuen Erklärung, in der er die ihm unterstellte einseitige Subjektivität seiner Konzeption als eine in eine Allgemeinheit vermittelte, übergeordnete Sphäre zu erklären suchte:

> Was mein ›Ich und die Romantik‹ betrifft will ich nicht weiter unklug sein und Dinge sagen, die falsch klingen können. Natürlich meine ich das göttliche Ich als Centrum. Es ist dies Ich für mich das einzige Zuverlässige […].[107]

Der Verständigungsversuch der beiden Freunde führte zu einer Entfremdung, die durch den Tod Marcs im Felde besiegelt wurde. Dass ausgerechnet Marc dem Kollegen Klee seine Romantik vorwarf ist eine besondere Pointe, war doch das von Marc und Kandinsky ins Leben gerufene Ausstellungs- und Presseprojekt *Der Blaue Reiter* schon dem Namen nach seinerseits eine Referenz an Novalis' blaue Blume und ein neuromantisches Unterfangen. Und Klee war erst durch den 1911 entstandenen Kontakt zu den Münchner Künstlerfreunden in eine romantische Kontextualisierung modernen Kunstschaffens hineingezogen worden, wie sie sich 1912 im gleichnamigen Almanach ausbuchstabierte.[108] Die durch den Krieg erzwungene verschärfte Selbst-Reflexion führte Klee dann zu einer begrifflichen Fassung seines in ständiger Entwicklung befindlichen eigenen künstlerischen Konzepts als eines romantischen. Jedoch hatte der Begriff Romantik in Verbindung mit zeitgenössischer Kunst selbst bei seinen engsten Weggefährten, wie er merken musste, das Zeug zum Missverständnis, weswegen er sich mit adjektivischen Zusätzen wie neu und kühl behalf, die jene Spielart der Romantik bezeichnen helfen sollte, um die es ihm zu tun war. Dabei geht es also um Zugehörigkeit und Abgrenzung zugleich.

Die so errungene Reflexionsstufe hat Klee in späteren Äußerungen weitergeführt. So ergänzte er 1924 die detaillierte Erläuterung seines künstlerisches Konzepts vor den Zuhörern seines Vortrags im Kunstverein von Jena mit dem Hinweis darauf, dass die gegenständlichen Gebilde seiner Werke, nachdem sie durch die bildnerische »Konstruction« eine ruhige und in sich gefestigte Haltung erreicht haben, auch in ein »Zwischenreich wie Wasser oder Atmosphaere« verlegt werden können:

> Zwischenreich sage ich im Gegensatz zur ersten ganz irdischen Haltung. Im folgenden Falle tritt eine neue Haltung auf, deren Gebärde äußerst bewegt ist, und die Haltung aus sich herauszutreten veranlasst. Solch drangvolle Gebärde weist besonders deutlich nach der Dimension des Stils. Hier erwacht die Romantik in ihre besonders krasse pathetische Phase. Diese Gebärde will in Stößen von der Erde weg, die nächste erhebt sich in Wirklichkeit über sie. Sie erhebt sich über sie unter dem Dictat von Schwungkräften, welche über die Schwerkräfte triumphieren. Lasse ich endlich die erdfeindlichen Kräfte besonders weit schwingen, bis hin zum großen Kreislauf, so gelange ich über den pathetisch-drangvollen Stil hinaus, zu jener Romantik, die im All aufgeht. Es decken sich also die statischen und die dynamischen Teile der bildnerischen Mechanik ganz schön mit dem klassisch-romantischen Gegensatz.[109]

Wie bereits 1914 macht Klee hier eine Unterscheidung zwischen zwei verschiedenen Arten von Romantik, jetzt allerdings verstanden als zwei zeitlich und qualitativ abgestufte Phasen *der* Romantik. Auch hier kennzeichnet Klee sein künstlerisches Unterfangen wieder als ein romantisches und wieder als eine Form von höherer Romantik, als eine, die den klassisch-romantischen Gegensatz, wie er sowohl für die historische Romantik als kunstgeschichtliche Frontstellung zur Klassik bzw. zum Klassizismus als auch für polare Stilkategorien im Gefolge von Wölfflins kunstgeschichtlichen Grundbegriffen charakteristisch ist, übersteigt und in sich aufhebt. Klees Romantik will Romantik der Romantik sein. Die überlieferten Manuskripte seiner Kunstlehre am Bauhaus zeigen, dass Klee diese begriffliche Selbstverständigung in seine bildnerische Form- und Gestaltungslehre überführte und so gleichsam objektivierte. Die Existenz und die Geltung der Stilkategorien in ihrer polaren Gegensätzlichkeit werden dort als selbstverständliche Grundlage vorausgesetzt. So findet sich diese Zweiteilung etwa auf dem Titelblatt des Kapitels zur »Bildnerischen Mechanik« festgehalten: »Romantik: nicht gegenwärtig (Zeit und Ort/ ungebunden/ frei bewegt/ dynamisch/ kosmisch) // Klassik: gegenwärtig (Zeit und Ort/ gebunden/ streng fest/ statisch/ irdisch)«.[110] Im selben Kapitel findet sich unter dem Stichwort »Stil« das Notat: »Auf dem Gebiet der Klassik herrschen die Schwerkräfte * Auf dem Gebiet der Romantik herrschen die Schwungkräfte«.[111] Letztere erläuterte Klee seinen Schülern anhand desjenigen technischen Verkehrsmittels, das anders als andere nicht nur »der erleichterten Beweglichkeit« dient, sondern sich einer »antilotrechten motorischen Anstrengung« bedient: einem Flugzeug. In »seinem Willen zu reiner Dynamik«

sei es »den Anstrengungen des lebendigen Geistes vergleichbar über das irdisch gesetzmässige das physische Herr zu werden.« Und weiter heißt es im Manuskript:

> Dieser Wille des lebendigen Geistes ist, wenn man den überstarken Motor vergleichsweise heranzieht, denn auch stark ins Drangvolle gesteigert: Es geht nicht ohne pathetisches Geräusch vor sich. Hier öffnet sich gegenüber dem Gebiet des bisherigen statischen Stils ein Ausblick ins Gebiet des pathetischen Stils, des Sturm und Drang Stiles, einer Romantik, die nach der Überwindung der leidigen irdischen Gebundenheit trachtet um sich dereinst im All, in der geräuschlosen selbstverständlichen reinen Dynamik erlöst zu hoffen. Der Motor gleicht dem Inbegriff einer pathetischen Romantik – der Machtentfaltung des Ichs, das drangvoll nach Sieg strebt, nach dem Sieg über das irdische Dictat des Lotes. Und das in seinem leidenden Drange das Lot für das Böse erklärt und sich hoch aufbäumt gegen das irdische Gesetz an dessen Stelle das Lot als Symbol steht. Denn alles, wogegen man kämpft, ist subjektiv immer das Schlechte. Und das Ich urteilt natürlich subjektiv. * (Um über diesen zu gewissen Zeiten notwendigen aber zu gewissen Zeiten auch wieder etwas anrüchigen Übergangsstil hinauszugelangen, möchte ich meine Ausführungen in acht Tagen noch ein letztes Mal fortsetzen um bei der reinen Dynamik, oder stilistisch: bei der gekühlten und geläuterten Romantik zu enden).[112]

Mit dem Beispiel des technischen Flugobjekts rekurriert Klee ohne es auszusprechen auf eine Metapher, die er ganz am Anfang seiner Laufbahn, im Januar 1905, in seiner Invention Nr. 2 als *Held mit dem Flügel* Gestalt gegeben hat, einem Sinnbild des Künstlertums.[113] Obwohl »dieser Mensch, im Gegensatz zu den göttlichen Wesen, mit nur einem Engelsflügel geboren« ist, macht er »unentwegt Flugversuche«. Trotzdem er sich dabei „Arm und Bein bricht« bleibt er seiner »Flugidee« treu, was ihn zu einem tragikomischen Helden werden lässt.[114] Bezogen auf die der Darstellung eingeschriebene Antithese Antike-Moderne wird aus dem antiken Heros ein »neuantiker Don Quijote«.[115] Schon in der Invention von 1905 diente die Gestalt des *Helden mit dem Flügel* aber nicht einfach als Identifikationsobjekt, sondern als Vorwurf zur Konzeption einer tragikomischen Kunst, die auf einen Künstler verweist, der sich der Vergeblichkeit seiner auf Ideales zielenden Tätigkeit und damit der menschengemachten Künstlichkeit seines Schaffens bewusst ist. (Moderne) Kunst ist als Kunst ein (romantisches) Produkt der unstillbaren Sehnsucht nach Höherem, welche Klee als wesentliche Befindlichkeit des Menschen als zwischen Erde und Himmel zerrissenem Geschöpf betrachtete. Ihr verleiht der Künstler als ein herausragendes Sonderwesen in heldenhaftem Selbstauftrag Ausdruck. Er kann sich über die leidvollen Abgründe seines Menschen- und Künstlertums nun insofern erheben, als er nicht einfach drangvoll-naiv versucht, nach oben zu fliegen (um dann notwendigerweise abzustürzen), sondern die Anerkennung seines Bedürfnisses, einen metaphysischen Raum zu erreichen, reflexiv koppelt mit der Anerkennung der Vergeblichkeit dieses Ansinnens, um auf diese Weise eine gewisse, neutrale Höhe zu gewinnen – wenn man so will ein philosophisch geläutertes Künstlertum. Im Rahmen der *Bildnerischen Gestaltungslehre* hat Klee konsequenterweise die romantische Grunddisposition modernen Künstlertums auf die Elemente seiner Bildwelt übertragen, die im Rahmen einer Bildmechanik nun kontrolliert eingesetzt werden und ihre Wirkungen entfalten können. Insofern der moderne Künstler vom Ich ausgeht und insofern das Schaffen des Künstlers als Wille des lebendigen Geistes zu gelten hat, ist er grundsätzlich Romantiker. Insofern er damit nach der »Überwindung der leidigen irdischen Gebundenheit trachtet«, muss er seinen Willen ins Drangvolle steigern, es geht also nicht ohne Geräusch, ohne Pathos ab. Der zeitgenössische Künstler findet sich aufgrund der Errungenschaften der Romantik geschichtlich in der Situation Nach-Romantiker zu sein, doch ermöglicht ihm dieser historische Standpunkt auch, Über-Romantiker zu werden, insofern er um die gegensätzlichen Grundkräfte weiß, nicht einseitig Partei ist, sondern sie in der Distanzierung zu handhabbaren Elementen macht, um sie dann in seinen gestalterischen Dienst zu nehmen. Indem er ihre Synthese anstrebt, kann seine eigene Romantik sich dann von Tragik und pathetischem Geräusch frei machen und kann zu einer höheren Form der Romantik werden, können seine Werke eine bildnerische Dynamik erlangen, die sie zu würdigen Manifestationen der kühlen Romantik machen. Dass die Parameter dieser Bildmechanik in Form stilistischer Kategorien und bildnerischer Elemente immer den Rückschluss auf das dahinterstehende Künstler-Ich und dessen geistige Haltung erlauben (und anbieten), geht aus einer weiteren Passage in der *Bildnerischen Mechanik* hervor, in der Klee »Ausblicke ins Gebiet des Stils« vornimmt:

> der Stil ist im Grunde die menschliche Einstellung zu diesen Fragen des Diesseitigen und des jenseitigen. Demnach gibt es auf dem Stilgebiet zwei Hauptteile. Auf dem ersten ähneln sich der statische Begriff und der klassische auf dem zweiten sind Dynamik und Romantik mit

einander verwandt. Zwischen beiden Begegnungen statisch – klassisch und dynamisch – romantisch liegt ein Zwischengebiet, wo die Statik sich nach der Dynamischen Freiheit sehnt.[116]

Klees Kunst war auf eine friedliche Synthese beider Gebiete aus. Dafür schlüpfte der Künstler als Spezialist fürs Fliegen und Fluggerät in die Rolle eines Mechanikers und Ingenieurs. Sein Ziel war ein Kunstkonzept, das an seinem historischen Standpunkt seine Souveränität dadurch gewinnt, dass es sich aus einer philosophischen Haltung heraus zur Aufgabe macht, Grundgesetzlichkeiten des bildnerischen Schaffens zu identifizieren und diese selbst zum Gegenstand künstlerischer Gestaltung zu machen. Das romantische Verlangen und die damit prinzipiell verbundene, als schmerzlich empfundene Erfahrung der Unzulänglichkeit wird zum Verfahren sublimiert und in die ästhetische Struktur transformiert. Kunst nicht als subjektive Formung und Form nicht als Ausdruck (romantischer) Subjektivität, vielmehr selbstgenügsame Fiktionalität der Form als Identität von Form und Inhalt. Eine solche Konzeption führt nicht zu einer Kunst, die selbst Erlösung ist oder eine solche verspricht, vielmehr zu einer Kunst, die indem sie ihre romantische Reflexivität vorzeigt, zu einem philosophischen Objekt transmutiert. Als kritische künstlerische Praxis ist sie kritische Theorie der Kunst und wahrt zugleich in Form des ironischen Bildes den Betrachtern die Option, sich »dereinst« im großen Ganzen »erlöst zu hoffen«.

1   Wie das frühromantische Konzept der Neuen Mythologie sowohl zu Alfred Rosenbergs Der Mythus des 20. Jahrhunderts (1930) und den Nationalsozialisten führen kann, als auch zu einem genuin freiheitlichen Kunstkonzept wie dem Paul Klees, habe ich an anderer Stelle ausführlich dargestellt: Vf.: »Metamystik. Paul Klee und der Mythos«. In: Paul Klee. In der Maske des Mythos. Hrsg. von Pamela Kort. Kat. Ausst. München, Haus der Kunst, 1999. Köln 1999, S. 62–90.
2   Vgl. dazu in allen Einzelheiten Wolfgang Kersten: »›Von wo aus Ihnen der Künstler gar nicht mehr als abseitige Angelegenheit zu erscheinen braucht.‹ Kunsthistorische Quellenkunde zu Paul Klees Jenaer Vortrag«. In: Paul Klee in Jena 1924. Der Vortrag. Hrsg. von Thomas Kain, Mona Meister und Franz-Joachim Verspohl. Kat. Ausst. Jena, Stadtmuseum Göhre, 1999, S. 71–76, S. 72 ff. (Minerva. Jenaer Schriften zur Kunstgeschichte, 10)
3   Zit. nach ebd., S. 72.
4   Vgl. dazu Felix Klee: Paul Klee. Leben und Werk in Dokumenten. Ausgewählt aus den nachgelassenen Aufzeichnungen und den unveröffentlichten Briefen. Zürich 1960, S. 272 f. sowie Stephan Frey und Josef Helfenstein: »Der ›Werkkatalog von Paul Klee‹ – Zu einem laufenden Projekt«. In: Paul Klee (1879–1940). Gemälde, Aquarelle, Zeichnungen, Graphik. Kat. Ausst. Düsseldorf, Wolfgang Wittrock Kunsthandel, 1993, S. o. P.

5 Zit. nach Kersten 1999 (s. Anm. 2), S. 73.
6 »Vorwort des Verlags«. In: Novalis. Die Lehrlinge zu Sais/Paul Klee, 51 Zeichnungen. Bern 1949, S. 5–6, S. 5.
7 Ebd., S. 5 f.
8 Ebd., S. 6.
9 Novalis: The Novices of Sais. Sixty Drawings by Paul Klee. New York 1949; Novalis: Die Lehrlinge zu Sais / Paul Klee, 51 Zeichnungen. Bern ²1987; Novalis: The Novices of Sais. With illustrations by Paul Klee. Brooklyn, NY 2005. Christa Lichtenstern: »Klee und Beuys im Gespräch mit Novalis«. In: Paul Klee trifft Joseph Beuys. Ein Fetzen Gemeinschaft. Hrsg. von Tilman Osterwold. Kat. Ausst. Moyland, Museum Schloss Moyland. Ostfildern-Ruit 2000, S. 100–112, hier S. 101 geht fälschlicherweise davon aus, dass 1949 zuerst allein die amerikanische Ausgabe erschienen sei und die deutschsprachige erst 1987. Leider hat Christine Hopfengart: Klee. Vom Sonderfall zum Publikumsliebling. Stationen seiner öffentlichen Resonanz in Deutschland 1905–1960. Bern 2005 das Novalisbuch in ihrer Rezeptionsgeschichte nicht berücksichtigt. Klee hat in seiner Laufbahn tatsächlich zwei andere literarische Texte illustriert: Den expressionistischen Großstadtroman von Curt Corrinth: *Potsdamer Platz oder Die Nächte des neuen Messias. Ekstatische Visionen.* München 1919 sowie Voltaires *Kandide oder Die beste Welt.* Eine Erzählung. München 1920. Die 1918 geplante Illustration von Theodor Däublers Prosagedicht *Die silberne Sichel* blieb in den Anfängen stecken.
10 Wie sehr Klees Bilder noch 1948 das breite Publikum provozierten, zeichnet Hopfengart 2005 (s. Anm. 9), S. 152 ff. nach.
11 Otto Stelzer: Die Vorgeschichte der abstrakten Kunst. Denkmodelle und Vor-Bilder. München 1964, S. 33.
12 Ebd.
13 Ebd., S. 10.
14 Ebd., S. 17.
15 Ebd., S. 126.
16 Ebd., S. 129.
17 Ebd. Das Zitat Sedlmayrs stammt aus dessen Buch: Kunst und Wahrheit. Zur Theorie und Methode der Kunstgeschichte. Reinbek bei Hamburg 1958.
18 Stelzer 1964 (s. Anm. 11), S. 129.
19 Ebd., S. 239.
20 Klaus Lankheit: »Die Frühromantik und die Grundlagen der gegenstandslosen Malerei«. In: Neue Heidelberger Jahrbücher. N. F. 1951, S. 55–90.
21 Ebd., S. 59.
22 Ebd.
23 Ebd.
24 Ebd., S. 84.
25 Ebd.
26 Ebd., S. 82.
27 Ebd., S. 82 f.
28 Ebd., S. 84.
29 Ebd., S. 85.
30 Ausgerechnet diese ideologische Rahmung blendet Reinhard Zimmermann in seiner ausführlichen kritischen Auseinandersetzung mit Lankheits Ausführungen vollständig aus. Siehe Reinhard Zimmermann: »Von der Romantik zur Abstraktion? Die Esoterik und die historischen Grundlagen der abstrakten Kunst«. In: Esoterik am Bauhaus. Eine Revision der Moderne? Hrsg. von Christoph Wagner. Regensburg 2009, S. 55–72. (Regensburger Studien zur Kunstgeschichte, 1)
31 Robert Rosenblum: Modern Painting and the Northern Romantic Tradition. Friedrich to Rothko. London1975; dt. Ausgabe: Die moderne Malerei und die Tradition der Romantik. Von C. D. Friedrich zu Mark Rothko. München 1981.
32 Ebd., S. 8.
33 Ebd., S. 11.
34 Ebd., S. 230.
35 Ebd., S. 18.

36 Ebd., S. 158.
37 Ebd.
38 Ebd., S. 161.
39 Ebd., S. 158.
40 Ebd., S. 159.
41 Jürgen Walter: »›Hoffmaneske Märchenszene‹ – E. T. A. Hoffmann und Paul Klee«. In: Antaios, Bd. 9, 1968, S. 466–482.
42 Ebd., S. 476.
43 Ebd., S. 477.
44 Ebd., S. 478.
45 Ebd., S. 481.
46 Jürgen Glaesemer: »Paul Klee und die Deutsche Romantik«. In: Paul Klee. Leben und Werk. Kat. Ausst. Bern, Kunstmuseum. Stuttgart 1987, S. 13–29. Walters Beitrag von 1968 ist Glaesemer offenbar entgangen. Er kommt selbst in den Nachweisen nicht vor, die direkt Klees Hoffmaneske Märchenszene betreffen und auch nicht in einem anderen Text Glaesemers, der sich noch eingehender mit dem Bild beschäftigt: Jürgen Glaesemer: »Klee und Jacques Offenbach«. In: Paul Klee und die Musik. Kat. Ausst. Frankfurt, Schirn Kunsthalle. Berlin 1986, S. 217–228.
47 Vgl. Glaesemer 1987 (s. Anm. 46), S. 13 f. Otto Karl Werckmeister hat seine diesbezüglichen, in den späten 70er Jahren begonnenen Forschungen, zunächst in dem Buch: Versuche über Paul Klee. Frankfurt a. M. 1981 zusammengefasst und später dann in seiner Klee-Monographie fortgeschrieben: ders.: The Making of Paul Klee's Career, 1914–1920. Chicago und London 1989.
48 Glaesemer 1987 (s. Anm. 46), S. 13.
49 Ebd., S. 15.
50 Ebd., S. 18.
51 Ebd.
52 Ebd., S. 25.
53 Ebd., S. 27.
54 Eine ausführliche Kritik von Glaesemers Ausführungen findet sich bei Dorothea Richter: Unendliches Spiel der Poesie. Romantische Aspekte in der Bildgestaltung Paul Klees. Weimar 2004, S. 26 ff.
55 Vgl. Marcel Franciscono: Paul Klee: His Work and Thought. Chicago und London 1991, S. 3.
56 Schon Max Huggler: Paul Klee. Die Malerei als Blick in den Kosmos. Frauenfeld und Stuttgart, S. 239 (Wirkung und Gestalt, 7) musste die Achse Klee-Novalis mit der Bemerkung in Frage stellen, dass Klees Kenntnis der Dichtungen Novalis nie näher untersucht wurde, und der Maler die *Hymnen an die Nacht*, wenn überhaupt, erst in späteren Lebensjahren gelesen haben könne, da sich der Name von Novalis in den veröffentlichten Dokumenten nirgends finde. Diese Fehlanzeige bestätigte sich dann mit den folgenden Editionen: Paul Klee: Briefe an die Familie 1893–1940. Hrsg. von Felix Klee. Bd. 1: 1893–1906, Bd. II: 1907–1940. Köln 1979; Paul Klee: Tagebücher 1898–1918. Textkritische Neuedition. Hrsg. von der Paul-Klee-Stiftung Kunstmuseum Bern, bearb. von Wolfgang Kersten. Stuttgart 1988.
57 Franciscono 1991 (s. Anm. 55), S. 3.
58 Paul Klee: »Brief an Lily Stumpf, 23.2.1903«. In: Klee: Briefe I 1979 (s. Anm. 56), S. 312.
59 Vgl. Franciscono 1991 (s. Anm. 55), S. 4.
60 Ebd.
61 Novalis' Werke in vier Teilen. Hrsg. von Hermann Friedemann. Berlin, Leipzig, Wien, Stuttgart, o. J.
62 So der Nachweis des Exemplars der Berliner Staatsbibliothek mit den Signaturen Yc 9107/30-1/2 und Yc 9107/30-3/4.
63 Vgl. Internationale Novalis-Bibliographie 1791–2003 [https://www.uni-trier.de/fileadmin/fb2/GER/pdf_dateien/ndl_uerlings_inb.pdf].
64 Ich danke Eva Wiederkehr Sladeczek vom Zentrum Paul Klee in Bern für diese Auskunft und ihre Hilfestellung. Lichtenstern 2000 (s. Anm. 9), S. 101 teilt mit, dass laut Aussage von Michael Baumgartner Klees Exemplar keinerlei »handschriftliche Vermerke« zeige.

65 Huggler 1969 (s. Anm. 56), S. 239. Huggler dachte dabei wohl an die dreißiger Jahre.
66 Wolfram Hogrebe: »Paul Klee im ästhetischen Muster der Moderne«. In: Paul Klee in Jena 1924 (s. Anm. 2), S. 77–82.
67 Ebd., S. 78.
68 Ebd., S. 79.
69 Ebd.
70 Ebd., S. 81 f.
71 Das schlägt sich auch in einigen neueren Publikationen nieder: Stephen Watson: Crescent Moon over the Rational. Philosophical Interpretations of Paul Klee. Stanford: Stanford University Press 2009; Paul Klee. Philosophical Vision. From Nature to Art. Hrsg. von John Sallis. Kat. Ausst. Chestnut Hill/Massachusetts, McMullen Museum of Art. Boston College 2012; Dennis J. Schmidt: Between Word and Image. Heidegger, Klee, and Gadamer on Gesture and Genesis. Bloomington und Indianapolis 2013 sowie The philosophical vision of Paul Klee. Hrsg. von John Sallis. Leiden und Boston 2014. Zur Attributierung Klees als eines pictor doctus wie sie Arnold Gehlen in seinen Zeit-Bildern vorgenommen hat siehe neuerdings Vf.: »Pictor doctus? Verständnis und Selbstverständnis von Paul Klees Künstlertum«. In: Paul Klee. Konstruktion des Geheimnisses. Hrsg. von Oliver Kase. Kat. Ausst. München, Pinakothek der Moderne. München 2018, S. 72–87.
72 David Farrell Krell: »Klee and Novalis: Apprentices at Saïs«. In: Paul Klee. Philosophical Vision (s. Anm. 71), S. 45–54.
73 Ebd., S. 49. Vgl. Klee Tagebücher 1988 (s. Anm. 56), Nr. 1008, S. 400.
74 Ebd., S. 50.
75 Ebd., S. 51.
76 Ebd., S. 49. Krell richtet sich hier u. a. gegen Werckmeister, wenn er schreibt: »Even if one accepts the warnings of the revisionists, to the effect that Klee reworked his Tagebücher and aimed all his essays toward a certain ›self-stylization‹, in which the words creation, cosmos, universe are precisely the main rubrics for the cultivated style, coolly and strategically chosen in order to fabricate ›The Klee Universe‹, the notion themselves, in my view, reflect or radiate a certain heat, a certain warmth, in both artist and artwork – especially in the artist as teacher.«
77 Ebd., S. 51.
78 Ebd., S. 53: »The truth is that so many expressions in Klee's essays, letters, and diaries are reminiscent of Novalis's scientific and philosophical fragments that their relation seems uncannily close.«
79 Ebd.: »(1) the mix of natural science and poesy, the mathematical and the metaphorical, the empirical and the transcendental, in both Klee's statements on art and pedagogy and in the romanticism of Novalis – for such a mix is precisely what Novalis calls the lingua romana; (2) the fascination of both for signs, hieroglyphs, ciphers, and images; (3) their focus on the procession of point, line, plane, pyramid, and sphere; (4) the attention by both to what others deride as ›mere‹ accident or contingency, des Zufälligen; (5) the attraction for both of childlike Forms – fable and fairy tale, dream life, and what Novalis calls ›Theory of voluptuosity‹.«
80 Zuletzt hat auch der Soziologe und Psychoanalytiker Manfred Clemenz in seinem Buch: Der Mythos Paul Klee: Eine biographische und kulturgeschichtliche Untersuchung. Köln, Weimar und Wien 2016, das über weite Strecken eine unübersichtliche Kompilation der bisherigen Forschung darstellt, behauptet, dass Franciscono Skepsis bezüglich Klees Novalisbezug nicht den »entscheidenden Punkt« treffe, da er, Clemenz, gezeigt habe, dass »Klee vom ›Geist‹ der Romantik so nachhaltig beeinflusst war, dass es zweitrangig ist, woher er seine Kenntnisse bezog: durch eigene Lektüre, durch Sekundärliteratur oder durch Diskussionen mit seinen Freunden« (S. 155). Clemenz erläutert Klees eigene Überlegungen zur Romantik vor dem Hintergrund der Philosophie der deutschen Frühromantik, speziell der Philosophie des transzendentalen Idealismus »wie er von Fichte, Schelling, Hölderlin, Novalis, den Gebrüdern Schlegel oder Schleiermacher entwickelt wurde« (S. 139 bzw. Fußnote 5, S. 339). Seine Exkurse zu Fichte, Kant, Schelling, Novalis und anderen verbindet Clemenz mit Hinweisen auf Klees bio-

graphische Situation und setzt so den von Glaesemer 1997 eingeschlagenen Weg fort. Was die Verhältnisbestimmung von Moderner Kunst und Romantik angeht stützt sich Clemenz pauschal auf Rosenbergs Buch, spekuliert aber auch über eine »Zeitströmung« die in der »modernen Kunst des beginnenden 20. Jahrhunderts weitverbreitet« gewesen und die »pauschal [...] als ein[...] philosophisch wenig fundierte[r] Neoplatonismus« zu bezeichnen sei, der »auf Kant, die Romantik und deren Kantkritik, insbesondere auf Schelling« zurückzuführen sei (S. 149). Für Clemenz ist es damit evident, dass Klee »im Geiste der romantischen Philosophie und Kunsttheorie argumentiert« (S. 150). Diese bildet für ihn – neben Goethes Arbeiten zur Morphologie – den geistigen Horizont, aus dem der Künstler Bausteine zur Konzeption seines ästhetischen Programms gewonnen habe.

81 Glaesemer 1987 (s. Anm. 46), S. 13; Richter 2004 (s. Anm. 54); Clemenz 2016 (s. Anm. 80) ignoriert diese Publikation vollständig, trotzdem er den Katalog der Ulmer Ausstellung über Paul Klee und die Romantik erwähnt, in dem sich auch ein Aufsatz Richters findet, der direkt an ihre Dissertation anschließt: Dorothea Richter: »›Die kühle Romantik dieses Stils ohne Pathos ist unerhört‹« . In: Paul Klee und die Romantik. Kat. Ausst. Ulm, Ulmer Museum. Ostfildern 2009, S. 27–39.
82 Richter 2004 (s. Anm. 54), S. 34.
83 Die 2009 im Ulmer Museum gezeigte Ausstellung »Paul Klee und die Romantik« wurde ihrem Thema leider nicht gerecht: Paul Klee und die Romantik (s. Anm. 81).
84 Klee Tagebücher 1988 (s. Anm. 56), Nr. 941, S. 363.
85 So Klee in seinem Jenaer Vortrag. Zit. nach Paul Klee: »Vortrag Jena« (s. Anm. 2), S. 48–69, hier S. 64.
86 Klee Tagebücher 1988 (s. Anm. 56), Nr. 951, S. 365.
87 Vgl. ebd., Nr. 660 [Juli 1905], S. 220: »Mit der ›reinen‹ bildenden Kunst verhält es sich doch nicht ganz so einfach, wie das Dogma besagt. Eine Zeichnung ist zuletzt eben keine Zeichnung mehr, so selbständig sie auch auszugestalten ist. Sie ist Symbol, und je tiefer die imaginären Projektionslinien höhere Dimensionen treffen, desto besser.« Siehe dazu auch Vf.: »Im Hinblick auf das Höhere. Paul Klees paraspirituelle Kunst«. In: Paul Klee. Die Engel. Kat. Ausst. Bern, Zentrum Paul Klee. Ostfildern 2012, S. 107–113.
88 Siehe dazu Vf.: Paul Klee: Inventionen. Berlin 2006.
89 Vgl. dazu für den Kontext des neusachlichen Jahrzehnts der zwanziger Jahre: Helmuth Lethen: Verhaltenslehren der Kälte. Lebensversuche zwischen den Kriegen. Frankfurt a. M. 1994.
90 Wilhelm Worringer: Abstraktion und Einfühlung. Ein Beitrag zur Stilpsychologie. Dresden 1996 (Fundus-Bücher, 144). Auf Worringers Rolle für Klee hat erstmals Christian Geelhaar: Paul Klee und das Bauhaus. Köln 1972, S. 24 ff. aufmerksam gemacht. Daran schließt Werckmeister mit seiner grundlegenden Analyse der Auseinandersetzung Klees mit Franz Marc an: Otto Karl Werckmeister: »Klee im Ersten Weltkrieg«. In: Ders.: Versuche über Paul Klee (s. Anm. 47), S. 9–97.
91 Siehe Claudia Öhlschläger: Abstraktionsdrang. Wilhelm Worringer und der Geist der Moderne. München 2005.
92 Worringer 1908/1996 (s. Anm. 90), S. 37.
93 Ebd., S. 49.
94 Ebd., S. 50.
95 Ebd., S. 49.
96 Ebd., S. 52.
97 Ebd., S. 49.
98 Heinrich von Kleist: »Über das Marionettentheater«. In: Ders.: Sämtliche Werke und Briefe. Hrsg. von Helmut Sembdner. München 1987, S. 338–345, S. 345.
99 Und auch die Ausstellung »Ernste Spiele. Der Geist der Romantik in der deutschen Kunst 1790–1990«. Kat. Ausst. München, Haus der Kunst, 1995, ist diesen Ausläufern hinzuzurechnen.
100 Klee Tagebücher 1988 (s. Anm. 56), Nr. 951, S. 365 f.

101 Ebd., Nr. 952, S. 366.
102 Vgl. Franz Marc: »Das geheime Europa«, [1915]. In: Ders.: Schriften. Hrsg. von Klaus Lankheit. Köln 1978, S. 163–167.
103 Ebd., S. 163.
104 Ebd., S. 166.
105 Franz Marc: »Die 100 Aphorismen. Das zweite Gesicht«, [1915]. In: Ders.: Schriften (s. Anm. 102), S. 185–213, Nr. 25, S. 193. Die Gegenüberstellung mit Klees Tagebucheintrag erfolgte erstmals durch Werckmeister 1981 (s. Anm. 90), S. 20.
106 Franz Marc: »Brief an Paul Klee, 10.5.1915«. In: Franz Marc. Briefe, Schriften und Aufzeichnungen. Hrsg. von Günter Meißner. Leipzig und Weimar 1989, S. 209 f.
107 Paul Klee: »Brief an Franz Marc, 8.6.1915«, zit. nach Werckmeister 1981 (s. Anm. 90), S. 26.
108 Zur Gruppenbildung des Blauen Reiter siehe Vf.: »Der Münchner ›Blaue Reiter‹ – Bruderschaft der Avantgarde«. In: Kreise-Gruppen-Bünde. Zur Soziologie moderner Intellektuellenassoziationen. Hrsg. von Richard Faber und Christine Holste. Würzburg 2000, S. 109–131. Carl Einsteins im Band der Propyläen Kunstgeschichte von 1931 vorgenommenen Einordnung Klees als »den entscheidenden Vertreter der neuen deutschen Romantik« (S. 244) erklärt sich aus dem Kontext, in dem er dort behandelt wird, findet sich diese doch in dem Kapitel über den Blauen Reiter. Dagegen kommt in dem Kapitel, welches Einstein exklusiv Klee widmet, die Bezeichnung als Romantiker nicht vor. Allerdings bespricht er ihn im Hinblick auf »die Frage nach einem möglichen Mythus« (S. 260), das Problem »der Verwandlung und Neubildung der Welt durch den Menschen« (S. 261 f.), die »Wendung gegen den Rationalismus« (S. 263), die Bedeutung von Spiel, Traum und Magie, mithin im Hinblick auf lauter romantische Problemkomplexe und dann auch im Hinblick auf »eine kontrapunktische Stimmung, sehr bedeutsam für die Kleesche Kunst, nämlich gegensätzlich gespannter Humor, eine Art romantischer Ironie« (S. 264). Vgl. Carl Einstein: »Paul Klee«. In: Ders.: Die Kunst des 20. Jahrhunderts. Hrsg. von Uwe Fleckner und Thomas W. Gaehtgens. Berlin 1996, S. 259–269.
109 Klee 1944/1999 (s. Anm. 85), S. 63/64.
110 Paul Klee: Bildnerische Gestaltungslehre, II, 21/4, zit. nach der Online-Datenbank des Zentrum Paul Klee, http://www.kleegestaltungslehre.zpk.org/ee/ZPK/BG/2012/02/21/001/.
111 Ebd., II, 21/104.
112 Ebd., II, 21/86.
113 Vgl. dazu ausführlich Vf. 1996 (s. Anm. 88), S. 115–121.
114 Klee Tagebücher 1988 (s. Anm. 56), Nr. 585 [1905], S. 198.
115 Ebd.
116 Klee Bildnerische Gestaltungslehre (s. Anm. 110), II, 21/91 und 21/92.

VII.
Novalisrezeption in deutschsprachiger Belletristik nach 1945

Novalis und der »Gesprächsraum Romantik«
Plädoyers von Christa Wolf und Franz Fühmann
für die Literatur

Gabriele Rommel

> Der Mensch besteht in der Wahrheit.
> Giebt er die Wahrheit preis, so giebt er sich selbst preis.
> Wer die Wahrheit verräth, verräth sich selbst.
> Es ist hier nicht die Rede vom Lügen,
> sondern vom Handeln gegen Überzeugungen.
>
> Man muß die Wahrheit überall vergegenwärtigen – überall repraesentiren
> (im thätigen, producirenden Sinn) können.[1]
> Novalis

Man kann von dem mit 28 Jahren verstorbenen Dichter, den seine Freunde des Jenaer Dichterkreises schmerzlich vermissten, noch viel mehr an großartigen, sprachlich ausgefeilten und philosophisch tiefgründigen Gedanken und Ideen finden. In den weniger bekannten Studientexten, vorzüglich in den von ihm bekannten Gedichten und Liedern, Kunstmärchen und zwei Romanen, dessen zweiten Ludwig Tieck für den toten Freund mit einer Skizze für die Fortsetzung versah, geht es immer wieder um die eine uralte Frage *Woher kommen wir und wohin gehen wir?*, die sich verbindet mit anderen essentiellen Fragen wie: Wer bin ICH; was braucht mein individuelles Leben, um ein Glück zu sein; wie sollte das Land, der Staat, die Welt beschaffen sein, in der Ich leben möchte und wie könnte das alles zukünftig werden, da alles unendlich in beständiger Veränderung begriffen ist? – Erst 100 Jahre später weckte Ernst Heilborn 1901 mit seiner zuerst von Hermann Hesse gefeierten Werkausgabe zum Todestag die Erinnerung an diesen besonderen Dichter, dem sich bald Thomas Theodor Heine, Georg Trakl, Thomas Mann[2] und vor allem im Europa des 19. und 20. Jahrhunderts die englischen, französischen, russischen, polnischen Dichterkollegen und Übersetzer zuwendeten. Man liest Novalis heute unter anderem in einer zweibändigen in Tokyo erschienenen Werkausgabe in Japanisch (dort aber auch im Original!), in Argentinien und Armenien. Für die Ausstellung »Träume von Freiheit« der Tretjakow-Galerie Moskau und des Albertinums Dresden war das Novalis Porträt im Herbst 2020 gleichsam als Narrativ und als Highlight dorthin unterwegs.[3] Man feiert ihn dort als einen Dichter und maßgebenden Mitbegründer der deutschen frühromantischen Dichterschule, dessen Einfluss auf die Malerei und Literatur der Moderne noch immer ein interessantes Forschungsfeld eröffnet.

Christa Wolf und Franz Fühmann beteiligten sich in den kritischen Debatten um die DDR-Literatur zwischen 1970 und 1989 mit streitbaren Positionen, die als konstruktive Vorschläge verstanden sein wollten, abgeleitet aus den Erfahrungen ihres eigenen und zahlreicher Freunde und Kollegen an Widersprüchen reichen Lebens und Schreibens, aus ihrer Überzeugung, dass umfassende Veränderungen in der Gesellschaft in eben diesem historischen Moment notwendig und gemeinsam in Angriff zu nehmen seien, um die Authentizität der Literatur und damit auch ihre Souveränität, vor allem die Entwicklung von Gesellschaft und Literatur zu fördern. Dazu gehörte auch die Aufhebung der Tabuisierung von Perioden, Autor*innen und Themen in der Geschichte der deutschen Literatur und Kunst.

I. »Gesprächsraum Romantik«

Was Christa und Gerhard Wolf 1985 in ihrem gemeinsamen Essay-Band *Ins Ungebundene gehet eine Sehnsucht. Gesprächsraum Romantik* resümierten, waren ihre Betrachtungen von Autoren der Zeit um 1800, deren Werk und Schicksal, deren Lebensmuster, die sie in ihren Essays, Texten und Interviews seit 1979 aus unterschiedlichen Perspektiven in den Fokus ihrer Arbeit und damit gleichermaßen in den des öffentlichen Interesses gerückt hatten.

Der Begriff *Gesprächsraum* signalisiert zuerst ein Defizit: kein Ort, sondern ein unbestimmter Raum wird zum Thema und zur Sehnsucht, an dem man eine Sprache haben und sprechen kann, der zugleich Refugium und Ort der Inspiration, der Erweiterung des Blickfeldes, ein Ort der Wahrheit ist. Der Gesprächsraum existiert in keiner geografischen Dimension – es ist die »Dimension des Autors«[4], die ihn Struktur werden lässt. In einem Brief vom Februar 1798, aus dem erzgebirgischen Freiberg, dort an der Bergakademie fern von vertrauten Freunden, registriert Novalis: »Ich produziere am meisten im Gespräch, und das fehlt mir hier grade ganz«[5] Es ist der bekannte Brief an August Wilhelm Schlegel, in dem er auch zum ersten Mal darum bittet, für den Druck der aus seinen verstreuten Aufzeichnungen unter dem Titel *Blüthenstaub* ausgewählten Texte in der neuen Zeitschrift *Athenäum* das Pseudonym *Novalis* zu verwenden – ein alter Geschlechtsname und womöglich nicht ganz unpassend. Die Übersetzung als der *Neuland Bestellende* bleibt am dichtesten an der lateinischen Wortform und entspricht auch der damaligen Befindlichkeit des angehenden Autors, der sich selbst mit seinen eigenen Beiträgen im Status des Experiments befand und somit auch dem Duktus der gemeinsamen Zeitschrift zu entsprechen hoffte. Das »Dialogisieren« nach dem Vorbild Platons markierte in der intensiven Symphilosophie zwischen Friedrich Schlegel und Friedrich von Hardenberg (Novalis) eine besondere Form des Ideenaustausches im frühromantischen Kreis – im direkten Gespräch oder in Briefen – über die vielfältigen thematischen Herausforderungen in Philosophie, Religion und Wissenschaften, insbesondere über eine neue Poesie in zeitgemäßen Formen, die nach Schlegels Idee eine »progressive Universalpoesie« sein sollte. Mit Interesse weckenden Beiträgen die kritische Öffentlichkeit zu erreichen und so die Literatur- und Kunstdebatten mit den geheimsten Mitteln der Sprache zu beleben, war eine Programmatik, die diese Autoren – und in der Öffentlichkeit noch nicht sichtbaren Autorinnen – selbst in schwierigsten Zeiten begeistern konnte. Die kühnen Ideen wurzelten tief in Platons Antike und besonders in der von ihm entwickelten neuen Art der Wissenssystematik[6], wovon Novalis' eigene epistemologische Notizen um 1798 zeugen, in denen er die Qualität und Vollkommenheit des Wissens, woraus sich nach seiner Auffassung allein Überzeugungen und Haltungen entfalten können, einer bloßen Quantität des Wissens gegenüberstellt. Fazit: »Totes – lebendiges Wissen«.[7] Mit einem nächsten Gedankenschritt waren die Prämissen für einen hohen individuellen und zugleich künstlerischen Anspruch und ebenso an den noch ideal gedachten aufgeklärten Staat aufgestellt:

»Der Sinn der Sokratie ist, daß Philosophie *überall* oder Nirgends sey – […] Sokratie ist die Kunst, von jedem gegebenen Orte aus den Stand der Wahrheit zu finden und so die Verhältnisse des Gegebenen zur Wahrheit genau zu bestimmen.«[8] Novalis' Fragmente *Glauben und Liebe oder Der König und die Königin*, im Frühjahr 1798 geschrieben und auf Friedrich Schlegels Vermittlung für die Jahrbücher der preußischen Monarchie im Juni 1798 angenommen, dann aber unter Vorwänden auseinandergerissen und auf Geheiß verängstigter Zensoren unvollständig gedruckt[9], zeigen im Ergebnis paralleler sprachphilosophischer Überlegungen einen ersten poetischen gleichwohl kühnen Versuch einer präzisierenden Empfehlung zum Umgang mit der Sokratischen Kunst an Friedrich Wilhelm III.:

»Der mystische Ausdruck ist ein Gedankenreiz mehr. Alle Wahrheit ist uralt. Der Reiz der Neuheit liegt nur in den Variationen des Ausdrucks. Je contrastirender die Erscheinung, desto größer die Freude des Wiedererkennens.«

Verstanden wurde der Text von *Glauben und Liebe* insgesamt weder vom König noch bei Hofe, obwohl der anonyme Verfasser der Schrift (Novalis) zu seinem Glück unentdeckt blieb. Als Jurist und Philosoph mit Staatstheorie vertraut, argumentierte Novalis zu den Fragen: »Wie muß Politik beschaffen sein, damit sie von den Bürgern freiwillig anerkannt werden kann? Und wie lassen sich umgekehrt die Überzeugungen und Interessen der bürgerlichen Gesellschaft der Politik vermitteln?«[10] Eine republikanische Monarchie als demokratische Form, in der Ideen der Französischen Revolution hinübergerettet werden konnten? *Glauben und Liebe* blieb ein poetischer Entwurf, der allerdings in der Rezeptionsgeschichte von Novalis sehr gegensätzlich interpretierbar war.[11]

Jener von Gerhard und Christa Wolf so bezeichnete *Gesprächsraum* hatte sich mit ganz ähnlichen Grundproblemen beschäftigt und in der Literatur der 1970er und 1980er Jahre etabliert – zur kritischen Selbstverständigung über Sinn, Form und Wirkung der Literatur am Beginn einer neuen Epoche und zum erwünschten öffentlichen Dialog von Schriftstellern mit ihren Lesern, auch über jene »Romantiker«, von denen wenig zu lesen war und die, wie Novalis, bereits im 19. Jahrhundert seit Heinrich Heines Credo[12] mehrfach politisch nicht nur missverstanden, sondern zielgerichtet und folgenreich ideologisch uminterpretiert wurden.[13] Mit nur wenigen Ausnahmen (darunter E. T. A. Hoffmann) waren sie seit den 1930er Jahren unter ein von Georg Lukács' *Ästhetik* ausgelöstes Verdikt gefallen, das Christa Wolf rückblickend so diagnostizierte:

> Die Literaturgeschichte der Deutschen, in den Händen von Studienräten und Professoren, orientiert an den retuschierten Kolossalgemälden ihrer Klassiker, hat sich leichtherzig und leichtsinnig der als ›unvollendet‹ abgestempelten Figuren entledigt, bis in die jüngste Zeit, bis zu dem folgenreichen Verdikt, das Georg Lukács gegen Kleist, gegen die Romantiker ausspricht. Der Dekadenz, zumindest der Schwäche, der Lebensuntüchtigkeit geziehen, sterben sie zum zweiten Mal an der Unfähigkeit der deutschen Öffentlichkeit, ein Geschichtsbewußtsein zu entwickeln, sich dem Grundwiderspruch unserer Geschichte zu stellen; ein Widerspruch, den der junge Marx in den lapidaren Satz faßt, die Deutschen hätten die Restaurationen der modernen Völker geteilt, ohne

allerdings auch ihre Revolutionen zu teilen. Ein zerrissenes, politisch unreifes und schwer zu bewegendes, doch leicht verführbares Volk, dem technischen Fortschritt anhangend statt dem der Humanität, leistet sich ein Massengrab des Vergessens für jene früh zugrunde Gegangenen, jene unerwünschten Zeugen erwürgter Sehnsüchte und Ängste.

Ein Zufall kann es nicht sein, daß wir begonnen haben, den Abgeschriebenen nachzufragen, das Urteil, das über sie verhängt wurde, anzufechten, es zu bestreiten und aufzuheben – fasziniert durch Verwandtschaft und Nähe, wenn auch der Zeiten und Ereignisse eingedenk, die zwischen und denen liegen: Eine volle Umdrehung des ›Rades der Geschichte‹; und wir, mit Leib und Seele von seiner Bewegung mitgerissen, grad erst zu Atem gekommen, zur Besinnung, zu Um-Sicht – wir blicken uns um, getrieben von dem nicht mehr abweisbaren Bedürfnis, uns selbst zu verstehn: unsre Rolle in der Zeitgeschichte, unsre Hoffnungen und deren Grenzen, unsre Leistung und unser Versagen, unsre Möglichkeiten und deren Bedingtheit. Und, wenn es sein kann, für das alles die Gründe.[14]

Die Ernsthaftigkeit der Auseinandersetzung mit den bis dato unausgesprochenen Widersprüchen spiegelte sich auch in einer zunehmend kritischen Arbeitsatmosphäre in den Debatten innerhalb des Schriftstellerverbandes.

Franz Fühmann (zu diesem Zeitpunkt noch Mitglied des Vorstandes des Schriftstellerverbandes der DDR)[15], sprach am 15. November 1973 als erster in einer der Arbeitsgruppen, die während des VII. Schriftstellerkongresses in Berlin zusammenkamen, zu dem zunehmend brisanten Thema *Literatur und Kritik*. Es ging um eine wahrhaft neue, authentische Literatur, um ihre Wurzeln, um ihre Wertschätzung durch die Gesellschaft als Ganzes. Das schloss die gesellschaftliche Stellung der souveränen Autoren ebenso ein wie die Souveränität des einzelnen Menschen. Die Frage nach dem künstlerischen Schaffensprozess, nach literarischer Produktion und Rezeption, ihren Quellen, den Stoffen und Ergebnissen konnte die nach dem Verhältnis von Literaturwissenschaft und Literaturkritik, von Politik und Macht zur Literatur und Kunst nicht ausgrenzen. Ins Zentrum der damals aufbrechenden Diskussion treffend erklärte Fühmann freimütig, weshalb ihn das Thema der Arbeitsgruppe bewegte:

[...] ich werde nicht einmal wissenschaftlich objektiv sprechen, sondern ganz einseitig und parteiisch aus der Sicht eines Mannes, der neun Stunden täglich am Schreibtisch sitzt und sich Literatur zu machen bemüht, Literatur für die Gesellschaft, der er mit seiner Arbeit dienen möchte und deren Rückäußerung zu seinem Bemühen er in der vielfältigsten Form erfährt oder nicht erfährt, doch in jedem Fall auf sich wirken fühlt.[16]

Hermann Kant hatte in seiner Plenarrede des Kongresses vom »Eintritt der DDR-Literatur in ein neues Selbstverständnis« gesprochen[17], das sich auch in der steigenden Zahl der neuen Bücher zeige.[18] Günter de Bruyn schlug 14 Jahre später, im November 1987, dem Verband der Schriftsteller vor, dafür Sorge zu tragen, die bedrückende Druckgenehmigungspraxis endlich aufzuheben und im Idealfall bis zum nächsten Kongress »die Verantwortung für die Herausgabe von Büchern künftig vollständig bei den Autoren und ihren Verlagen« zu belassen und nicht mehr durch staatliche Stellen zu regulieren. Denn es handele sich um einen Anachronismus »in einer auf Veränderung angelegten Gesellschaft [...], der das Abstreifen erstarrter Organisationsformen nicht schwer fallen darf«.[19] Am Ende seiner Rede verlas er einen Brief[20] von Christa Wolf, die nicht nur auf diese Form des Misstrauens und die daraus erwachsenden Folgen für die Demokratie und Kollegialität innerhalb des Verbandes einging, sondern auch auf die politischen Auswirkungen von Fehlentscheidungen. Sie sprach zu »Vorgängen, mit denen er [der Schriftstellerverband] sich auseinandersetzen muß, damit seine Arbeit produktiver werden könnte. Ich meine die Folgen der Unterschriften gegen die Ausbürgerung Wolf Biermanns 1976 und den ungerechtfertigten Ausschluß einer Reihe von Kollegen aus dem Schriftstellerverband 1979«.

Solche Überlegungen wirkten sich auch in der Wissenschaftsdiskussion innerhalb der Germanistik aus.

Novalis' Texte waren 1981 in einem schmalen Bändchen in der Bibliothek Deutscher Klassiker (BDK) beim Aufbau-Verlag Berlin und Weimar[21] erschienen, in blaues Leinen gebunden (Ladenpreis 5.- Mark der DDR). Etwa zur gleichen Zeit erschienen Texte von Friedrich Schlegel (2 Bde., Erstauflage 1980), E. T. A. Hoffmann (4 Bde., Erstauflage 1968, 4. Auflage 1972), Ludwig Tieck (2 Bde., Erstauflage 1980). Die Nationalen Forschungs- und Gedenkstätten der Deutschen Literatur in Weimar (NFG) gaben diese international anerkannte Reihe von Texten der deutschen Literatur beim Aufbau-Verlag Berlin und Weimar heraus. Immerhin war Novalis damit spät in die Reihe der »Klassiker« aufgerückt. Eine um vieles umfangreichere einbändige Reclam Ausgabe von 1975 war ihr vorausgegangen und hatte wohl den Weg für die erste separate Novalis-Edition geebnet. Der Reclam-Band enthält neben dem umstrittenen Essay von Novalis *Die Christenheit oder Europa* auch die beiden Romanfragmente *Heinrich von Ofterdingen* und *Die Lehrlinge zu Sais,* Novalis' für die programmatische frühromantische Zeitschrift *Athenäum* (1798) zusammengestellte Sammlung von fragmentarischen Aufzeichnungen mit dem Titel *Blüthenstaub* und eine Auswahl aus seinen Vorarbeiten zu verschiedenen Fragmentsammlungen. Der einleitende Essay von Claus Träger über »Ursprünge und Stellung der Romantik« war ein erster und für die Wissenschaftsdiskussion weit ausgreifender Versuch (im Unterschied zu anderen Wortmeldungen des gleichen Zeitraumes), sich dem vielschichtigen Phänomen »Romantik« über den historisch-logischen Weg zu nähern, Kunst und Ideologie dialektisch differenziert zu betrachten und den Vergleich deutscher und europäischer Literaturentwicklung, der nationalen »Romantiken« in den Fokus zu rücken. Dass dieser Aufsatz der bis dahin umfangreichsten Auswahlveröffentlichung von Novalis-Texten vorangestellt wurde, hob nicht nur den schwer lesbaren, durch vielfache Mythisierungen suspekt erklärten Autor Novalis ins öffentliche Bewusstsein und an einen ihm nun zugestandenen, wiewohl nach wie vor sehr kritisch betrachteten Platz in der Literatur- und Kulturgeschichte Europas, sondern machte ein tieferliegendes Problem sichtbar, das zu jenen Mythisierungen geführt hatte.

Im Januar 1976 sprach Franz Fühmann in der Akademie der Künste zu Berlin aus Anlass des 200. Geburtstages von E. T. A. Hoffmann und kam in kurzem analytischem Rückblick zu ähnlichem Ergebnis: »Durch einseitigen Verzicht auf die Romantik an der Klassik irre geworden, habe ich zu Hoffmann gefunden, und an Hoffmann, an Kleist, an Novalis, an Tieck ist mir die Bedeutung Goethes unvergleichlich mehr aufgegangen als zuvor. Ich fange an, seine Größe zu ahnen, [...]«.[22] Fühmann sieht beständig beides: Goethe und die Romantik, die »klassische«, aber auch die andere »Verstehensweise« von Poesie, wodurch der Poesie ihr »unerhellbares Geheimnis«[23] bleiben kann, dem Leser aber auch die Möglichkeit offenbleibt, es in seiner individuellen Erfahrung zu entdecken. Dies ist wohl auch die Schnittstelle von Fühmanns Hoffmann-Lektüre, seiner Goethe Kenntnis und der erneuten (parallelen) Beschäftigung mit Trakl im Frühjahr 1977, mit Novalis seit Anfang der 70er Jahre: emphatische Erfahrung. Erfahrung mit Dichtung *und* Kunst, Erfahrung *in* der Dichtung und *in* der Kunst (des Künstlers), Erfahrung mit dem Leben – von einzelnen Menschen und der Menschheit als Ganzes (gesammelt im Mythos). Sie ist der Weg zur Wahrheit, weil sie – nicht eine Doktrin – auch die Quelle der unendlich verschiedenen individuellen Weisen zu sehen und zu verstehen ist.

Im Oktober 1977, zur Romantik-Konferenz aus Anlass des 200. Geburtstages Heinrich von Kleists in Frankfurt an der Oder, formulierte es Claus Träger deutlich:

> Es scheint, als ob die nachhaltig aufgeworfene Frage nach der Romantik – die für uns, indem wir Literatur als Bestandteil der geschichtlichen, das heißt auch aller gegenwärtigen Bewegungen [...] betrachten, immer zugleich die Frage nach dem Erbe ist – deutlicher vielleicht als jemals zuvor zutage gebracht hat, daß wir in einem Prozeß stehen, der, ein Bestandteil weltweiter Auseinandersetzungen, theoretische und methodologische Überlegungen von sehr grundsätzlicher Art provoziert.
>
> Diese Frage nach der Romantik ist gleichsam nur ein Reagens, nicht die Sache selbst: Sie macht sie sichtbar. Freilich erfordert es unendlich mehr Aufwand kritischen Verstandes, das Erbe der Romantik anzueignen als das des kritischen Realismus oder gar der proletarisch-revolutionären Literatur. Daran läßt sich nichts ändern. Es ist hier aber nicht bloß der kritische Verstand jener verschwindenden Zahl literaturwissenschaftlicher Fachleute erforderlich, sondern gleichwohl der der Leser als den Rezipienten und Realisatoren von Literatur. Indessen wird es den Literaturwissenschaftlern nicht erspart bleiben, selber erste Schritte zu tun.[24]

Zur Debatte standen Wege und Möglichkeiten für die neue Literatur, wozu eine neue wissenschaftliche Einordnung der Romantik gehörte.

Ein Jahr später erschienen »IMPULSE. Aufsätze, Quellen, Berichte zur deutschen Klassik und Romantik«[25], die den nationalen wissenschaftlichen Diskurs zur Epochenproblematik voranbringen und mit der internationalen Romantikforschung verknüpfen sollten. Immer noch dominierte – ablesbar an der geringen Anzahl der Beiträge zur Romantikforschung – die streitbare Klassik-Definition, wurden die Maßstäbe für eine vorsichtige Annäherung an das Phänomen Romantik aus der Perspektive der Forschung zur klassischen deutschen Literatur hergeleitet. Volker Braun verweist bereits 1975 auf einen von dorther erklärbaren Irrtum im Umgang mit dem Begriff vom *Beerben* in der Literatur und Kunst und meint am Beispiel des Umgangs mit der Dramaturgie Brechts »es genügt nicht die einfache Wahrheit«.[26]

Im November 1987 setzt Braun den Akzent noch deutlicher: »freie bewußte Tätigkeit heißt *Handlungsfähigkeit*«, die konstruktiven Ideen von Tausenden zusammenzuführen zu einem friedlichen »Umbau der Welt, ein wirkliches Experimentum Mundi, der exemplarische Großversuch in Demokratie«.[27] Novalis hätte man in dieser Debatte – damals wie heute – sagen hören: »*Man muß die ganze Erde wie Ein Gut betrachten und von ihr Ökonomie lernen.*«[28] Den Juristen und Ingenieur ergänzte der Dichter mit den bekannten Worten »*Wir sind auf einer Mission. Zur Bildung der Erde sind wir berufen.*« Aber gerade ihn hätte 1973 niemand in den Kontext der Globalisierung der Weltwirtschaft und deren Folgen für die Natur gestellt. Hans Georg von Carlowitz (1772–1840), ein Spezialist für das Forstwesen, dem wir den modernen Begriff der »Nachhaltigkeit« verdanken, hätte den seiner Natur nach kritischen und kreativen Freund Friedrich von Hardenberg, der um Vorschläge für Neuerungen und Veränderungen nicht verlegen war, zu seiner Zeit im Dezember 1798 nur zu gern als Vertreter der sächsischen Landstände im Dresdener Landtag gewonnen.[29]

Durch Anna Seghers war Christa Wolf in ihren Lektüren des 19. Jahrhunderts »auf die literarischen Individualitätsentwürfe aus dem Umkreis der deutschen Romantik aufmerksam geworden«.[30] Erzählungen von Anna Seghers – *Das wirkliche Blau* (1967) – und Johannes Bobrowski – *Boehlendorff* (1965) begünstigten eine »längst überfällige Öffnung in Richtung auf brachliegende Traditionsfelder«[31], mit individuell unterschiedlich motiviertem Interesse an der Romantik, das schließlich tiefgründiger war und mehr als nur eine Orientierung etwa an »Stilmitteln« bei E. T. A. Hoffmann, Eichendorff, Ludwig Tieck, Jean Paul oder Novalis.[32]

II. »Projektionsraum Romantik«

Dass Schriftsteller aus der Mitte der Gesellschaft Fragen aufwarfen und um Antworten rangen, das gehörte zum Selbstverständnis über ihre Rolle, die sie gleichberechtigt und aktiv in der Gesellschaft zu spielen wünschten. Abgesehen von der in Mythen tradierten Mission, denen zufolge sie die Seher[33] und Benenner eines Volkes waren. Novalis und Friedrich Schlegel sprechen 1798 von den Dichtern als den eigentlichen Propheten: Es geht um das Sehen und Sprechen, die Macht der Sprache zur Veränderung und um die Verantwortung, die jedem »Sprachbegeisterten« (nach Novalis ist dies ein Schriftsteller) in jeder Epoche daraus zuwächst. Christa Wolf ist im Oktober 1978 am Ende ihres Entwurfs für den Günderrode-Essay *Der Schatten eines Traumes* (1979), zugleich eine der wichtigen

Vor-Arbeiten für die Erzählung *Kassandra* (1983), diesem merkwürdigen Schmerz der Autor*Innen auf den Grund gegangen, den sie angesichts der vielen wahrgenommenen Brüche ihrer jeweiligen Zeit empfinden, besonders jedoch am Ende oder am Übergang einer Epoche in eine nächste, Brüche und Verluste, die den Sinn ihres eigenen Lebens berührten, sogar in Frage stellten.[34]

> Die Dichtung ist verwandt mit dem Wesen der Utopie, was heißt, sie hat einen schmerzlich freudigen Hang zum Absoluten. Die Mehrheit der Menschen erträgt nicht das laut geäußerte Ungenügen an dem reduzierten Leben, mit dem sie sich abfinden muß. Die Günderrode kennt jene Naturen, die ›der Welt‹ angehören, sich ihr nicht entziehen können und dürfen, ganz gut. [...] Ein Anlauf, der Kunst ein ›redlich Hineinpassen‹ zu geben in eine Gesellschaft, deren Maß Quantität um jeden Preis wird, ist gescheitert. Die rigorose Arbeitsteilung zeitigt ihre Ergebnisse. Die Produzenten der materiellen und die der geistigen Werte stehen einander fremd an verschiedenen Ufern gegenüber, daran gehindert, gemeinsam lebbare Umstände hervorzubringen. Der Zerstörung, die nicht immer offensichtlich ist, sind sie alle ausgesetzt. Die Literatur der Deutschen als ein Schlachtfeld – auch das wäre eine Weise, sie zu betrachten. Dichter sind, das ist keine Klage, zu Opfern und Selbstopfern prädestiniert.[35]

Wie also, wenn der Utopie zu einem gesellschaftlichen Neuaufbruch der Boden entzogen wird?[36] Wenn Entwicklung über das erreichte Staatssystem hinaus nicht mehr indoktriniert ist, wenn also auf den Dichtern plötzlich die Verantwortung lastet, den Glauben an die Utopie nicht aufzugeben. Drängend sind diese Beobachtungen und Fragen, denn sie betreffen Grundprobleme der Existenz der Gesellschaft der Gegenwart ebenso wie der Menschheit als Ganzes und fordern zu Antworten heraus. Christa Wolfs essayistisches und poetisches Werk entsteht ebenso wie das Franz Fühmanns in diesem Spannungsfeld.

> Ginge es bei diesem Romantik-Erlebnis nur um mein persönliches Bildungsproblem, würde ich mich scheuen, darüber zu sprechen, doch es handelt sich ja um ein unübersehbar hervortretendes Bedürfnis vieler, [...]. Warum also lese ich zum sechsten oder siebten Male den Murr oder die Nachtstücke oder die Prinzessin Brambilla, und dies Wort um Wort und immer wieder im Bann? Was bannt mich da? Solches Interesse ist nicht mit einem Ausweichen vor den Mühen und Sorgen des Tages oder dem Bedürfnis nach Unterhaltung zu begründen [...] Doch Hoffmann und immer wieder Hoffmann, oder eben Novalis oder Tieck – warum?[37]

Weil es Franz Fühmann wie dessen Kolleg*Innen darum geht, herauszufinden und zu zeigen, »was Literatur leistet, worin das Besondere des Dichters und dann eines Dichters, das Besondere seiner Frage und Antwort im Besonderen einer National- oder der Weltliteratur und deren Fragen und Antworten besteht«. Die Rede ist vom »Schriftsteller im Sinn des künstlerisch Schaffenden«, dessen Leistung nie primär darin besteht, »*auch* philosophisch, *auch* ideologisch interpretierbar« zu sein. Mit Nachdruck hebt Fühmann heraus, was E. T. A. Hoffmann – beispielhaft für *die* Romantik – leistete:

> Er liefert Modelle.
> Wovon?
> Von Menschheitserfahrung – und Menschenerfahrung.[38]

In der Verallgemeinerung erklärt Fühmann: »Die Romantik hat Modelle neuer Erfahrung geschaffen.«[39]

Diese Gruppe der Autor*Innen um 1800, die nicht immer direkt einer Gruppe der Romantik zuzuordnen sind [Chr. Wolf], bilden die Möglichkeit zur historischen Projektion, da sie zum einen im Epochenumbruch zur Moderne ihre Stimme bereits erhoben hatten, aber nicht gehört wurden. Anna Seghers erinnerte zuerst an sie, zwischen zwei Weltkriegen, aus dem französischen Exil und nachdrücklich:

> Keine Außenseiter und keine schwächlichen Klügler gehören in diese Reihe, sondern die Besten: Hölderlin, gestorben im Wahnsinn Georg Büchner, gestorben durch Gehirnkrankheit im Exil, Karoline Günderrode, gestorben durch Selbstmord, Kleist durch Selbstmord, Lenz und Bürger im Wahnsinn. Das war hier in Frankreich die Zeit Stendhals und Balzacs. Diese deutschen Dichter schrieben Hymnen auf ihr Land, an dessen gesellschaftlicher Mauer sie ihre Stirnen wund rieben. Sie liebten gleichwohl ihr Land. Sie wußten nicht, daß das, was an ihrem Land geliebt wird, ihre unaufhörlichen, einsamen, von den Zeitgenossen kaum gehörten Schläge gegen die Mauer waren. Durch diese Schläge sind sie für immer die Repräsentanten ihres Vaterlandes geworden.[40]

In ihrer Rede auf dem ersten internationalen Schriftstellertreffen in Paris im Juni 1935 mit dem Titel *Vaterlandsliebe* mahnte sie ihre 230 Kolleg*Innen aus 38 Ländern (darunter Heinrich und Klaus Mann, Johannes R. Becher, Bertold Brecht, Louis Fürnberg, Ernst Bloch, Ilja Ehrenburg, André Gide, Boris Pasternak, Aragon u. v. a.) daran, niemals den Wert der Literatur preiszugeben. Eine Erinnerungskultur, die unverzichtbare Werte ebenso wie literarische Haltungen zu bewahren half, war zu dieser Zeit ein existenzieller, lebenserhaltender Impuls geworden, auf dessen unverminderte Aktualität heute Aleida und Jan Assmann in ihren kulturhistorischen Schriften verweisen.[41] In Christa Wolfs »fortgesetzter« kritischer Auseinandersetzung mit ihrer Nestorin und Anregerin Anna Seghers[42], die sie ob ihrer menschlichen Erfahrung und Größe durchaus als Lehrerin verehrte, existierte natürlich bei grundlegender Übereinstimmung in der Haltung zur Geschichte doch ein Unterschied im gänzlich anderen Lebensmuster. Dennoch erkennt Therese Hörnigk vergleichbare Ansichten über ästhetische Fragen, in der gemeinsamen Art poetischer Weltaneignung und -verarbeitung, grundsätzlich auch in beider Haltung zum Wesen der Literatur und ihren Wirkungsmöglichkeiten, die Christa Wolfs Nähe zu Anna Seghers ausmachen. Einigkeit bestand hinsichtlich einer Hauptaufgabe für das 20. Jahrhundert: »Die Gestaltung der neuen Grunderlebnisse müsse beginnen: *die Kunst unserer Epoche.*«[43]

Die Romantik ist nun so nach- wie ausdrücklich ein wesentlicher Teil ihrer Vor-Geschichte. Ein »Projektionsraum Romantik« entsteht[44] für eine ganze Reihe von Autoren, die sich in einer beständigen Suche nach sozial lebbaren Alternativen und Selbstbestimmung befindet und diese Befindlichkeit zum gesellschaftlichen Diskurs macht. Denn:

> Das ›Eigentliche‹ [...] wird nicht befriedigt durch alles das, was an Wohlfahrt in beiden deutschen Staaten da ist – das Bedürfnis nach Poesie im Leben. Nach allem, was nicht unbedingt zählbar, meßbar, in Statistiken erfaßbar ist. Und da wird Literatur als ein Mittel der Selbstbehauptung benutzt. Das habe ich [so sagt Christa Wolf] sehr oft beobachtet, und das kommt mir sehr entgegen. Literatur als Mittel der Selbstbehauptung, Selbstbestätigung und ebenso als Sehnsuchtsorgan. Und da kommt man wieder auf direktem Wege zur Romantik [...].[45]

Ähnliche Gedanken und Wege beschäftigen nahezu zeitgleich Günter Kunert, Günter de Bruyn, Heinz Czechowsky, und mit einer unverwechselbaren Intensität und Sprachkraft Franz Fühmann.

Im Interview spricht Christa Wolf über

> den Punkt, der, über alles Aktuelle hinaus, auf dem Grund der Antriebe und Erfahrungen lag, die zu *Kein Ort. Nirgends* und zu den beiden Essays [...] geführt haben. Meine Erfahrung ist, daß die Alternativen, in denen wir leben, eine nach der anderen zusammenbrechen und daß immer weniger wirkliche Lebensalternativen übrigbleiben. Das wäre die

philosophische Entsprechung zu dem Titel *Kein Ort. Nirgends.* Um Mißverständnisse auszuschließen: Es ist meine grundlegende Lebensform, in Widersprüchen zu leben. [...] Es kann einen selbst in Frage stellen, nur ist es nicht zerbrechend oder tödlich, wenn es sich um Widersprüche handelt, die sich gegenseitig zu Lösungen treiben. Jetzt scheint mir, daß es immer weniger produktive Widersprüche gibt und daß die Zahl der unproduktiven Widersprüche und der unlebbaren Alternativen zunimmt. Genau daher kommt auch die Beklommenheit so vieler Menschen: daß sie das Gefühl haben, in eine Klemme zu geraten.[46]

Aus dieser tiefen Sorge, dass das Interesse am einzelnen konkreten Menschen verlorengeht und deklarierte Ziele aufgegeben werden, so dass schließlich auch der Glaube an die Utopie der neuen Gesellschaft erschüttert wird, formuliert sich für Christa Wolf die Aufgabe der (neuen) Prosa für das 20. Jahrhundert:

Die Prosa kann Zeit raffen und Zeit sparen, indem sie die Experimente, vor denen die Menschheit steht, auf dem Papier durchspielt: da trifft sie sich mit den Maßstäben der sozialistischen Gesellschaft. Die Zukunft wird wissen, wie wichtig es ist, den Spiel-Raum für die Menschen zu vergrößern. Prosa kann die Grenzen unseres Wissens über uns selbst weiter hinausschieben: Sie hält die Erinnerung an eine Zukunft in uns wach, von der wir uns bei Strafe unseres Untergangs nicht lossagen dürfen.
  Sie unterstützt das Subjektwerden des Menschen.
  Sie ist revolutionär und realistisch: sie verführt und ermutigt zum Unmöglichen.[47]

Die Tatsache, dass die DDR-Germanistik inzwischen dabei war, ihren Romantik-Begriff zu korrigieren, wirkte wenig beruhigend angesichts der Beobachtung von historischen Parallelen einer Entwicklung, die gerade für den Alltag des Sozialismus untypisch hätte sein sollen und die Schriftsteller mit tiefer Sorge und Skepsis erfüllte:

Mein Hauptinteresse war, zu untersuchen: wo hat sie eigentlich angefangen, diese entsetzliche Gespaltenheit der Menschen und der Gesellschaft? Wo hat die Arbeitsteilung so in die Menschen eingegriffen, daß die Literatur immer mehr herausgedrückt wurde aus dem Bereich, den die Gesellschaft in ihrem Selbstverständnis für wichtig, wesentlich, ja! Überhaupt für vorhanden erklärte? Gleichzeitig damit wird auch das weibliche Element aus der Gesellschaft herausgedrängt; [...][48]

Ein Thema, dem sich die Autorin mit Bettina von Arnim und Karoline von Günderrode besonders annimmt. Sich den Biographien gerade dieser Dichterinnen zuzuwenden, die diese Widersprüche zuerst am Epochenumbruch in die moderne Zeit durchlebten, verspricht möglicherweise späte Antwort. Diesmal lässt sie es Bettine sagen, die ihr Schicksal als weibliche Autorin und Dichterin durchleuchtet:

> Die Bettine wittert, daß die Strukturen der ihr bekannten Ästhetik in irgendeinem wie immer vermittelten Sinn zusammenhangen müssen mit den hierarchischen Strukturen der Gesellschaft. Es ist ein unauflösbarer Widerspruch, daß Literatur von den Ordnungen abhängt, die sie doch, um Literatur zu werden, dauernd überschreiten muß.[49]

Eine Entsprechung zwischen dem z. B. von Bettine Erlebten und Reflektierten, mitunter in ihren Briefen auch nur als Ahnung Angedeuteten zur eigenen Lebensproblematik erkennt die Autorin Christa Wolf sehr bewusst:

> Dieses ins Extrem getriebene Zum-Außenseiter-gemacht-Werden, das, was ich an mir existentiell erfuhr: das wollte ich befragen, natürlich auch, um mich davon distanzieren zu können. Wo hat es angefangen? Wann? – In den Texten, in den Lebensverhältnissen der Romantiker findet man eine Fülle von Dokumenten darüber; die haben sensibel registriert, daß sie Außenseiter wurden, daß sie nicht gebraucht wurden in einer Gesellschaft, die sich daranmachte, Industriegesellschaft zu werden, die Arbeitsteilung weiterzutreiben, die Menschen in Anhängsel der Maschinen zu verwandeln; den Begriff ›Fortschritt‹ neu zu definieren, aufklärungsfern – die gleichen Leute, die die Bücher der Schreibenden nicht mehr lesen würden. Ja: mehr Leute lernten lesen, es gab mehr Schulen, aber die Texte, die sie lasen, lesen durften, überhaupt noch lesen konnten, das waren natürlich nicht die Texte dieser Autoren. Obwohl die Phänomene scheinbar noch gar nicht so brisant sind, registrieren die Romantiker sie ungeheuer scharf; und weil wir da wirklich Ähnlichkeiten spüren, zu unserer eigenen Reaktion auf ungleich schwerwiegendere Prozesse und Erscheinungen, deshalb dieser sogenannte Rückgriff.[50]

Aber es ist kein Zugriff mit dem Ziel, Romantik zu rezipieren, es ist die Suche nach Verbündeten, Seelenverwandten in der Geschichte, nach vergleichbaren dokumentierten Erfahrungen, von Lebensmustern und ihrem jeweiligen künstlerischen Ausdruck. So projizieren sich im geistigen Vergleichsraum Biografien und Poetiken von Gegenwartsautoren im Diskurs mit denen der Romantiker-Generation in der Dimension des Autors, entstehen Kunstfiguren wie in *Kein Ort. Nirgends*, die in neuen Erzählstrukturen und -haltungen agieren. Christa Wolfs »diskursive Prosa« (wie man sie auch in den *Lehrlingen zu Sais* von Novalis oder in Friedrich Schlegels *Lucinde* findet, natürlich im *Athenäum* und A. W. Schlegels berühmtem *Gespräch über die Gemälde*) wird ihr als Neuansatz in der Gegenwartsliteratur zugeschrieben.

Das ästhetische und weltanschauliche Ringen um die Möglichkeit gegenwärtiger sprachlicher Gestaltung beförderte zugleich mit einer von den Autoren ausgehenden und für die Wissenschaft herausfordernden Romantik-Rezeption das Entstehen von Poetiken gerade in den 1960er und 1970er Jahren[51]; nicht selten als »eine Art von Selbstrettung, als [...] der Boden unter den Füßen weggezogen war«.[52] Anna Seghers, Annemarie Auer, Volker Braun, Günter de Bruyn, Franz Fühmann, Stephan Hermlin, Rainer Kirsch, Günter Kunert, Eva Strittmatter, Christa Wolf und Gerhard Wolf bekräftigten durch ihre Essayistik den Willen zur Verständigung ebenso wie den zur beständigen Benennung »bisher unausgesprochener Widersprüche« und zur Einmischung »in die gesellschaftlichen Belange, um die weitere Entwicklungsrichtung mitzubestimmen«.[53]

Christa Wolf erinnert sich 2001 an den Moment, als ihr klar war,

> daß das Potenzial an Utopie restlos aufgebraucht war und wir von der Substanz lebten – von der äußerst begrenzten materiellen Substanz, und von der Substanz einer Theorie, die (natürlich!) die Massen nicht ergriffen hatte und keineswegs zur »materiellen Gewalt« geworden, aber allzu oft in banalisierter und verfälschter Form zur Verdeckung und Leugnung der Widersprüche mißbraucht worden war – damals wollte ich es wissen: Was war mit den deutschen Intellektuellen los, die das früher schon erfahren hatten? Hölderlin, Büchner, Günderrode, Kleist: Mein Befund war: Die deutsche Misere hatte sie zu hochgestochenen, höchst achtbaren, mich ergreifenden Gedanken und Dichtungen angetrieben (und im Falle Büchner zu sozial motiviertem politischem Handeln), und hatte sie dann auf die eine oder andere Weise verschlungen.[54]

Der Titel ihres Buches, das eine erneute Hinwendung zur Romantik signalisiert, *Kein Ort. Nirgends* »ist ja nun die genaue Übersetzung des schönen lateinischen *Utopia*«.[55]

Günter Kunert, dessen scharfes *Pamphlet für K.*[56] im Kleist-Jahr 1977 Aufsehen erregte, scheute sich nicht, seine streitbare Autoren-Position zu formulieren:

> Schreiben: weil der Umwandlungsprozeß, bei dem ich Text werde, ein dialektischer Regenerationsprozeß ist: ich verliere und gewinne zugleich.

> Der Vorgang schafft gesteigerte Spannung, wie jedes Suchen und Finden; gesucht und gefunden aber wird das Unvorhergesehene. Man zieht in die Fremde, die man selber ist; zur Entdeckung des unpersönlich Allgemeinen, das man höchstpersönlich innehat. Schreiben: damit sich ereignet, was jeder insgeheim wünscht: daß der Moment einen Moment lang Dauer behält und immer wieder erweckt werden kann. Schreiben: ein wellenartiges sich Ausbreiten nach allen Seiten, das Grenzen ignoriert und immer mehr und immer Unbekannteres einbezieht und erhellt.
>
> Schreiben: weil schreiben nichts Endgültiges konstituiert, sondern nur Impulse gibt; weil es ein unaufhörlicher Anfang ist, ein immer neues erstes Mal, wie Beischlaf oder Schmerz. Solange man schreibt, ist der Untergang gebannt, findet Vergänglichkeit nicht statt, und darum schreibe ich: um die Welt, die pausenlos in Nichts zerfällt, zu ertragen.[57]

Ein philologischer Vergleich bietet sich an zu Gedanken von Novalis über das Romanschreiben als unendliche Vergegenständlichung des Lebens, über die existenzielle Verbindung zwischen dem Autor und dem Leser im beständigen kritischen Diskurs, die Sehnsucht nach einem neuen und friedlichen Zeitalter, das auch Novalis sich um 1800 wie viele seiner Zeitgenossen erträumte, dabei den Ideen Fichtes, Hemsterhuis', Kants folgend. Dann schließlich die Vision des Autors Friedrich von Hardenberg, der im Begriff ist, mit seinen Ideen unter seinem Pseudonym *Novalis* an die Öffentlichkeit zu treten: »*Der wahre Leser muß der erweiterte Autor seyn.*«[58]; »Mannichfaltig combinirte Autorbewegungen oder Operationen – Lesen – Beobachten – alles in Beziehung auf Selbstdenken – und Schreiben.«[59]

Das eigentlich Interessante am Vergleich mit den Lebensmustern, künstlerischen Programmen und Experimenten der Generation von Autor*Innen um 1800 ist, dass dieser Vorgang nicht nur für Christa Wolf das Potenzial besitzt, zur Plattform der eigenen künstlerischen und einer sozialen Positionsbestimmung zu werden:

> die Feststellung, ›die Gesellschaft habe in der oder jener Zeit die oder jene Fehler gemacht‹, ist mir literarisch relativ wenig interessant. Mich interessiert: was habe ich in der oder jener Zeit gewußt, geahnt, gedacht, getan und unterlassen. was habe ich, haben wir vergessen. was hat uns von uns selber, unseren früheren Hoffnungen und Vorstellungen entfernt uns was taugt, in ein zukünftiges Zusammenleben von Menschen mitgenommen zu werden.[60]

In der Beurteilung der gesellschaftlichen Tendenzen waren sich Christa Wolf und Franz Fühmann so einig wie sich ihre poetologischen Positionen zu Grundfragen des literarischen Schaffensprozesses sehr annäherten.[61] Mit der Akademie-Rede 1976 hatte Franz Fühmann bereits klar bekannt:

> Ich halte die Modelle der Romantik und die E. T. A. Hoffmanns auch heute und hier noch durchaus für tauglich. [...] Auch das Erbe ist keine tote Substanz. Der Ritter Gluck ruht nicht auf dem Friedhof zu Wien, wiewohl er dort ruht. Literatur ist immer Literatur im Widerspruch, und die dem Leben entstammende und entstammte Einheit der Widersprüche bleibt nur als Widerspruch lebendig und wirkt so auf das Leben zurück.

III. Erzählräume

Die Mathematikerin Helga Königsdorf und der Philosoph und Schriftsteller John Erpenbeck sprachen 1987 die Brisanz der Störung und Deformierung der Naturkreisläufe durch den vom Menschen gemachten »wissenschaftlich-technischen Fortschritt« an, mit dem die »Gattung Mensch« dabei ist,

> die Grundlagen ihrer Existenz zu erschüttern. Die Welt rückt zusammen, die Ressourcen werden knapp, die ökologischen Schäden mehr und mehr global und unumkehrbar. Angaben über das angehäufte Vernichtungspotential kann man zwar zur Kenntnis nehmen, aber es entzieht sich dem Vorstellungsvermögen. Die Waffen werden auf infame Weise ›intelligenter‹. Die Probleme, die entstehen, haben eine völlig neue Qualität, eine ›teuflische‹ wollte ich sagen, aber das Wort paßt nicht. Es gibt überhaupt keine richtigen Worte dafür. Wichtiger scheint mir auch die Frage: Haben wir die passenden Antworten?[62]

»Erzählerische Netzwerke« entstehen, die herkömmliche Schreibstrukturen aufbrechen und verändern, kombinatorisch gestalten, in denen sich eine alternative Schreibweise entfaltet, um in Zeiten fortschreitender Globalisierung und widersprüchlicher Entwicklungen in den Nationalstaaten, auch den sozialistischen Staaten, nicht sprachlos zu werden.

Das gilt für Helga Königsdorfs Erzählung *Respektloser Umgang* ebenso wie für Christa Wolfs *Störfall*. Das literarische Experiment gewinnt eine sehr pragmatische Bedeutung: mit ihm entstehen neue Erzählräume, wird die Kraft der Sprache zurückgewonnen und damit ein Stück der sich allerdings mit den globalen sozialen Verhältnissen wandelnden Utopie. Christa Wolf gewinnt mit neuer Prosa, die Fiktives und Dokumentarisches miteinander verwebt, Raum für (romantische) Ironie, wie in der Erzählung *Unter den Linden* (1977) oder den *Neuen Le-*

bensansichten eines Katers (1980). Der Essayband mit dem Titel *Lesen und Schreiben* (1968), der zu den »Gründungsurkunden« neuerer DDR-Literatur gezählt wird, fasst Lebens- und Schreiberfahrungen zusammen.[63]

1976 verdichteten sich die Erfahrungen einzelner dramatisch, als mit der Ausbürgerung von Wolf Biermann eine »Polarisierung der kulturell arbeitenden Menschen« vonstattenging.

> Eine Gruppe von Autoren wurde sich darüber klar, daß ihre direkte Mitarbeit in dem Sinne, wie sie selbst verantworten konnte und für richtig hielt, nicht mehr gebraucht wurde. Wir waren ja Sozialisten, wir lebten als Sozialisten in der DDR, weil wir dort uns einmischen, dort mitarbeiten wollten. Das reine Zurückgeworfensein auf die Literatur brachte den einzelnen in eine Krise, die existentiell war.[64]

Franz Fühmann gehörte mit Christa Wolf und Jurek Becker zu jenen Autoren, die einen Appell an die DDR-Führung unterzeichneten und die Rücknahme der politischen Entscheidung bewirken wollten.

Durch »das Festhalten an seiner kritischen Position zunehmend in Mißkredit geraten«, blieb auch »sein höchst loyales Bemühen um ein freimütiges öffentliches Gespräch über drängende Probleme des gesellschaftlichen und kulturellen Lebens« ohne Ergebnis. »Er selbst wurde weitestgehend aus der Öffentlichkeit verdrängt. Lesungen konnten fast nur noch unter dem Dach kirchlicher Einrichtungen stattfinden.«[65] Zusammen mit Barbara Frischmuth, als Autorin Schülerin von Ingeborg Bachmann, kam er im Frühjahr 1983, ein Jahr vor seinem Tod, in die Leipziger Franz Mehring Buchhandlung, um mit der Autorin über ihr von E. T. A. Hoffmann beeinflusstes Buch *Die Mystifikationen der Sophie Silber* zu sprechen, auch über seine eigenen literarischen Arbeiten. Von Franz Fühmann waren in diesem Zeitraum neben dem ironischen Erzählband *Saiäns-Fiktschen* (1981) und dem stark autobiografischen Essay *Vor Feuerschlünden. Erfahrung mit Georg Trakls Gedicht* (1975/1982/1984) auch die beiden streitbaren – für die Literatur und für die öffentliche Kulturdiskussion wichtigen – Essays über E. T. A. Hoffmann und über das *Mythische Element in der Literatur*.[66] Sie kreisen alle um jenes Problem, für das die Romantikdebatte nur ein Symptom war: das Verhältnis von Literatur und Kritik, Dialektik des Geschichtsprozesses respektive Literatur und Macht. Es ging um Wahrheit und Wahrhaftigkeit! Zu dieser Zeit beschäftigte sich Fühmann bereits mit seinem (dann letzten) großen Projekt *Im Berg*, mit dem er an zwei großen Strängen um Klarheit ringt: über die Frage der Macht, die sich die Kulturpolitik unterordnet und ästhetisch um das mythische Element und das Wesen von Literatur.

Nur wenige Male hat Fühmann am Ende der 70er Jahre Gelegenheit, sich dazu in der Öffentlichkeit und im Auftrag des Verbandes der Schriftsteller, der Akademie der Künste bzw. auf Einladung von Wissenschaftlern zu äußern. Er gibt so die am Anfang erwähnte Diskussionsgrundlage für die Arbeitsgruppe IV. zum Thema *Literatur und Kritik* auf dem VII. Schriftstellerkongress, in der auch Günter Kunert mitwirkte, und spricht selbst zur Diskussion. Es war der letzte Kongress, auf dem er sprach, auf dem auch Anna Seghers als Präsidentin wiedergewählt wurde. Unmissverständlich erklärt Fühmann in 20 Kriterien für einen Lösungsweg:

> Der Hauptmangel im Gesamtsystem der Kritik scheint mir in einer Tendenz zu bestehen, an der Spezifik der Literatur vorbeizusehen. [...]
>
> **5.** Das spezifische Element der Literatur müßte wohl das sein, das durch keine andere Bewußtseinskategorie ersetzt werden kann und in keiner anderen Sphäre des Überbaus auflösbar ist, denn was durch anderes vollständig ersetzbar oder in einem anderen medium restlos auflösbar wäre, hätte keine eigene Existenznotwendigkeit. [...]
>
> **7.** Eine Bestimmung des Wesens der Literatur nur von der Form her scheint mir unzureichend.
>
> **8.** Ebenso unzureichend scheint es mir, den Inhalt eines literarischen Werkes nur von der Ideologie her zu bestimmen, denn Literatur geht in Ideologie nicht auf, weil der Mensch in Ideologie nicht aufgeht. Der Mensch, dies merkwürdige Geschöpf, ist eben nicht nur ein gesellschaftliches Wesen, er ist von der Gesellschaft wie von der Natur her bestimmt, eine widersprüchliche doch unauflösbare Einheit, die eben nur in der Einheit dieses Widerspruchs den **ganzen** Menschen ausmacht, [...].[67]

Dieses Spezifische der Literatur als ein in der Geschichte der Menschen und ihrer Kulturen gebildetes und verwurzeltes Kennzeichen von Literatur zu verstehen, war ein Kernstück der immensen Arbeit Franz Fühmanns bis zu seinem frühen Tod am 8. Juli 1984.

Im Februar 1974 sprach er vor Studenten der Berliner Humboldt-Universität im Rahmen einer Reihe von Vorträgen der Akademie der Künste und bezeichnet dieses Spezifische als *Das mythische Element in der Literatur*.[68] Es geht Fühmann nicht um eine Definition, wohl aber ist es eine selten eindringliche Darstellung dessen, was man mit ihm die »spezifisch ästhetische Mimesis« nennen kann.[69] Mythen sind Bestandteil des menschlichen Lebens, tradieren in millionenfacher Wiederholung von Handlungen und Erlebnissen durchaus widersprüchlich auslegbare archetypische Erfahrungen und sind dennoch in der Geschichte der Völker immer in einer konkreten, aktualisierten Variante präsent. Niemals aber, das beweist Fühmann, in der Gestalt des Urmythos. Mit C. G. Jung stimmt Fühmann darin überein, daß in einem »kollektiven Unbewußten« ein jeder von uns Mythen in sich trage, eine Art Mythenkonzentrat,

> vererbte Urtypen von Menschenhaltung, die, wenn sie in den Träumen, in Phantasien, in Dichtungen, in Visionen ins Bewußtsein treten, dort als immer wiederkehrende, allen Völkern aus ihrer gemeinsamen Wegstrecke vertraute Urgestalten erscheinen, als Archetypen wie etwa denen des Alten Weisen, der großen Mutter, des Schattens, der Schlange, des Göttlichen Kindes, aber auch als Urtopographien wie Paradiesgarten und Waldsee und Höllenfeuer, oder geometrische Urformen wie Gabelung oder Mandala. Ich kann mich der Überzeugungskraft dieser Theorie nur schwer entziehen [...].[70]

Der Einfluss der ästhetischen Entwürfe und poetischen Werke von E. T. A. Hoffmann und Novalis, deren Werke er buchstäblich »verschlungen« hatte, auf Fühmanns eigene ästhetischen Positionen und Dichtungen, auf seinen Literaturbegriff ist hier schon deutlich fassbar: Die historischen Unterschiede im Prinzip des Romantisierens von Novalis und Hoffmanns Umgang mit dem Phantastischen werden, auf dem Hintergrund differenzierter Alltagswelten und -erfahrungen beleuchtet, interessant. Die dichtungstheoretischen Überlegungen von Novalis und E. T. A. Hoffmann, finden (auch in indirekten Zitaten) Eingang in die Überlegungen zum mythischen Element in der Literatur ebenso wie in den Essay *Vor Feuerschlünden. Erfahrung mit Georg Trakls Gedicht* und auch in das letzte umfassende Werk *Im Berg*, das (nicht nur oder nicht eigentlich?) des frühen Todes wegen Fragment blieb. So erklärt Fühmann

> Solche Erfahrungen, bei denen auf eine geheimnisvolle, nie ausschöpfbare und nie bis ins letzte darstellbare Weise das Subjekt des Erfahrens als Innen wie Außen ebenso untrennbar mit dem Objekt des Erfahrens verschmilzt wie das Was mit dem Wie des Erfahrens selbst, will ich subjektive Erfahrung nennen. Sie sind in jedem Fall Selbsterfahrung, doch sie weiten das Ich in das Alles der Welt und sie sind in jedem Fall Welterfahrung, doch sie ziehn die Welt in die Tiefe der Seele. In solchen Erfahrungen sind Subjekt und Objekt, Außen und Innen, Leib und Seele, Ich und Welt und beide im Doppelcharakter von Natur und Gesellschaft auf eine

solche Weise miteinander verbunden, daß sie sich gegenseitig bedingen und eines auf unerklärliche Weise im anderen sich spiegelt und darum eines im anderen abbildbar ist. Auf dieser ununterbrochen als selbstverständlich hingenommenen und doch höchst geheimnisvollen Fähigkeit des Einander-Entsprechens von psychischer und physischer Realität beruht auch die spezifisch ästhetische Mimesis. Die Kunst spiegelt ja nicht nur einfach Äußeres, sondern untrennbar darin auch Inneres wider, sie bildet mit dem Objekt auch das Subjekt, mit der Landschaft der Natur auch die Landschaft der Seele, mit den Rängen der Gesellschaft auch die Ränge des Bewußten und des Unbewußten ab, wobei sich das Subjekt in diesem Objektivierungsprozeß selbst als sich selbst Erfahrendes erfährt und so fort ohne Grenzen, Spiegel im Spiegel, und sie kann, die Kunst, dieses Wunder nur deshalb leisten, weil Inneres und Äußeres bereits vor dieser Kunstwerkwerdung Abbildungen voneinander sind.[71]

Das Gespräch über die Poesie von Heinrich und Klingsohr in Novalis' Roman[72] *Heinrich von Ofterdingen* bewegt dasselbe Problem einer ewigen Dialektik von Innenwelt und Außenwelt, es liest sich gleichsam wie die andere Stimme zu Fühmanns eigenem ästhetischen Konzept:

> Die Sprache, sagte Heinrich, ist wirklich eine kleine Welt in Zeichen und Tönen. Wie der Mensch sie beherrscht, so möchte er gern die große Welt beherrschen und sich frey darinn ausdrücken können. Und eben in dieser Freude, das, was außer der Welt ist, in ihr zu offenbaren, das thun zu können, was eigentlich der ursprüngliche Trieb unsers Daseyns ist, liegt der Ursprung der Poesie.
>
> Es ist recht übel, sagte Klingsohr, daß die Poesie einen besondern Namen hat, und die Dichter eine besondere Zunft ausmachen. Es ist gar nichts besonderes. Es ist die eigenthümliche Handlungsweise des menschlichen Geistes. Dichtet und trachtet nicht jeder Mensch in jeder Minute?

Novalis entwickelt hier die »Dignität« des Kunstwerks aus seiner Bedeutung und seinem Wert für das Leben. Führte man das Amt eines »Fahrtenerzählers« ein (um diesen Posten würde er sich gern bewerben), würde er, der Treckejunge Franz, wie die Mansfelder Bergleute den Schriftsteller nannten, den Bergleuten natürlich Bergmannsgeschichten erzählen:
E. T. A. Hoffmann *Die Bergwerke zu Falun, Der Alte vom Berge* nach Ludwig Tieck, die Bergszenen aus dem 5. Kapitel des *Heinrich von Ofterdingen, Unverhofftes Wiedersehen* von Johann Peter Hebel, *Die vier Norweger* von Henrik Steffens: »Der Bergmann war eine Schlüsselfigur der Romantik; ich hatte über

dieses Thema erst kürzlich in der Gewerkschaftsbibliothek (in Sangerhausen – GR) gesprochen, ebenso über die Bedeutung der Geologie als Leitwissenschaft einer Umbruchzeit.«[73] Denn sie zielte auf Entwicklung und Veränderung, schuf die Grundlagen dafür. »Das anscheinend Festeste und absolut Unwandelbare: der Fels, das Gebirge, war in Wandlung begriffen – wie erst da Staaten und Staatsverfassungen! So war die Geologie eine ausgesprochen revolutionäre Wissenschaft.«[74]

Sein Thema wird der Bergmann als »Symbolfigur«, sogar eine »Gleichnisfigur« für das, was das neue Bürgertum bewegte: Es »schließt Fernen auf – in allen Bereichen, dringt in die Tiefen der Wissenschaft – […]. Ihr müßt ihn euch natürlich so vorstellen, wie vor 175 Jahren – mit dem flackernden Lichtlein, sehr allein, auf Fahrten steigend mit Feuersetzen sprengend, mit Schlageisen und Fäustel. Dieser Bergmann tritt nun in die Literatur ein.«[75]

Fühmann schafft einen realen und zugleich mythischen Projektionsraum Romantik; indem sich Vorzeit, Gegenwart und Zukunft vermischen könnten: das Bergwerk im Mansfelder Land, Realität zwischen Wettelrode und Sangerhausen; Novalis' Heimatlandschaft bildet die Blaupause für die Phantasiestadt. Der mythische Ort der Kupferkönigin in der zentralen Region des Kupferbergbaus verschmolz mit dem Kaliberwerk zu einem Komplex, »allerdings durch ein phantastisches-reales Reich historischer Strecken«. Das wurde sein Ort, von dem auch der gegenwärtige Dichter hoffte, dass er sich mit dem gesuchten Urerlebnis verbinden würde und ihm gelingen könne, wonach ihn als Schriftsteller drängte: »jenen Ort in der Sprache zurückzugewinnen, den das Leben ihm unwiederbringlich verlor«.[76]

Zugrunde liegen Fühmanns eigene ausgedehnte Aufenthalte in Wettelrode, heute noch begehbarer Schacht, Wanderungen von dort nach Morungen, Lengefeld, Koppel, die Harzlandschaft mit eigentümlichem Blau des Himmels, zugleich mit diesem ganz besonderen Nebel, beide an poetische Bilder von Goethe und Eichendorff erinnernd. Der Berg – ein Ort zwiespältiger Erfahrung – beunruhigte durch eine Ungewissheit des in der Tiefe Erwartbaren und zugleich durch das Wissen um die Rückfahrt in die Arbeitswelt über Tage, unendliche Wiederholung der Abläufe. Immer wieder stellt er sich die beklemmende Frage, ob er hier unten den Gründen für den »Störfaktor«, der ihn in seiner Arbeit umtrieb, »auf die Spur kommen könnte«.[77] Die Idee, dass ja auch die Literatur so etwas historisch Gewordenes sei, nicht einer Willkür, nicht einer Doktrin entsprungen, schien Fühmann geeignet, den ihn quälenden Widerspruch zwischen dem politischen und dem künstlerischen Wertesystem zu erklären: »Sie [die Literatur] war doch auch etwas mit Schächten und Stollen und Querschlägen und Fahrten und verbrochenen Strecken, und ein Feld darin hieß *Romantik* und eine Strecke *E. T. A. Hoffmann*, und die nächste Generation setzte da fort, wo die vor ihr aufgehört hatte, oder das Flöz hatte sich verworfen, und sie begann im Unbekannten.«[78]

Ich bin ein Bergmann, wer ist mehr, prangte beständig als Losung über dem Portal des Kultursaales.

> Dieser Anspruch wuchs aus der Geschichte herauf: Seit tausend Jahren grub Mansfeld hier Kupfer, seit viertausend Jahren gruben Bergleute hier Kupfer, seit neuntausend Jahren grub die Menschheit Kupfer, und über mir Tausend Meter Gestein, das waren zweiundzwanzig Jahrzehntmillionen eines beharrlichen Mühens der Erde, sich aus Magma und Meer zu heben; auf dem Grund, auf dem ich hockte, und den einst die Sonne gesprenkelt, waren die ersten Reptile getrottet, schwerschädlige gepanzerte Lurche, dann war kein Fuß mehr auf ihn getreten, zweihundertzwanzig Millionen Jahre, und das Flözstück vor mir, das ich zögernd berührte, hatte nie zuvor eine Hand angefaßt. – Jungfräulicher Ort; jeder Streb war Pionierland; hier unten wurden neue Küsten gewonnen, nicht westwärts, sondern hinab in die Zeit.[79]

Diesen unwiederholbaren Moment einer plötzlich erscheinenden tiefen historischen Einsicht in eine sprachliche Form zu gießen, die unanfechtbar dasteht, Bestand haben könnte, setzte Wahrheit voraus und wird zur Herausforderung für den Schriftsteller. Es gibt ein Bekenntnis: »Es ist meine Landschaft […] jähe Gewißheit, daß die Welt unter Tage mein Ort sei, eine, wenngleich erst geisterhafte vage, neue Dimension stellte sich her«:

> Ich hätte nicht nur, so begann ich zu ahnen, endlich meine Landschaft gefunden; sie wäre, diese Landschaft, zugleich ein günstiger Ort, über Fragen nachzudenken, die mich immer quälender bedrängten, und ihre Lösungsvorschläge praktisch zu erproben.[80]

Der Ort ist für sich pure Geschichte: Ein alter Abwasserstollen aus der Zeit der Freiheitskriege fängt noch Quellwässer der Trappe auf und versorgt das fiktive Städtchen Tullroda mit Trinkwasser, ein Stollen aus den Tagen E. T. A. Hoffmanns führt zu einem Mundloch aus der Zeit Wallensteins, »so daß man gewissermaßen im Sozialismus, im Nappian-Neucke-

Schacht in den Berg einfahren und durch Gründerjahre und Romantik und Zopfstil bis in den Dreißigjährigen Krieg gelangen könne«.[81] Diese Zeitreise macht bestürzend und »mit einem Zauberschlag […] Wissen lebendig […] und solchermaßen, daß man sich für einen Augenblick zu einer Art gedoppelter Existenz gerissen fühlt: Man hat tatsächlich den Sprung erfahren, der einen (etwas in einem) so verändert, daß man den Zustand von noch soeben schon als vollkommen undenkbar ansieht.«[82] Hier lebt plötzlich Novalis' Idee auf, »*die Geschichte erzeugt sich selbst*. Erst durch Verknüpfung der Vergangenheit und Zukunft entsteht sie. Solange jene nicht festgehalten wird durch Schrift und Satzung, kann diese nicht nuzbar und bedeutend werden. Die Menschen gehn viel zu nachlässig mit ihren Erinnerungen um«.[83] »Alles geht nach Gesetzen und nichts geht nach Gesetzen.«[84] »Manche Menschen leben besser mit der vergangenen Zeit und der Zukünftigen als mit der *Gegenwärtigen*.«[85] Franz Fühmann ordnete sie jeweils einem einzelnen Abschnitt im Berg-Projekt zu.

Die Fahrt in unbekannte Dimensionen unternimmt der Ich-Erzähler mit den Dichteridealen des alten Bergmannes von Novalis und dem Zweifel der Hoffmann'schen Künstlerfiguren in sich.

> Ich beschäftigte mich jetzt mit Novalis und E. T. A. Hoffmann, mit Lebensgier und Todessehnsucht und der Wirklichkeit der Gespenster in einer gespenstischen Wirklichkeit […] sich über Wochen, Monate, vielleicht Jahre mit Phantasiegebilden zu beschäftigen oder Hymnen an die Nacht zu durchdenken, gab es nichts Wichtigeres? – Dabei bedeutete mir diese Arbeit alles, es war ein Müssen, dem man nicht ausweichen kann, ohne ein Stück seines Selbst aufzugeben.[86]

In der 1977er Konferenzrede über E. T. A. Hoffmanns *Klein Zaches genannt Zinnober* in Frankfurt an der Oder hatte Fühmann dieses »Müssen« benannt:

> die in Atlantis ein Rittergut besitzen, hungern für gewöhnlich in einer Mansarde, sie waren nicht nach ihrem Glück, sie waren nach ihrem Werk unterwegs. – […] die Wahl zwischen Bürger und Künstler steht für Hoffmann im Zeichen eines entweder/oder; und eigentlich ist es ja keine Wahl: man ist Künstler nicht, weil man malt oder dichtet, sondern weil man nicht anders kann.[87]

Was folgt daraus für E. T. A. Hoffmann: »Selbst Aufklärer, wie die meisten Romantiker, verhöhnt er ihre Illusionen; er hält sich mehr an die Realität. Die aber wäre nicht unwichtig, man sollte sie einer Doktrin nicht opfern. Man täte damit auch der Dichtung unrecht.«[88]

Das Quälende lag in der Frage

> Welchen Sinn hat meine Arbeit in einer Gesellschaft, die, in ihrer staatlichen Form als Diktatur des Proletariats sich verstehend, nach dem Sinn aller Kunst und Literatur als nach deren gesellschaftlichen Nutzen fragte, und so auch die Hervorbringer fragte, was hieß, etwas legitimierend erklären zu müssen, was, jede Interpretation übersteigend, in einer Erklärung nie aufgehen kann, schon gar nicht im Sich-selbst-Erklären unter einem wesensfremden Aspekt. – Erkläre die Wölbung einer Kugel durch Ausbreiten in einer Fläche; rechtfertige eine Taschenuhr durch den Nachweis, daß sie zum Brotschneiden taugt. – Das Werk eines Künstlers *ist* seine Erklärung.[89] [Hervorhebung GR]

Christa Wolfs Überzeugung: »Der Autor nämlich ist ein wichtiger Mensch« prägt ihre Würdigung des Freundes, auch in ihrer Trauerrede[90]: er hätte es sich

> verboten, jenen Widerspruch zu verharmlosen, zwischen dessen Pole er bis zur Grenze des Zerbrechens gespannt war. *Der Konflikt zwischen Dichtung und Doktrin war unvermeidlich*, formulierte er als Einsicht (in dem Trakl-Essay), in dem er fragt, warum, unter welchen Umständen er bereit gewesen ist, das Geheimnis der Dichtung einer Doktrin zu opfern. *Beide waren in mir verwurzelt, und beide nahm ich existentiell. Es war mir ernst mit der Doktrin, hinter der ich noch durch die verzerrtesten Züge das Gesicht der Befreier von Auschwitz sah, und es war mir ernst mit der Dichtung, in der ich jenes Andere ahnte, das den Menschen auch nach Auschwitz nicht aufgab, weil es immer das Andere zu Auschwitz ist [...] Mein Konflikt brach von innen aus, nicht von außen, also war er nicht vermeidbar. Sein Ende ist noch nicht abzusehen.*[91]

Was bleibt einem Schreibenden in einer derart exemplarischen Situation? Er muß sich selbst als Exempel setzen; das Exempel an sich statuieren. Der Weg – alle die verschiedenen Wege, die Fühmann in den letzten zehn, zwölf Jahren einschlug führten ihn zu beispielhaften Vergleichen. [...] Er sprach darüber, erzählte Episoden, den Grundgedanken, bezog alles, was er inzwischen tat, auf dieses eigentliche Buch – oft als Störung, oder Abhaltung – und erklärte mir unter anderen vor zehn, elf Monaten: Er habe es aufgegeben. Ich bin damals erschrocken und hatte Mühe, diesen Schreck wenigstens in den Ausdruck des Bedauerns zu mildern. Nun fand ich beim Wiederlesen seiner letzten Bücher, daß sie ja alle schon Teile, nicht nur Vorarbeiten, jenes geträumten Lebensbuches sind:

Bestandteile einer Gesamtarbeit, deren Richtung in die Tiefe ging, in immer weniger bekannte, immer dunklere Bereiche, zu den Ursprüngen hin, den Mythen und Märchen, und in das eigene Innere, die Höhlen des Unbewußten, des Schauerlichen, der Schuld und der Scham. *Bergwerk der Träume* – findet sich als überraschendes Motiv schon in *22 Tage* oder die *Hälfte des Lebens*.

Ein Vers von Trakl kommt ihm nicht aus dem Sinn[92], den Fühmann in seinem Essay symbolische drei Mal aufruft, fast wie im Märchen beschwörend, damit es aufhört:

»Der Wahrheit nachsinnen – viel Schmerz.«

Nicht zufällig überschreibt Fühmann eine Notiz in den Vorstufen zum *Berg-Projekt* mit einem Satz aus Goethes *Iphigenie auf Tauris*, mit dem Orest sein Schicksal in die Hände der Priesterin legt: *Zwischen uns sei Wahrheit.* (S. 141) Es ist sein klar erklärtes höchstes Prinzip in seinem künstlerischen Schaffensprozess als Schriftsteller, »Wahrheit und Wahrheitstiefe« nennt er es.

Franz Fühmanns Suche nach sich selbst war untrennbar verbunden mit der Suche nach dem Wesen der Literatur, nach dem, was sie zur Dichtung machte, für jeden Leser. Ein Gemeinsames zwischen Leser und Gedicht fand er:

dies Gemeinsame ist die Erfahrung. Sie ist das Homogene aller Poesie, dieser erdichteten Fracht von Menschheitserfahrung auf schmalsten Borden: Worten, Metaphern Verszeilen, Strophen; ihr tritt die Erfahrung des Lesers gegenüber, die nach Worten verlangt, sich vor ihm selbst zu verlauten, und wenn beide ineinander stürzen, Wortbedürftig- und Wortmächtigkeit, konstituiert, in stets neuem Schöpfungsakt, der Leser das Wortgebilde als Dichtung und sich selbst als deren Mitgestalter.[93]

Und noch »das Korn Poesie, das Splitterchen Mythos« können beitragen, ein Gedicht zur individuellen und damit auch zu einer menschheitsgeschichtlichen Erfahrung werden zu lassen.
So gehört zuletzt das Werk der Welt.

1 Vgl. Novalis: Schriften. Die Werke Friedrich von Hardenbergs. Begründet von Paul Kluckhohn und Richard Samuel. Hrsg. von Richard Samuel (†) in Zusammenarbeit mit Hans-Joachim Mähl und Gerhard Schulz. Historisch-kritische Ausgabe. HKA II, 429, Blütenstaub Nr. 39 und Allgemeines Brouillon, Materialien zur Enzyklopädistik, HKA III, 455, Nr. 924.
2 Thomas Theodor Heine: Die blaue Blume (1935). In: Die Traumflöte. Märchen, Grotesken, Legenden und andere nicht geheure Geschichten (1900–1945). Hrsg. von Ruth Greuner. Berlin, 1979. Georg Trakl: An Novalis. In: Gedichte, 1913. Thomas Mann: Von deutscher Republik. Rede aus Anlass des 60. Geburtstages von Gerhardt Hauptmann am 16. Oktober 1922.
3 Auf Bitten der Direktorin der Tretjakov Galerie Zelvira Tregulowa im Herbst 2019 ging das Bild in die verspätet eröffnete Ausstellung *Dreams of Freedom* nach Moskau, anschließend nach Dresden in das Albertinum. Es erschien ein Katalog.
4 Vgl. Christa Wolf: Die Dimension des Autors. Essays und Aufsätze, Reden und Gespräche 1959–1985. Bde. I und II. Berlin und Weimar 1. Auflage 1989.
5 Novalis an A. W. Schlegel in Berlin am 24.2.1798. Vgl. HKA IV, 251–253, Nr. 116.
6 Vgl. Olaf Breidbach: Geschichte der Naturwissenschaften. I: Die Antike. Berlin/Heidelberg 2015, S. 151–153.
7 Vgl. Fragmente und Studien 1799/1800. In: HKA III, 690, Nr. 689.
8 Vgl. Novalis: Vorarbeiten zu verschiedenen Fragmentsammlungen (1798). In: HKA II, 545, Nr. 103.
9 Die Politischen Aphorismen wurden nicht gedruckt, erst Eduard Bülow nahm sie in den 3. Band der fünften Auflage der Ausgabe der Schriften von Novalis von 1846 auf. Vgl. HKA II, 485–498. Zudem die Einleitung und den Kommentar von Ludwig Stockinger in der Werkausgabe des Hanser Verlages, München/Wien 1987, Bd. 3, S. 367–395, hier S. 375–379.
10 Stockinger (s. Anm. 9), S. 372.
11 Vgl. Ursula Heukenkamp: Die Ahnungen des Novalis. In: Arbeiten mit der Romantik heute. Hrsg. von Heide Hess und Peter Liebers. Berlin (Ost) 1978 (Arbeitshefte der Akademie der Künste der DDR, Bd. 26), S. 28–32. Das kompakte Material stellt bis dato erstmals für die Diskussion um ein Romantik-Verständnis über 40 wichtige Texte bereit. Darunter Lukacs' »Die Romantik als Wendung in der deutschen Literatur«; Günter Kunerts »Pamphlet für K.« und weitere Texte von namhaften Autoren, Dramaturgen, Künstlern und Wissenschaftlern.
12 Heinrich Heine: Die Romantische Schule in Deutschland. 1833. Vgl. Helmut Baierl: Heines »Romantische Schule«. In: Arbeiten mit der Romantik heute (s. Anm. 11), S. 36 ff.
13 Vgl. dazu Claus Träger, auch Ralf Klausnitzer: Blaue Blume unterm Hakenkreuz: die Rezeption der deutschen literarischen Romantik im Dritten Reich. Paderborn u. a. 1999.
14 Christa Wolf: Der Schatten eines Traumes. Karoline von Günderrode – ein Entwurf. In: Christa Wolf, Gerhard Wolf: Ins Ungebundene gehet eine Sehnsucht. Gesprächsraum Romantik. Prosa und Essays. Berlin und Weimar 1985, S. 212–213.
15 1977 trat Franz Fühmann aus dem Schriftstellerverband der DDR aus. Vgl. dazu den Briefwechsel Christa Wolf –Franz Fühmann: Monsieur – wir finden uns wieder. Briefe 1968–1984. Hrsg. von Angela Drescher. Berlin 1995.
16 Franz Fühmann: Diskussionsgrundlage, Protokollband Arbeitsgruppen zum VII. Schriftstellerkongress der DDR 1973. Berlin u. Weimar o. J., S. 248. Leiter der Arbeitsgruppe IV. war Rainer Kerndl.
17 Hermann Kant: Rede auf dem VII. Schriftstellerkongress der DDR 1973. Protokoll. Berlin und Weimar 1974, S. 32, S. 47 f. zum Verlagswesen.
18 Vgl. Therese Hörnigk: »Nachdenken über Christa T.«. In: Christa Wolf. Berlin 1989, S. 149.
19 Vgl. Günter de Bruyn: In: X. Schriftstellerkongress der DDR 1987. Plenum. Berlin und Weimar 1988, S. 129.
20 Brief an den X. Schriftstellerkongress der DDR 1987. Ebd., S. 131. Dann in: Christa Wolf: Ein Arbeitsbuch. Studien – Dokumente – Bibliographie. Hrsg. von Angela Drescher. Berlin und Weimar 1989, S. 454–455.

21 Vgl. https://de.wikipedia.org/wiki/Bibliothek_deutscher_Klassiker_(Reihe,_DDR)#Die_einzelnen_Ausgaben.
22 Franz Fühmann: Ernst Theodor Amadeus Hoffmann. Rede in der Akademie der Künste der DDR am 24. Januar 1976 aus Anlass des 200. Geburtstages von E. T. A. Hoffmann. In: Franz Fühmann: Essays, Gespräche, Aufsätze 1964–1981. Rostock 1986, S. 216–238, hier S. 238.
23 Vgl. Franz Fühmann: Vor Feuerschlünden. Erfahrung mit Georg Trakls Gedicht. Rostock 1984, S. 196. Es handelt sich um das Gedicht *Untergang*.
24 Claus Träger: Historische Dialektik der Romantik und Romantikforschung. In: Weimarer Beiträge (Künftig: WB) 4/1978, S. 47. Vgl. auch das Heft Arbeiten mit der Romantik heute (s. Anm. 11).
25 Im Auftrag der Nationalen Forschungs- und Gedenkstätten der klassischen deutschen Literatur in Weimar herausgegeben von Walter Dietze und Peter Goldammer. Berlin und Weimar. Folge 1, 1979. Erschienen in 13 Folgen bis 1990.
26 Volker Braun: Es genügt nicht die einfache Wahrheit. Notate. Leipzig 1975, S. 17.
27 Volker Braun: Rede im Plenum des X. Schriftstellerkongresses der DDR 1987. In: X. Schriftstellerkongress der DDR. Berlin und Weimar 1988, S. 81–84 f.
28 Vgl. Fragmente und Studien 1799/1800. In: HKA III, 623, Nr. 422.
29 Hans Georg von Carlowitz, Studienfreund von Novalis und sächsischer Minister des Inneren, aus Dresden an Novalis in Freiberg, 10. Februar 1799. Novalis nahm die Einladung nicht an. Vgl. HKA IV, 520.
30 Therese Hörnigk: »Unter den Linden«. In: Christa Wolf (s. Anm. 18), S. 171.
31 Ebd.
32 Ebd., S. 172. T. Hörnigk verweist hier besonders auf Irmtraud Morgner, Franz Fühmann und Günter de Bruyn.
33 Vgl. auch Sigrid Weigel: Vom Sehen zur Seherin. Christa Wolfs Umdeutung des Mythos und die Spur der Bachmann-Rezeption in ihrer Literatur. In: Christa Wolf. Ein Arbeitsbuch (s. Anm. 20), S. 169–203.
34 Vgl. auch Franz Fühmann: Der Wahrheit nachsinnen – Viel Schmerz. Gedanken zu Georg Trakls Gedicht. Leipzig 1981. Ferner Ursula Heukenkamp: Fühmanns Trakl-Bild. In: »Jeder hat seinen Fühmann«. Zugänge zu Poetologie und Werk Franz Fühmanns. Hrsg. von Brigitte Krüger, Margrid Bircken, Helmut John. Frankfurt am Main 1998, S. 167 ff., dort u. a. zu Franz Fühmanns Erfahrung mit Georg Trakls Gedicht *Untergang*. Auch U. Heukenkamp: Die Ahnungen des Novalis (s. Anm. 11), S. 28–32.
35 Ch. Wolf: Der Schatten eines Traumes (s. Anm. 14), S. 269. Der Essay erschien dann in: Karoline von Günderrode. Gedichte, Prosa, Briefe. Buchverlag Der Morgen Berlin 1979, S.64 f. Danach in: Ch. Wolf: Die Dimension des Autors. Aufsätze, Essays, Gespräche, Reden. Bd. II. Berlin 1989, S. 55 ff.
36 Vgl. Ursula Heukenkamp: Metapher der Befreiung. Volker Braun »Das innerste Afrika«. In: DDR-Literatur '87 im Gespräch. Berlin 1988, S. 184–196. Vgl. auch Chr. Wolf in einem Brief an den Essayisten, Theater- und Opernregisseur Adolf Dresen (1935–2001), Berlin, 16.02.2001. In: Christa Wolf: Man steht bequem zwischen allen Fronten. Briefe 1952–2011. Hrsg. von Sabine Wolf. Berlin 2016, S. 845–51.
37 Franz Fühmann: Ernst Theodor Amadeus Hoffmann (s. Anm. 22). In: Fräulein Veronika Paulmann aus der Pirnaer Vorstadt oder Etwas über das Schauerliche bei E. T. A. Hoffmann. Rostock 1979, S. 9.
38 Ebd., S. 11.
39 Ebd., S. 12.
40 Anna Seghers: Glauben an Irdisches. Essays aus vier Jahrzehnten. Hrsg. von Christa Wolf. Leipzig 1974. Vgl. auch https://paris-blog.org/2019/04/15/das-haus-der-mutualite-in-paris-2-der-erste-schriftstellerkongress-zur-verteidigung-der-kultur-von-1935/.
41 Vgl. Aleida Assmann: Menschenrechte und Menschenpflichten. Schlüsselbegriffe für eine humane Gesellschaft. Wien 2018.
42 Christa Wolf: Glauben an Irdisches. In: Die Dimension des Autors I (s. Anm. 4), S. 4, S. 153 ff. Nachwort zu: Anna Seghers. Glauben an Irdisches. Essays aus vier Jahrzehnten. Hrsg. von Christa Wolf. Leipzig 1969.

43 Aus einem Gespräch mit Anna Seghers im Februar 1968 zitiert von Christa Wolf in: Glauben an Irdisches. In: Die Dimension des Autors I (s. Anm. 4), S. 304.
44 Christa Wolf: Projektionsraum Romantik. Gespräch mit Frauke Meyer-Gosau. In: Alternative (Berlin/West) April/Juni 1982, dann in: Die Dimension des Autors II (s. Anm. 4), S. 422 ff.
45 Christa Wolf: Projektionsraum Romantik (s. Anm. 44), S. 436.
46 Ebd., S.427 f.
47 Therese Hörnigk: Christa Wolf: Lesen und Schreiben. (1968) In: Schriftsteller der Gegenwart 26. Volk und Wissen Berlin 1989, S. 155–156.
48 Th. Hörnigk nennt es ein »Realismuskonzept zeitgemäßer Literatur«. Ebd.
49 Christa Wolf: Nun ja! Das nächste Leben geht aber heute an. Ein Brief über die Bettine. In: Ins Ungebundene gehet eine Sehnsucht. Berlin und Weimar 1985, S. 352.
50 Ebd., S. 424.
51 Vgl. Ursula Heukenkamp und Bernd Leistner.
52 Chr. Wolf: Projektionsraum Romantik (s. Anm. 44), S. 423.
53 Vgl. Therese Hörnigk: Christa Wolf. Berlin 1989, S. 151. Verwiesen wird dort auf Joseph Pischel: Welt- und Kunstanschauung im Essay. In: DDR-Literatur '83 im Gespräch. Hrsg. von Siegfried Rönisch. Berlin/Weimar 1984, S. 7–32.
54 Christa Wolf an Adolf Dresen, Berlin, 16.02.2001. In: Ch. Wolf: Man steht bequem zwischen allen Fronten (s. Anm. 36), S. 845–851.
55 Ebd., S. 846.
56 Vgl. Günter Kunert: Pamphlet für K. In: Arbeiten mit der Romantik heute (s. Anm. 11), S. 112.
57 Günter Kunert: Warum Schreiben. Notizen zur Literatur. Berlin und Weimar 1976, S. 205.
58 Novalis: Vermischte Bemerkungen, 1798. In: HKA II, 470, Nr. 125.
59 Vgl. Allgemeines Brouillon. Materialien zu einer Enzyklopädistik. In: HKA III, 366, Nr. 575.
60 Ch. Wolf: Die Dimension des Autors. Bd. II, 2. Aufl. 1989 (erste 1986) (s. Anm. 4): Gespräch zum Erscheinen des Buchs *Kassandra* am 10.2.1984, S. 478.
61 Vgl. Ch. Wolf und F. Fühmann: Monsieur – wir finden uns wieder. Briefe 1968–1984 (s. Anm. 15).
62 Vgl. X. Schriftstellerkongress der DDR 24. – 26. November 1987. Plenum (s. Anm. 19), S. 95. Weiter dazu Therese Hörnigk über *Lesen und Schreiben*. In: Christa Wolf (s. Anm. 18), S. 150–151.
63 Vgl. Hörnigk: Lesen und Schreiben (s. Anm. 62), S. 150.
64 Ch. Wolf: Projektionsraum Romantik. (s. Anm. 44), S. 422. Vgl. dazu den offenen Brief von Franz Fühmann an Klaus Höpcke, Leiter der Hauptverwaltung Buchhandel und Verlagswesen im Ministerium für Kultur vom 20.11.1977. In: Ch. Wolf und F. Fühmann: Briefe (s. Anm. 61), S. 50–60.
65 Hans Richter: Franz Fühmann – Ein deutsches Dichterleben. Berlin 1992, S. 18.
66 Vgl. F. Fühmann: Essays, Gespräche (s. Anm. 22).
67 F. Fühmann: Diskussionsgrundlage zu Literatur und Kritik. Protokollband zum VII. Schriftstellerkongreß der DDR (s. Anm. 16), S. 251 f.
68 F. Fühmann: Essays, Gespräche, Aufsätze. Bd. 6. Rostock 1993, S. 82 ff.
69 Ebd., S. 113.
70 Ebd., S. 105.
71 Ebd., S. 113 f.
72 Novalis: Heinrich von Ofterdingen, Erster Teil *Die Erwartung*, 8. Kapitel. HKA I, S. 287.
73 F. Fühmann: Im Berg. Bericht eines Scheiterns [Fragment, 1983]. In: Im Berg. Texte und Dokumente aus dem Nachlaß. Hrsg. von Ingrid Prignitz. Rostock 1993, S. 8.
74 Vgl. Aufzeichnungen und Notizen zum Vortrag »Der Bergmann in der Literatur«, o. D. In: Franz Fühmann. Eine Biografie in Bildern, Dokumenten und Briefen. Hrsg. von Barbara Heinze, mit einem Geleitwort von Sigrid Damm. Rostock 1998, S. 336.
75 Ebd.

76 F. Fühmann: Im Berg (s. Anm. 73), S. 104.
77 Ebd., S. 150–153.
78 Ebd., S. 79 f. Vgl. auch S. 150–155.
79 Ebd., S. 23.
80 Ebd., S. 27 f.
81 Ebd., S. 79.
82 Ebd., S. 80.
83 Novalis: Fragmente und Studien 1799/1800. In: HKA III, 648, Nr. 541.
84 Novalis: Physikalische Bemerkungen. In: HKA III, 601, Nr. 291.
85 Novalis: Fragmente und Studien 1799/1800. In: HKA III, 586, Nr. 214. Vollständig lautet die Notiz: »Was bildet den Menschen, als seine *Lebensgeschichte*? Und so bildet den großartigsten Menschen nichts, als die *Weltgeschichte*. Manche Menschen leben besser mit der vergangenen Zeit und der Zukünftigen, als mit der *Gegenwärtigen*.«
86 F. Fühmann: Im Berg (s. Anm. 73), S. 29.
87 F. Fühmann: Klein Zaches genannt Zinnober. In: Essays, Gespräche, Aufsätze (s. Anm. 22), S. 321. Zuerst in Weimarer Beiträge, 4/78, S. 81.
88 Ebd. (Essays), S. 323.
89 F. Fühmann: Im Berg (s. Anm. 73), S. 29.
90 Ch. Wolf: Franz Fühmann. Trauerrede. am 16. Juli 1984. In: Die Dimension des Autors II (s. Anm. 60), S. 232–239. Dort auch: Lesen und Schreiben, S. 40.
91 Christa Wolf zitiert aus Fühmanns Essay »Vor Feuerschlünden. Erfahrung mit Georg Trakls Gedicht« (s. Anm. 23), S. 180.
92 Vgl. das Gedicht »Im Schnee. Nachtergebung, 1. Fassung«. In: Vor Feuerschlünden. Erfahrung mit Georg Trakls Gedicht. Anhang: Dichtungen und Briefe Georg Trakls. Hrsg. von Franz Fühmann (s. Anm. 23), S. 329.
93 F. Fühmann: Vor Feuerschlünden (s. Anm. 23), S. 84. Vgl. auch Novalis in den Vermischten Bemerkungen. In: HKA II, 470, Nr. 125.

Wolfgang Hilbigs »blaue Blume«*

Wilhelm Bartsch

Verhängnisse, Trugbilder und unverhoffte Poesien gibt es schon lange in Mitteldeutschland. Auch, ja ganz besonders Wolfgang Hilbig hat nach und nach eine der wohl wichtigsten Abteufungen bei seiner Suche nach Erkenntnis hinunter in eine markante Erdschicht und wesentliche poetische Ablagerung gemacht, wenn es auch ebenso für ihn richtig ist, was er in seiner Erzählung *Die Kunde von den Bäumen* so auf den Punkt gebracht hat: »Tatsächlich, ich bin von Bodenlosigkeit untergraben [...]«. Oder wie er in seinem wohl wichtigsten Essay zu seiner Landschaft, *Der trügerische Grund*, schreibt: »Brüchige, unwirtliche Bilder in den Erinnerungen: das Heranwachsen auf dem Boden dieses Landes entbehrte in einem für die Zeit symptomatischen Maß der Gelegenheit, in der Landschaft zu wurzeln.«

Aber es gibt noch eine sekundäre, jedoch ebenso wichtige Art, sich Erinnerungen in der Landschaft, wenn auch nicht die eigenen, zu erarbeiten, und Hilbig hat das auch mit aller ihm zu Gebote stehenden Hartnäckigkeit versucht. Deshalb will ich diese mitteldeutsche und ganz besonders markante Erdschicht und poetische Ablagerung zunächst einmal in zwei Bildern direkt vor Ort etwas anschaulicher zu machen versuchen.

Erstes Bild:

Johann Gottfried Seume, der sonst nicht gerade als Naturschwärmer auffiel und einen solchen mit »In Paestum wachsen keine Rosen« aus seinem *Spaziergang nach Syrakus* auch aufs Korn nahm, schreibt in seiner Autobiographie *Mein Leben*: »Es wurde eine erkleckliche Summe für Heitzung bezahlt, nach der dahmaligen Zeit, und man ließ uns vor Frost in den Dachstuben zittern [...]«. Etwa zur selben Zeit erhob er eine Klage im Gedicht *Die Dryade* vom 12. Mai 1804, ohne dass ihm wohl da ein gewisser Zusammenhang auffiel: »Herzlose Männer zerstören den Hain mit wütender Mordaxt,/und der Schlag hallt von der Entheiligung weit in die Flur fort. [...] Unser Elend ist da, der unausweinbare Tag kommt.« Die Szene ist im Rosenthal nahe Leipzig, das im damals schon mehr oder weniger baumlosen Sachsen noch ein Elysium vorgetäuscht hat. Nun ist scheinbar auch noch die letzte sächsische Baumnymphe dahin: »[...] ihr folgten die Stimmen der Klage/ Aller Bewohner des Hains: – und traurig schritt ich vorüber.«

Dieses Gedicht bezieht sich ohne Zweifel auf Friedrich Schillers *Der Spaziergang*, der, geschrieben im September/Oktober 1795 in Jena, 1800 gekürzt und veröffentlicht, zu Recht als Schillers lyrisches Hauptwerk gilt, als sein bedeutendstes Gedicht über Geschichte und Natur. »Zischend fliegt in den Baum die Axt, es erseufzt die Dryade«, heißt es bereits dort, und der Vorbilds-Ort davon ist sogar der gleiche, nämlich das Leipziger Rosenthal, wo ein beglückter Schiller 1785, übrigens zusammen mit Seumes Verleger und Arbeitschef Göschen, in einem Bauernhäuschen in Gohlis wohnte. Im Jahr 1943 schlug dort eine zum Glück nicht explodierende Stabbrandbombe ein, und zwar in Schillers Schlafkammer. Der Geschichtskenner Schiller pflegte, vielleicht ja aus einer Vorahnung heraus, schon morgens in aller Herrgottsfrühe, noch im Nachthemd, die Felder zu durchstreifen: »Jahre lang mag, Jahrhunderte lang die Mumie dauern,/ Mag das trügende Bild lebender Fülle bestehn, / Bis die Natur erwacht, und mit schweren, ehernen Händen / An das hohle Gebäu rühret die Noth und die Zeit«.

Zweites Bild:

Ein über zweihundert Jahre alter Stich zeigt etwas eigentlich Unglaubliches, nämlich einen schrägen Zypressenhain, der aber nur aus Rauch besteht. Der Qualm entsteigt kürzeren oder längeren Schornsteinen auf oder in einer Gebäudemasse, die später zusammen mit der Höhe ihrer Schornsteine weiterwuchs. Bis 1925 stand auf diesem Gelände sogar der damals höchste Schornstein der Welt, und nicht grundlos gab es hier auch die weltweit erste Gasbeleuchtung überhaupt. Die Rede ist vom Amalgamierwerk Halsbrücke bei Freiberg. Es wurde erbaut von 1787 bis 1791. Hier wurden nach lateinamerikanischem Vorbild arme Silbererze auf höchstem technologischen Niveau verhüttet in einem Verfahren, das man die »europäische Fässeramalgamation« nannte. Die wichtigste Rolle dabei spielte neben dem Quecksilber das in den Salinen gewonnene Salz. So konnte »auf kaltem Wege«, also Holz und Energie sparend, produziert werden. Ein Besucher einer dieser Werkhallen schrieb begeistert: »Das Haus ist ein wahrer Pallast von 3 Etaschen, worinne alles [...] leicht in Umgang gesetzt ist.« Diese Hallen mit den polternden Tonnen der Wahlverwandtschaft – eine Art von kleinem Ur-Leuna – erregten in ihrer ästhetisch und funktional äußerst gelungenen Konstruktion nicht nur in Fachkreisen höchste Aufmerksamkeit und Bewunderung. Goethe nahm 1810 dieses »8. Weltwunder« natürlich ebenfalls in Augenschein. Das Wort »Wahlverwandtschaft« stammt ja bekanntlich nicht von Goethe selber, sondern kommt aus der frühen Chemie.

Am 13. Mai 1798 zeigte Friedrich von Hardenberg den Siebeneichener Freunden Gries, Merkel und Hensler die Anlagen, und im Dezember desselben Jahres voller Stolz auch seinem Vater. Kein Wunder, denn sein Freiberger Schwiegervater in spe hieß Johann Friedrich Wilhelm von Charpentier. Er war der Schöpfer dieses imposanten Werkes. Aber nicht nur das, der bereits praktizierende Salinenspezialist, Salzchemiker, Verwaltungsfachmann und Bergbauingenieur namens Friedrich von Hardenberg hatte unmittelbar mit diesem Werk zu tun, wie ja auch sein Vater, der damals noch sein Chef war, nämlich auf den Salinen zu Kösen, Artern und Dürrenberg, die auch Industriesalze gewannen. Der Junior hatte neben sehr vielen anderen unterschiedlichsten Aufgaben unter anderem auch »Gang und Ertrag der Chemischen- und Düngesalz-Fabrik« zu Dürrenberg in monatliche Tabellen einzutragen. Beide, Vater und Sohn, waren Teil einer Produktionsweise, wie es sie sonst nirgends so gab auf der Welt. Ich möchte sie hier vereinfachend den sächsischen Feudalkapitalismus nennen. Friedrich von Hardenberg, der noch auf seinem Sterbebett keine drei Jahre später zum Amtshauptmann, was heute in etwa ein Landrat wäre, des siebenten kursächsischen Landkreises, nämlich des Thüringischen, ernannt wurde, unterschrieb in diesem Jahr 1798 auch seine ersten literarischen Produkte mit »Novalis«. Das geschah aber sicher nicht vorrangig wegen der blauen Blume der Romantik, die er dann erfand – und das teilweise an den Seitenrändern seiner beruflichen Schriften. Was auf ihn noch zukam, war eine wirkliche Neulandgewinnung zwei Jahre später, nämlich die von ihm und seinem Gehilfen Haupt durch den berühmten Vulkanisten und Bergprofessor Gottlob Anton Werner höchstselbst anbefohlene und dann so erfolgreiche geognostische Landesexpedition Sachsens, die Novalis zu einem der Pioniere der mitteldeutschen Braunkohlegewinnung gemacht hat. Die MIBRAG, die Mitteldeutsche Braunkohlengesellschaft, ehrt ihren großen Kollegen, weniger dabei den Dichter, nun seit einigen Jahren mit einer Gedenktafel auf einem Findling am Rand ihres Tagebaus Profen. Die seit dem 17. Jahrhundert vor allem aber in Meuselwitz im Tiefbau geförderte Erd- oder Braunkohle ersetzte nämlich damals schon teilweise das Holz. Werner verlangte übrigens für diese geognostische Landesuntersuchung »robuste und Strapazen ertragen könnende Leute« und »gute, womöglich vorzügliche Köpfe«. Sie sollten Emsigkeit, Umsicht, Akkuratesse, ja wissenschaftliches Genie besitzen. Der zarte, ätherisch blaublütigblasse Jüngling namens Novalis ist ein Trugbild. Gareis verfälschendes Gemälde wurde schnell zu einer Ikone im Reich einer falsch verstandenen Romantik, zumindest Novalis betreffend. Dieser junge Mann konnte in Wirklichkeit trotz seiner Lungenschwindsucht reiten, fechten und vor allem kräftig zupacken.

Was ist nun aus diesen hier abgebildeten beiden Bildern an Erkenntnis zu gewinnen? Vor allem die einer großen, lang anhaltenden Energiekrise, wie sie bereits der sächsische Oberberghauptmann Hans Carl von Carlowitz in Freiberg kommen sah und in einer Schrift im Jahr 1713 aus Sorge um fehlendes Bau- und Stempelholz im Bergbau erstmals von einer »nachhaltenden Nutzung« der Wälder schrieb. Hatte nicht schon der Bergmannssohn Luther einige Jahrhunderte zuvor angesichts der Kahlschläge am östlichen Harzrand vermutet, den Deutschen könne es bald an »wildem Holze« mangeln? Genau dieselbe Bewandtnis, dem abzuhelfen, hatte es nämlich auch mit dem Amalgamierwerk Halsbrücke. Es galt, viele weitere Braunkohlenfelder zu erschließen. Abraham Gottlob Werner schrieb an Friedrich von Hardenberg am 23. Mai 1800: »Eine bereits bekante Braunkohlengegend ist die ohnweit dem altenburgischen Ort Meuselwitz.« In seinem »Erdkohlenbericht« an Werner schrieb Friedrich von Hardenberg bereits: »Die einreißende Holznot zwang die Privatleute auf dieses wohlfeile HolzSurrogat Bedacht zu nehmen, und der Gebrauch wird nun mit jedem Jahr allgemeiner.« Die sächsischen Salinen im 7. kursächsischen Landkreis stellten damals bereits ebenfalls auf Braunkohlenfeuerung um. Auch über »Sonnensalz« und künstlichen Schnee denkt von Hardenberg anscheinend nach, wie einigen seiner beruflichen Notizen zu entnehmen ist. Vor allem aber arbeitete er als Salinenassessor für die Dürrenberger Saline, die Industriesalz liefern konnte, wie es das Amalgamierwerk Halsbrücke brauchte, um energiesparend Silber herzustellen. Nicht vorrangig als Poet also war Novalis zuerst auch nach Meuselwitz gekommen, sondern als landesbeauftragter Mann der Braunkohle.

Aber die wichtigsten Begegnungen zwischen Novalis und Hilbig fanden dann untertage, nämlich im Heizungskeller statt. Die Poesie von Schlägel und Eisen traf dabei auf die Poesie von

Schaufel und Schürstange. Davon hat aber Hilbig am wenigsten bewusst profitiert, denn vom Bergmannsleben des Novalis konnte er, außer durch einige wenige Texte in den ihm damals zugänglichen Novalis-Ausgaben, nicht viel wissen.

Was Hilbig aus seinen Begegnungen mit Novalis von Bergbau und quasi All-Chemie der Stoffe und Gefühle wissen oder erahnen konnte, das hatte er vor allem aus Novalis' Roman *Heinrich von Ofterdingen*. Etwa ein Jahrzehnt bis weit hinein in die siebziger Jahre arbeitete er in zahlreichen Ansätzen und Versuchen an einem Projekt, dem er selber auf seinen entsprechenden Schreibheften den Titel »Blaue Blume« gegeben hat. Das sind noch ungehobene Schätze im Berliner Hilbig-Archiv.

Den Einstieg in diesen Roman hat Hilbig, der Nachtmensch und werdende Meister aller Menschheitsdämmerungen, sicherlich zuerst durch Novalis' *Hymnen an die Nacht* gefunden: »Abwärts wend' ich mich zu der heiligen, unaussprechlichen, geheimnisvollen Nacht. Fernab liegt die Welt – in eine tiefe Gruft versenkt – wüst und einsam ist ihre Stelle.« Eines der wichtigsten Hilbiggedichte, sein Sonett »Novalis« von 1970, weist den Weg, den der Dichter bereits zu dieser Zeit geht. Es ist ein nächtliches, freiheitliches Schlüsselgedicht:

> allem ledig seh ich nun vor meinen füßen/
> licht zerspringen und die hohen nächte grüßen/
> mit freiheit mich und ich hab raum//
> für meinen schmerz in dem die liebe ruht/
> und gottesnah und frei von hab und gut/
> geh ich und unerschöpflich wird mein traum.

Ich kann hier nicht näher darauf eingehen, inwieweit Novalis und Hilbig in diesem Rollengedicht zu einer Erzählerfigur verschmelzen, wenn auch ganz gewiss nicht bei der Gottesnähe, aber es sollte an dieser Stelle doch erwähnt werden, dass unter diesem Sonett noch deutlich ein anderes hervorleuchtet, nämlich Goethes *Reisezehrung* aus dem Jahr 1808:

> Gleich fing ich an, von diesen und von jenen/
> Notwend'gen Dingen sonst mich zu entwöhnen:/
> Notwendig schien mir nichts als ihre Blicke.//
>
> Des Weines Glut, den Vielgenuß der Speisen,/
> Bequemlichkeit und Schlaf und sonst'ge Gaben,/
> Gesellschaft wies ich weg, daß wenig bliebe.//

So kann ich ruhig durch die Welt nun reisen:/
Was ich bedarf, ist überall zu haben,/
Und Unentbehrlichs bring' ich mit – die Liebe.

Uwe Kolbe findet bei seinem Odysseus Hilbig, der Penelope als ein bewahrtes Geheimnis im Herzen trägt, auch den Eingang zur Unterwelt durch den Rat der Kirke eröffnet: die Mathilde im *Heinrich von Ofterdingen* sei ja ebenfalls die Inkarnation einer weißen Göttin, einer Mondgöttin. Das Heinrich/Odysseus/Hilbig von ihr in einem Traum in den Mund gesagte geheime Wort vergaß er allerdings wieder, als er durch den nach ihm rufenden Großvater erwachte. Diese quasi Mund-zu-Mund-Beatmung sei dennoch die Initiation des Dichters gewesen. Uwe Kolbe befindet, »[...], dass die romantische Seite seiner Muse stark genug ist, uns zu erreichen«, wie man mit Hilbigs Novalis-Sonett erleben könne. »Mehr Freiheit ist nicht zu denken als die Freiheit der Toten, der Wiedergänger, derer, die die Halden bevölkern im sächsischen Hades [...].«

Dennoch zeigt die Liebe, die ja Heinrich von Ofterdingen, nachdem er die blaue Blume »lange mit unnennbarer Zärtlichkeit« angeschaut hat, ein »zartes Gesicht« zuwendet, Hilbig ein anderes, abgestorbenes, vergangenes Gesicht. Während Ofterdingen, um schließlich zu der blauen Blume zu gelangen, einen Höhlensee durchschwimmt in einer der erotischsten Szenen der Literatur überhaupt, deren Flut ihm nämlich erscheint als »eine Auflösung reizender Mädchen, die an dem Jünglinge sich augenblicklich verkörperten«, hat Hilbig einen ganz anderen Einstieg ins Bergwerk der Welt, erlebt er einen ganz anderen, sogar gegenteilig erscheinenden Aggregatzustand des Weltliebesprinzips und schreibt in sein Arbeitsheft zur »blauen Blume«:

> Aufgewachsen bin ich in einer Gegend, deren Boden Kohle war und später glaubte ich zu bemerken, daß dieser schwarze Boden sogar im [...] Winter und unter den Gewittergüssen eigentlich immer von innen heraus glühte. Es wohnt diese Glut schon in der Kohle von ihrer Geburt an [...] Glut, die Bestimmung der Kohle ist ihr schon von Grund auf immanent. Aber auch das ist nicht der Anfang. Welchen Anfang soll ich erzählen. Ich schütte Asche auf die Glut, kalte Asche [...]

Während Ofterdingen sich seiner blauen Liebesgrotte allmählich durch dunkle Wälder nähert, konstatiert der damals wohl nicht viel ältere Hilbig ebenso selbstironisch wie selbstbewusst: »Die Wälder, in die ich mich verstrickte, waren die Wucherungen der reaktionären und weltfremden Literatur des 19. Jahrhunderts.« Allerdings gab es auch wirkliche, obgleich ebenfalls nicht ganz geheure Wälder im Hilbigland. Sie waren für ihn stets wichtige Rückzugsgebiete. Ansonsten aber notiert schon dieser »reaktionäre und weltfremde« Jüngling:

> Mein ganzes Leben inmitten von Verbrannten, in der Asche, ich arbeite in der Asche, esse die Asche, schlafe in der Asche, Asche wärmt mich, Asche läßt mich erblinden. [...] Ich liebe die Asche. [...] die Asche des Feuers, die Asche des Wassers, die Asche der Religion, die Asche der Arbeit, der des Friedens und der Toten des Kriegs. Die Asche der Kriege inmitten des Friedens, die Asche Millionen Ermordeter. [...] Kein Wort mehr zu sprechen uneingedenk der Asche. [...] Es war das Ende der Welt, es blieb die Asche, Asche ist der Anfang. Was ich suche, ist ein Aschewort, das uns der Phönix ist. [...] und du wirst sehen, daß eine winzige Blume auf der Asche gewachsen ist. Das ist die Aschenblume, sie hat die Farbe der Asche. Gehe hin und atme lange ihren Duft, ihr Duft hat den Geschmack der Asche, atme so lange ihren Duft, bis sie hinwelkt und versinkt in der Asche, worauf sie gewachsen, – das ist die Erkenntnis.

Auch Ofterdingen hört man da im Hintergrund: »[...] und voll stiller Andacht stand ich bald auf einem solchen Haufen, den man Halde nennt«. Noch einmal zur Erinnerung: Novalis' blaue Blume der Romantik erblüht nicht auf, sondern in der Erde, sie ist also ein bergbauliches Gewächs und überhaupt die Erfindung eines Mannes, der zur selben Zeit auch als Erster in Deutschland die Fabrikation von Braunkohlenbriketts minutiös für das damals progressivste Labor der Welt, die Bergakademie Freiberg, beschrieb.

Hilbig aber missversteht den *Heinrich von Ofterdingen* damals ganz grandios in einer Art ablehnend bewunderndem Lob: »diese kolossale Unmännlichkeit, diese grandiose Schwäche der Haltung dieses Buches«, findet er, auch weiß er noch nicht, was beispielsweise Gerhard Schulz feststellte, dass nämlich der *Heinrich von Ofterdingen* von allen bedeutenden frühromantischen Romanen »das am rationalsten angelegte Buch« ist. Er stutzt auch noch nicht, wenn es im Herzen des Romans, im Klingsohr-Märchen, heißt: »[...] das Chaos muß in jeder Dichtung durch den regelmäßigen Flor der Ordnung schimmern«. Und das tut es im *Ofterdingen*!

Eher werden Hilbig diese Stellen dort auf eigene Gedanken gebracht haben, die seiner Art von »Reise heimwärts« noch am nächsten kamen. Den literarischen Topos des locus terribilis bedient nämlich auch schon Novalis ganz gut: »Endlich war nichts von der Sonne mehr übrig, als eine schwarze ausgebrannte Schlacke, die herunter ins Meer fiel«, »Ein entsetzliches Heer von Totengerippen mit schwarzen Fahnen, kam wie ein Sturm [...]«, »Mit unerhörten Grausamkeiten zerriß das Heer der Gespenster die zarten Glieder der Lebendigen. Ein Scheiterhaufen türmte sich empor, und unter dem grausenvollsten Geheul wurden die Kinder des Lebens von den Flammen verzehrt. Plötzlich brach aus dem dunklen Aschenhaufen ein milchblauer Strom nach allen Seiten aus.«

Heinz Czechowski schreibt 1986 in seiner Nachbemerkung zu einer Ausgabe des *Heinrich von Ofterdingen*: »Der Gang, den Novalis in die Vergangenheit unternimmt, läßt unter einer scheinbar ruhigen Oberfläche auch Entsetzliches sichtbar werden.«

Jedenfalls gibt es in diesem Roman ein »wahlverwandtschaftliches« sprachliches »System sich kreuzender Stimmen«, wie es vor allem auch in Novalis' essayistischer Erzählung *Die Lehrlinge zu Sais* der Fall ist. Hilbig wird im *Ofterdingen* wohl am besten die Figur der kleinen, mitten im Irrsinn immer so frohgemuten Fabel gefallen haben. Dass Fabel von den drei alten Moiren, Parzen oder Nornen angeraunzt wird, macht ihr gar nichts: »[...] hier liegen ungeheure Haufen alter Enden, die drehe zusammen; aber hüte dich: wenn du saumselig spinnst, oder der Faden reißt, so schlingen sich die Fäden um dich her und ersticken dich«. Fabel antwortet: »Ich spinne eure Fäden/ In einen Faden ein.«

Das wäre auch für mich ganz fabelhaft, wird sich der ebenfalls ganz unermüdliche, wenn auch in diesem Projekt noch vergeblich seine Fäden schlingende Hilbig oft gedacht haben.

Eine »Experimentalphysik des Geistes«, eine frühe poetische und ja auch schon wissenschaftliche Beschreibung von Unschärferelationen jedoch wird er im *Ofterdingen* und in anderen Werken von Novalis eher nur erahnt als erkannt haben. Ungewöhnlich lange gefesselt und festgehalten hat ihn jedenfalls sein so ganz anderer Vorfahre Novalis, der neben E. A. Poe und E. T. A. Hoffmann sein weiterer Milchbruder im Weltbergwerk war. »Und endlich an einigen untergegangenen Ruinen vorüber, an Germania II vorüber, wo in der Flut die Sternbilder spielen, wo die Minotauren weiden«, lautet der oft und gern, so auch hier noch einmal zitierte Schluss von Hilbigs Mahlstrom-Poem *Alte Abdeckerei*. Hilbig spielt darin zugleich mit den Schlusszeilen des zweiten Bergmannsliedes im *Heinrich von Ofterdingen*: »Am Ende wird von Banden los/ Das Meer die leere Burg durchdringen/ Und trägt auf weichen grünen Schwingen/Zurück uns in der Heymath Schooß.«

Michael Opitz jedenfalls zieht in seiner Hilbig-Biographie folgendes Fazit über Hilbigs »blaue Blume«:

> Innerhalb seines Werkes […] kommt diesem Fragment eine Schlüsselfunktion zu, denn an den unterschiedlichen Textfassungen lässt sich nicht nur der Werdegang der Erzählung, sondern auch Hilbigs schriftstellerische Entwicklung verfolgen. […] Schließlich fand er im Verlauf der Arbeit am Manuskript zu seinem genuinen Thema – der Arbeit an den Öfen und zu einem seiner zentralen Motive: der Asche.

Hilbig bringt diese seine Zeit auf den Punkt in einem Interview in der *Zeit* mit Wenke Heß im Jahr 2000 unter dem Titel »Der Dichter im Kesselhaus«:

> Ich wollte mit der Wirklichkeit, in der ich lebte, nichts zu tun haben und habe es lange vermieden, darüber zu schreiben. Erst später ist mir klar geworden, dass diese Industriewelt inmitten von urwaldartigen Braunkohlewäldern Bilder erzeugt. Bis dahin aber habe ich von den Romantikern sogar die Schauplätze kopiert. Es entstand eine Spannung zwischen dem, was in mir passierte, und dem Äußeren. Diese Zeit hatte etwas Provisorisches, und jeder Tag war ein neuer Test: Wie komme ich da durch?

Selbst einer wie Hilbig mit einem Facharbeiterbrief als Bohrwerksdreher musste da wirkliche bohrende Herkulesarbeit leisten, und seine Kohleschaufeln rechne ich dabei schon lange zu seinen Schreibwerkzeugen.

Die zu bohrenden mitteldeutschen Bretter sind aber auch ungewöhnlich dick. Sie sind tiefbraun oder schwarz und ineinander verfilzt wie Spanpreßplatten mit all ihren Inklusen aus Urpferden und Trauermücken im dunklen Bitterfelder Bernstein. Um sie zu bohren, mussten Deckgebirge beräumt, mussten zuweilen mächtige Quarzschichten weggesprengt werden wie im Profener Tagebau. – Hilbig ist wie Novalis einer der großen mitteldeutschen Bergmänner und literarischen Neulanderschließer.

---

* Leicht überarbeitete Fassung aus dem Essay »Neun Irrfahrten zu Hilbig«, Nachwort zu Wolfgang Hilbig: Werke, Band 7: Essays, Reden, Interviews. Hrsg. von Jörg Bong, Jürgen Hosemann, Oliver Vogel. S. Fischer Verlag, Frankfurt a. M. 2020. Der Zwischentitel für den S. Fischer-Band lautet: »Die Dryaden des Schornsteinwaldes«. Siehe auch Michael Opitz: Wolfgang Hilbig, Eine Biographie. S. Fischer Verlag, Frankfurt a. M. 2017.

»Gedichte, blos wohlklingend und voll schöner Worte, aber auch ohne allen Sinn und Zusammenhang«
Zur modernen Lautpoesie

Francesca Vidal

> *Und wenn man in Märchen und Gedichten*
> *Erkennt die wahren Weltgeschichten*
> *Dann fliegt von Einem geheimen Wort*
> *Das ganze verkehrte Wesen fort*
>
> Novalis: ›Wenn nicht mehr Zahlen und Figuren …‹

Novalis

Dass die Romantik des Novalis immer auch als modern verstanden werden kann, darin scheint sich die Forschung einig, gilt seine Philosophie doch als revolutionäres Denken, »für das die reflexive Rückkehr zum Ursprung immer auch Bedingung der Möglichkeit für den potenzierenden Entwurf einer Zukunft ist«.[1] Als modern gilt insbesondere sein Anspruch, die Natur zu dechiffrieren und die Qualifikation des Dichters dafür hervorzuheben. In den *Lehrlingen zu Sais* spitzt Novalis dies zu: »Nur die Dichter haben es gefühlt, was die Natur den Menschen sein kann.«[2] Für Michael Wetzel ist dabei entscheidend, dass die Natur als Chiffrenschrift gesehen wird, die gerade für den Dichter, wenn er der Natur innig verbunden bleibt, lesbar ist.

> ›Poetisch‹ heißt in diesem Zusammenhang aber gerade nicht lyrisch verklärt (im eichendorffschen Sinne), sondern die Betrachtungsweise von einem schaffenden, konstruierenden Gesichtspunkt aus, der jedes Wirkliche immer auch im Horizont des Virtuellen, des Möglichen sieht.[3]

Als modern lässt sich die Dichtung des Novalis auch deshalb bezeichnen, weil sie einer defizitär empfundenen Gegenwart etwas entgegensetzt, und auch wenn das geschilderte Ideal dabei im Rekurs auf Vergangenes, nachgerade auf das goldene Zeitalter entwickelt wird, dann doch immer in Hinblick auf eine zu schaffende ideale Zukunft. Der Dichter – so Thorsten Kalk – ist der, der an das Vergessene des Vergangenen erinnert, um die ›Zukunft in der Vergangenheit‹ lebendig zu halten, womit seine Poesie sowohl kulturkritisch als auch utopisch verstanden werden muss.[4]

> Das Ich ablegen wie einen durchlöcherten Mantel.
> *Was nicht aufrechtzuerhalten ist, muß man fallen lassen.*
> *Künstler heilen sich durch ihre Werke.*
> *›Mensch werden ist eine Kunst.‹ (Novalis)*
>
> Hugo Ball, Die Flucht aus der Zeit

Hugo Ball

Ist es dieses kulturkritische und utopische Denken und Dichten, das den zeitweiligen Dadaisten Hugo Ball eine Nähe zu Novalis verspüren ließ? Kann die Lautpoesie des 20. und 21. Jahrhunderts an die Dichtung der Romantik anknüpfen? Gibt es Bezüge zur Dichtung des Novalis? Einen solchen Bezug hat eben vor allem der Dadaist Hugo Ball formuliert, zumeist allerdings im Zusammenhang seiner späteren Äußerungen über Hermann Hesse, dem er sich dann im Besonderen verbunden sah und mit dem ihm eine innige Freundschaft verband.

Das genaue Verhältnis von Ball zu Novalis zu ergründen, ist jedoch schwierig, da Ball zwar des Öfteren Novalis zitiert, sich aber auch immer wieder von seinen einmal geäußerten Anschauungen distanziert. Doch ist Novalis der Dichter, der bei Ball zeitweise ein positives Verhältnis zur Romantik aufscheinen lässt und der Autor, mit dem er sich immer wieder auseinandersetzt. Er ist aber auch eine Figur, von der er sich in den frühen Dada-Soiréen zu distanzieren sucht, obgleich auf eine eher unmerkliche Art und Weise, wie Erdmute Wenzel White darlegt.[5] Ball erscheint in seiner Bewertung der Romantik insgesamt unentschieden. Dennoch würdigt er den Willen zur Transzendenz, sieht sich selbst als Klingsor-Erben, der in der Poesie Ordnung durch Musikalität schafft und nicht durch den Logos, der an der poetischen Verzauberung festhalten will und die deutsche Romantik als in seiner eigenen Zeit als lebendig wie nie hervorhebt.

So schreibt er in seiner Arbeit über Hermann Hesse, dass es die Aufgabe eines Klingsor-Erben sein könnte,

> an der Musikalität und Reinheit des Wortes, am Bilde und Urbilde, am Bunde des Dichters mit dem Bekenner [...] kurzum: einer desillusionierten Welt gegenüber an der ritterlichen Form und der Verzauberung festzuhalten[6]

und erklärt zudem:

Wie dem auch sei: die Romantik, die den widersprechenden Künstler pflegte, den Unheimlichen und Fremden, den Künstler der Maske und der Burleske, den Künstler der Leidenschaften und der Exzesse, der Übertreibung und Selbstironie; den Ideologen der Sinne, dessen Namen man nicht erfragen darf; den ewig Unfaßbaren, den Dandy und Proteus, den chevaleresken Dämon –: die ganze Romantik ist heute lebendiger als je, und in Deutschland besonders.[7]

Auffällig bleibt, dass Ball wie auch Novalis das konventionelle Verhältnis von Wort und Wirklichkeit sprengt. Nun ist Hugo Ball Teil einer Generation, die sich kritisch gegenüber dem Fortschrittsdenken am Ende des 19. Jahrhunderts äußerte und der man eine generelle Sprachskepsis zuspricht. Für Hans-Joachim Hahn ist es die Skepsis gegenüber Intellekt und Rationalismus, die Balls Blick auf die Vertreterinnen und Vertreter der Romantik lenkt. Ball sei auf der Suche nach unkonventioneller Freiheit gewesen und finde diese in der Romantik. Er definiert die Romantik als »[e]in hieratisches Pandämonium von Liebe, Verehrung und Brüderbewusstsein« (S. 222); sie stehe nicht nur in Opposition zu Krieg und nationaler Beschränktheit, sondern stünde auch einer »gänzliche[n] Trennung und Vereinzelung der menschlichen Kräfte« (S. 223) entgegen.[8]

Dem rationalen Denken wolle Ball entgehen, indem er sich gegen den Syllogismus als Mittel der Argumentation wende und dagegen auf die Analogie setze, da nur eine auf Analogien setzende Philosophie sich den Wahrscheinlichkeiten annähern könne. Hier fühlt er sich insbesondere durch Novalis Aufsatz *Die Christenheit oder Europa* bestätigt, sieht sich in der Forderung nach der Rückkehr zur geistigen Einheit des Mittelalters und der Aufhebung der Reformation mit ihm geistig verbunden.

Wir glauben an eine heilige, christliche Revolution und an die unio mystica der befreiten Welt. Wir glauben an die küssende Verbrüderung von Mensch, Tier und Pflanze; an den Boden, auf dem wir stehen, an die Sonne, die über ihm scheint. Wir glauben an einen unendlichen Jubel der Menschheit.[9]

Und so finden sich im Besonderen in Balls Text *Zur Kritik der deutschen Intelligenz* Hinweise auf Novalis. Einerseits sieht er sich mit ihm verbunden durch die Kritik am rationalen Denken, andererseits im Verhältnis zur Natur.

In Balls Äußerungen lassen sich durchaus generell Bezüge zur Romantik erkennen, weshalb seine ersten Gedichte gerne als neoromantisch bezeichnet werden, vornehmlich weil sie von magisch aufgeladenen Naturmotiven und Himmelserscheinungen durchdrungen seien. Veröffentlicht wurden diese unter dem Titel *Abendblick vom Hochstein* im Organ des gerade gegründeten Pfälzerwald-Vereins *Der Pfälzerwald*[10], ein Wald, von dem Ball behauptete:

> Wenn man das Unglück hat in der Pfalz geboren zu werden, dann muss man immer im Wald herumlaufen, das ist die einzige Rettung.[11]

Entscheidender Bezugspunkt aber ist die Sprache, denn Ball ist überzeugt, dass den Menschen seiner Zeit die Bedeutung von Sprache nicht mehr gewiss ist. Gegen Ende des Jahres 1916 zitiert er in *Die Flucht aus der Zeit*[12] den Satz: »Mensch werden ist eine Kunst« aus den Novalisfragmenten und erhebt diese Äußerung zum Grundgedanken einer ›*Philosophie des produktiven Lebens*‹. Grundlage freier und schöpferischer Subjektivität ist ihm die Sprache, freilich nicht die Art, wie sie gewöhnlich genutzt wird, sondern wie er sie neu erfindet; so ist sie ihm Instanz der Vermittlung zwischen Subjekt und Subjekt sowie zugleich zwischen dem Menschen und der Welt. Für Ball ist die Sprache ein Werkzeug und in seiner Liebe zur Sprache entdeckt er seine Beziehung zur Romantik, insbesondere zu Novalis, da er diesen als ›Sprachbegeisterten‹ wahrnimmt. Dabei darf selbstverständlich nicht vergessen werden, dass Hugo Balls Arbeiten wie auch die des Novalis oft religiöse Züge haben, Ball demnach auch angezogen war von dem Gedanken, ins Innere des Menschen zu dringen, sich auf sein Seelenleben zu konzentrieren.

Ball will kraft der Sprache ins Innere des Menschen dringen, sie ist Trägerin der Magie, die er der Leere seiner Zeit entgegenhalten will, freilich nicht konventionelle Worte oder hergebrachte Grammatik, sondern für sein eigenes Empfinden aus ihm geschaffene Laute wie er es im ersten dadaistischen Manifest formuliert:

> Ich will keine Worte, die andere erfunden haben. Alle Worte haben andere erfunden. Ich will meinen eigenen Unfug, und Vokale und Konsonanten dazu, die ihm entsprechen. […] Jede Sache hat ihr Wort; da ist das Wort selber zur Sache geworden. Warum kann der Baum nicht Pluplusch heissen, und Pluplubasch, wenn es geregnet hat? Und warum muss er ueberhaupt etwas heissen?[13]

Für Erdmute Wenzel White steht fest, dass »*Balls Klanggedichte und die ›geistigen Lieder‹ von Novalis, so grundverschieden sie anmuten*« dem ihnen gemeinsamen Bedürfnis nach »*einer ursprünglichen Einheit von Gedanken und Sinnenwelt*« entspringen, da Ball so den Text über *Die Christenheit oder Europa* interpretiert habe.[14] Suche Novalis Heimat in den ›geistigen Liedern‹, so Ball im liturgisch-hymnischen Gesang der Kirchenväter, denn für beide wäre das Religiös-künstlerische das Leitmotiv überhaupt.[15] Dabei scheint es ihm so, als wolle Ball mit seinen Texten einen Anspruch erfüllen, den Novalis in *Heinrich von Ofterdingen* als künstlerisches Wollen erklärt habe. Ball deute in *Die Flucht aus der Zeit* das Novaliszitat ›eine überraschende Selbstheit ist zwischen einem wahrhaften Liede und einer edeln Handlung‹, als Auftrag: »*Die Weltordnungen und Staatsaktionen widerlegen, indem man sie in einen Satzteil oder einen Pinselstrich verwandelt*«, da das, was die Macht der Sprache ausmache zugleich Zeichen ihrer Verletzlichkeit sei.[16]

Verbunden sind Novalis und Ball demnach durch eine Theorie des Zeichens, eine Theorie, die deren Magie beschwört, die so Novalis ›eine neue Klarheit ergeben‹. Ball geht es in seiner Poesie um diese, neu zu erkennende, Klarheit, deshalb sagt er:

> Ich begriff, dass die ganze, ringsum ins Nichts zerstäubende Welt als Ergänzung nach der Magie schrie; nach dem Worte als einem Siegel und letzten Kernpunkt des Lebens.[17]

Deshalb lässt sich die These aufstellen, dass Ball aus der Beschwörung dieser Magie heraus zu seiner Theorie über die Lautpoesie kommt und sich dabei im Einklang mit Novalis sieht:

> Man ziehe sich in die innerste Alchimie des Wortes zurück, man gebe auch das Wort noch preis, und bewahre so der Dichtung ihren letzten heiligsten Bezirk.[18]

Schon 1916 hatte er seinem Tagebuch anvertraut, dass er »*eine neue Gattung von Versen erfunden [habe], ›Verse ohne Worte‹ oder Lautgedichte […]*«.[19] Diese Form der Gedichte soll einen eigenen innerlichen Raum erschaffen, denn so Ball:

> Wir suchten der isolierten Vokabel die Fülle einer Beschwörung, die Glut eines Gestirns zu verleihen. Und seltsam: die magisch erfüllte Vokabel beschwor und gebar einen neuen Satz, der von keinerlei konventionellem Sinn bedingt und gebunden war.[20]

Sehr eindringlich wird die Eröffnung der Assoziationsräume in dem 1917 entstandenen sehr bekannten Lautgedicht Karawane.

> **KARAWANE**
> jolifanto bambla ô falli bambla
> grossiga m'pfa habla horem
> égiga goramen
> higo bloiko russula huju
> hollaka hollala
> anlogo bung
> blago bung
> blago bung
> bosso fataka
> ü üü ü
> schampa wulla wussa ólobo
> hej tatta gôrem
> eschige zunbada
> wulubu ssubudu uluw ssubudu
> tumba ba- umf
> kusagauma
> ba - umf

Auffällig wird der Poet zum Magier, auch hierin mag ein Bezug zu Novalis gesehen werden, denn was den Dadaisten hier mit dem Romantiker verbindet, ist das Bedürfnis mit dem Werkzeug Sprache zum mächtigen Sänger zu werden,

> der die Gesetze von Raum und Zeit außer Kraft setzt, entlegenste Wirklichkeitsbereiche miteinander verbindet und alle Geschöpfe in einen umfassenden Dialog eintreten läßt.[21]

Ganz kurz ließe sich sagen, Ball weiß sich mit Novalis verbunden, da er sich selbst als Sänger, mithin einen Nachfahren von Orpheus sieht, der der prosaischen Welt, mithin der als defizitär erlebten Gegenwart, eine Welt entgegensetzt, die dann deutlich wird, wenn Sprache die Oberfläche zerkratzt. Der Dichter, so erklären die Kaufleute dem jungen Ofterdingen in Novalis' Werk

> gibt uns durch Worte eine unbekannte herrliche Welt zu vernehmen. Wie aus tiefen Höhlen steigen alte und künftige Zeiten, unzählige Menschen, wunderbare Gegenden, und die seltsamsten Begebenheiten in uns herauf, und entreißen uns der bekannten Gegenwart. Man hört fremde

Worte und weiß doch, was sie bedeuten sollen. Eine magische Gewalt üben die Sprüche des Dichters aus.[22]

Hugo Ball und Novalis, das ist meines Erachtens eine Verbindung, die sich mit der Rolle des Sängers beleuchten lässt. Dieser wird zu einer Sprecherinstanz, er dringt ins Innere des Menschen und entwickelt daraus Hoffnungen auf Zukunft. Dieser Sänger benötigt aber einen neuen Umgang mit Sprache, denn so erklärt es Ball 1915:

Das Wort ist preisgegeben; es hat unter uns gewohnt.
Das Wort ist zur Ware geworden.
Das Wort sie sollen lassen stahn.
Das Wort hat jede Würde verloren.[23]

Zeichen

zerbrochen sind die harmonischen krüge,
die teller mit dem griechengesicht,
die vergoldeten köpfe der klassiker.
aber der ton und das wasser drehen sich weiter
in den hütten der töpfer.

Ernst Jandl, Andere Augen, 1953

Ernst Jandl

Die Verse Balls erinnern wiederum an ein Gedicht von Ernst Jandl und lassen die Frage aufkommen, wie moderne Lautpoesie, die nirgends einen direkten Bezug zu Novalis herstellt, unter diesem Blickwinkel gesehen werden kann. Welche Bezüge gibt es z. B. in der Konkreten Poesie, insbesondere den Sprechgedichten, die Ernst Jandl als eine Form zwischen Wort- und Lautgedicht beschrieben hat, da das Wort hier ein Bezugspunkt bleibt und nicht völlig aufgelöst wird?
Wäre hier eventuell die musikalische Dimension der Schlüssel eine Verbindung herzustellen, schließlich betont Novalis den musikalischen Charakter des Poetischen bis dahin, dass das Musikalische der Poesie die Regel gibt? Barbara Naumann zufolge kulminieren »*die komplexen Aussagen zum Musikalischen [...] in den Entwürfen einer Sprach-, Reflexions- und Subjekttheorie*«, wobei die philosophische Bestimmung der Musik sich »*orientiert an naturwissenschaftlichen Betrachtungen der Musik, geleitet von einem pythagoräisch-mathematischen Musikverständnis*«.[24]

Sprache wird Novalis zum Instrument, um eben nicht einfach Worte zu nutzen, sondern Melodien entstehen zu lassen; dann erst werden die Worte nach Novalis Zauberworte:

> Die Sprache ist ein musicalisches Ideen Instrument. Der Dichter, Rhetor und Philosoph spielen und componiren grammatisch.[25]

In den weiteren Ausführungen soll unter diesem Blickwinkel auf Sprechgedichte von Ernst Jandl geschaut werden. Vorab aber muss geklärt werden, was Konkrete Poesie überhaupt meint.[26] Zumeist handelt es sich um einen Sammelbegriff für sehr unterschiedliche Theoreme, in denen explizit Novalis nicht erwähnt wird. Sie gehört zur Richtung des Konkretismus, ist Teil der konkreten Künste, also Konkrete Malerei und Plastik, die Linien, Flächen und Farben betont, auf Klangelementen basierende Konkrete Musik und Dichtung, die in visuelle, konkrete und akustische zu unterteilen ist. Ob in den theoretischen Texten von Poesie oder Dichtung die Rede ist, hängt immer vom Autor und dessen spezifischen Vorstellungen ab.

Den Begriff ›konkrete poesie‹ hatten in den fünfziger Jahren des letzten Jahrhunderts Eugen Gomringer, Öyvind Fahlström und die brasilianische Noigandres-Gruppe eingeführt. Grundsätzliche Voraussetzungen für die poetischen Verfahrensweisen entlehnte Gomringer, damals Sekretär bei Max Bill, der Malerei. Herausgelöst aus den theoretischen Vorstellungen Mondrians, der de Stijl-Gruppe, Kandinskys und Bills, die er in Verbindung brachte mit dem 1958 in São Paulo publizierten ›pilot plan for concrete poetry‹ erarbeitete er poetische Möglichkeiten.

Herauszuheben ist die Rolle, die dem Rezipienten zugedacht wird, denn dieser muss selbst das Sprachmaterial mit Bedeutung ausfüllen. Die Bedeutung wird nicht mimetisch gegeben, sie wird nicht unterschlagen, aber die Selbstverständlichkeit des Bedeutungssystems wird in Frage gestellt, um Hörerwartungen aufzubrechen, mithin den Erwartungshorizont ins Kreative zu verändern: Sprache wird als Material gesehen, das bearbeitet werden muss.

In Novalis Monolog 1 lesen wir: »*es ist eigentlich um das Sprechen und Schreiben eine närrische Sache; das rechte Gespräch ist ein bloßes Wortspiel*«.[27] Monika Schmitz-Emans liest den Text als Plädoyer für die Autonomie der Sprache und verweist darauf, dass die »*Idee, im Medium Literatur der Sprache und den Wörtern Anlass zur Selbstartikulation zu geben*« in moderner

Poetik aufgegriffen und durchgespielt wird. Dies eben nicht zuletzt von Ernst Jandl,

> der, verschiedentlich Anstalten macht, das eigene Ich hinter die als eigenmächtig gedachten Wörter zurücktreten zu lassen. Die Beziehung zwischen dem Schriftsteller und den Wörtern ist jedoch weniger simpel, als diese Rede vom ›Zurücktreten-Hinter‹ suggerieren könnte. Denn zum einen ist es der Schreibende selbst, welcher sich sein ›Zurücktreten-Hinter‹ denkt und es explizit thematisiert, und zum anderen bedarf es des Arrangements, um die Wörter ›sich‹ aussprechen zu lassen. Jemand muss bereit sein, ihnen zuzuhören. In dem Maße, als das schreibende ›Ich‹ auf seine Autorität verzichtet und sie an die Wörter delegiert, tritt es vielleicht noch einmal deutlich hervor – als Urheber einer Versuchsanordnung.[28]

In gewisser Weise geht es damit auch Jandl um die im Monolog des Novalis' beschriebene Schwierigkeit des Umgangs mit Wörtern. Für ihn ist Poesie Arbeit mit dem Material Sprache und so lässt sich Schmitz-Emans zustimmen, dass Jandls Gedicht *von wörtern*[29] genau Novalis' Monolog erinnert.[30]

von wörtern

erwarte
von wörtern nichts
sie tun es nicht
für dich
sie kommen
gierig
überschwemmen dich
und dein papier
nicht was sie dir
antun
doch was du dem geringsten
von ihnen
angetan
kann
etwas sein

Der Bezug zum Matthäusevangelium wird hier genutzt, um auf den produktiven Umgang mit Sprache zu verweisen, indem man sich der Sprache überlässt. Gegen jegliche mimetische Kunstdarstellung setzen die Konkreten die Konstellation von Sprachelementen. Sie präsentierten Sprachtexte wie Worte, Silben oder Sprachstrukturen und entdeckten die Textfläche wieder, ähnlich dem barocken Figurengedicht. Ihre Verfahren sind Reduktion, Reproduktion, Kombination und Tautologie.

Das Wort ist wie Jandl gezeigt hat, immer das materielle Wort. Seine Materialität wird durch syntaktische, semantische und pragmatische Eigenschaften beschrieben, denn immer geht es um eine Verschiebung weg von der semantischen zur syntaktischen Dimension. Bei Jandl wird die Beschäftigung mit der Sprache durchgängiger Leitgedanke, entweder pointiert erwähnt, als eher spöttisch dahingeworfene These oder auch ausführlich reflektiert. ›Gedichte‹ sind für ihn Dinge, hergestellt aus vorgefundenen, veränderbaren, sprachlichen Elementen, die sich als Dichtung erst einmal durchsetzen müssen. Sie sollen dann nicht erbauen, sondern sie sollen erarbeitet werden, Denkstrukturen verändern. Deshalb gibt er eine Gebrauchsanweisung und er betont zugleich, dass falscher Gebrauch nicht den Gedichten angelastet werden kann.

urteil[31]

die gedichte dieses mannes sind unbrauchbar
zunächst
rieb ich eines in meine glatze
vergeblich, es förderte nicht meinen haarwuchs.
daraufhin
betufte ich mit einem meine pickel. Diese
erreichten binnen zwei tagen die größe mittlerer kartoffeln.
Die ärzte staunten
daraufhin
...
daraufhin
fällte ich obiges urteil

Gerade in der akustischen Poesie, im Lautgedicht, geht es um die musikalische Struktur. Die Mittel die Sprache zu bearbeiten sind:

(1) Arbeiten mit Wörtern und wortähnlichen Elementen, semantische noch jeweils einigermaßen eindeutig identifizierbar; [...] (2) Arbeiten mit Lauten, (2,1) mit Lauten, die der Sprache angehören oder ihr angehören könnten, (2,2) mit anderen der menschlichen Stimme möglichen. [...] In dieser Art von Phonetischer Dichtung wird immer zuerst ein Text, eine Partitur erstellt, die dann realisiert wird.[32]

Im Besonderen das Mittel der Reduzierung verfolgt den Zweck, die gesprochenen Worte wie Melodien klingen zu lassen. Und auch wenn Ernst Jandl nicht wirklich unter dem Stichwort ›konkret‹ zu fassen ist, lässt sich gerade an seinen Sprechgedichten exemplarisch die Arbeit an Wörtern zeigen, denn wie sagt er selbstironisch:

> i love concrete
> i love pottery
> but I'm not
> a concrete pot[33]

Selbstverständlich bezieht sich auch Jandl auf einen Kanon, er selbst nennt vor allem Expressionisten, hebt August Stramm, Hugo Ball, Raoul Hausmann, Kurt Schwitters, aber auch Gertrude Stein hervor, nennt jedoch nie Novalis. Warum dann Jandl? Das hat seinen Grund darin, dass er eben nicht für Zufälligkeit oder Willkür plädiert. Er postuliert kein unkritisches Spielen mit der Sprache, sondern methodisches Herangehen. Auch er blickt auf den gegenwärtigen Zustand der Sprache, um damit zu experimentieren und »*in Opposition gegen den Traditionalismus in der Gegenwartspoesie*«[34] innovative Lyrik entstehen zu lassen. Seine Gedichte machen spürbar, wovon sie reden, indem sie die inhaltliche Aussage selber nachvollziehen, sprachlich genau das bewerkstelligen, wovon sie inhaltlich berichten, während ein Gedicht in herkömmlicher Form nur inhaltlich sprechen kann.

Exemplarisch ist das Gedicht vom 16.05.1964:

> A love story, dringend[35]
> d dr dri drin ring inge ngen gend end nd d

Jandl bemerkt über solche Dichtung, dass sie

> wie jede art dichtung, und zu jeder zeit, entsteht zwischen den mustern der umgangssprache und den mustern der poesie. dazwischen – das ist ihr raum. Um hervorzutreten, das heisst sich abzuheben, braucht sie distanz zu beiden. ihr ziel ist es, gerade jenen abstand von beiden zu finden, der notwendig ist, um sie vor allzu raschem verwittern zu bewahren. Es regnet von beiden seiten unaufhörlich auf sie ein. Und es gibt keinen schirm.[36]

Wenn er Neues schafft, dann bedeutet dies keineswegs einen Bruch mit literarischen Traditionen, sondern die Fähigkeit aus der Kenntnis der Geschichte Kräfte für neue literarische Produktionen zu schaffen. In jedem Werk finden sich die Widersprüche der Zeit, dies zu reflektieren und in das eigene Schaffen mit einzubeziehen, ermöglicht es auch Jandl, in seiner Kunst sowohl als kulturkritisch als auch als utopisch hervorzutreten. Sein Bezug zur Tradition ist immer auch Befreiung von der Herrschaft der Vergangenheit über die Gegenwart, denn wie sagt eben Bert Brecht

> [...] der neu Anfangende, der die Tradition nicht beherrscht, fällt leicht wieder unter die Herrschaft der Tradition zurück.[37]

In seinen Sprechgedichten zerlegt Jandl Sprache in die kleinsten Einheiten, in Silben und Morpheme, die dann Laute, Wörter, einzelne Aussagen bilden. Wiederholungen, Reduktionen, Veränderungen am Sprachkörper dienen ihm dazu, Inhalte eidetisch nachzuvollziehen. Zu beachten ist dabei und auch hierin liegt ein Hinweis auf die Bedeutung des Musikalischen, dass das Sprechgedicht erst durch lautes Lesen wirksam wird. Sehr deutlich wird dies am Beispiel von *schtzgrmm*[38]

```
schtzngrmm
schtzngrmm
t-t-t-t
t-t-t-t
grrrmmmmm
t-t-t-t
s---------c---------h
tzngrmm
tzngrmm
tzngrmm
grrrmmmmm
schtzn
schtzn
t-t-t-t
t-t-t-t
schtzngrmm
schtzngrmm
tsssssssssssss
grrt
grrrrrt
grrrrrrrrrt
scht
scht
```

t-t-t-t-t-t-t-t-t
scht
tzngrmm
tzngrmm
t-t-t-t-t-t-t-t-t
scht
scht
scht
scht
scht
grrrrrrrrrrrrrrrrrrrrrrrrrr
t-tt

Es gibt hier keine Vokale, da der Krieg nicht singt. Solche Wortkombinationen funktionieren freilich auch, wenn die kritische Bedeutung des Textes nicht so deutlich wird, wie etwa in *Auf dem Land*[39]

rinininininininDER
brüllüllüllüllüllüllüllEN
schweineineineineineineinE
grunununununununZEN
hunununununununDE
bellellellellellellellEN
katatatatatatatZEN
miauiauiauiauiauiauiauEN
katatatatatatatER
schnurrurrurrurrurrurrurrEN
gänänänänänänänSE
schnattattattattattattERN
ziegiegiegiegiegiegiegEN
meckeckeckeckeckeckeckERN
bienienienienienienienEN
summummummummummummummEN
grillillillillillillillEN
ziririririririrPEN
fröschöschöschöschöschöschE
quakakakakakakakEN
hummummummummummummummELN
brummummummummummummummEN
vögögögögögögögEL
zwitschitschitschitschitschitschERN

Hier werden klischeehafte Bilder für das Landleben aufgezählt, indem Tiernamen aneinandergereiht und die Tiergeräusche mit Verben onomatopoetischen Ursprungs nachgeahmt werden. Die Endungen erscheinen visuell als Großbuchstaben, phonetisch als Kadenzen und betonen so das Ende der Zeile. Intendiert wird damit ein Überdruss an klischeehaften Bildern des Landlebens.

Mit Sprache derart zu arbeiten, hat zudem den Grund, deutlich zu machen, dass der Zustand einer Gesellschaft sich am Zustand der Sprache ablesen lässt, wie das wohl am häufigsten interpretierte Gedicht von Jandl vorführt; das Gedicht, das unweigerlich auch an Hugo Balls 1915 geäußerte Bemerkung über das Wort[40] denken lässt:

fortschreitende räude[41]

him hanfang war das wort hund das wort war bei
gott hund gott war das wort hund das wort hist fleisch
geworden hund hat hunter huns gewohnt

him hanflang war das wort hund das wort war blei
flott hund flott war das wort hund das wort hist fleisch
gewlorden hund hat hunter huns gewlohnt

schim schanflang war das wort schund das wort war blei
flott schund flott war das wort schund das wort schist
fleisch gewlorden schund schat schunter schuns gewlohnt

schim schanschlang schar das wort schlund schasch wort
schar schlei schlott schund flott war das wort schund
schasch fort schist schleisch schleschlorden schund
schat schlunter schluns scheschlohnt

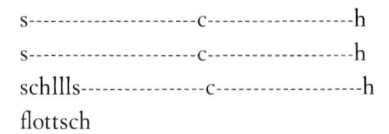

    s----------------------c-------------------h
    s----------------------c-------------------h
    schllls----------------c-------------------h
    flottsch

Hier wird der Verfallsprozess der Sprache bewusst als Verfall der Zivilisation interpretiert, deshalb dient der Anfang des Johannes-Evangeliums als Textgrundlage. Ohne auf die Schwierigkeiten einzugehen, dieses Gedicht nach seiner Entstehung überhaupt zu veröffentlichen, ohne die Bedeutung des Wortes

Hund im Gesamtwerk Jandls zu erläutern, lässt sich leicht erkennen, dass der Text des Evangeliums systematisch bearbeitet wird, bis er zum Zischlaut ›Flotsch‹ zerfällt, mithin wie ein Hund eingeht, den die Krankheit Räude befällt. Schon in den ersten Zeilen, dem ersten Hörvorgang wird der Text durch das Voranstellen des Konsonanten h so verfremdet, dass zum Zentrum der Aussage der ›Hund‹ gerückt wird. Während dies den Verlauf der Ansteckung wiedergibt, wird die Einfügung des Konsonanten ›l‹ zum Bild für das Eindringen des Krankheitskeims, der zur allmählichen Zersetzung führt. Dem Text werden Laute beigeben, er wird durchgängig klein und ohne Interpunktion geschrieben, er wird jedoch in lyrikspezifischer Form präsentiert. Renate Kühn[42] hat gezeigt, wie bewusst Jandl den Laut ›H‹ wählt, den Hauchlaut, der auf das Pneuma, den Geist verweist und der freilich gebraucht wird, um das Wort ›hund‹ in den Text einfügen zu können, der aber vor allem in biblischen Kontexten Symbol für den Unglauben ist. Mit Kühns genauer Analyse ließe sich zeigen, dass gerade dieser Text nicht nur Kritik am Logozentrismus ist, sondern auch eine Genesis der Lautpoesie.

Die Verwendung von Lauten bedingt im Gegensatz zum Wortgebrauch, dass Bedeutung nicht automatisch deutlich wird, erst scheinen die Laute ohne Sinn und Zusammenhang, aber gerade die Laute geben lexemische Assoziationsanstöße.

Bleiben wir bei Jandl, dann zeigen sich in Bezug auf die Sprechgedichte zwei Verfahrensweisen: Bei der ersten entfernt sich das Gedicht nicht von der Sprache, sondern bildet eine nur für das Gedicht bestimmte Sprache, indem mit Hilfe von Lauten Sprache imitiert wird. Die Assoziationen, die dadurch hervorgerufen werden, können freilich durch das Voranstellen eines Themas gesteuert werden. Jandl erklärt:

> prinzipiell sind auch beim lautgedicht zwei vorgehensweisen möglich, nämlich von einem thema aus, oder von einem vorerst themafreien spiel mit lauten. Dem experimentellen verfahren entspricht die zweite methode eher, bei der sich die möglichkeit zum aufbau eines lautgedichts, mit oder ohne thema, aus dem material selbst ergibt.[43]

Beim zweiten Verfahren wird die Stimme vollständig von der aus Wörtern bestehenden Sprache befreit. Diese Gedichte leben vom Vortrag, erst das Hören ermöglicht ihr Verstehen. Nur ein Gedicht als Beispiel:

Francesca Vidal

der bettler[44]

dabett dabett dabett
d lllllllllllllllll la
dabett
d llllllllllllllll la
dabett dabett dabett
d lllllllllllllll la
dabett
d llllll
d llllll
dabett
d lllllllllllllll la
d lllllllllllllll la
d llllll
d lllllllllllllll la
dabett
d lllllllllllllll la
d lllllllllllllll la
dabett
d lllllllllllllll la
ll la

Eine Situation wird erfahrbar gemacht: Hörer können assoziieren, dass hier Passanten so schnell an einem Bettler vorbeiziehen, dass der Bettler nicht dazu kommt, vollständige Sätze zu sprechen. Nur durch das Motivwort werden solche vorstellbaren Interpretationen geweckt. Auch hier folgt der Text einer Partitur, wobei nur durch lautes Lesen Rhythmik und Melodik mit einfließen können.

Es geht also nicht allein um das Spiel mit der Sprache, es sind nicht Texte ohne Sinn und Verstand, sondern immer wird die Verbindung zur Wirklichkeit präsent, bleibt der Dichter Kritiker der Zeit, deshalb ist seine Pointierung durchaus hämisch gemeint und wirkt als provozierende Kritik an einer Zeit, die alles auf ein ›anything goes‹ stellvertretend für ›nichts geht mehr‹ begrenzen will.

Es bleibt jedoch die Frage offen, ob jemand wie Jandl damit stellvertretend für romantische Hoffnung auf ein besseres Zeitalter steht, ob überhaupt Lautpoesie im Rekurs auf Novalis zu verstehen ist.

1 Michael Wetzel: »ächt« modern. Zum 200. Todestag des Dichters Novalis. In: Athenäum – Jahrbuch der Friedrich-Schlegel-Gesellschaft Heft 11, 2001, S. 220–225, hier S. 222.
2 Novalis: Die Lehrlinge zu Sais. In: Novalis Werke. Hrsg. und kommentiert von Gerhard Schulz. München 4. Aufl. 2001, S. 117.
3 Wetzel: »ächt modern« (s. Anm. 1), S. 225.
4 Vgl. Thorsten Kalk: Der Dichter als Erlöser. Poetischer Messianismus in einem späten Gedicht des Novalis. In: Olaf Hildebrand (Hrsg.): Poetologische Lyrik von Klopstock bis Grünbein. Köln, Weimar, Wien 2003, S. 70–81.
5 Erdmut Wenzel White: Hugo Ball und Novalis: vom Bewusstsein der Sprache. In: Hugo Ball Almanach 1985/86. Hrsg. von Ernst Teubner und der Stadt Pirmasens. Pirmasens 1986, S. 295–319.
6 Hugo Ball: Hermann Hesse. Sein Leben und Werk. [Berlin1927] Hrsg. von Volker Michels. Hugo Ball: Sämtliche Werke und Briefe. Bd. 8. Göttingen 2006, S. 160.
7 Ebd., S. 143.
8 Hans-Joachim Hahn: Hugo Ball und die Kritik der deutschen Intelligenz. In: Hugo-Ball-Almanach 10. Hrsg. von Eckhard Faul und der Stadt Pirmasens. München: Text & Kritik 2019, S. 97–116, hier S. 107. Die Zitate von Ball kommen aus: Die Flucht aus der Zeit [1927]. Luzern 1946, Ball wiederum zitiert hier Schlegel.
9 Hugo Ball: Die Folge der Reformation. Zur Kritik der deutschen Intelligenz. [Bern 1919.] Hrsg. und kommentiert von Hans Dieter Zimmermann. Sämtliche Werke und Briefe Bd. 5. Göttingen 2005, S. 226.
10 Vgl. Programmheft zum Film: Hugo Ball – Der Buchstabenkönig. Ein biografischer Dokumentarfilm von Karl Piberhofer. Berlin 2018, S. 4. http://biografilme.de/Piberhofer/Hugo_Ball_DADA.html (zuletzt abgerufen am 20.05.2019).
11 Brief an August Hofmann 4.01.1924, zit. n. ebd.
12 Hugo Ball: Die Flucht aus der Zeit. Luzern 1946. (Neuausgabe. Hrsg. u. kommentiert von Eckhard Faul und Bernd Wacker. Sämtliche Werke und Briefe. Bd. 3. Göttingen 2018.)
13 Hugo Ball: Das erste dadaistische Manifest. Das Manifest wurde beim ersten öffentlichen Dada-Abend am 14.7.1916 im Zunfthaus an der Waag in Zürich vorgetragen. Erstdruck mit abweichenden Lesarten in: Paul Pörtner: Literatur-Revolution. Neuwied 1960/61. Hier zitiert aus: http://www.kunstzitate.de/bildendekunst/manifeste/dada_ball_1916.htm (Abruf am 20.05.2020).
14 Vgl. Wenzel White: Hugo Ball (s. Anm. 5), S. 299.
15 Ebd., S. 314.
16 Ebd., S. 301.
17 Ball: Flucht aus der Zeit (s. Anm. 12), S. 269.
18 Ebd., S. 106.
19 Ebd., S. 105.
20 Ebd., S. 102.
21 Thorsten Valk: Der Dichter als Erlöser. Poetischer Messianismus in einem späten Gedicht des Novalis. URL: <http://www.goethezeitportal.de/db/wiss/novalis/valk_messianismus.pdf> Eingestellt am 06.02.2005.
22 Novalis: Heinrich von Ofterdingen. In: Novalis Werke. Hrsg. und kommentiert von Gerhard Schulz. München 4. Aufl. 2001, S. 210.
23 Ball: Flucht aus der Zeit (s. Anm. 12), S. 36.
24 Barbara Naumann: Musikalisches Ideen-Instrument. Das Musikalische in Poetik und Sprachtheorie der Frühromantik. Stuttgart 1990, S. 158.
25 Novalis Schriften. Die Werke Friedrich von Hardenbergs. Historisch-kritische Ausgabe (HKA). Bd. III. Hrsg. von Richard Samuel u. a. Stuttgart 2006, S. 360.
26 Ausführlich wurde dieser Frage schon sehr früh nachgegangen. Vgl. etwa Heinz Ludwig Arnold (Hrsg.): Konkrete Poesie I und II. Text & Kritik Heft 25 und 30. Stuttgart 1970 und 1975.
27 HKA III, 426.
28 Monika Schmitz-Emans: Subjekt und Sprache. In: Paul Geyer/M. Schmitz-Emans (Hrsg.): Proteus im Spiegel. Kritische Theorie des Subjekts im 20. Jahrhundert. Würzburg 2003, S. 289–316, hier S. 306.

29 Ernst Jandl: der gelbe hund. Darmstadt und Neuwied 2. Aufl. 1985, S. 83.
30 Vgl. Monika Schmidt-Emans: Ernst Jandl. In: Hartmut Steinecke (Hrsg.): Deutsche Dichter des 20ten Jahrhunderts. Berlin 1994, S. 676–689.
31 Ernst Jandl: für alle. Darmstadt und Neuwied 1974, 2. Aufl. 1986, S. 220 f.
32 Dieter Kessler: Untersuchungen zur Konkreten Dichtung. Vorformen – Theorien – Texte. Meisenheim am Glan 1976, S. 194.
33 Ernst Jandl: die schöne kunst des schreibens. Darmstadt und Neuwied 1974, 3. Aufl. 1983, S. 30.
34 Ernst Jandl: Einige Bemerkungen zu meinen Experimenten (1963). In: Ders.: Gesammelte Werke III. Darmstadt und Neuwied 1985, S. 445.
35 Ernst Jandl: sprechblasen. Gedichte. Mit einem Nachwort des Autors: Auto-biografische Ansätze. Darmstadt und Neuwied 1968, S. 48.
36 Ernst Jandl: für alle. Mein Schreibtisch ist gedeckt für alle. Darmstadt und Neuwied 2. Aufl. 1986, S. 238.
37 Bert Brecht: Arbeitsjournal. 2 Bde. Hrsg. von Werner Hecht. Frankfurt a. M. 1973, Bd. 1, S. 143.
38 Ernst Jandl: Laut und Luise. Mit einem Nachwort von Helmut Heißenbüttel. Stuttgart 1986, S. 38.
39 Ebd., S. 109.
40 S. Endnote 23.
41 Ernst Jandl: Gesammelte Werke I. Darmstadt und Neuwied 1985, S. 473. Um im Walterverlag erscheinen zu können, musste das Gedicht aus dem Manuskript ›Laut und Luise‹ entfernt werden, da es als Affront gegen den katholischen Glauben interpretiert werden könnte. Vgl. hierzu Ernst Jandl: Das Öffnen und Schließen des Mundes. Frankfurter Poetik Vorlesungen. Darmstadt und Neuwied 1985, S. 21.
42 Renate Kühn: schreibbär und Text-Hund. Zu Ernst Jandls Gedicht fortschreitende Räude. In: Michael Vogt (Hrsg.): stehn Jandl gross hinten drauf. Interpretationen zu Texten Ernst Jandls. Bielefeld 2000, S. 35–63.
43 Jandl: für alle (s. Anm. 36), S. 235. Jandl erläutert sein Verfahren am Beispiel des Gedichtes ›Im reich der toten‹.
44 Jandl: sprechblasen (s. Anm. 35), S. 35.

Schluss

Die romantische Erfindung der Moderne

Helmut Schanze

Das Tagungsthema »Romantik und Moderne« führt, um eine These des Literaturhistorikers Hans Mayer noch einmal aufzunehmen, in eine Serie von »manifesten Widersprüche[n]«.¹ Es ruft unterschiedliche historische Konstellationen, Epochenparallelen und Differenzen auf. Einfache Antworten sind nicht zu erwarten. In der Philosophiegeschichte führt der Epochenbegriff der »Moderne« in die Zeit der »Aufklärung« des 18. Jahrhunderts, die literatur-, musik- und kunsthistorische Epoche dagegen in den Beginn des 20. Jahrhunderts. Dazwischen steht, als historisches Interludium, das Jahrhundert der langen Romantik. Deren Beginn und deren Ausgang sind jeweils, aber spiegelbildlich, auf den Epochenbegriff der Moderne bezogen. These der folgenden Überlegungen ist, dass der historische Begriff der »Moderne« eine epochale Erfindung der »Sattelzeit«² um 1800 sei, des ausgehenden 18. und des beginnenden 19. Jahrhunderts.

Vorüberlegungen

Paradigmatisch für die Diskursgeschichte des Epochenbegriffs der »Moderne« ist die »Querelle des Anciens et des Modernes« am Ende des 17. Jahrhunderts in Frankreich. Auf der Insel, in England, wird sie satirisch kommentiert in *The Battle of the Books* (1697) von Jonathan Swift. Für die Epoche der »Moderne« des 20. Jahrhunderts steht anschaulich das 1919 in Weimar gegründete »Bauhaus«. Die Theorie der ›Frühromantik‹ referiert auf die französische ›Querelle‹³, sowie auf das Zeitalter der Bücher, die Moderne des 20. Jahrhunderts auf die lange Romantik. Die Romantiker arbeiten sich ab an der Epoche der Aufklärung, die Modernen des 20. Jahrhunderts an der Epoche der Romantik, in Gegenstrophe und in Aufnahme ihrer Motive.

Im hier unternommenen Versuch, die historische Konzeption der »Moderne« als romantische Erfindung auszuweisen, geht es um die historische Rekonstruktion einer Epochenkonstruktion. Sie ist weder in der Philosophiegeschichte, noch in der Literatur- und Kunstgeschichte, noch in der Musikgeschichte allein zu verorten. Sie fungiert als Gründungsurkunde einer umfassenden Kultur- und Bildungsgeschichte. In ihr geht es, in den Worten Friedrich Schlegels, um eine epochal geordnete »Bildungsgeschichte der modernen Poesie«.[4] Im 20. Jahrhundert dagegen geht es ideologiekritisch um den Mythos der Moderne, der als Problemgeschichte des Fortschritts erscheint. Theodor W. Adorno und Max Horkheimer haben sie in ihren »philosophischen Fragmenten« als »Dialektik der Aufklärung« begriffen. Sie haben sie in das provozierende Diktum ›Aufklärung schlägt in Mythologie zurück‹ gefasst.[5]

Die These selbst zielt auf die romantische Gesprächskultur und deren Zerfall nach 1800.[6] Sie steht im weiteren Kontext der Frage nach der Debattenkultur von der frühen Neuzeit bis zur Gegenwart. Für das 20. Jahrhundert rekapituliert sie die Geschichte der Erforschung der Romantik und ihrer Kritik.[7] Sie partizipiert an den Forschungen zur »Modernität« und »Aktualität« der »Frühromantik«.[8] Diese haben ihren Ausgangspunkt im Kontext der Jahrhundertwende um 1900. Paradigmatisch erscheinen sie 1918/19 in Walter Benjamins Dissertation über die *Kunstkritik in der deutschen Romantik*.[9] Sie sind auf das Engste mit der Kritik der »Romantik« als ›deutscher Ideologie‹ verflochten; der Begriff der »Ideologie« wiederum ist auf die erwähnte »Sattelzeit« zurückzuschreiben.[10]

Die Überlegungen sind fokussiert auf die Erfindungslehre des »Romantisierens«, wie sie Friedrich von Hardenberg als Suche und Auffindung eines »ursprünglichen Sinns« konzipiert hat. Sie bezieht sich einerseits auf die »Inventio« der antiken und frühneuzeitlichen Rhetorik, andererseits auf das moderne Konzept der Kreativität, nicht nur im literarischen Sinn, sondern auch des wissenschaftlichen Erkenntnis- und Wissensfortschritts, einer modernen »Mathesis«. Der Versuch verortet die Frage nach »Romantik« und »Moderne« in aktuellen, immer noch offenen Debatten zum Verhältnis der »literarischen« und der »naturwissenschaftlich-technologischen Kulturen«.[11] Deren Einheit in einer Universalwissenschaft, so die geläufige wissenschaftsgeschichtliche These, zerbricht im 18. Jahrhundert durch Ausdifferenzierung in »Geisteswissenschaften« einerseits, in »Naturwissenschaften« andererseits und in deren jeweilige Einzeldisziplinen. Die romantische Theorie um 1800 konzipiert eine fragile Synthese im »Gesamtkunstwerk«, die in der Moderne des 20. Jahrhunderts explizit wieder aufgenommen wird. Im Bereich der »Naturwissenschaften« ist es die »Naturphilosophie«, die aktualisiert werden kann. Die utopischen und aufklärerisch-kritischen Momente der »Romanlehre« werden in ihrer Modernität erkennbar, aber auch einer neuen Debatte über eine »Postmoderne« dienstbar gemacht.

In der Folge aber muss sich der Versuch, die These von der romantischen Erfindung der Epoche der »Moderne« zu erörtern, auf wenige Punkte beschränken. Der erste bezieht sich auf die historischen Paradoxien Friedrich Schlegels, der in den »Mängeln« seiner Gegenwart eine zukünftige »Hoffnung« ausmacht (1). Er empfiehlt ein streng wissenschaftliches, philologisches »Studium« der Antike und ihrer Poesie (im weitesten Sinn der künstlerischen Kreativität), um zur Erkenntnis der »Einheit« der »Moderne« zu kommen (2). Der anschließende Punkt (3) bezieht sich auf das Konzept des durch »Absolutisierung, Universalisierung und Klassifikation« des »individuellen Moments« zu erzielenden Erkenntnisfortschritts, wie es Friedrich von Hardenberg als »Enzyklopädistik« vorschlägt (vgl. HKA II, 255 f.). Ein weiterer Punkt bezieht sich auf das von ihm erfundene Bild der Versöhnung der »Religion der Antiquare« mit dem »Christentum« (4). Novalis geht es, so der Ansatz, um eine neue, historische Ansicht der »Moderne«. Der abschließende Punkt (5) nimmt dann die kritische Rezeption der Positionen der »Romantik« im 20. Jahrhundert als »Kunstkritik« bei Walter Benjamin auf. In Schlussbemerkungen zur ›langen Romantik‹ in einer ›langen Moderne‹ werden einige Perspektiven zum ›Streit‹ zwischen ›Romantikern‹ und ›Modernen‹ als erneuerte ›Querelle‹ im 20. Jahrhundert angesprochen. Offen muss bleiben, ob das »Prinzip Hoffnung« (Ernst Bloch) noch mit Friedrich Schlegels Zukunftshoffnungen identifiziert werden kann. Mit Walter Benjamin und seinem Essay über Goethes *Wahlverwandtschaften* (1809) wäre die Hoffnung nur um »der Hoffnungslosen willen« gegeben.[12]

Vorab eine methodische Vorbemerkung: Der Ausgangspunkt der folgenden Überlegungen nimmt den Begriff der »Querelle« auf. Dieser geht auf die juristische Institution der Anklageschrift, der »quaerela« zurück[13], diese wiederum begründet – rhetorisch – den »status« einer »quaestio«. Seit dem 17. Jahrhundert steht der Begriff der »Querelle« für »grundsätzliche Auseinandersetzungen in literarischen, ästhetischen, philosophischen und wissenschaftstheoretischen, (*q. litteraires*), aber auch in politisch-ideologischen, ethisch-moralischen und juristischen Fragen«, denen »häufig innerhalb des jeweiligen Bezugssystems der Status einer epochalen Zäsur zugesprochen wird«.[14] Folgt man diesem Ansatz, so handelt es sich beim Begriffspaar »Romantik und Moderne« jeweils um aufeinander bezogene Stichworte in grundsätzlichen Auseinandersetzungen. Es geht um theoretisch offene Konzepte, die als rhetorische Topoi strittig verhandelt werden und die erst ex post zu

Epochenbegriffen werden. Wie das Wort »Romantik« ist auch das Stichwort »Moderne« ein generisch-genetisches Wort, das als Chronotopos für eine Vielzahl von Theorien und Praxen in Literatur, Kunst, Wissenschaft und Gesellschaft steht.[15] In den romantischen Theorien um 1800 wird der Streit unter das Postulat der »Symphilosophie« (F. Schlegel) im freundschaftlichen »Gespräch« gestellt, das in »Dichtung übergeht«, was aber einen »Dualismus« – so auch im Dialog mit Friedrich von Hardenberg (Novalis), dem Erfinder des Stichworts »Romantik«, nicht ausschließt.[16]

1. Reflexion der Moderne: Mängel als Hoffnungen

Im Aufsatz *Über die Grenzen des Schönen*, veröffentlicht in Wielands *Teutschem Merkur* von 1795, formuliert Friedrich Schlegel eine historische Paradoxie: »Unsere Mängel selbst sind unsere Hoffnungen: denn sie entspringen eben der Herrschaft des Verstandes, dessen zwar langsame Vervollkommnung gar keine Schranken kennt.« In der Folge konfrontiert er das »classische« Geschichtsmodell der Zyklen mit dem »modernen« des Fortschritts »ins Unendliche«: Die »Geschichte der Menschheit« verlaufe »wie ein Zirkel, der ewig in sich selbst zurückkehrt oder ins Unendliche zu einem Besseren fortschreite.« (KFSA I, S. 35) Das Postulat Schlegels ist die Vereinigung beider Modelle in einer neuen Geschichtskonstruktion, welche die »Querelle« und die anschließenden Debatten der »Aufklärung« produktiv aufnimmt und philosophisch reflektiert. Ging es in der französischen »Querelle« um einen Vorrangstreit, so wurde dieser von Jonathan Swift als spitzfindiger Streit der Gelehrten, materialisiert in redenden Büchern, satirisch ausgewiesen. Schlegel versucht programmatisch, den scheinbar abstrusen Streit aus dem Jahrhundert der Bücher durch das »Gespräch« wieder »lebendig und gesellig«[17] zu machen.

Schlegels Ansatz bezieht sich aktuell auf die von ihm originär-kritisch verhandelten geschichtsphilosophischen Debatten der französischen Aufklärung um den »Fortschritt der Menschheit«. Wie das spätere *Athenäumsfragment* 116, die »Definition« der »Romantischen Poesie« als »progressiver Universalpoesie«, ausweist, geht er über die fachphilosophische bzw. fachphilologische Fragestellung hinaus. Schlegel rezensiert 1795/96 den Essay von Marie Jean Antoine Nicolas Caritat, Marquis de Condorcet, über den »progrès d'esprit humaine«. In seinen Fragmenten bezieht er sich aber auch auf die fortschrittskritische »materiale, enthusiastische Rhetorik« von Jean-Jacques

Rousseau und dessen literarisches Konzept der »Confessions«, implizit auch auf dessen »retour à la nature« und indirekt auf dessen *Lettre sur la musique française* (1753) über die moderne Tonkunst. Vermittler dieser Theorie in Deutschland ist der Musiktheoretiker, Komponist und Publizist Johann Friedrich Reichardt, in dessen Zeitschrift *Deutschland* Schlegel publiziert und deren Redaktion er 1796 übernimmt. Condorcets Diskurs über die »unendliche Perfektibilität« und Rousseaus »unendliche Rhetorik« der Originalität werden die von F. Schlegel programmatisch synthetisierten Basiskonzepte der frühromantischen Theoriebildung. Sie zielt auf eine neue Epochenkonstruktion. In der Condorcet-Rezension entwickelt Schlegel ein Geschichtsmodell der Mediation zwischen dem Fortschrittsmodell Condorcets und dem kulturkritischen Modell von Jean-Jacques Rousseaus, das Modell einer »Ungleichzeitigkeit« der historischen Prozesse:

> Das eigentliche P r o b l e m der Geschichte ist die Ungleichheit der Fortschritte in den verschiedenen Bestandteilen der gesamten menschlichen Bildung, besonders die große Divergenz in dem Grade der intellektuellen und der moralischen Bildung. Die Rückfälle und Stillstände der Bildung [...] besonders aber der große und totale Rückfall der gesamten Bildung der Griechen und Römer. (KFSA VII, S. 7)

Der letzte Teilsatz nimmt wörtlich Edward Gibbons Titelthese von 1776–1788 auf: »The History of the Decline and Fall of the Roman Empire«.

Für F. Schlegel ist die Frage der »Ungleichheit [...] der menschlichen Bildung« am Schicksal Condorcets und an den »Progressen und Regressen« der Französischen Revolution ablesbar, am moralischen Rückfall der im Kostüm griechischer und römischer Politik agierenden Jakobiner. Ihnen gegenüber ist am wahren Bild eines griechisch-römischen Republikanismus und »Demokratismus« festzuhalten. »Griechheit« soll nicht nur »Mode« sein, sondern unabdingbare Forderung auch im politischen Bereich. Die Rezeption von Condorcets optimistischem Begriff der Perfektibilität aber ist gebrochen durch die Erfahrungen des Terrors der Französischen Revolution, dem der Vordenker des Gleichheitsgedankens selbst zum Opfer fällt. 1794, nach dem Sturz der Girondisten, wird auch Condorcet angeklagt. Er kann sich der Verhaftung entziehen. Der *Esquisse* ist 1794 im Versteck des Autors entstanden. Am 27. März 1794 wurde er verhaftet und eingekerkert. Am Tag oder zwei Tage danach ist er gestorben. Die Todesursache ist ungeklärt. Der Mathematiker, Physiker und Astronom François Arago, Freund Alexander von Humboldts, setzt in seinem Buch über Condorcet (1841) das Todesdatum auf den 8. Mai an, als Todesursache eine Vergiftung durch seine Gegner.

Mit dem Stichwort der »Ungleichheit [...] der menschlichen Bildung« gibt F. Schlegel implizit einen Hinweis auf das Gegenkonzept der Lehre Condorcets von der »Perfectibilité«, auf die Fortschrittskritik des Pädagogen und Philosophen Jean-Jacques Rousseau. Der Terminus »modern« erscheint bei ihm, positiv, im Titel seiner ersten theoretischen Abhandlung aus dem Jahr 1743 *Dissertation sur la musique moderne*. In dieser Abhandlung begründet Rousseau sein auf Zahlen beruhendes Notensystem, das den Verlauf der »melodie« besser als das alte, heute noch gebrauchte System repräsentiere. In der 1746 von Diderot initiierten Großen Encyclopédie übernimmt Rousseau, beauftragt von Diderot und dem Miterausgeber und Verfasser des *Discours préliminaire*, des Mathematikers Jean-Baptiste le Rond d'Alembert, die Artikel zum Bereich »Musique«. Ende 1752 wird seine Oper *Le devin du village* (»Der Dorfwahrsager«) zunächst vor dem Hof und 1753 auch in Paris aufgeführt. Mit dieser Oper kann Rousseau die Erfolge der italienischen Oper in Paris unterbrechen. Er erscheint damit als Parteigänger im sogenannten Buffonistenstreit und als Retter der konservativen französischen Partei. In der *Lettre sur la musique française* aber setzt er den französischen Musikstil zugunsten des italienischen herab, da der italienische Stil eben jene Einfachheit und Melodik aufweise, die er in seinen musiktheoretischen Schriften unterstützt. Ein Jahr nach dem *Lettre*, 1755, publiziert er in Amsterdam seinen *Discours sur l'origine et les fondements de l'inégalité parmi les hommes*, die *Abhandlung über den Ursprung und die Grundlagen der Ungleichheit unter den Menschen*, auf die sich Friedrich Schlegel noch 1797 beziehen kann. Für die Romantiker ist die Musiktheorie Rousseaus ebenso aktuell wie die Geschichtsphilosophie Condorcets. Schlegels Streitschlichtung bezieht sich also nicht nur auf die alte »Querelle« von 1687–1694 und die »Querelle de Homère« 1713–1716, auf die Positionen von Winckelmann und Herder, sondern auch auf den sogenannten »Buffonistenstreit«, zentral aber auf Rousseaus vehemente Fortschrittskritik.

2. Studium der Moderne

Der wissenschaftliche Weg zur Revitalisierung des toten Bücherstreits der »Querelle«, des Streits um die »moderne« Musik, des Streits um den Dichter der homerischen Epen und des Streits um die Vorbildlichkeit der griechischen Plastik führt in eine zweite Paradoxie. Schlegel fordert ein gründliches, systematisches Studium der antiken Poesie, um die Einheit der Moderne zu erkennen. 1797 veröffentlicht er eigene »Historische und kritische Versuche über das Klassische Alterthum« mit dem Obertitel *Die Griechen und Römer* 1797 als Buch. Er argumentiert als Schüler und Vollender der neuen »Altertumswissenschaft« von Christian Gottlob Heyne (1729–1812). Im einleitenden Essay, der immerhin 250 Druckseiten umfasst, findet sich der provozierende methodische Vorschlag:

> Dieß ist der kürzeste Weg, den eigentlichen Charakter der modernen Poesie zu entdecken, das Bedürfniß der klassischen Poesie zu erklären, und endlich durch eine sehr glänzende Rechtfertigung der Modernen überrascht und belohnt zu werden.[18]

Die Einleitung zum Griechenbuch darf nicht auf die literaturhistorische Debatte über das Verhältnis Schiller – F. Schlegel reduziert werden; sie stellt vielmehr den zentralen Beitrag Schlegels zur Aufgabenstellung einer »klassischen« Philologie in Kunst und Leben dar. Im einleitenden Essay zu seinem Griechenbuch gibt er eine wissenschaftliche Methode vor, um den »Charakter« der Moderne zu ›erklären‹:

> Wir müssen also nach einer d o p p e l t en Richtung nach ihrer Einheit forschen; nach rückwärts nach dem ersten U r s p r u n g e ihrer Entstehung und Entwicklung. Vorwärts nach dem letzten Z i e l e ihrer Fortschreitung. Vielleicht gelingt es uns auf diesem Wege, ihre Geschichte vollständig zu erklären und nicht nur den G r u n d , sondern auch den Z w e c k ihres Charakters befriedigend zu deduziren.

An die Stelle des Nachahmungsprinzips der klassizistischen Poetik setzt er das Prinzip einer »Wechselnachahmung« der europäischen Völker. (S. 21)

Nach Schlegels Analyse generiert die alles beherrschende Tendenz der Moderne, ihre ihr eigentümliche Progressivität in allen Lebensbereichen und die herrschende »nazionelle Verschiedenheit« Verlusterfahrungen. Mit dem Verlust der ursprünglichen »Einheit« komme es zur gegenwärtig herrschenden »nazionellen Verschiedenheit«, zu »ungeheuren Dissonanzen«, zum negativen Charakter des »Frappanten«, »Piquanten« und »Choquanten«. (S. 67) Die »schwarzmalende« Zeitkritik Rousseaus, Gibbons und Fichtes aber wird ironisiert: »In solchen und noch schwärzern historischen Rembrants schildert man mit den Farben der Hölle – zwar nicht ohne feyerliches Pathos im Vortrag, aber eigentlich leichtsinnig genug – den Geist großer Völker, eines merkwürdigen Zeitalters.«[19] Schlegel zitiert hier Goethes *Faust. Ein Fragment* (noch nicht den Roman *Wilhelm Meister* von 1796).

Der Essay argumentiert im Sinne eines Forschungsstandes. Die Fortschritte der Wissenschaft beziehen sich – als Aufgabe des »Studiums« – auf eine spezialisierte, fachbegründende »Enzyklopädie der Alterthumswissenschaften« im Sinne einer »Realencyclopädie der classischen Alterthumswissenschaft«, wie sie dann 1837–1864, herausgegeben von August Friedrich Pauly, als fortzusetzende Summe erscheint. Schlegel lässt demgemäß seiner Analyse der Modernität im Kontext eines Essays zum Forschungsstand der Klassischen Altertumswissenschaft zwei Fachaufsätze folgen, »historische und kritische Versuche über das Klassische Alterthum«, seinen bereits 1795 verfassten großen Essay *Über die Diotima*[20] und *Ueber die Darstellung der Weiblichkeit in den griechischen Dichtern*[21], letzterer als »Anhang«. Die Progressivität dieser »Versuche« besteht darin, dass der Autor in wissenschaftlicher Reflexion aktuell-revolutionäre Forderungen vorträgt. Die antikischen Einkleidungen sind kein Selbstzweck, kein »Costümwesen« (Nietzsche); sie gewinnen vielmehr einen schaubaren Erkenntniswert. Sie demonstrieren den wahren »Grund« der verlorenen »Einheit« der »Moderne« und ihr »Ziel«, deren Wiedergewinnung. Sie stehen als kritische Modelle für die Methode des doppelten Wegs ein.

Schlegels Paradoxie der »Mängel als Hoffnungen« und sein Griechenbuch begründen so den Epochenbegriff der Moderne. Sie tritt aus dem Gegensatz zur »Antike« heraus und gewinnt einen eigenen Wert in der unendlichen Progressivität, der aber nur erkennbar wird im Modus des »Studiums« der Antike, deren Begriff der »Poesie« wörtlich genommen wird als fortgesetzt kreatives, eingreifendes Handeln.

Dieses analytische Verfahren zur Gewinnung eines Epochenbegriffs der »Moderne« ist »modern« im Sinne einer kritischen Analyse gegenwärtiger »Tendenzen«. Ein Nachdruck des Buchs über die »Griechen und Römer« in einer französischen Übersetzung ist in der Sammlung »Forgotten Books« unter dem Titel *Tableau de l'Histoire Moderne* erschienen. Der französische Titel wiederum referiert auf die geschichtsphilosophische Schrift des französischen Mathematikers Condorcet *Esquisse d'un tableau historique des progres de l'esprit humain* (1795). Er stellt damit den Bezug des Basiskonzepts der romantischen Progressivität auf Condorcets »Tableau« her. Nimmt man den Titel »Tableau« wörtlich, so handelt es sich bei Condorcet um eine Vorstufe für ein auszuführendes »Bild«, materialisiert als »Skizze« im Sinne der bildkünstlerischen Produktion und ihrer Theorie, die auf das Buch als Medium übertragen wird. Sie bildet, im Sinne der romantischen Philosophie, eine kreative Vorstufe für ein Historienbild der »Fortschritte« des menschlichen Geistes. Schlegels Erfindung der Moderne im Modus der Reflexion der zentralen Debatten der Aufklärung in Philosophie, Geschichte, Literatur, Bildender Kunst und Musik nimmt deren Widersprüche in Form einer Geschichte des »Ichs« im Sinne der revolutionären Philosophie Kants auf.

Folgt man der *Stanford Encyclopedia of Philosophy*, so ist Condorcet als der letzte der »philosophes« und als einer der »champions« der Sozialwissenschaften, auch als »Feminist« bekannt, der die Rechte der Frau in einem Essay von 1790 begründet und in seinem offiziellen Verfassungsvorschlag aufgenommen hat. Artikel, wie die *Über die Diotima* (zuerst 1795) und *Über die Darstellung der Weiblichkeit* (zuerst 1794) wird man im *Pauly* des 19. und auch noch des frühen 20. Jahrhunderts nicht finden, weder der Form noch der Thematik nach. Ihre Re-Lektüre gehört dem späten 20. Jahrhundert an. Die von Schlegel genutzte Terminologie ist die der Chemie der Photographie: Ein Negativ muss »entwickelt« werden, um ein »Positiv« zu erkennen.

Der Weg »rückwärts nach dem ersten Ursprung« der »Moderne« führt Schlegel auf ein Positiv, den Terminus der »Romantischen Poesie« und ihre ursprüngliche Einheit als ein vermittelndes Konzept in einer triadischen Geschichtskonstruktion.

> So lange die Fabel der Ritterzeit und die christliche Legende die Mythologie der Romantischen Poesie waren, ist die Ähnlichkeit des Stoffes und des Geistes der Darstellung so groß, dass die nationale Verschiedenheit sich beynahe in die Gleichheit der ganzen Masse verliert. [Der] Charakter jener Zeit [sei] einfacher und einförmiger [gewesen].[22]

Dieser Position (im Sinne eines Positivs) hat man im 19. und frühen 20. Jahrhundert, auch in der Forschung, unter Bezug auf die politische Philosophie des »späten Schlegels« eine Rücknahme der ›revolutionären‹, ›republikanischen‹ oder ›demokratischen‹ Positionen vorgeworfen oder unterstellt. Paradigmatisch formuliert durch Heinrich Heine in dessen Beschreibung des *État actuel de la littérature en Allemagne* (1833), später *Die Romantische Schule*, wird die »Fabel der Ritterzeit« als »Wiedererweckung der Poesie des Mittelalters« zum einzigen Definiens der »romantischen Schule in Deutschland«.[23]

Die ursprüngliche, romantische Einheit, deren Basis in der »Mythologie der Romantischen Poesie« gefunden wird, aber ist, als Ausgangspunkt der Moderne keineswegs im Schiller'schen Sinn »naiv«, sondern in dessen Terminologie modern »sentimentalisch«. Schlegels »Ritterzeit« nimmt Motive eines »Gothic Revival« als romantisches Spielwerk einer englischen Oberschicht auf und besetzt diese, in einem revolutionären Akt, positiv im Sinne seiner »progressiven Universalpoesie«.

Dem entspricht die Schlegelsche Definition des »Romantischen« in der Zeitschrift *Athenäum*, im Lehrstück *Brief über den Roman* im Rahmen des *Gesprächs über die Poesie* (1800). Sie schließt sich der humoristischen Schreibweise Jean Pauls an:

> Denn nach meiner Ansicht und nach meinem Sprachgebrauch ist eben das romantisch, was uns einen sentimentalen Stoff in einer fantastischen Form darstellt.

Schlegel bezieht sich hier explizit auf den »Humor« von Isaac Sterne und Jonathan Swift. Deren Werke seien »die Naturpoesie der höheren Stände unsers Zeitalters«, »diesem Zeitalter der Bücher«. Damit zielt er auf Swifts Satire *The Battle of the Books* über das moderne Bücherwesen. »Laputa«, die schwebende Gelehrteninsel in *Gullivers Travels* und ihre kleinlichen Streitfragen seien »nirgends oder überall«, »es kommt nur auf einen Akt unsrer Willkür und unsrer Fantasie an, so sind wir mitten darin«. (KFSA II, 332) Sie spiegeln die »ungeheuren Dissonanzen« der Gegenwart und ihre »Tendenzen«, deren kritische Analyse und philologisch-wissenschaftliche Synthese eine Zukunftshoffnung verspreche.

1798, in den *Fragmenten* der Zeitschrift *Athenäum* bereits, fasst Schlegel die moderne, progressive Popularisierung der Antike in eine provozierende Formulierung:

> Je populärer ein alter Autor ist, je romantischer ist er. Dies ist das Prinzip der neuen Auswahl, welche die Modernen aus der alten Auswahl der Klassiker durch die Tat gemacht haben, oder vielmehr noch immer machen. (KFSA II, S. 189, Athenäumsfragment Nr. 153)

Friedrich von Hardenberg konzentriert das Paradoxon des Fragments in einem »Titel«: »Das Antike Antiquarische im modernen Alterthum«. (HKA II, 635)

3. Novalis' Enzyklopädie der Moderne

In Frage steht, ob und inwieweit die romantische Erfindungslehre, die Erfindung der Moderne und ihre in einer »Ritterzeit« noch gefundenen »Einheit« allein als Innovation der neuen »Literaturgeschichte« im Sinne der literarischen Kreativität begriffen werden darf, ob sie auch im Sinne der naturwissenschaftlich-technischen Erfindungen im Kontext der neuen »Ingenieurswissenschaften« des 18. Jahrhunderts Geltung beanspruchen kann. Die Frage zielt auf den erkenntnistheoretischen und praktischen »Dualismus unsrer Symphilosophie« zwischen dem Naturwissenschaftler Friedrich von Hardenberg und dem Philologen Friedrich Schlegel um 1800, wie er sich als intensiver Ideenaustausch, materiell, im gegenseitigen Austausch der Gedankentagebücher, im Briefwechsel und Gespräch manifestiert.

Die Große Französische Enzyklopädie wird von dem Mathematiker D'Alembert in seinem »Discours Préliminaire« eingeleitet. Der Mathematiker greift die systematischen Ansätze des englischen Vorgängerwerks auf und fordert einen »Esprit systématique« anstelle des alten philosophischen »Esprit de Système«, nicht zuletzt zur Rechtfertigung des Aufbaus der Enzyklopädie als »Dictionnaire« und als »Konversationslexikon«[24], alphabetisch nach Stichworten geordnet. Novalis exzerpiert aus dem »Discours« den zentralen methodischen Ansatz: »Généalogie et génération des idées«. (HKA III, 300 f.) Er entwickelt hieraus seine romantische, genetisch-generische Erfindungslehre. Reflektieren die Notizen zum Stichwort »Enzyklopädistik« das enzyklopädische Verfahren, so die Notizen unter dem Stichwort »Romantik« den Roman als jene Form der Prosa, durch die, in Zukunft, eine »Einheit« in der modernen »Verschiedenheit« wiederhergestellt werden kann.

Wenn Novalis die drei Stichworte im Titel der großen französischen Enzyklopädie – also science, art, et métiers – und das Verhältnis dieser Begriffe aufnimmt, so verbindet er das Stichwort »Romantik« mit dem modernen Programm der »Aufklärung« des 18. Jahrhunderts, welche das antike Lehr- und Lebensprogramm radikal auf den Prüfstand gestellt hatte. Im Programm der virtuellen »romantischen Schule« ist das antikmittelalterliche Schulprogramm der sogenannten »Freien Künste« in modernen Transformationen im Doppelsinn aufgehoben: das Postulat einer neuen Grammatik – einschließlich einer neuen Poetik, das Postulat einer neuen Logik und das einer neuen Rhetorik, das Trivium der alten Schule. Bei Novalis wird auch das »Quadrivium« im Sinne der modernen Naturwissenschaften reflektiert und transformiert. Im romantischen Programm geht es nicht zuletzt auch um Kritik der Arithmetik als Zahlentheorie, um Kritik der Geometrie als Landvermessungskunde, um Kritik der Musik als Kompositionslehre und um die Kritik der Astronomie als Schicksalskunde und damit um eine Neubestimmung des Fächerkanons der Universitäten um 1800.

Die Dogmatisierung der Schellingschen Naturphilosophie als Gegensatz zur Philosophie des Geistes wäre demgemäß zu problematisieren. Es geht vorliegend auch um den naturwissenschaftlich-methodischen Gehalt der von Novalis konzipierten »Enzyklopädistik« und ihre unphilologischen Lehrstücke, und damit um eine moderne Transformation der Enzyklopädie des mittelalterlichen »Quadriviums« von Arithmetik, Geometrie, Musik und Astronomie in der Enzyklopädie der Aufklärung, in deren Zusammenhang die »Erfindung« des Stichworts »Romantik« zu verorten ist. Für das »Trivium« von Grammatik, Dialektik und Rhetorik gilt eine umfassende Dynamisierung ihrer Begrifflichkeit, die in eine historische Grammatik, eine historische Dialektik und eine historische Rhetorik als Fachwissenschaften führen. Die Historisierung des »Quadriviums« stößt an die Grenzen des modernen Fächerkanons.

Kern des Programms der »Romantischen Schule« ist eine radikale Neubestimmung des Verhältnisses von »Lettres« und »Sciences«. Novalis *Brouillon* ist eine individuelle Reflexionsform der Enzyklopädie der Aufklärung. Sie nimmt deren Verfahren der kollektiven »génération des idées« explizit auf. Dabei geht es, wie dies im Sammelband *Arts et Sciences du Romantisme Allemand* dargestellt, nicht nur um die neue Wissenschaft der Künste, sondern ebenso auch um die Kunst der Wissenschaften. Im Herbst 1798 nimmt Novalis Unterricht in Mathematik bei zwei Mentoren, einem namens »Lempe«, und bei dem französischen Mathematiker und Montanwissenschaftler d'Aubisson. An den Vater schreibt er am 1. September 1798: »Von ihm [d'Aubisson] lern ich eigentlich Mathem[atik] – und das Geld an Lempe ist weggeworfen.«[25]

Ist die »Erfindung der Romantik« im Spätherbst 1798 als enzyklopädisches Stichwort auszuweisen, so erweitert Novalis in seinem Werk das »Tableau« der Geschichte der Moderne explizit um ihre naturwissenschaftlich-technische Dimension. Novalis formuliert das Verfahren des »Romantisierens« und der Findung des »ursprünglichen Sinns« als Anwendung der einander entgegengesetzten Verfahren der höheren Mathematik (vgl. HKA II, 554) auf die Poetik des Romans im Zusammenhang mit seinen beruflich veranlassten montanwissenschaftlichen Studien.

4. Romantische Bilderfindung: Novalis' neuer Engel

Anfang 1799 greift Novalis in die von F. Schlegel reformulierte »Querelle« mit einer komplexen geschichtsphilosophischen Bilderfindung ein. Er konstruiert das Bild eines »Engels«, in dem »Antike« und »Moderne« »im ewigen Genuss von Raum und Zeit« versöhnt erscheinen.[26] Auch verfolgt er methodisch das wissenschaftliche Konzept des doppelten Wegs, wenn er in seinen philosophischen Studien von einer »Hin- und Her-Direktion« spricht. Er nimmt den Ansatz der triadischen Geschichtskonstruktion[27] und die Konstruktion einer »Einheit« der Moderne auf. 1799 steigert er diese theoretisch-methodischen Konzepte in der *Europa-Rede* rhetorisch-bildlich zu einer eigenen Diskursformation. Sein Bild von den »schönen glänzenden Zeiten« referiert die konstruktive »Mythologie« der »Romantischen Schule«, die »Ritterzeit« und deren einheitsbildende Funktion für die Geschichte der modernen Literatur unter Bezug auf die von Schlegel diagnostizierte »nationelle Verschiedenheit«.

Ihre Form ist die eines Narrativs der Moderne, welche zurück zu einem für die »Moderne« einheitsbildenden »ursprünglichen Sinn« schreitet, »rückwärts nach dem ersten U r s p r u n g e ihrer Entstehung und Entwicklung«. Das Narrativ der mittelalterlichen Einheit wird gegen die gegenwärtige Zerrissenheit argumentativ aufgeboten. Der Poesie als Agentur der Vermittlung wird von Novalis eine eingreifende rhetorische Macht in den politischen Verwerfungen der aktuellen Revolutionsgeschichte, die vor dem »18. Brumaire« Napoleons steht, zugesprochen.[28]

5. Schreckensbild des Fortschritts: der Weg in die Moderne des 20. Jahrhunderts

Nahezu wörtlich hat Novalis das »Bild« des neuen Engels in sein *Allgemeines Brouillon*, die projektierte progressive »Enzyklopädie«, eingetragen. Als »Fragment« von Schlegel bzw. Tieck bearbeitet, ist der Eintrag in der Ausgabe von 1826 zu finden, so auch in der Folge in den Ausgaben von Ernst Heilborn (1901) und von Ernst Kamnitzer (1923), welche die philologische Basis für die neo-romantische Novalis-Rezeption in den 20er Jahren des 20. Jahrhunderts bilden.[29] Die romantische Bilderfindung wird um 1920 von Paul Klee, 1940 von Walter Benjamin in seinen *Geschichtsphilosophischen Thesen* als »Schreckensbild« in einer radikal neuen politischen Konstellation wieder aufgenommen. 1946 werden diese in der von Jean Paul Sartre und Simone de Beauvoir herausgegebenen Zeitschrift *Temps Modernes* erstmals veröffentlicht. Festzuhalten ist, dass Benjamin bereits in seiner Dissertation von 1919 den systematischen Anspruch der philosophischen Form des Fragments erkennt: »So ist es ein ungeheuer kompliziertes und doch einheitliches philosophisches System, [...] was hinter all den einzelnen Meditationen des Novalis steht«.[30]

Schlegels »Jugendschriften« liegen – als Revision der »Original-Ausgabe« – bereits seit 1882, herausgegeben von Jacob Minor, vor. Aber weder in der »Original-Ausgabe« noch in den »Jugendschriften« ist das Werk *Die Griechen und Römer* als solches noch erkennbar. Minor druckt nur die Erstfassung des »Studiums-Aufsatzes«. In seiner Dissertation zum »Kunstbegriff« bezieht sich Walter Benjamin auf die Ausgabe von Minor, sowie auf die sogenannten »Windischmann-Vorlesungen«, die wiederum auf den in Köln gehaltenen Vorlesungen im Rahmen des französischen Schulsystems beruhen.[31] Der »Angelus Novus« Walter Benjamins steht in der Kontinuität der romantischen Erfindung der Moderne und ihrer Ambivalenz zwischen notwendigem Fortschritt (Condorcet) und dem ebenso notwendigen »Retour« (Rousseaus). In der »Ankündigung der Zeitschrift Angelus Novus« (1922) bezieht sich Benjamin explizit auf das *Athenäum*.[32]

Sie bildet die zentrale geschichtsphilosophische Grundfigur der von Novalis erfundenen Lehre vom Roman, der »Romantik«, aus. Sie ist in spezifischer »Modernität« zu begreifen. Das von Novalis erfundene Bild weist auf die Moderne des 20. Jahrhunderts voraus.

Benjamin nimmt den Anspruch der Versöhnung bei Novalis und die Ironie der »schwarzmalenden Rembrants« bei Schlegel angesichts der Schrecken des modernen Kriegs, des zweiten im 20. Jahrhundert, radikal zurück. Wo Schlegel noch eine »ursprüngliche Einheit«, am Anfang einer »Kette von Begebenheiten« vermutet, sieht er »eine einzige Katastrophe, die unablässig Trümmer auf Trümmer häuft«. An die Stelle des schönen Verweilens – Goethes *Faust* – setzt er den »Sturm« des

»Fortschritts«, der »vom Paradiese her« weht und den Engel »unaufhaltsam in die Zukunft« treibe. Benjamin dynamisiert das Schreckensbild der Moderne fortlaufend bis zum »Trümmerhaufen«, der vor seinem Engel »zum Himmel wächst«.[33] Er verschränkt die romantische Erfindung der Moderne mit ihrer Kritik, die selbst vor dem in der Dissertation von 1919 gefundenen Begriff des »Reflexionsmediums« nicht Halt machen kann.

6. Lange Romantik – lange Moderne

Wenn hier, abschließend, auf die ikonische Modernität der Romantik abgehoben wird, so bezieht sich diese nicht nur auf das ›stille Bild‹, sondern, mediengeschichtlich, auch auf das ›bewegte Bild‹, das neue Medium des Films. Die Romantik als Romanlehre konstituiert nicht nur, mit Novalis, das »Leben, als Buch«, sondern auch, mit Thomas Mann, das »tote Leben« des Kinokapitels im *Zauberberg* von 1922, welcher die Finalität der Romantik im Buch als Drehbuch ausstellt.

Die These von der Erfindung der Moderne im Zeitalter der Erfindungen um 1800 nimmt das Wort von der Erfindung im Doppelsinn auf, zum einen als »Inventio« im poetisch-rhetorischen Sinn, zum anderen auch im Sinn der Innovation im technisch-naturwissenschaftlichen Sinn. Die romantische Suche nach den »Ursprüngen«, welche scheinbar längst Gewusstes (die Mythologien des Alltags) ins helle Licht des Verstandes rückt und deren Zauber auflöst, formuliert in der modernen Universalgattung des Romans eben den Zauber, der allen Ursprüngen inhärent ist. Um 1800 ist der doppelte Erfindungsbegriff – folgt man Friedrich von Hardenbergs Lehre vom Roman – ein Begriff zugleich der »Naturlehre« und der »Kunstlehre«. Im »Zeitalter der technischen Reproduzierbarkeit« konfligieren die Begriffe der poetischen und der technischen Erfindung im Gegensatz zweier Kulturen, der traditionellen Kultur einer langen Romantik und einer auf fortgesetzte, aber unbefragte Innovationen setzenden langen Moderne. Die Geschichte der Romantikforschung hat diese Widersprüche bis zur Absurdität einer »eigentlichen Romantik« getrieben. Die »ungeheuren Dissonanzen«, die der junge Friedrich Schlegel in sein Konzept der »Moderne« eingeschrieben hat, schlagen als moderne Mythologeme auf den Autor, auch lebensgeschichtlich, zurück. Das Engelsbild des Novalis wird zum Schreckensbild der Moderne.

Eine mögliche Lösung der Frage des Verhältnisses von »Romantik« und »Moderne«, kann nicht in einer vorschnellen und beliebigen Auflösung von Epochenbegriffen bestehen. Friedrich Schlegels Projekt eines philologischen »Studiums« der Antike, seine progressive These von den Mängeln als Hoffnung und die naturwissenschaftlich differenzierenden Positionen des Novalis ließen sich, mutatis mutandis, auch auf das einlässlich kritische »Studium« der »Klassisch-Romantischen Literatur und Musik« sowie der »Romantischen Naturlehre« und ihre bis heute faszinierenden »Erfindungen« anwenden. Offen muss bleiben, ob die gegenwärtigen »Mängel« zu »Hoffnungen« Anlass geben können, oder vielmehr, wieder mit Benjamin, eine Verpflichtung zugunsten der aktuell Hoffnungslosen auslösen müssten.

1   Hans Mayer: Fragen der Romantikforschung. In: H. M.: Zur deutschen Klassik und Romantik. Pfullingen 1963.
2   Zur Geschichtskonstruktion der »Sattelzeit« verweise ich auf die Arbeiten von Reinhart Kosellek, insbesondere auf sein Buch »Kritik und Krise. Eine Studie zur Pathogenese der bürgerlichen Welt«. Frankfurt a. M. 1973, sowie auf Ludwig Stockinger: »Die Auseinandersetzung der Romantiker mit der Aufklärung«. In Verf.: Romantik-Handbuch. Stuttgart 2. Aufl. 2003, S. 79–106 mit umfangreichen Literaturnachweisen. Vgl. auch Verf.: Romantik und Aufklärung. Untersuchungen zu F. Schlegel und Novalis. Nürnberg 1966, 2. Aufl. 1972.
3   Vgl. Stefan Matuschek: Einleitung zu den Artikeln »Klassisches Altertum« und »Über das Studium der Griechischen Poesie«. In: Friedrich-Schlegel-Handbuch. Hrsg. von Johannes Endres. Stuttgart 2017, S. 70 f. und S. 85, Literaturangaben dazu auf S.99 f.
4   Friedrich Schlegel: Die Griechen und Römer. Neustrelitz 1797, S. 231. Vgl. https://www.digitale-sammlungen.de/de/view/bsb10927143, abgerufen: 08.05.2021.
5   T. W. Adorno / M. Horkheimer: Dialektik der Aufklärung. Philosophische Fragmente. Amsterdam 1947.
6   Vgl. dazu Verf.: Der Zerfall der romantischen Gesprächskultur nach 1799. In: Wo das philosophische Gespräch ganz in Dichtung übergeht. Platons Symposion und seine Wirkung in Renaissance, Romantik und Moderne. Hrsg. von Stefan Matuschek. Heidelberg 2002, S. 155–161.
7   Die Formulierung lehnt sich an einen Titel aus dem Jahr 1918 an: Siegbert Elkuß: Zur Beurteilung der Romantik und zur Kritik ihrer Erforschung, Berlin 1918, auf den sich, im »Stand der Forschung«, die Dissertation von Walter Benjamin über die Kunstkritik in der deutschen Romantik (1919) bezieht. Vgl. auch Verf.: Romantik und Aufklärung (s. Anm. 2).
8   So die Titelformulierungen der Sammelbände von Dieter Bänsch (Hrsg.): Literaturwissenschaft und Sozialwissenschaften/Zur Modernität der Romantik. Stuttgart 1983 und Ernst Behler/Jochen Hörisch: Die Aktualität der Frühromantik, Paderborn 1987. Die Rolle der neueren Romantikforschung seit den 60er-Jahren des 20. Jahrhunderts, insbesondere auch die der nicht nur rein philologisch maßgebenden (Neu-)Editionen der Quellenschriften, kann hier nur angedeutet werden.
9   Vgl. dazu die Überlegungen, die ich in der Einleitung zu meinem Buch über »Die Erfindung der Romantik« (Stuttgart 2018) und in einer von Christian Benne geleiteten Tagung der Friedrich-Schlegel-Gesellschaft in Kopenhagen 2019 zur »Theoriefähigkeit der Frühromantik« unter dem Titel »Die Erfindung der Romantik als Medientheorie« vorgetragen habe. Folgt man der von W. Benjamin konzipierten Mediengeschichte als Geschichte der Wahrnehmung, fokussiert auf die »Neuen Graphien«, so beginnt das Jahrhundert um 1800 mit Goethe in einer

»klassisch-romantischen Phantasmagorie«, einem Proto-Kino, und endet konsequent mit der entwickelten »Kinematographie«. In der literarischen Reflexion: Ist der »Roman« das »Leben im Buch«, so das »Bioskop«, mit Thomas Mann, das »tote Leben«. Frank Wedekind transformiert den fruchtbaren »Erdgeist« Goethes in die filmische »Diva«, deren originäres Leben durch den männlichen Blick, durch Fremdbestimmung, verbraucht wird.

10 Vgl. Antoine Louis Claude Destutt de Tracy: Éléments d'idéologie, Paris 1801–15. Reprint in 4 Bänden. Stuttgart-Bad Cannstatt 1977. Karl Marx: Manuskripte von 1845–46. In: Marx-Engels-Gesamtausgabe (MEGA). Abteilung I. Band 5. Karl Marx/Friedrich Engels: Die Deutsche Ideologie. Kritik der neuesten deutschen Philosophie in ihren Repräsentanten, Feuerbach, B. Bauer und Stirner, und des deutschen Sozialismus in seinen verschiedenen Propheten. 1845–1846. Im Auftrage des Marx-Engels-Lenin-Instituts Moskau herausgegeben von V. Adoratskij, Berlin 1932. Zur modernen Ideologiekritik und zur Literatursoziologie: Theodor W. Adorno: Beitrag zur Ideologienlehre. 1954. In: Soziologische Schriften I. Frankfurt a. M. 1995. Kurt Lenk (Hrsg.): Ideologie – Ideologiekritik und Wissenschaftssoziologie. Terry Eagleton: Ideologie. Eine Einführung. Stuttgart 2000.
11 Vgl. dazu Helmut Kreuzer (Hrsg.) unter Mitarbeit von Wolfgang Klein: Literarische und naturwissenschaftliche Intelligenz – Dialog über die » zwei Kulturen«. Stuttgart 1969, 2. Aufl. 1987.
12 Vgl. hierzu Richard Faber: Walter Benjamin und die Tradition jüdisch-deutscher Merkprosa. In: Michael Opitz u. a. (Hgg.): Aber ein Sturm weht vom Paradiese her …. Leipzig 1992, S. 123–145.
13 Bei Goethe finden sich Anfang 1770 eine Notiz »Jacobi Ayreri historischer Processus iuris, in welchen sich Lucifer über Christum […] beschweret« und die Folgenotiz »Ant. Cornelii Quaerela infantium in limbo clausorum, adversus divinum iudicium, apud aequum iudicem proposita«. Diese Notizen bringen die frühe Konzeption des *Faust* mit (durchaus ernsten) ›Scherzprozessen‹, den Übungen für angehende Juristen, in Verbindung. Vgl. Der junge Goethe. Hrsg. von H. Fischer-Lamberg. Berlin 1973. Bd. I, S. 427 f. Vgl. dazu Verf.: Goethes Dramatik. Theater der Erinnerung. Tübingen 1989, S. 31 und 218, zu den »Limbi« in der letzten »Faust«-Szene.
14 T. R. Kuhnle: Art. Querelle. In: Gerd Ueding (Hrsg.): Historisches Wörterbuch der Rhetorik. Bd. 7. Tübingen 2005, Sp. 503 (Bezug Schillers und F. Schlegels auf die französische »Querelle«). In der Folge des Artikels (ebd., Sp. 516) findet sich der Hinweis auf die Parallele von Swifts *Battle of the Books* mit der französischen »Querelle«.
15 Vgl. zum »Stichwort Romantik«, zur »Romantischen Topik« und zur »Romantik als Chronotopos« nach Bachtin Verf.: Erfindung der Romantik (s. Anm. 9), S. 5 ff.
16 Ebd., S. 139 ff.
17 So die Formulierung im Athenäumsfragment 116.
18 Schlegel: Die Griechen und Römer (s. Anm. 4), S. IX.
19 Friedrich Schlegel 1794–1802. Seine prosaischen Jugendschriften. Hrsg. von J. Minor. 2 Bde. Wien 1882, Bd. I, S. 113.
20 Schlegel: Die Griechen und Römer (s. Anm. 4), S. 254–326.
21 Ebd., S. 327–358.
22 Ebd., S. 22.
23 DHA 8/1, S. 126.
24 Diesen Nutzen verspricht der Verleger Friedrich Arnold Brockhaus 1808 mit einem Nachschlagewerk, dessen genauer Titel 1812 lautet: »Conversations-Lexicon oder enzyklopädisches Handwörterbuch für gebildete Stände über die in der gesellschaftlichen Unterhaltung und bei der Lectüre vorkommenden Gegenstände, Namen und Begriffe, in Beziehung auf Völker- und Menschengeschichte, Politik und Diplomatik, Mythologie und Archäologie, Erd-, Natur-, Gewerb- und Handlungs-Kunde, die schönen Künste und Wissenschaften: mit Einschluß der in die Umgangssprache übergegangenen ausländischen Wörter und mit besonderer Rücksicht auf die älteren und neuesten merkwürdigen Zeitereignisse«. Seit 1814/15 erscheint es unter dem Titel: Allgemeine deutsche Real-Encyclopädie

für die gebildeten Stände. Conversations-Lexikon. Vgl. https://de.wikipedia.org/wiki/Brockhaus_Enzyklopädie, abgerufen 24.04.2021.
25 HKA IV, 259.
26 Vgl. HKA IV, 274 u. III, 468 f. Diese romantische Bilderfindung wird, so meine These in »Blütenstaub, Jahrbuch für Frühromantik, Jahrgang 6/2020« um 1920 von Paul Klee in einer Ikone der Moderne aufgegriffen. Das Klee-Bild wird 1940 von Walter Benjamin in seinen Geschichtsphilosophischen Thesen als »Angelus Novus«, als »Engel der Geschichte« gedeutet. Vgl. Verf.: Christianismus oder Europa. Zur romantischen Konstellation um 1800, BL 6, S. 49–60.
27 Vgl. dazu Hans Joachim Mähl: Die Idee des goldenen Zeitalters im Werk des Novalis. Studien zur Wesensbestimmung der frühromantischen Utopie und zu ihren ideengeschichtlichen Voraussetzungen. Heidelberg 1965, Zweite Auflage: Berlin 1994.
28 Richard Faber: Novalis: Die Phantasie an die Macht. Stuttgart 1970.
29 Als Fragment, verbunden mit einer Stelle aus dem Brief an F. Schlegel über die »Negativität des Xstentums«, findet sich das Bild in der von W. Benjamin genutzten Ausgabe von E. Heilborn in Band 2, S. 203. Vgl. Novalis Schriften: Kritische Neuausgabe auf Grund des handschriftlichen Nachlasses von Ernst Heilborn. Reimer, Berlin 1901. Ernst Kamnitzer ediert Novalis' Sämtliche Werke in 4 Bdn. bei Rösl & Cie., München 1923–24 f., 1929 gibt er »Novalis Fragmente« in einer nach Sachgebieten »geordneten«, gesonderten Ausgabe heraus: Novalis, Fragmente. Erste, vollständig geordnete Ausgabe hrsg. von Ernst Kamnitzer. Jess Verlag, Dresden 1929.
30 Walter Benjamin: Begriff der Kunstkritik in der deutschen Romantik. Bern 1919, S. 41 f.
31 Vgl. zum Kontext der »Kölner Vorlesungen« Vf.: Friedrich Schlegels Kölner Enzyklopädie. Zur enzyklopädischen Begründung der historischen Methode in Philosophie und Literaturtheorie. In: Athenäum 3 (1993), S. 259–271.
32 Vgl. Walter Benjamin: Angelus Novus. Ausgewählte Schriften 2. Frankfurt a. M. 1966. S. 369–374, bes. S. 369: »Vorbildlichkeit des ›romantischen‹ ›Athenäums‹« und seiner »Aktualität«.
33 Walter Benjamin: Über den Begriff der Geschichte (1940), These IX.

Forum junge Wissenschaft

»Now Lending Splendour«
Luminous Rivers and the Figure of the Poet in Percy Shelley's *Mont Blanc* and Novalis's *Heinrich von Ofterdingen**

Jonny Elling

Flowing water is a recurring symbol in German literature of the late eighteenth and early nineteenth centuries. Christian Janss observes that Friedrich Hölderlin's *Stromdichtung*, as expressed in poems such as *Der Rhein* (1801–1802), elevated river poetry to a discrete form, more momentous than other verse treatments of nature.[1] Rivers abound in the theoretical writings of Friedrich Leopold Stolberg. Being in a state of flux and therefore lacking fixed form, the river was held by Stolberg to be an apt image for the creative state of mind.[2] The protagonist of Goethe's *Die Leiden des jungen Werther* (1774) likens creative genius to a torrent. Rivers are married to self-development in works such as Goethe's *Mahomets Gesang* (1773), which compares the charismatic leader to a mighty river lending power to his followers or tributaries.[3]

For its employment of a river motif, Novalis's novel-fragment *Heinrich von Ofterdingen* (1802) would therefore seem typical of its time and place. Comparative analysis with Percy Shelley's *Mont Blanc* (1817) indicates the image also had currency among English writers. There appears no evidence Shelley knew Novalis's work, but it is true that both texts present rivers as vehicles for the poet-figure's self-realisation, in both cases the central personality. Through rivers, the poet-figure unites notions of individual identity and creativity.

A poet's self-realisation entails self-knowledge; an understanding that one is a poet and therefore creative. What distinguishes the rivers of *Ofterdingen* and *Mont Blanc* is their symbolic marriage with light. The rivers of creative self-realisation are not straightforwardly flowing waters but *luminous* waters. To invoke light in the period under discussion is to respond to the Platonic dichotomy of light-as-understanding and darkness-as-ignorance, which, though present in intellectual discourse throughout Western history to that point, became particularly prominent in the eighteenth century.[4] The allegory of the cave, told in *The Republic* (c. 375 BC), helped give »Enlightenment« its name and likens human ignorance to cave-dwellers content to observe shadows, while the truth lies in the sun-

shine of the open air.⁵ Although Stolberg lends light to water in
»Lied auf dem Wasser zu singen« (1782), this light is not fixed
to the water, but later transferred to time and then to the self
to suggest the interchangeability of the elements of reality, and
therefore their essential unity.⁶ By making luminosity inextricable from water, Shelley and Novalis turn luminous rivers into
a stable, double-compound symbol, alluding simultaneously to
the contemporary Romantic river icon and to the Platonic analogy. However, *Ofterdingen* and *Mont Blanc* also problematise
the connection between light and (self)-understanding.

Because both texts thematise self-realisation, *Ofterdingen*
may be viewed as the *Künstlerroman* of a young *Dichter*, and
Mont Blanc as a portrayal of the poet-figure's triumph over the
limits of human faculties of perception. Such an interpretation
of *Ofterdingen* accords with the author's apparent intention.
Novalis was immersed in the contemporary literature of creative self-development at the time he wrote *Ofterdingen*, and specifically in the novel which arguably fathered the *Künstlerroman*
as a genre: *Wilhelm Meisters Lehrjahre* (1795–96).⁷ Regardless
of whether *Ofterdingen* was modelled on Goethe's novel or rebutted it,⁸ Novalis pored over it from April 1797 until at least
February 1800.⁹ The same period¹⁰ saw the finalisation of the
Vermischte Bemerkungen, the source text of *Blütenstaub*. Fragment #17 of the *Vermischte Bemerkungen* displays an interest in
applying the Platonic to ideas of transition from constricted to
freer realities:

> Die Fantasie setzt die künftige Welt entweder in die Höhe, oder in die
> Tiefe, oder in der Metempsychose zu uns. Wir träumen von Reisen durch
> das Weltall – Ist denn das Weltall nicht in uns? Die Tiefen unsers Geistes
> kennen wir nicht – Nach Innen geht der geheimnißvolle Weg. In uns,
> oder nirgends ist die Ewigkeit mit ihren Welten, die Vergangenheit und
> Zukunft. Die Außenwelt ist die Schattenwelt – Sie wirft ihren Schatten
> in das Lichtreich. Jezt scheints uns freylich innerlich so dunkel, einsam,
> gestaltlos – Aber wie ganz anders wird es uns dünken – wenn diese Verfinsterung vorbey, und der Schattenkörper hinweggerückt ist – Wir werden mehr genießen als je, denn unser Geist hat entbehrt (HKA II, 417
> and 418).

The »Schattenwelt«, comprising the external world and its perceptual centre in the (currently) »dunkel« self, is contrasted
with the »Lichtreich«. The fragment would seem to reiterate
the Platonic allegory by assigning darkness and light to specific
locations but it also departs from the allegory by locating the

»Lichtreich« in the self. And though falling short of outright subversion of the Platonic, this simultaneous internalisation and externalisation of the dark element supports the argument that Novalis saw the allegory's potential for conveying his own ideas and will have invoked luminosity in *Ofterdingen* in full awareness of its Platonic connotations. Just as the poetic vocation implies an element of destiny – the third-person narrative voice of *Ofterdingen* announces Heinrich »war von Natur zum Dichter geboren« (HKA I, 267) – the Novalis of *Blütenstaub* envisages the transition of realities as inevitable: »*wenn* diese Verfinsterung vorbey, und der Schattenkörper hinweggerückt ist« [emphasis added]. And as only the narrative voice's second extended intervention beyond Heinrich's own experiences and emotions, this announcement establishes in authoritative tone that the principal narrative arc is indeed Heinrich's poetic development. In its first intervention, the narrative voice had hinted at this arc when it implicitly likened Heinrich's transition to life beyond his childhood home to the changes of twilight, although without yet specifying that the twilight is dawn:

> Wer wandelt nicht gern im Zwielichte, wenn die Nacht am Lichte und das Licht an der Nacht in höhere Schatten und Farben zerbricht; und also vertiefen wir uns willig in die Jahre, wo Heinrich lebte und jetzt neuen Begebenheiten mit vollem Herzen entgegenging (HKA I, 204).

To examine *Mont Blanc* as a portrayal of the poet's supremacy in knowledge is legitimised by Shelley's wider career, and particularly his own evolving philosophy. *Mont Blanc* has a first-person persona located in the fictional present and who foregrounds his self-image as a poet in the subtitle »Lines Written […]«. Philosophical wranglings dominate the persona's written utterances and resolve themselves only in the final stanza. The parallels with Shelley himself are clear. While composing *Mont Blanc* between July and August 1816, Shelley was transitioning from an empirical to an idealist metaphysics.[11] This is not to say the poem is a detailed reflection of that transition, but certainly the Shelley of mid-1816 was not in thrall to any one philosophical doctrine and could well compose a poem thematising the difficulty of understanding the nature of experience. As a poem, *Mont Blanc* renders the reaching of insight into experience as a poetic act, an act which concretises the persona's identity as poet.

Two passages in *Ofterdingen* demonstrate the significance of luminous rivers for Heinrich's creative development. These are the two »river-dreams« in Chapters One and Six of »Die Erwartung«. In fact, *Ofterdingen* contains at least sixteen leitmotifs: water, river, light, morning, cave, sleep, unfamiliar land, gemstone, necklace, gold, marriage, festival, inscription, wine, east-west, and blue flower. Their pervasiveness in the narrative may be illustrated by a cluster of six such motifs in »Die Erwartung« (see below).

Table 1: Motif Clustering in »Die Erwartung« of *Heinrich von Ofterdingen* (page references from: HKA I).

	Heinrich's first dream	Father's dream	Heinrich's journey
Unfamiliar Land	First and second dreamscapes (pp. 196–197, 278–279).	Rome (pp. 200–202). Dreamscape is the Thüringen area defamiliarised (p. 201).	Augsburg is the destination, but on the journey Heinrich feels »als werde er [...] in sein Vaterland zurückkommen« (p. 205).
Cave	Location of source of glowing water (pp. 196–197).	Place of encounter with old man (p. 201).	Merchants liken poetry to entities emerging from »tiefen Höhlen« (p. 210). Heinrich meets the Bohemian miner and visits caves (pp. 259–266).
Flower	Blue, with face within (p. 197).	Apparently blue (p. 201). Old man prophecies that Father will find blue flower on Johannisnacht (p. 202).	Sees »Wunderblume« (p. 205).
Water	In cave (p. 196).	»Überall Quellen« (p. 201).	Horizon forms a »blaue Flut« (p. 205).
Light	In water in cave (p. 196).	In cave (p. 201).	Witnesses dawn while travelling (p. 205).
Morning	Woken up in late morning (p. 197).	Sees a light entering the cave, »als wollte das Tageslicht einbrechen« (p. 201).	Leaves home shortly before dawn (p. 205).

This table also indicates that a motif cluster in *Ofterdingen* will repeatedly return with slight alterations, such as their locations or the figures to whom they relate. Such structural strictness, approaching a spiral, has the effect of assigning as much meaning to the relationships between motifs as to the motifs themselves. Consequently, no one of them can truly be understood in isolation. Friedrich Schlegel perhaps had this in mind when he wrote to Friedrich Schleiermacher in May 1808 that *Heinrich von Ofterdingen* was so unified that one could not understand it without understanding every part (HKA IV, 655). So central is the spiralling motif sequencing that the narrative content itself alludes to it in the shape of a literal corresponding image, a spiral-shaped whirlpool which sucks Mathilde underwater in Heinrich's second river-dream (HKA I, 278).

The double-compound symbol of the luminous river exemplifies the importance of motif connections in *Ofterdingen*. Rivers trace Heinrich's developing capacity for poetic composition. Only once he has left the family home in Eisenach does he meet the various figures – principally Klingsohr and Mathilde – who bring out his talent. Leaving Eisenach is described as washing Heinrich up on an unfamiliar bank (HKA I, 204), while Eisenach is said to lack a sizeable river of its own (HKA I, 283).

Furthermore, the river-dreams are decisive moments in Heinrich's development, initiating, as Nicholas Saul observes, the process of his becoming a poet.[12] The first river-dream comes as a consequence of an unnamed »Fremde[]« in Heinrich's hometown exposing him to poetry, while the second sees Heinrich's love-relationship with Mathilde begin to transform his entire reality while dissolving his childhood individuality, transporting him, at least for a tantalising moment, to a fantastical underwater realm. »»Wo sind wir, liebe Mathilde?‹ ›Bey unsern Eltern.‹ ›Bleiben wir zusammen?‹ ›Ewig‹, versetzte sie, indem sie ihre Lippen an die seinigen drückte, und ihn so umschloß, daß sie nicht wieder von ihm konnte« (HKA I, 279).

Just as the river transporting Mathilde and later Heinrich to the underwater realm »schimmerte« (HKA I, 278), the river carrying him from one dreamscape to another in Chapter One is a »leuchtende[r] Strom[]« (HKA I, 197). The second dreamscape prefigures the underwater union with Mathilde, because it shares that union's lack of geographical coherence. The union in turn foreshadows the transformation of Heinrich's reality, and the breakdown of the barrier between his subjectivity and the waking outside world, as he realises his poetic potential. This prefiguring is reinforced by placing the second dream within the first, indicating wholesale departure from waking life. Heinrich dreams he is overtaken by a new »süße[m] Schlummer [...], in welchem er unbeschreibliche Begebenheiten träumte« (HKA I, 197). Although both dreamscapes in Chapter One are rural, the topography of the second lacks the co-ordinates, graspable distances, and distinctions between rural phenomena, of the first. In the first dreamscape Heinrich moves, as a limited being must, by his own propulsion – »als ginge er«; »Er mußte [...] klettern« – between »Wald«, »Felsenschlucht«, »Wiese«, »Berg[]«, »Klippe«, »Weitung«, »Gewölb[]«, »Becken« and »Höhle« (HKA I, 196). In the second dreamscape however, natural features are laid paratactically one after the other, as if appearing on all sides, and mixed in with »Bilder«. Verbs denoting Heinrich's movements disappear, replaced with a »sich finden« as if in sudden confrontation with outside phenomena, rendering him the object of an »anziehen«. Verbs now describe external phenomena themselves, blending into one another and shifting agency away from Heinrich:

> Er fand sich auf einem weichen Rasen am Rande einer Quelle, die in die Luft hinausquoll und sich darin zu verzehren schien. Dunkelblaue Felsen mit bunten Adern erhoben sich in einiger Entfernung; das Tageslicht [,] das ihn umgab, war heller und milder als das gewöhnliche, der Himmel war schwarzblau und völlig rein. Was ihn aber mit voller Macht anzog, war eine hohe lichtblaue Blume [...] (HKA I, 197).

The orderliness of the first dreamscape suggests Heinrich retains his connection as a delineated biological being with his childhood home, and therefore with immaturity. The chaos in the second dreamscape, conversely, suggests transition to adulthood and the poetic vocation. If the first river-dream, therefore, presents a »condensed, confused« prefiguration of Heinrich's self-realisation, then it achieves this effect by the power of contrast between the spatiotemporal rationality of the first dreamscape with the spatiotemporal instability of the second.[13] Moreover, Heinrich's vocation has not yet been announced by this early point of the narrative, and the symbolism of the transition fully reveals itself only in retrospect, during the final dream. The departure from childhood in Chapter One is clear enough, however, that it immediately raises the question of the destination. Despite limited information, then, the first dream anticipates Heinrich's self-realisation, on the one hand by enacting personal change and on the other by creating a sense of anticipation based on uncertainty about Heinrich's future.

The »leuchtende[r] Strom[]« of the first dream carries Heinrich from a place of darkness to one of light; out of the cave and into the second dreamscape's open land. Vieira links dark subterranean locations in *Ofterdingen* to Plato's light-darkness dichotomy, reading *Ofterdingen* as inverting Plato such that caves and mines become places of a closer and more aesthetic encounter with life and the natural world.[14] The first dream, however, presents a looser relationship between cave and darkness. The dreamed cave is not dark, but dimly illuminated by the »mattes, bläuliches Licht« radiating from the water (HKA I, 196). It is in the transplanting of light from beyond the cave to the cave's interior that Dennis Mahoney sees the inversion of the Platonic.[15] »[D]er Strahl glänzte wie entzündetes Gold« (HKA I, 196). The cave not only illumines itself but is also illumined by the cave waters.

Furthermore, the emanation of light from water introduces a fantastical element. The juxtaposition with a more plausible, un-watered, »helles Licht« (HKA I, 196) within the cave foregrounds this strangeness, in turn creating the vague expectation that luminous water holds special significance for Heinrich's experience. Although the dreamed cave is the ultimate place or source of this light, the water is invested with greater significance than the cave itself, because it serves to bridge the two dreamscapes, whereas the cave remains within the first dreamscape. As a bridge, the river of the first river-dream breaks out of the realistic co-ordinates of the initial dreamscape, suggesting Heinrich's own transcendence of his childhood world. The luminous river, not the cave, is also the first natural phenomenon in the dream which is not simply perceived by Heinrich but also edifies him, penetrating like a »geistiger Hauch« and leaving him feeling »innigst gestärkt und erfrischt« (HKA I, 196).

The river-dream in Chapter Six lacks any caves at all. It is here that Mathilde is revealed not only as Heinrich's love interest and tutor, but also as someone who will spur on his self-realisation. Shortly before the second river-dream in Chapter Six, on Heinrich's arrival in Augsburg, the narrative voice designates this daughter of the poet Klingsohr as a poet in her own right, one whose words will draw out reality's true complexities hidden from Heinrich by an illusion of »einfachen Accord«. This prospect is so reminiscent of the breakdown of the realistic in both river-dreams that »die Welt« is not here to be understood as a world external to Heinrich, but rather as another term for the spectral reality with which the developed Heinrich will be coextensive. Mathilde is therefore not just another occupant of reality – that is, Heinrich's equal – but a catalyst for a reality which is properly Heinrich's own:

> Er sah die Welt [...] vor sich liegen. Noch war sie aber stumm, und ihre Seele, das Gespräch, noch nicht erwacht. Schon nahte sich ein Dichter, ein liebliches Mädchen an der Hand, um [...] die blöden Lippen aufzuschließen, und den einfachen Accord in unendliche Melodien zu entfalten (HKA I, 268).

Alice Kuzniar is right, therefore, that Mathilde is not there simply to enact Heinrich's *Bildung*.[16] Perhaps the point, however, is that Heinrich's formation is his transformation; the dissolution of his constrained subjectivity. An enabler of such a process is an instrument of reality itself, not a tutor defined by her relationship to the pupil.

A luminous river aids Heinrich's transformation by literally bringing the poet-lovers together in the second river-dream. Here, a »tiefer blauer Strom« is said to »schimmer[n] [...] herauf« from a green plain, echoing the rural environs in the first dream. Mathilde sits in a rowing boat on the stream's surface (HKA I, 278). As in the first river-dream, the luminous river of the second carries Heinrich from one landscape to another, but whereas the first river joined a coherent with an incoherent landscape, both of those linked by the second river are incoherent, a constancy enacted by the second river itself. Parataxis joins the river's initial description with the brief clauses which trace Heinrich's falling asleep, while the river and its attendant plain seem to burst into view, without any suggestion of wider surroundings. Moreover, the shimmering river »rises off« the plain, an odd choice of verb which seems to imply the water and/or its light float above ground level at the same time as they flow at ground level. Though Heinrich can see Mathilde in a boat, at no point does the narrative voice specify that Heinrich stands on the bank. And without a predicate such as »Heinrich sah« to locate him as a ground-level observer, he seems inexplicably to float at the water's high level, too: »spät gegen Morgen schlief er ein. In wunderliche Träume flossen die Gedanken seiner Seele zusammen. Ein tiefer blauer Strom schimmerte aus der grünen Ebene herauf« (HKA I, 278).

Heinrich »stürzte sich in den Strom«, and having formed itself into a whirlpool which consumes Mathilde, the river throws him into a »fremde Gegend« (HKA I, 278). The reappearing river, and its position relative to the lovers, mark this second landscape as equally incoherent with the first. Upon their reunion, Mathilde points out to Heinrich that the river is above their heads, but the language contradicts the intuitive explanation: that the two of them are submerged. The ground in fact is not a riverbed, but »trocknem Boden«, and Mathilde describes the river's waves as »»über uns««. Somehow, the river now hovers above them (HKA I, 279). When Heinrich asks where they are, she does not state their location, but what the location symbolises: that she and Heinrich are »»[b]ey unsern Eltern«« (HKA I, 279). This cryptic response emphasises that readers cannot orient themselves by determining Heinrich's physical position relative to his surroundings. Where spatial incoherence in the first river-dream only foreshadowed the elevation of Heinrich's reality, the confusion in the second signals that the elevation is happening in real time. The river of the second river-dream is therefore a synecdoche for the incoherent landscape.

As in the first river-dream, Heinrich in the second river-dream drinks water and is rejuvenated by it, although on this new occasion the water is much more potent. It erases the trauma of the whirlpool and ushers in a joyful reunion with Mathilde:

> Eine kleine Quelle kam aus einem Hügel [...] Mit der Hand schöpfte er einige Tropfen und netzte seine dürren Lippen. Wie ein banger Traum lag die schreckliche Begebenheit hinter ihm [...] ›Lieber Heinrich‹, rief eine bekannte Stimme. Er sah sich um, und Mathilde schloß ihn in ihre Arme (HKA I, 278).

This repetition-with-difference further conveys that Heinrich is more developed by the time of the second river-dream than of the first. The sense of repetition is reinforced by the use of the word »Begebenheit«, which was also used to describe the events of the first river-dream (HKA I, 197).

In seeking to elucidate the content of the symbolism of the combined leitmotifs of river and light, a close reading of Heinrich's dreams also represents an attempt to break the link between Novalis's invocations of the Platonic analogy at the level of narrative and those at the level of the reading experience itself. The density of leitmotifs whose meanings cannot easily be deciphered must have contributed to Clemens Brentano's complaint to Achim von Arnim in a letter of October 1802 that *Ofterdingen* was unintelligible.[17] In struggling to penetrate the text, the English-speaking reader draws on a raft of adjectives for textual difficulty which invoke Plato's analogy of darkness-as-ignorance: opaque, obscure, impenetrable. Consequently, to read of Novalis's luminous rivers is to read reflexively, and reveals *Ofterdingen* as a text which, far from resisting the reader, makes them aware of their act of interpretation. The reader affirms the Platonic analogy at the level of reception by envisaging an understanding of Novalis as a kind of »clarity«, literal and metaphorical.

The reception of Shelley's *Mont Blanc* in the twentieth and twenty-first centuries suggests this hypothesis has wider application to literature at the turn of 1800. The poem has puzzled its readers, contemporary and latter-day.[18] William Beckford's marginalia to *History of a Six Weeks' Tour* (1817), the travel account in which *Mont Blanc* was first published, calls the poem »an avalanche of nonsense«. What Benjamin Colbert sees as a »much more positive« response in *Blackwood's Edinburgh Magazine* the following year seems actually to hint at great difficulty of understanding, with the *Blackwood's* reviewer calling the poem »too ambitious« in its »imitation« of Samuel Taylor Coleridge's *Hymn Before Sunrise* (1802).[19] As this study will argue, the differences with Coleridge's poem do in fact bring out Shelley's thematisation of incomprehensibility in sharp relief. Observations on difficulty also appear in latter-day literary criticism. Colin Jager argues against an immanent analysis of *Mont Blanc* because it »deliberately and provocatively resists any reading that focuses on content«,[20] a fundamental interpretative challenge to which the divergent, seminal studies of I. J. Kapstein, Charles Vivian, Earl R. Wasserman, William Keach, and Michael O'Neill attest.[21]

Jager's statement may be read as an attempt to invert the Platonic analogy at the level of reading, because it equates an understanding of the poem's content with an acceptance of that content's opacity. Nonetheless, the luminous rivers of *Mont Blanc*, and those luminous rivers featuring in Coleridge's treatment of the same mountain in *Hymn*, may provide an alternative critical route into Shelley's's content. As in *Ofterdingen*, luminous rivers in *Mont Blanc* problematise the Platonic analogy at the fictional level, but focusing on the rivers allows the close reader to circumvent the ambiguous phraseology[22] which is the root of the poem's difficulty.

Flowing water as such is not a symbol for exceptional creativity in *Mont Blanc*, but for cognition, something which Shelley's persona shares with the rest of humankind but which in the persona's case will serve as the springboard for standout artistic inventiveness. It is by infusing his cognition with such a Stolbergian, Goethean exceptionalism that the persona can make his cognition into this artistic springboard. Poetry is treated as enabling insights which civilisation, far from the vale, drowns out. Just as water sources cross the boundary of subjectivity in *Ofterdingen*, filling Heinrich with new and transformative energies, the persona of *Mont Blanc* describes thought in Shelley's first stanza as originating in »secret springs«. It has been noted that this description echoes David Hume's phrase in the opening section of *An Enquiry Concerning Human Understanding* (1748). Hume uses »secret springs« to describe the mysterious first principle »by which the mind is actuated in its operations«.[23] Thought, for Shelley's persona, comes from the »flow[]« of the »everlasting universe« »through the mind«. This mind acts as a »tribute […] | Of waters«. To class a tribute as one of water is also to use the term »tribute« in the sense of »tributary«, a small river flowing into a greater one. The metaphor of flowing waters as the site of thought is augmented by a simile, in which thought is compared to a »feeble brook« lent the strength of a »vast river« into which it runs:

> The everlasting universe of things
> Flows through the mind […]
> […] The source of human thought its tribute brings
> Of waters […]
> Such as a feeble brook will oft assume […] (*Mont Blanc* [hereafter MB], ll. 1–2, 5–7).[24]

By juxtaposing a metaphor with a simile for the same object, as if seeking by any means to force the persona's speculations deeper, the poem enacts the process of wrangling. The persona, dependent on intervention by the »universe«, an external entity, cannot grasp the frame structuring his own subjectivity except through the inventory of metaphors which the universe provides. The metaphor at hand is the mountain, the subtitle of the poem having located him in its vale. Because the cognitive floundering is enacted in the very first stanza, it establishes the struggle to grasp the nature of experience as the poem's subject matter, ultimately prefiguring the persona's anagnorisis in the final three lines.

However, it is not just the state of water (liquid) or its movement (flow) which are invoked in this early attempt to understand experience. Crucial is the water's luminosity. The shifting patterns of light on the surface of water as it moves signify the progression from one thought to another. This progression defines cognition: successive thoughts can be linked to one another, or associate more randomly. The persona's repeated verbal phrases convey this double quality, because they lack conjunctions, while sharing the adverb »now«, and forming a semantic field around light:

> Now dark – now glittering – now reflecting gloom –
> Now lending splendour (MB, ll. 3–4).

To the persona's senses, the mountain presents a paradox: the weather is clear in the fictional present, allowing him to see the summit, yet it is those imagined times when clouds of snow conceal the peak that align with his characterisation of the mountain as the dwelling-place of »Power«. Power is presented as distant, and for the persona it indexes an imperceptible but elemental part of reality. Because the persona himself can nonetheless apprehend this element, the text comes to enact a poet accessing knowledge that is literally hidden from others' view. The distancing of Power from worldly change (MB, ll. 84–95) reveals it as the ultimate determining principle of the »everlasting universe« (l. 1). The linking of an overcast Mont Blanc with Power is clear in three particular passages:

> In the lone glare of day, the snows descend
> Upon that Mountain; none beholds them there (MB, ll. 131–32).
> Mont Blanc yet gleams on high: – the power is there (l. 127).
> Power dwells apart in its tranquillity
> Remote, serene, and inaccessible: (ll. 96–97).

Power gives form to experience: »The secret strength of things | Which governs thought« is said to »inhabit[]« the mountain (MB, ll. 139–41). Of the snows that fall on the mountaintop, »none beholds them there«. The verb »beholds« detaches the snow from any dichotomy of light-versus-dark, instead suggesting the snow is beyond apprehension rather than invisible. A second luminous river is incorporated into this version of the mountain, whose peak is above cloud level. Cloud cover provides a different sort of concealment to darkness. The persona's eye fails to reach the peak not because darkness shrouds it, but because cloud has removed the peak from view. Cloud has pushed the peak outside the sensory realm, outside the limits of sight. Power »dwells apart«, not invisible but »inaccessible«, the root »access« free of any connotations of bodily senses. The undertone of ›blankness‹ is exploited when the English-speaker utters the mountain's name. Unlike darkness, which is an absence of light, blankness is an absence of vision itself, an empty space beyond perception.

At the fictional level, *Mont Blanc* bypasses the Platonic dichotomy, whereas *Ofterdingen* inverts it. Shelley's poem posits the mountain as a metonym for a transcendental, inscrutable structure. That the blankness is so fundamental to the poem's metaphysics, is indicated by the change to line 133 during the poem's composition, noted by O'Neill.[25] The Scrope Davies manuscript reads: »Nor when the sunset wraps thier [sic] flakes in fire«, but the version in *History of a Six Weeks' Tour* reads »Nor when the flakes burn in the sinking sun«.[26] »Sinking sun« more blandly describes the sun's descent, as if in the absence of an observer, while »sunset« is more suggestive of a spectacle, a thing beheld. The *History*, then, minimises the presence of an implied observer present in the vale.

Shelley's second luminous river alerts us to this conceit. It is the Arve, the literal river, which »comes down« from the mountain's »ice gulphs« (MB, ll. 16–17). For the persona, the Arve is not truly itself but a »likeness«, an instantiation, of Power. The fourth stanza reveals the full significance of this comparison, when Power is identified with the mountain's heights. Power appears in the observable form of the Arve at lower altitude, but just as an overcast mountain's river can only be discovered downstream of its lofty source, the source of this Arve is beyond perception, a »secret« throne rather than an invisible throne (l. 17). However, the persona is observing things from a lower altitude, where the summits of the surrounding, smaller mountains are not blanks but »dark«. As far as the eyes are concerned, this is the altitude at which the Arve begins, suddenly appearing in full flow, »bursting through« (l. 18). The simile »Like the flame | Of lightning« (ll. 18–19) captures the illusion of luminosity in the river, caused by that river's abrupt coming-into-view. Likewise, as a »flood of ruin«, the Arve is said to have begun not at the summit but at »the boundaries of the sky«, the transition point between the above and the below of the cloud level. The river is »from« that point (ll. 107–09).

In fact, the association of Mont Blanc with a mysterious first principle is also made in *Hymn Before Sunrise*. Like that of Shelley, Coleridge's persona emphasises the principle's extrasensory character by connecting it to the mountain in a state other than that in which he actually finds it. Unlike *Mont Blanc*, however, *Hymn Before Sunrise* tracks the movement of the mountain from the sensory realm to the extrasensory. Coleridge's mountain »didst vanish« from thought, yet remains physically visible,

»present to the bodily sense«. Although Coleridge's mountain like a ray of light »piercest« the »dark, substantial, black« air that surrounds it, it paradoxically acquires this darkness as a trait, so that the rivers flowing from the mountain seem to emerge from gloom:

> And you, ye five torrents fiercely glad,
> Who called you forth from night and utter death,
> From dark and icy caverns called you forth,
> Down those precipitous, dark, jagged Rocks[?][27]

Shelley's persona is already some way to grasping the nature of experience enabled by Power when he places it outside the sensory realm. This very placing, a concession of ignorance, sets the parameters for eventual understanding.

The group-of-three adjectives »remote, serene, and inaccessible« in line 97 may deliver a rhetorical punch that suggests the persona has resigned himself to his perceptual captivity, but the poem presses onwards nonetheless, giving the lie to this resignation. Such two-facedness foreshadows the persona's eventual success. If he can conceive of Power, and is mindful of the limitations of his perception which prevents a direct, sensory encounter with Power, does he not therefore understand the nature of experience already?

> And what were thou, and earth, and stars and sea,
> If to the human mind's imaginings
> Silence and solitude were vacancy? (MB, ll. 142–44).

In this long-awaited moment of insight, »silence and solitude« signify the gap in perception where Power would reside, if only the persona could perceive it. With ornate circularity, the senses of hearing and sight respectively are used to construct metaphors for exactly that which is not experienced with those senses: Power. »Silence« is the absence of sound to the listening ear, but in signifying this absence »silence« also affirms the possibility of sound for that ear. »Solitude« has a wider import here than mere lack of human company; coupled with »silence«, it comes to signify a poverty of visual stimuli, and therefore affirms the possibility of richer such stimuli. »Vacancy« would represent an absolute absence from the experiential realm, absence which, lacking being, would not present itself to the persona and therefore would preclude him from pondering the possibility of an opposite. In addition, the twin sensory metaphors of »silence«

and »solitude« link Power back to the mountain, because the vale in which the persona composes his lines is literally quiet given its remoteness. These lines emphasise that *Mont Blanc* unfolds in a specific, fictionalised location and moment, and is not a disembodied, atemporal, properly philosophical tract.

But where are the »silence« and »solitude« apprehended? In »the human mind«. And what enables cognition, the »imaginings«, in this mind? Power's luminous river, in confluence with the springs within him. The persona again uses his mind to reflect on his mind. In the first stanza, the persona struggled to break out of his mind, a struggle conveyed by his sliding between similes, metaphors, and analogies in search of an objective language, as if that mind could only truly be understood by observing it from outside. Now, he accepts that the mind can only grasp itself from within and uses this limitation to his advantage; it allows him to coolly observe what he finds there, namely silence and solitude. These two things are what prove to him he can grasp the nature of experience. Yes, Power is a blank, beyond apprehension, but he can at least recognise the blank. The luminous river cannot properly be said to have »illuminated« Power in the Platonic sense; thought has done this, and thought is mobilised by the confluence of the luminous river with the secret springs. The end of the poem thus reveals the co-dependency of the luminous river and the spring for profound insights, in turn signifying the poem's relationship to Plato's allegory: light is insufficient, but crucial, for understanding.

By rendering the river motif in remarkably similar ways, in isolation from one another, Shelley and Novalis raise the issue of what Morse Peckham calls cultural convergence.[28] If the resemblances between *Mont Blanc* and *Ofterdingen* can be explained neither as Shelley having read Novalis nor as Shelley having had a relationship with him, these resemblances must instead have formed under some shared cultural pressure »channell[ing]«, to use Peckham's words, »separate individuals in the same direction«. To determine this cultural pressure, the years covering the geneses of the texts must be grasped as a period, ranging from Novalis's initial inspiration in early 1799, when he learned of the historical Heinrich von Ofterdingen's tomb,[29] through to the Shelleys' publication of *History of a Six Weeks' Tour* in 1817. By period is meant a duration with certain characteristics to which *Mont Blanc* and *Ofterdingen* can be understood as reflecting and/or responding in varying proportions. Already to hand is what much nineteenth- and twentieth-century criticism termed the »Romantic« period, generally spanning the late eighteenth and early nineteenth centuries. Much more recently, Theodore Ziolkowski has characterised Novalis's celebration of imagination as epitomising the German and wider Romanticisms, while placing Shelley among the »English Romantics« who gathered on Lake Geneva in 1816, at the time of Shelley's Alpine travels. Again, Ziolkowski marks both authors along a temporal Romantic trajectory crossing the late eighteenth and early nineteenth centuries.[30] But even as a temporal Romanticism falls out of favour elsewhere,[31] the question of whether *Mont Bla*nc and *Ofterdingen* are Romantic works must be addressed. If a series such as the *Cambridge Companions* is indicative of general critical feeling, Shelley and Novalis are still considered major »Romantic« authors.[32] Moreover, the enduring appeal, and usefulness, of Romanticism as a concept is its distinction from what can be detected of the cultural situation preceding its traditional moment of birth, whether that situation is referred to as »the Enlightenment«, »the Augustan age« or some other name.[33]

The subversion of the Platonic analogy in *Mont Blanc* and *Ofterdingen* challenges rejects the equation of not-knowing with ignorance and by designating the poetic vocation as the route to a superior form of understanding or experience than can be garnered from knowledge inquiry or quotidian being in an objective world, sharply delineated from the perceiving self. However, the survival of the Platonic analogy in common parlance betrays *Mont Blanc* and *Ofterdingen* as simulating the subversion of that analogy rather than actually effecting it and thereby dislodging it from English and German intellectual discourses. The *OED* notes continued usage of »Platonic« adjectives to describe ease of comprehension into the twenty-first century. »Obscure« is recorded in 2000, »opaque« in 1988, and »enlightening« in 2003. The entry for »clear« is yet to be updated, but similarly recent results beyond its currently recorded usage in 1878 are surely to be expected. *Duden* appears to lack an equivalent corpus of Platonic adjectives in German, but the speaker of that language perhaps requires just as little scholarly proof of the continued popularity of *unklar, durchsichtig,* or *erleuchtend* in their figurative senses.

That the subversion of the Platonic analogy in *Mont Blanc* and *Ofterdingen* is simulated rather than actual, exemplifies the problems in periodising Romanticism and Enlightenment. The problem of overstatement in nineteenth and early twentieth century criticism, of concentrating on the differences between

Enlightenment and Romanticism while overlooking their continuities, began to be addressed in the 1960s.[34] However, the more recent concern with the continuities between Enlightenment and Romanticism is a product of a similarly episodic, evolutionary view. Like the narrative of overstatement, the narrative of continuity sees a progression from Enlightenment to Romanticism. If critics still broadly agree that Shelley and Novalis are Romantic authors, it follows that *Mont Blanc* and *Ofterdingen* remain Romantic creations, and therefore contributions to the evolution of one cultural paradigm into another.

As it happens, the 1960s also saw Morse Peckham warn of the dangers in conflating the paradigms operating at »higher cultural levels« in so-called Enlightenment or Romantic Europe, with the paradigms operating in wider European societies.[35] The persistence here of folklore and revealed religion at »lower« cultural levels in the eighteenth century indicates that the values associated with the Platonic analogy were not as universal, and *Mont Blanc* and *Ofterdingen* therefore not as momentous, as the Romantic-Enlightenment distinction would suggest. Returning to Viera's claim that the Platonic analogy featured in »the« Enlightenment, it can instead be said with Peckham that an orientation towards the world which valued reason and »objective« truth was popular at the higher cultural levels in these countries in the late eighteenth century, and that the Platonic analogy was part of the discourse of this orientation. That the term »orientation« is itself of a piece with the Platonic analogy, linking an engagement with reality to the luminosity of the rising sun, again speaks to the survival of that analogy in literary criticism long after the Enlightenment or Romantic »periods«.

Far from a useful shorthand, the term »Enlightenment«, whether temporal or descriptive, actually hinders an understanding of such an objectivistic orientation. Enlightenment implies that the values of the objectivistic orientation spring from the Platonic analogy, when in fact the Platonic analogy only expresses those values in symbolic terms. *Mont Blanc* and *Ofterdingen* themselves display this expressive function. In both texts, the elevated understanding or transformed subjectivity of a poet-figure does not literally take the form of a luminous river. Rather, the luminous river denotes and catalyses such changes.

The orientation articulated symbolically by the Platonic analogy therefore demands a name which describes its values in isolation from that analogy. »Objectivistic« orientation is such a name.

Applying the orientation hypothesis to »Romanticism«, it can be said with Peckham that by the end of the eighteenth century a significant number of individuals sharing the objectivistic orientation at the higher cultural levels had come face-to-face with its limitations in the course of applying its tools, such as the scientific method and empirical sense-data.[36] However, only a handful of individuals took the next step of challenging aspects of the objectivistic orientation, whether its values or its Platonic analogy. Diverging from Peckham, and turning to the more recent work of Manfred Engel, it is clear that the New Mythology phenomenon exemplifies this discrepancy between widespread misgivings and chequered attempts at finding solutions. In theology, the objectivistic orientation had proved adept at dismantling diverse world mythologies, but could find no common factor which spawned these mythologies and/or reunite them in a new universalism or Rousseauean »civil religion«. Responders to the crisis, the New Mythologists, sought this common mythological factor to reincorporate of subjectivity into the concept of understanding. New Mythologists applied this new subjectivism to novel mythologies in which a reader would participate in the revelation of meaning.[37] Engel identifies the German New Mythologists with the more familiarly named *Frühromantiker*, and notes a similarly minded Englander in William Blake.[38] However, because Engel does not emphasise the New Mythologists' limited cultural influence over »Enlightenment« practice, his analysis remains within the evolutionary view.[39]

By subverting the Platonic analogy, then, *Mont Blanc* and *Ofterdingen* only challenge a peripheral (because symbolic) aspect of a particular orientation at restricted levels of the English and German cultural communities. What is more, the material evidence of the texts' reception at these levels suggests the challenge had little or no immediate effect in terms of dislodging the objectivistic orientation there. Production of the *History of a Six Weeks' Tour* was »modest«, and while widely advertised in major periodicals the work received only three reviews, a »fair share« only in proportion to the scale of production.[40] Similarly, given that the first edition of *Ofterdingen* in June 1802 excluded »Die Erfüllung«,[41] and German critics paid little attention to the *Schriften* published later that year, J. F. Haussmann is broadly correct that *Ofterdingen* as a whole was almost ignored in its early guises.[42] However, the texts are not failures simply because they do not appear to have shaken the objectivistic orientation at the higher cultural levels. If *Mont Blanc* and *Ofterdingen* betray a desire to intervene at these levels to concrete social effect, they also show a desire to perform an intervention within the confines of a text. The evidence for this second, simultaneous operation lies in the water side of their luminous rivers.

Broadly put, if these texts' subversion of light-dark responds to the contemporary state of ideas, their invocation of the river responds to the contemporary state of art. It will be noted that all the river texts by Stolberg, Goethe, and Hölderlin outlined above are either literary or analyses of the literary. Consequently, the *philosophical* subversion of Plato in *Mont Blanc* and *Ofterdingen* is married to a second project, that of building on an eighteenth-century *literary* corpus. Combining light with river brings the river's literary connotations to bear on light, rendering light literary rather than philosophical. This rendering distances light aesthetically from the objectivistic orientation. The aesthetic distance facilitates a simulation of the subversion of the Platonic analogy. The river having freed light from its constricted role as an analogy within the objectivistic orientation, light can now serve as a metonym for that orientation. However, this move from analogy to metonym is arbitrary, because the marrying of light to river is itself arbitrary. This marrying is ultimately poetic licence. In *Mont Blanc* and *Ofterdingen*, the result of this marriage, the edification of the poet-figure, is celebrated rather than ironicised, in that it is presented as the fulfilment of a vocation. As a consequence, the works are unapologetic about the arbitrary basis of their celebrations of the poet-figure.

Arbitrariness is, however, incompatible with rationality, and coming full circle such boldness defies the objectivistic orientation entirely. Nonetheless, because the arbitrary transformation of analogy into metonym is an authorial decision, this defiance is located not in the texts' content – that is, in the instances of the luminous river motif – but in the acts of writing those instances. The instances themselves back-project these writing acts in the form of authorial personas: Shelley's first-person observer of the mountain, and Novalis's third-person narrative voice.

Attempts to penetrate *Mont Blanc* and *Ofterdingen* therefore conjure up the illusion of an author writing in real time, or even of a face-to-face address by author to reader. A reader is conscious not only of the text itself but also of the persona who seemingly is crafting it. Consequently, the simulated subversion of the objectivistic orientation's Platonic analogy, a subversion in turn wedded to the literary river project and thereby metonymised, creates a parallel reality in each text, within which the reader cannot access the objectivistic orientation to make sense of that text. In this reality, a reader must ponder alternatives to the objectivistic orientation. The rivers invite this pondering, since their presence frames the parallel reality as a place of literary play, rather than as a model for changing the extratextual, »real«, contemporary world.

Such ponderings would not have been difficult. The objectivistic orientation had only limited currency in Britain and Germany. The eighteenth century saw the rise of a reading public, with literacy no longer the reserve of the higher cultural levels.[43] One can speculate about the alternatives to which the injunction to ponder would have driven the contemporary readerships of *Mont Blanc* and *Ofterdingen*, but a strong candidate is an »imaginative« orientation, which Shelley and Novalis would have been well aware of when composing these works. Imaginative orientation here means a worldview which valorises a particular understanding of imagination. Much twentieth-century criticism considers this valorisation as characteristic of Romanticism,[44] and whatever its drawbacks, the persistent classifying of Shelley and Novalis as Romantics speaks to a wealth of evidence of their awareness, if not endorsement, of the imaginative orientation.[45] The orientation will have become palpable to literate Britons and Germans around the turn of 1800, once William Wordsworth and Samuel Taylor Coleridge of Britain, and Friedrich Schlegel and Novalis of Germany, had begun to flesh out a new model of imagination as the power to reorder the world using forms sprung from the self. The creative spirit is evident in those scattered responses to the exposure of weakness in the objectivistic orientation such as New Mythology, with its emphasis on the active generation of meaning.

The new model of imagination was also diametrically opposed to the model dominant in the objectivistic orientation: imagination as the power to uncover the order immanent in sense data.[46] The grounds for a readership's awareness of the imaginative orientation would have been established for example by the much earlier work of Joseph Wharton, Joseph Addison and Richard Hurd, who had laid the foundation for an imaginative orientation at the higher cultural levels. Writing in major British periodicals, Wharton and Addison explored the new model of imagination at the same time as they developed the model belonging to the objectivistic orientation. In *The Spectator* in 1712, Addison argues the imagination has an arranging function, »beautify[ing] and adorn[ing]« the heterogeny of impressions, but also »has something in it like creation«, and »draws up to the reader's view several objects which are not to be found in being«.[47] Likewise, Wharton in *The Adven-*

turer in 1753 writes that »it is the peculiar privilege of poetry, not only to place material objects in the most amiable attitudes, [...] but also to give life and motion to immaterial beings«.[48] Hurd, whose *Letters on Chivalry and Romance* (1762) sought to legitimise fantasy as a respite from the everyday, was read not only in Britain but also in Germany by G. E. Lessing, Gottfried Herder,[49] and C. M. Wieland.[50] Luise Gottsched's translations of *The Spectator* had likewise made Addison available to literate Germans.[51] In any case, it must also be acknowledged that a general dissemination of Addison, Wharton and Hurd's ideas may have occurred through and beyond such mediations, a dissemination no less real for lacking a paper record.

Though *Mont Blanc* and *Ofterdingen* may guide a contemporary reader towards the imaginative orientation, they are not in themselves children of the imaginative orientation, that is, free from the objectivistic orientation. The injunction to consider alternatives to the objectivistic orientation is the injunction to think for oneself, and Mahoney notes that prompting a reader to think for themselves derives from an »Enlightenment« emphasis on the independent exercise of reason.[52] Being so close, the injunctions to consider alternative orientations and to think for oneself further suggest that objectivistic and imaginative orientations were coextensive in the eighteenth century in Britain and Germany.

It remains the case, however, that the injunction to imagine goes against the objectivistic orientation. Contemporary readerships are rarely homogenous,[53] and counterintuitive though it may be, the extent to which the injunction would have succeeded among the contemporary readerships of *Mont Blanc* and *Ofterdingen* need not have depended on the extent to which individual readers were invested in the objectivistic orientation. The reason is that the injunction to imagine is an injunction to entertain a new orientation without necessarily endorsing it. The texts' parallel realities permit cognitive play within which a contemporary reader could explore unfamiliar notions without the discomfort of feeling familiar notions dissolve. In the case of *Ofterdingen*, this effect appears to have been achieved only among some of those readers for whom written evidence survives. For example, an 1803 review in the *Allgemeine Literatur-Zeitung* expresses delight in Novalis's novel metaphysics:

> Die völlige Umwandlung der Natur, das Hineinspielen der Träume in die Handlung, das Erscheinen derselben Personen unter verschiedenen Gestalten [...]; die Vermenschlichung der Pflanzen, Steine und Thiere [...] – dies alles gibt dieser Dichtung [...] einen unsäglichen Reiz (Einleitung der Herausgeber, HKA I, 191 f).

Such limited success means that the imaginative response remains partly theoretical in *Ofterdingen*. It is a model of how contemporary readers *could* have experienced that text, given what is known of the orientations available to these readers. The case of *Mont Blanc* is even more difficult, as those at the higher cultural levels who left written records of their reactions show no awareness of the injunction to imagine at all. As has been seen, at least among this constituency, the evidence suggests confusion was a common response. To the puzzlement of Friedrich Schlegel and Clemens Brentano can be added Achim von Arnim's reaction to the Klingsohr-Märchen in the first edition. Writing to Brentano in July 1802, Arnim felt that the »Langweiligkeit« and »Unbedeutendheit« of the Klingsohr-Märchen made it alternately unguessable and unknowable.[54] Even a second, largely positive magazine review of the *Schriften* describes Novalis as having produced »Unsinn für Sinn«.[55]

Since no author can guarantee a particular response, however, the empirical records of these responses to *Mont Blanc* and *Ofterdingen* do not necessarily reveal anything about Shelley's and Novalis's intentions. The aim of the close readings above is to demonstrate how the injunction to imagine was the response which these texts may very well have been designed to provoke. It speaks to Novalis's abilities, for his part, that *Ofterdingen* displays such a design despite having never been finished, and it is grimly ironic that he should have died before an (alleged) change of heart could upset that design. In a letter to his brother August Wilhelm of 17 April 1801, Friedrich Schlegel claims that Novalis told him on his last day that he had completely changed his plans for »Die Erfüllung« (HKA IV, 683).

Moreover, it can legitimately be speculated that individuals in a wider, if hypothetical contemporary readership, not limited to the higher cultural levels, had a sufficiently loose attachment to the objectivistic orientation that they could have answered the injunctions to imagine. Precisely the limited scope of the objectivistic orientation makes these individuals conceivable in the absence of written records, and the final value of an analysis of luminous rivers in the two works may be its ability to construct, or reconstruct, their experience. Indeed, a shared sense of this readership between Shelley and Novalis may have constituted that common cultural situation, to use Peckham's phrase again, which propelled the authors towards luminous rivers in the first place.

* I would like to thank Robert Vilain and Dennis Mahoney for their guidance and encouragement in preparing this study. Professor Vilain supervised the university paper which forms its basis, and Professor Mahoney subsequently oversaw my efforts at its expansion and improvement.
1 Christian Janss: »Der Rhein« – Hölderlins Metapher. Dissertation zur Erlangung des Doktorgrades der Historisch-philosophischen Fakultät der Universität Oslo. Oslo 2001, pp. 71–78. Quoted in Jonas Jolle: The River and its Metaphors. Goethe's »Mahomets Gesang«. In: MLN 119:3 (2004), pp. 431–450, here p. 433.
2 Christian Stolberg and Friedrich Leopold Stolberg: Gesammelte Werke der Brüder Christian und Friedrich Leopold Grafen zu Stolberg. Vol. 10. Hamburg 1827, pp. 385 f. Quoted in Eleoma Joshua: Friedrich Leopold Graf zu Stolberg and the German Romantics. Oxford 2005, p. 55.
3 Johann Wolfgang von Goethe: Die Leiden des jungen Werther. In: Werke. Ed. by Erich Trunz. Vol. 6. Munich 2000, pp. 7–124, here p. 16. Quoted in Michael Beddow: Goethe on Genius. In: Penelope Murray (Ed.): Genius. The History of an Idea. Oxford 1989, pp. 98–112, here pp. 102–104; Jolle (See note 1), pp. 434–437.
4 Patricia Vieira: Mountains Inside Out. The Sublime Mines of Novalis. In: Interdisciplinary Studies in Literature and Environment 23:2 (2016), pp. 293–308, here p. 295.
5 Plato: The Republic. Trans. by Desmond Lee. London 2007, pp. 240–248.
6 Stolberg (See note 2). Vol. 1, pp. 319–320 (ll. 1, 14–18).
7 Gerhart Hoffmeister: Reception in Germany and Abroad. In: Lesley Sharpe (Ed.): The Cambridge Companion to Goethe. Cambridge 2002, pp. 232–255, here p. 238; Novalis an Ludwig Tieck (23. Februar 1800). In: HKA IV, pp. 321–323. Quoted in Ursula Ritzenhoff: Erläuterungen und Dokumente. Novalis (Friedrich von Hardenberg). Heinrich von Ofterdingen. Stuttgart 1988, pp. 140–142.
8 Cf. Robert T. Ittner: Novalis' Attitude toward »Wilhelm Meister« with Reference to the Conception of His »Heinrich von Ofterdingen«. In: The Journal of English and Germanic Philology 37 (1938), pp. 542–554, here pp. 542–543.
9 Ibid., pp. 542–548.
10 Gerhard Schulz: Kommentar zum theoretischen Werk. In: Gerhard Schulz (Ed.): Novalis Werke. Munich 2013, pp. 733–828, here pp. 743–744.
11 Donald H. Reiman and Neil Fraistat (Eds.): Shelley's Poetry and Prose. 2nd edn. London 2002, p. 96; Charles H. Vivian: The One »Mont Blanc«. In: Keats-Shelley Journal 4 (1955), pp. 55–65, here p. 56.
12 Nicholas Saul: The Motif of Baptism in Three Eighteenth-Century Novels. Secularization or Sacralization? In: German Life and Letters 39:2 (1986), pp. 107–133, here p. 125.
13 Ibid, p. 126.
14 Vieira (See note 4), pp. 296, 301.
15 Dennis F. Mahoney: Die Poetisierung der Natur bei Novalis. Beweggründe, Gestaltung, Folgen. Bonn 1980, p. 106, n. 19.
16 Alice Kuzniar: Hearing Woman's Voices in Heinrich von Ofterdingen. In: PMLA 107:5 (1992), pp. 1196–1207, here p. 1197.
17 Reinhold Steig and Hermann Grimm (Eds.): Achim von Arnim und die ihm nahe standen. Vol 1. Stuttgart 1894, p. 51. Quoted in Ritzenhoff (See note 7), p. 174–175.a
18 Judith Chernaik and Timothy Burnett: The Byron and Shelley Notebooks in the Scrope Davies Find. In: The Review of English Studies 29:113 (1978), pp. 36–49, here p. 42.

19 Benjamin Colbert: Contemporary Notice of the Shelleys' »History of a Six Weeks' Tour«. Two Early New Reviews. In: Keats-Shelley Journal 48 (1999), pp. 22–29, here pp. 24, 28.
20 Colin Jager: Unquiet Things. Secularism in the Romantic Age. Philadelphia 2015, p. 224.
21 I. J. Kapstein: The Meaning of Shelley's »Mont Blanc«. In: PMLA 62:4 (1947), 1046–1060; Vivian (1955) (See note 11); Earl R. Wasserman: The Subtler Language. Critical Readings of Neoclassic and Romantic Poems. Baltimore 1959; William Keach: Shelley, rhyme and the Arbitrariness of Language. In: William Keach (Ed.): Shelley's Style. New York 1984, pp. 194–200; Donald H. Reiman and Michael O'Neill (Eds.): Fair-Copy Manuscripts of Shelley's Poems in European and American Libraries. New York 1997. All except Kapstein (1947) republished in part or full, or referenced, in Reiman and Powers (Eds.), Shelley's Poetry and Prose. 1st edn. London 1977; or Reiman and Fraistat (See note 11).
22 Kapstein (See note 21), p. 1046.
23 Reiman and Fraistat (See note 11), p. 674.
24 Quotations from »Mont Blanc« are taken from Reiman and Fraistat (See note 11), pp. 96–101.
25 Raiman and Fraistat (See note 11), p. 619.
26 See footnotes to »Mont Blanc«, in Reiman and Fraistat (See note 11), p. 100.
27 Samuel Taylor Coleridge: The Major Works. Ed. by H. J. Jackson. Oxford 2008, pp. 118–119.
28 Morse Peckham: Beyond the Tragic Vision. The Quest for Identity in the Nineteenth Century. Cambridge 1962, p. 94.
29 Gerhard Schulz: Kommentar zum epischen Werk. In: Gerhard Schulz (Ed.): Novalis Werke. 5th edn. Munich 2013, pp. 675–731, here p. 688. Hereafter Schulz (2013b).
30 Theodore Ziolkowski: Stages of European Romanticism. Cultural Synchronicity Across the Arts, 1798–1848. Suffolk 2018, pp. 87, 108.
31 Jerrold E. Hogle: Romanticism and the »Schools« of Criticism and Theory. In: Stuart Curran (Ed.): The Cambridge Companion to British Romanticism. Cambridge 2010, pp. 1–33, here pp. 1–4; Aidan Day: Romanticism. The New Critical Idiom. London 2014, pp. 1–4.
32 [Nicholas Saul]: Key Authors and Their Works. In: Nicholas Saul (Ed.): The Cambridge Companion to German Romanticism. Cambridge 2009, pp. 281–290, here p. 283; Hogle (See note 31), pp. 4–5.
33 See: »Romance«. In: Dinah Birch and Katy Hooper: The Oxford Concise Companion to English Literature. 4th edn. Oxford 2012, pp. 610–611.
34 Cf. Helmut Schanze: Romantik und Aufklärung. Untersuchungen zu Friedrich Schlegel und Novalis. 2nd edn. Nuremberg 1976; Dennis F. Mahoney: Stages of Enlightenment. Lessing's Nathan der Weise and Novalis's Heinrich von Ofterdingen. In: Seminar 23 (1987), pp. 200–215; and Day (See note 31).
35 See: Peckham (See note 28).
36 Manfred Engel: Neue Mythologie in der englischen und deutschen Frühromantik. In: Arcadia 26:3 (1991), pp. 225–245, here p. 229.
37 Ibid, pp. 228–230, 236.
38 Ibid, p. 227.
39 Cf. Dennis F. Mahoney (1987) (See note 34), p. 213; Nicholas M. Williams: Introduction. In: Nicholas M. Williams (Ed.): Palgrave Advances in William Blake Studies. Basingstoke 2006, pp. 1–24, here p. 2.
40 Colbert (See note 19), pp. 22, 24.
41 Schulz (2013b) (See note 29), p. 691.
42 J. F. Haussmann: German Estimates of Novalis from 1800 to 1850. In: Modern Philology 9:3 (1912), pp. 399–415, here p. 400.
43 Martha Woodmansee: The Genius and the Copyright. Economic and Legal Conditions of the Emergence of the »Author«. In: Eighteenth-Century Studies 17:4 (1984), pp. 425–448, here p. 426.
44 Day (See note 31), p. 4.
45 Cf. [Saul] (See note 32), p. 283; Hogle (See note 31), pp. 4–5.

46 Peckham (See note 28), pp. 112–113.
47 Joseph Addison: Critical Essays from the Spectator. Ed. by Donald F. Bond. Oxford 1970, p. 206.
48 »Z« [Joseph Wharton]: The Adventurer. No. 57. In: The Scots Magazine 15 (1753), pp. 217–220, here pp. 217–218. ProQuest. <https://search-proquest-com.bris.idm.oclc.org/docview/5936907?accountid=9730>. Accessed 27 July 2020.
49 James Engell: Romantische Poesie. Richard Hurd and Friedrich Schlegel. In: Gregory Maertz (Ed.): Cultural Interactions in the Romantic Age: Critical Essays in Comparative Literature. New York, NY 1998, pp. 13–27, here p. 13.
50 Frederick Whitehead and Eugène Vinaver: Romance. In: Encyclopædia Britannica. Encyclopædia Britannica, inc. 2019. <https://www.britannica.com/art/romance-literature-and-performance>. Accessed 16 June 2020.
51 Hilary Brown: Luise Gottsched the Translator. Rochester, NY 2012, p. 85.
52 Mahoney (1987) (See note 34), p. 211.
53 Robert D. Hume: The Aims and Pitfalls of »Historical Interpretation«. In: Philological Quarterly 89 (2010), pp. 353–382, here pp. 362–363.
54 Steig and Grimm (See note 17), p. 41. Quoted in Ritzenhoff (See note 7), p. 174–175.
55 Schulz (2013b) (See note 29), p. 694; cf. Dennis F. Mahoney: The Critical Fortunes of a Romantic Novel. Novalis's »Heinrich von Ofterdingen«. Columbia, SC 1994, p.2f.

Rezension

**André Stanguennec und Daniel Lancereau (Hrsg.):
Arts et sciences du romantisme allemand.**
Collection »Æsthetica«. Rennes:
Presses universitaires de Rennes 2018. 294 Seiten

Dennis F. Mahoney

Dieser Band stellt die Erträge einer Tagung dar, die am 18. und 19. November 2016 im Naturhistorischen Museum von Nantes stattgefunden hat. Mit ihrer Themenwahl wollen die Herausgeber den irrigen, aber doch noch weitverbreiteten Eindruck korrigieren, die Romantik sei ausschließlich eine Angelegenheit der Ästhetik und der Kunst. In ihrer Einleitung machen sie darauf aufmerksam, wie z. B. Novalis die Wissenschaften poetisieren wollte, während Friedrich Schlegel durch die wissenschaftliche Kritik der Literatur eine neue Kunstlehre gründen wollte, so wie auch Fichte in seiner Wissenschaftslehre dies für die Philosophie getan hat. Dabei verweisen sie auf Hauptergebnisse der Forschung der letzten dreißig Jahre, wie z. B. die Studien von Michel Chaouli, Jocelyn Holland, Dalia Nassar, Leif Weatherby und vor allem Theodore Ziolkowski.[1] Sie selbst haben während dieser Zeit bedeutende Arbeiten zur deutschen Literatur und Philosophie vor und um 1800 hervorgebracht.[2] Der jetzige Band ist zweifelsohne eine Bereicherung der bisherigen Forschung. Zwölf Gelehrte aus sechs Ländern (Frankreich, Italien, Belgien, Deutschland, Kanada und den Vereinigten Staaten) haben an der Tagung teilgenommen, deren Beiträge in drei Teilen organisiert sind.

Für **Arts du romantisme allemand** sind Denis Thouard, Olivier Schefer, Augustin Dumont und Allesandro Bertinetto zuständig. In seinem Kapitel zum Thema »Qu'est-ce que la poésie?« versteht Denis Thouard die *Athenaeum*-Fassung der *Hymnen an die Nacht* als Hardenbergs Selbstübersetzung der freien Verse des Manuskripts in die Form einer poetisierten Prosa, und zwar mit Hilfe einer Verwendung von Juliets Monolog in der 2. Szene des 3. Akts von Shakespeares Tragödie *Romeo and Juliet*, die er 1797 durch die Übersetzung von August Wilhelm Schlegel kennengelernt hat (S. 28). Olivier Schefer deutet die romantische Nachahmung der Natur im Kontext der spinozistischen Auffassung von *natura naturans* und verfolgt deren Nachwirkung nicht nur bei den romantischen Malern, sondern auch bei Malern der Moderne wie Cezanne, den Expressionisten und Klee (S. 45–53). Weitere Beziehungen zwischen Romantik und

Moderne untersucht Augustin Dumont in Verbindung mit der romantischen Rezeption von Shakespeare, wobei er die These vertritt, Iago sei Nihilist im Sinne von Jacobi (S. 70), während aber auch Othello eine Form der Modernität darstelle, »c'est-à-dire une posture existentielle devant le risque d'une absence de fondement« (S. 77). Und Allesandro Bertinetto unterscheidet zwischen der Vernachlässigung, bzw. Verachtung der Improvisation bei Kritikern wie Gottsched oder Voltaire und der romantischen Vorliebe für Symphilosophie und Ironie, wobei sich eine Ästhetik der Improvisation entwickelt, deren Erbe er bei Musikern wie Paganini, Clara Schumann und Liszt, aber später auch in afro-amerikanischer Jazzmusik findet (S. 90–91).

Das verbindende Mittelglied zwischen den Künsten und den Wissenschaften liefert der Abschnitt **Le Transcendental**. Hier bespricht Christian Berner die Kant-Studien des jungen Friedrich Schlegel, während Charlotte Morel die frühromantische Theorie des Subjekts und Gabriel Trop die Bewegungen des Absoluten bei Novalis und Hölderlin unter die Lupe nehmen. Wohl um den Zugang zu den anspruchsvollen Texten zu erleichtern, wird hier in der Regel aus französischen Übersetzungen der jeweiligen Autoren im Haupttext zitiert, wobei insbesondere Berner und Trob in ihren Anmerkungen die ursprünglichen Texte wiedergeben; gerade im Falle von Kant und Fichte ist es oft von Vorteil, ein Zitat zweimal hintereinander zu lesen und darüber nachzudenken. In diesem Zusammenhang soll erwähnt werden, dass drei Tagungsteilnehmer – Augustin Dumont, Olivier Schefer und Denis Thouard – ihrerseits bedeutende Übersetzungen der Werke von Fichte, Novalis und anderen Romantikern geliefert haben.[3]

Im dritten und letzten Teil des Bandes behandeln Guillaume Lejeune, Philippe Séguin, André Stanguennec und Daniel Lancereau das Thema **Sciences du romantisme allemand**. In seinem Beitrag zu Logik und Dialogik in der deutschen Romantik zeigt Guillaume Lejeune, wie die frühromantische Subversion der traditionellen Logik – man denke an die Bemerkung von Novalis, »Den Satz des Widerspruchs zu vernichten ist vielleicht die höchste Aufgabe der höhern Logik« (HKA III, 570; hier S. 191) – Positionen im 20. Jahrhundert wie etwa die dialogische Logik von Lorenz und Lorenzen antizipiert. Philippe Séguin bespricht die kombinatorische Schule des Mathematikers Carl Friedrich Hindenburg im Zusammenhang sowohl mit der Geschichte der Mathematik, wo sie eine nur kurzlebige Wirkung hatte, als auch mit den Anregungen, die sie auf den kombinatorischen Geist von Novalis ausübte. André Stanguennec untersucht drei Gebiete der damaligen Naturwissenschaften, die eine Wirkung auf das Verständnis der Beziehungen zwischen Menschen und Tieren in der Romantik ausübten: Phrenologie und Physiognomie, wo die äußere Erscheinung den Vorrang hat; Elektrizität und animalischen Magnetismus, wo die innere Natur zum Vorschein kommt; und die Darstellung vom tierischen Wissen mit Hilfe der produktiven Einbildungskraft sowohl in den Märchen der Brüder Grimm als auch in literarischen Werken wie Hoffmanns *Kater Murr* oder den Kunstmärchen von Tieck. Vor allem in der Literatur, bemerkt Stanguennec, wird das Tier zum Vermittler von einem höheren Wissen: »L'intelligence et la moralité de l'animal s'y révèlent souvent supérieures à ce q'elles sont dans le règne humain« (S. 222). Und Daniel Lancereau erweitert hier seine Studien zu Leibniz und Novalis mit einer Besprechung der ballistisch-kosmologischen Theorien Kurt Gödels, wobei Novalis' jeweilige Beschäftigung mit den elektrischen, akustischen und galvanischen Figuren bei Lichtenberg, Chladni und Ritter ihn etwa am Mittelpunkt einer Entwicklung von Leibniz im 18. zu Gödel im 20. Jahrhundert situiert. Es gibt aber auch eine Verbindung zum vorherigen Beitrag seines Mitherausgebers, und zwar im Hinweis auf das Märchen von Hänsel und Gretel. Dort nämlich streut Hänsel unterwegs Steine aus, damit er und seine Schwester im Mondschein den Weg zur elterlichen Hütte zurückfinden. Hierzu bemerkt Lancereau: »De sorte que la question novalisienne: où allons-nous? peut être résolue ainsi: nous allons toujours vers la maison, certes, mais par calcul inverse« (S. 251).

Und sicher, ein Tagungsband wie dieser enthält so viele einzelne treffende Bemerkungen wie auch Querverweise auf andere Vorträge, dass eine Rezension ›immer nach Hause‹ gehen müsste, um allen Teilnehmern Gerechtigkeit widerfahren zu lassen. Aber es soll noch erwähnt werden, dass die Herausgeber Alain Patrick Olivier, Professor der Philosophie an der Universität Nantes, die Möglichkeit eines Schlusswortes gegeben haben, und zwar zur Frage, ob eine wissenschaftliche Kunstlehre möglich sei, wenn man von der deutschen Romantik ausgehe. Olivier, der wohlgemerkt 2017 bei Fink eine neue Ausgabe von Hegels Vorlesungen zur Ästhetik von 1828/1829 veröffentlicht hat, vertritt die kühne These, dass Hegels Ästhetik, bei aller Kritik der Romantik, in Wahrheit die Kunstlehre der Brüder Schlegel entwickelt und aktualisiert habe (S. 279). Sein abschließender Hinweis auf die Rezeption der romantischen Ästhetik bei Victor Cousin und Charles Baudelaire (S. 284) dient als weiteres Zeichen, dass ›Romantik‹ und ›Moderne‹ zwar nicht identische, wohl aber verwandte Begriffe sind.⁴

1 Theodore Ziolkowski: German Romanticism and its Institutions. Princeton 1990; Michel Chaouli: The Laboratory of Poetry. Chemistry and Poetics in the Work of Friedrich Schlegel. Baltimore 2002; Jocelyn Holland: German Romanticism and Science. The Procreative Poetics of Goethe, Novalis and Ritter. New York/London 2009; Dalia Nassar: The Romantic Absolute. Being and Knowing in Early German Romantic Philosophy. Chicago 2013; Leif Weatherby: Transplanting the Metaphysical Organ. Romanticism between Leibniz and Marx. New York 2016.
2 Siehe dazu Daniel Lancereau: Novalis und Leibniz. In: Novalis und die Wissenschaften. Hrsg. von Herbert Uerlings. Tübingen 1997, S. 169–191; André Stanguennec: La philosophie romantique allemande. Un philosopher infini. Paris 2011.
3 Zu Augustin Dumonts 2014 erschienener Übersetzung der Hymnen an die Nacht, Geistlichen Lieder und Lehrlinge zu Sais im Kontext der Neuübersetzung von Novalis ins Französische seit 2000 vgl. die Rezension von Alexandra Besson (mit Probeauszügen). In: Blütenstaub. Jahrbuch für Frühromantik 3 (2017), S. 269–275.
4 Siehe in diesem Zusammenhang André Stanguennec: Novalis-Mallarmé. Une confrontation. Paris 2020.

Die Mitarbeiterinnen
und Mitarbeiter
des Bandes

Rainer Barbey ist Lehrkraft für besondere Aufgaben am Institut für Germanistik (Neuere deutsche Literaturwissenschaft) der Universität Regensburg. Studium der Germanistik, Anglistik und Geschichte, Promotion mit einer Arbeit über H. M. Enzensberger. Seit Oktober 2019 wissenschaftliche Betreuung des Literaturarchivs Sulzbach-Rosenberg. Forschungsschwerpunkte: Literatur und Anarchie; Literatur nach 1945; Literatur, Technik und Naturwissenschaft, rainer.barbey@ur.de

Wilhelm Bartsch ist freier Schriftsteller und lebt in Halle/Saale. Studium der Philosophie an der Universität Leipzig. Sein Werk umfasst Lyrik, Prosa, Essays sowie Kinder- und Jugendbücher. Er ist Mitglied u. a. des Verbandes Deutscher Schriftsteller, des Deutschen PEN-Zentrums, des Förderkreises der Schriftsteller in Sachsen-Anhalt. Seit 2010 ist er Mitglied der Sächsischen Akademie der Künste und gehört zur Orpheus-Autorengruppe. 2007 erhielt er den Wilhelm-Müller-Preis des Landes Sachsen-Anhalt.

Olaf Briese ist Privatdozent an der Humboldt-Universität zu Berlin. Studium der Philosophie und Literaturwissenschaft. Habilitation im Fach Kulturwissenschaft mit der Schrift »Angst in den Zeiten der Cholera«. Forschungsschwerpunkte: Kulturwissenschaften des 18. bis 20. Jahrhunderts, Frühanarchismus, olafbriese@gmx.de

Hanna Delf von Wolzogen hat Philosophie, Literaturwissenschaft und Psychoanalyse in Gießen, Frankfurt a. M. und Heidelberg studiert. Von 1985 bis 1988 war sie Joseph-Buchmann-Stipendiatin der Universitäten Tel Aviv und Frankfurt a. M. mit Forschungsaufenthalten in Israel. Wiss. Mitarbeiterin an den Universitäten Duisburg, Potsdam (Geschäftsführerin des Moses Mendelssohn Zentrums) und an der FU Berlin (1996–2005 Leiterin der Forschungsstelle Gustav Landauer Briefe). Ihre Promotionsschrift befasste sich mit Gustav Landauers Schriften zum Judentum. Sie leitete mehr als 20 Jahre (1996–2017) das Potsdamer Theodor-Fontane-Archiv. Forschungsschwerpunkte: Deutsch-jüdische Literatur und Philosophie, Gustav Landauer, Theodor Fontane, hanna.delfvonwolzogen@uni-potsdam.de

Jonny Elling is a first-year PhD student at the University of Bristol, collaborating with the British Library and funded by the UK Arts and Humanities Research Council. Awarded a master's degree in Comparative Literature with the thesis »Muss die Welt romantisiert werden?«. Research interests: literary history of the 18th to 20th centuries, Anglo-German cultural relations, jonny.elling.2019@bristol.ac.uk

Richard Faber ist em. Honorarprofessor am Institut für Soziologie der Freien Universität Berlin und Literatur-, Religions- und Kultursoziologe. Studium der Germanistik, Geschichte, Politologie, Philosophie, Religionswissenschaft und Soziologie. Themen seiner Forschungen und zahlreichen Publikationen: die Abendländische Bewegung, Humanismus, Politische Theologie, Katholizismus, Protestantismus und Judentum, Atheismus, Faschismus und die 68er Kulturrevolution, rfaber@zedat.fu-berlin.de

Rüdiger Görner ist Professor für neuere deutsche Literatur und Komparatistik an der Queen Mary University of London. Studium der Germanistik, Geschichte, Musikwissenschaft, Philosophie und Anglistik in Tübingen und London. Gründer des Ingeborg Bachmann Centre for Austrian Literature. Träger des Deutschen Sprachpreises, des Reimar Lüstpreises der Alexander von Humboldt-Stiftung und des Verdienstordens der Bundesrepublik Deutschland. Zahlreiche Publikationen, darunter zuletzt »Franz Kafkas akustische Welten« (2019). Forschungsschwerpunkte: Europäische Romantik, Hölderlin, Nietzsche, Anton Bruckner, Geschichte der deutsch-britischen Kulturbeziehungen, r.goerner@qmul.ac.uk

CHRISTA KARPENSTEIN-ESSBACH ist apl. Professorin für Neuere deutsche Literaturwissenschaft an der Universität Mannheim. Studium der Germanistik, Soziologie, Politikwissenschaft und Philosophie in Göttingen. Zahlreiche Publikationen, darunter zuletzt »Literatursoziologie. Grundlagen, Problemstellungen und Theorien« (2019). Forschungsschwerpunkte: Literatur des 20. Jahrhunderts; Medienanalyse; Literaturtheorie; Romantik; Gegenwartsliteratur, karpenstein-essbach@web.de

HEINZ DIETER KITTSTEINER (†) war ein deutscher Historiker, Germanist, Schriftsteller und Philosoph. 1988 Habilitation mit der Schrift »Die Entstehung des modernen Gewissens«. Er war seit 1993 Professor für Vergleichende europäische Geschichte der Neuzeit an der Europa-Universität Viadrina in Frankfurt (Oder).

PEER KÖSLING (gelernter Werkzeugmacher) studierte Germanistik und Geschichte an der Friedrich-Schiller Universität Jena. 1986 Habilitation (Dr. sc.) auf dem Gebiet der Geschichte der internationalen Arbeiterbewegung sowie Berufung zum Hochschuldozenten an der FSU. Beteiligt an der historisch-kritischen Marx-Engels-Gesamtausgabe (Bde I/25 und I/32. Mitarbeiter am Jenaer Romantikerhaus. Forschungsschwerpunkte: Geschichte der Arbeiterbewegung; Jenaer Frühromantiker, peer.koesling@arcor.de

DENNIS F. MAHONEY ist em. Professor für Deutsche Literatur am Lehrstuhl für Deutsch und Russisch der University of Vermont, USA. Forschungsgebiete: Literatur der Goethezeit, der deutschen Romantik, der deutschen Intellektuellenbewegungen und des deutschen Films, Dennis.Mahoney@uvm.edu

REINHARD MEHRING lehrt Politikwissenschaft und ihre Didaktik an der Pädagogischen Hochschule Heidelberg. Studium der Philosophie, Germanistik und Politikwissenschaft in Bonn und Freiburg. Zahlreiche Publikationen, darunter zuletzt »Die neue Bundesrepublik. Zwischen Nationalisierung und Globalisierung« (2019). Forschungsschwerpunkte: Carl Schmitt; Martin Heidegger; Thomas Mann, mehring@ph-heidelberg.de

MADLEEN PODEWSKI ist Privatdozentin am Institut für deutsche und niederländische Philologie der Freien Universität Berlin. Studium der Neueren und Älteren Literaturgeschichte und der Italianistik an der Freien Universität Berlin. Seit 2017 Mitherausgeberin des Jahrbuchs der Raabe-Gesellschaft (zusammen mit Andreas Blödorn). Forschungsschwerpunkte: Medialität der Literatur, v.a. Literatur in/und Zeitschriften, Literatur und Wissen(schaft), Populärkulturen, deutsch-jüdische Literatur- und Kulturgeschichte, madleen.podewski@fu-berlin.de

GABRIELE ROMMEL ist Germanistin mit Forschungsschwerpunkt Novalis und Romantik, Mitherausgeberin der historisch-kritischen Ausgabe der Schriften Friedrich von Hardenbergs. Von 1992–2019 war sie Direktorin der Forschungsstätte für Frühromantik und des Novalis-Museums, von 2001–2019 stellvertretende Vorsitzende der Stiftung »Wege wagen mit Novalis«. Sie ist Mitglied des Präsidiums der Internationalen Novalis-Gesellschaft und des Vorstandes des AsKI, Arbeitskreis selbständiger Kultur-Institute, gabriele.rommel@t-online.de

GEORGIOS SAGRIOTIS ist Assistenzprofessor für Philosophie der Neuzeit an der Universität Patras (Griechenland). Studium der Soziologie in Athen. Promotion im Fach Philosophie mit der Schrift »Der absolutistische Liberalismus von Thomas Hobbes«. Forschungsschwerpunkte: Politische Philosophie und Ästhetik, geosagriotis@upatras.gr

NICHOLAS SAUL ist Professor für Deutsche Literatur an der School of Modern Languages and Cultures und Direktor (Arts and Humanities) am Institute of Advanced Study der University of Durham, GB. Er ist seit 2021 Präsident der Internationalen Novalis-Gesellschaft. Forschungsgebiete: Moderne deutsche Literatur (Novalis, Hugo von Hofmannsthal, Carl Hauptmann, Wilhelm Bölsche), Orientalismus, Intertextualität, n.d.b.saul@durham.ac.uk

HELMUT SCHANZE ist Professor (em.) für Germanistik (Neuere Literaturgeschichte) an der Universität Siegen. Studium der Germanistik, Philosophie, Geschichte und Politischen Wissenschaft an der Universität Frankfurt a. M. Zahlreiche Publikationen zur deutschen Literaturgeschichte des 18. bis 19. Jahrhunderts. Forschungsschwerpunkte: Romantik, zuletzt »Erfindung der Romantik« (2018), Theorie und Geschichte der Rhetorik, Mediengeschichte, Intermedialitätsforschung, Neue Medien, Herausgeber des »Handbuchs der Mediengeschichte« (2001) und des »Lexikons Medientheorie/Medienwissenschaft« (2002), helmut.schanze@t-online.de

MARION SCHMAUS ist Professorin für Neuere deutsche Literatur an der Universität Marburg. Studium der Germanistik, Philosophie und Soziologe an den Universitäten München und Tübingen. Zahlreiche Publikationen u. a. »Melodrama – zwischen Populärkultur und Moralisch-Okkultem. Komparatistische und intermediale Perspektiven« (2015). Forschungsschwerpunkte: Literatur des 18. Jahrhunderts bis zur Gegenwart, Literatur und Philosophie, Anthropologie und Naturwissenschaften, Gender Studies, Intermedialität. Seit 2017 ist sie Prodekanin, schmaus@uni-marburg.de

JOCHEN STROBEL ist apl. Professor für Neuere deutsche Literatur an der Philipps Universität Marburg. Studium der Germanistik und Geschichte an der LMU in München. Leitung des DFG-Projekts »Digitalisierung und elektronische Edition der Korrespondenz August Wilhelm Schlegels«. Publikationen u. a.: August Wilhelm Schlegel. Romantiker und Kosmopolit (2017). Forschungsschwerpunkte: Romantik, Briefkultur, Kognitive Literaturwissenschaft, jochen.strobel@uni-marburg.de

YU TAKAHASHI ist Associate Professor an der Fukushima University. Studium der Germanistik. Promotion im Fach neuere deutsche Literaturwissenschaft an der Universität Trier mit der Dissertation Die »geistige Gegenwart« bei Novalis. Forschungsschwerpunkte: Literatur und Philosophie der Romantik, yutakahashi@educ.fukushima-u.ac.jp

FRANCESCA VIDAL ist apl. Prof. Dr. für Kulturwissenschaft und wissenschaftliche Leiterin des Schwerpunkts Rhetorik, sowie zentrale Gleichstellungsbeauftragte der Universität Koblenz-Landau. Sie ist Mitglied des Präsidiums der Internationalen Novalis-Gesellschaft, Präsidentin der Internationalen Ernst-Bloch-Gesellschaft und Mitglied im Vorstand der Arbeitsgemeinschaft Literarischer Gesellschaften und Gedenkstätten. Forschungsschwerpunkte: Rhetorik, Philosophie, Kulturwissenschaft, vidal@uni-landau.de

GREGOR WEDEKIND ist Professor für Kunstgeschichte der Moderne und der Gegenwart am Institut für Kunstgeschichte der Johannes Gutenberg-Universität Mainz. Studium der Kunstgeschichte, Germanistik und Philosophie an den Universitäten Bamberg, Dijon und Berlin (FU). Publikationen u. a.: Die Stadt und ihre Bildmedien. Das Paris des 19. Jahrhunderts (2018). Forschungsschwerpunkte u. a.: Bildkünste des späten 18. bis zum 21. Jahrhundert; Französische Kunst des 19. Jahrhunderts; Romantik; Geschichte des Künstlertums, Genieästhetik und Kunstreligion, gregor.wedekind@uni-mainz.de

REINHARD WEGNER ist em. Professor für Neuere Kunstgeschichte an der Universität Jena. Forschungsschwerpunkte: Deutsche und englische Malerei des 18. und 19. Jahrhunderts, Wechselwirkungen zwischen Naturwissenschaft und Bildender Kunst um 1800. Er war von 2010 bis 2019 Leiter der Forschungsstelle Europäische Romantik, reinhard.wegner@uni-jena.de